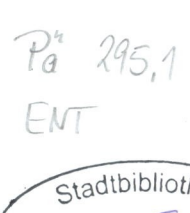

**EUROPA-Fachbuchreihe
für Berufe in der Sozialpädagogik**

Prof. Dr. Dr. Hartmut Kasten (Hrsg.)
Bärbel Amerein, Dipl.-Päd.
Dr. Holger Küls
Dr. Bodo Rödel
Anja Tüngler
Melanie Willich

Entwicklungspsychologie

Lehrbuch für pädagogische Fachkräfte

Verlag Europa-Lehrmittel · Nourney, Vollmer GmbH & Co. KG
Düsselberger Straße 23 · 42781 Haan-Gruiten

Europa-Nr.: 68132

Autoren:
Bärbel Amerein, Dipl. Päd.
Dr. Holger Küls
Dr. Bodo Rödel
Anja Tüngler
Melanie Willich

Herausgeber:
Prof. Dr. Dr. Hartmut Kasten

Verlagslektorat:
Anja Tüngler

Illustrationen:
Steffen Faust, 12619 Berlin
Hendrik Kranenberg, 57489 Drolshagen

1. Auflage 2014
Druck 5 4 3 2 1

Alle Drucke derselben Auflage sind parallel einsetzbar, da bis zur Behebung von Druckfehlern untereinander unverändert.

ISBN 978-3-8085-6813-2

Alle Rechte vorbehalten. Das Werk ist urheberrechtlich geschützt. Jede Verwertung außerhalb der gesetzlich geregelten Fälle muss vom Verlag schriftlich genehmigt werden.

© 2014 by Verlag Europa-Lehrmittel, Nourney, Vollmer GmbH & Co. KG, 42781 Haan-Gruiten
http://www.europa-lehrmittel.de

Umschlaggestaltung: Blick Kick Kreativ KG, 42653 Solingen
Umschlagfoto: Shutterstock.com/Monkey Business Images
Satz: Punkt für Punkt GmbH · Mediendesign, 40549 Düsseldorf
Druck: M. P. Media-Print Informationstechnologie GmbH, 33100 Paderborn

Geleitwort des Herausgebers

Die Herausgabe des vorliegenden Lehrbuches habe ich – der ich mich mein ganzes Berufsleben lang als anwendungsorientierter Entwicklungspsychologe verstanden habe – mit Freude übernommen. Es ist meiner Einsicht nach derzeit das einzige deutschsprachige Werk, das die folgenden Merkmale in sich vereint: Es deckt den gesamten Bereich der Psychologie der Lebensspanne ab. Es ist ein anwendungs- und praxisorientiertes Lehrbuch, das sich gleichermaßen für den Einsatz in der Ausbildung/im Studium wie für die Verwendung vor Ort in den unterschiedlichen Tätigkeits- und Problemfeldern einer pädagogischen Fachkraft eignet. Das Lehrbuch wurde von Autorinnen und Autoren verfasst, die selbst aus der pädagogischen Praxis kommen bzw. in regelmäßigem Kontakt mit Praktikern stehen. Und es ist – last but not least – anschauungsnah, allgemein verständlich und unterhaltend geschrieben.

Die folgende kurze Zusammenfassung soll Ihnen einen ersten Ausblick auf die Inhalte der Kapitel ermöglichen:

1 **Was ist Entwicklungspsychologie?** Darstellung der grundlegenden Begriffe und Aufgaben sowie der Geschichte der Entwicklungspsychologie

2 **Forschungsmethoden:** Vorstellung aktueller entwicklungspsychologisch relevanter Vorgehensweisen und Methoden zur Durchführung wissenschaftlicher Studien

3 **Kindheitsforschung:** Einblick in die Entwicklung und Veränderung des Konstrukts von Kindheit sowie Darstellung der Besonderheiten von Forschung mit Kindern

4 **Grundlagen der Entwicklung:** Überblick über den Verlauf von Entwicklung sowie die Faktoren, die Entwicklung bestimmen und die verschiedenen Theorien zur Entwicklung

5 **Entwicklung des Körpers und der Motorik:** Darstellung des Voranschreitens der Reifung des Körpers und der damit einhergehenden Entwicklung der motorischen Fähigkeiten

6 **Entwicklung der Kognition:** Überblick über die Entwicklung der geistigen Fähigkeiten, die Theorien zur Erlangung von Wissen sowie die Veränderungen von Denkstrukturen

7 **Sprachentwicklung:** Vermittlung der Grundlagen zur Entwicklung von Sprache und Sprechen sowie Darstellung von Wortschatzerwerb und Grammatikentwicklung

8 **Sozial-kognitive Entwicklung:** Einblick in die Entwicklung der geistigen Prozesse, die zur Gestaltung und zum Erhalt eines sozialen Miteinanders von Bedeutung sind

9 **Sozial-emotionale Entwicklung:** Beschreibung der Entstehung von Emotionen sowie der vielfältigen emotionalen Entwicklungsaufgaben und Herausforderungen

10 **Entwicklung des Selbst:** Darstellung der Grundlagen zur Entstehung und Veränderung des Selbstbildes und der Geschlechtsidentität im Laufe der Entwicklung

Ich wünsche allen im Berufsfeld der Pädagogik und Sozialpädagogik Lernenden und Tätigen, deren Profession es ist, Kinder und Jugendliche von Anfang an auf ihrem Lebensweg zu betreuen, zu begleiten und zu fördern, eine spannende und anregende Lektüre.

Im Mai 2014

Prof. Dr. Dr. Hartmut Kasten

Vorwort

Das Feld der Pädagogik, insbesondere die Früh- bzw. Elementarpädagogik, entwickelte sich seit dem PISA-Schock im Jahr 2001 rasant. Dabei gewann auch die Begleitung und Förderung von Kindern unter drei Jahren wesentlich an Bedeutung. Pädagogische Fachkräfte unterstützen „die Entwicklung von Mädchen und Jungen zu eigenverantwortlichen und gemeinschaftsfähigen Persönlichkeiten (...). Die Altersgruppe der Kinder unter drei Jahren sollte wegen der grundsätzlichen Bedeutung der frühen Kindheit für die Entwicklung von Kindern und Jugendlichen in der Ausbildung stärker berücksichtigt werden" (Kompetenzorientiertes Qualifikationsprofil, Kultusministerkonferenz, 01.12.2011).

Im Zuge dieser bildungspolitischen Entwicklungen sind die Erkenntnisse der modernen Entwicklungspsychologie besonders wichtig, da sie pädagogischen Fachkräften bzw. Erzieherinnen[1] professionelles Hintergrundwissen und damit ein notwendiges Fundament ihres beruflichen Handelns vermitteln.

Das vorliegende Lehrbuch beinhaltet daher anschaulich und verständlich grundlegendes entwicklungspsychologisches Wissen, das dazu befähigen soll, Entwicklungs- und Bildungsprozesse von Kindern, Jugendlichen und jungen Erwachsenen zu beobachten, zu begleiten und individuell zu fördern. Es richtet sich an pädagogische und sozialpädagogische Fachkräfte in Ausbildung, Studium und Praxis, z. B. in Einrichtungen der Kinder- und Jugendhilfe und an Schulen.

In Teil A liegt das Hauptaugenmerk auf einer Vorstellung der Grundlagen der entwicklungspsychologischen Forschung. Im umfangreicheren Teil B wird die Entwicklung ausgewählter Funktionsbereiche vermittelt. Beleuchtet werden die körperliche, motorische, kognitive und soziale Entwicklung sowie die Sprachentwicklung und die Entwicklung des Selbst in den verschiedenen Altersstufen – beginnend mit dem Säuglingsalter, über die Kindheit und Jugend, bis hin zum Erwachsenenalter. Der Schwerpunkt der Betrachtungen liegt jeweils auf der Entwicklung in Kindheit und Jugend.

Besonderer Wert wird dabei auf die Praxisorientierung der vermittelten Inhalte gelegt. Einführende Handlungssituationen sowie zahlreiche Beispiele und zusammenfassende Informationen zur beruflichen Handlungsrelevanz machen deutlich, wie sich theoretische Inhalte im Alltag von pädagogischen Fachkräften anwenden lassen und welche Aspekte der Entwicklung in den unterschiedlichen Altersabschnitten von besonderer Bedeutung sind. Aufgaben zum Ende jedes Kapitels eignen sich zur Lernkontrolle und helfen den Schülern und Studierenden bei der Vertiefung der gewonnenen Erkenntnisse. Ein detailliertes Sachwortverzeichnis macht aus dem Lehrbuch zudem ein praktisches Nachschlagewerk, das auch in der täglichen Praxis von pädagogischen Fachkräften Verwendung finden kann.

Wir hoffen, dass das vorliegende Lehrbuch zur Entwicklungspsychologie ein wertvoller Begleiter für Lehrende und Lernende wird und wünschen viel Freude und Erfolg bei der Arbeit mit dem Buch. Kritische Hinweise, Anregungen und Vorschläge zur Verbesserung nehmen wir gern per E-Mail unter lektorat@europa-lehrmittel.de entgegen.

Mai 2014

Autoren und Verlag

---

[1] Die Verwendung nur eines grammatischen Geschlechts bei Berufs- und Gruppenbezeichnungen wurde im Hinblick auf den Lesefluss gewählt. Sie stellt keine Meinungsäußerung zu Geschlechterrollen dar.

Inhaltsverzeichnis

Geleitwort 3

Vorwort 4

Teil A Grundlagen der Entwicklungspsychologie

1	**Was ist Entwicklungspsychologie?**	12
	(Bodo Rödel)	
1.1	Einordnung der Entwicklungspsychologie	13
1.2	Aufgaben der Entwicklungspsychologie	14
1.3	Entwicklung über die gesamte Lebensspanne	16
1.4	Geschichte der Entwicklungspsychologie	18
	Aufgaben	20
2	**Forschungsmethoden**	21
	(Bärbel Amerein)	
2.1	Einführende Grundbegriffe	22
2.2	Alltagstheorie vs. wissenschaftliche Forschung	23
2.3	Ethische Kriterien und Informationspflicht	25
2.4	Forschungsdesigns (Untersuchungspläne)	25
2.4.1	Einzelfallanalysen	27
2.4.2	Querschnittstudien	27
2.4.3	Längsschnittstudien	28
2.5	Quantitative Forschungsmethoden	28
2.5.1	Methodologie quantitativer Forschung	28
2.5.2	Erhebungsverfahren	29
2.5.3	Auswertungsmethoden	33
2.6	Qualitative Forschungsmethoden	37
2.6.1	Methodologie qualitativer Forschung	37
2.6.2	Erhebungsverfahren	38
2.6.3	Auswertungsmethoden	42
2.7	Erklärungsmodelle oder: Qualitative und quantitative Forschung im Vergleich	44
	Aufgaben	46
3	**Kindheitsforschung**	47
	(Bärbel Amerein)	
3.1	Das Bild vom Kind	48
3.1.1	Kindheit vor dem 20. Jahrhundert	48
3.1.2	Kindheit heute	49
3.2	Entwicklung der Kindheitsforschung	51
3.3	Besonderheiten der Forschung mit Kindern	52
3.4	Themen der Kindheitsforschung	53
	Aufgaben	54

4	**Grundlagen der Entwicklung**		55
	(Holger Küls)		
4.1	Entwicklung: Ein kontinuierlicher oder diskontinuierlicher Prozess?		56
4.1.1	Stufen- und Phasenmodelle		56
4.1.2	Entwicklung als Prozess mit kontinuierlichen sowie diskontinuierlichen Aspekten		58
4.1.3	Entwicklungsaufgaben, kritische Lebensereignisse und Bewältigungsstrategien		59
4.2	Entwicklung: Bedingt durch Anlage oder Umwelt?		62
4.2.1	Zwillings- und Adoptionsforschung		65
4.2.2	Der Mensch als aktiver Gestalter seiner Entwicklung		66
4.2.3	Hirnforschung und Entwicklung		67
4.3	Entwicklung: Theorien und Erklärungsansätze		69
4.3.1	Psychodynamische Erklärungsansätze		69
4.3.2	Die Theorie von Piaget		72
4.3.3	Der Behaviorismus		73
4.4	Modernere Erklärungsansätze		73
4.4.1	Soziokulturelle Theorie		73
4.4.2	Systemisch-ökologische Theorie		75
	Aufgaben		77

Teil B Ausgewählte Bereiche der Entwicklung

5	**Entwicklung des Körpers und der Motorik**		80
	(Anja Tüngler)		
5.1	Genetische Grundlagen der Entwicklung		81
5.1.1	Chromosomen, DNA und Gene		81
5.1.2	Vererbung		83
5.1.3	Epigenetik		86
5.1.4	Chromosomenanomalien		87
5.2	Pränatale Entwicklung des Körpers und Geburt		89
5.2.1	Befruchtung		89
5.2.2	Stadien der pränatalen Entwicklung		91
5.2.3	Schädliche Einflüsse während der pränatalen Entwicklung		95
5.2.4	Normale Geburt und Gefahren einer Frühgeburt		100
5.2.5	Das Neugeborene		104
5.3	Körperliche Entwicklung vom Säuglingsalter bis in die früheste Kindheit		109
5.3.1	Körperliches Wachstum und körperliche Gestalt		109
5.3.2	Entwicklung des Nervensystems und des Gehirns		112
5.3.3	Motorische Entwicklung		119
5.3.4	Gesundheit und Krankheit		127
5.4	Körperliche Entwicklung in der frühen Kindheit		129
5.4.1	Körperliches Wachstum		129
5.4.2	Weiterentwicklung des Gehirns		131
5.4.3	Motorische Entwicklung		132
5.5	Körperliche Weiterentwicklung in der mittleren Kindheit		136
5.5.1	Körperliches Wachstum		136
5.5.2	Motorische Weiterentwicklung		137
5.6	Körperliche Entwicklung in der Adoleszenz		139
5.6.1	Folgen hormoneller Veränderungen		139

5.6.2	Körperliches Wachstum und Motorik	140
5.6.3	Erreichen der Geschlechtsreife	142
5.6.4	Weiterentwicklung des Gehirns	143
5.7	Körperliche Entwicklung im Erwachsenenalter	144
5.7.1	Gründe für das biologische Altern	144
5.7.2	Frühes bis spätes Erwachsenenalter	144
5.7.3	Hohes Erwachsenenalter	147
	Aufgaben	148
6	**Die Entwicklung der Kognition**	**149**
	(Bodo Rödel)	
6.1	Kognition beim Fötus und beim Neugeborenen	152
6.1.1	Kann der Fötus schon lernen?	153
6.1.2	Kognition bei Neugeborenen	155
6.1.3	Bindung und kognitive Entwicklung	157
6.2	Kognition beim Säugling und in frühester Kindheit	158
6.2.1	Die Theorie Jean Piagets	159
6.2.2	Informationsverarbeitungstheorien	163
6.2.3	Theorien des Kernwissens	167
6.2.4	Die Entwicklung physikalischen Wissens	168
6.2.5	Die Entwicklung von Konzepten	170
6.2.6	Soziokulturelle Theorien	172
6.2.7	Theorien dynamischer Systeme	175
6.2.8	Die Entwicklung in einzelnen Wahrnehmungsfeldern	176
6.2.9	Die Entwicklung des Lernens	179
6.3	Die Entwicklung der Kognition in der frühen Kindheit	184
6.3.1	Die Theorie Jean Piagets	184
6.3.2	Soziokulturelle Theorien	187
6.3.3	Informationsverarbeitungstheorien	188
6.3.4	Die Entwicklung von Konzepten	189
6.3.5	Kognitive Entwicklung und moderne Medien	191
6.3.6	Förderung von Vorschulkindern	192
6.4	Die Entwicklung der Kognition in der mittleren Kindheit	193
6.4.1	Die Theorie Jean Piagets	193
6.4.2	Informationsverarbeitungstheorien	194
6.4.3	Die Bedeutung des Konstrukts „Intelligenz"	195
6.4.4	Schule und kognitive Entwicklung	198
6.5	Die Entwicklung der Kognition in der Adoleszenz	204
6.5.1	Die Theorie Jean Piagets	204
6.5.2	Informationsverarbeitungstheorien	206
6.5.3	Unterschiede zwischen Jungen und Mädchen	207
6.5.4	Schule und kognitive Entwicklung	208
6.6	Die Entwicklung der Kognition im frühen Erwachsenenalter	208
6.6.1	Denkstrukturen verändern sich	209
6.6.2	Berufswahl und Kognition	210
6.7	Kognition im Erwachsenenalter	211
6.7.1	Mittleres Erwachsenenalter (ab ca. 40 Jahre)	211
6.7.2	Höheres Erwachsenenalter (ab ca. 60 Jahre)	213
	Aufgaben	215

7	**Sprachentwicklung**	**217**
	(Holger Küls)	
7.1	Grundlagen der Sprachentwicklung	220
7.1.1	Sprechen: Ein Prozess auf mehreren Ebenen	220
7.1.2	Die Sprache im Rahmen der Gesamtentwicklung	223
7.1.3	Spracherwerbstheorien	226
7.1.4	Neurobiologische Grundlagen der Sprache und Sprachentwicklung	227
7.2	Sprachentwicklung beim Fötus und beim Neugeborenen	229
7.3	Sprachentwicklung vom Säuglingsalter bis zum dritten Lebensjahr	231
7.3.1	Die Lautentwicklung	232
7.3.2	Die ersten Wörter – Der Wortschatzerwerb	234
7.3.3	Die Grammatikentwicklung	241
7.3.4	Die pragmatisch-kommunikative Entwicklung	248
7.3.5	Der frühe Zweitspracherwerb	250
7.4	Sprachentwicklung in der frühen Kindheit	253
7.4.1	Artikulation, Wortschatzerwerb und Grammatikentwicklung	254
7.4.2	Sprachentwicklungsproblematiken	256
7.4.3	Pragmatik/Kommunikation	258
7.4.4	Der frühe Schriftspracherwerb	260
7.5	Sprachentwicklung in der mittleren Kindheit und in der Adoleszenz	262
7.6	Sprache im Erwachsenenalter und im Alter	263
	Aufgaben	265
8	**Die sozial-kognitive Entwicklung**	**266**
	(Melanie Willich)	
8.1	Grundlagen der sozial-kognitiven Entwicklung	268
8.1.1	Die neurobiologische Basis	268
8.1.2	Theorien zur sozial-kognitiven Entwicklung des Menschen	272
8.1.3	Sozial kompetentes Verhalten	274
8.1.4	Perspektivenübernahme, Empathiefähigkeit und Theory of Mind als wichtige Voraussetzungen für soziales Denken und Handeln	279
8.1.5	Die Entwicklung des moralischen Verständnisses	283
8.1.6	Das Spielverhalten	289
8.2	Die sozial-kognitive Entwicklung in der pränatalen Phase	292
8.3	Die sozial-kognitive Entwicklung im Säuglingsalter und in der frühesten Kindheit	295
8.3.1	Angeborene Körpermerkmale und Verhaltensmuster zur Kontaktaufnahme	295
8.3.2	Kontaktaufnahme mit der Welt: Erste Interaktionen und „Gespräche" sowie das erste Lächeln	297
8.3.3	Das frühe Spielverhalten	299
8.3.4	Die Entwicklung sozial kompetenten Verhaltens	303
8.4	Die sozial-kognitive Entwicklung in der frühen Kindheit	304
8.4.1	Das gemeinsame Spiel in der frühen Kindheit	304
8.4.2	Die Anfänge von Perspektivenübernahme, Empathiefähigkeit und Theory of Mind	306
8.4.3	Der Beginn einer wunderbaren Freundschaft	307
8.4.4	Der Übergang in den Kindergarten	308
8.5	Die sozial-kognitive Entwicklung in der mittleren Kindheit	309
8.5.1	Das gemeinsame Spiel in der Kindheit	309

8.5.2	Perspektivenübernahme in der mittleren Kindheit	309
8.5.3	Die Bedeutung der Freundschaft	310
8.5.4	Der Übergang in die Schule	311
8.6	Die sozial-kognitive Entwicklung in der Adoleszenz	312
8.6.1	Perspektivenübernahme in der Adoleszenz	313
8.6.2	Die Beziehung zwischen Eltern und ihren Kindern	313
8.6.3	Beziehungen zu Gleichaltrigen (Peers)	313
8.7	Die sozial-kognitive Entwicklung im frühen und mittleren Erwachsenenalter	314
8.7.1	Die Berufswahl	315
8.7.2	Formen des Zusammenlebens	316
8.7.3	Kind(er) oder Selbstverwirklichung?	318
8.8	Die sozial-kognitive Entwicklung im späten und hohen Erwachsenenalter	319
8.8.1	Soziale Beziehungen im Alter	319
8.8.2	Kritische Lebensereignisse	321
8.8.3	Erfolgreich Altern	323
	Aufgaben	325
9	**Die sozial-emotionale Entwicklung**	**327**
	(Bärbel Amerein)	
9.1	Emotionen – Eine Hinführung	328
9.1.1	Emotionen: Definition, Merkmale, Abgrenzungen	328
9.1.2	Wie entstehen Emotionen? – Forschungsansätze und Emotionstheorien	331
9.1.3	Emotionen quer durch die Kulturen	335
9.1.4	Emotionsregulation	336
9.1.5	Funktionen von Emotionen	338
9.1.6	Emotionale Intelligenz	339
9.1.7	Temperament und Familie	340
9.2	Die pränatale sozial-emotionale Entwicklung und die Geburt	343
9.2.1	Entwicklungsrisiken	343
9.2.2	Resilienz	343
9.3	Die sozial-emotionale Entwicklung im Säuglingsalter und in der frühesten Kindheit	345
9.3.1	Emotionen im Ausdrucksverhalten	346
9.3.2	Regulationsfunktionen von Emotionen	351
9.4	Die sozial-emotionale Entwicklung in der frühen Kindheit	352
9.4.1	Emotionen verstehen und ausdrücken	353
9.4.2	Emotionsregulation	354
9.4.3	Sozial-emotionale Entwicklung und die exekutiven Funktionen	357
9.5	Die sozial-emotionale Entwicklung in der mittleren Kindheit	358
9.5.1	Der Übergang vom Kindergarten in die Grundschule	358
9.5.2	Emotionen verstehen und ausdrücken	360
9.5.3	Emotionale Selbstregulation	362
9.6	Die sozial-emotionale Entwicklung in der Adoleszenz	363
9.6.1	Neue Emotionen Jugendlicher	363
9.6.2	Emotionsregulation Jugendlicher	364
9.6.3	Das Bewusstwerden der Identität und die Emotionen	364
9.6.4	Bedeutung der Emotionen für die schulische Leistungsfähigkeit	365
9.7	Die sozial-emotionale Entwicklung im frühen Erwachsenenalter	366
9.7.1	Ablösung von der Herkunftsfamilie	366

9.7.2	Liebesbeziehungen und Partnerwahl	367
9.7.3	Die Elternschaft	368
9.8	Die sozial-emotionale Entwicklung im mittleren Erwachsenenalter	368
9.8.1	Kulturelle Bedürfnisse	369
9.8.2	Älter werdende Eltern	369
9.9	Die sozial-emotionale Entwicklung im späten Erwachsenenalter	370
9.9.1	Ehe und Liebesbeziehungen	370
9.9.2	Scheidung	370
9.10	Die sozial-emotionale Entwicklung im hohen Erwachsenenalter	371
9.10.1	Witwenschaft	371
9.10.2	Leben im Seniorenheim	371
9.10.3	Tod und Trauer	372
	Aufgaben	374
10	**Entwicklung des Selbst**	**375**
	(Holger Küls, Melanie Willich)	
10.1	Grundlagen der Entwicklung des Selbst und der Geschlechtsidentität	377
10.1.1	Das Selbst	378
10.1.2	Geschlechtsidentität und Geschlechterrolle	383
10.2	Das Selbst beim Fötus und beim Neugeborenen	387
10.2.1	Erste Vorformen der Selbstempfindung	387
10.2.2	Die Bedeutung des Geschlechts bei der Geburt	387
10.3	Entwicklung des Selbst beim Säugling bis zum dritten Lebensjahr	388
10.3.1	Die Entstehung des Selbst	388
10.3.2	Bindung und Selbst – Die Bedeutung der frühen Bindung	391
10.3.3	Der Beginn der Entwicklung der Geschlechtsidentität	404
10.4	Entwicklung des Selbst in der frühen Kindheit	406
10.4.1	Entstehung eines gefestigten Selbst	406
10.4.2	Entwicklung der Geschlechtsidentität	408
10.5	Entwicklung des Selbst in der mittleren Kindheit	411
10.5.1	Entwicklung des Selbst – Soziale Vergleiche und schulisches Selbstkonzept	411
10.5.2	Festigung der Geschlechtsidentität	414
10.6	Entwicklung des Selbst in der Adoleszenz	416
10.6.1	Aufbau einer Identität	416
10.6.2	Aufbau der eigenen geschlechtlichen Orientierung und Identität	421
10.7	Entwicklung des Selbst im frühen Erwachsenenalter	424
10.8	Entwicklung des Selbst im Erwachsenenalter	428
10.8.1	Mittleres Erwachsenenalter	428
10.8.2	Höheres Erwachsenenalter und hohes Alter	430
	Aufgaben	432

Literaturverzeichnis	433
Bildquellenverzeichnis	446
Sachwortverzeichnis	448
Zu den Autoren	463

Grundlagen der Entwicklungspsychologie

Kapitelübersicht

1 Was ist Entwicklungspsychologie?

2 Forschungsmethoden

3 Kindheitsforschung

4 Grundlagen der Entwicklung

1 Was ist Entwicklungspsychologie?

Berufliche Handlungssituation

Die Erzieherin Amira Sander arbeitet im Kinderheim „Rosental". Eines Tages kommt es dort zu einer Auseinandersetzung zwischen dem 13-jährigen Michael und dem 15-jährigen Tom. Beide streiten sich heftig und schlagen schließlich aufeinander ein. Nur mit Mühe gelingt es Amira und ihrem Kollegen, die beiden zu trennen.

In der Teamsitzung am folgenden Tag wird dieser Vorfall diskutiert. Die Mitglieder des Teams haben unterschiedliche Meinungen zu dem Vorfall:

„Ich glaube, Michael war einfach frustriert. Das musste er dann mal rauslassen."

„Außerdem hat er gelernt aggressiv zu sein. Kein Wunder, wenn man bedenkt, unter welchen Bedingungen er aufgewachsen ist."

„Meiner Meinung nach muss man einfach auch mal sehen, dass Aggression – gerade bei Jungs – irgendwie in den Genen steckt, um ihre Rangfolge festzulegen. Gerade in der Pubertät wird das deutlich."

„Also ich glaube, der Michael hat einfach ein Wahrnehmungsproblem. Er denkt, jeder will ihm etwas Böses."

„Ich glaube, in seiner Akte steht, dass er mal getestet wurde. Er hat einen IQ von nur 50 oder so."

Entwicklungspsychologisches Wissen kann helfen, die von den Teammitgliedern getroffenen Aussagen richtig zu bewerten und einzuordnen. Diese Kenntnisse sind unverzichtbarer Bestandteil der Fachkompetenz von professionellen pädagogischen Fachkräften. Im folgenden Kapitel werden zunächst die grundlegenden Begriffe und Aufgaben der Entwicklungspsychologie dargestellt. Die Entwicklungspsychologie wird dabei als wissenschaftliche Disziplin verstanden, die einen starken Anwendungsbezug hat, somit Normen und Werte definiert und zu begründen versucht. Damit gibt es große Schnittstellen zur Pädagogik bzw. zur pädagogischen Psychologie.

1.1 Einordnung der Entwicklungspsychologie

Der Begriff Entwicklungspsychologie ist zusammengesetzt aus „Entwicklung" und „Psychologie". Zunächst soll die Bedeutung des Wortes Psychologie (vom griechischen psyché = Seele, Gemüt und lógos = Lehre, Wissenschaft) betrachtet werden. Die Disziplin der wissenschaftlichen Psychologie lässt sich folgendermaßen definieren.

> **Psychologie** untersucht mit wissenschaftlichen Methoden das Verhalten und die mentalen Prozesse von Individuen (vgl. Gerrig/Zimbardo, 2008, S. 2).

Grundsätzlich ist zu dieser Definition zu sagen, dass dann von **„wissenschaftlicher Methode"** gesprochen werden kann, wenn für aufgestellte Behauptungen Belege geliefert werden. Diese werden mithilfe einer bestimmten Vorgehensweise gesammelt. Die wissenschaftlichen Methoden werden ausführlich in Kapitel 2 behandelt.

Unter **„Verhalten"** wird in der Psychologie ein Mittel verstanden, mit dem sich das Individuum an die Umwelt anpasst und diese unter Umständen auch so formt, wie es sie braucht. Verhalten lässt sich oftmals gezielt beobachten. Das Verhalten kann häufig dann genauer verstanden werden, wenn auch die dem Verhalten zugrundeliegenden mentalen (geistigen) Prozesse erforscht sind. Die abstrakte Definition des Verhaltensbegriffs kann leicht durch Beispiele erklärt werden.

Beispiel

Befindet sich ein Schüler in der Schule, wird er sich im Klassenraum ruhig verhalten, besonders aufmerksam sein und auf Fragen der Lehrer antworten. Sein Verhalten „passt" also zu seiner Umgebung. Dasselbe Verhalten auf einem Rockkonzert würde eher unpassend wirken.

Der kleine Tom, ein Jahr alt, schreit so lange, bis ihn seine Mutter endlich auf den Arm nimmt und sich mit ihm beschäftigt – er hat sich seine Umwelt geformt.

Die Psychologie als Disziplin wird den Sozialwissenschaften zugeordnet und arbeitet häufig mit anderen Disziplinen zusammen (interdisziplinär), wie beispielsweise der Wirtschaftswissenschaft, der Anthropologie oder Soziologie. Die Entwicklungspsychologie ist wiederum ein Teilgebiet der Psychologie.

> Unter dem Begriff **Sozialwissenschaften** sind alle wissenschaftlichen Disziplinen zusammengefasst, die sich mit dem gesellschaftlichen Zusammenleben der Menschen beschäftigen. Sozialwissenschaften werden deshalb auch als Gesellschaftswissenschaften bezeichnet.

Die **Entwicklungspsychologie** untersucht als Teilgebiet der Psychologie insbesondere die körperlichen und geistigen Veränderungen des Individuums über die gesamte Lebensspanne hinweg (vgl. Kapitel 1.3). Da der Begriff Veränderung recht allgemein ist, wird er für eine genauere Bestimmung mit „Entwicklung" in Verbindung gebracht – dem zweiten Bestandteil des Wortes Entwicklungspsychologie.

Die Entwicklungspsychologie im wissenschaftlichen Kontext

Allgemein kann man Entwicklung als „Veränderung über die Zeit" definieren. Sie ist ein wesentliches Merkmal alles Lebendigen, wobei die Zeit, in der eine Veränderung stattfindet, stark variiert (vgl. Hasselhorn/Mähler, 2012, S. 316). Was aber versteht die Entwicklungspsychologie genau unter Entwicklung?

> Von **Entwicklung** ist die Rede, wenn
> - sich das Erleben und Verhalten eines Individuums verändert,
> - diese Veränderung über einen Zeitraum hinweg stattfindet und
> - die Veränderung über einen längeren Zeitraum stabil bleibt.

Eine Entwicklung ist also abzugrenzen von Befindlichkeitsänderungen (z. B. schlechte Laune), da diese nicht über einen längeren Zeitraum stabil sind. Ebenfalls unterscheidet sich Entwicklung von plötzlich auftretenden Veränderungen (z. B. einem Unfall). Allerdings können plötzliche Veränderungen zur Folge haben, dass sich das Individuum an diese langfristig anpassen muss – also Entwicklung im Sinne der oben genannten Definition stattfindet. Erblindet eine Person beispielsweise durch einen Unfall, wird dies einen langfristigen Entwicklungsprozess in Gang setzen.

Die Entwicklungspsychologie beschäftigt sich sowohl mit Veränderungen des Individuums, sogenannten **intraindividuellen** Unterschieden, als auch mit den Differenzen zwischen mehreren Individuen, sogenannten **interindividuellen** Unterschieden.

Beispiel	Perspektive
Lisa kann mit drei Jahren bis 10 zählen, ein Jahr später bereits bis 25.	intra-individuelle Perspektive
Im Vergleich zu Lisa kann Benn mit drei Jahren bis 5 zählen und ein Jahr später bis 10.	inter-individuelle Perspektive

Den angestellten Vorüberlegungen folgend, lässt sich Entwicklungspsychologie wie folgt definieren:

> **Entwicklungspsychologie** untersucht mit wissenschaftlichen Methoden das Verhalten und die mentalen Prozesse von Individuen, insbesondere mit Blick auf deren sich über einen längeren Zeitraum hinweg stabilisierenden Veränderungen.

1.2 Aufgaben der Entwicklungspsychologie

Die Entwicklungspsychologie untersucht die menschliche Entwicklung und versucht diese
- zu beschreiben,
- zu erklären,
- vorherzusagen und
- zu beeinflussen bzw. zu kontrollieren.

1.2 Aufgaben der Entwicklungspsychologie

Beschreiben

Wissenschaftler versuchen möglichst objektiv, reliabel (zuverlässig) und valide (gültig) die Entwicklung des Menschen zu beschreiben. Die dazu verwendeten Forschungsmethoden werden in Kapitel 2 genauer dargestellt. Hauptziel der Beschreibung war es früher, möglichst exakt festzulegen, wann mit welcher Entwicklung zu rechnen ist. Die Forscher versuchten mit umfassenden Theorien zu beschreiben, wie sich zentrale Faktoren im Verlauf der Entwicklung verändern. Heute wird in der Regel sehr detailliert in stark voneinander abgrenzbaren Entwicklungsbereichen geforscht, wie z. B. der Entwicklung des Selbstkonzepts, der Sprachentwicklung, der Entwicklung der Motorik und des Denkens. Gerade für die Anwendung dieses Wissens ist es aber wichtig, nicht nur die einzelnen Teildomänen zu betrachten, sondern deren Zusammenspiel zu verstehen.

Eine große Herausforderung bei der Verhaltensbeschreibung ist es, die richtige Analyseebene zu finden.

Beispiel

Die dreijährigen Mädchen Milena und Lisa spielen zusammen. Beschrieben werden kann z. B. wie beide aufeinander reagieren, welchen Augenkontakt sie miteinander haben oder welche motorischen Handlungen jedes Kind für sich ausführt. Mithilfe moderner Technik könnte auch die Gehirnaktivität vor und nach dem Spielen untersucht werden.

Erklären

Die Entwicklungspsychologie versucht zu erklären, unter welchen Bedingungen sich Verhalten und Entwicklungsprozesse in welcher Form verändern. Dabei geht es in der Regel nicht um direkte Kausalität (Zusammenhang zwischen Ursache und Wirkung, „Wenn X, dann geschieht Y."), sondern um die Steigerung der Auftretenswahrscheinlichkeit („Wenn X, dann ist es wahrscheinlicher, dass Y geschieht."). Erklärt werden soll also, wie Verhalten „funktioniert" und gesucht wird dabei nach regelhaften Mustern. Entwicklungspsychologische Erklärungen von Verhalten und mentalen Prozessen berücksichtigen die Wechselwirkung verschiedener Faktoren. Diese können unterteilt werden in Faktoren, die innerhalb des Individuums liegen, wie z. B. seine genetische Ausstattung (dispositionelle Faktoren) und solchen, die außerhalb des Individuums liegen, z. B. das Verhalten einer pädagogischen Fachkraft in Bezug auf ein Kind (situationale Faktoren).

Oftmals wirken sehr viele Faktoren zusammen – dies bezeichnet man als Multikausalität. Allerdings wird dieser Begriff oft auch dann verwendet, wenn man die genaue Ursache nicht kennt.

Vorhersagen

Auch die Vorhersagen der Entwicklungspsychologie beziehen sich in der Regel auf Auftretenswahrscheinlichkeiten, da meistens nicht alle Entwicklungsbedingungen und Wechselwirkungen bekannt sind. Wurde eine schlüssige Erklärung für ein bestimmtes Verhalten gefunden, so ergibt sich daraus die Möglichkeit, dieses Verhalten in bestimmten Situationen vorherzusagen.

Beispiel

Der dreijährige Mads ist besonders schüchtern, wenn er mit anderen Kindern zusammen ist, die er noch nicht kennt. Vermutlich wird er sich beim Kindergarteneintritt in den ersten Tagen in der neuen Umgebung ebenso schüchtern verhalten.

Beeinflussen und kontrollieren

Die Erkenntnisse der Entwicklungspsychologie liefern wichtiges Fachwissen, das helfen kann, die Entwicklung eines Menschen zu verstehen, zu beurteilen und seine Weiterentwicklung vorherzusagen. Mithilfe dieses Fachwissens können eventuelle Fehlentwicklungen erkannt und beeinflusst werden. Zudem erlauben die Erkenntnisse eine gezielte Prävention, indem schädliche Einflüsse von vornherein reduziert werden können. Hier liegt eine Schnittstelle der Entwicklungspsychologie zur pädagogischen Psychologie und zu Pädagogik.

Beispiel

Die Erkenntnisse der Entwicklungspsychologie haben wesentlich dazu beigetragen, dass Kinder heute anders erzogen werden, als noch vor 60 Jahren (vgl. Kapitel 3).

Berufliche Handlungsrelevanz

Für pädagogische Fachkräfte ist insbesondere die Beeinflussung und Kontrolle von Verhalten von großer Bedeutung. Die Kenntnis über die Mechanismen der Verhaltensbeeinflussung ist sozusagen das (früh-)pädagogische Handwerkszeug, welches professionelles Arbeiten ermöglicht.
Es geht zum Beispiel darum,
- die Auftretenswahrscheinlichkeit eines bestimmten Verhaltens zu erhöhen oder
- das Ausmaß eines bestimmten Verhaltens zu verringern,
- Eltern hinsichtlich ihrer Möglichkeiten der Verhaltenskontrolle zu beraten und
- eine gute Beziehung zu Kindern aufzubauen.

1.3   Entwicklung über die gesamte Lebensspanne

Die klassische Entwicklungspsychologie hat sich im letzten Viertel des 20. Jahrhunderts zur **Entwicklungspsychologie der Lebensspanne** (oder auch differenzielle Entwicklungspsychologie) weiterentwickelt. Diese Entwicklung ist maßgeblich mit dem Namen des deutschen Psychologen Paul. B. Baltes (1939–2006) verknüpft. Dabei wird davon ausgegangen, dass Entwicklung ein lebenslanger Prozess ist und keineswegs mit dem Ende der biologischen Reifung (am Ende der Pubertät) zu einem Stillstand kommt. Entwicklung beruht auf dem Wechselspiel von biologischen, kulturellen und individuellen Faktoren.

Beispiel

Die acht Monate alte Hanna lernt laufen. Für dieses „Programm" hat sie eine genetische Ausstattung, es entfaltet sich sozusagen automatisch (biologischer Faktor). In unserer Kultur wird ihr die Möglichkeit gegeben, relativ frei auf „Entdeckungsreise" zu gehen. Auch hat sie Eltern, die nicht gleich ängstlich reagieren, wenn Hanna einmal hinfällt (kulturelle Faktoren). Hanna selbst hat einen großen Forscherdrang und erkundet alles in ihrer Umgebung ohne große Angst (individuelle Faktoren).

Neben biologischen, kulturellen und individuellen Faktoren beeinflusst das noch relativ neue Forschungsfeld der **Epigenetik** zunehmend die Entwicklungspsychologie. Dabei handelt es sich um eine Spezialdisziplin der Biologie, die sich damit beschäftigt, wie Umwelteinflüsse den genetischen Code verändern und so vererbt werden können (siehe dazu Kapitel 5.1.3).

Die Epigenetik verdeutlicht, dass Entwicklung als ein komplexes Wechselspiel zwischen Anlagen und Umwelt verstanden werden muss (siehe Grafik auf S. 17 oben, vgl. Kapitel 4 und 5).

1.3 Entwicklung über die gesamte Lebensspanne

Die Erkenntnisse der Entwicklungspsychologie der Lebensspanne verdeutlichen, dass Entwicklung individuell stark unterschiedlich verlaufen kann. Wissenschaftler sprechen diesbezüglich von der **Plastizität** (Formbarkeit) und **Multidirektionalität von Entwicklung**. Der Entwicklungsverlauf eines Individuums ist nie festgelegt (deterministisch) sondern immer nur wahrscheinlich (probabilistisch).

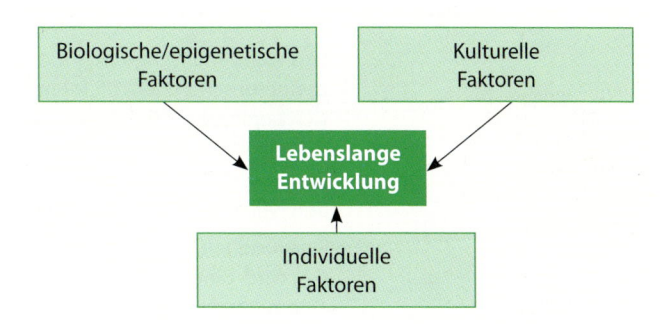

Faktoren, die die lebenslange Entwicklung beeinflussen

Die Plastizität der Entwicklung bleibt sogar bis in das hohe Erwachsenenalter erhalten. Dieser Sichtweise folgend, muss Entwicklung nicht immer nur als ein Voranschreiten stattfinden. Auch eine Bewahrung des „Status quo" oder ein Sich-Einrichten auf einem niedrigeren Niveau kann als Entwicklung verstanden werden (vgl. Staudinger, 2012, S. 318).

Beispiel

Frau Gerlach, 80 Jahre alt, ist sehr aktiv und geistig fit. Sie geht regelmäßig zum Gruppentanzen und zum Seniorensport. Ihre Enkel halten sie auf Trab und sie unternimmt viel mit ihnen. Autofahren möchte sie jetzt aber nicht mehr, da sie sich dafür zu unsicher fühlt.

Frau Tomas, 67 Jahre alt, Bezieherin einer kleinen Rente und ohne Angehörige, sitzt den ganzen Tag allein zu Hause vor ihrem Fernseher. Soziale Kontakte hat sie wenige und das Haus verlässt sie kaum noch, da sie sich beim Laufen zunehmend unsicher fühlt.

Um die Entwicklungsprozesse über die gesamte Lebensspanne beschreiben zu können, hat sich in der Forschung nebenstehende Einteilung in Altersabschnitte bewährt. Auf diese Einteilung wird auch im vorliegenden Lehrwerk Bezug genommen, wobei die letzten drei Altersabschnitte zusammengefasst sind.

Alter	Phase
Empfängnis bis Geburt	Pränatale Phase
0 bis 2; 12 Jahre	Säugling, früheste Kindheit
3 bis 5; 12 Jahre	Frühe Kindheit
6 bis 11; 12 Jahre	Mittlere Kindheit
12 bis 17; 12 Jahre	Adoleszenz
18 bis 35 Jahre	Frühes Erwachsenenalter
36 bis 50 Jahre	Mittleres Erwachsenenalter
51 bis 65 Jahre	Spätes Erwachsenenalter
ab 65 Jahre	Hohes Erwachsenenalter

Altersabschnitte der Entwicklung über die Lebensspanne. Die Schreibweise „2;12" Jahre bedeutet hier und im Folgenden „2 Jahre und 12 Monate".

1.4 Geschichte der Entwicklungspsychologie

Seit wann Menschen sich mit den sie betreffenden Änderungsprozessen beschäftigen, bleibt im Dunkeln. Es ist jedoch bekannt, dass sich bereits die Philosophen der Antike Gedanken darüber machten, in welchen unterschiedlichen Phasen das Leben verläuft. Sokrates, Platon und Aristoteles philosophierten über den menschlichen Geist, den Willen und darüber, wie der Mensch in einer Gemeinschaft lebt.

Eine Kindheit, wie sie heute in westlichen Industrienationen verstanden wird, gibt es – bezogen auf die Menschheitsgeschichte – erst seit einem kurzen Zeitraum. Im Mittelalter wurden zum Beispiel noch keine wesentlichen Unterscheidungen zwischen Kindern und Erwachsenen getroffen. Kinderarbeit war die Regel, in der Rechtsprechung wurden Kinder wie Erwachsene behandelt und auf Bildern wurden sie wie Erwachsene dargestellt. Dementsprechend beschäftigte man sich auch nicht mit den Besonderheiten ihrer Entwicklung.

Sokrates

Im 17. und 18. Jahrhundert begannen Gelehrte und Wissenschaftler, sich näher mit der Entwicklung des Menschen auseinanderzusetzen. Der englische Philosoph John Locke (1631–1704) stellte beispielsweise heraus, dass Entwicklung abhängig ist von gemachten Erfahrungen.

Der französische Philosoph Jean-Jacques Rousseau (1712–1778) beschäftigte sich ausführlich mit der menschlichen Entwicklung. Im Jahr 1762 schrieb er seinen bekannten Roman „Emile oder über die Erziehung". Dabei ging er davon aus, dass die menschliche Entwicklung von Natur aus festgelegt ist, demnach universell verläuft und in fünf Stufen stattfindet.

Erste systematische Beobachtungen an Kindern wurden vom deutschen Philosophen Dietrich Tiedemann (1748–1803) durchgeführt. Er beobachtete seinen Sohn und hielt seine Beobachtungen in Form eines Tagesbuchs fest. Schließlich veröffentlichte er 1787 ein Buch mit dem Titel „Beobachtungen der Seelenfähigkeit bei Kindern".

Eine tatsächlich empirische und damit wissenschaftliche Erforschung menschlicher Entwicklung fand ab der Mitte des 19. Jahrhunderts statt. So veröffentlichte 1882 der Physiologe William Thierry Preyer (1841–1897) sein Werk „Die Seele des Kindes: Beobachtungen über die geistige Entwicklung des Menschen in den ersten Lebensjahren" in Leipzig. Hier wurden erstmalig Regeln für eine verwertbare Dokumentation von Verhalten dargelegt. Preyer, ein Mediziner deutsch-englischer Herkunft, beobachtete systematisch seinen Sohn Axel morgens, mittags und abends von der Geburt bis zu dessen drittem Lebensjahr. Viele Forscher sehen daher in Preyers Werk den Beginn der wissenschaftlichen Entwicklungspsychologie.

Jean-Jacques Rousseau

Zur selben Zeit gründete Wilhelm Wundt im Jahr 1879 sein Labor für experimentelle Psychologie in Leipzig. Er legte damit den Grundstein für die moderne Psychologie. Auch das Ehepaar Clara und William Stern begann, die Entwicklung ihrer drei Kinder Hilde, Günther und Eva über einen Zeitraum von 18 Jahren minutiös zu dokumentieren. Das Ergebnis hielten sie in 24 Bänden fest. Entwicklung wurde jetzt vom Kinde aus gesehen, was auch neue Konzepte für die Pädagogik mit sich brachte. Fragen wie: Was bringt Entwicklung voran? Sind Strafen notwendig? Wie kann Entwicklung und Erziehung verwoben werden? wurden jetzt wichtig. Dabei betrachtete schon damals William Stern Natur und Kultur als zwei Seiten einer Medaille – beide wirken zusammen auf die Entwicklung ein.

1.4 Geschichte der Entwicklungspsychologie

Die Methode der Dokumentation wurzelte dabei zum einen in der Philosophie der Aufklärung, die die Individualität der Menschen betonte, zum anderen in der Evolutionstheorie, die 1859 von Charles Darwin begründet wurde. 1866 sprach schließlich der deutsche Arzt und Philosoph Ernst Haeckel davon, dass die Entwicklung des menschlichen Keimes eine Rekapitulation der menschlichen Stammesentwicklung sei.

Die Psychologie entwickelte sich nun zu einer eigenständigen Disziplin und im Jahr 1883 wurden die ersten psychologischen Labore in den USA eröffnet. 1890 schrieb William James sein Werk „The Principles of Psychology", vermutlich eines der wichtigsten Bücher zum Thema Psychologie.

Schließlich wurde um 1900 die Entwicklungspsychologie immer populärer. Dies lässt sich auch daran festmachen, dass bis zum Jahr 1915 21 Zeitschriften und 26 Universitätsinstitute zum Thema gegründet wurden. Als Folge dessen entstanden unterschiedliche Theorien, die zum Teil heute noch Einfluss auf die aktuelle Forschung haben. Zudem begannen in den USA um das Jahr 1920 große Längsschnittstudien (vgl. Kapitel 2.4.3) zu entwicklungspsychologischen Themen. Ein weiterer wesentlicher Motor für das Voranschreiten der Entwicklungspsychologie als wissenschaftliche Disziplin war die Entwicklung standardisierter Testmethoden. Insbesondere ist hier die Entwicklung von Intelligenztests (vgl. Kapitel 6.4.3) durch die Franzosen Alfred Binet (1857–1911) und Théodore Simon (1872–1961) zu nennen.

Schließlich wuchs seit den 1970er Jahren die Zahl der Forschungsvorhaben stark an und es setzte sich die Auffassung durch, Entwicklung als lebenslangen Prozess zu begreifen. Seitdem findet Forschung immer mehr interdisziplinär statt und an die Stelle *einer* umfassenden Theorie traten viele „kleine" Theorien, die Entwicklungsprozesse bereichsspezifisch erklären, das Feld allerdings auch zunehmend unübersichtlich machen (vgl. Pinquart u. a., 2011, S. 35 ff. und Deutsch/El Mogharbel, 2007).

Unterschiedliche Perspektiven

Seit der Entstehung der Psychologie und damit verbunden der Entwicklungspsychologie, gab es unterschiedliche Sichtweisen auf die zu erforschenden Phänomene. Mit dem Voranschreiten der experimentellen (Entwicklungs-)Psychologie wurden zwei Strömungen besonders relevant:

Der sogenannte **Strukturalismus**, verbunden mit dem Namen Wilhelm Wundt (1832–1920), erforschte im wissenschaftlichen Experiment die Struktur des menschlichen Denkens und Verhaltens. Gefragt wird dabei nach dem „Ist-Zustand" eines Verhaltens und nach der Struktur, die dieses Verhalten hervorbringt.

Beispiel
Patrick, acht Jahre alt, ist in der Schule besonders unaufmerksam und motorisch sehr aktiv. Aus der Perspektive des Strukturalismus wird nun möglichst objektiv sein Verhalten beschrieben und gefragt, welche Strukturen (Verhalten der Lehrer, Schulgebäude, Verhalten der Mitschüler) Patricks Verhalten beeinflussen könnten.

Im Gegensatz dazu widmete sich der **Funktionalismus** vor allem der Erforschung der Funktion eines bestimmten Verhaltens. Gefragt wird, wozu ein Verhalten nützlich ist. In unserem Beispiel: Was bringt es Patrick, unaufmerksam und motorisch aktiv zu sein? Insbesondere letzterer Ansatz wirkte sich – verbunden mit den Namen John Dewey (1859–1952) und William James (1842–1910) – auch auf die Pädagogik aus.

Eine weitere wichtige Unterscheidung, die noch bis Mitte des 20. Jahrhunderts diskutiert wurde, ist die zwischen **Anlage/Reifung** (endogen, im Innern erzeugt) und **Umwelt/Lernen** (exogen, von außen erzeugt). Die endogenistische Perspektive ging davon aus, dass die menschliche Entwicklung durch die Erbinformationen geprägt ist, die exogenistische Perspektive hingegen unterstellte, dass bei der Entwicklung Lernprozesse vorherrschend sind (vgl. Kapitel 4.2).

Schließlich entwickelten sich unterschiedliche Schulen, die verschiedene Erklärungsansätze für die Entwicklung liefern. Zum Teil haben sie eher historischen Charakter, zum Teil finden sie heute noch in der aktuellen Forschung Anwendung. Eine ausführliche Darstellung mit Bezug auf die Entwicklungspsychologie findet sich in Kapitel 4.3.

Schule	Kernaussage	Beispiel: Marlene (3 Jahre) tritt ihren Bruder Tom (6 Monate) – Mögliche Erklärung bzw. Fragestellung
Psycho-dynamische Perspektive	Verhalten und mentale Prozesse werden durch innere „Kräfte" bestimmt.	Marlene ist frustriert, weil sie aktuell keine Freude erleben kann. Eigentlich möchte sie ihre Eltern treten, da diese sich mehr um Tom kümmern.
Behavioristische Perspektive	Verhalten und mentale Prozesse sind eine Reaktion auf die Umwelt.	Marlene hat gelernt, dass sie von ihren Eltern Aufmerksamkeit erhält, wenn sie Tom tritt.
Humanistische Perspektive	Der Mensch ist grundsätzlich gut, frei und bereit sich selbst zu verwirklichen.	Welche sozialen Bedingungen führen zum aggressiven Verhalten von Marlene?
Kognitive Perspektive	Verhalten ist das Resultat eines Denkprozesses, der auf der subjektiven Realität des Individuums basiert.	Untersucht werden die Wahrnehmung, die Absichten und die Äußerungen von Marlene.
Biologische Perspektive	Verhalten und mentale Prozesse basieren auf der biochemischen Funktionsweise des Nervensystems.	Welche Gehirnreale sind beim aggressiven Verhalten von Marlene aktiv?
Evolutionäre Perspektive	Verhalten und mentale Prozesse haben sich im Laufe der Evolution entwickelt.	Aggression ist ein aus evolutionärer Sicht sinnvolles Verhalten.
Kulturvergleichende Perspektive	Verhalten und mentale Prozesse können von der Kultur, die das Individuum umgibt, abhängig sein.	Gibt es Aggression in jeder Kultur? Welche kulturellen Bedingungen fördern aggressives Verhalten?

Schulen in der (Entwicklungs-)Psychologie und deren Kernaussage
(vgl. Gerrig/Zimbardo, 2008, S. 16 und Hasselhorn/Mähler, 2012, S. 316)

1. Diskutieren Sie Ihre Vorstellungen von Entwicklung.
2. Beschreiben Sie den Einfluss pädagogischer Fachkräfte
    a) auf die Entwicklung von Kindern,
    b) auf die Entwicklung von Jugendlichen.
3. Definieren Sie, ab wann Sie eine Entwicklung als nicht mehr „normal" bezeichnen würden.
4. Bewerten Sie die Inhalte der verschiedenen Äußerungen in der Handlungssituation auf S. 12.
5. Analysieren Sie, warum die Geschichte der Entwicklungspsychologie für pädagogische Fachkräfte als wichtiges Hintergrundwissen anzusehen ist.

2 Forschungsmethoden

Berufliche Handlungssituation

Alexander Klein, 24 Jahre alt, arbeitet als pädagogische Fachkraft in der Sonnenscheingruppe der Kindertageseinrichtung „Arche Noah". Während der Freispielzeit der Hortkinder im Garten beobachtet er immer wieder Unstimmigkeiten zwischen den Kindern. So auch heute: Kai (9;5 Jahre alt) greift plötzlich Lasse (8;5 Jahre alt) an, indem er ihn am Kragen packt, während die anderen Kinder der Gruppe ihr Spiel nicht unterbrechen. Alexander fragt sich, was wohl geschehen sein mag. Wurde Kai wieder von Lasse geärgert? Hatte Lasse Kai ein Spielgerät weggenommen oder gibt es einen anderen Grund für die Auseinandersetzung? Vielleicht streiten die beiden überhaupt nicht, sondern raufen nur freundschaftlich?

Alexander überlegt, was er tun könnte: die Kinder gemeinsam oder getrennt voneinander befragen, dem Freispiel im Garten zukünftig mehr Aufmerksamkeit schenken? Ebenso könnte es interessant sein, herauszufinden, bei welchen Spielen es besonders oft zu Unstimmigkeiten zwischen den Kindern kommt. Zudem überlegt er, die Eltern zu befragen, was ihre Kinder zu Hause über das gemeinsame Spielen erzählen.

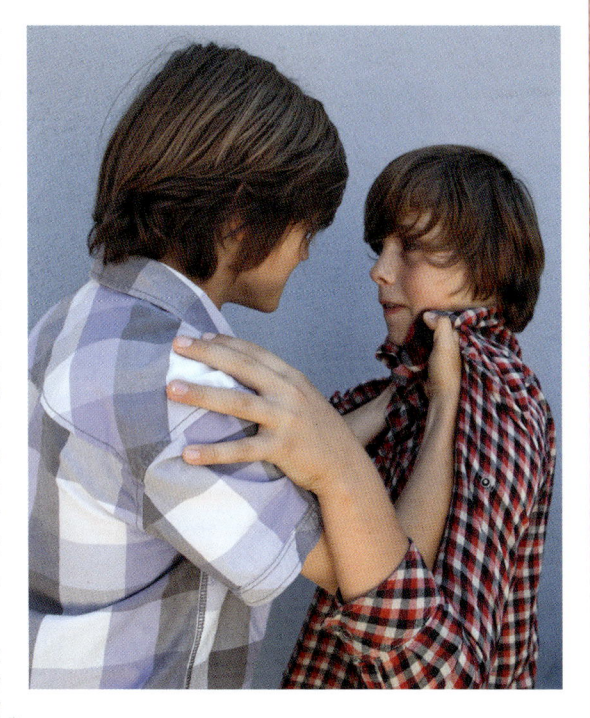

Für die nächste Teamsitzung der Kita notiert sich Alexander folgende Diskussionspunkte:
- *Interviewen einzelner Kinder*
- *Meinungsaustausch in der Kindergruppe*
- *Optimierung der Beobachtung während der Freispielzeit im Außengelände*
- *Erstellen eines Elternfragebogens*

Ziel psychologischer Forschung ist es, fundierte Aussagen und Theorien über verschiedene, unter anderem auch entwicklungspsychologische Forschungsbereiche zu gewinnen. Diese Aussagen und Theorien sind jedoch nur dann wissenschaftlich, wenn sie systematisch und methodisch einwandfrei gewonnen werden und nicht Resultat von Alltagserfahrungen Einzelner sind. Bezogen auf die beschriebene Handlungssituation bedeutet dies also, keine vorschnellen Schlussfolgerungen zu ziehen, weshalb Kai aggressiv reagiert, sondern die Geschehnisse, die zu dieser Situation führten, genau zu analysieren. Im folgenden Kapitel 2 sollen aktuelle (entwicklungspsychologisch) relevante Vorgehensweisen und Methoden zur Durchführung wissenschaftlicher Studien vorgestellt werden.

2.1 Einführende Grundbegriffe

Auch wenn die meisten pädagogischen Fachkräfte nicht aktiv wissenschaftliche Forschung betreiben, ist es nützlich, einige grundlegende erfahrungswissenschaftliche Konzepte zu kennen. So können beispielsweise Studien und ihre Ergebnisse, auf die Fachpublikationen häufig Bezug nehmen, besser nachvollzogen und vor allem auch kritisch hinterfragt werden.

Ausgangspunkt psychologischer Forschung sind immer Fragen, die im Forschungsverlauf überprüft werden und dann häufig Ausgangspunkt einer neuen Theorie sind.

> Eine **Theorie** gibt einen modellhaften Ausschnitt der Wirklichkeit wieder. Sie erklärt bestimmte Tatsachen und deren Gesetzmäßigkeiten und ist wissenschaftlich überprüfbar. Die Überprüfung erfolgt anhand verschiedener Forschungsmethoden (z. B. durch Beobachtungstechniken oder durch ein Experiment) und bestätigt (verifiziert) oder widerlegt (falsifiziert) die Theorie.

Eine sehr prominente entwicklungspsychologische Theorie ist beispielsweise Jean Piagets Modell der moralischen Entwicklung (siehe Kapitel 8.1.5).

Bei der Überprüfung einer neuen Theorie werden die Variablen, die von Interesse sind, möglicherweise vielfach verändert und variiert um den Gültigkeitsbereich der Theorie festzulegen.

> Eine **Variable** ist ein Merkmal, dessen Ausprägung sich verändern kann. In experimentellen Versuchsanordnungen kann es vom Versuchsleiter bewusst in unterschiedlichen Ausprägungsformen dargeboten werden.

Beispiel
Wenn die Zusammensetzung einer Kindergartengruppe untersucht wird, so ist das Geschlecht der Kinder, das die Ausprägungen männlich oder weiblich aufweisen kann, eine Variable. Auch das Alter der Kinder kann eine Variable sein.

Eine **unabhängige Variable** wird gezielt modifiziert, um bei der **abhängigen Variable** eine Veränderung zu bewirken. Untersucht und erklärt werden jedoch nur die Veränderungen der abhängigen, nicht aber jene der unabhängigen Variable.

Beispiel
Im Rahmen eines Experiments wird den Versuchspersonen (Kindern) eine Geschichte (unabhängige Variable) vorgelesen, um deren Wirkung auf die Empathiefähigkeit der Kinder (abhängige Variable) zu ermitteln.

Die Art und Weise der „Messbarmachung" von Variablen (wie z. B. Empathiefähigkeit) stellt eine große Herausforderung für die psychologische Forschung dar

> „Messbar machen" heißt operationalisieren. Die **Operationalisierung** legt fest, mit welchen Mitteln ein wissenschaftlicher Sachverhalt gemessen werden soll und mithilfe welcher beobachtbarer Kriterien dieser Sachverhalt gemessen werden kann.

Die Fähigkeit zur Empathie beispielsweise kann nicht nur durch die erwähnte Geschichte messbar gemacht, also operationalisiert werden, sondern auch mithilfe eines Films oder eines Computerspiels (vgl. Fuchs-Heinritz, 2007, S. 470).

2.2 Alltagstheorie vs. wissenschaftliche Forschung

Alltagstheorien sind oft Verallgemeinerungen zu Sachverhalten, die einzelne Personen aus ihren Erfahrungen gewinnen, die jedoch – wissenschaftlich betrachtet – unzulässig sind.

Beispiel
Die pädagogische Fachkraft Ina sammelte während ihrer Ausbildung eine Reihe schlechter Erfahrungen mit einer Mutter schwedischer Herkunft und bezieht diese Erfahrung seither auf alle Schweden.

Häufig fußen Alltagstheorien auf Einzelerfahrungen, tradierten Klischees, Vermutungen sowie unzulässigen Verallgemeinerungen und werden ohne vorherige Überprüfung in Gespräche oder Handlungsweisen eingebracht. Sie werden beispielsweise in alltäglichen, lockeren Gesprächssituationen, die durch umgangssprachliche Formulierungen gekennzeichnet sind, weitergegeben und zumeist unreflektiert vom Gegenüber aufgenommen. Dadurch können sich Interpretationsfehler und nicht hinterfragte Verständigungsfehler häufen – ähnlich wie beim Spiel „Stille Post". Aber Alltagstheorien vermitteln Sicherheit und geben den Menschen das Gefühl, Sachverhalte und Zusammenhänge verstehen zu können. Sie können ferner dazu beitragen, sich in eine bestimmte Interessengruppe (z. B. eine Partei) zu integrieren oder aber auch sich von dieser zu distanzieren. Letztlich sind sie immer subjektiv konstruierte Sinnzusammenhänge. Im Alltag erleichtern sie die Verständigung und das Auskommen miteinander. Zudem würden unsere Entscheidungen durch ständiges Reflektieren und Hinterfragen enorm verzögert und eingeschränkt. Obwohl Alltagstheorien auch zutreffen können, wenn ihr Wahrheitsgehalt in einer wissenschaftlichen Überprüfung bestätigt wird, liegen in der Voreingenommenheit und dem unhinterfragten Weitergeben die größten Fehlerquellen.

Wissenschaftliche Forschung hingegen ist weniger anfällig für unreflektierte Verzerrungen und stets bestrebt, präzise und eindeutig zu formulieren. Wissenschaftler unterschiedlicher Disziplinen (Psychologen, Biologen, Wirtschaftswissenschaftler usw.) versuchen anhand verschiedener Vorgehensweisen und Methoden, möglichst fehlerfreie und genaue Aussagen über Aspekte in ihrem jeweiligen Forschungsbereich zu treffen. Die zugrunde liegenden Annahmen können entweder richtig oder falsch sein und bis dies nicht eindeutig nachgewiesen ist, gelten sie als **Hypothesen**.

> Eine **Hypothese** ist eine Annahme in Wenn-dann-Form, die einen Zusammenhang zwischen unabhängiger und abhängiger Variable herstellt. Es gilt zu prüfen, ob der postulierte Zusammenhang tatsächlich zutrifft. Es liegt auf der Hand, dass sich eine Hypothese auf mindestens zwei Variablen beziehen muss, da sonst kein Zusammenhang hergestellt und überprüft werden kann.

Zur Überprüfung von Hypothesen in der Praxis (z. B. durch Untersuchungen, Beobachtungen oder Tests) werden Bedingungen formuliert, anhand derer die Gültigkeit der Hypothese bewiesen werden soll.

Beispiel
Hypothese: *Wenn Kinder regelmäßig gewalthaltige Computerspiele spielen, dann sind sie ihren Spielkameraden gegenüber aggressiver als Kinder, die solche Spiele nicht spielen.*
Bedingungen: *Es werden Kinder untersucht, die zwischen vier und acht Jahren alt sind und sich mindestens jeden zweiten Tag eine halbe Stunde lang mit gewalthaltigen Computerspielen beschäftigen.*
Gültigkeitsbereich: *Die Hypothese ist gültig bzw. verifiziert (sie wird angenommen), wenn die untersuchten Kinder aggressiveres Verhalten zeigen als Kinder, die keine gewalthaltigen Computerspiele konsumieren (Kontrollgruppe). Zeigen sich keine Unterschiede zwischen den beiden Kindergruppen, gilt die Hypothese als ungültig bzw. falsifiziert.*

Alltagstheorien können wichtige Hinweise auf aktuell interessante Themen liefern, die dann wissenschaftlich sorgfältig zu erforschen sind und in der Folge einen inhaltlich weit über die Alltagstheorien hinausreichenden Erkenntnisgewinn haben können.

> **Berufliche Handlungsrelevanz**
>
> Um einem professionellen Berufsverständnis als Erzieher oder Kindheitspädagoge gerecht zu werden, ist die Loslösung von alltagstheoretischen Erklärungsmodellen unabdingbar. Pädagogische Fachkräfte sollten im Umgang mit Kindern und Familien, aber auch gegenüber den Kollegen, keine vorschnellen Schlussfolgerungen ziehen und Interpretationen anstellen. Das bedeutet, dass neue Situationen stets von Grund auf neu bearbeitet und überdacht werden sollten, anstatt ihnen mit unreflektiertem Transfer zu begegnen – auch wenn ähnliche Gegebenheiten bereits einmal aufgetreten und bearbeitet worden sind.

Sozialwissenschaftliche Forschung

Die Entwicklungspsychologie gehört zu den **empirischen Sozialwissenschaften**. Der Begriff „Empirie" kommt aus dem Griechischen und bedeutet „auf Erfahrungen beruhend". Diese Erfahrungen können z. B. Beobachtungen sein, die systematisch gesammelt und anschließend ausgewertet werden. In den Sozialwissenschaften werden quantitative und qualitative Forschungsmethoden eingesetzt (siehe Kapitel 2.5 und 2.6).

Sozialwissenschaftliche Forschung lässt sich nach Peter Atteslander in folgende fünf, aufeinander aufbauende, Schritte untergliedern:

Schritte nach Atteslander	Praxisbeispiel
1. Problembenennung: Ein soziales oder wissenschaftliches Problem ist erkennbar und wird benannt.	Erkennen des Umstands, dass es nur wenige Studien gibt, die sich damit befassen, wie Eltern den Übergang ihrer Kinder in die Grundschule erleben.
2. Gegenstandsbenennung: Formulierung des wissenschaftlichen Problems und der Hypothesen sowie Wahl des Forschungsdesigns.	Eltern sollen befragt werden, wie sie selbst den Übergang ihrer Kinder vom Kindergarten in die Schule erleben, ob sie sich von den Fachkräften in der Kita selbst gut begleitet fühlen und was ihnen für den Start ihrer Kinder wichtig ist.
3. Durchführung und Anwendung der Forschungsmethoden: Sowohl die Operationalisierung als auch die Auswahl der Methoden/Vorgehensweisen und Erhebungsinstrumente erfolgt hier.	Viele Eltern sollen erreicht werden. Da für dieses Gebiet noch kein geeigneter Fragebogen existiert, soll ein solcher entwickelt werden. Die interessanten Fragen werden formuliert und für den Fragebogen in vier Bereiche unterteilt.
4. Analyse und Auswertungsverfahren: Die in Schritt 2 aufgestellten Hypothesen sind zu prüfen. Dazu werden die gewonnenen Daten ausgewertet und aufbereitet.	Auswertung der ausgefüllten Fragebogen (siehe Kapitel 2.5.3). Die aufgestellten Hypothesen werden teilweise bestätigt und teilweise widerlegt.
5. Weiterverwertung der Ergebnisse: Formulierung von praktischen Problemlösungen, Aufstellen neuer Hypothesen und Evaluation des Forschungsablaufs.	Es werden Handlungsempfehlungen formuliert, um Eltern zukünftig besser am Übergangsprozess zu beteiligen. Zudem erfolgt ein Rückblick auf den Verlauf der Studie; Optimierungsmöglichkeiten werden festgehalten.

Fünf Schritte wissenschaftlicher Forschung (vgl. Atteslander, 2008, S. 46 f.)

2.3 Ethische Kriterien und Informationspflicht

Humanwissenschaftliche Forschung bedarf großer Umsichtigkeit. Dies trifft insbesondere dann zu, wenn sensible Themen untersucht werden sollen, welche die Intim- und Privatsphäre betreffen, z.B. (1) der Ausprägungsgrad psychischer Störungen oder sonstiger Beeinträchtigungen bei einer bestimmten Gruppe von Individuen, oder (2) der Einfluss des Herkunftsmilieus auf die Entwicklung oder Folgen von Migration in der frühen Kindheit. Die Achtung der verfassungsrechtlich festgelegten Grundrechte des Menschen (entsprechend Artikel 1 des Grundgesetzes) hat dabei oberste Priorität. Um dies zu gewährleisten, werden Forschungen an Hochschulen, Krankenhäusern und sonstigen Forschungseinrichtungen von Ethikkommissionen überwacht. Der „Berufsverband Deutscher Psychologinnen und Psychologen e. V." (BDP) und die „Deutsche Gesellschaft für Psychologie e. V." (DGPs) verfassten gemeinsam ethische Richtlinien, die der psychologischen Forschung normative Vorgaben an die Hand geben. Stellvertretend für die umfassenden Ethikgrundsätze sollen hier als Beispiel der Datenschutz sowie die Anonymität der Ergebnisse genannt werden. Auch pädagogische Fachkräfte in Kindertageseinrichtungen sind an Datenschutzrichtlinien gebunden.

Zudem müssen die Probanden einer wissenschaftlichen Studie von Beginn an alle wichtigen Informationen über das Forschungsvorhaben erhalten, an dem sie teilnehmen, um sich für oder gegen ein Mitwirken an der Studie entscheiden zu können.

Als **Proband** wird ein Teilnehmer an einer psychologischen Studie bezeichnet. Eine alternative Bezeichnung ist Versuchsperson.

Bei manchen Studien ist es aufgrund des Untersuchungsdesigns (siehe Kapitel 2.4) jedoch nicht möglich, die Teilnehmer über alle Einzelheiten der Studie in Kenntnis zu setzen, z.B. wenn soziales Verhalten oder Emotionen in verschiedenen Situationen untersucht werden sollen und die Probanden durch das vorzeitige Wissen unter Umständen „sozial erwünscht" agieren könnten (Erklärung siehe unten). In solchen Fällen sollten die Teilnehmer am Ende der Untersuchung detailliert über das tatsächliche Anliegen der Studie informiert werden. Zudem muss ihnen die Möglichkeit eingeräumt werden, Einspruch gegen die weitere Verarbeitung der Daten einzulegen.

Soziale Erwünschtheit: Probanden passen ihre Antworten an die vermeintlichen Erwartungen der Umwelt an. Ein Grund für diese „sozial erwünschten" Antworten ist der Wunsch nach gesellschaftlicher Anerkennung und Zustimmung. Im Gegensatz dazu wird bei der ehrlichen Antwort soziale Ablehnung befürchtet.

2.4 Forschungsdesigns (Untersuchungspläne)

Das Forschungsdesign, auch Untersuchungsdesign, Untersuchungsanordnung, Forschungsplan oder Untersuchungsplan genannt, legt fest, mit welcher Methode die aufgestellten Hypothesen überprüft werden sollen. Beispielsweise wird geregelt,
- welche Variable (z. B. Zufriedenheit der Eltern mit dem Übergang von der Kita in die Grundschule)
- auf welche Art und Weise (z. B. Fragebogen)
- wie oft (z. B. einen Monat vor der Einschulung und vier Monate nach der Einschulung)
- wo (z. B. Eltern beantworten Fragebogen zu Hause) und
- an welchen Probanden (z. B. alle Elternteile von Vorschulkindern aus dem Landkreis X)

erfasst werden soll.

Dabei ist zu entscheiden, ob eine gesamte **Population,** auch Grundgesamtheit genannt (z. B. alle Eltern von Vorschülern im deutschsprachigen Raum), oder nur eine **repräsentative Stichprobe** (z. B. Eltern aus einem bestimmten Landkreis) befragt werden soll.

> Eine **Stichprobe** ist repräsentativ, wenn sie der Grundgesamtheit – im Hinblick auf vorab festgelegte Kriterien – möglichst ähnlich ist (vgl. Bortz/Döring, 2006, S. 397).

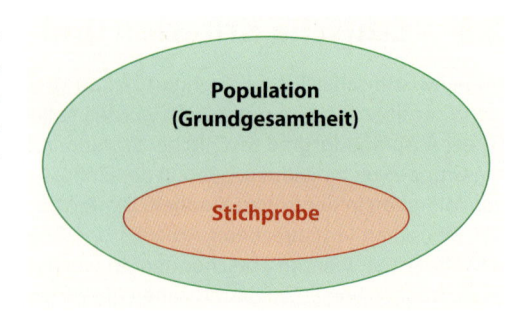

Die repräsentative Stichprobe ist ein verkleinertes Abbild der Population.

Oftmals werden Studien im **Versuchsgruppen-Kontrollgruppen-Design** durchgeführt. Dazu sind zwei möglichst identische Stichprobengruppen erforderlich.

Beispiel
*Zur Studie wird ein zweigruppiger Kindergarten ausgewählt. Beide Gruppen sind hinsichtlich der Altersstruktur der Kinder, der Gruppengröße, des Führungsstils der Fachkräfte sowie der durchgeführten Themen und Projekte möglichst identisch. Nur in einer Gruppe – der **Versuchsgruppe**, auch Treatmentgruppe genannt – wird über einen Zeitraum von acht Wochen ein naturwissenschaftliches Projekt durchgeführt, während in der anderen Gruppe – **Kontrollgruppe** – keine Intervention läuft. Datenerhebungen in beiden Gruppen finden vor und nach dem Versuch statt. Bei einem Vorher-nachher-Vergleich beider Gruppen wird der naturwissenschaftliche Wissenszuwachs der Versuchsgruppe gegenüber der Kontrollgruppe ermittelt.*

Versuchsgruppe/ Treatmentgruppe	Datenerhebung 1	naturwissenschaftliches Projekt über einen Zeitrahmen von acht Wochen	Datenerhebung 2
Kontrollgruppe	Datenerhebung 1	acht Wochen normaler Kita-Alltag	Datenerhebung 2

Ablauf einer Studie im Versuchsgruppen-Kontrollgruppen-Design. Beide Kindergartengruppen nehmen an den Datenerhebungen (z. B. mittels Fragebogen) teil, die Intervention wird aber nur in der Versuchsgruppe durchgeführt.

Im aufgeführten Beispiel sind die Kinder der Versuchs- bzw. Kontrollgruppe nicht zufällig zugeordnet worden, sondern durch ihre Zugehörigkeit zu einer Kindergartengruppe. Bei einer solchen Vorgehensweise können **Störvariablen,** wie beispielsweise das soziale Gefüge innerhalb der Gruppe oder die Fokussierung vieler Kinder auf einen „Gruppenclown" oder „Hero", das Ergebnis verfälschen. Die beiden Kindergartengruppen unterscheiden sich also nicht zufällig.

Forschungsdesigns können als **Experiment** und **Quasi-Experiment** konzipiert werden. In einem experimentellen Design sind die Probanden der Versuchs- und Kontrollgruppe zufällig zugeordnet (randomisiert), um Störvariablen, die das Ergebnis beeinflussen können, von vornherein zu minimieren.

2.4 Forschungsdesigns (Untersuchungspläne)

Die zufällige Zuordnung der Probanden zur Versuchs- oder Kontrollgruppe, etwa per Losverfahren, wird **Randomisierung** genannt.

Erfolgt keine randomisierte Zuordnung der Versuchspersonen wie im obigen Beispiel, so liegt ein quasi-experimentelles Design vor.

Es schließt sich eine Beschreibung der bewährtesten Forschungsdesigns an.

2.4.1 Einzelfallanalysen

Bei der Einzelfallanalyse geht es darum, aufgestellte Hypothesen anhand einzelner Personen zu überprüfen. Zuweilen können gesamte Lebenszusammenhänge bzw. Lebensabschnitte von Personen, Gruppen oder auch Belegschaften von Organisationen in den Fokus der Forscher rücken.

Grundsätzlich ist es wichtig, einem Plan zu folgen. Dies gilt sowohl für Einzelfallanalysen als auch für alle anderen Forschungsvorhaben. Verschiedene Autoren zeigen ähnliche Vorgehensschritte der Einzelfallanalyse auf. Der Psychologe und Soziologe Uwe Flick beispielsweise, benennt sechs zentrale Punkte:

1. Es wird eine zugrunde liegende Fragestellung formuliert, die verdeutlicht, was durch die Analyse erreicht werden soll.
2. Die Falldefinition klärt, was als Fall zu betrachten ist und was nicht als solcher gilt. Sollen z. B. Extremfälle, Idealtypen, häufige oder seltene Fälle untersucht werden?
3. Die verwendeten Methoden werden festgelegt (siehe Kapitel 2.6).
4. Eine Materialsammlung (Protokolle, Video, Tonband usw.) wird erstellt.
5. Das Material wird anhand von Videos, Tonbandaufzeichnungen oder Protokollen aufbereitet. Dies erleichtert die Zusammenfassung und die Strukturierung des Materials, um dann eine schlüssige Interpretation anschließen zu können.
6. Abschließend wird jeder Einzelfall durch Vergleiche mit anderen Einzelfällen in einen größeren Zusammenhang gestellt, um die Aussagekraft und Gültigkeit der Ergebnisse einschätzen zu können.

(Flick, 1991, S. 147 ff.)

2.4.2 Querschnittstudien

Bei diesem Untersuchungstyp werden Stichproben von ähnlichen oder verschiedenen Personengruppen zu einem bestimmten Zeitpunkt erhoben.

Querschnittuntersuchungen mit einer möglichst vergleichbaren Personengruppe sind beispielsweise Klassenarbeiten in einem bestimmten Schulfach, z. B. Mathematik, und bezüglich einer bestimmten Altersstufe, hier Klasse 2 (siehe nebenstehende Grafik).

Im Rahmen von Studien, die z. B. der Frage nachgehen „Wen würden Sie wählen, wenn am kommenden Sonntag Bundestagswahl wäre?", werden Stichproben mit unterschiedlichen Wahlberechtigten (junge Menschen, Rentner, Arbeitnehmer, Arbeitgeber, Arbeitslose usw.) bevorzugt, um ein möglichst repräsentatives Abbild der Gesamtbevölkerung zu gewährleisten. Querschnittstudien liefern also nur eine Momentaufnahme zu einem bestimmten Zeitpunkt.

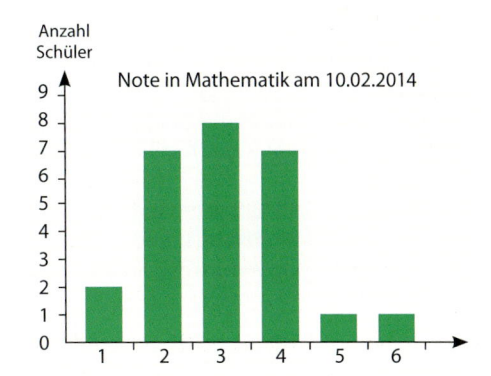

Das Histogramm (grafische Darstellung der Häufigkeitsverteilung) der Querschnittstudie zeigt, wie viele Schüler am 10.02.2014, dem Tag der Mathematikarbeit, welche Note erreichten.

2.4.3 Längsschnittstudien

Längsschnitt- oder Longitudinalstudien erheben unter Verwendung desselben Untersuchungsdesigns über einen längeren Zeitraum hinweg zu mehreren Messzeitpunkten wiederholt Daten. Obwohl die Messzeitpunkte zeitlich mehrere Tage, Monate oder auch Jahre auseinander liegen können, gehören sie nur zu ein und derselben Untersuchung.

Zwei Formen von Längsschnittstudien können voneinander abgegrenzt werden. Im Rahmen einer **Panelstudie** werden zu allen Messzeitpunkten immer dieselben Personen untersucht. Im Gegensatz dazu befragt man in **Trendstudien** nicht dieselben Personen mehrmals, sondern jeweils neue Probanden. Diese Methode ermöglicht es, dass Querschnittstudien, wenn sie wiederholt durchgeführt werden, in Trendstudien und damit auch in Längsschnittuntersuchungen einmünden können.

Die Frage, wie sich gezielte Sprachförderung im Kindergarten auf die Sprachfähigkeit im Jugendalter auswirkt, könnte exemplarisch für eine Panelstudie sein (siehe nebenstehende Grafik). Die Kinder werden vor Beginn der Intervention im Alter von vier Jahren untersucht und dann im regelmäßigen Dreijahresrhythmus bis sie als Jugendliche sechzehn Jahre alt sind.

Ein Problem von Längsschnittstudien ist, dass im Laufe der Jahre Probanden abspringen, z. B. durch einen Umzug. Diese Ausfälle müssen von Beginn an einkalkuliert und durch eine entsprechend große Stichprobe ausgeglichen werden.

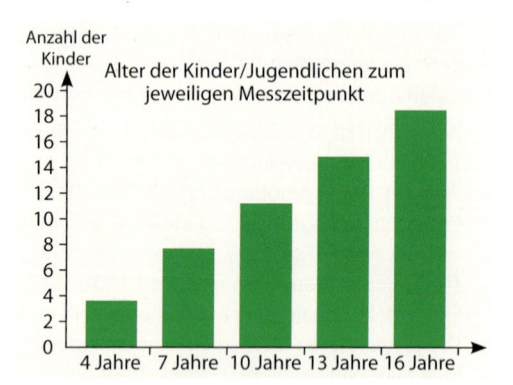

Kinder derselben Gruppe werden bei dieser Panelstudie über zwölf Jahre hinweg hinsichtlich ihrer sprachlichen Ausdrucksvielfalt untersucht.

2.5 Quantitative Forschungsmethoden

Das Ziel quantitativer Forschung ist es, möglichst verallgemeinerbare Gesetzmäßigkeiten und Erklärungen zu erhalten. Untersuchte Merkmale und Zusammenhänge werden nach Möglichkeit numerisch wiedergegeben, um sie vergleichbar zu machen. Die resultierenden Messwerte werden durch unterschiedliche Erhebungsmethoden (siehe Kapitel 2.5.2) gewonnen, anhand mathematisch-statistischer Verfahren ausgewertet (siehe Kapitel 2.5.3) und anschließend interpretiert.

> Eine **Statistik** ist ein hilfreiches methodisches Instrumentarium, mit dem empirische Untersuchungen und Befunde eingeordnet und ausgewertet werden. Auch die zusammengefassten Ergebnisse statistischer Erhebungen werden als Statistik bezeichnet. (vgl. Clauß u. a., 2011)

2.5.1 Methodologie quantitativer Forschung

Die Methodologie (auch Methodenkunde) befasst sich mit der Frage nach der Eignung von wissenschaftlichen Methoden für bestimmte Zwecke. Sie zeigt Kriterien auf, in welchen Forschungskontexten bestimmte Forschungsmethoden zum Einsatz kommen können, und wird als Teilbereich der Wissenschaftstheorie betrachtet. Quantitative Forschung ist durch eine hohe Standardisierung gekennzeichnet.

2.5 Quantitative Forschungsmethoden

In der wissenschaftlichen Forschung bedeutet **Standardisierung** die vereinheitlichte Durchführung und Auswertung einer Untersuchung nach bestimmten Mustern sowie die einheitliche Interpretation der Ergebnisse.

Um eine Standardisierung zu gewährleisten, erhalten die Untersuchungsleiter:

- identisches Itemmaterial (z. B. Fragebogen)
- detaillierte Anweisungen zum Ablauf der Studie (z. B. vorgeschriebene Formulierungen zur Instruktion der Probanden oder Zeitvorgaben bezüglich Beginn und Ende der Studie)
- Hinweise zu den Rahmenbedingungen (z. B. bestimmte Uhrzeit; Einrichtung des Erhebungsortes; ausreichend Platz für jeden Probanden, um zu vermeiden, dass die Teilnehmer sich gegenseitig ablenken oder beeinflussen)

Fragebogen gewährleisten eine hohe Standardisierung.

Ein **Item** ist eine einzelne Testfrage in einem Fragebogen oder eine einzelne Teilaufgabe im Rahmen eines Testverfahrens.

Der größte Vorteil einer hohen Standardisierung ist die Durchführung der Untersuchung unter vergleichbaren Bedingungen und die dadurch gegebene Vergleichbarkeit der Ergebnisse. Alle Probanden sollten beispielsweise zur selben Uhrzeit einen Fragebogen ausfüllen, da die Aufmerksamkeit eines Menschen im Tagesverlauf variiert: Morgens ist man wacher und am Abend, nach einem langen Arbeitsalltag, müder und unkonzentrierter. Im Vorfeld einer Untersuchung ist jedoch genauestens zu prüfen, wie viel Standardisierung notwendig ist. Zu viele Vorgaben können sowohl den Untersuchungsleiter als auch die Probanden einschränken und so die Ergebnisse verzerren.

2.5.2 Erhebungsverfahren

Sowohl die quantitative, als auch die qualitative Forschung (siehe Kapitel 2.6) bedürfen unterschiedlicher Methoden, um an Daten und Informationen von Probanden zu gelangen. Im Bereich der quantitativen Forschung sind Tests und Fragebogen besonders prominent. Die qualitative Forschung generiert ihre Informationen unter anderem aus Interviews, Diskussionen und Beobachtungen (siehe Kapitel 2.6.2).

Test

Ein fünfjähriges Kind kann eine vorgegebene Linie mit einem Stift nachzeichnen, ohne mit dem Stift von dieser Linie abzuweichen. Dieser Befund allein ist bei Weitem nicht ausreichend, dem Kind altersentsprechende motorische Fähigkeiten zu attestieren. Vielmehr sind hier weitere geeignete Aufgaben und Fragen (Items) vorzusehen, die das Kind bearbeiten muss, um Schlussfolgerungen hinsichtlich der motorischen Fähigkeiten zu ziehen.

Ein **Test** ist ein wissenschaftliches Verfahren, das den Grad der Ausprägung eines eindeutig abgrenzbaren (Persönlichkeits-)Merkmals einer Person anhand mehrerer, verschieden schwerer Aufgaben bzw. Fragen (Items) zu ermitteln versucht. Aus der Anzahl der richtig bzw. falsch bearbeiteten Items lässt sich auf den Ausprägungsgrad des getesteten Merkmals beim Probanden schließen.

Größtes Problem der klassischen Testtheorie ist, neben potenziellen Messfehlern, die Frage, ob die ausgewählten Items auch wirklich geeignet sind, das zu testende Merkmal zu untersuchen. Die Qualität eines Tests – oder auch eines Fragebogens – ist mithilfe der **drei Testgütekriterien** der klassischen Testtheorie feststellbar:
- Objektivität
- Reliabilität
- Validität

Die **Objektivität** (Unabhängigkeit von subjektiven Einflüssen) gibt an, wie unabhängig das Testergebnis von der Person ist, die den Test anwendet. Idealerweise erreichen verschiedene Testanleiter bei immer gleichbleibenden Personengruppen jeweils dasselbe Testergebnis. Objektivität in diesem Sinne ist nahezu unmöglich – angestrebt wird daher die **intersubjektive Nachprüfbarkeit**. Das heißt, das Ergebnis ist – unabhängig von der Person des Testanleiters – nachprüfbar. Um intersubjektive Nachprüfbarkeit zu gewährleisten, erhalten alle Testanleiter im Vorfeld standardisierte Instruktionen darüber, wie der Test durchzuführen, auszuwerten und zu interpretieren ist (siehe Kapitel 2.5.1). Diese Informationen liegen den meisten Verfahren in Form eines Handbuchs bei.

Die **Reliabilität** (Zuverlässigkeit) gibt an, wie genau der Test das zu prüfende Merkmal misst. Je kleiner der (errechenbare) Messfehler, desto größer die Reliabilität. Der Idealfall – absolute Reliabilität – ist jedoch nahezu utopisch, da es z. B. zu Unkonzentriertheit oder Müdigkeit der Probanden kommen kann und weitere unvorhersehbare situative und probandenspezifische Einflüsse einwirken können. Die Reliabilität wird von der Objektivität beeinflusst.

Das wichtigste Testgütekriterium ist die **Validität** (Gültigkeit). Sie gibt an, wie gut der Test in der Lage ist, genau das zu messen, was er zu messen beansprucht. Trotz hoher Objektivität und Reliabilität kann ein Test schlecht sein, wenn er nicht das misst, was er vorgibt. Vor allem Tests, deren Ergebnisse direkte Auswirkungen auf die Persönlichkeit haben (z. B. Intelligenz- oder Selektionstests), müssen auf ihre Validität überprüft werden, um die Probanden nicht zu verunsichern.

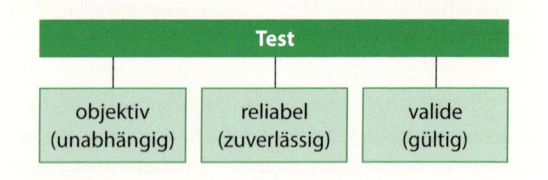

Gütekriterien eines Tests

Fragebogen

Beantworten Untersuchungsteilnehmer vorgegebene Fragen schriftlich, so ist von schriftlicher Befragung oder von Fragebogen die Rede. Im Wesentlichen können zwei Arten der schriftlichen Befragung unterschieden werden:
- **offene Verfahren**, bei denen die Befragten ihre Antworten in eigenen Worten formulieren
- **geschlossene Verfahren**, die bereits vorgegebene Antwortalternativen anbieten

Fragebogen erheben entweder (Persönlichkeits-)Merkmale der befragten Person (z. B. die Resilienz der fünfjährigen Kinder eines Landkreises) – ähnlich den bereits dargestellten Testverfahren – oder aber Meinungen, Einstellungen, Bewertungen, Beschreibungen usw. zu konkreten Sachverhalten (wie z. B. die Meinung der Eltern zur Einschulung mit fünf Jahren).

Die Konstruktion eines neuen Fragebogens ist zuweilen eine recht aufwendige Angelegenheit. Daher ist vor der Erarbeitung eines neuen Bogens zu prüfen, ob bereits vorhandene Verfahren existieren und ob diese für den eigenen Bedarf geeignet sind. Grundsätzlich ist dringend vor einer übereilten Fragebogenentwicklung zu warnen und davon abzuraten. Dies gilt insbesondere für Kindertageseinrichtungen, da die pädagogischen Fachkräfte oft nicht über das spezifische Know-how und die notwendige Erfahrung hierzu verfügen.

2.5 Quantitative Forschungsmethoden

		stimme voll zu	stimme eher zu	stimme weniger zu	stimme nicht zu	weiß ich nicht
		1	2	3	4	5
1	Der Kindergarten kooperiert mit der Grundschule.					
2	Seitens der Schule gibt es eine Lehrkraft, die für die Kooperation mit dem Kindergarten zuständig ist.					
3	Eltern werden in die Kooperation einbezogen.					
4	Eltern erfahren, was für einen erfolgreichen Übergang in die Grundschule wichtig ist.					
5	Erzieher/-innen und Lehrkräfte bieten gemeinsame Informationsveranstaltungen für Eltern zum Übergang vom Kindergarten in die Grundschule an.					
6	Eltern, Erzieher/-innen und Lehrkräfte sind gleichberechtigte Erziehungspartner.					

Dieser Ausschnitt zeigt einen geschlossenen Fragebogen zum Ankreuzen mit fünf Antwortalternativen, wobei die fünfte Kategorie nur für jene Eltern gedacht ist, die sich zum befragten Thema nicht äußern können.

Sollte kein Weg an der **Erstellung eines neuen Bogens** vorbeiführen, ist es ratsam, die anschließenden Schritte zu befolgen, um einen – im Sinne der klassischen Testtheorie – guten, sinnvoll auswertbaren und interpretierbaren Fragebogen zu erhalten.

1. **Erarbeitung theoretischer Grundlagen**
   Der Hintergrund muss eindeutig definiert und von anderen ähnlichen Theorien klar abgrenzbar sein. Aus dieser Darstellung muss sich eine eindeutige Frage ableiten lassen.

2. **Auswahl der Frageform**
   Sollen Fragen („Finden Sie gesunde Ernährung in der Kita wichtig?") oder Aussagen („Gesunde Ernährung in der Kita ist wichtig.") verwendet werden? Aussagen haben den Vorteil, dass differenziertere Antwortalternativen möglich sind.

3. **Festlegen der Antwortdimensionen**
   Möglich sind folgende Varianten:
   - Häufigkeiten: z. B. selten, häufig, 2x am Tag, 4x am Tag
   - Wahrscheinlichkeiten: z. B. „keinesfalls" bis „ganz sicher"
   - Zustimmung: „stimmt überhaupt nicht" bis „stimmt vollkommen"

   Die Formulierungen der Items müssen zur ausgewählten Antwortdimension passen (Beispiel: „Gesunde Ernährung in der Kita ist wichtig." – stimmt vollkommen, stimmt, usw.)

4. **Festlegen der Anzahl der Antwortalternativen**
   Grundsätzlich ist immer eine gerade Anzahl von Antwortalternativen (mit zwei, vier oder sechs Möglichkeiten) zu wählen, um die Flucht in die zentrale Tendenz zu vermeiden. Die zentrale Tendenz ist bei einer ungeraden Anzahl von Alternativen die jeweils mittlere Stufe (drei oder fünf) und würde den Probanden ermöglichen, bei schwierigen oder auch persönlichen Items eine neutrale Position zu beziehen, die eine schwächere Aussagekraft besitzt. Mehr als sechs Antwortalternativen sind nicht sinnvoll, da die Abstufungen zu gering wären, um objektive und vergleichbare Ergebnisse zu erhalten.

5. Itemsammlung

Basis für die Formulierung der Items sind die theoretischen Vorarbeiten. Anknüpfend daran können Befragungen von Experten oder Voruntersuchungen mit der späteren Zielgruppe durchgeführt werden, um weitere Ideen zu generieren. Als zusätzliche Ideenpools können bereits existierende Fragebogen, Alltagsbeobachtungen oder auch Literaturstudien fungieren. Um bei der späteren Zusammenstellung des Fragebogens zwischen mehreren Alternativen auswählen zu können, sollten für jede Einzelfrage mehrere Itemvorschläge mit unterschiedlichen Formulierungen gesammelt werden.

6. Zusammenstellung von Items zum Fragebogen

Bei der Itemauswahl ist Folgendes zu berücksichtigen:
- Die Sprache soll klar und gut verständlich sein und ohne Fachbegriffe oder Fremdwörter auskommen.
- Formulierungen sollen kurz sein, ohne komplexe Satzkonstruktionen, und nur einen einzigen Gedanken beinhalten.
- Alle Probanden müssen die Items beantworten können.
- Das gesamte Spektrum der möglichen Antwortalternativen muss ausschöpfbar sein.

Folgende Aspekte sollen bei der Itemauswahl vermieden werden:
- Formulierungen, die Interpretationsspielraum zulassen
- Suggestivfragen und doppelte Bejahungen oder Verneinungen
- Fremdwörter und Fachbegriffe
- Frageinhalte, die für das zu erforschende Thema irrelevant sind

7. Normierung

Die Normierung (dadurch werden die Testergebnisse statistisch vergleichbar) ist nur bei psychologischen Tests sinnvoll, die publiziert und zum Verkauf angeboten werden sollen. Idealerweise füllen möglichst viele Testpersonen den Fragebogen aus. Anschließend werden Werte errechnet, anhand derer die Ergebnisse zukünftiger Probandengruppen eingeschätzt werden sollen. So besitzen die meisten Intelligenztests einen Mittelwert (Durchschnitt) von 100 IQ-Punkten und eine Streuung (mögliche durchschnittliche Abweichung) von 15 IQ-Punkten.

Nach Versand (inklusive detailliertem Begleitbrief sowie frankiertem Rückumschlag) der Fragebogen empfiehlt es sich, eine **Rücklaufstatistik** (siehe folgende Grafik) der eingegangenen Fragebogen anzulegen. Sie kann dazu beitragen, spätere Verzerrungen oder fragwürdige Ergebnisse zu erklären.

Fragebogen Nummer	Proband Nummer	Kode (auch auf dem Fragebogen notiert)	Eingangsdatum des ausgefüllten Fragebogens
1	Kindergarten 1; Eltern 1	K1E1	05.02.2014
2	Kindergarten 1; Eltern 2	K1E2	06.02.2014
3	Kindergarten 1; Eltern 3	K1E3	06.02.2014
...	...	...	...
112	Kindergarten 3; Eltern 28	K3E28	12.02.2014
113	Kindergarten 3; Eltern 29	K3E29	13.02.2014

Diese Rücklaufstatistik zeigt genau an, wann welche Eltern aus welchem Kindergarten ihre Fragebogen zurücksendeten.

2.5 Quantitative Forschungsmethoden

> **Berufliche Handlungsrelevanz**
>
> Wollen pädagogische Fachkräfte eine ausgewählte Zielgruppe, z. B. Eltern, zu einem speziellen Thema befragen und finden keinen standardisierten und mehrfach erprobten Fragebogen, so sind die Schritte eins bis sechs zu gehen, um ein aussagekräftiges und zuverlässiges Ergebnis zu erhalten. Das dargestellte Vorgehen erfordert neben persönlichem Engagement auch beachtliche zeitliche Ressourcen. Deshalb sollte im Vorfeld sorgfältig geprüft werden, ob der erwartete Nutzen den potenziellen Aufwand rechtfertigt oder ob ein anderes Vorgehen infrage kommt – beispielsweise ein Elternabend bei dem Elternmeinungen mündlich erhoben und gemeinsame Lösungsmöglichkeiten angedacht werden können.

Probleme bei der Fragebogenkonstruktion

Die aufgezeigten Schritte machen deutlich, dass viele Aspekte beachtet werden müssen. Und dennoch sind selbst sorgfältig erarbeitete Fragestellungen nicht unbedingt fehlerfrei. Stellvertretend für viele andere Schwierigkeiten, die auftreten können, sei hier die „soziale Erwünschtheit" (vgl. Kapitel 2.3, S. 25) angeführt. Auch wenn die Testerhebung anonym verläuft und das Ergebnis nicht einzelnen Personen zuzuordnen ist, unterliegen manche Teilnehmer doch dem gesellschaftlichen Erwartungsdruck. Probanden geben folglich nicht immer ehrliche Antworten, sondern solche, von denen sie annehmen, dass die Testauswerter sie lesen wollen. Deshalb sollten Items ausgewählt werden, mit denen sozial erwünschtes Antwortverhalten möglichst vermieden werden kann.

Beispiel
So wäre das Item „In einem neuen Kita-Team fällt mir der Zugang zu den neuen Kollegen leicht" folgendem Item vorzuziehen: „Ich bin sehr aufgeschlossen. Deshalb knüpfe ich schnell Kontakte zu neuen Kollegen."

Um sozial erwünschtes Antwortverhalten zu minimieren, können beispielsweise Kontrollfragen eingebaut werden. Diese dienen dazu, Probanden, die die Befragung nicht wirklich ernsthaft und/oder wahrscheinlich im sozial erwünschten Sinne beantworten, zu identifizieren und anschließend von der Datenanalyse auszuschließen.

Beispiel
Für das Item „In einem neuen Kita-Team fällt mir der Zugang zu den neuen Kollegen leicht" könnte das Item „Mit neuen Kollegen in einem neuen Team knüpfe ich schnell Kontakte" eine Kontrollfrage sein.

2.5.3 Auswertungsmethoden

Nachdem die Probanden mithilfe eines Fragebogens oder Tests zu einem bestimmten Thema befragt wurden, liegt nun eine große Zahl interessanter Daten vor. Im nächsten Schritt sind diese Daten auszuwerten, um anschließend Schlussfolgerungen zu ziehen oder – basierend auf den Ergebnissen – Handlungsmöglichkeiten zu entwickeln.

Die Auswertung quantitativer Daten erfolgt durch den Einsatz mathematisch statistischer Verfahren. Sie ermöglichen es, große Datenmengen zu ordnen und übersichtlich darzustellen, Zusammenhänge und Gesetzmäßigkeiten herauszufinden sowie sichtbar zu machen oder auch Generalisierungen von der Stichprobe auf die Grundgesamtheit vorzunehmen.

A

Deskriptive Analysen

> Mit **deskriptiver Statistik** (beschreibende Statistik) ist die Zusammenfassung und Beschreibung von Daten, beispielsweise durch numerische Darstellung, in Tabellen oder die grafische Aufbereitung in Schaubildern, gemeint.

Beispielsweise kann die beschreibende Zusammenfassung und Darstellung folgender Aspekte von Interesse sein:
- Anzahl der Probanden an der Befragung
- Rücklaufquote
- Anteile von Frauen und Männern unter den Probanden
- Familienstand der Befragten
- Durchschnittsalter der Befragten
- Bildungsgrad der Teilnehmer
- Staatszugehörigkeit der Probanden
- Anzahl der Kinder im Haushalt
- Verteilung der Antwortalternativen (in Prozent oder absolut)

Die Auswertung erfolgt anhand mathematisch statistischer, meist computerbasierter Verfahren.

Deskriptive Datenauswertung: Beispiel

Die folgende Tabelle sowie das Schaubild zeigen eine deskriptive Datenauswertung. Grundlage hierfür bilden die Daten einer quantitativen Elternbefragung zum Thema „Eltern im Übergangsprozess vom Kindergarten in die Grundschule" aus dem Jahr 2012. Der Fragebogen wurde an insgesamt 375 Eltern in acht Einrichtungen (sechs in städtischer und zwei in kirchlicher Trägerschaft) ausgeteilt. 154 Fragebogen, von denen alle ausgewertet werden konnten, kamen zurück. Dies entspricht einer Rücklaufquote von 41,06 Prozent. Bei den städtischen Einrichtungen betrug der Rücklauf 37,3 Prozent, bei den kirchlichen waren es 56 Prozent.

Item	Stimme voll zu	Stimme eher zu	Stimme weniger zu	Stimme nicht zu	Weiß ich nicht
Es ist wichtig, dass die Kinder gezielt auf die Schule vorbereitet werden.	76,6	16,9	4,5	1,3	0,6
Der Kindergarten sollte jeden Tag Vorschularbeit durchführen.	37,7	29,9	18,8	12,0	1,3
Das Kind sollte vor dem ersten Schultag die Schule besichtigen.	81,2	13,0	3,2	1,3	0,7
Das Kind sollte vor der Einschulung die Lehrer/-innen kennenlernen.	53,9	26,6	9,1	5,2	4,5
Das Kind sollte schon vor dem ersten Schultag einmal am Unterricht teilgenommen haben.	34,4	29,2	19,5	14,9	1,9

Die Antworthäufigkeiten der Eltern zum Thema „Schulvorbereitung der Kinder" (Angaben in Prozent) (vgl. Amerein, 2012). Trotz der fünf möglichen Antwortalternativen gibt es hier keine Gefahr, in die zentrale Tendenz zu flüchten, da die fünfte Möglichkeit („Weiß ich nicht") nicht der Logik der übrigen vier folgt, sondern einer anderen Antwortdimension entspringt.

2.5 Quantitative Forschungsmethoden

In der Grafik werden die ermittelten deskriptiven Werte dargestellt. Die dazu notwendigen Berechnungen sind ohne den Einsatz computerunterstützter Statistikprogramme möglich. Mithilfe von ganz grundlegenden mathematischen Verfahren (Abzählen, Aufsummieren, Ermitteln von Durchschnittswerten, Prozentrechnen, Dreisatz) können bereits wichtige statistische Erkenntnisse gewonnen werden.

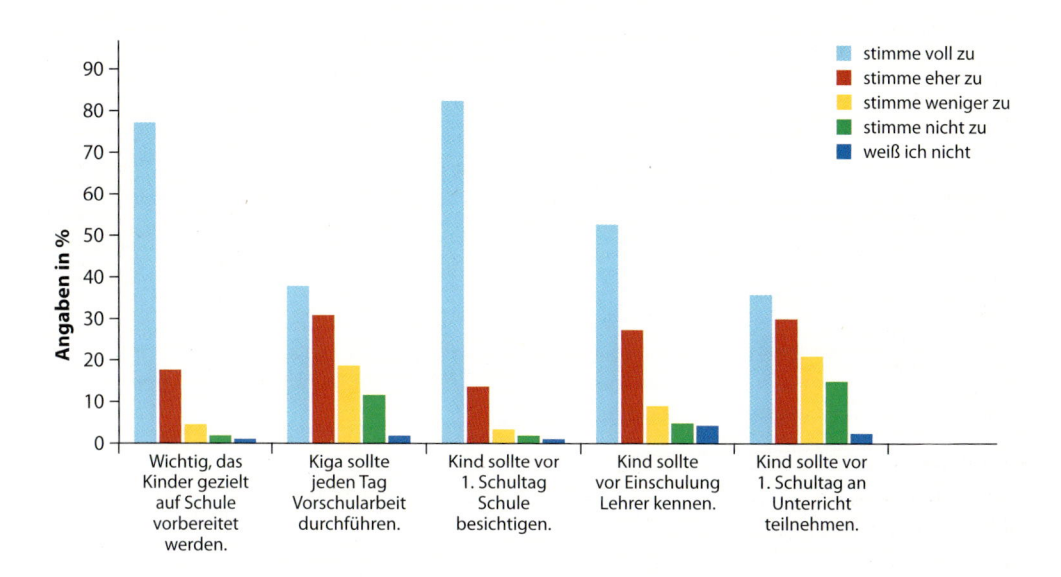

Dargestellt sind die Elternantworten aus obiger Tabelle in Form eines Histogramms (vgl. Amerein, 2012).

Die Normalverteilung

Daten, die aus deskriptiven Analysen resultieren, können durch unterschiedliche Schaubilder und Abbildungsformen bildlich dargestellt und somit verdeutlicht werden. Eine sehr prominente Variante ist die Normalverteilung, auch Gauß'sche Normalverteilung oder Gauß'sche Glockenkurve genannt. Der Kurvenverlauf der Normalverteilung ist symmetrisch und häufig bei Erhebungen mit vielen Probanden zu finden. Ein besonderes Merkmal dieser Verteilungsform ist, dass etwa zwei Drittel aller Messwerte in einer mathematisch errechenbaren Entfernung (Streubreite) zum Mittelwert der Gesamterhebung liegen (siehe Abbildung auf S. 36 oben).

Beispiel

Die Körpergröße der in Deutschland lebenden Menschen ist sehr unterschiedlich. In allen Altersstufen gibt es extrem große und extrem kleine Personen und ein breites Spektrum zwischen diesen Extrempolen. Werden nun beispielsweise alle siebenjährigen Kinder, die in Deutschland leben, hinsichtlich ihrer Körpergröße gemessen, so zeigt das Ergebnis eine Gauß'sche Normalverteilung. Die durchschnittliche Größe der Kindergruppe, der Mittelwert, liegt dabei genau in der Mitte. Voraussetzung ist, dass die Stichprobe ausreichend groß ist. Würde das Experiment mit nur einer Schulklasse durchgeführt, ist die Wahrscheinlichkeit, dass die Messung keine Glockenkurve abbildet, sehr hoch.

Anzahl der Kinder

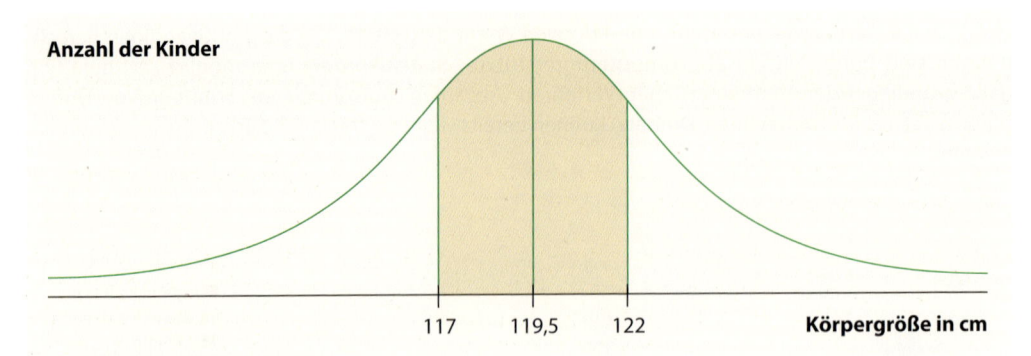

```
                    |
                117  119,5  122         Körpergröße in cm
```

Beispielkurve: Die Normalverteilung zeigt, dass zwei Drittel der Siebenjährigen zwischen 117 und 122 cm groß sind. Die Durchschnittsgröße von 119,5 cm liegt genau in der Mitte. Ein Sechstel aller Siebenjährigen ist somit kleiner als 117 cm und das andere Sechstel ist größer als 122 cm.

Inferenzstatistische Analysen

Inferenzstatistik bedeutet „schlussfolgernde Statistik". Hier werden die aus einer Stichprobe gewonnenen Erkenntnisse mittels mathematisch-statistischer Methoden auf die Grundgesamtheit übertragen. Es findet also eine Schlussfolgerung statt.

Das größte Problem der Inferenzstatistik ist die Art und Weise, wie von einer Stichprobe – als einem verkleinerten Abbild der Gesamtheit – auf eben diese Gesamtpopulation zu schließen ist. Stichprobenergebnisse können nicht ohne weitere Überprüfung auf die Gesamtpopulation transferiert werden. Daher sind potenzielle Fehler in der Statistik durch Berechnungen zu ermitteln.

Inferenzstatistische Analysen überprüfen Hypothesen, die zu Beginn der Untersuchung formuliert wurden, insbesondere Zusammenhangs- und Unterschiedshypothesen.

- **Zusammenhangshypothesen** machen Aussagen über die Zusammenhänge zwischen den Merkmalsausprägungen zweier oder mehrerer Merkmale in einer Gruppe.
- **Unterschiedshypothesen** beschäftigen sich mit den Unterschieden zwischen zwei oder mehreren Gruppen hinsichtlich der Ausprägung eines Merkmals.

Beispiel

Zusammenhangshypothese
Merkmal 1: Dauer des Besuchs einer Kindertageseinrichtung
Merkmal 2: Beherrschen der deutschen Sprache
Gruppe: Kinder mit Migrationshintergrund, die eine Kindertageseinrichtung besuchen
Formulierte Zusammenhangshypothese: Je länger Kinder mit Migrationshintergrund eine Kita besuchen, desto besser beherrschen sie die deutsche Sprache.

Unterschiedshypothese
Merkmal: Bewältigung des Schulstarts
Gruppe 1: Kinder, die eine Kita besucht haben
Gruppe 2: Kinder, die keine Kita besucht haben
Formulierte Unterschiedshypothese: Die zwei Kindergruppen unterscheiden sich hinsichtlich der Bewältigung des Schulstarts.

2.6 Qualitative Forschungsmethoden

Seit den 1970er-Jahren entwickelte und etablierte sich neben den quantitativen Forschungsmethoden eine zweite Richtung empirischer Sozialforschung – die qualitative Forschungsmethodik. Im Unterschied zum eben beschriebenen quantitativen Vorgehen, dessen Basis numerische Informationen und Erkenntnisse sind, wird in der qualitativen Forschung nicht mit numerischem, sondern in der Regel mit sprachlichem Material gearbeitet.

Qualitative Forschung ist besonders bei solchen Forschungsinhalten geeignet, die individuell unterschiedlich oder auch subjektiv gesehen werden. Zudem eignet sie sich bei dynamischen und sozialen Zusammenhängen sowie zum Nachvollziehen längerer, teilweise auch unvorhersehbarer Prozesse. Die Daten werden hier nicht standardisiert erhoben und zu deren Auswertung werden häufig interpretative Methoden eingesetzt.

2.6.1 Methodologie qualitativer Forschung

Die Methoden und Vorgehensweisen qualitativer Sozialforschung sind bis heute sehr vielfältig und unterscheiden sich zudem je nach Wissenschaftsdisziplin. Bevor nun wenige ausgewählte Erhebungsverfahren und Auswertungsmethoden dargestellt werden, sollen einige Grundsätze qualitativer Forschung aufgezeigt werden. Der Soziologe Siegfried Lamnek stellt sechs wesentliche Prinzipien sehr prägnant dar:

- Prinzip 1: Eine **Offenheit** des Forschers gegenüber den Untersuchungspersonen, den Untersuchungssituationen sowie den Untersuchungsmethoden.
- Prinzip 2: Forschung als **Kommunikation und Interaktion** zwischen Forscher und zu Erforschendem als wesentlicher Teil des Prozesses.
- Prinzip 3: Der **Prozesscharakter** von Forschung und Gegenstand bedeutet, dass die Abläufe veränderbar sind.
- Prinzip 4: Die **Reflexivität** (Rückbeziehung) von Gegenstand und Analyse erlaubt es dem Forscher, auf neue Konstellationen zu reagieren und für neue Situationen offen zu sein.
- Prinzip 5: Der Grundsatz der **Explikation** (Erklärung) soll die Nachvollziehbarkeit der Untersuchungsschritte gewährleisten.
- Prinzip 6: Die **Flexibilität** bietet dem Forscher Freiräume, neue Aspekte während des Prozesses aufzunehmen oder sich in eine neue Richtung zu bewegen.

(vgl. Lamnek, 2010, S. 19 ff.)

Lamneks sechs Prinzipien zeigen, dass qualitatives Vorgehen die untersuchten Personen in ihrer Individualität sowie in ihrem Umfeld wahrnimmt und genau daraus einen Gewinn für die Forschung zieht. Zudem wird deutlich, dass qualitative Forschung offen und flexibel ist und sich während des Forschungsprozesses in andere Richtungen, als ursprünglich beabsichtigt, entwickeln kann.

Kleine überschaubare Stichproben, in denen persönlicher Kontakt zu allen Probanden aufgenommen werden kann, gelten als weiteres Merkmal von qualitativen Forschungsdesigns. Diese Stichproben werden weder experimentell noch quasi-experimentell generiert, es handelt sich also nicht um eine zufällige Gewinnung und Zuordnung der Personen. Quantitative (numerische) Werte sind hier nicht zu finden; einzige Ausnahme bildet die nähere Beschreibung der Probanden (z. B. Alter, Anzahl der Geschwister).

2.6.2 Erhebungsverfahren

Wie auch bei der quantitativen Forschung dienen die Erhebungsmethoden der Informationsgewinnung und Datenbeschaffung. Die drei folgend dargestellten (Interview, Gruppendiskussion, Beobachtung) stellen lediglich eine kleine Auswahl möglicher Verfahren dar, die auch im Alltag von Kindertageseinrichtungen unkompliziert anwendbar sind. Alle drei Verfahren haben gemeinsam, dass Verbalisierungsdaten erhoben werden – das Datenmaterial liegt demnach in verbaler Form vor.

Qualitative Erhebungsverfahren werden in der Regel mündlich durchgeführt. Meist sitzt der Untersuchungsleiter einer befragten Person oder einer kleinen Personengruppe zum Gespräch gegenüber. Durch den persönlichen Kontakt der bei-

Während eines Interviews sitzen sich der Interviewer bzw. die Interviewerin und eine befragte Person in angenehmer Atmosphäre gegenüber.

den Parteien kann eine vertrauensvollere Atmosphäre als bei quantitativen Erhebungsmethoden entstehen. Allerdings spielt der erste Eindruck zwischen den Personen eine große Rolle und kann sowohl den Gesprächsverlauf als auch die Ergebnisse der Befragung positiv oder negativ beeinflussen. Werden Menschen zu heiklen Themen befragt, so öffnen sie sich eher solchen Personen gegenüber, die ihnen sympathisch sind. Das Resultat einer Erhebung ist demnach in hohem Maße davon abhängig, wie gut und schnell die Untersuchungsleiter vertrauensvolle Kontakte zu den unterschiedlichsten Menschen aufbauen können.

Interview

Ziel von Interviews ist das Ermitteln von Informationen, Meinungen, Einstellungen oder Sachverhalten. Die befragten Menschen kommen selbst zu Wort und lassen ihre individuellen Bedeutungs- und Sinnzusammenhänge in das Gespräch einfließen. Dadurch können Probanden die Erhebungssituation sehr viel stärker prägen und mitgestalten als etwa im Rahmen einer Fragebogenstudie. Interviews sind sehr dynamisch. Beide Seiten – sowohl Interviewer als auch Befragter – können bei Verständnisschwierigkeiten Nachfragen stellen oder über die vorgegebenen Fragen hinaus kommunizieren.

Interviews können **standardisiert** (strukturiert) oder **unstandardisiert** (unstrukturiert) ablaufen. Je höher die Standardisierung ist, desto weniger Freiheit hat der Interviewer bei seinen Fragestellungen und umso mehr ist er an seine Vorlage gebunden. Vor allem unerfahrene Interviewer oder Personen, die selbst keine Expertise im betreffenden Bereich aufweisen, kommen mit einer hohen Strukturierung besser zurecht und können so objektivere Ergebnisse erzielen. Erfahrene Interviewer, die zudem Spezialisten im zu erhebenden Themenbereich sind, können mit einer geringeren Standardisierung auskommen.

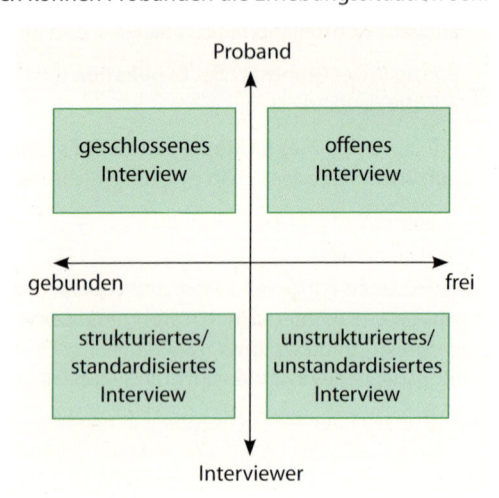

Standardisierte Interviewverfahren ziehen geschlossene Antworten nach sich, während unstandardisierte Fragen dem Probanden freies Antworten ermöglichen.

Bezüglich der Antwortmöglichkeiten unterscheidet man offene und geschlossene Befragungen. **Geschlossene Interviews** lassen den Probanden sehr wenig Spielraum und beschränken auf die vorgegebenen Themenbereiche. Hier hat der Interviewer nur wenig Möglichkeit, Nachfragen zu stellen, um Gedankengänge nachzuvollziehen oder weitere Informationen einzuholen, da er an vorgegebene Fragen gebunden ist. Geschlossene Fragen bieten in der Regel nur wenige Antwortalternativen, z. B. „ja" oder „nein". Bei **offenen Interviews** hingegen können die Befragten frei antworten. Meist wird bereits während des Antwortens deutlich, ob die Personen die Fragen richtig verstanden haben oder nicht. Das Auftreten von Missverständnissen kann so verringert, sicher aber nicht ausgeschlossen werden. Eine offene Frage, wie z. B. „Was gehört Ihrer Meinung nach zu einem gesunden Mittagessen in der Kita?", bietet vielfältige Antwortmöglichkeiten. Der große Spielraum macht zudem deutlich, in welchem Maße sich die Befragten im angesprochenen Themenbereich auskennen: Referieren sie Allgemeingut oder Halbwissen, welches vielleicht sogar widersprüchlich ist, oder haben sie sich mit dem angesprochenen Thema bereits intensiv auseinandergesetzt und eine eigene Meinung generiert?

Standardisierte Interviews können sowohl geschlossen als auch offen geführt werden. Hingegen können im Rahmen von **unstandardisierten Interviews** keine Antwortvorgaben gemacht werden – sie müssen konsequenterweise offen geführt werden.

Nachfolgend sind exemplarisch drei mögliche Interviewformen aufgezeigt.

Leitfadeninterview

Als Beispiel für ein **standardisiertes Interview** sei das Leitfadeninterview genannt. Hierbei werden die anzusprechenden Aspekte in Form von Fragen vorgegeben. Leitfäden werden meist nach intensiver Auseinandersetzung mit der aktuellen Forschungslage eines Themenbereichs und der Generierung eigener Forschungsfragen erstellt. Je nach Standardisierungsgrad ist den Interviewern die Reihenfolge, in der sie die Fragen stellen, freigestellt sowie weiteres Nachfragen gestattet.

Narratives Interview

Das narrative Interview gehört zur Gruppe der **unstandardisierten Interviews**. Der Befragende stellt nach einer kurzen Hinführung eine relativ offene Ausgangsfrage oder gibt einen Erzählimpuls, um damit den Erzählfluss der Probanden zu initiieren. Unterbrochen wird dieser nur durch kurze weiterführende oder klärende Zwischenfragen. Die Abfolge der Themen wird maßgeblich vom Probanden gesteuert und folgt seiner eigenen Logik. Somit ist dieses Verfahren nur geübten Interviewern zu empfehlen, da sie sich ganz auf ihr Gegenüber einstellen können müssen. An dieser Stelle sei erwähnt, dass das Führen von Interviews trainiert werden kann. Hierzu werden entsprechende Schulungen angeboten.

Experteninterview

Eine dritte sehr gängige Form ist das **Experteninterview**. Der Befragte fungiert hier als Experte für ein spezielles Gebiet, das selbstständig (z. B. durch Recherche, Aneignung durch eigene Auseinandersetzung) nur sehr schwer erschließbar ist. Obwohl sich die Interviewer auch hier entsprechendes Sachwissen angeeignet haben sollten, dient der Befragte als Informationsgeber mit einem wichtigen Wissensvorsprung – daher ist das Experteninterview meist unstandardisiert. Eine pädagogische Fachkraft könnte beispielsweise einen Kinderpsychologen als Experten dazu befragen, wie Kinder mit ADHS für komplexe Aufgabenstellungen motiviert werden können.

Die dargestellten Interviewformen finden meist als Vier-Augen-Gespräche zwischen Interviewer und Befragtem statt. Eine Quelle für Verfälschungen könnte freilich die bereits angesprochene soziale Erwünschtheit sein.

Gruppendiskussion

Gruppendiskussionen erfassen einerseits offensichtliche thematischen Aussagen, Meinungen und Einstellungen von Gruppen, sowie andererseits den Kommunikationsverlauf und damit einhergehend gruppendynamische Aspekte. Werden pädagogische Fachkräfte im Einzelgespräch beispielsweise zum Thema „Männer in Kitas" befragt, so heben die meisten die offensichtlichen Vorzüge, die sich für die Kinder und das Miteinander der Fachkräfte ergeben, hervor – z. B. dass Kinder sowohl weibliche als auch männliche Vorbilder benötigen oder das ausgewogenere soziale Miteinander im Team. In gruppendynamischen Situationen kommen hingegen sehr schnell kontrovers geführte Diskussionen zustande – beispielsweise wenn es darum geht, wer die Kinder für die Mittagsruhe umkleidet oder den Toilettengang begleitet. Im Verlauf einer Gruppendiskussion geben Probanden oft (unbeabsichtigt) Einblick in jene Denkweisen und Handlungen, die auch sonst den Alltag bestimmen (vgl. Mayring, 2002, S. 77 und Bohnsack, 2010).

Die Teilnehmer müssen den diskutierten Sachverhalt verstehen und eine stringente Argumentationsstrategie entwickeln, um ihre Position überzeugend zu vertreten. Idealerweise sind neben den Befragten und dem Gesprächsleiter bzw. Moderator ein oder mehrere Beobachter anwesend, die bestimmte Kriterien, die in der jeweiligen Situation von Interesse sind und erhoben werden sollen, erfassen. Solche Kriterien können z. B. sein: soziale Kompetenzen (Ausdrucksfähigkeit, Körpersprache, Einfühlungsvermögen, Überzeugungskraft, Kontaktfreude), Aktivität (Zielstrebigkeit, Führungspotenzial) oder systematisches Denken (Kombinatorik, Entwickeln von Alternativen).

Die Methode der Gruppendiskussion kann unterschiedliche Interessen verfolgen:
- Erkunden von Einstellungen, Meinungen oder Vorurteilen bestehender Gruppen
- Finden einer einvernehmlichen Lösung für das gestellte Thema oder Problem
- Generieren unterschiedlicher Problemlösemöglichkeiten
- Erforschen von milieuspezifischem Kommunikationsverhalten

Beobachtung und Dokumentation

In den letzten Jahren rückte, neben dem normativen Wissen um die Entwicklungsschritte in den einzelnen Entwicklungsbereichen, die individuelle und systematische Beobachtung immer mehr in den Vordergrund. Beobachtung und Dokumentation sind heute in allen Bundesländern in den entsprechenden Rahmenrichtlinien und Bildungsplänen für den Elementarbereich fest verankert. Korrespondierend dazu entstanden, meist unter wissenschaftlicher Begleitung, eine Fülle unterschiedlicher Beobachtungs- und Dokumentationsverfahren sowie flankierende Literatur.

Mit **Beobachtung** ist ein aufmerksames Wahrnehmen gemeint, anhand dessen menschliches Handeln und Tun in bestimmten Situationen erfasst werden kann.

Die pädagogischen Fachkräfte beobachten die Kinder beim Explorieren. In dieser Situation könnte der Umgang der Kinder untereinander dokumentiert werden.

Die eigentliche Beobachtung ist jedoch nur der erste Arbeitsschritt. Ebenso zentral ist der zweite Schritt, das Dokumentieren des Wahrgenommenen. Erst dadurch können die erfassten Informationen ausgewertet und verglichen werden.

Vor allem bei jüngeren Kindern sind Beobachtung und Dokumentation unerlässlich, um aktuell relevante Themen, Fortschritte und Unterstützungsbedarfe sowie Entwicklungsrisiken zu erkennen. Sie können sich sprachlich noch nicht oder noch nicht ausreichend detailliert ausdrücken, um ihren Bedürfnissen und Interessen Ausdruck zu verleihen. Da Interaktionen jüngerer Kinder überwiegend nonverbal verlaufen, müssen ihre Handlungen über alle Sinne wahrgenommen werden. Gute Beobachtung und Dokumentation erfordert, neben viel Übung, auch das Wissen um sinnvolle Instrumente. Je nach Thema sind unterschiedliche Beobachtungsformen und Dokumentationsverfahren anzuwenden.

Offene (unstrukturierte) Beobachtungen sind genauso einsetzbar wie standardisierte (strukturierte) Beobachtungsverfahren. Besonders prominente standardisierte Verfahren sind beispielsweise „Die Leuvener Engagiertheitsskala", der „Beobachtungsbogen zu Bildungs- und Lerngeschichten des Deutschen Jugendinstituts (DJI)" oder die Beobachtungsverfahren Sismik und Seldak. Bei diesen Verfahren ist die entsprechende Dokumentation bereits inkludiert.

Eine weitere, sehr verbreitete Dokumentationsform ist das **Portfolio**. Dabei handelt es sich um eine Mappe bzw. einen Ordner für jedes Kind, in denen Kunstwerke, Dokumente oder sonstige Arbeitsergebnisse der Kinder gesammelt werden und als Grundalge für gezielte Förderung oder auch Elterngespräche dienen. Zentral ist dabei die gemeinsame Reflexion der Arbeitsprozesse und Produkte, um den Kindern ein Nachdenken über ihr eigenes Lern- und Arbeitsverhalten zu ermöglichen und somit die Lernkompetenz der Kinder zu verbessern.

In Verbindung mit dem derzeit aktuellen Bild vom Kind (siehe Kapitel 3) kann Beobachtung als pädagogische Grundhaltung betrachtet werden. Damit einhergehend verschieben sich die Ziele des Beobachtens: Wurde es früher hauptsächlich als Grundlage für die Diagnostik eingesetzt, um frühzeitig Entwicklungsauffälligkeiten entdecken zu können, so stehen heute die Bildungs- und Entwicklungsverläufe aller Kinder sowie die daraus resultierenden aktuellen Interessen und Themen der Kinder im Vordergrund. Neben der systematischen Verhaltensbeobachtung, die mit weitgehend objektivierten Beobachtungskategorien arbeitet, haben also Beobachtungen, die individuell und direkt auf die einzelnen Kinder bezogen durchgeführt werden, einen großen Stellenwert. Dies hat zur Folge, dass immer weniger standardisierte Beobachtungsbogen zum Ankreuzen eingesetzt werden. Stattdessen werden Verfahren angewendet, die keine vorgefertigten Antwortmöglichkeiten bieten, sondern bei denen selbstständig und individuell neu formuliert werden muss.

Dokumentationen individueller Bildungs- und Entwicklungsbiografien (z. B. in Entwicklungstagebüchern oder Lernportfolios) dienen als Grundlage für Elterngespräche und werden teilweise bis zum Grundschulalter fortgeführt. Bezogen auf aktuelle Themen und Fragen der Kinder sind Beobachtung und Dokumentation eine wichtige Basis für die Gestaltung des pädagogischen Alltags, etwa in Form von Projekten und Aktivitäten oder für die individuelle Förderung.

Berufliche Handlungsrelevanz

Beobachtung und Dokumentation sollten objektiv und intersubjektiv nachprüfbar sein (siehe Kapitel 2.5.2). Bei Einführung eines neuen Beobachtungsbogens und Dokumentationssystems müssen die pädagogischen Fachkräfte gemeinsam eine umfassende Schulung absolvieren, z. B. im Rahmen eines pädagogischen Tages. Wird ein Verfahren über mehrere Jahre hinweg eingesetzt, sind immer wieder Auffrischungen zu empfehlen. Auch neue Mitarbeiter sind in die einrichtungsinternen Beobachtungs- und Dokumentationsstandards einzuführen.

Im Rahmen einer Beobachtungs- und Dokumentationsschulung sowie bei gemeinsamen Auffrischungskursen werden für alle verbindliche Standards festgelegt. Dies bedeutet, dass beispielsweise Items präzisiert werden: „Das Kind sagt häufig Bitte und Danke." Wie oft ist „häufig"? Bei der einen pädagogischen Fachkraft ist „häufig" bei jeder zweiten Frage bzw. Antwort, bei einer anderen vielleicht bei jeder fünften.

2.6.3 Auswertungsmethoden

Nach abgeschlossener Datenerhebung folgt bei den quantitativen Forschungsmethoden die Auswertung. In der qualitativen Forschung hingegen erfolgt zuvor noch ein wesentlicher Zwischenschritt – die Aufbereitung des gewonnenen Materials, d. h. eine einheitliche und systematische Darstellung aller verbal gewonnenen Informationen. Manche Interviewer führen während ihrer Gespräche Tonbandaufzeichnungen durch, andere stenografieren das Gesagte mit und wieder andere setzen Protokollanten ein.

> Vor der Datenauswertung müssen alle Interviews oder Beobachtungsprotokolle in eine einheitliche und vor allem schriftliche Form gebracht werden. Diese Aufbereitung der Daten wird **Transkription** genannt.

Ausgenommen sind Beobachtungsverfahren, die über spezielle Dokumentations- und Auswertungstechniken verfügen.

Bei qualitativen Auswertungsmethoden handelt es sich nicht um statistische Datenauswertungsverfahren, wie sie in der quantitativen Forschung eingesetzt werden. Vielmehr wird Wert auf die Berücksichtigung des individuellen Bedeutungszusammenhangs und die Subjektivität der Befragten gelegt.

Qualitative Inhaltsanalyse

Die qualitative Inhaltsanalyse ist vor allem dann geeignet, wenn kleinere Stichproben oder auch nur einzelne Personen untersucht werden. Bei der Auswertung steht nicht nur der vorliegende (transkribierte) Text im Vordergrund, sondern ebenso die Bedingungen, unter denen die Befragung stattfand, sowie die Bedeutung der Befragung für die beteiligten Personen.

Ein großer Vorteil der qualitativen Inhaltsanalyse, vor allem für ungeübte Untersuchungsleiter, ist der strukturierte Ablauf. Im Nachfolgenden wird das „allgemeine inhaltsanalytische Ablaufmodell" des deutschen Psychologen Philipp Mayring (2003) vorgestellt. Es ist in neun übersichtliche und gut anwendbare Schritte aufgeteilt, die bei jeder Einzelanalyse in dieser Reihenfolge durchlaufen werden.

1. **Festlegung des Materials:**
   Aus dem vorliegenden Interviewmaterial werden nur jene Passagen ausgewählt, die einen Bezug zur Forschungsfrage zeigen und somit für die Untersuchung interessant und relevant sind.
2. **Analyse der Entstehungssituation:**
   Sämtliche Rahmenbedingungen der Interviewsituation (anwesende Personen, Ort, soziokultureller Background, Ablauf der Befragung usw.) werden festgehalten, ebenso Informationen darüber, in welchem Verhältnis der Interviewer zu den befragten Personen oder dem Befragungsort steht.
3. **Formale Charakterisierung des Materials:**
   Auf welche Art und Weise wurde das Material erhoben (z. B. durch Tonband- bzw. digitale Aufzeichnung oder Protokoll) und wie wurde es weiterbearbeitet? Welche Transkriptionsverfahren wurden angewandt? Als Beispiel seien hier die wörtliche Transkription (Tonbandaufzeichnung wird wortwörtlich verschriftlicht) und die kommentierte Transkription (hier werden zusätzlich Auffälligkeiten der gesprochenen Sprache wie z. B. Pausen, Räuspern und Dialekt im Protokoll vermerkt) genannt.
4. **Festlegung der Analyserichtung:**
   Welche Informationen werden weiterbearbeitet? Sind die tatsächlichen Aussagen der Befragten relevant, der emotionale Zustand oder gar die Wirkung des Gesagten auf eine dritte Person (vgl. Mayring, 2003, S. 52)?

5. **Theoretische Differenzierung der zugrunde liegenden Fragestellung:**
   Korrespondierend zu bestehenden und bekannten Theorien wird die Fragestellung vom Forscherteam präzisiert und anhand von Detailfragen verfeinert.

6. **Bestimmung der Analysetechnik:**
   Mayring zufolge (2003, S. 58 ff.) gibt es drei mögliche interpretative Verfahren, die angewandt werden können:
   a) Die Zusammenfassung, die das Material so reduziert, dass wichtige und für das gesamte Material repräsentative Inhalte erhalten bleiben.
   b) Die Explikation, bei der zu einzelnen Textteilen nach weiterführenden Materialien recherchiert wird; dies verdeutlicht Komplexes oder auch Unverständliches. So können beispielsweise erklärungsbedürftige Fachbegriffe durch beschreibende Definitionen oder beispielgebende Hinweise verdeutlicht werden.
   c) Die Strukturierung als wichtigste Technik der qualitativen Inhaltsanalyse, bei der inhaltliche oder auch formale Merkmale aus dem Material herausgearbeitet werden. Dazu werden anhand der Textvorlage eindeutige Ordnungskriterien, sogenannte Kategorien, extrahiert. Die Begutachtung des gesamten Materials erfolgt mit diesen nun festgelegten Kategorien. Zum Beispiel kann anhand von bestimmten Schlagwörtern bzw. Begriffen deutlich werden, zu welcher Kategorie einzelne Textbestandteile gehören (zum Thema AD(H)S beispielsweise könnten dies folgende Schlagwörter sein: impulsives Verhalten, Unkonzentriertheit, Verträumtheit).

7. **Definition der Analyseeinheiten:**
   Wie groß sollen die einzelnen, zu analysierenden Textpassagen sein? Sollen einzelne Wörter, Sätze, kleinere Texteinheiten oder der Text als Ganzes analysiert werden und als Bedingung für die Zuordnung zu einer Kategorie gelten?

8. **Durchführung der Materialanalyse:**
   Die Anwendung einer oder mehrerer Analysetechniken, die in Schritt 6 dargestellt sind.

9. **Interpretation:**
   Abschließend wird das analysierte Material interpretiert. Es werden Schlussfolgerungen gezogen und ein Zusammenhang zur Theorie hergestellt.

Ein Vorteil dieses inhaltsanalytischen Ablaufmodells ist das schrittweise Vorgehen, das unerfahrenen Forschern oder Personen, die nicht im Team, sondern alleine forschen, Sicherheit bei der Auswertung bietet. Das Arbeiten mit einem Kategoriensystem und das Zerlegen des Materials in Bearbeitungseinheiten eignet sich vor allem für große und unübersichtliche Textmengen. Darüber hinaus sind die Ergebnisse, im Vergleich zu einer freien und nicht regelgeleiteten Textinterpretation, wesentlich exakter.

Eben dieses strukturierte und regelgeleitete Vorgehen kann jedoch auch zum Nachteil werden, da es den Forscher einengt und nur wenige Freiräume bietet. Zuweilen gilt die Methode der qualitativen Inhaltsanalyse als angreifbar, da subjektive Interpretationen kaum intersubjektiv nachprüfbar sind (vgl. Kapitel 2.5.2). Eine Möglichkeit, diese Beliebigkeit einzuschränken, besteht darin, die Auswertung in mehreren Teams von Forschern vorzunehmen, die sich gegenseitig kontrollieren.

Die zuverlässigsten und genauesten Ergebnisse erhält man durch die Zusammenarbeit im Team.

Grounded-Theory-Methode

Bei der Grounded-Theory-Methode handelt es sich eigentlich um eine Kombination mehrerer Auswertungsmethoden, mit denen neue Theorien anhand von bestehenden, qualitativen Daten entwickelt werden. Neben der Generierung von neuen Theorien können bereits existierende überprüft, ergänzt und erweitert werden. Als eine Besonderheit der Grounded-Theory-Methode ist hervorzuheben, dass die Prozesse der Datenerhebung und -analyse sowie die Theoriebildung parallel ablaufen. Somit kann Forschung in diesem Sinne nie abgeschlossen sein, sondern befindet sich in einem quasi stetig fortlaufenden Prozess.

Die Entwickler der Grounded Theory, Anselm Glaser und Barney Strauss (beide US-amerikanische Soziologen), bezeichnen das mehrstufige Analyseverfahren als **Kodieren**. Dabei können nicht nur qualitative, sondern – je nach Erforderlichkeit – auch quantitative Daten ausgewertet werden. Die Kodierung verläuft in drei Stufen.

1. **Das offene Kodieren:** Einordnen der gesammelten Daten in Kategorien, anschließend wort- oder satzweise Interpretation.
2. **Das axiale Kodieren:** Die entstandenen Kategorien werden kombiniert, es entstehen die sogenannten Schlüsselkategorien.
3. **Das selektive Kodieren:** Ermitteln von Kernkategorien für den weiteren Forschungsverlauf.

Während dieses Prozesses ist für den Forscher die Dokumentation seiner Gedankengänge und Hypothesen in sogenannten Memos unerlässlich.

Ein großer Vorteil der Grounded-Theory-Methode ist die Fokussierung des Forschers auf seinen Gegenstandsbereich, statt auf bereits existierende wissenschaftliche Theorien. Da der Forscher seine Theorie erst direkt aus den Daten gewinnt, kann diese nicht durch Hypothesen, Vorannahmen oder Vermutungen verzerrt werden. Der Forschungsprozess ist ständig offen für neue Ideen und für zusätzliches Datenmaterial. Je kreativer und flexibler die Untersuchungsmitarbeiter den Gegenstandsbereich beleuchten können, desto umfassendere Sichtweisen können sie generieren und überprüfen. Neben gedanklicher Flexibilität sind also auch genügend Zeit und Raum notwendig. Genau dieser Vorteil kann sich jedoch auch als Nachteil erweisen, z. B. wenn Einzelpersonen forschen und damit nur eine subjektive Interpretation einfließt und keine umfassenden Datensammlungen und vielfältigen Ideen berücksichtigt werden können.

2.7 Erklärungsmodelle oder: Qualitative und quantitative Forschung im Vergleich

Die Wurzeln qualitativer Sozialforschung reichen bis zu Aristoteles (384–322 v. Chr.) zurück, der bereits vor über 2000 Jahren versuchte, Sinn und Bedeutung der Dinge zu erfassen. Bei Aristoteles stand das Verstehen historischer und entwicklungsbezogener Aspekte im Vordergrund.

Im Gegensatz dazu fokussiert die Denktradition von Galileo Galilei (1564–1642) begründbare und allgemeine Naturgesetze, die überprüfbar sind, und gilt somit als Vorläufer unseres heutigen quantitativen Denkens. Ein Zitat Galileo Galileis kann dies verdeutlichen: „Miss alles, was sich messen lässt, und mach messbar, was sich nicht messen lässt." Auch andere Gelehrte und Forscher aus Galileos Zeit wie etwa René Descartes (1596–1650) oder Johannes Kepler (1571–1633) suchten nach allgemeinen und erklärbaren Naturgesetzen.

In den nachfolgenden Jahrhunderten etablierten sich die quantitativen Forschungsmethoden immer mehr und kamen in der Psychologie noch Mitte des 20. Jahrhunderts, neben den hermeneutischen Methoden (Auslegung von Texten), fast ausschließlich zur Anwendung. Doch im ausgehenden 20. Jahrhundert konnte sich qualitatives Denken stärker durchsetzen und immer mehr Forschungsbereiche sahen quantitatives Vorgehen nicht mehr als das Ideal an.

2.7 Erklärungsmodelle oder: Qualitative und quantitative Forschung im Vergleich

Die folgende Tabelle macht in kontrastierender Form die Unterschiede zwischen quantitativer und qualitativer Sozialforschung deutlich.

Quantitative Sozialforschung	Qualitative Sozialforschung
Erklären Mensch wird nicht als Individuum gesehen sondern als Teil einer Gruppe, deren Mitglieder dieselben Gesetzmäßigkeiten/Merkmale zeigen	**Verstehen** Perspektive der Probanden möchte durch gemeinsame Kommunikation verstanden werden
nomothetisch (gesetzfindend) Naturwissenschaften stellen allgemeingültige Gesetze auf	**idiografisch (einzelfallbeschreibend)** Geisteswissenschaften arbeiten individuell und ohne Verallgemeinerung
Theorien prüfen Auf theoretischen Grundlagen fußende Hypothesen werden überprüft.	**Theorien entwickeln** Durch Auseinandersetzung mit individuellen Auffassungen werden neue Zusammenhänge erschlossen und Theorien generiert.
deduktiv (ableitend, schlussfolgernd) vom Allgemeinen zum Besonderen	**induktiv (überordnend)** vom Einzelfall zum Allgemeinen
objektiv Alle Untersuchungsleiter sollen zum selben Ergebnis kommen, Probanden sind Forschungsobjekte.	**subjektiv** Individuelle Sichtweisen, Meinungen und Einstellungen des Untersuchungsleiters und der Probanden sind wichtig und werden berücksichtigt.
ätiologisch (ursächlich, begründend) objektive Klärung des zugrunde liegenden Zusammenhangs	**interpretativ** mehr oder weniger persönliche Auslegung, Deutung und Konkretisierung
Prädetermination des Forschers Nur was der Forscher im Voraus theoretisch berücksichtigte, kann in die Untersuchung einfließen. Weiterführende Gedanken der Probanden bleiben unberücksichtigt.	**Relevanzsysteme der Betroffenen** Der Forscher hält sich im Hintergrund. Der Fokus der Probanden ist wichtig und rückt in den Mittelpunkt; dadurch können Probanden neue, bislang unberücksichtigte Impulse liefern.
Distanz Oft besteht überhaupt kein oder nur sehr oberflächlicher Kontakt zu den Untersuchungsteilnehmern.	**Zugänglichkeit** Zu den Befragten muss meist sehr schnell ein vertrauensvolles Verhältnis aufgebaut werden.
partikularistisch besondere Teilbereiche untersuchend	**holistisch** ganzheitliche Untersuchung
(Zufalls-)Stichprobe Vor der Untersuchung wird viel Zeit darauf verwendet, dass die Stichprobe möglichst gut der Grundgesamtheit entspricht. Nachkorrekturen sind nicht bzw. nur schwer möglich.	**Einzelfall** Personen, die vermutlich etwas (das die Untersuchung bereichert) zum Thema beitragen können, werden ausgewählt. Aussagen über Antwortverteilungen oder Häufigkeiten werden nicht gemacht.
Labor Das Untersuchungssetting ist auf die Forschung abgestimmt; Störfaktoren werden ausgeschlossen. Dadurch ist die Situation unnatürlich.	**Feld** Das reale Leben mit all seinen Spezifikationen und Unterschiedlichkeiten ist Kern der Untersuchung.
starres Vorgehen genaue Festlegung und Einhaltung des Untersuchungsablaufs, Korrekturen und Abweichungen sind zu vermeiden	**flexibles Vorgehen** je nach Qualität und Quantität der Interviewaussagen spontanes Befragen weiterer Personen und Ergänzung der Frageliste
reduktive Datenanalyse Computerbasierte statistische Auswertungsverfahren erlauben es, große Datenmengen auszuwerten und auf wenige Daten und Aussagen zu reduzieren.	**explikative Datenanalyse** Hier wird die Datenmenge nicht reduziert, sondern je nach Vorgehensweise sogar um weitere Inhalte ergänzt und dadurch auch unübersichtlicher.

Unterschiede zwischen quantitativer und qualitativer Sozialforschung

Aufgaben

Methodentriangulation

> Die **Triangulation** ist eine Vorgehensweise, bei der eine Forschungsfrage aus unterschiedlichen Perspektiven oder mithilfe mehrerer Methoden betrachtet wird.

Dabei haben die eingesetzten Perspektiven dieselbe Relevanz, d. h., alle Methoden, die zum Einsatz kommen, werden gleichwertig eingesetzt. Stärken einzelner Methoden können Schwachstellen anderer egalisieren und insgesamt zu einem höheren Erkenntnisgewinn führen.

Triangulation meint also nicht das Vorschalten z. B. einer kleinen qualitativen Vorstudie vor der eigentlichen, quantitativ durchgeführten Hauptstudie. Ebenso ist damit auch nicht die Abfolge der Methoden in einem Forschungsprozess gemeint, wie etwa Interviews zur Datenerhebung und eine anschließende qualitative Inhaltsanalyse zur Auswertung.

Methodentriangulation kann auf zwei unterschiedliche Arten erfolgen:

- **Innerhalb einer Methode:** Ein und dieselbe Methode wird in Variationen angewandt. Triangulation innerhalb einer Methode ermöglicht z. B. das Interviewen verschiedener Probandengruppen (1. Kinder am Übergang vom Kindergarten in die Grundschule; 2. Eltern in dieser Phase; 3. Pädagogische Fachkräfte oder Lehrer, die den Übergang begleiten).
- **Zwischen mehreren Methoden:** Mehrere Methoden werden kombiniert. Ziel dabei ist es, Schwächen der einen durch Stärken der anderen Methode auszugleichen. So können quantitative Befragungen einer Fragebogenstudie z. B. durch Interviews mit denselben Probanden flankiert werden.

1. Finden Sie Operationalisierungen für folgende Bereiche:
   - Interesse von Vorschulkindern an Bilderbüchern
   - Interesse von Kindergartenkindern am freien Explorieren und Experimentieren
   - Kontaktaufbau von unter Dreijährigen zu gleichaltrigen Kindern
2. Besuchen Sie die Bibliothek Ihrer Ausbildungsstätte und suchen Sie in aktueller Literatur zu kindheitspädagogischer bzw. frühpädagogischer Forschung jeweils drei Studien im Längsschnitt- sowie im Querschnittdesign.
3. Stellen Sie heraus, inwiefern sich quantitative und qualitative Forschungsmethoden unterscheiden.
4. Welche Themen und Bereiche im Alltag von Kindertageseinrichtungen eignen sich eher für quantitative Untersuchungen und welche eher für qualitative? Begründen Sie Ihre Wahl.
5. Bilden Sie Kleingruppen mit jeweils vier Personen. Wählen Sie ein Thema aus Ihrem bisherigen Ausbildungsverlauf oder Studium, das Sie alle vier interessiert. Erarbeiten Sie dazu unabhängig voneinander jeder eine Itemsammlung. Vergleichen Sie in der Kleingruppe Ihre jeweiligen Items und diskutieren Sie über deren Klarheit, Verständlichkeit und Bezug zum Thema.
6. Bilden Sie eine Kleingruppe mit Mitstudierenden. Erstellen Sie zu einem Thema, das Sie momentan im Unterricht oder in Ihrer Studiengruppe behandeln,
   a) einen Fragebogen und
   b) einen Interviewleitfaden. Führen Sie beide Erhebungsverfahren durch und werten Sie beide aus.
   c) Entwickeln Sie, basierend auf den Ergebnissen, Handlungsempfehlungen für den Kita-Alltag.

3 Kindheitsforschung

Berufliche Handlungssituation

Die 18-jährige Annalena Frey hat gerade die Fachhochschulreife erworben und überlegt nun, ob sie einen Beruf ergreifen soll, mit dem sie später in einer Kindertageseinrichtung arbeiten kann. Sie entschließt sich, ein vierwöchiges Praktikum in einer Kindertagesstätte zu absolvieren. Annalena ist bereits nach ein paar Tagen begeistert von der vielfältigen Tätigkeit.

Sie besucht ihre Großtante Maria, die von 1947 bis 1969 als Erzieherin in einem Kindergarten arbeitete, um sich mit ihr auszutauschen. Mitgebracht hat Annalena dazu die aktuelle Konzeption ihrer Praktikumseinrichtung, deren zentraler Punkt das Bild vom Kind ist, Beobachtungs- und Dokumentationsbogen sowie einige Portofolios. Die Großtante ist erstaunt, wie heute im Kindergarten gearbeitet wird, und lässt sich alles ganz genau erklären. Im Gegenzug holt sie ein altes Fotoalbum hervor und zeigt Annalena Aufnahmen ihres Arbeitsalltages in den 1950er-Jahren. Die junge Großnichte ist fassungslos. Die Fotos zeigen scheinbar ganz normale, nicht kindgerecht ausgestattete Räume, die nicht vermuten lassen, dass die Aufnahmen in einem Kindergarten entstanden sind. Neugierig geworden, lässt sich Annalena vom damaligen Arbeitsalltag und der pädagogischen Praxis berichten. Die Großtante erzählt:

- Alle Aktivitäten wurden gemeinsam im Gleichschritt ohne Differenzierung bestritten.
- Die Erzieherinnen bereiteten für die Kinder hauptsächlich Bastelarbeiten vor, musizierten und sangen mit ihnen. Sie veranstalteten gemeinsame Kreisspiele und Tänze. Außerdem wurde jeden Tag gebetet und es wurden Kirchenlieder gesungen.
- Es gab weder Sprachförderung noch eine individuelle Förderung der Kinder.
- Nur während der morgendlichen einstündigen Freispielzeit hatten die Kinder die Möglichkeit, eigenaktiv zu spielen.
- Im Garten gab es außer einem Sandkasten keine weiteren Spielgeräte.

Kindergartenalltag in den 1950er-Jahren

Annalena ist erstaunt und denkt lange über das Gespräch mit ihrer Großtante nach. Sie überlegt:
- Wie kommt es, dass Kinder und Kindheit früher anders gesehen wurden als heute?
- Wer trug dazu bei, dass sich die Arbeitsweise in Kindertageseinrichtungen so verändert hat?
- Wie wird es wohl nach weiteren 60 Jahren in den Kitas aussehen? Welche Einstellungen gegenüber Kindern sind dann maßgeblich?

Forschung mit Kindern oder über Kinder ist erst dann möglich, wenn klar definiert ist, was ein Kind ist und welche historischen, kulturellen und sozialen Bedingungen das gesamtgesellschaftliche Bild von Kindern und Kindheit in einer bestimmten Zeit prägten bzw. prägen. Das folgende Kapitel gibt einen kurzen Einblick, beginnend im letzten Jahrhundert, wie sich das Konstrukt von Kindheit bis heute entwickelte, wie die praktische Pädagogik darauf reagierte und wie sich demnach auch die Forschung mit Kindern veränderte.

3.1 Das Bild vom Kind

Erwachsene jeder Epoche entwickeln eigene Vorstellungen und Leitbilder von Kindern und über Kindheit. In der Mitte des 20. Jahrhunderts nahmen Entwicklungen und Denkweisen ihren Anfang, die dazu führten, dass Kinder seit den 1980er-Jahren als Subjekte gesehen werden, die ihr eigenes Leben aktiv und selbstbestimmt gestalten. Exemplarisch können hier sogenannte Kinderläden (heute meist Elterninitiativen genannt) angeführt werden, deren Geburtsstunde 1968 in Berlin war. Ziel war eine individuelle, in den Anfangsjahren auch antiautoritäre, Erziehung der Kinder. Damit einhergehend erlebte die sozialwissenschaftlich orientierte Kindheitsforschung sowohl national als auch international einen regelrechten Boom.

Neben dem wissenschaftlich fundierten Forschen ÜBER Kinder entwickelte sich eine zweite Herangehensweise – das Forschen MIT Kindern. Das erstgenannte wissenschaftliche Vorgehen betrachtet Kinder eher als Objekte, die verschiedene Entwicklungsstufen durchlaufen, um adäquat auf das Leben als Erwachsene vorbereitet zu werden. Forschung mit Kindern hingegen wird dem aktuellen Bild vom Kind (auch Kindbild genannt) gerecht.

> Das **Bild vom Kind** spiegelt Leitbilder und Vorstellungen von Kindern und Kindheit insgesamt wieder. Es korrespondiert mit den historischen, gesellschaftlichen und kulturellen Auffassungen von Kindheit in der jeweiligen Zeit und unterliegt einem ständigen historischen Wandel.

3.1.1 Kindheit vor dem 20. Jahrhundert

Gemälde aus früheren Jahrhunderten illustrieren sehr prägnant die damaligen Vorstellungen von Kindern und Kindheit. Im 17. Jahrhundert beispielsweise waren Kinder aus Herrscherfamilien der vorbürgerlichen Zeit meist mit denselben prunkvollen Gewändern bekleidet wie ihre Eltern und wirkten somit bereits äußerlich wie kleine Erwachsene. Der Begriff „Kind" stand damals in erster Linie für ein verwandtschaftliches Verhältnis und nicht etwa für einen Lebensabschnitt.

Aufgrund fehlender oder mangelnder medizinischer Versorgung verstarben viele Kinder aus allen gesellschaftlichen Schichten bereits sehr früh, sodass der Tod von Säuglingen oder Kleinkindern kein so einschneidendes und dramatisches Ereignis darstellte wie heute. In Familien, die ihren Lebensunterhalt mit Ackerbau und Viehhaltung erwirtschafteten, arbeiteten und lebten Kinder ab dem Alter von etwa sieben Jahren genauso wie Erwachsene. Grundsätzlich kam ihnen keine besondere Aufmerksamkeit zu. Dies darf aus heutiger Perspektive jedoch nicht als Vernachlässigung interpretiert werden, sondern als alltägliche Praxis des 17. Jahrhunderts.

Mit der Industrialisierung (Ende 18. bis Ende 19. Jahrhundert) traten grundlegende Veränderungen ein. Die Erwerbstätigkeit mancher Kinder verlagerte sich in die entstehenden und stetig wachsenden Fabriken. Andere Kinder mussten zu Hause helfen, so viel sie konnten, wobei die Wohnsituation vor allem in den Städten sehr beengt und prekär war.

Vor und während der Weimarer Republik (1818–1933) waren Familien sehr kinderreich und hatten zeitlich fixierte Strukturen und Abläufe, die keine Verstöße zuließen. Die kindliche Freizeit spielte sich meist im Kreise der Familie ab.

Las Meninas („Die Hoffräulein", Diego Velázquez, 1656). Das Gemälde zeigt Kinder als kleine Erwachsene in den gleichen prunkvollen Gewändern wie die Erwachsenen.

3.1.2 Kindheit heute

In der folgenden Grafik sind allgemeine Merkmale des heute geltenden Kindbildes zusammengefasst. Wie werden Kinder und die Phase der Kindheit gesehen? Was wird ihnen zugetraut? Wie wird mit Ihnen umgegangen? Welche Faktoren sind bei der Erziehung wichtig?

- gemeinsames Problemlösen
- soziale Lebensverhältnisse außerhalb der Kita
- kompetenter Konstrukteur
- wissbegierig und offen für neue Erfahrungen
- die Welt erforschen und begreifen
- Individualität fördern
- eine eigenständige Persönlichkeit werden
- Sinn und Bedeutung erfassen
- Ko-Konstruktion
- Kooperation
- Eigenaktivität
- die eigenen Interessen verfolgen
- Erwachsene und andere Kinder als gleichwertige Partner
- kulturelle Individualiät
- anregungsreiche Umgebung
- soziale Beziehungen außerhalb der Kita
- ...
- ...

Merkmale des aktuellen Kindbildes

Seinen Ursprung findet das aktuelle Kindbild in verschiedenen (sozial-)pädagogischen Ansätzen und Konzepten, von denen stellvertretend zwei aufgeführt werden sollen.

Zum einen sei hier der **Situationsansatz** genannt. Die deutsche Soziologin Christa Preissing entwickelte diesen bereits in der ersten Hälfte der 1970er-Jahre, flächendeckend bekannt wurde er jedoch erst in den 1990er-Jahren. Ausgangspunkt der pädagogischen Arbeit sollen reale Lebenssituationen von Kindern und Familien sein – der Situationsansatz greift also Erfahrungen, Erlebnisse und Wünsche der Kinder auf. Enge Beziehungen zum jeweiligen Sozialraum der Kinder sowie eine anregungsreiche Umgebung ermöglichen den Kindern eine **eigenaktive** und ihren individuellen Interessen bzw. Themen folgende Weiterentwicklung. Der Erwachsene ist in erster Linie Beobachter und Begleiter.

Zum zweiten sei hier der in verschiedenen Bildungs- und Erziehungsplänen verankerte Ansatz der **Ko-Konstruktion** angeführt. Diesem Ansatz folgend wird Lernen als Kooperation und **soziale Interaktion** zwischen allen am Lernprozess beteiligten Personen gesehen, d. h., Kinder und Erwachsene lernen miteinander und voneinander. Ko-Konstruktion fokussiert weniger den Wissenserwerb und das Faktenwissen, als vielmehr den zugrunde liegenden Sinn und die Bedeutung von Zusammenhängen. Das Kind wird auch hier als kompetenter und aktiver Konstrukteur seiner eigenen Bildung gesehen. Gemeinsam und gleichberechtigt mit Erwachsenen strebt es Problemlösungen an und erkennt dabei, dass die Welt auf viele verschiedene Arten erklärt werden kann und es nicht den einen richtigen Weg gibt (vgl. Fthenakis, 2009, S. 8–13).

Beispiel

Gemeinsam mit den pädagogischen Fachkräften experimentieren die Kinder einer Hortgruppe zum Thema Luft und Windkraft. Während des gemeinsamen Arbeitsprozesses stehen die Kinder im ständigen Dialog mit den Fachkräften. Fragen nach Sinn und Bedeutung werden gestellt und gemeinsam beantwortet: Weshalb dreht sich das Windrad schneller, wenn die Luft steiler auf die Arme trifft? Weshalb erzielt warme Luft eine andere Wirkung als kalte? Weshalb dreht sich das Windrad langsamer, je weiter der Föhn weggehalten wird? Die Kinder lernen durch den gemeinsamen Austausch mit den Erwachsenen und den anderen Kindern. Zudem fördert der Dialog auf gleicher Augenhöhe die Kommunikations- und Verständnisfähigkeit der Kinder.

Kinder gewinnen Erkenntnisse im Austausch mit der Fachkraft und untereinander.

Neben den beiden dargestellten Ansätzen zeigen auch die meisten anderen aktuellen Konzepte, dass Kinder heute grundsätzlich als eigenständige Persönlichkeiten mit eigenen Lebenswelten und Interessen betrachtet werden. Unterschiede zwischen den Konzepten zeigen sich bezüglich der Rolle der pädagogischen Fachkraft: Steht diese (nur) als Beobachter am Rand und bietet erst auf Bitten des Kindes hin Unterstützung an (wie z. B. beim Situationsansatz) oder agiert sie in Kooperation gemeinsam mit dem Kind (wie z. B. bei der Ko-Konstruktion)? Trotz einiger Gemeinsamkeiten zeigen die Ansätze also große Unterschiede. Das jeweils zugrunde liegende Konzept wirkt sich auf den pädagogischen Alltag in den Kitas sowie die Rolle der pädagogischen Fachkräfte aus und prägt somit das Bild vom Kind in einer Einrichtung.

Kinder und Erwachsene sind gleichwertige, ebenbürtige Partner.

Selbst wenn junge Kinder noch stark von Erwachsenen abhängig sind, so sind sie doch gleichwertige und aktive Interaktionspartner, die Einfluss auf ihre gesamte Umwelt nehmen (vgl. Bamler u. a., 2010, S. 13). Eine Gleichberechtigung in diesem Sinne verschließt die Augen nicht vor dem zweifellos existierenden Reifegefälle, dem Kompetenzgefälle oder der juristischen Unmündigkeit, sondern spricht dem Kind **Gleichwertigkeit** zu. Erwachsener und Kind agieren als ebenbürtige Partner und die Gestaltung gemeinsamer Vorhaben muss folglich die Perspektiven beider beinhalten.

Dieses aktuelle Bild vom Kind ist auf die Forschung übertragbar. Kinder sind die Experten ihrer selbst. Sie sollen deshalb zu Wort kommen und ihre eigenen Sichtweisen, Auffassungen, Einstellungen und Erklärungen einbringen können. Forschung über Kinder sollte demzufolge unbedingt um Forschung mit Kindern ergänzt werden.

Berufliche Handlungsrelevanz

Die Sicht einer pädagogischen Fachkraft auf Kinder, also das eigene Bild von Kindern und Kindheit beeinflusst (oft unbewusst) das erzieherische Handeln und die eigene pädagogische Haltung. Pädagogische Fachkräfte müssen im Alltag sehr selbstkritisch sein und sich immer wieder neu mit ihren Sichtweisen und Haltungen gegenüber Kindern auseinandersetzen und diese reflektieren. Kindbilder können sowohl bewusst als auch unbewusst sein. Bewusste Kindbilder werden in der Ausbildung oder im Studium erarbeitet. Sie werden beispielsweise auch beim Erstellen einer Einrichtungskonzeption im Team diskutiert und dort gemeinsam für eine spezielle Kindertageseinrichtung festgelegt. Im Laufe des Berufslebens wandeln sich die individuellen Vorstellungen von und über Kinder und Kindheit eigentlich ständig, z. B. durch die Auseinandersetzung mit neuen pädagogischen und psychologischen Erkenntnissen und Theorien. Das heißt, Kindbilder sind nicht statisch, sondern wandeln sich während der Arbeit mit Kindern stetig. Die bewussten und offensichtlichen Bilder werden jedoch stark von den unbewussten Kindbildern mitgeprägt und sind durch individuelle Erfahrungen und Wertvorstellungen der jeweils eigenen Biografie beeinflusst. Eine Annäherung an die unbewussten Kindbilder und eine persönliche Auseinandersetzung damit kann durch die Bearbeitung der biografischen Aufgabe 6 auf S. 54 erfolgen.

Überzeugendes pädagogisches Handeln gelingt, wenn die bewussten Vorstellungen mit den unbewussten Haltungen und Werten weitestgehend übereinstimmen. So würde sich eine Fachkraft, die aufgrund ihrer Erfahrung von sehr strenger und angeleiteter Erziehung überzeugt ist, auf Dauer in einer nach dem offenen Prinzip arbeitenden Kita unwohl fühlen. In der Folge wäre ihr pädagogisches Handeln nicht authentisch. Dies bedeutet, dass persönliche Sichtweisen und Wertvorstellungen die professionelle Erzieherrolle immer beeinflussen und sich auch in den Haltungen gegenüber Kindern zeigen. Im Alltag können hier kollegiale Beratungen im Team oder auch Teamsupervisionen eine gute Unterstützung bieten.

3.2 Entwicklung der Kindheitsforschung

Die Anfänge der Kindheitsforschung liegen in den 1920er-Jahren mit einem eindeutig theoretischen Bezugspunkt in der Entwicklungspsychologie. Reifungs- und Stufenmodelle, wie Jean Piagets Theorie der kognitiven Entwicklung oder Erik Eriksons Stufenmodell der psychosozialen Entwicklung standen im Vordergrund. Entwicklung wurde als Prozess verstanden, der bei allen Kindern nach denselben Gesetzmäßigkeiten verläuft und einen bestimmten Zielpunkt hat, nämlich das Erwachsensein.

Nachdem die Forschungsaktivitäten zu Zeiten des Nationalsozialismus unterbrochen wurden, erlebten sie in den 1950er- und 1960er-Jahren eine Renaissance. Entwicklungsmodelle und die Einordnung der Kinder entsprechend ihres Lebensalters in Entwicklungsstufen dominierten, wie schon in den 1920er-Jahren. Dabei galt die US-amerikanische, quantitativ und behavioristisch ausgerichtete Entwicklungspsychologie als Orientierungspunkt. Kinder wurden (überwiegend) als defizitäre Wesen gesehen, die sich lediglich in einer Vorbereitungsphase auf das Erwachsenenalter befinden.

Erst in den 1980er-Jahren entwickelte und etablierte sich langsam die sozialwissenschaftlich geprägte Kindheitsforschung. Kindheit galt fortan als eine eigenständige Lebensphase. Damit verbunden betrachtete man Kinder als Personen mit eigenen Rechten – die UN-Kinderrechtskonvention wurde im Jahr 1989 beschlossen. Der Fokus richtete sich nun auf Mädchen und Jungen in ihren individuellen Lebensumwelten und mit ihren (geschlechts-)spezifischen Interessen, Kompetenzen und Fähigkeiten.

Der Begriff „Kindheitsforschung" kann nicht eindeutig definiert werden. Viele akademische Disziplinen beschäftigen sich mit Kindern, Kindheit und Kindsein. Dabei sind unterschiedliche Perspektiven auf das Kind von Interesse (vgl. Tabelle auf S. 53). Zudem werden kindliche Lebensverläufe immer vielschichtiger und komplexer, sodass nicht von DEN Kindern oder DER Kindheit gesprochen werden kann.

3.3 Besonderheiten der Forschung mit Kindern

Forschung mit Kindern weist einige Besonderheiten auf, die Leiter von Erhebungen kennen und bei der Vorbereitung einer Studie beachten müssen – insbesondere da Forschung immer durch Erwachsene und ihre Sicht auf die Kinder geprägt ist. Zu diesen Besonderheiten zählen die folgenden Aspekte:
- Für das Kind stellt der Forscher kurzfristig eine Bezugsperson dar.
- Das Wohlbefinden des Kindes steht im Vordergrund.
- Kindliche und erwachsene Perspektiven auf Themen und Dinge unterscheiden sich voneinander.

(vgl. Bamler u. a., 2010, S. 74 ff.)

Die Forscher, die die Erhebungen durchführen, sind den Kindern zumeist unbekannt und stehen nicht in direktem und längerfristigem Kontakt zu den kleinen Probanden. Darüber hinaus spielt sich ihr beruflicher Alltag häufig fern der Praxis in Kindertageseinrichtungen ab. Um schnell **vertrauensvolle Beziehungen** aufbauen zu können, sollten die Forscher mit der aktuellen Arbeitshaltung in der Kindertagesstätte und insbesondere mit dem jeweiligen Kindbild (siehe Kapitel 3.1.2) vertraut sein.

Neben einem einfachen Kommunikationsstil ohne Fremdwörter ist die Haltung gegenüber den Kindern wesentlich. Mädchen und Jungen sollen Wertschätzung, Akzeptanz und Empathie erfahren und spüren, dass sie mit ihren Äußerungen, Einstellungen und Verhaltensweisen ernst genommen werden. Erfahren die kleinen Probanden, dass ihre Beiträge wichtig für den Forschenden sind, so sind sie eher bereit, umfassende Einblicke in ihre Gedanken zu gewähren. Außerdem trägt eine angenehme und wertschätzende Atmosphäre zum **Wohlbefinden** der Kinder bei. Nur in einer Umgebung, die Sicherheit vermittelt, können sich die Mädchen und Jungen ganz auf ihr Gegenüber und dessen Anliegen und Fragen einlassen.

Einen besonderen Stellenwert bei der Forschung mit Kindern nehmen die **kindlichen Perspektiven** ein. Der Entwicklungspsychologe Günter Mey formuliert sehr treffend, dass „Kindheitsforschung immer eine über Erwachsene vermittelte, (vor-)strukturierte und hergestellte Forschung" ist (Mey, 2003, S. 22). Es stellt sich die Frage, ob Aussagen Erwachsener kindliche Perspektiven überhaupt repräsentieren können. Oder sind es nicht doch Erkenntnisse von Erwachsenen, die ÜBER Kinder und nicht MIT Kindern gewonnen wurden?

Ausgangspunkt dieser Fragestellung ist die Andersartigkeit von Erwachsenen und Kindern. Erwachsene können Kinder nicht wirklich verstehen, da ihnen deren Denk- und Handlungsweisen fremd sind. Sie können sich nicht bzw. nicht gänzlich in Kinder hineinversetzen. Eine besondere Gefahr liegt folglich im Verstehen und Interpretieren von kindlichen Aussagen. Sobald Forscher das qualitativ erhobene Datenmaterial der Kinder weiterverarbeiten (vgl. Kapitel 2.6.3) werden die Aussagen verfälscht, meist natürlich unwissentlich bzw. unabsichtlich. Forschung mit dem Augenmerk auf die kindliche Perspektive hat demnach deutliche Grenzen, wenn Erwachsene versuchen, die Sicht der Mädchen und Jungen einzunehmen oder als Dolmetscher für kindliche Aussagen zu fungieren. Zukünftig muss verinnerlicht werden, dass Forschung den Kindern eine Stimme geben und sie zu Wort kommen lassen soll. So können etwa Kinderzeichnungen, Kindertagebücher (Tagebücher von Kindern, in denen sie bildnerisch, gestalterisch oder mit ersten Schreibversuchen ihre Gedanken usw. festhalten) oder Portfolios (siehe Kapitel 2.6.2), als Datenmaterial dienen.

Erwachsene interpretieren kindliche Spielsituationen oftmals falsch.

3.4 Themen der Kindheitsforschung

Sämtliches Wissen über verschiedene (auch historische) Kindbilder und die eben dargestellten Besonderheiten bei Untersuchungen mit Kindern können einem Forscher im Wege stehen und ihn behindern. Fraglich ist also, wie eine Annäherung an die Perspektive von Kindern gelingen kann und welche Themen dabei von Interesse sein können. Der Erziehungswissenschaftler Norbert Neuß (2010) entwickelte eine anschauliche Auflistung. Sie zeigt einige für die frühe Kindheit relevante Wissenschaftsdisziplinen mit ihren spezifischen Forschungsinteressen.

Wissenschaftsdisziplin	Exemplarische Forschungsinteressen
Psychologie	Entwicklungspsychologie: beispielsweise die motorische, kognitive oder emotionale Entwicklung Sozialpsychologie: z. B. Wirkung von Werbung auf Kinder
Neurowissenschaften	Funktion des Gedächtnisses Verknüpfung von Hirntätigkeit und Wahrnehmung
Bildungsforschung	Bildung in der frühen Kindheit früher und heute Übergänge im Bildungssystem, z. B. vom Kindergarten in die Grundschule
Medienpädagogik	Lernmöglichkeiten mit neuen Medien Einfluss von Computerspielen auf das eigene Spielverhalten
Soziologie	akteursbezogen: alltägliche Handlungssituationen strukturbezogen: Kind in der Gesellschaft
Forschung der elementarpsychologischen Fachdisziplinen	naturwissenschaftliches Experimentieren und Explorieren mathematische Vorläuferfähigkeiten Umgang mit Literatur
Volkswirtschaftliche Forschung	ökonomische Aspekte des Systems der Kindertageseinrichtungen
Betriebswirtschaftliche Forschung	Kinder als Konsumenten

Exemplarische Interessen unterschiedlicher Wissenschaftsdisziplinen an der Forschung mit Kindern (vgl. Neuß, 2010, S. 193 f.)

Aktuelle Schwerpunkte der Kindheitsforschung liegen beispielsweise auf dem gesellschaftlichen Wandel und seinen Auswirkungen auf Kinder und ihr Leben. Wie wirken sich z. B. die zunehmende Urbanisierung (Ausbreitung städtischer Lebensformen), veränderte Familienstrukturen (getrennt lebende Eltern, Patchworkfamilien) oder die veränderte Freizeitgestaltung (Kinder verbringen immer mehr Stunden in Kitas) auf Kinder aus? Anknüpfend an das letzte Beispiel wäre beispielsweise auch das Aufwachsen in Institutionen als Forschungsfeld zu benennen: Kindheit findet neben der Familie immer mehr in pädagogischen Institutionen statt (Kinderkrippe, Kindergarten, Nachmittagsbetreuung). Welche Voraussetzungen sind beispielsweise notwendig, damit Familie und Einrichtung entwicklungsfördernd kooperieren und interagieren können?

Aufgaben

1. Wie wurden Kinder im 17. Jahrhundert gesehen? Skizzieren Sie Merkmale des damaligen Kindbildes.

2. Schauen Sie sich die Konzeptionen verschiedener Kindertageseinrichtungen an. Erarbeiten Sie Merkmale der Kindbilder, die in den Konzeptionen ausdrücklich und/oder unterschwellig genannt sind. Welche Auswirkungen haben diese auf die pädagogische Arbeit mit den Kindern, d.h., wie gestaltet sich der pädagogische Alltag?

3. Forschung mit und über Kinder: Führen Sie während Ihres Praktikums oder im Alltag ein thematisch beliebiges Projekt mit Kindern durch. Entwickeln und erproben Sie Methoden, bei denen das Kind im Zentrum steht (z. B. Portfolio, Kindertagebücher), und vergleichen Sie diese mit herkömmlichen Methoden (z. B. Befragung, Beobachtung und Dokumentation). Welche zusätzlichen Erkenntnisgewinne ermöglichen die neuen, kindzentrierten Methoden?

4. Recherchieren Sie im Internet nach aktuellen Studien über Kinder und Kindheit. Erarbeiten Sie zu jeder Studie eine kurze Zusammenfassung, die folgende Aspekte beinhaltet:
   - den Themenbereich bzw. die Themenbereiche der Studie,
   - die Fragestellung (Was möchte die Untersuchung zeigen?),
   - die methodische Vorgehensweise und
   - zentrale Ergebnisse.

   Stellen Sie Ihre Exzerpte (Zusammenfassungen) in der Lerngruppe vor und diskutieren Sie darüber.

5. Um kindliche Sichtweisen und die kindliche Weltaneignung verstehen zu können, lohnt es sich die Perspektive von Kindern einzunehmen – also den Blick der Kinder auf Dinge und Situationen nachzuempfinden. Hierzu können Sie folgende Übung mit Kindern durchführen: Kinder verschiedenen Alters werden mit einem leicht zu bedienenden Fotoapparat oder einer Videokamera ausgestattet, um einen Tag ihres Lebens aus ihrer ganz eigenen Perspektive zu dokumentieren.
   - Wie sehen Bäume, Häuser, vorbeifahrende PKW und LKW usw. aus kindlicher Perspektive aus?
   - Worauf legen Kinder ihren Fokus, d. h., welche Gegenstände, Situationen usw. erregen ihr Interesse?

   Das gesammelte Material kann als Grundlage für eine Fotocollage oder ein selbst erstelltes Video dienen, das die Welt aus der Perspektive der Kinder zeigt.

6. Eine Annäherung an das Thema „Unbewusste Kindbilder" gelingt durch die biografische Auseinandersetzung mit der eigenen Kindheit.
   a) Fachkräfte tauschen sich im Team, Studierende in der Seminargruppe oder in der Klasse über Erlebnisse in ihrer eigenen Kindheit aus. An welche glücklichen oder auch traurigen Gegebenheiten kann sich jeder erinnern? Und welche Rolle spielten Erwachsene dabei? Welche Wertvorstellungen zeigten sich im Verhalten der Erwachsenen?
   b) Im zweiten Schritt wird eine Mindmap erarbeitet, die der Frage nachgeht „Wie sehen wir Kinder und Kindheit"?
   c) Als Drittes werden Unterschiede zwischen Kindern und Erwachsenen dargestellt.

   Die gemeinsame Reflexion sensibilisiert für die vollkommen andersartige Wahrnehmung von Situationen durch Kinder und Erwachsene, erleichtert somit das Verständnis für kindliche Perspektiven und bahnt den Zugang zu unbewussten Kindbildern an.

7. Wählen Sie aus dem Bildungsplan (o. Ä.) für Kindertageseinrichtungen Ihres Bundeslandes einen Themenbereich aus. Erarbeiten Sie für eine Kindergruppe eine Aktivität nach den Prinzipien des Situationsansatzes und eine Aktivität im Sinne der Ko-Konstruktion. Führen Sie beide Aktivitäten durch und nehmen Sie diese auf Video auf. Reflektieren Sie anschließend in Ihrer Klasse oder Studiengruppe beide Aktivitäten und beobachten Sie dabei insbesondere das Verhalten der Kinder sowie die Interaktionen zwischen den pädagogischen Fachkräften und den Kindern.

4 Grundlagen der Entwicklung

Berufliche Handlungssituation

Die Kindertagesstätte „Villa Kunterbunt" liegt in ruhiger Lage am Waldrand einer Kleinstadt. Katharina Felten arbeitet dort bereits seit vielen Jahren als Erzieherin. Immer wieder kommt es vor, dass sie von Schulkindern aus der benachbarten Grundschule besucht wird, die zu ihrer Kindergartenzeit in der Gruppe der Erzieherin waren. Frau Felten wundert sich jedes Mal aufs Neue, wie schnell die Kinder gewachsen sind und jetzt als „richtige" Schulkinder auftreten. Es ist erstaunlich, wie sehr sich Kinder innerhalb weniger Jahre verändern und entwickeln. Mit einem Schlag sind sie groß und dabei haben sie kurz vorher noch in der Kita-Gruppe gespielt.

Kürzlich war eine Studierende der örtlichen Fachschule für Sozialpädagogik als Praktikantin in der „Villa Kunterbunt", die Frau Felten bereits als Dreijährige kennengelernt hatte. Damals im Kindergarten war das Mädchen eher still und introvertiert. Heute tritt Frau Felten eine selbstbewusste und offene junge Frau entgegen, die wissbegierig Fragen stellt und deutlich ihre Meinung sagt.

Aus dem benachbarten Gymnasium macht ein 16-Jähriger sein Betriebspraktikum bei Frau Felten in der Einrichtung. Schon seit 12 Jahren kennt sie ihn. Früher hatte sie gedacht, dass dieser Junge es in der Schule schwer haben wird. Weil er so wenig Unterstützung von seiner Familie erhielt, befürchtete Frau Felten damals das Schlimmste für seine Entwicklung. Nun freut sie sich sehr darüber, wie sich der Junge gemacht hat.

Seit kurzem gibt es in der „Villa Kunterbunt" auch eine Krippengruppe, in der Frau Felten aufgrund ihrer großen Erfahrung mitunter aushilft. Dabei fallen ihr die großen Unterschiede zu den älteren Kindergartenkindern auf, die so gern mit Gleichaltrigen in der Bauecke oder im Außengelände spielen, sodass sich die Erzieherin manchmal sogar überflüssig vorkommt. Bei den Zwei- bis Dreijährigen ist das ganz anders.

Die menschliche **Entwicklung** ist ein spannender Prozess, der seit jeher Philosophen und Wissenschaftler zum Nachdenken angeregt hat. Viel hängt dabei davon ab, wie Entwicklung gesehen wird: ob sie etwa als ein auf den Erbanlagen beruhender Reifungsprozess verstanden oder als durch Umwelterfahrungen bestimmt betrachtet wird. Grundlegende Fragen zur Entwicklung bestimmen vor diesem Hintergrund die **pädagogische Haltung** und das **erzieherische Handeln**. Wenn ich davon ausgehe, dass jede Entwicklungsstufe ihre spezifischen Entwicklungsaufgaben hat, muss ich mich darauf konkret einstellen. Glaube ich, dass Entwicklung allein von den Erbanlagen abhängt, bleiben mir nur wenige Möglichkeiten, pädagogisch einzuwirken. Um diese Fragen soll es im folgenden Kapitel gehen:
- Handelt es sich bei der Entwicklung eines Kindes bzw. Jugendlichen um einen kontinuierlichen Prozess oder um eine Folge von qualitativ unterschiedlichen Entwicklungsstufen?
- Welche Faktoren bestimmen die Entwicklung: die Erbanlagen, die Umwelt oder beides? Oder gibt es noch weitere Faktoren?
- Wie lässt sich Entwicklung insgesamt erklären? Welche Theorien gibt es dazu?

4.1 Entwicklung: Ein kontinuierlicher oder diskontinuierlicher Prozess?

Entwicklung ist ein **individueller Prozess**, der ein Leben lang anhält (siehe Kapitel 1.2). Aber wie verläuft er eigentlich? Ist die Entwicklung ein Vorgang ganz kleiner Schritte des Wandels, die eigentlich nicht oder erst nach langen Zeiträumen wahrnehmbar werden? Eltern merken manchmal erst im Rückblick, dass aus ihrer kleinen Tochter eine junge Frau geworden ist. Oder geschieht Entwicklung in Sprüngen, d. h. verläuft sie in diskontinuierlichen Stufen? Plötzlich richtet sich ein Kind auf und macht seine ersten Schritte. Innerhalb weniger Tage lernt es laufen und hat damit eine neue Stufe der Mobilität und der Möglichkeiten zur Eroberung der Welt erreicht.

Die Entwicklungspsychologie geht diesen Fragen nach und versucht herauszufinden, ob die menschliche Entwicklung **kontinuierlich** (stetig, ununterbrochen) oder **diskontinuierlich** (mit Unterbrechungen bzw. in Sprüngen aufeinanderfolgend) verläuft.

Beispiel

Sie sehen Ihre Nichte Sara nur selten, da sie weit entfernt wohnt und von ihrem vierten bis zwölften Lebensjahr mit ihren Eltern im Ausland gelebt hat. Erstmals sind Sie ihr begegnet, als sie ca. ein Jahr alt war. Damals hatte sie gerade zum ersten Mal „Mama" gesagt und konnte stehen, wenn sie sich an einem Stuhl festhielt. Zwei Jahre später, auf einem Familienfest, lief Sara fröhlich und flink umher und erzählte schon viel aus dem Kindergarten und von ihrem Teddy Pu. Nun treffen Sie sie auf ihrer Konfirmation. Sara, mittlerweile 14 Jahre alt, ist inzwischen eine schlanke, hochgewachsene Jugendliche, die sich viel lieber mit ihrem gleichaltrigen Cousin befasst als mit Ihnen. Die Veränderungen scheinen gigantisch zu sein und in qualitativen Sprüngen zu verlaufen.

4.1.1 Stufen- und Phasenmodelle

Bezogen auf die Beantwortung der oben gestellten Frage „Kontinuierlich oder diskontinuierlich?" nehmen die sogenannten Stufen- und Phasenmodelle eine eindeutige Position ein: Ihnen zufolge wird Entwicklung als Abfolge distinkter (unterscheidbarer) und altersabhängiger Stufen bzw. Phasen verstanden.

> *„Diesen Theorien zufolge sind am Eintritt des Kindes in eine neue Phase relativ plötzliche, qualitative Veränderungen beteiligt, in denen eine in sich schlüssige Weise, die Welt zu erleben und aufzufassen, in eine andere, wiederum in sich zusammenhängende Weltsicht übergeht."*
>
> (Siegler u. a., 2011, S. 15 f.)

Für solche Entwicklungsphasen gibt es eine Reihe von Beispielen. So lässt sich bei Kindern beispielsweise irgendwann zwischen dem dritten und fünften Lebensjahr die Entwicklung der Fähigkeit zur Perspektivenübernahme beobachten.

> *„Damit ist gemeint, dass ein Kind sich in die Perspektive eines anderen Menschen versetzen und dadurch dessen Denken und Fühlen verstehen kann. Wenn dies gelingt, kann das Kind sein eigenes Handeln stärker auf das Handeln anderer Personen abstimmen. Die soziale Kompetenz im Umgang mit anderen wird deutlich verbessert."*
>
> (Lohaus, 2010, S. 7)

4.1 Entwicklung: Ein kontinuierlicher oder diskontinuierlicher Prozess?

Auch innerhalb der motorischen Entwicklung lassen sich vergleichbare qualitative Stufen beobachten (siehe hierzu auch Kapitel 5.3.3):

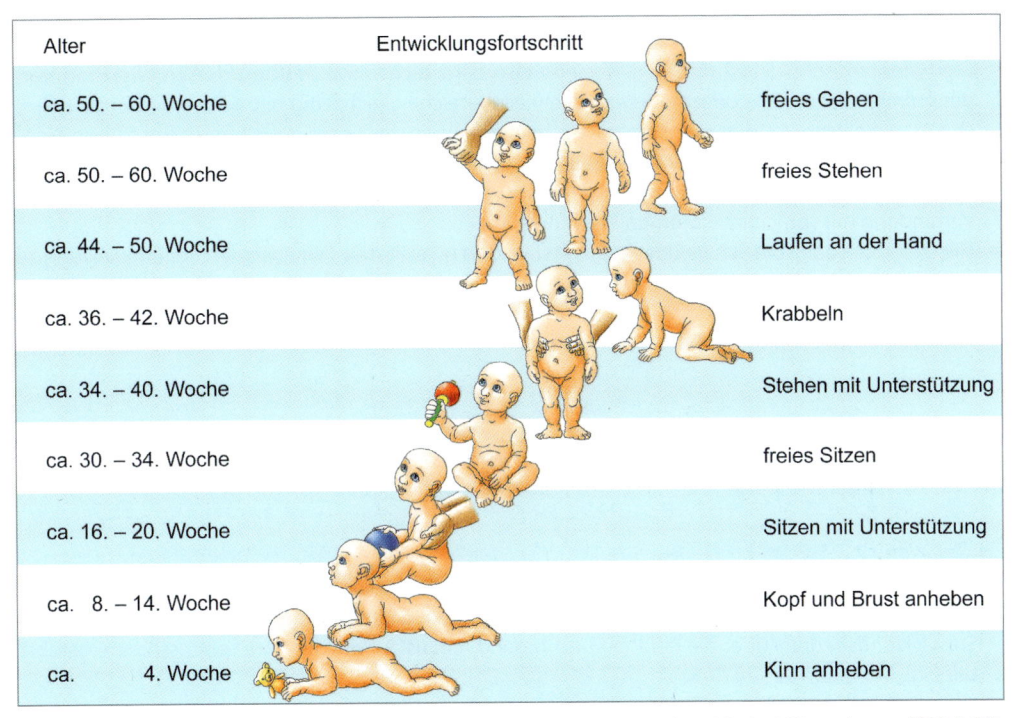

Alter	Entwicklungsfortschritt
ca. 50. – 60. Woche	freies Gehen
ca. 50. – 60. Woche	freies Stehen
ca. 44. – 50. Woche	Laufen an der Hand
ca. 36. – 42. Woche	Krabbeln
ca. 34. – 40. Woche	Stehen mit Unterstützung
ca. 30. – 34. Woche	freies Sitzen
ca. 16. – 20. Woche	Sitzen mit Unterstützung
ca. 8. – 14. Woche	Kopf und Brust anheben
ca. 4. Woche	Kinn anheben

Qualitative Veränderungen als Stufen der motorischen Entwicklung im ersten Lebensjahr (vgl. Montada u. a., 2012, S. 29)

Solche **Stufen- oder Phasenmodelle** wurden in der Psychologie bzw. Entwicklungspsychologie zu umfassenden Theorien der menschlichen Entwicklung vor allem im Kindes- und Jugendalter erweitert (siehe Kapitel 4.3). Allerdings fußen diese – ausgesprochen oder manchmal auch unausgesprochen – teilweise auf Merkmalen der menschlichen Entwicklung, die sich heute wissenschaftlich nicht mehr halten lassen bzw. den Begriff Entwicklung beträchtlich einschränken.

Folgend werden einige **Kritikpunkte** an Stufen- und Phasenmodellen aufgezählt:
- Stufenmodelle unterstellen, dass Entwicklung grundsätzlich in festgelegten Schritten auf einen höherwertigen End- oder Reifezustand zuläuft. Das ist allerdings nicht immer der Fall, was beispielsweise die Entwicklung antisozialen Verhaltens aufgrund ungünstiger Umweltbedingungen oder der Erwerb einer unsicheren Bindung (vgl. Kapitel 10.3.2) zeigen. Ebenfalls gehören psychopathologische (aus dem Griechischen: psyché = Seele/Gemüt, pathos = Krankheit) Veränderungen – wie beispielsweise das Entstehen einer psychischen Behinderung aufgrund einer chronischen Depression – zu Entwicklungen, die nicht zu einem höherwertigen oder gewünschten Zustand führen. Auch diese Entwicklungsverläufe werden von der Entwicklungspsychologie untersucht.
- Damit verbunden ist der Kritikpunkt, dass Stufenmodelle in aller Regel unidirektionale Verläufe unterstellen. Es wird also davon ausgegangen, dass die Entwicklung immer nur in eine bestimmte Richtung verläuft. In vielen Fällen zeigen sich aber auch Rückschritte, Einbrüche oder Regressionen (Zurückfallen auf eine frühere Entwicklungsstufe). So kann es aufgrund von Lebenskrisen zu problematischen Entwicklungsrückschritten kommen, beispielsweise bei der Entwicklung der Selbstständigkeit. Oder: einige kognitive Kompetenzen nehmen im höheren Alter und teilweise auch schon früher wieder ab.

- Außerdem erweist es sich in der Regel als schwierig, ganzheitliche und allgemeine Entwicklungsstufen zu identifizieren. Zumeist zeichnet sich Entwicklung durch vielfältige Veränderungen aus. Inzwischen dominiert in der Entwicklungspsychologie die Tendenz, von der Fokussierung auf das Allgemeine überzugehen zu einer Postulierung von vielen differenziellen Entwicklungen (vgl. Montada u. a., 2012, S. 31). Beispielsweise wird nicht eine Stufung der Entwicklung vorgenommen, bei der alle oder viele Persönlichkeitsbereiche gleichzeitig betrachtet werden, sondern es treten einzelne Veränderungsprozesse – beispielsweise des Sozialverhaltens in der frühen Kindheit – unter verschiedenen Blickwinkeln in den Vordergrund. Dabei werden jeweils einzelne Untersuchungsperspektiven eingenommen, wie beispielsweise der Umgang mit Gleichaltrigen oder die Verbindung mit sprachlich-kommunikativen Aspekten.
- Hier zeigt sich auch die Schwierigkeit, qualitative und quantitative Dimensionen der Entwicklung zu unterscheiden. In Stufenmodellen werden neue Phasen stets qualitativ beschrieben. Jedoch ließen sich die meisten Veränderungen auch quantitativ belegen – welche Dimension betrachtet wird, ist häufig eine Frage der Perspektive.

> *„Zum Beispiel kann die Entwicklung des Wortschatzes als rein quantitative Zunahme der verwendeten oder verstandenen Wörter oder qualitativ als semantische Differenzierung und Vernetzung der Wörter, als begriffliche Strukturierung, als grammatisch oder syntaktisch relevante Kategorisierung von Wörtern beschrieben werden."*
>
> (Montada u. a., 2012, S. 30)

- Stufenmodelle haben häufig nur das Heranwachsen des Menschen in den ersten Lebensjahren untersucht. Das war mit einer Einschränkung verbunden, die inzwischen zu einer Erweiterung des Entwicklungsbegriffs über die Kindheit und Jugend hinaus auf die gesamte Lebensspanne geführt hat (vgl. Montada u. a., 2012, S. 31).

Eine Reaktion auf die Kritik an Stufenmodellen könnte darin bestehen, Entwicklung **allein** als kontinuierlichen und individuellen Prozess zu sehen. Dieser kann verschiedene Richtungen nehmen und bestünde aus kleinschrittig verlaufenden Veränderungen. Das wäre jedoch übertrieben, denn es gibt unbezweifelbar auch qualitative Entwicklungssprünge, mit denen Phasen bzw. Stufen eingeleitet werden, die eigenen spezifischen und altersbezogenen Entwicklungsprinzipien folgen.

4.1.2 Entwicklung als Prozess mit kontinuierlichen sowie diskontinuierlichen Aspekten

> *„Verläuft die Entwicklung nun im Wesentlichen kontinuierlich oder im Wesentlichen diskontinuierlich? Die vernünftigste Antwort scheint zu lauten: Es kommt darauf an, wie du sie betrachtest und wie oft du hinschaust."*
>
> (Siegler u. a., 2011, S. 16)

Wie so oft scheint es auch hier kein „entweder/oder" zu geben, sondern ein „sowohl/als auch". Wer, wie im Beispiel auf S. 56, seine Nichte jeweils im Abstand von vielen Jahren wiedersieht, wird große Entwicklungssprünge als deutlich unterscheidbaren Wandel mit qualitativen und quantitativen Unterschieden feststellen. Plötzlich sind ganz andere Themen und Herausforderungen wichtig. Das Jugendalter wird beispielsweise davon bestimmt, eine berufliche Orientierung zu finden, erste Beziehungen und Partnerschaften zu erleben und sich von den Eltern zu lösen. Es sind umfangreiche und auch körperlich weitgehende Veränderungen zu bewältigen. Das prägt diese Entwicklungsstufe und unterscheidet sie von der vorangehenden mittleren Kindheit.

Die Eltern hingegen begleiten ihre Tochter jeden Tag und beobachten dabei auch kleine Veränderungen, die ebenfalls Rückschritte mit umfassen können. Auf ihrem individuellen und kontinuierlichen Weg wird sie immer selbstständiger. Erst im Rückblick wird den Eltern klar, welchen Entwicklungssprung ihre Tochter gemacht hat.

In der Entwicklungspsychologie sind beide Perspektiven wichtig. Es gibt in der Entwicklung von Heranwachsenden Phasen und Stufen, die jeweils spezifische Entwicklungsschritte und damit einhergehende Herausforderungen umfassen. Gleichzeitig ist es aber auch wichtig, die differenzierten und eher kontinuierlichen Verläufe in den einzelnen Entwicklungsbereichen genau zu beschreiben und zu erklären.

4.1.3 Entwicklungsaufgaben, kritische Lebensereignisse und Bewältigungsstrategien

Einen spezifischen Blick auf die Entwicklung wirft das Konzept der **Entwicklungsaufgaben**. Erarbeitet und eingeführt wurde es in den 1950er- und 1960er-Jahren von dem deutsch-amerikanischen Entwicklungspsychologen Erik Erikson (1902–1994) (siehe Kapitel 4.3.1) sowie dem amerikanischen Soziologen Robert J. Havighurst (1900–1991). Nach wie vor hat es in der Entwicklungspsychologie eine große Bedeutung. In den vergangenen Jahrzehnten wurde das Konzept laufend weiterentwickelt und zunehmend genauer erfasst, welche Entwicklungsaufgaben im Einzelnen eine Entwicklungsphase prägen (vgl. Kasten, 2011, S. 22f.).

> „Havighurst wollte damit Erziehern einen entwicklungspsychologischen Leitrahmen für die Pädagogik zur Verfügung stellen. Er ging davon aus, dass die erfolgreiche Bewältigung dieser altersgebundenen Aufgaben zentral für eine erfolgreiche Entwicklung ist."
>
> (Wilkening u.a., 2009, S. 81)

Dem Konzept der Entwicklungsaufgaben folgend, wird die Entwicklung eines Menschen als eine Reihe von phasen- bzw. altersspezifischen Herausforderungen oder Problemen verstanden, die es zu bewältigen gilt. Damit sind häufig entwicklungsbedingte **Krisen** oder **Konflikte** verbunden, da beispielsweise körperliche Veränderungen, wie in der Pubertät, zu einer neuen Selbst- und Fremdsicht sowie einer kritischen Auseinandersetzung mit sich selbst führen. Wichtig für das Bewältigen dieser Krisen ist das Vorliegen erfolgversprechender sozialer und psychischer Voraussetzungen.

Ob eine Problemlage oder eine Entwicklungsherausforderung altersangemessen angegangen und erfolgreich bewältigt wird oder nicht, wird auf der Grundlage normativer Vorgaben entschieden. Es existieren keine objektiven Kriterien für Entwicklungsaufgaben, sondern es ist **sozio-kulturell** festgelegt, was eine gelingende Entwicklung ist und was nicht. Dahinter stehen gesellschaftliche Normen, die durch unterschiedliche Faktoren wie Moralvorstellungen, wirtschaftliche Bedingungen, politisches System, pädagogische Aspekte, Milieu, soziale Schicht usw. bestimmt werden.

Entwicklungsaufgaben stellen in bestimmten Altersstufen auftretende, umfassende Herausforderungen dar, die es aus gesellschaftlicher Sicht in dieser Phase zu bewältigen gilt. Gelingt dies, schreitet die Entwicklung zur nächsten Entwicklungsstufe voran. Bei einer misslingenden Bewältigung treten Schwierigkeiten in der Entwicklung sowie missbilligende Rückmeldungen des Umfeldes auf.

A

Beispiel

Für die 13 Monate alte Mira besteht das Leben aus vielen spannenden Herausforderungen, die sie neugierig und motiviert angeht. So hat sie ihre ersten eigenen Schritte gemacht und damit viel Freude und Stolz bei ihren Eltern hervorgerufen. Auch ihre sprachlichen Bemühungen begeistern die Eltern, ein deutliches „Mama" haben sie bei ihr bereits herausgehört. Damit sind zwei Entwicklungsaufgaben benannt, die in unserer Gesellschaft auf Kleinkinder zukommen: Laufen lernen und Sprechen lernen. Andere kommen hinzu. (vgl. Kasten, 2011, S. 23)

Der 19-jährige Lukas hat ebenfalls Herausforderungen zu meistern. Eine wesentliche Entwicklungsaufgabe besteht für ihn darin, seine Schulausbildung erfolgreich zu bewältigen, um die Grundlage für seinen weiteren beruflichen Weg zu schaffen. Leider fällt Lukas das sehr schwer. Da er teilweise den Anschluss im Unterricht verpasst hat, kommt es immer häufiger vor, dass er der Schule fernbleibt. Der Abschluss ist inzwischen mehr als gefährdet. Seine Eltern und auch sein Klassenlehrer sind sehr enttäuscht und haben ihm das deutlich zurückgemeldet. Auch im Freundeskreis spricht er nicht gern darüber, weil alle sagen, wie wichtig ein Schulabschluss ist. Es ist absehbar, dass Lukas auch Schwierigkeiten bei anderen Entwicklungsaufgaben, wie dem Ergreifen eines Berufes und der wirtschaftlichen Ablösung von den Eltern haben wird. Hinzu kommen ggf. Probleme bei der Identitätsfindung usw. Hier zeigt sich, dass das Misslingen der Bewältigung einer Entwicklungsaufgabe zu weiteren Entwicklungsproblemen führen kann sowie Kritik und Ablehnung im sozialen Umfeld hervorruft.

Kritische Lebensereignisse

Die üblichen altersbedingten Herausforderungen in den einzelnen Lebensphasen, die einem Kind bzw. jungen Menschen als Entwicklungsaufgaben entgegentreten, machen soziale sowie psychische Problemlösungsfähigkeiten und Bewältigungskompetenzen erforderlich. Daneben kann es auch zu kritischen Ereignissen kommen, die unerwartet oder selten auftreten und die Entwicklung bzw. den Lebensweg abrupt vor schwerwiegende Probleme stellen. Dazu gehören beispielsweise Unfälle oder schwere Erkrankungen als punktuelle Belastungen. Als anhaltende **kritische Lebensereignisse** können z. B. chronische Erkrankungen oder der Verlust eines geliebten Menschen aufgefasst werden. (vgl. Greve/Leipold, 2012, S. 569).

Auch Kinder können in ihrer Entwicklung von Ereignissen betroffen werden, die sie stark belasten. Dazu zählen z. B. Trennung oder Verlust der Eltern, Schulversagen, Schwierigkeiten mit Gleichaltrigen und Mobbing. Wichtig dabei ist, dass es ihnen gelingt, Möglichkeiten der Bewältigung zu entwickeln. Einerseits kann dies auf dem Wege geschehen, dass das betroffene Kind sich bezüglich einiger Persönlichkeitsmerkmale verändert und beispielsweise die Fähigkeit erwirbt, sich hilfesuchend an andere zu wenden oder sich gegen andere zur Wehr zu setzen. Andererseits kann auch ein zeitweiser Rückzug oder ein zeitweiliges Verleugnen des Problems sinnvoll sein. Leider besteht aber auch die Gefahr, dass belastende Lebensereignisse zu schwerwiegenden Entwicklungsproblemen führen.

> *„Die individuelle Reaktion auf Belastung hängt weniger von den Merkmalen der Belastung selbst als vielmehr von den Bedingungen (Fähigkeiten, Vorerfahrungen) der belasteten Person ab."*
>
> *(Greve/Leipold, 2012, S. 569)*

Bewältigungsstrategien

Gerade beim Umgang mit kritischen Lebensereignissen wie auch bei der Bewältigung von Entwicklungsaufgaben, spielt das geeignete Bewältigungsverhalten eine wesentliche Rolle. Man nennt dies auch **Coping** oder Copingstrategien.

> Mit dem Begriff **Coping** bezieht man sich auf Verhaltensweisen und Strategien, die dazu dienen, Belastungen und Einschränkungen angesichts eines kritischen Lebensereignisses oder einer schwierigen Entwicklungsphase zu bewältigen.

Viel hängt beim Coping von den inneren **Ressourcen** eines Menschen ab, beispielsweise seiner Fähigkeit, hindernde bzw. einschränkende Emotionen wie unangemessene Wut oder Angst zu kontrollieren oder durch Entspannungstechniken zu reduzieren. Ebenso gehören kognitive Bewältigungsmuster dazu. Damit sind Fähigkeiten des Verstandes gemeint, wie die Fähigkeit zur Perspektivveränderung oder die Entwicklung von Problemlösungsansätzen. Was im Einzelnen hilft, ist allerdings von vielen Randbedingungen und individuellen Aspekten abhängig (vgl. Greve/Leipold, 2012, S. 568 f. und Berk, 2011, S. 887).

Hin und wieder gibt es Kinder bzw. Heranwachsende, die kritische Lebensereignisse sowie herausfordernde Entwicklungsphasen erfolgreicher bewältigen als andere – und dies trotz bestehender Risikofaktoren wie Armut oder soziale Benachteiligung und angesichts biografischer Belastungen wie körperlicher Misshandlung:

> *„Obwohl extreme Umstände die Ressourcen und Reserven nahezu aller Betroffenen übersteigen (z. B. massiver Missbrauch), gibt es eine erhebliche Variationsbreite der Reaktionsformen und also der Entwicklungsfaktoren, die negative Umstände nach sich ziehen. Erstaunlicherweise gibt es auch unter extremen Bedingungen Kinder, die in Adoleszenz und Erwachsenenalter unauffällige Entwicklungsverläufe zeigen."*
>
> (Greve/Leipold, 2012, S. 575 f.)

In diesem Zusammenhang ist in der Psychologie das Konzept der **Resilienz** entstanden. Damit wird die Stärke eines Menschen bezeichnet, äußerst kritische und belastende Lebensereignisse bzw. -krisen wie schwere Erkrankungen, Verlust von nahestehenden Menschen, Mobbing, finanzielle Schwierigkeiten oder Ähnliches ohne anhaltende Beeinträchtigung durchzustehen und erfolgreich zu bewältigen.

> Mit dem Begriff **Resilienz** bezieht man sich auf die Fähigkeit von Menschen, Belastungen und Krisen mithilfe persönlicher und/oder sozial vermittelter Ressourcen zu bewältigen und eine nahezu ungestörte Entwicklung zu durchlaufen.

Kinder werden dementsprechend als resilient bezeichnet, wenn sie beispielsweise in einem sozialen Umfeld der Armut, der Gleichgültigkeit oder Gewalt aufwachsen und trotz dieser Risikofaktoren ihr

Leben erfolgreich meistern und sich zu glücksfähigen und zuversichtlichen Erwachsenen entwickeln. Sie haben gelernt, dass sie es sind, die über ihr eigenes Schicksal bestimmen. Hierbei können z. B. folgende Faktoren hilfreich sein:
- die Familie sowie andere soziale Beziehungsstrukturen der Betroffenen,
- die schulische Umgebung,
- Intelligenz und Analyse- sowie Problemlösungskompetenzen,
- die Fähigkeit, Emotionen und Handlungen zu kontrollieren,
- Selbstvertrauen, positiv-optimistische Grundhaltung,
- eine Einstellung zur aktiven Auseinandersetzung mit Problemen

Inzwischen hat sich die Resilienzforschung zu einer eigenständigen Disziplin entwickelt, die sich bemüht herauszufinden, welche Faktoren die Resilienz eines Kindes in seiner Entwicklung und eines Menschen im Verlauf seines Lebens stärken (vgl. Fröhlich-Gildhoff/Rönnau-Böse, 2011).

Berufliche Handlungsrelevanz

Pädagogische Fachkräfte begleiten und unterstützen Entwicklungsprozesse von Kindern und Jugendlichen. Sie müssen daher wissen, welche Entwicklungsaufgaben in den einzelnen Lebensphasen zu bewältigen sind. Daher ist es wichtig, dass sie sich Kenntnisse über die wesentlichen Stufen und Phasen der Entwicklung aneignen.

Gleichzeitig ist Entwicklung aber immer auch ein kleinschrittiger, kontinuierlicher sowie individueller Prozess. Daher ist es eine berufliche Aufgabe von Fachkräften, diesen genau zu beobachten und die richtigen Impulse und Anreize zu setzen, um ihn voranzubringen und zugleich Räume für eigenständige Entwicklungsprozesse zu eröffnen.

Sollten kritische Lebensereignisse auftreten, müssen sie die betroffenen Kinder und Jugendlichen unterstützen. Zugewandte und wertschätzende Pädagoginnen und Pädagogen können für Kinder eine wichtige Ressource darstellen. Wichtig ist es zudem, Kindern und Jugendlichen zu mehr Resilienz zu verhelfen, indem sie deren individuelle Potenziale und Kompetenzen, aber auch deren soziale Netzwerke fördern.

4.2 Entwicklung: Bedingt durch Anlage oder Umwelt?

Eine der grundlegendsten Fragen der Entwicklungspsychologie ist die nach den bestimmenden Faktoren menschlicher Entwicklung. Vor allem die Wirkungen von **Anlagen** und **Umwelt** werden hierbei in den Blick genommen. Mit **Anlage** ist die genetische Grundausstattung gemeint, die ein Kind von seinen Eltern mitbringt, wenn es auf die Welt kommt.

> Als **Anlage** wird die genetische Grundausstattung bezeichnet, die ein Kind bereits beim Zeitpunkt seiner Zeugung von seinen Eltern erhält. Man spricht auch von Erbanlagen.

Mit dem Begriff **Umwelt** werden alle materiellen und sozial-kulturellen Bedingungen der Umgebung eines Menschen zusammengefasst, die auf dessen Entwicklung Einfluss nehmen: Menschen, Wohnumfeld, Ereignisse usw. Dazu gehört auch der Mutterleib als erste Umwelt des heranwachsenden Kindes. Daher ist es irreführend, von *angeborenen* Eigenschaften zu sprechen, nur weil sie bei der Geburt vorliegen. Sie können auch durch die Einflüsse während der Schwangerschaft entstanden sein (siehe Kapitel 5.2) und gelten dann als umweltbedingt.

4.2 Entwicklung: Bedingt durch Anlage oder Umwelt?

> Die **Umwelt** umfasst alle Faktoren, die von außen auf die Entwicklung Einfluss nehmen. Hervorhebenswert sind vor allem sozio-kulturelle Umgebungsfaktoren, aber auch materiell-ökonomische, sowie biologische Faktoren im Mutterleib.

Einerseits wird die Entwicklung eines Menschen also durch seine Anlagen bestimmt, die auf der Grundlage genetischer Informationen bestimmte Reifungsprozesse anstoßen.

> „**Reifung** ist die von innen, von den genetischen Anlagen gesteuerte Entfaltung biologischer Strukturen und Funktionen" (Kasten, 2011, S. 21).

Zugleich aber ergeben sich Entwicklungs- und Veränderungsprozesse ebenso durch die Einwirkungen der Umwelt, die zu Anpassungsleistungen des Kindes führen. Wenn sich das Verhalten aufgrund von Erfahrungen in einer bestimmten Situation bzw. angesichts bestimmter Gegebenheiten verändert, liegen Lernprozesse vor. So lernt ein Kind beispielsweise, dass man sich bedankt oder wie sich Menschen begrüßen.

> Mit dem Begriff **Lernen** werden Veränderungen zusammengefasst, die durch äußere Einflüsse in Gang gebracht werden und die beim Kind zu neuen Erfahrungen und dauerhaften Verhaltensveränderungen führen (vgl. Kasten, 2011, S. 21).

Klavierspielen will gelernt sein.

Vermutlich spielen gerade zu Anfang der Entwicklung Reifungsprozesse noch eine besondere Rolle, da Säuglinge in den ersten Lebenswochen und Lebensmonaten nur auf vergleichsweise wenige Lernerfahrungen zurückgreifen können (vgl. Lohaus u.a., 2010, S. 8). Im weiteren Verlauf aber kommt es zunehmend zu einer Wirksamkeit von Lernprozessen, die jedoch immer auch von anlagebedingten Voraussetzungen der Lernfähigkeit abhängen.

Extreme Positionen, die entweder der Anlage oder der Umwelt ein einseitig hohes Gewicht zuschreiben, sind in der zeitgenössischen Entwicklungspsychologie kaum noch anzutreffen (vgl. Lohaus u.a., 2010, S. 8f.). Heute behauptet kein ernstzunehmender Wissenschaftler mehr, dass die Entwicklung eines Kindes nur durch die vererbten Anlagen bestimmt wird und diese allein beispielsweise die Intelligenz oder eine kriminelle Biografie festlegen.

Solche Aussagen wären, vor allem wenn sie in „wissenschaftlicher" Sprache daherkommen und vermeintlich empirisch belegt sein sollen, höchst problematisch. Denn würden allein die von den Eltern mitgegebenen Gene über die Intelligenzentwicklung entscheiden, erübrigten sich umfassende Bildungsbemühungen: Die einen hätten das Potenzial in sich und benötigten nur die entsprechende Anregung in einer strukturierten Schulumgebung. Bei den anderen – und die ließen sich durch Intelligenztests der Eltern schnell identifizieren – wäre jede Förderung verlorene Zeit. Dementsprechend könnten nur bevölkerungspolitische Maßnahmen zu Veränderungen führen und damit gerät man automatisch in das Fahrwasser rassistischer Ideologien.

Zählt allein die Umwelt als Einflussfaktor, besteht auf der anderen Seite die Gefahr, dass den pädagogischen Bemühungen eine Allmacht zugesprochen wird, die ihr nachweislich nicht zukommt. Intelligenz oder prosoziales Verhalten würden, dieser Sichtweise folgend, allein durch den Einfluss der Umgebung bestimmt. Dies könnte zu einer technizistischen Gestaltung des kindlichen Umfeldes führen sowie zum Arrangieren von Erfahrungen für das Kind – unabhängig davon, welche individuellen Merkmale es mitbringt.

Beide Positionen lagen stets und liegen manchmal immer noch im Streit miteinander. Beide Extreme würden politische und gesellschaftliche Folgen nach sich ziehen, die problematisch wären. Allerdings zeigt die wissenschaftliche Forschung, dass es sich hierbei um einen „unsinnigen Streit" handelt (vgl. Wolf, 2013). Aktuell gilt:

> *„Jedes Persönlichkeitsmerkmal, das wir besitzen – Intelligenz, Persönlichkeit, Aussehen, Gefühle –, entsteht durch das gemeinsame Wirken von Anlage und Umwelt, das heißt durch das ständige Zusammenwirken von Genen und Umwelt."*
>
> *(Siegler u. a., 2011, S. 11)*

Beispiel

Die siebenjährige Mia hat ein sehr feines musikalisches Gehör und kann Melodien schnell und genau wiedergeben. Ihr Interesse an Musik ist groß und eigentlich singt und summt sie ständig Lieder. Ihr Vater ist Musikprofessor an der Universität und spielt in einer Jazzband, ihre Mutter ist Sopranistin. Beide unterstützen Mias musikalische Begabung nach Kräften. An der musikalischen Früherziehung nahm sie mit Begeisterung teil und spielt inzwischen sehr gut Klavier, Gitarre und ein wenig Querflöte.

Hier greifen offensichtlich vorhandene genetische Veranlagungen und eine für diese Anlagen förderliche Umwelt ineinander. Mit sehr großer Wahrscheinlichkeit werden sich die musikalischen Fähigkeiten von Mia sehr gut entwickeln und auch wenn sie später keinen Beruf in dem Bereich ergreifen sollte, wird sie sicherlich immer wieder durch ihre Musikalität und stimmliche Virtuosität beeindrucken.

Mias achtjähriger Adoptivbruder Sven, der seit vier Jahren in der Familie lebt, hat das gleiche Umfeld und erfährt die gleiche Unterstützung durch seine Adoptiveltern. Für ihn stellt die musikalische Förderung allerdings eher eine Qual dar und nur mit Mühe hat er ein wenig Klavierspielen gelernt.

Das Beispiel verdeutlicht, wie Anlage und Umwelt ineinandergreifen und die Entwicklung eines Kindes in ihrer Wechselwirkung bestimmen. Es stellt sich also nicht mehr die Frage, welcher Faktor ausschlaggebend ist, sondern wie beide aufeinander einwirken bzw. an welchen Stellen sie ansetzen, um zu den Entwicklungsverläufen zu führen, die zu beobachten sind. Es ist nicht einfach, hierbei zu eindeutigen Aussagen zu gelangen. So gibt es auf der Grundlage von Forschungsstudien statistische Erkenntnisse zu den Wechselwirkungen von Anlage und Umwelt (siehe Kapitel 4.2.1, S. 65). Diese können das Zusammenwirken jedoch **nicht im Einzelfall** erklären (vgl. Spinath, 2013).

Hinzu kommt, dass auch die Ergebnisse solcher Studien nicht einfach zu interpretieren sind. Zum Beispiel verändert sich die Bedeutung der Anlagen während des Lebensverlaufs (siehe hierzu auch Kapitel 5.1.3).

> *„So steigt der Einfluss der Gene auf die Intelligenz beispielsweise mit dem Alter. Von ca. 25 Prozent in der frühen Kindheit wächst ihr Anteil bis ca. 70 Prozent im hohen Erwachsenenalter. Das erscheint zunächst einmal kontraintuitiv – schließlich machen wir im Lauf des Lebens immer mehr Erfahrungen. Der Einfluss der Gene sollte folglich allmählich schwinden. Dem ist jedoch nicht so. Auch das liegt vor allem daran, dass wir unsere Umwelt zu einem großen Teil aktiv suchen und gestalten. Wenn ich gemäß meiner Anlagen mit ganz bestimmten Menschen Umgang habe, bestimmte Bücher lese, bestimmten Freizeitbeschäftigungen nachgehe, so kann dies die Ausprägung meiner Anlagen festigen."*
>
> *(Spinath, 2013, S. 4)*

4.2.1 Zwillings- und Adoptionsforschung

Untersuchungen zum Umfang des Einflusses von Anlage und Umwelt bzw. zu deren Wechselwirkung sind kompliziert. Es handelt sich um Faktoren, die sich nur schwer erfassen und kontrollieren lassen. Dazu müsste z. B. eine Umwelt geschaffen werden, in der die einzelnen Variablen unter kontrollierten Bedingungen verändert werden können, was sich aus ethischen Gründen natürlich verbietet. Auch wenn die genetische Forschung schon weit vorangeschritten ist – die Erbanlagen lassen sich (noch) nicht bis ins kleinste Detail analysieren und vergleichen. Dazu ist das genetische Material zu kompliziert.

Es gibt jedoch Lebensläufe, die für wissenschaftliche Forschungen in diesem Feld einen Glücksfall darstellen – nämlich die von eineiigen Zwillingen. Bei ihnen liegen genau **gleiche Erbanlagen** vor. Hier lassen sich Umwelteinflüsse und anlagebedingte Entwicklungsaspekte besser voneinander trennen. Klassisch wurden und werden in der Zwillingsforschung eineiige Zwillinge und zweieiige Zwillinge miteinander verglichen. Wenn sich ein Merkmal wie beispielsweise Intelligenz oder Temperament bei den erbanlagengleichen eineiigen Zwillingen ähnlicher entwickelt als bei den zweieiigen mit unterschiedlichen Genen, verweist das auf einen durch Anlagen bestimmten Entwicklungsbereich.

Ein weiterer Forschungsansatz: Durch unglückliche Lebensläufe kann es vorkommen, dass Zwillinge schon sehr früh nach der Geburt voneinander getrennt und von unterschiedlichen Familien adoptiert werden. Finden diese Geschwister später wieder zusammen, lassen sich zumindest tendenzielle Rückschlüsse ziehen, welchen Einfluss die Erbanlagen haben und was durch die Umwelt an Unterschieden erklärbar ist.

Um die Bedingtheit der menschlichen Entwicklung durch die Wechselwirkung von Anlage und Umwelt besser einschätzen zu können, wurden und werden bei diesem Forschungsansatz Daten von eineiigen und zweieiigen Zwillingen, von anderen miteinander verwandten Familienmitgliedern sowie von Familien, die nicht verwandte Kinder adoptiert haben, gesammelt und statistisch gegenübergestellt (vgl. Klauer, 2006, S. 9). Mit raffinierten Methoden wird verglichen, erforscht und dann gerechnet. Vor allem bezogen auf die Frage nach der Bedeutung der Erbanlage für die Intelligenzentwicklung gibt es umfangreiche Untersuchungen. Deren Ergebnisse zeigen sich in folgender Aufstellung:

Korrelation zwischen der Intelligenz von …	r
… eineiigen Zwillingen, zusammen aufgewachsen	.86
… eineiigen Zwillingen, getrennt aufgewachsen	.76
… zweieiigen Zwillingen, zusammen aufgewachsen	.60
… leiblichen Geschwistern, zusammen aufgewachsen	.55
… leiblichen Geschwistern, getrennt aufgewachsen	.47
… Eltern und leiblichen Kindern	.40
… adoptierten Geschwistern (als Kinder)	.37
… Großeltern und leiblichen Enkeln	.27
… adoptierten Geschwistern (als Erwachsene)	.00

Zusammenhang von Anlage (Verwandtschaftsgrad) und Intelligenz (aus: Schnotz, 2009, S. 71)

„Der Korrelationskoeffizient r ist eine statistische Größe, die das Ausmaß des Zusammenhangs zwischen verschiedenen Variablen angibt. Er kann einen Wert von +1.00 (perfekter positiver Zusammenhang) und -1.00 (perfekter negativer Zusammenhang) annehmen. Ein Wert von 0.00 bezeichnet das völlige Fehlen eines Zusammenhangs." (Schnotz, 2009, S. 71)

Allerdings sind die Ergebnisse der Zwillingsforschung nicht so eindeutig, wie es auf den ersten Blick erscheinen mag.

> *„Die Forschung selbst tut sich häufig schwer mit eindeutigen Botschaften. So interpretieren Wissenschaftler seit mehr als 100 Jahren etwa die Daten aus Zwillingsstudien zur Intelligenzentwicklung höchst unterschiedlich."*
>
> (Wolf, 2013, S. 32)

Der scheinbar eindeutige Einfluss der Erbanlagen wird beispielsweise dadurch relativiert, dass es bestimmte Abschnitte auf den Genen gibt, die je nach **Umweltbedingungen** an- oder abgeschaltet werden. Hier wird es dann schwierig mit der Differenzierung zwischen Anlage und Umwelt. Durch bestimmte molekulare Prozesse kann die Aktivität mancher Abschnitte bzw. Sequenzen der Gene vorübergehend durch Umwelteinflüsse zum Erliegen kommen, während andere erst unter den richtigen Bedingungen aktiv bzw. „exprimiert" werden. (vgl. Wolf, 2013) Auf diese Weise werden Einflüsse von außen für die Wirksamkeit der genetischen Voraussetzungen relevant.

Beispielsweise wurde nachgewiesen, dass **Stress** durch Ausschüttung von Neurotransmittern auf die Aktivität der Gene Einfluss nimmt. Dies kann in der frühesten Kindheit dazu führen, dass bestimmte Genabschnitte im späteren Leben überaktiv bleiben und Anfälligkeiten für Ängste und Depressionen erzeugen. Mütterliche Zuwendung und Zärtlichkeit in den ersten Lebensjahren hingegen beeinflussen vermutlich dauerhaft die Aktivität bestimmter Antistressgene positiv, die sensibel reagieren und im weiteren Lebensverlauf ein biologisches Antistressprogramm in kritischen Situationen starten (vgl. Bauer, 2007, S. 62 f). Man spricht hier von epigenetischen Einflüssen.

Bezogen auf den Einfluss von Anlage und Umwelt spielen umgekehrt auch die Anlagen im Hinblick auf die Bedeutung und Auswahl der Umwelt eine wesentliche Rolle.

Beispiel

Ein mathematisch begabtes Mädchen lässt sich weder durch seine Mitschüler noch durch sein familiäres Umfeld von der Mathematik abschrecken und sucht sich aktiv seinen Begabungen entsprechende Umwelten aus: z. B. schaut sie sich gezielt Fernsehsendungen zum Thema an, hilft dem Onkel in dessen Laden bei der Abrechnung, wird Mitglied im Mathezirkel der Schule und studiert letztlich Mathematik.

Dieses Beispiel zeigt, wie komplex das Zusammenspiel der beiden Faktoren Umwelt und Anlage bei der Entwicklung im realen Leben sein kann.

4.2.2 Der Mensch als aktiver Gestalter seiner Entwicklung

Bei der Erörterung des Einflusses von Anlage und Umwelt kann man die Möglichkeiten von Kindern bzw. jungen Menschen übersehen, ihre eigene Entwicklung selbst kompetent mitzugestalten. Anlage und Umwelt sind nicht **Schicksal** und machen Menschen nicht zu Marionetten.

> *„Das Neugeborene gestaltet von Anfang an seine Entwicklung mit. Es ist von Natur aus aktiv, aufgeschlossen und wird aus sich heraus tätig. Es signalisiert seinen Bezugspersonen, was es braucht und wofür es sich interessiert."*
>
> (Kasten, 2011, S. 13)

So steuern Babys ihre eigene Entwicklung mit, indem sie ihre Aufmerksamkeit auf alles richten, was sich bewegt oder was Geräusche macht, wobei vor allem Gesichter und Stimmen attraktiv sind. Dadurch, dass sich das Baby der Mutter zuwendet und es anblickt oder anlächelt, steuert es die Reaktionen der Mutter, die sich dann ihrerseits dem Kind liebevoll zuwendet.

4.2 Entwicklung: Bedingt durch Anlage oder Umwelt?

Mit zunehmendem Alter steigen die Möglichkeiten, die Entwicklung aktiv mitzugestalten. In jungen Jahren wird die Umwelt noch stark von den Eltern mitbestimmt. Aber auch hier kann ein Heranwachsender beispielsweise durch seine Entscheidung, einem Sportverein beizutreten und sportlich aktiv zu sein, nicht nur seine körperliche Entwicklung mitbestimmen. Dadurch unterstützt er auch seinen Schulerfolg (vgl. Siegler u. a., 2011, S. 13). Kinder und auch Erwachsene verfügen über erhebliche Selbstgestaltungskompetenz (vgl. Kasten, 2011, S. 14).

Beispiel
Der 20-jährige Tim sollte eigentlich den kleinen Handwerksbetrieb seines Vaters, eine Tischlerei, übernehmen. Schon seit seiner frühen Kindheit hat er dort mitgeholfen und auch viel Geschick bewiesen. Aber gleichzeitig hat er sich als Jugendlicher ehrenamtlich in der Kinder- und Jugendarbeit seiner Kirchengemeinde engagiert und einen Jugendleiterschein gemacht. Er hat sich zunehmend stärker eingebracht und fand die Arbeit mit Kindern immer spannender. Der pädagogische Umgang mit Jüngeren bereitete ihm viel Freude und hat letztlich auch zu seiner Entscheidung geführt, eine Ausbildung zum Erzieher zu absolvieren. Seine handwerkliche Begabung hat ihm hierbei schon manches Mal geholfen, wenn es beispielsweise darum ging, mit Kindern oder Jugendlichen Fahrräder zu reparieren oder eine behelfsmäßige Brücke über einen Bach zu bauen.

4.2.3 Hirnforschung und Entwicklung

Das Gehirn ist das zentrale Organ des Menschen für seine Verhaltenssteuerung. Vieles in der Hirnentwicklung lässt sich besser verstehen, seitdem die Hirnforschung vor allem durch moderne Medizintechnik in der Lage ist, die Funktionen und Strukturen von Gehirnarealen genauer zu untersuchen. Dabei hilft z. B. die Computertomografie, die die Aktivität von bestimmten zerebralen Strukturen bzw. Gehirnbereichen in Echtzeit messen kann.

„Die interessanten, teilweise überraschenden Befunde der Hirnforschung tragen schon heute dazu bei, das komplizierte Wechselspiel zwischen Anlage und Umwelt, zwischen genetisch gesteuerten Reifungsprozessen und von außen durch Anregung und Förderung in Gang gebrachten Einflüssen besser zu verstehen. Ähnliches gilt für die zunehmend aktivere, selbstregulierende Rolle des heranwachsenden Kindes."

(Kasten, 2011, S. 28)

Das Gehirn gehört zu den komplexesten Systemen, die es auf der Welt gibt. Es besteht aus ca. 100 Milliarden Nervenzellen, deren Anzahl von Geburt an in etwa gleich bleibt. Wichtig für die Funktion des Gehirns sind vor allem die Verbindungen zwischen den Nervenzellen. Deren Anzahl beträgt bei einem Neugeborenen etwa 50 Billionen, verzwanzigfacht sich aber bis zum 8. Lebensmonat auf etwa 1.000 Billionen. (vgl. Küls, 2003 und Kasten, 2011, S. 28 f.)

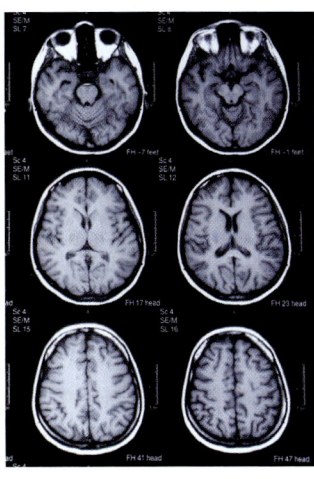

Abbildungen des Gehirns (Computertomografie)

Das Lernen bzw. die Entwicklung des Menschen beruht auf dem Wachstum sowie der Stabilisierung bzw. der Neustrukturierung dieser Verbindungen zwischen den Nervenzellen. Dabei handelt es sich um neurophysiologische Vorgänge, die teilweise auf genetisch bedingten Abläufen, aber vor allem auf Anregungen von außen beruhen, etwa in Form von Erfahrungen bzw. Reizen aus der Umwelt. Jeder dieser Lern- bzw. Entwicklungsprozesse führt auch zu einer minimalen Veränderung der Hirnstrukturen. Entweder entstehen neue neuronale Verbindungen oder bestehende werden verstärkt oder umorganisiert (siehe dazu auch Kapitel 5.3.2).

> *„Diese Verbindungen bzw. Verschaltungen zwischen verschiedenen Nervenzellen oder Nervenzellarealen entstehen und verstärken sich in der Entwicklung des Kindes vor allem, wenn Nervenzellen oder Nervenzellareale gleichzeitig aktiviert werden. Wenn zum Beispiel ein vierbeiniges Wesen mit Fell bellend durch die Wohnung läuft und die Mutter ‚Hund' sagt oder ‚Struppi', dann sind bei einem kleinen Kind gleichzeitig die Neuronen aktiv, die für die optische Wahrnehmung des befellten Vierbeiners verantwortlich sind, und ebenso die Nervenzellen, die die akustischen Laute ‚Hund' oder ‚Struppi' aufnehmen und verarbeiten. Wenn diese Situation häufiger auftritt, also die entsprechenden Areale häufig gleichzeitig aktiviert werden, dann verstärken sich deren Verbindungen untereinander zunehmend.*
> *Später reicht dann ein Reiz, etwa das Wort ‚Hund' oder ‚Struppi', um den gesamten eng miteinander verbundenen Bereich anzusprechen. Mit dem Wort werden dann automatisch Bilder des Hundes wachgerufen. Dann hat das Kind gelernt, dass der bellende und fellbehaftete Vierbeiner ein ‚Hund' ist und ‚Struppi' heißt. Gleichzeitig werden auch Gefühle in gleicher Weise durch synaptische Kontakte an diese Situation gebunden (Synapsen bezeichnen die Kontaktstellen der Nervenzellfortsätze, die dazu dienen, das Aktivitätspotenzial von einer Nervenzelle zur nächsten weiterzugeben). Das Kind freut sich vielleicht, wenn Struppi auftaucht, oder es hat Angst. Auch diese Gefühle beruhen auf Verschaltungen, die sich ergeben, weil die Areale für Hund und für Angst gleichzeitig aktiviert werden. So könnte der Hund vielleicht einmal zugeschnappt und so das Kind verängstigt haben."*
>
> (Küls, 2003)

In der kindlichen Entwicklung kommt es durch genetisch bedingte Prozesse in einigen Phasen zu einem besonderen Wachstum von Nervenzellverbindungen. Dieses führt zu umfangreichen Umstrukturierungsprozessen in bestimmten Gehirnarealen. Was dann im entsprechenden Zeitfenster wächst und sich ausdifferenziert, sollte auch aktiviert werden, um sich stabilisieren zu können. Wenn beispielsweise in den ersten drei bis sechs Lebensjahren die Sprachareale in der linken Gehirnhälfte einem solchen Strukturierungsprozess unterliegen, benötigt ein Kind sprachlichen Input sowie Gelegenheit zum Sprechen, damit die wachsenden Nervenzellverbindungen sich festigen. Bleibt dies aus, weil die passenden Reize fehlen, verschwinden die Verbindungen schnell wieder. Die Gehirnentwicklung wird bestimmt durch den Grundsatz: **„Use it or lose it".** So reduzieren sich die Verbindungen zwischen den Nervenzellen im Laufe der kindlichen Entwicklung wieder um 30 bis 50 Prozent. (vgl. Küls, 2003)

Sensible Phasen

Zeitabschnitte beschleunigter neurobiologisch begründeter Entwicklungsprozesse, wie oben erwähnt, bezeichnet man als sensible Perioden oder sensible Phasen. Sie werden als konkretisierbare Entwicklungsabschnitte definiert, in denen sich spezifische Erfahrungen – im Vergleich zu vorangehenden oder nachfolgenden Perioden – maximal positiv oder negativ auswirken. Es handelt sich hierbei um Perioden, in denen aufgrund neurobiologischer Prozesse der Hirnentwicklung eine erhöhte **Plastizität** unter dem Einfluss von Umwelteinwirkungen und -bedingungen vorliegt. (vgl. Stangl, 2013)

> Die **sensible Phase** bezeichnet eine Entwicklungsperiode bzw. eine Zeitspanne, in der ein Kind oder Jugendlicher besonders empfänglich für Wirkungen von außen ist. Äußere Einflüsse prägen dann in besonderer Weise die Entwicklung.

Berufliche Handlungsrelevanz

Pädagogische Fachkräfte müssen sich auch mit grundsätzlichen Fragen der Entwicklung auseinandersetzen. Die eigenen Überzeugungen bezüglich der Bedeutung vererbter Faktoren sowie der Möglichkeiten und Grenzen von Umwelteinwirkungen, z. B. durch Erziehung und Bildung, bestimmen die pädagogische Haltung mit. Und die wiederum beeinflusst das eigene erzieherische Handeln und die Beziehungsgestaltung zu den anvertrauten Kindern und Jugendlichen. Daher erscheint die kritische Reflexion der eigenen, vielleicht nicht immer vollständig bewussten, Haltung sehr wichtig.

Pädagogische Arbeit findet ihre Grenzen in den Möglichkeiten des Kindes, seine Entwicklung selbstständig mitzugestalten. Ziel ist die Selbstständigkeit des Zu-Erziehenden – ganz im Sinne Montessoris: „Hilf mir, es selbst zu tun!". Dabei müssen Fachkräfte ein fundiertes Wissen über sensible Phasen in der kindlichen Entwicklung besitzen, weil in diesen ihre erzieherische Einflussnahme besonders wirksam und bedeutsam ist. Das erfordert Behutsamkeit, Wohlwollen und eine hohe Professionalität.

4.3 Entwicklung: Theorien und Erklärungsansätze

In der Geschichte der Entwicklungspsychologie sind eine ganze Reihe von Bemühungen zu verzeichnen, die menschliche Entwicklung mithilfe einer umfassenden Theorie zu erklären. Teilweise sind diese Erklärungsansätze inzwischen widerlegt, teilweise gehören sie in ihren Grundaussagen aber noch immer zum gesicherten Bestand der Psychologie und bilden die Ausgangsposition aktueller Forschungsansätze.

Bei den klassischen Theorienansätzen der Entwicklungspsychologie handelt es sich in aller Regel um **Stufen- bzw. Phasenmodelle**. Sie versuchen vor allem die kindliche Entwicklung in ein ganzheitliches und umfassendes Theoriegebäude einzuordnen. Dazu werden Entwicklungsstadien oder -stufen identifiziert, die altersbezogen die Entwicklungsschritte und -veränderungen kennzeichnen, bestimmten stufenorientierten Prinzipien folgen und insgesamt auf diese Weise die Entwicklung erklären helfen. Bezogen auf die Bedeutung von Anlage und Umwelt sowie ihrer spezifischen Wechselwirkung werden dabei jeweils unterschiedliche Akzentuierungen vorgenommen.

4.3.1 Psychodynamische Erklärungsansätze

In erster Linie waren es die psychodynamischen Ansätze – zurückgehend auf die von Sigmund Freud entwickelte Psychoanalyse –, die sowohl die Persönlichkeitspsychologie als auch die klinische Psychologie in ihrer Arbeit befruchtet haben.

Die psychoanalytische Theorie der psychosexuellen Entwicklung

Die Theorien des österreichischen Psychologen Sigmund Freuds (1856–1939), darunter insbesondere die psychoanalytische Theorie, gehören zu den bedeutendsten psychologischen Beiträgen der letzten 100 Jahre und haben auch zu Fragen der kindlichen Entwicklung wichtige Anregungen gegeben.

> „Die psychoanalytische Theorie misst der Rolle früher Lebensereignisse für die spätere Persönlichkeitsentwicklung eine enorm große Bedeutung bei."
> (Pervin u. a., 2005, S. 150)

Sigmund Freud

Nach Freud spielt es für die kindliche Entwicklung eine eminent wichtige Rolle, welche Erfahrungen es in den ersten Lebensjahren vor allem in seiner Eltern-Kind-Beziehung gemacht hat, wobei es entscheidend auf den elterlichen Umgang mit den körperlichen Bedürfnissen und Funktionen ankommt. (vgl. Kasten, 2011, S. 50) Diese ersten wesentlichen Lebenserfahrungen entscheiden – bezogen auf sein Instanzenmodell der menschlichen Psyche aus ES, ÜBER-ICH und ICH (vgl. Zimbardo, 2008, S. 518 ff.) – unter anderem darüber, ob diese drei psychischen Instanzen in einem Gleichgewicht stehen oder ob das für Wahrnehmung und Handeln relevante ICH sich nur schwach entwickelt. Ein schwaches ICH ist unter Umständen auf einen übermäßigen Einsatz von Abwehrmechanismen angewiesen, was ein realitätsbezogenes und selbstbestimmtes Handeln behindern kann.

Für das kindliche Heranwachsen besonders relevant sind Freuds Überlegungen zur psychosexuellen Entwicklung. Für ihn beginnt die sexuelle Entwicklung bereits nach der Geburt, wobei sie aber nicht mit der Sexualität Erwachsener gleichgesetzt werden kann, sondern allgemeinere Lustempfindungen meint, die sich jeweils auf unterschiedliche Körperregionen beziehen. Dahinter steht eine Energie, die er als Libido bezeichnet.

Bezogen auf diese psychosexuelle Entwicklung betont Freud vor allem **anlagebedingte** biologische Reifungsprozesse (vgl. Siegler u. a., 2011, S. 337 f.). Dabei ist der Umgang der Eltern mit den kindlichen Bedürfnissen natürlich ebenfalls wesentlich, sollte die Reifungsprozesse aber eher als günstiger Rahmen begleiten. Im Einzelnen ergeben sich hierbei fünf Stufen oder **Phasen der psychosexuellen Entwicklung** in Kindheit und Jugend.

Psychosexuelle Phase	Alter	Merkmale
Orale Phase (vom lateinischen os, oris: der Mund)	Säuglings- und Kleinkindalter bis ca. zweites Lebensjahr	• psychosexuelle Befriedigung, z. B. über das Daumenlutschen und das Saugen an der mütterlichen Brust • Mund als zentrales Organ für Erregung, sinnliche Empfänglichkeit und Energie als erste Äußerung der kindlichen Sexualität
Anale Phase (vom lat. anus: der After)	im Alter von zwei und drei Jahren	• psychosexuelle Befriedigung z. B. über Zurückhalten oder vorzeitiges Herbeiführen der Ausscheidungen • Ausscheidungen werden mit Spannungsabbau und damit Lustempfinden verbunden • Anus (sowie der Stuhlgang) als zentrales Organ für Lustempfindungen
Phallische oder ödipale Phase (vom griechischen phallos: das männliche Glied)	im Alter von vier und fünf Jahren	• psychosexuelle Befriedigung z. B. durch Anschauen, Berühren und Stimulieren der Genitalien • Der Penis beim Jungen gilt als zentrales Organ für Lustempfindungen. Die Beobachtung, dass Mädchen keinen Penis haben, führt nach psychoanalytischer Sichtweise zur Furcht bei Jungen, ihn verlieren zu können – zur sogenannten Kastrationsangst. Mädchen hingegen entwickeln Penisneid.
Latenzphase (vom lat. latere: verborgen sein)	ca. vom sechsten Jahr bis zum Beginn der Pubertät	• In dieser Phase nehmen nach Freud das sexuelle Interesse und die libidinösen Handlungen ab.
Die genitale Phase (vom lat. gens, gentis: das Geschlecht)	vom Einsetzen der Pubertät (ca. zwölftes Lebensjahr) bis zum Ende des Jugendalters	• Erwachen des sexuellen Dranges unter dem Einfluss entwicklungsbedingter Ausschüttung von Sexualhormonen

Phasen der psychosexuellen Entwicklung

Eriksons Theorie der psychosozialen Entwicklung

Erik Erikson (1902–1994) war einer der einflussreichsten Entwicklungspsychologen des letzten Jahrhunderts. Als sogenannter Neofreudianer gehörte er einer Gruppe von psychoanalytisch geprägten Psychologen und Psychiatern an, die in der Nachfolge Freuds dessen grundlegende Erkenntnisse aufnahmen und weiterentwickelten, wobei sie teilweise in Abgrenzung von diesem eigene Schwerpunkte verfolgten. Erikson hat an den Theorien Freuds angeknüpft und diese in Richtung eines **psychosozialen** Entwicklungsmodells über die gesamte Lebensspanne ausgebaut.

> „Den Lebenslauf untergliedert Erikson in acht Stufen. Auf jeder dieser Stufen gilt es spezifische Entwicklungsaufgaben zu bewältigen. Gelingt das nicht, resultieren daraus bleibende Persönlichkeitsstörungen."
>
> (Kasten, 2011, S. 52)

Erik Erikson

Erikson ging davon aus, dass die jeweiligen **Stufen** in jedem Individuum von Geburt an angelegt sind. Auch er legt damit ein besonderes Gewicht auf die genetischen **Anlagen** als Faktor der Entwicklung. Die auf der jeweiligen Stufe zu bearbeitende spezifische Thematik führt zu einer Krise, wie er es nennt. Wird diese erfolgreich bewältigt, erfolgt der Übergang auf die nächste Stufe usw. (siehe folgende Tabelle). Ob und wie sie bewältigt wird, hängt natürlich auch von den **Umwelteinflüssen** und -bedingungen ab, aus denen unter anderem Bewältigungsressourcen geschöpft werden.

Ungefähres Alter	Krise	Angemessene Lösung	Unangemessene Lösung
0–1,5	Vertrauen vs. Misstrauen	grundlegendes Gefühl der Sicherheit	Unsicherheit, Angst
1,5–3	Autonomie vs. Selbstzweifel	Wahrnehmung des eigenen Selbst als Person, die ihren Körper kontrolliert und Ereignisse verursacht	Gefühl der Unfähigkeit, Ereignisse zu kontrollieren
3–6	Initiative vs. Schuldbewusstsein	Vertrauen auf eigene Initiative und Kreativität	mangelndes Selbstwertgefühl
6–Pubertät	Kompetenz vs. Minderwertigkeit	Kompetenz in grundlegenden sozialen und intellektuellen Fertigkeiten	mangelndes Selbstwertgefühl, Gefühl des Versagens
Adoleszenz	Identität vs. Rollendiffusion	entspanntes Erleben des eigenen Selbst	Das eigene Selbst wird als bruchstückhaft, schwankend und diffus wahrgenommen.
Frühes Erwachsenenalter	Intimität vs. Isolation	Fähigkeit zur Nähe und zur Bindung an andere	Gefühl der Einsamkeit, Trennung; Leugnung des Bedürfnisses nach Nähe
Mittleres Erwachsenenalter	Generativität vs. Stagnation	über die eigene Person hinaus Sorge um Familie, Gesellschaft und zukünftige Generationen	hedonistische Interessen, fehlende Zukunftsperspektiven
Seniorenalter	Ich-Integrität vs. Verzweiflung	Gefühl der Ganzheit, grundlegende Zufriedenheit mit dem Leben	Gefühl der Sinnlosigkeit, Enttäuschung

Die psychosozialen Stufen nach Erik Erikson (aus: Zimbardo/Gerrig, 2008, S. 389)

4.3.2 Die Theorie von Piaget

Eine der einflussreichsten Theorien der Entwicklung, wenn nicht sogar die einflussreichste, hat der Schweizer Psychologe Jean Piaget (1896–1980) auf der Grundlage seiner jahrzehntelangen Forschungen zur kognitiven und moralischen Entwicklung von Kindern erarbeitet und immer weiter ausdifferenziert. Bevor seine Arbeiten in den frühen 1920er Jahren erschienen, gab es noch kaum erfahrungswissenschaftlich orientierte Forschungen und Publikationen zur kognitiven Entwicklung (vgl. Siegler u.a., 2011, S. 128). Da Piagets Entwicklungstheorie in Kapitel 6 des vorliegenden Lehrbuchs ausführlich beschrieben wird, sollen hier nur einige zentrale Merkmale dargestellt werden.

Es handelt sich um ein **Stufenmodell**, in dem sowohl **kontinuierliche** als auch **diskontinuierliche** Prozesse auftreten. Während mit den Entwicklungsmechanismen Assimilation, Akkomodation und Äquilibration (vgl. Kapitel 6, S. 159f.) Prinzipien beschrieben werden, die kontinuierlich wirksam sind und die Entwicklung in jeder Phase durchgehend auf gleiche Weise prägen, folgen die einzelnen Stufen bzw. Stadien der kognitiven Entwicklung jeweils einer qualitativ eigenen Logik und stellen damit diskontinuierliche Entwicklungsmuster dar.

Jean Piaget

Die Stadien der kognitiven Entwicklung in Piagets Entwicklungsmodell sind:
- Stadium der sensomotorischen Intelligenz (0–2 Jahre)
- Stadium der präoperationalen Intelligenz (2–7 Jahre)
- Stadium der konkret-operationalen Intelligenz (7–12 Jahre)
- Stadium der formal-operationalen Intelligenz (ab 12 Jahre)

Diese Stufen müssen eine festgelegte Reihenfolge durchlaufen, d.h., es muss erst ein Stadium absolviert sein, bevor das nächste folgen kann. Sie sind dabei universell, d.h., sie kommen in allen Kulturen vor. In diesem Entwicklungsprozess spielen sowohl **anlagebedingte Reifungsprozesse** eine wichtige Rolle, als auch Erfahrungen des Kindes, d.h. **Umweltbedingungen** bestimmen ebenfalls den kognitiven Entwicklungsverlauf. Vor allem aber hat Piaget die Rolle des Kindes als **aktiver Konstrukteur seiner Entwicklung** erstmals in der Psychologie deutlich herausgestellt. Entwicklung vollzieht sich danach nicht allein als Wechselwirkungsprozess von Anlage und Umwelt. Vielmehr kommt dem Kind als Konstrukteur seiner Entwicklung eine zentrale Bedeutung zu (vgl. Kasten, 2011, S. 48).

Piaget hat seine Erkenntnisse durch fundierte empirische Untersuchungen gewonnen. Seine Experimente gelten inzwischen als Klassiker und wurden von vielen anderen Forschern übernommen und teilweise abgewandelt.

Büste von Piaget in seiner Heimatstadt Genf

4.3.3 Der Behaviorismus

Der klassische Behaviorismus (vgl. Zimbardo, 2008, S. 193–217) hat sich im Prinzip kaum mit Fragen der Entwicklung befasst. Allerdings sind die von ihm über menschliche Lernprozesse zutage geförderten Ergebnisse von großer Bedeutung für das Verständnis der kindlichen Entwicklung. Lernprozesse wurden vor allem als **Konditionierungsprozesse** verstanden, die durch Verknüpfungen von Reizen mit spezifischen Reaktionen gekennzeichnet sind und die mithilfe naturwissenschaftlicher Methoden (beispielsweise Experimente mit Tieren) untersucht werden (vgl. Kapitel 6.2.9, S. 181 ff.).

> Als **Behaviorismus** (vom englischen „behavior": das Verhalten) wird eine Richtung in der Psychologie bezeichnet, die nur das beobachtbare Verhalten und dessen Gesetzmäßigkeiten in den Mittelpunkt der wissenschaftlichen Forschung stellt. Innere Vorgänge, die allein der Introspektion (Selbstbeobachtung) zugänglich sind, wie Denken, emotionale Bewertungen usw., bleiben ausgeklammert.

Der Behaviorismus hatte sich in den 1920er und 1930er Jahren in den USA zum dominierenden Theorieansatz in der Psychologie entwickelt und bestimmte nach dem 2. Weltkrieg über weite Strecken auch die psychologische Forschung in Deutschland. Er vernachlässigt im Prinzip die genetischen Grundlagen des menschlichen Verhaltens und Erlebens. Das Kind wird als weißes Blatt Papier gesehen, dessen Entwicklung allein durch Erziehungs- und Umwelteinflüsse geprägt wird und unbegrenzt veränderbar erscheint (vgl. Kasten, 2011, S. 50).

4.4 Modernere Erklärungsansätze

Die klassischen Entwicklungstheorien haben vor allem das Individuum mit seiner Entwicklung in den Mittelpunkt gestellt, beispielsweise die Entwicklungsstufen von Kindern und Jugendlichen und die sie bestimmenden anlage- sowie umweltbedingten Faktoren. Jede Theorie hat ihren jeweils eigenen Blickwinkel, unter dem relevante Aspekte und Bedingungen der Entwicklung fokussiert werden. Sie betonen jeweils einen spezifischen Ausschnitt einer insgesamt sehr komplexen Gegebenheit. Bezogen auf diese verschiedenen Ansätze gibt es keine falschen oder richtigen Theorien, sondern allein unterschiedliche Perspektiven auf den gleichen Zusammenhang, die sich ergänzen und spezifische Aspekte beleuchten (vgl. Mietzel, 2002, S. 13).

In den vergangenen 30 Jahren wurden weitere Erklärungsansätze erarbeitet, die jeweils eigenständige bzw. auf den Klassikern aufbauende Modellvorstellungen ausdifferenzieren. Im Folgenden sollen beispielhaft zwei ausgewählte Theorien kurz dargestellt werden, die insbesondere für das Verständnis der Entwicklung von Kindern und Jugendlichen bei pädagogischen Fachkräften wichtig sind, weil sie die sozialen Aspekte von Entwicklung betonen.

Bestanden die klassischen Theorien in erster Linie aus **Stufenmodellen** und haben Reifungsprozesse (psychodynamische Theorien) verbunden mit konstruktivistischen bzw. selbstaktiven Prozessen (Piaget) in den Vordergrund gestellt, ist der Fokus bei den folgenden zwei Erklärungsansätzen auf **soziale** bzw. **interaktionistische Bedingungen von Entwicklung** gerichtet. Dabei stehen vor allem Umweltbedingungen im Mittelpunkt, weniger die individuellen im Kind stattfindenden Prozesse.

4.4.1 Soziokulturelle Theorie

Die soziokulturelle Theorie geht auf den russischen Psychologen Lew Semjonowitsch Wygotski (1896–1934) zurück. Sie richtet den Fokus darauf, dass die kindliche Entwicklung nicht allein ein eigenaktiver Konstruktionsprozess des Kindes in der Auseinandersetzung mit der Welt, sich selbst und den Mitmenschen ist. Dies hatte Piaget so gesehen und durch den Einfluss seiner Forschung hat sich diese Perspektive in weiten Teilen der Entwicklungspsychologie durchgesetzt.

> *„Wygotski und seine Anhänger vertreten hingegen die Auffassung, dass nahezu alle psychischen Strukturen und kognitiven Fähigkeiten auf soziale Phänomene zurückgehen, ursprünglich in Interaktionen mit anderen (kompetenteren) Personen auftraten und dann von dem jeweiligen Kind internalisiert wurden."*
>
> *(Textor, 2000, S. 71)*

Demnach sind vor allem Menschen, die mehr Erfahrung haben und über mehr Kompetenzen verfügen als das Kind selbst, von erheblicher Bedeutung für die Entwicklung des Kindes (vgl. Mietzel, 2002, S. 28). Nahezu alle Menschen haben eine Vorliebe dafür, anderen etwas zu zeigen, ihnen etwas beizubringen, sie auf etwas hinzuweisen. Dem entspricht auf der anderen Seite die menschliche Neigung, aus Hinweisen anderer zu lernen (vgl. Siegler u. a., 2011, S. 160). Beide Grundtendenzen des Menschen unterstützten die kindliche (und gesamte kulturelle) Entwicklung ungemein.

Beispiel

Die siebenjährige Marie besucht ihren Opa. Besonders gern hört sie ihm zu, wenn er ihr etwas aus seiner Kindheit erzählt. Viel Freude macht es ihr auch, mit ihm in den Garten oder in sein großes Gewächshaus zu gehen. Er scheint alle Blumen, Käfer und anderen Insekten zu kennen und berichtet auf spannende Weise davon, wie ein Garten gehegt und gepflegt werden muss, damit alle Pflanzen wachsen und gedeihen. Gebannt hört ihm Marie zu, merkt sich alles und betreut den Sommer über ihr kleines Beet, das ihr der Opa am Rande seines Gartens eingerichtet hat.

In der Kindertagesstätte „Villa Kunterbunt" steht eine Exkursion auf dem Programm. Die Mäusegruppe besucht einen Bauernhof. Stolz erzählt Sven, dessen Eltern der besuchte Hof gehört, welche Trecker auf dem Gelände stehen. Er kennt die technischen Daten und kann davon berichten, was mit dem Trecker alles gemacht wird. Die anderen Kinder hören ihm gespannt zu. Der Höhepunkt des Besuchs ist für alle der Gang in den Stall mit den drei Kälbchen. Svens Mutter erzählt den Kindern, wie die Tiere geboren wurden und zeigt ihnen, wie sie die Kälbchen streicheln können. Die Kinder nehmen die Informationen genau auf und richten sich nach ihren Anweisungen.

Entwicklung erweist sich vor diesem Hintergrund in besonderer Weise als ein sozial bedingter Prozess, der auch als **Ko-Konstruktion** verstanden wird. Im Rahmen der soziokulturellen Theorie werden daher auch Prinzipien der Aneignung von Kompetenzen, Fertigkeiten usw. vor allem im Hinblick auf ihre sozialen Bedingungen untersucht. Beispielsweise haben sich entwicklungs- und lernpsychologische Forschungen damit befasst, wie die lenkenden Einflussnahmen der Eltern und anderen Erwachsenen auf die Lern- und Entwicklungsprozesse der Kinder aussehen (vgl. Mietzel, 2002, S. 28 f.). Dabei tritt im günstigen Fall etwas ein, was es Kindern ermöglicht, auf einem höheren Niveau zu denken und zu handeln, als aus eigener Kraft möglich ist. Oftmals ist eine soziale Unterstützung dieser Prozesse durch kompetentere Personen notwendig.

> **„Soziale Stützung** ist ein Prozess, in dem eine kompetentere Person zeitweilig ein Rahmengerüst bietet, welches das Denken des Kindes auf einer höheren Ebene ermöglicht, als das Kind von selbst bewältigen könnte" (Siegler u. a., 2011, S. 162).

Zone der nächsten Entwicklung

Im Rahmen der soziokulturellen Theorie spielt das Konzept der **Zone der nächsten Entwicklung** eine besondere Rolle. Wygotski und in seiner Nachfolge die soziale Theorie unterscheiden zwei Entwicklungsniveaus:
- zum einen den aktuellen Entwicklungsstand des Kindes, also das, was das Kind in einem bestimmten Alter von sich aus und ohne Unterstützung begreifen kann,
- zum anderen das Niveau, das es in **Zusammenarbeit** mit einem Erwachsenen oder einem anderen Kind erreicht.

Zone der nächsten Entwicklung meint hierbei den Abstand zwischen diesen beiden Entwicklungsniveaus. Pädagogische Lernbegleitung sollte sich nach Wygotski an der Zone der nächsten Entwicklung und nicht nur am aktuellen Entwicklungsstand des Kindes orientieren.

> *„Dies gilt auch für die Sozialentwicklung des Kindes. So kann eine Erzieherin diese z. B. dadurch fördern, dass sie fehlende soziale Fertigkeiten vormacht, Beispiele für strategische Verhaltensweisen gibt ('Du könntest Peter sagen, dass jetzt du an der Reihe bist'), auf Kommunikationsstörungen hinweist ('Annette hat dich nicht gehört') usw. Ferner kann die Erzieherin die Gruppenzusammensetzung nutzen, um die Entwicklung einzelner Kinder zu fördern. So ermöglicht die Altersmischung, dass kompetentere (ältere) Kinder [...] das jeweilige Kind in seiner Zone der nächsten Entwicklung anleiten und unterstützen. Da Kleinkinder jedoch noch nicht besonders fähig in dieser Hinsicht sind, muss die Erzieherin hier immer wieder eingreifen und die Interaktionen in die richtige Richtung lenken."*
>
> (Textor, 2000, S. 78)

4.4.2 Systemisch-ökologische Theorie

Ebenfalls sehr einflussreich sind systemisch-ökologische Konzepte, die das Kind als sich **selbstregulierendes System** auffassen, das in ständigem Austausch mit den es umgebenden Ökosystemen steht (vgl. Kasten, 2011, S. 54). Einer der prominentesten Vertreter dieses Erklärungsansatzes war der Entwicklungspsychologe Urie Bronfenbrenner (1917–2005). Er strukturierte die Umwelt des Kindes, in dem es sich entwickelt, in mehrere Systeme, die einander umfassen. Sie ergeben auf diese Weise eine verschachtelte Struktur, ganz ähnlich den Schichten einer Zwiebel (siehe Grafik auf S. 76 oben).

Im Zentrum steht das Kind, das mit seinen Eigenschaften und Merkmalen mit der Umgebung interagiert. Dabei wird es von den Umweltkräften in seiner Entwicklung beeinflusst und verändert, gestaltet dabei aber auch seine Umwelt mit. Unmittelbar umgeben ist das Kind vom **Mikrosystem** bzw. mehreren Mikrosystemen, zu denen an erster Stelle die Familie gehört. Mit zunehmendem Alter erweitert es sich um die Gruppe der gleichaltrigen Freunde, des Kindergartens, der Schule usw. Dabei ist kennzeichnend, dass das Kind durch Aktivitäten, persönliche Beziehungen usw. an den Bereichen des Mikrosystems unmittelbar teilhat.

Das Mikrosystem ist umgeben vom **Mesosystem**. Damit ist die Gesamtheit der Beziehungen eines Menschen gemeint, also die Summe der Mikrosysteme und die Beziehungen zwischen ihnen. Ein Beispiel für eine mesosystemische Interaktion ist das Zusammenspiel zwischen Kindertagesstätte und Elternhaus. Diese werden wiederum vom **Exosystem** sowie **Makrosystem** umgeben. Alle Ebenen beeinflussen die Entwicklung des Kindes und werden durch diese wiederum mitgestaltet.

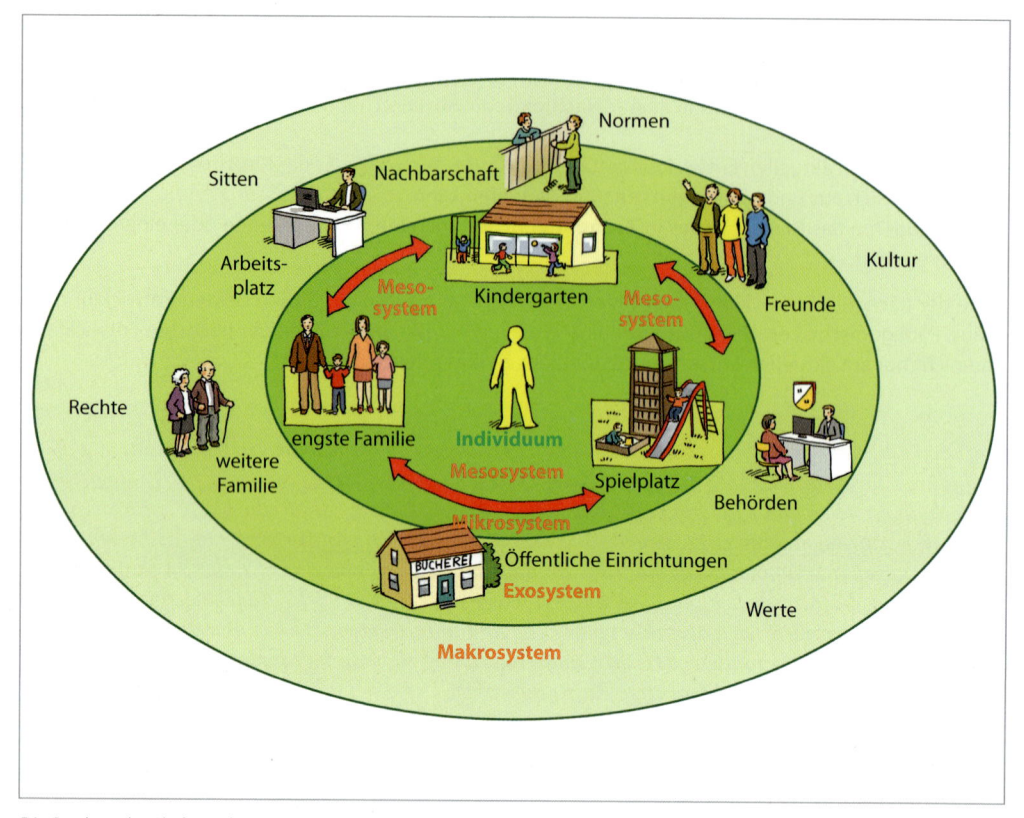

Die Struktur der ökologischen Systeme nach Bronfenbrenner

Berufliche Handlungsrelevanz

Theorien und Erklärungsansätze in der Entwicklungspsychologie stellen ein wichtiges Hintergrundwissen für pädagogische Fachkräfte dar. Sie werden ihnen beispielsweise häufig in der Fachliteratur und auf Fachvorträgen begegnen. Hier ist ein entsprechendes Grundwissen Teil eines professionellen Habitus. Auch weil Eltern unter Umständen ebenfalls über entsprechendes Theoriewissen verfügen können.

Zudem helfen Theorien und Erklärungsansätze, das komplizierte Geschehen der menschlichen Entwicklung aus ihrer jeweiligen Perspektive besser zu verstehen. Sie bieten Erklärungsansätze für Entwicklungsprozesse und weisen auf entwicklungsrelevante Bedingungen hin. Damit tragen sie dazu bei, dass Fachkräfte sich ein besseres Gesamtbild der Entwicklung von Kindern und Jugendlichen machen und sich eigenständig mit einschlägigen Themen auseinandersetzen können. Sie verstehen Entwicklungsverläufe im Überblick und auch das Zusammenspiel unterschiedlicher Faktoren und Aspekte besser.

Vor allem die soziokulturelle Theorie mit ihren Erkenntnissen über die „Zone der nächsten Entwicklung" birgt sinnvolle Anknüpfungspunkte für die pädagogische Arbeit pädagogischer Fachkräfte. Um Kinder in ihrer Entwicklung zu fördern, ist es hilfreich, ko-konstruktivistisch vorzugehen und mithilfe sozialer Stützung Anforderungen zu stellen, die das Kind über den jeweils schon erreichten Entwicklungsstand hinausführen. Insbesondere einige frühpädagogische Handlungskonzepte bauen auf diesen entwicklungspsychologischen Theorieansätzen auf.

Aufgaben

1. Entwicklung wird als ein Prozess verstanden, der sowohl kontinuierliche als auch diskontinuierliche Aspekte umfasst. Erläutern Sie dies anhand von Beispielen aus Ihren Beobachtungen von Kindern und Jugendlichen in Ihren Praxisstätten.

2. Die moderne Gehirnforschung hat unser Wissen über das Wechselspiel von Anlage und Umwelt beträchtlich erweitert. Recherchieren Sie im Internet bzw. in Fachzeitschriften nach Artikeln, die sich mit diesem Thema befassen. Stellen Sie sich die Informationen der Artikel zur Anlage-Umwelt-Debatte kurz und prägnant gegenseitig vor.

3. „Deutschland werde immer dümmer, verkündete [vor einiger Zeit, Anm. d. Red.] der Politiker und Buchautor Thilo Sarrazin. Hauptgründe für den Niedergang sei der Kinderreichtum von intellektuell weniger begabten Zeitgenossen, wohingegen die schlauen zu wenig für ihren Nachwuchs täten" (Wolf, 2013, S. 32). Nehmen Sie zu dieser Behauptung kritisch Stellung. Diskutieren Sie Ihre Meinungen in Kleingruppen.

4. Wählen Sie Kinder bzw. Menschen aus, deren Biografien sie relativ gut kennen. Analysieren Sie diese im Hinblick auf die Auswirkungen von Anlage, Umwelt und eigenaktive Gestaltung der jeweiligen Entwicklungsverläufe.

5. Diskutieren Sie kritisch, inwieweit der Lebenslauf durch das Individuum selbst als aktiver Gestalter seiner eigenen Entwicklung mitbestimmt wird. Setzen Sie sich mit der These auseinander, dass auch die eigenaktiven Anteile letztlich aus dem Wechselspiel von Anlage und Umwelt resultieren.

6. Wählen Sie einen der vorgestellten Theorieansätze zur menschlichen Entwicklung aus und setzen Sie sich eingehend damit auseinander. Analysieren Sie ihn, indem Sie seine Grundaussagen auf Entwicklungsprozesse aus Ihrer Praxis anwenden. Interpretieren Sie Ihre Fälle mithilfe der Theorie und arbeiten Sie Grenzen sowie Erklärungsmöglichkeiten heraus. Diskutieren Sie Ihre Überlegungen in Kleingruppen.

7. Setzen Sie sich kritisch mit der Theorie der psychosexuellen Entwicklung nach Freud auseinander. Diskutieren Sie auf der Grundlage Ihrer Erfahrungen mit Kindergartenkindern, ob die ödipale Phase in der beschriebenen Weise stattfindet. Erörtern Sie, ob es im Grundschulkindalter wirklich zu einer Latenzphase ohne sexuelle Tendenzen kommt.

8. Konstruieren Sie Beispiele für pädagogisches Handeln in einer Kindertagesstätte, die auf dem Prinzip der „Zone der nächsten Entwicklung" aufbauen. Diskutieren Sie Ihre Überlegungen in Kleingruppen.

Ausgewählte Bereiche der Entwicklung

TEIL B

Kapitelübersicht

- 5 Entwicklung des Körpers und der Motorik
- 6 Die Entwicklung der Kognition
- 7 Sprachentwicklung
- 8 Die sozial-kognitive Entwicklung
- 9 Die sozial-emotionale Entwicklung
- 10 Entwicklung des Selbst

5 Entwicklung des Körpers und der Motorik

> *Berufliche Handlungssituation*
>
> *Vor wenigen Tagen hat die 20-jährige Elena Nowak ihr Praktikum in der Kindertagesstätte „Drachenkinder" begonnen. In der Kita gibt es zwei U3-Gruppen mit Kindern im Alter bis zu drei Jahren und zwei Gruppen mit Kindern ab drei Jahren. Zusammen mit ihrer Praxisanleiterin Frau Freise betreut Elena in der Gruppe der „Blauen Drachen" insgesamt sechs Kinder im Alter von 0;10 bis 3;2 Jahren.*
>
> *In dieser Woche hat sich die Kita das Thema „Ernährung" auf die Fahnen geschrieben. Dazu haben die pädagogischen Fachkräfte zahlreiche Angebote vorbereitet. Heute findet das „Regenbogenfrühstück" statt. Elena und Frau Freise bereiten zusammen mit den Kindern viele gesunde Sachen in allen Farben des Regenbogens zu, die dann gemeinsam verkostet werden. Elena beobachtet das Geschehen am Tisch.*
>
> *Marlene (3;2 Jahre) hält ein Messer in der rechten und eine Gabel in der linken Hand. Gekonnt schneidet sie mit dem Messer ein Stückchen Aubergine von einer großen Scheibe ab und schiebt das Stück langsam mit dem Messer auf die Gabel.*
>
> *Der 15 Monate alte Oskar läuft fröhlich quietschend auf den Tisch zu und klettert auf einen Hochstuhl neben Marlene. Elena ist erstaunt, dass Oskar dazu schon in Lage ist. Ihr kleiner Neffe ist genauso alt und lernt gerade, ohne Hilfe zu laufen. Dass er allein auf einen Stuhl klettert, ist noch undenkbar.*
>
> *Melanie Steffens, eine weitere Erzieherin der Kita, die sich gerade in Elternzeit befindet, ist ebenfalls zum „Regenbogenfrühstück" eingeladen und schaut für einen kurzen Besuch vorbei. Sie hat ihre neun Monate alte Tochter Lea auf dem Arm und zeigt ihr einen Teller mit Erdbeeren. Lea greift gezielt danach und nimmt eine Beere in die Hand. Sie schaut die rote Kugel ganz genau an, hält sie sich neugierig an den Mund und lächelt zufrieden. Frau Steffens sagt, ihre Tochter hätte das Lächeln von ihr geerbt.*
>
> *Elena ist erstaunt über die Fähigkeiten, die die Kinder schon in diesen ersten Phasen ihrer Entwicklung beherrschen, wie geschickt sie mit Gegenständen umgehen und ihren Körper einsetzen. Auch bei weiteren Beobachtungen auf dem Spielplatz stellt sie fest, dass die Kinder sich hinsichtlich ihrer Entwicklungsfortschritte voneinander unterscheiden. Frau Freise erklärt ihr im Gespräch, dass diese Unterschiede ganz normal sind und dass Elena sich wegen der Entwicklung ihres Neffens keine Sorgen machen muss.*

Besonders in den ersten Lebensjahren entwickelt sich ein Kind körperlich in rasantem Tempo. Mit der körperlichen Reifung gehen stetige Fortschritte in der Entwicklung der motorischen Fähigkeiten einher. In den ersten drei Jahren seines Lebens wächst das Kind von einem hilflosen Neugeborenen, das mit Mühe seinen eigenen Kopf heben kann, zu einem Kleinkind, das schnell laufen und herumtoben kann, auf Spielgeräte klettert, Schubladen öffnet und sowohl Eltern als auch Erzieher auf Trab hält. Um altersgerechte Angebote für Kinder entwickeln zu können, sollten pädagogische Fachkräfte wissen, welche Fähigkeiten Kinder in welchem Alter haben und wozu ihr Körper wann in der Lage ist.

5.1 Genetische Grundlagen der Entwicklung

Worum geht es in diesem Kapitel?

Es sollen Grundlagen zur Entwicklung des Körpers und der Motorik vermittelt werden. Mit jedem Monat und jedem Lebensjahr, von der Zeit im Mutterleib bis ins hohe Alter, entwickelt und verändert sich der Körper eines Menschen beständig. Bis zum Ende der Pubertät im Jugendalter wird die körperliche Entwicklung von Reifungsprozessen bestimmt, in denen der Körper wächst und sich die für Menschen typischen Fähigkeiten Stück für Stück herausbilden bzw. weiterentwickeln. In diesem Kapitel geht es vornehmlich um das Wachstum des Körpers und die motorischen Möglichkeiten in der jeweiligen Phase der Entwicklung.

> Die Fähigkeit eines Menschen, selbstständig Bewegungen auszuführen, und die körperliche Geschicklichkeit insgesamt werden als **Motorik** bezeichnet.

Da die Entwicklung des menschlichen Körpers nicht erst mit der Geburt beginnt, wird auch die vorgeburtliche Entwicklung im Mutterleib ausführlich beschrieben. Nach den Ausführungen zur Geburt folgen Abschnitte zur körperlichen und motorischen Entwicklung in den weiteren Entwicklungsphasen.

Zunächst jedoch soll in Kapitel 5.1 ein Einblick in die genetischen Grundlagen der Entwicklung gegeben werden, die zum Verständnis von Entwicklungsvorgängen im menschlichen Körper grundlegend sind.

5.1 Genetische Grundlagen der Entwicklung

Wie die meisten lebenden Organismen auf der Erde besteht auch der menschliche Körper aus verschiedenen Zellen. Diese kleinsten „Bausteine" des Körpers sind zu funktionellen Einheiten verbunden und bilden verschiedene sogenannte Gewebe. Es finden sich zahlreiche verschiedene Zelltypen im menschlichen Körper, z. B. Hautzellen, Knochenzellen, Sinneszellen und Muskelzellen.

Zwar unterscheiden sich die verschiedenen Zelltypen hinsichtlich ihrer Form und ihrer Größe, der grundlegende Aufbau ist jedoch bei allen Zellen derselbe. Im Inneren jeder Zelle, mit Ausnahme der roten Blutkörperchen, befindet sich ein Zellkern. Dieser **Zellkern** hat zwei wichtige Aufgaben. Zum einen ist er als „Kommandozentrale" verantwortlich für die Steuerung aller Stoffwechselvorgänge der Zelle. Zum anderen ist er zuständig für die Speicherung des Erbgutes sowie dessen Weitergabe an die Tochterzellen bei der Zellteilung.

5.1.1 Chromosomen, DNA und Gene

Der Zellkern enthält die Erbinformation in Form von **Chromosomen**. Dabei handelt es sich um längliche fadenförmige Gebilde, bestehend aus einem spiralförmig verdrehten DNA-Doppelstrang (siehe Bild S. 82). DNA ist die international gebräuchliche Abkürzung für die biochemische Substanz Desoxyribonukleinsäure (in deutschsprachigen Ländern ist auch die Abkürzung DNS gängig).

> **Chromosomen** sind die Träger der Erbinformation eines Menschen. Sie befinden sich im Inneren des Zellkerns und bestehen zum größten Teil aus DNA.

Im Zellkern jeder Zelle des menschlichen Körpers, mit Ausnahme der Keimzellen (Spermien bzw. Samenzellen und Eizellen), befinden sich 46 Chromosomen. Ein Chromosom setzt sich zusammen aus zwei miteinander verbundenen Längshälften, den sogenannten Chromatiden. Diese bestehen jeweils aus einem langen gewundenen Chromatinfaden, der sich zum größten Teil aus DNA zusammensetzt.

Die DNA ist der Träger des genetischen Codes. Sie birgt alle biochemischen Informationen und Anweisungen, die sowohl an der Entstehung und Entwicklung eines Lebewesens als auch an dessen „Funktionieren" beteiligt sind (vgl. Siegler u. a., 2011, S. 86).

Der **DNA-Strang** ist eine Aneinanderreihung von kleinsten Bausteinen, Nukleotide genannt. Jedes Nukleotid beinhaltet eine der vier organischen Basen Adenin (A), Thymin (T), Cytosin (C) und Guanin (G). Die beiden in einer sogenannten **Doppelhelix** angeordneten DNA-Stränge sind über Wasserstoffverbindungen aneinander gebunden. Die Verbindungen bestehen immer zwischen denselben Basenpaaren – Adenin auf dem einen Strang wird gepaart mit Thymin auf dem anderen Strang und umgekehrt, Cytosin paart sich stets mit Guanin und umgekehrt. Durch diesen Aufbau hat die DNA die Form einer verdrehten Strickleiter, deren Stufen die miteinander verbundenen Basenpaare bilden (siehe Bild unten). Dieser strukturelle Aufbau des DNA-Moleküls als Doppelhelix wurde im Jahr 1953 von den beiden Wissenschaftlern James Watson und Francis Crick entdeckt. Daher trägt das Modell auch den Namen **Watson-Crick-Modell**.

Da sich die DNA bei der Zellteilung durch Mitose dupliziert, findet sich in jeder Zelle des menschlichen Körpers (die Keimzellen ausgenommen) die gleiche Anzahl von Chromosomen mit exakt derselben genetischen Information.

> Die **DNA** ist der Träger der Gene und damit der Erbinformation (genetischer Code, Genom). Das DNA-Molekül ist als Doppelhelix aufgebaut und bildet die materielle Substanz der Gene.

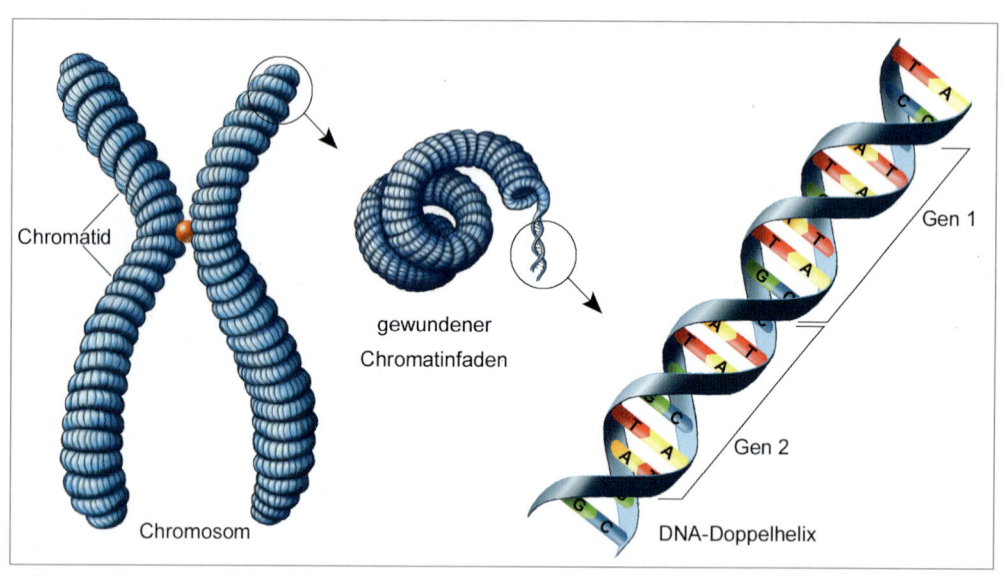

Aufbau von Chromosom, DNA und Genen

Die Erbinformationen sind in **Genen** verschlüsselt. Ein Gen ist ein abgrenzbarer Abschnitt der DNA-Sequenz auf dem DNA-Strang – man kann auch von einer Erbeinheit sprechen (siehe Bild oben). Nicht jede dieser Erbeinheiten sieht gleich aus, Gene können unterschiedlich lang sein. Die individuelle Anordnung der Basen bzw. Basenpaare bildet den **genetischen Code**, also das Programm für die Herausbildung des Organismus.

> Ein **Gen** ist ein abgrenzbares Segment des DNA-Strangs (DNA-Segment), also eine einzelne Einheit des gesamten Erbgutes.

Wie die Forschungsergebnisse von Wissenschaftlern weltweit zeigen, teilen Menschen einige ihrer Erbinformationen mit anderen Organismen und Lebewesen. Das Erbgut von Menschen und Schimpansen, unseren nächsten „Verwandten" im Tierreich, ist zu ca. 99 Prozent identisch. Für die maßgeblichen Unterschiede zwischen Menschen und Schimpansen ist demnach nur ein außerordentlich kleiner Teil des Erbgutes verantwortlich. Nur ca. ein Prozent der Gene des Menschen ist ausschlaggebend für die Entwicklung seiner besonderen kognitiven und physischen Fähigkeiten – vom aufrechten Gang über die motorischen Fähigkeiten bis hin zur Sprache. (vgl. Berk, 2011, S. 59)

Die genetischen Unterschiede von einem Menschen zum anderen sind noch geringer. Es wird also deutlich, dass jede noch so kleine Veränderung in der DNA-Sequenz einen enormen Unterschied sowohl in den physischen Fähigkeiten und Charaktereigenschaften als auch in der äußeren Erscheinung ausmachen kann.

Die DNA-Sequenz kann man sich beispielsweise vorstellen als ein Computerprogramm mit aneinandergereihten Daten und Befehlssequenzen oder als ein Notenblatt mit aufeinanderfolgenden Musiknoten, die – zusammen gespielt – eine ganz individuelle Melodie ergeben. Stellt man einige der Noten um, so verändert sich auch die Melodie. Fügt man im Programmcode weitere Befehle ein, so wird das Programm anders ablaufen.

Das menschliche **Genom** – also die Gesamtheit aller Erbinformationen eines Menschen – umfasst nach heutiger Erkenntnis ca. 20 000 bis 25 000 Gene. Auch wenn zu Beginn der Entschlüsselung des menschlichen Genoms noch anderes vermutet worden war, so weiß man heute, dass sich diese Anzahl nicht maßgeblich von der Genanzahl anderer Lebewesen unterscheidet. Der mikroskopisch kleine Fadenwurm Caenorhabditis elegans beispielsweise, ist ein weit weniger komplexes Lebewesen als der Mensch, hat jedoch mit ca. 23 000 Genen annähernd dieselbe Anzahl von Genen (vgl. Süddeutsche Zeitung, okl, 12.02.2011).

5.1.2 Vererbung

Mit Ausnahme der Keimzellen enthält jede Zelle im menschlichen Körper einen doppelten, sogenannten **diploiden Chromosomensatz** mit insgesamt 46 Chromosomen (zwei mal 23 Chromosomen). Die Zellkerne der weiblichen Eizelle und der männlichen Samenzelle hingegen beinhalten nur einen einfachen, sogenannten **haploiden Chromosomensatz** mit 23 Chromosomen und damit auch nur die Hälfte des genetischen Materials. Dies ist eine notwendige Voraussetzung für die Vererbung.

Bei der Verschmelzung von Eizelle und Samenzelle während der Befruchtung muss wieder ein Organismus mit 46 Chromosomen geschaffen werden, da Zellen mit doppeltem Erbmaterial nicht lebensfähig wären. Daher dürfen die verschmelzenden Zellen nur einen haploiden Chromosomensatz aufweisen. Dies wird gewährleistet durch die besondere Form der Entstehung bzw. Zellteilung von Keimzellen, die sogenannte **Meiose**. Bei der Meiose wird der diploide Chromosomensatz der ursprünglich vorliegenden Stammkeimzellen zu einem haploiden Chromosomensatz mit 23 Chromosomen reduziert. Die Verschmelzung der beiden haploiden Keimzellen während der Befruchtung führt dann zu diploiden Zellen mit der normalen Anzahl von 46 Chromosomen (= 23 Chromosomenpaaren), aus denen das neue Lebewesen entstehen kann.

> *„Im Verlauf der Meiose werden die 23 Chromosomenpaare zufällig gemischt, sodass auch nur durch Zufall das eine oder das andere Element eines Paares in eine neue Eizelle beziehungsweise Spermienzelle übergeht. Das bedeutet bei 23 Chromosomenpaaren, dass es für jede Keimzelle (…) knapp 8,4 Millionen mögliche Chromosomenkombinationen gibt. Wenn sich also zwei Keimzellen – Spermium und Eizelle – vereinigen, stehen die Chancen praktisch bei null, dass zwei beliebige Individuen – selbst Mitglieder derselben Familie – genau denselben Genotyp besitzen (mit Ausnahme natürlich von eineiigen Zwillingen)."*
>
> (Siegler u. a., 2011, S. 88)

Jedes Chromosomenpaar eines Individuums wird gebildet aus jeweils einem von der Mutter und einem vom Vater vererbten Chromosom, die sich in Form und Funktion entsprechen (mit Ausnahme des 23. Chromosomenpaares, den Geschlechtschromosomen, siehe S. 85). Jeder Mensch hat also die eine Hälfte seiner Gene mit der Mutter gemeinsam und die andere Hälfte mit dem Vater.

> Die Weitergabe genetisch festgelegter Eigenschaften von der Elterngeneration zur folgenden Generation wird als **Vererbung** bezeichnet.

Genotyp und Phänotyp

Beide Chromosomen eines Chromosomenpaares tragen an denselben Stellen ihres DNA-Strangs Gensequenzen, die für dasselbe menschliche Attribut maßgebend sind. Das heißt, die Gene, die beispielsweise die Haarfarbe bestimmen, sind sowohl auf dem von der Mutter geerbten als auch auf dem vom Vater geerbten Chromosomen an genau derselben Stelle verortet. Dies bedeutet, dass jedes Gen bei jedem Menschen zweimal, und evtl. in unterschiedlicher Ausführung vorhanden ist. (vgl. Siegler u. a., 2011, S. 86) Bei diesen unterschiedlichen Ausprägungen von Genen spricht man auch von **Allelen**. So gibt es z. B. mehrere Allele für das Gen, das verantwortlich für die Ausprägung der Haarfarbe ist. (Anmerkung: Zur vereinfachten Darstellung und zum besseren Verständnis wird hier und oft auch in anderen Publikationen davon ausgegangen, dass jeweils nur ein Gen für ein bestimmtes Merkmal verantwortlich ist. Tatsächlich ist es jedoch so, dass die meisten Merkmale eines Menschen, wie z. B. auch die Haarfarbe, immer von mehreren Genen bestimmt werden.)

Nicht jedes im Genom eines Individuums vorhandene Gen ist auch aktiv, d. h., nicht jede im genetischen Code vorhandene Anlage wird auch ausgeprägt. Daher muss zwischen Genotyp und Phänotyp unterschieden werden.

> Der **Genotyp** ist die Gesamtheit aller vorhandenen Erbanlagen eines Individuums – seine spezifische genetische Ausstattung.
> Als **Phänotyp** wird die Summe aller tatsächlich ausgeprägten Merkmale und Eigenschaften eines Individuums bezeichnet.

Ob sich ein Allel (Merkmal) durchsetzt – also ausprägt, hängt davon ab, ob es **dominant** (bestimmend, beherrschend) oder **rezessiv** (nicht in Erscheinung tretend) ist und ob das Individuum bezüglich dieses Merkmals heterozygot oder homozygot ist. Ein Kind ist **homozygot** (reinerbig), wenn die Allele beider Elternteile gleich sind. In diesem Fall wird es das Merkmal, das ihm beide Eltern gleichsam vererbt haben, aufweisen. Hingegen ist ein Kind **heterozygot** (mischerbig), wenn sich die beiden von den Eltern geerbten Allele voneinander unterscheiden. In solch einem Fall entscheidet die Beziehung der Allele zueinander und das dominante Merkmal wird sich beim Kind ausprägen. (vgl. Berk, 2011, S. 61 und Siegler u. a., 2011, S. 89)

Beispiel

A: *Befinden sich im Genotyp des Kindes Anlagen für dunkles Haar und für blondes Haar, so ist es bezüglich der Haarfarbe heterozygot. Da das Allel für dunkles Haar dominant ist und das für blondes Haar rezessiv, wird das Kind im Phänotyp dunkles Haar ausprägen (siehe Variante A in Bild 1 und 2 auf S. 85 oben).*

B: *Im Genotyp des Kindes befinden sich ausschließlich Anlagen für blondes Haar. Es hat zwei rezessive Allele für blondes Haar. Damit ist es bezüglich der Haarfarbe homozygot und wird im Phänotyp folglich blondes Haar ausprägen (siehe Variante B in Bild 1 und 2 auf S. 85 oben).*

C: *Sind ausschließlich Anlagen für dunkles Haar vorhanden, so hat das Kind zwei dominante Allele für dunkles Haar. Folglich ist es bezüglich der Haarfarbe homozygot und wird dunkles Haar ausprägen (siehe Variante C Bild 1 und 2).*

5.1 Genetische Grundlagen der Entwicklung

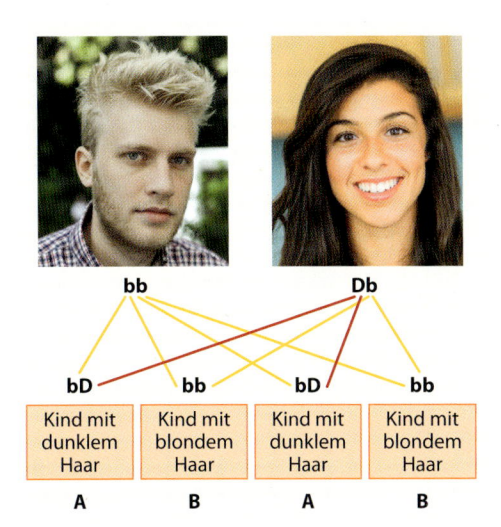

bb	Db				Db	Db			
bD	bb	bD	bb		DD	Db	bD	bb	
Kind mit dunklem Haar	Kind mit blondem Haar	Kind mit dunklem Haar	Kind mit blondem Haar		Kind mit dunklem Haar	Kind mit dunklem Haar	Kind mit dunklem Haar	Kind mit blondem Haar	
A	B	A	B		C	A	A	B	

Bild 1: *In diesem Beispiel ist der Vater homozygot blond und die Mutter heterozygot dunkelhaarig. Die Chance, dass diese Eltern ein Kind mit dunklem bzw. blondem Haar haben werden, steht jeweils bei 2 : 4, da das Allel für dunkles Haar (D) dominant ist und das für blondes Haar (b) rezessiv.*

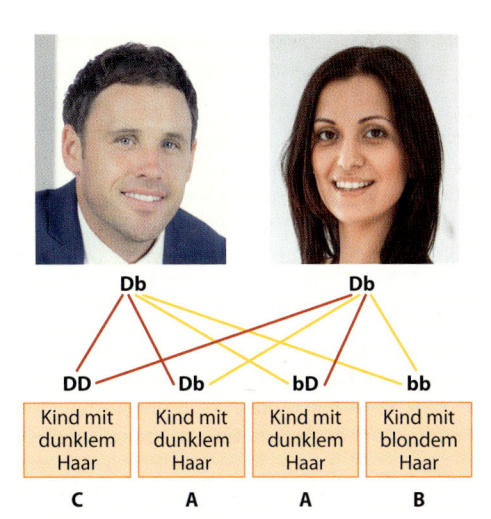

Bild 2: *Sind beide, Vater und Mutter, heterozygot dunkelhaarig, so stehen die Chancen wie folgt: 3 : 4 für ein Kind mit dunklem Haar (davon 1 : 4 für ein Kind mit homozygot dunklem Haar und 2 : 4 für ein Kind mit heterozygot dunklem Haar) und 1 : 4 für ein Kind mit homozygot blondem Haar.*

Berufliche Handlungsrelevanz

Das Wissen um die genetischen Grundlagen der menschlichen Entwicklung und speziell der Vererbung gilt als fachliches Hintergrundwissen. Es kann pädagogischen Fachkräften eine Hilfe beim Verständnis der Anlage-Umwelt-Problematik sein – eine der meistdiskutiertesten Forschungsfragen der Psychologie bzw. der Entwicklungspsychologie (vgl. Kapitel 4.2). Dieses im beruflichen Alltag und in Fort- bzw. Weiterbildungen oft diskutierte Thema wird pädagogische Fachkräfte stets begleiten. Die kontinuierliche Erforschung des menschlichen Genoms kann in der nahen Zukunft weitere Erkenntnisse liefern, wie Entwicklung geschieht, wodurch Entwicklungsschritte ausgelöst werden und wie Entwicklung gefördert werden kann.

Geschlechtschromosomen

Der menschliche Chromosomensatz besteht aus 23 Chromosomenpaaren. Bei den ersten 22 Paaren, den sogenannten **Autosomen**, entsprechen sich das vom Vater und das von der Mutter geerbte Chromosom hinsichtlich ihrer Funktion und auch ihrer Form, d. h., sie sehen annähernd gleich aus (siehe Bild auf S. 86 oben). Das 23. Chromosomenpaar bildet eine Besonderheit. Die Paarung dieser beiden Geschlechtschromosomen, auch **Gonosomen** genannt, bestimmt das Geschlecht des Individuums.

Es gibt zwei Geschlechtschromosomen, das X- und das Y-Chromosom. Jede weibliche Eizelle hat in ihrem haploiden Chromosomensatz ein X-Chromosom. Männliche Samenzellen hingegen liegen in zwei Formen vor – sie tragen entweder ein X- oder aber ein Y-Chromosom. Daher wird das Geschlecht des Kindes vom Erbmaterial des Vaters bestimmt. Befruchtet eine Samenzelle mit einem X-Chromosom die Eizelle, so wird die Kombination aus zwei X-Chromosomen ein Mädchen hervorbringen. Wird die Eizelle hingegen von einem Spermium mit einem Y-Chromosom befruchtet, so wird aus der Kombination des X-Chromosoms mit dem Y-Chromosom ein Junge entstehen.

Die Chromosomen X und Y an der 23. Stelle des menschlichen Chromosomensatzes sind die **Geschlechtschromosomen**. Ihre Paarung bestimmt das Geschlecht eines Menschen. Die Kombination XX hat das weibliche Geschlecht zur Folge, die Paarung XY das männliche.

In einem sogenannten **Karyogramm** werden alle Chromosomen aus einem Zellkern geordnet dargestellt. Sind dort an der Stelle des 23. Chromosomenpaares zwei X-Chromosomen zu sehen (XX), so handelt es sich um das Karyogramm einer Frau. Stehen ein X- und ein Y-Chromosom nebeneinander (XY), so betrachtet man den Chromosomensatz eines Mannes. Die beiden Geschlechtschromosomen unterscheiden sich hinsichtlich ihrer Größe. Das X-Chromosom ist deutlich größer als das Y-Chromosom (siehe rechts unten in der Abbildung).

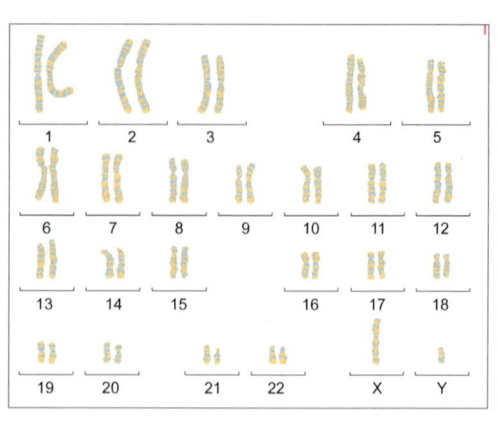

Karyogramm eines Menschen, hier eines Mannes

5.1.3 Epigenetik

Die Zusammensetzung des Genoms eines Individuums wird bestimmt vom genetischen Code der Mutter und des Vaters. Aus Teilen der Erbinformationen dieser beiden wird ein neuer genetischer Code gebildet – ein neues genetisches Programm aus geerbten und neu zusammengestellten Genen. Das legt die Vermutung nahe, dass die körperlichen Merkmale und Charaktereigenschaften der Nachkommen allein durch ihren genetischen Code bestimmt und determiniert würden. Allein ihr Genom bestimmt also scheinbar ihre Eigenschaften und ihre Zukunft – das Programm ist festgelegt und läuft in einer vorbestimmten Richtung ab. Wenn dies richtig wäre, wie könnte dann aber erklärt werden, dass beispielsweise eineiige Zwillinge, die einen identischen genetischen Code besitzen, unterschiedliche Eigenschaften haben können? Wie kann es sein, dass ein Zwilling an einer Erbkrankheit erkrankt, der andere jedoch nicht? Oder dass ein Zwilling eher ruhig und zurückhaltend ist, während der andere stets angeregt plappert? Antworten kann die relativ junge Forschungsrichtung der Epigenetik geben.

Die Epigenetik beschäftigt sich mit den Faktoren, die die Aktivität bzw. Inaktivität von Genen bestimmen. Sie untersucht, wie diese Faktoren Einfluss nehmen auf die Entwicklung von Zellen und Organismen, ohne das Genom zu verändern, und inwieweit die Veränderungen bzgl. der Ausprägung des Genoms vererbbar sind.

Mit dem Begriff **Epigenetik** werden alle Mechanismen beschrieben, die Chromosomen bzw. Chromosomenabschnitte in ihrer Aktivität beeinflussen und modifizieren, ohne dabei die DNA-Sequenz zu verändern. Die griechische Vorsilbe epi bedeutet so viel wie „nach" oder „zusätzlich". Es werden also Prozesse beschrieben, die zusätzlich zu genetischen Festlegungen geschehen.

Wie bereits erwähnt, sind nicht alle vorhandenen Gene eines Individuums auch aktiv. Die Epigenetik hat bewiesen, dass der Zellkern unter dem Einfluss von äußeren Bedingungen steuern kann, welche Gene zu welchem Zeitpunkt aus- bzw. eingeschaltet werden, ohne dabei das Genom zu verändern. Das An- bzw. Abschalten geschieht mithilfe von biochemischen Mechanismen. Die Gesamtheit der epigenetischen Information wird, korrespondierend zum Genom, als **Epigenom** bezeichnet.

Unterliegen Zellen mit identischer DNA also unterschiedlichen Umweltbedingungen und Einflüssen von außen, so kann sich deren Genom (Genotyp) unterschiedlich ausprägen (Phänotyp).

Neben biologischen Einflüssen können auch psychische und soziale Faktoren das Epigenom modifizieren – beispielsweise als Reaktion auf erlebte Gefühlszustände oder Veränderungen bzgl. der Ernährung (vgl. Zylka-Menhorn, 2012).

Der deutsche Psychologe Jens Asendorpf hat zur epigenetischen Programmierung einen passenden Vergleich gefunden:

> „In Analogie zu einem Computer handelt es sich um ‚epigenetische Software', die bestimmt, wie die ‚Hardware' des Genoms funktioniert. Änderungen im epigenetischen Programm führen zu Änderungen der Funktion des Genoms, ohne dass das Genom selbst sich ändert; und das Programm ist so stabil, dass es bei Zellteilung an Tochterzellen desselben Organismus weitergegeben wird – manchmal sogar an Nachkommen des Organismus vererbt wird."
>
> (Asendorpf, 2012, S. 83)

Beispielsweise sind für die Verwandlung der identischen embryonalen Stammzellen zu Zellen mit unterschiedlichem Aussehen und unterschiedlichen Funktionen während der embryonalen Entwicklung unterschiedliche Epigenome verantwortlich. Das Genom der verschiedenen Zellen ist identisch, aber nur gewisse Gene sind an- bzw. ausgeschaltet. (vgl. Asendorpf, 2012, S. 83) Durch unterschiedliche Umwelteinflüsse und damit einhergehend unterschiedliche epigenetische Programmierungen entwickeln sich aus genetisch identischen Stammzellen verschiedenste Körperzellen. Solche Gene, die für die Differenzierung, z. B. zu einer Leberzelle oder Sinneszelle, nicht benötigt werden, bleiben einfach abgeschaltet.

Dieses Prinzip wirkt nicht nur auf zellulärer Ebene, sondern kann ebenso für die Entwicklung von ganzen Organismen gelten. Asendorpf zeigt dies am Beispiel von Krokodilen auf: Krokodilembryos entwickeln sich abhängig von der Temperatur beim Ausbrüten entweder zu weiblichen oder männlichen Tieren (vgl. Asendorpf, 2012, S. 84). Ihre genetische Programmierung wird demnach von Umwelteinflüssen bestimmt.

Zu Veränderungen der Genaktivität kann es in jedem Lebensalter kommen, nicht nur zu Beginn der Entwicklung. So gibt es beispielsweise einige Erbkrankheiten, die bei Betroffenen erst im mittleren bis späten Lebensalter ausbrechen, z. B. die Alzheimerkrankheit. Sowohl die geerbte genetische Programmierung als auch Umwelteinflüsse wirken ein Leben lang auf die Entwicklung von Individuen ein (vgl. Asendorpf, 2012, S. 84).

Indem sie die Bedeutung von Umwelteinflüssen auf die Entwicklung bestätigt, leistet die Epigenetik einen wertvollen Beitrag zur Anlage-Umwelt-Diskussion (vgl. Kapitel 4.2).

5.1.4 Chromosomenanomalien

Eine Chromosomenanomalie ist in den meisten Fällen die Folge einer fehlerhaften Zellteilung. Wenn nach der Befruchtung im neu entstehenden Organismus zu viel oder zu wenig Chromosomenmaterial vorhanden ist, so kann es zu schwerwiegenden Entwicklungsproblemen mit zahlreichen Symptomen kommen – sowohl im körperlichen als auch im geistigen Bereich.

> Eine Abweichung vom normalen Chromosomensatz, also das Fehlen von Chromosomen bzw. Chromosomenteilen oder das Vorhandensein zusätzlicher Chromosomen bzw. Chromosomenteile wird als **Chromosomenanomalie** bezeichnet.

Trisomie 21 (Downsyndrom)

Die wohl bekannteste Chromosomenanomalie ist die Trisomie 21, auch Downsyndrom genannt. In den Zellen eines Menschen mit Downsyndrom finden sich 47 statt 46 Chromosomen, da das 21. Chromosom im kompletten Chromosomensatz nicht zweimal, sondern dreimal vorliegt – daher der

Name Trisomie 21 (griech. tri = drei). Zu dieser Störung kommt es, wenn eine der Keimzellen (meistens die Eizelle) bei der Befruchtung das 21 Chromosom in zweifacher Ausführung trägt. Dies ist der Fall, wenn das Chromosomenpaar 21 bei der Bildung der Eizelle oder Samenzelle nicht, wie es sein sollte, getrennt wurde. Das Risiko, ein Kind mit Downsyndrom zur Welt zu bringen, steigt mit dem Alter der Eltern. Jährlich werden ca. 1 200 Kinder mit Downsyndrom in Deutschland geboren, im Durchschnitt heißt das – eines von 700 Kindern (vgl. Deutsche Stiftung für Menschen mit Down-Syndrom, 2013).

Bei Kindern mit Downsyndrom ist die Entwicklung insgesamt verzögert. Dies betrifft sowohl die motorische, als auch die sprachliche Entwicklung. Zu den besonderen körperlichen Merkmalen von Menschen mit Downsyndrom zählen ein gedrungener Körperbau, mandelförmige Augen sowie ein rundliches, flaches Gesicht mit kleinen Ohren.

Die intellektuellen Fähigkeiten sind im Vergleich zu gesunden Menschen vermindert, der Grad dieser Intelligenzminderung variiert jedoch. Nur eine kleine Zahl der Betroffenen ist schwer geistig behindert. Die meisten Menschen mit Trisomie 21 zeigen eine leichte bis mäßige geistige Behinderung. „Kinder mit Downsyndrom sind lernfähig und lernwillig. Sie lernen aber langsamer" (Dracheneder, in: Die Welt, 21.03.2011). Sie haben in den meisten Fällen ein überdurchschnittlich freundliches und herzliches Gemüt.

Kind mit Downsyndrom und seine Familie

Kinder mit Downsyndrom werden oft mit verschiedenartigen Herzfehlern und Anomalien des Verdauungstraktes geboren oder leiden an Sehstörungen. Durch eine Störung des Immunsystems sind sie anfälliger für Infekte der Atemwege und Mittelohrentzündungen.

Noch vor 30 Jahren erreichten ca. drei Viertel der Betroffenen nicht die Pubertät. Durch den medizinischen Fortschritt und die damit einhergehende Möglichkeit der frühzeitigen Diagnose und Behandlung der Begleiterkrankungen werden die meisten Menschen mit Trisomie 21 heute um die 60 Jahre alt.

Berufliche Handlungsrelevanz

Kinder mit Behinderungen wie z. B. dem Downsyndrom haben einen besonderen Förderbedarf. Um die körperliche und geistige Entwicklung sowie die individuellen Fähigkeiten der Kinder zu unterstützen, sollten frühzeitig Maßnahmen wie Krankengymnastik, Frühförderung und Logopädie durchgeführt werden.

Pädagogische Fachkräfte, die beispielsweise in integrativen Tagesstätten tätig sind, sollten sich mit den Besonderheiten von Kindern mit Downsyndrom auseinandersetzen. Wie alle anderen Kinder auch, profitieren sie von der Gesellschaft Gleichaltriger. Der Besuch von integrativen bzw. inklusiven Kindertagesstätten und -einrichtungen hat in der Regel einen positiven Einfluss auf die Entwicklung der Kinder.

Überzählige oder fehlende Geschlechtschromosomen

Das Fehlen oder die Überzahl eines Geschlechtschromosoms hat in der Regel keine schwere Behinderung zur Folge. Beispiele für solche Chromosomenanomalien sind die folgenden:

- Vom **Klinefelter-Syndrom** sind ausschließlich Jungen bzw. Männer betroffen. Es ist gekennzeichnet durch überzählige X-Chromosomen (XXY oder XXXY) und tritt ca. bei einem von 500 Jungen auf (vgl. Deutsche Klinefelter-Syndrom Vereinigung e.V., 2013). Die Jungen entwickeln sich normal und sind nicht geistig behindert. Die Symptome des Syndroms werden erst in der Pubertät deutlich.

Der Testosteronspiegel ist vermindert, die Hoden bleiben kindlich klein und es bildet sich nur wenig Gesichtsbehaarung. Es kann sein, dass die Jungen insgesamt weiblicher erscheinen und sich kleine Brüste entwickeln. Aufgrund des Testosteronmangels werden nur wenige Spermien gebildet, was zur Folge hat, dass die meisten Betroffenen unfruchtbar sind.

- Das **Ullrich-Turner-Syndrom** ist eine Anomalie, an der ausschließlich Mädchen leiden. Den Betroffenen fehlt ein ganzes X-Chromosom oder ein Teil davon. Das Syndrom tritt bei einem von 2 500 Mädchen auf (vgl. Turner-Syndrom-Vereinigung Deutschland e.V., 2013). Die Auswirkungen sind zahlreich und individuell sehr verschieden. Betroffene Mädchen sind normal intelligent. In vielen Fällen zeigen sich folgende Merkmale im Erscheinungsbild: Kleinwuchs, flügelförmige Falten an beiden Seiten des Halses, Fehlbildungen der Haut, kindliche äußere Geschlechtsmerkmale auch im Erwachsenenalter. Im Bereich der Organe können Herzfehler und Nierenschäden auftreten. Die Eierstöcke sind in der Regel fehl- bzw. unterentwickelt und nicht funktionstüchtig. Deshalb sind die betroffenen Mädchen unfruchtbar.

5.2 Pränatale Entwicklung des Körpers und Geburt

Innerhalb von neun Monaten Schwangerschaft entwickelt sich aus einer befruchteten Eizelle ein neuer überlebensfähiger Organismus. Am Anfang dieser Entwicklung steht die Befruchtung und am Ende die Geburt eines Menschen.

> Die gesamte Entwicklung eines Menschen von der Befruchtung bis zur Geburt wird als **pränatale Entwicklung** bezeichnet (lat. prä = vorher, lat. natalis = zur Geburt gehörend).

Was geschieht während dieser Zeit im Körper der Mutter? Der griechische Philosoph Aristoteles (384–322 v. Chr.) stellte sich diese Frage bereits in der Antike und bis in die Neuzeit hinein gab es keine Einigkeit zwischen den zwei vorherrschenden Meinungen zur vorgeburtlichen Entwicklung im Mutterleib. Die Anhänger der sogenannten **Präformationslehre** gingen noch bis zu Beginn des 19. Jahrhunderts davon aus, dass sich in jeder weiblichen Eizelle bzw. in jedem männlichen Spermium ein bereits vorgefertigter winziger Miniaturmensch befindet, der ab dem Zeitpunkt der Befruchtung nur noch wachsen muss. Eine Ansicht, die in unserer heutigen aufgeklärten und hochtechnisierten Zeit von 3D-Ultraschall und Genforschung nur schwer nachvollziehbar ist. Hingegen waren die Anhänger der von Aristoteles so genannten **Epigenese** der Meinung, dass sich die einzelnen Bestandteile des Organismus völlig neu und nacheinander entwickeln. (vgl. Siegler u. a., 2011, S. 43 f.) Dies entspricht im Groben den heutigen Erkenntnissen.

Berufliche Handlungsrelevanz

Das Wissen um die Entwicklung des Kindes im Mutterleib, die Einflüsse, denen es während der Entwicklung ausgesetzt ist, und den Geburtsvorgang stellt für pädagogische Fachkräfte nützliches Hintergrundwissen dar. Zudem sind sie so bestens gewappnet für Fragen der betreuten Kinder zu Empfängnis und Geburt.

5.2.1 Befruchtung

Die Befruchtung der weiblichen Eizelle durch die männliche Samenzelle (Spermium) ist nur innerhalb weniger Tage in der Mitte des Menstruationszyklus der Frau möglich. Etwa alle 28 Tage tritt aus dem Eierstock der Frau eine einzige kugelförmige Eizelle aus und gelangt in den Eileiter. Dieser Vorgang wird als **Eisprung** bezeichnet (siehe S. 90, Bild unten). Die Eizelle wandert nun durch den Eileiter in Richtung Gebärmutter. Währenddessen wird von den Eierstöcken das sogenannte Gelbkörperhormon Progesteron ausgeschüttet, das die Gebärmutterschleimhaut auf die mögliche Einnistung einer befruchteten Eizelle vorbereitet. Progesteron bewirkt, dass die Gebärmutterschleimhaut dick aufgebaut und stärker durchblutet wird.

Bei einem männlichen **Samenerguss** gelangen zwischen 200 und 500 Millionen Spermien in den weiblichen Fortpflanzungstrakt. Ein Spermium besteht aus einem Kopf, in dem sich der haploide Zellkern mit dem Erbgut befindet, und einer Geißel (Schwänzchen), die zur Fortbewegung dient. Mithilfe der Geißel sind Spermien in der Lage, die weite Strecke zum Ort der Befruchtung zurücklegen.

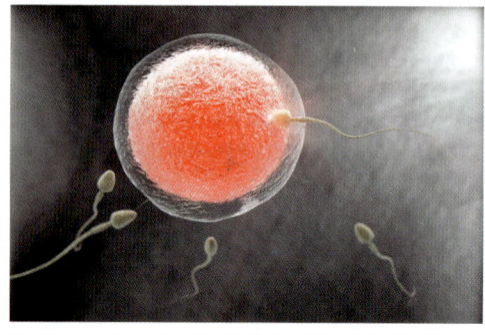

Wegen der beschwerlichen Bedingungen auf dem Weg zur Eizelle erreicht nur ein Bruchteil der Spermien – ca. 200 bis 500 – die Eizelle im Eileiter. Für diese durch den natürlichen Selektionsprozess ausgewählten „leistungsfähigsten" Spermien gilt es nun, die äußere Zellwand der Eizelle mit dem Kopf zu durchbohren (siehe Bild links). Sobald eine Samenzelle dies bewerkstelligt hat, wird die Außenwand der Eizelle versiegelt, sodass kein weiteres Spermium eindringen kann. Der Inhalt des Kopfes ergießt sich in das Innere der Eizelle und die beiden Zellkerne verschmelzen miteinander.

Ein Spermium durchstößt die äußere Wand der Eizelle.

Durch diese Verschmelzung besitzt die befruchtete Eizelle nun einen vollständigen Chromosomensatz mit 46 Chromosomen – 23 Chromosomen aus dem Zellkern der Samenzelle des Vaters und 23 Chromosomen aus dem Kern der Eizelle der Mutter. Der Grundstein für die Entwicklung eines neuen Organismus ist gelegt.

> Die Verschmelzung von Samenzelle und Eizelle bzw. die Vereinigung des männlichen und weiblichen Erbgutes nennt man **Befruchtung**.

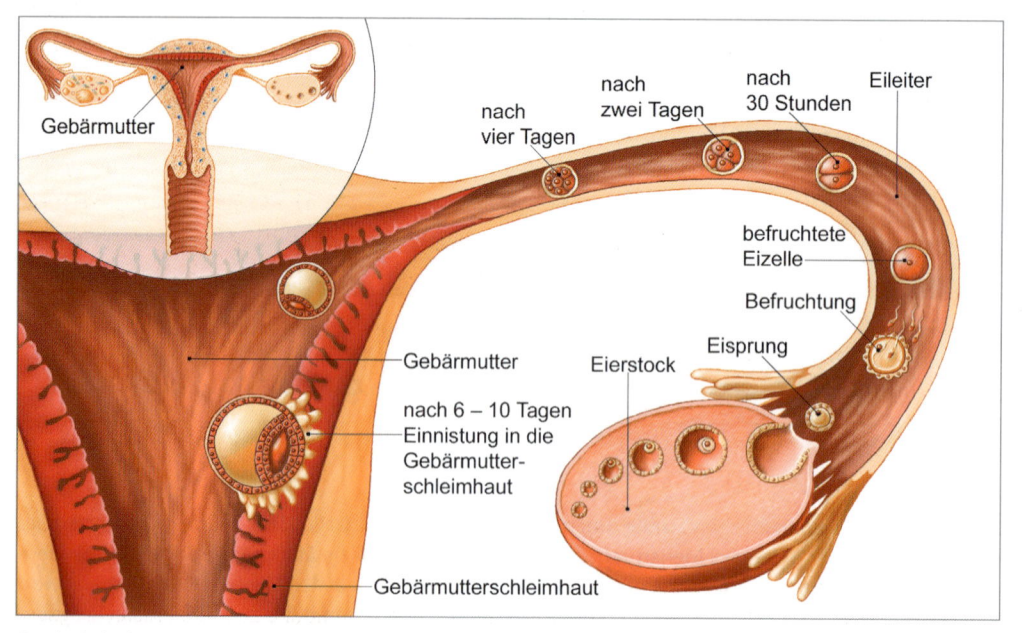

Ort der Befruchtung und Einnistung der befruchteten Eizelle in der Gebärmutterwand

5.2.2 Stadien der pränatalen Entwicklung

Die nach der Befruchtung beginnende vorgeburtliche Entwicklung wird in drei aufeinanderfolgende Phasen oder Stadien eingeteilt. Die Namen der Stadien entsprechen der Bezeichnung des sich entwickelnden Organismus in der jeweiligen Phase seiner Entwicklung:

1. Zygotenstadium (Zygote: befruchtete Eizelle)
2. Embryonalstadium (Embryo: 3. bis 8. Schwangerschaftswoche)
3. Fötalstadium (Fötus: 9. Schwangerschaftswoche bis zur Geburt)

Zygotenstadium

> In der Phase von der Befruchtung der Eizelle bis zur Einnistung in die Gebärmutterschleimhaut in der 2. Schwangerschaftswoche wird die befruchtete Eizelle als **Zygote** bezeichnet.

Die pränatale Entwicklung beginnt mit der Befruchtung der Eizelle durch die Samenzelle. Etwa 30 Stunden nach der Verschmelzung des Erbguts von Mutter und Vater im Inneren der Eizelle teilt sich die Zelle (Zygote) zum ersten Mal in zwei Zellen, die nun beide einen neuen kompletten Chromosomensatz enthalten. Jede dieser zwei Zellen teilt sich ihrerseits wieder, sodass vier Zellen entstehen. Aus diesen vier Zellen werden acht, aus acht Zellen werden 16 usw. Während sich die Zellen teilen, wandert die Zygote vom Eileiter in Richtung Gebärmutter (siehe S. 90, Bild unten).

Es vollziehen sich immer weitere Zellteilungen und am vierten Tag nach der Empfängnis hat sich aus dem vorherigen Zellhaufen eine sogenannte **Keimblase** (Blastozyste) geformt, die aus 60 bis 70 Zellen besteht (vgl. Berk, 2011, S. 103). Diese Blastozyste ist eine Hohlkugel, die mit Flüssigkeit gefüllt ist. An einer Stelle ihrer Innenseite befindet sich eine Zellmasse, aus dem sich der Embryo bilden wird. Aus der übrigen Zellblase werden sich Fruchtblase und Plazenta formen.

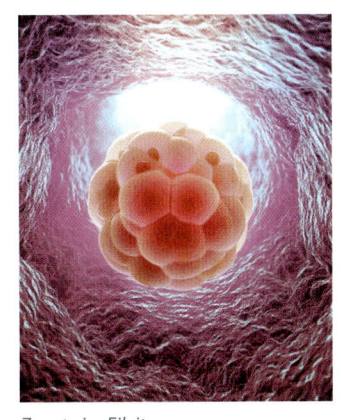

Zygote im Eileiter

Ungefähr am Ende der ersten Schwangerschaftswoche hat die Zygote die Gebärmutter erreicht und beginnt, sich in der Gebärmutterschleimhaut einzunisten, bis sie bis zum Ende der zweiten Schwangerschaftswoche nahezu vollständig eingebettet ist. Aus der Zellblase bilden sich Zotten, die in die Wand der Gebärmutter eindringen und eine Verbindung zum Blutkreislauf der Mutter aufbauen. Mit der Aufnahme der Verbindung zum mütterlichen Kreislauf beginnt das folgende Embryonalstadium.

Embryonalstadium

> Von der 3. bis zur 8. Woche der pränatalen Entwicklung wird der sich entwickelnde Organismus **Embryo** (lat. embryon = ungeborene Leibesfrucht) genannt.

Ab dem Moment der Einnistung in der Gebärmutter schreitet die Entwicklung schnell voran. Während der sechs Wochen des Embryonalstadiums formt sich aus einer Ansammlung von undifferenzierten Zellen ein wachsender Organismus mit spezialisierten körperlichen Strukturen und Funktionen. Aus einem unförmigen Gebilde entsteht ein Körper, der Konturen annimmt und zu funktionieren beginnt. Diese Entwicklung geschieht durch eine Reihe von Phänomenen:

- An erster Stelle steht die **Zellteilung**, durch die in kurzer Zeit eine große Anzahl neuer Zellen entsteht, die den Embryo wachsen lassen. Aus diesen zunächst gleichartigen embryonalen Zellen – den Stammzellen – entwickeln sich im weiteren Verlauf alle speziellen Zellen des Organismus, wie z. B. Muskelzellen, Knochenzellen und Nervenzellen.
- Im Rahmen dieser **Zelldifferenzierung** verwandeln sich die Stammzellen in verschiedene Zellen mit spezifischen Funktionen und spezifischem Aufbau – je nachdem, wofür sie im wachsenden Organismus zuständig sein werden. Die Zellspezialisierung vollzieht sich erst dann, wenn die sogenannte Zellmigration abgeschlossen ist.
- Die **Zellmigration** steht in engem Zusammenhang mit der Ausdifferenzierung und Spezialisierung der Zellen. Gemeint ist damit die Wanderung neu gebildeter Zellen vom Ort ihrer Entstehung hin zu ihrem letztendlichen Einsatzort im Körper.
- Als letzte Maßnahme zur Herausbildung des Organismus dient der **programmierte Zelltod** einzelner Zellen oder Zellgruppen. Der Zweck dieses gewollten Absterbens von Zellen ist es, überflüssige Zellstrukturen zu entfernen. Deutlich wird die Rolle des programmierten Zelltodes beispielsweise bei der Modellierung von Händen und Füßen. Die Herausbildung der Finger und Zehen geschieht durch ein gezieltes Absterben derjenigen Zellen, die sich in dieser Phase noch zwischen den zukünftigen Fingern und Zehen befinden.

(vgl. Lohaus u. a., 2010, S. 71)

Durch das gemeinsame Wirken der genannten Phänomene während der embryonalen Entwicklung entstehen im Organismus funktionelle Einheiten und Gewebe aus organisierten Zellgruppen, wie z. B. Muskeln, Haut und Organe.

In der zweiten Hälfte des ersten Monats formt sich die sogenannte Keimscheibe (auch Embryonalscheibe genannt) mit drei Zellschichten, aus denen unterschiedliche Körperteile und Organe wachsen werden:
- Aus der äußeren Schicht, dem **Ektoderm**, bilden sich das Nervensystem mit Rückenmark, Nerven und Gehirn sowie die Haut.
- Das Skelett und die Muskeln sowie das Herz-Kreislauf-System und weitere Organe entwickeln sich aus der mittleren Schicht, dem **Mesoderm**.
- Aus dem **Endoderm**, der inneren Zellschicht der Keimscheibe, werden die inneren Organe wie z. B. die Lunge und der Verdauungs- und Harntrakt wachsen.

(vgl. Kasten, 2011, S. 62 und Berk, 2011, S. 106)

Der Kopf und das Nervensystem des Embryos beginnen sich in dieser Zeit rasend schnell zu entwickeln – pro Minute werden ca. 250 000 neue Nervenzellen gebildet (vgl. Berk, 2011, S. 106), die sich am sogenannten Neuralrohr entlang ansammeln und von dort aus verästeln. Aus dem Neuralrohr werden das Rückenmark und das Gehirn heranreifen. Das so entstehende zentrale Nervensystem ermöglicht nun Verknüpfungen zwischen Sinneswahrnehmungen und körperlicher Aktivität sowie Organfunktionen (vgl. Kasten, 2011, S. 62). Zeitgleich werden Muskeln, Verdauungsorgane und Wirbelsäule aufgebaut und das entstehende Herz nimmt seine Arbeit auf. Die Körperhaltung des Embryos ist noch sehr gekrümmt.

Im zweiten Monat werden bereits deutliche menschliche Züge erkennbar. Am verhältnismäßig großen Kopf können die entstehenden Augen, Nase und der Mund ausgemacht werden und auch die inneren Organe wachsen. Die Gliedmaßen bilden sich langsam heraus und auch Ansätze von Fingern und Zehen sind vorhanden (siehe Bild links).

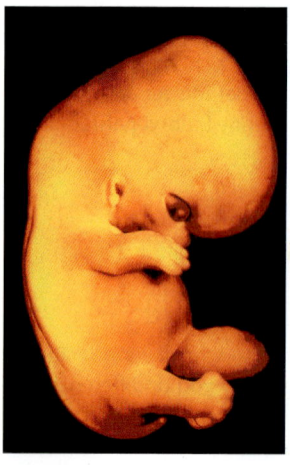

Embryo (ca. 6 Wochen alt)

Gegen Ende der siebten Schwangerschaftswoche haben sich die verschiedenen Hirnareale ausdifferenziert (vgl. Kasten, 2011, S. 63). Das Nervensystem ist bereits mit den entstehenden Gliedmaßen verbunden, sodass erste – jedoch noch unwillkürliche – Bewegungen möglich werden. Der Tastsinn beginnt sich zu entwickeln und auf Berührungen reagiert der Embryo mit einer Ganzkörperbewegung (vgl. Kasten, 2011, S. 63). Am Ende der achten Woche ist der Embryo ca. 1,5 cm groß und wiegt wenige Gramm. Mit dem langsamen Größenwachstum wird auch seine Körperhaltung aufrechter.

Parallel zur Entwicklung des Embryos bildet sich mit Plazenta, Nabelschnur und Fruchtblase ein System heraus, das dem Schutz des Embryos und seiner Versorgung mit Nährstoffen dient.

Mit der **Plazenta** (Mutterkuchen) wird eine Verbindung zwischen Mutter und Embryo geschaffen. Die Blutgefäße von Mutter und Embryo werden – getrennt durch eine feine Membran – in der Plazenta so nahe aneinander geführt, dass der sich entwickelnde Organismus vom mütterlichen Blutkreiskauf mit Sauerstoff und Nährstoffen versorgt werden kann. Die zwischengelagerte Membran regelt dabei einerseits den Stoffaustausch und verhindert andererseits eine Vermischung des Blutes von Mutter und ungeborenem Kind (vgl. Berk, 2011, S. 106). Zudem soll die Membran die Übertragung von Krankheitserregern und giftigen Substanzen von der Mutter auf das Kind verhindern. Jedoch gibt es einige Erreger und Giftstoffe, die trotzdem in den kindlichen Organismus gelangen und ihn dauerhaft und unter Umständen ernsthaft schädigen können (siehe Kapitel 5.2.3, S. 95).

Plazenta und Embryo sind über die **Nabelschnur** miteinander verbunden, durch die Blutgefäße verlaufen. Die Nabelschnur wächst im Laufe der neunmonatigen Schwangerschaft zu einer Länge von durchschnittlich 60 cm und gewährt dem ungeborenen Kind so einen gewissen Bewegungsspielraum innerhalb der Fruchtblase.

Die **Fruchtblase** bzw. das darin enthaltene Fruchtwasser, in dem der Embryo schwimmt, dient in erster Linie zum Schutz des ungeborenen Kindes vor Erschütterungen und Veränderungen der Temperatur (vgl. Lohaus u. a., 2010, S. 71).

Fötalstadium

Als **Fötus** (oder auch Fetus) bezeichnet man den sich entwickelnden Organismus in der Phase von der 9. Schwangerschaftswoche bis zur Geburt.

Am Ende des ersten Schwangerschaftsdrittels (sogenanntes **erstes Trimester**), also im dritten Monat, verbindet sich das Nervensystem weiter und besser mit den wachsenden Organ- und Muskelstrukturen des Fötus. Die beiden Großhirnhälften wachsen und verdicken sich beträchtlich (vgl. Kasten, 2011, S. 64). Am Kopf bilden sich die Ohren. Die Augen haben sich ebenfalls weiterentwickelt, bleiben jedoch noch verschlossen. Alle inneren Organe sind vorhanden und müssen sich nun weiterentwickeln und wachsen.

War es bisher besonders der Kopf, der an Größe zugenommen hat, so setzt im **zweiten Trimester** auch ein deutliches Größenwachstum der unteren Körperteile ein. Die Finger und Zehen sind nun voneinander getrennt und sogar Fingernägel werden deutlich. Die Geschlechtsorgane bilden sich heraus, sodass bei einer Ultraschalluntersuchung gesehen werden kann, ob ein Junge oder ein Mädchen heranwächst. Die Gesichtszüge verfeinern sich weiter und verschiedene Gesichtsausdrücke sind zu beobachten.

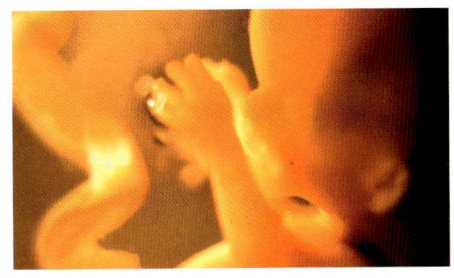

Fötus (12 Wochen alt)

Die weitere Entwicklung und verbesserte Vernetzung des Nervensystems hat erste koordinierte Bewegungen zur Folge. Der Brustkorb hebt und senkt sich während der ersten Atembewegungen. Zudem zeigt der Fötus nun Saug-, Greif- und Schluckreflex. Arme und Beine bewegen sich verstärkt und bald wird die Mutter die ersten Tritte ihres ungeborenen Kindes spüren. (vgl. Siegler u. a., 2011, S. 51 f.) Es vollzieht sich eine weitere Differenzierung der Körperstrukturen und Funktionen des Organismus. Die Sinnesorgane entwickeln sich soweit, dass alle Sinnesleistungen in grundlegender Form schon in der pränatalen Phase vorhanden sind. Es erfolgen Reaktionen auf Geräusche und Licht.

Beispiel

Maria und Henry, die Eltern des kleinen Carlo, sind große Fans der Rockband „Die Ärzte". Auch während der Schwangerschaft haben beide oft deren Musik gehört und waren sogar auf einem Konzert der Band, als Maria im sechsten Monat schwanger war. In den weiteren Monaten der Schwangerschaft hat der Fötus sich meistens bewegt, wenn Maria „Die Ärzte" gehört hat. Sie sagte dann immer „Der Kleine tanzt in meinem Bauch". Mittlerweile ist Carlo zehn Monate alt. Immer wenn er „Die Ärzte" hört, ist er ganz gebannt und lauscht genau hin. Maria und Henry sind sich sicher, dass Carlo die Stimmen der Sänger wiedererkennen kann. Sie nennen ihn den jüngsten „Ärzte"-Fan der Welt.

Das **dritte Trimester** ist besonders durch Größenwachstum gekennzeichnet. Der Fötus verdreifacht in diesen letzten drei Monaten bis zur Geburt sein Gewicht von ca. 1 000 Gramm auf durchschnittlich 3 000 Gramm. Auf seiner Körperoberfläche bildet sich ein feiner Haarflaum. Die Organe haben sich weiterentwickelt und auch das Gehirn wächst in dieser Phase noch einmal kräftig. Das Wachstum und die Ausdifferenzierung der Funktion des Nervensystems hat zur Folge, dass der Fötus nun abwechselnde Phasen von Aktivität und Ruhe (Schlaf) zeigt (vgl. Elsner/Pauen, 2012, S. 161). Er saugt am Daumen und reagiert weiterhin auf äußere Reize wie z. B. Musik. Der Fötus kann die Augen öffnen und wäre nun grundlegend zur Atmung fähig. Die Lungen reifen weiter aus, bis sich die Atemfunktion bis zum Zeitpunkt der Geburt stabilisiert hat. Zum Ende des dritten Trimesters bildet sich in der Haut eine Fettschicht, die den Fötus auf das Leben außerhalb des schützenden Mutterleibes vorbereiten soll. Sie dient vor allem dem Schutz vor Kälte.

In der folgenden Tabelle auf dieser und der nächsten Seite sind die Aktivitäten und Verhaltensweisen wie Bewegungen und Schlaf- bzw. Wachzeiten während des Fötalstadiums zusammengefasst.

Lebensmonat	Größe	Verhaltensentwicklung
3. Monat	2 cm	• Gehirn übernimmt Impulssteuerung zur Koordination der Funktion der übrigen Organe • erste Reflexe
4. Monat	9 cm	• Kopfdrehen • Zwinkern • Runzeln der Stirn • Öffnen und Schließen des Mundes • Bewegung der Extremitäten • individuelle Verhaltensunterschiede zwischen Föten erkennbar
5. Monat	16 cm	• lebhaftere Körperbewegungen, die nun auch von der Mutter spürbar sind
6. Monat	25 cm	• Schlaf- und Wachzeiten • Präferenzen für bestimmte Schlafhaltungen • bei Frühgeburt Überlebensmöglichkeit mit entsprechender medizinischer Unterstützung

Lebensmonat	Größe	Verhaltensentwicklung
7. Monat	30 cm	• Augenbewegungen • Schluckauf • Greifreflex auslösbar • unregelmäßige Atembewegungen nachweisbar
8. Monat	35 cm	• bei Geburt unabhängiges Überleben möglich, aber erhöhte Infektionsanfälligkeit und Temperaturinstabilität
9. Monat	45 cm	• hoher Aktivitätsanteil • bei Geburt unabhängige Überlebensfähigkeit

Verhaltensentwicklung in der Fötalzeit (Lohaus u. a., 2010, S. 72)

Kräftige Bewegungen und Tritte des Fötus in den letzten Wochen vor der Geburt sind ein Zeichen dafür, dass er versucht, in seinem langsam eng werdenden Lebensraum eine angenehme Ruheposition zu finden (vgl. Mietzel, 2002, S. 76). Die Geburt erfolgt in der Regel nach neun Monaten in der 40. Schwangerschaftswoche, wenn der Fötus zu einer Größe von ungefähr 50 cm und einem Gewicht von ca. 3 000 Gramm herangewachsen ist und der Platz in der Gebärmutter nicht mehr ausreicht.

5.2.3 Schädliche Einflüsse während der pränatalen Entwicklung

Während der pränatalen Entwicklung ist der Embryo bzw. Fötus im Körper der Mutter gut vor äußeren Einwirkungen, wie z. B. hohen und niedrigen Temperaturen, Stößen und Erschütterungen, geschützt. Es gibt jedoch einige Umwelteinflüsse, denen das ungeborene Kind nicht entzogen werden kann und die potenziell schädlich für den heranwachsenden Organismus sind.

> Umwelteinflüsse und Wirkstoffe von außen, die während der pränatalen Entwicklung beim Embryo bzw. Fötus Schädigungen und Fehlentwicklungen hervorrufen oder sogar zum Tode führen können, werden **Teratogene** genannt.

Solche potenziellen Schadstoffe sind beispielsweise:
- Alkohol und Drogen
- Nikotin (in Zigaretten, Nikotinkaugummis und -pflastern)
- Medikamente
- negativer Stress der Mutter
- Umweltgifte und Chemikalien (z. B. Blei, Lösungsmittel)
- Strahlung (z. B. Röntgenstrahlung)
- Krankheitserreger (z. B. Rötelnvirus)

Das heißt, es existieren Umwelteinflüsse und Wirkstoffe, die das ungeborene Kind bereits während seiner Entwicklung im Mutterleib beeinflussen bzw. schädigen können. Diese Beeinflussung hat ebenso Auswirkungen auf den sich entwickelnden Organismus wie die von den Eltern geerbten genetischen Anlagen. Die Tatsache der Existenz von Teratogenen, die den Embryo bzw. Fötus bereits in der pränatalen Phase beeinflussen können, verdeutlicht das Zusammenspiel von **Anlage und Umwelt** und dessen Einfluss auf die kindliche Entwicklung (siehe Kapitel 4.2).

> *„Es ist nicht das Ziel der Teratologie [Lehre der Ursachen von Fehlbildungen durch Teratogene, Anm. d. Autorin], künftige Eltern zu beunruhigen; die überwiegende Mehrheit der Kinder kommt gesund auf die Welt. Mithilfe der Teratologie lässt sich allerdings anschaulich belegen, dass das komplizierte Wechselwirkungsverhältnis zwischen Anlagen und Umwelt bereits mit der Empfängnis und nicht erst mit der Geburt beginnt."*
>
> *(Mietzel, 2002, S. 79)*

5 Entwicklung des Körpers und der Motorik

Die möglichen Auswirkungen schädlicher Stoffe können ganz unterschiedlich sein und werden vor allem vom Entwicklungsstadium des ungeborenen Kindes – in der Phase, in der es der Schädigung ausgesetzt ist – bestimmt. Das heißt, wenn der sich entwickelnde Organismus im **Embryonalstadium** einem Teratogen ausgesetzt wird, so werden die potenziellen Schädigungen oder Fehlbildungen eher den Körper und die Organe des Kindes betreffen, da während des Embryonalstadiums diese Strukturen zu wachsen beginnen.

Wirkt ein Teratogen während des **Fötalstadiums** auf das ungeborene Kind ein, so werden die Auswirkungen indirekter sein. Das heißt, dass sich potenzielle Fehlentwicklungen erst später zeigen werden, z. B. in Form von Verhaltensauffälligkeiten oder Lernbehinderungen. Hier sind also eher bestimmte Funktionen des Körpers als der Körper selbst betroffen. Forscher gehen davon aus, dass Teratogene, die während des Fötalstadiums wirken, kleinste Schäden im zentralen Nervensystem verursachen, die sich später auf das Verhalten des Kindes niederschlagen können. Da kindlichem Problemverhalten jedoch auch andere Umwelteinflüsse zugrunde liegen können, wie z. B. ein schwieriges soziales Umfeld, kann die Wirkung von Teratogenen auf Verhaltensauffälligkeiten nur schwer bewiesen werden. (vgl. Elsner/Pauen, 2012, S. 162)

Die unterschiedlichen Formen der Schädigung bzw. Beeinträchtigung machen deutlich, dass es während der pränatalen Entwicklung verschiedene sensible Phasen gibt (vgl. Kapitel 4.2.3, S. 68). Als **sensible Phase** wird ein Zeitraum in der Entwicklung eines Lebewesens bezeichnet, in dem die Reifung bestimmter körperlicher Merkmale oder die Entfaltung gewisser Fähigkeiten oder Verhaltensweisen erfolgt und in der das Lebewesen besonders anfällig für äußere Einflüsse ist.

In der folgenden Grafik sind die sensiblen Phasen während der pränatalen Entwicklung markiert, in denen die entsprechenden Organe oder Körperteile in ihrer Reifung gestört bzw. geschädigt werden können. Die dunklen Balken zeigen hochsensible Phasen, in denen gravierende Fehlentwicklungen (Geburtsfehler) ausgelöst werden können. Die hellen Balken zeigen Phasen an, in denen der Organismus zwar weniger sensibel auf Teratogene reagiert, jedoch trotzdem funktionelle Defekte eintreten können.

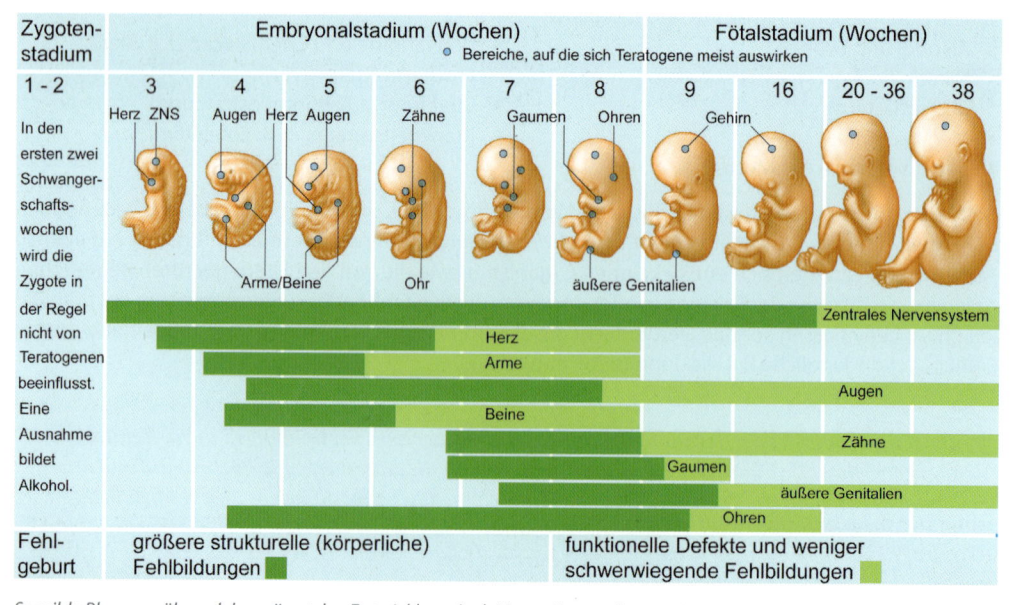

Sensible Phasen während der pränatalen Entwicklung (vgl. Moore/Persaud, 1998, S. 548)

Mutter und ungeborenes Kind teilen sich einen Körper und sind über die Plazenta und die Nabelschnur miteinander verbunden. So wird das Kind über den Blutkreislauf der Mutter mit Sauerstoff und Nährstoffen versorgt. Ebenso wie die lebenswichtigen Nährstoffe werden jedoch auch einige Giftstoffe auf diesem Weg übertragen. Einflüsse von außen, die bei der werdenden Mutter evtl. gar keine oder nur leichte Wirkung zeigen, wie z. B. ein Glas Wein, eine Kopfschmerztablette oder Röntgenstrahlung beim Arzt, können für das Kind ernsthafte Folgen nach sich ziehen.

Werdende Mütter und Väter möchten ihr ungeborenes Kind vor Gefahren schützen und werden daher jeglichen schädlichen Umwelteinfluss vermeiden. Doch viele Frauen wissen in den ersten Wochen der Schwangerschaft noch gar nicht, dass sie schwanger sind und setzen sich und damit auch den Embryo, der in dieser Phase am anfälligsten für die Schädigung durch Teratogene ist, unter Umständen schädigenden Einflüssen aus.

Folgend werden beispielhaft einige Schadstoffe und Umwelteinflüsse – zusammen mit ihren potenziellen Auswirkungen – aufgeführt, die während der pränatalen Entwicklung Missbildungen und Fehlentwicklungen beim Kind hervorrufen können.

Alkohol

Jedes Mal, wenn die werdende Mutter Alkohol zu sich nimmt, hat das nicht nur einen Effekt auf sie selbst. Der Alkohol gelangt zudem sowohl in den Blutkreislauf des Fötus als auch in das ihn umgebende Fruchtwasser, dass er schluckt. Das Genussmittel Alkohol, das bei der Mutter – je nachdem wie viel sie zu sich nimmt – einen kleinen Schwips oder einen Rausch zur Folge hat, ist für den Fötus ein Giftstoff, der schwerwiegende Fehlentwicklungen auslösen kann. Bei der Mutter wird der Alkohol nach einer Weile über die Leber wieder abgebaut. Da die inneren Organe und damit auch die Leber des ungeborenen Kindes noch nicht ausgereift sind, kann der Alkohol hier nur unzureichend verarbeitet werden und das Gift entfaltet eine schädigende Wirkung im sich entwickelnden Organismus. Zudem wird für den Abbau des Alkohols aus dem Körper der Mutter eine große Menge Sauerstoff benötigt. Dies kann zur Folge haben, dass das ungeborene Kind nur unzureichend mit Sauerstoff versorgt wird. (vgl. Mietzel, 2002, S. 83)

Nehmen werdende Mütter während ihrer Schwangerschaft über längere Zeit ständig Alkohol zu sich, so kann dies beim Kind verschiedene Formen der sogenannten **Alkoholembryopathie** (auch Fetales Alkoholsyndrom FAS genannt) verursachen. Dieses Syndrom kann folgende Symptome in unterschiedlicher Ausprägung und unterschiedlichem Ausmaß nach sich ziehen:
- verlangsamtes Wachstum sowohl im Mutterleib als auch nach der Geburt, Untergewicht
- Fehlbildungen im Gesicht: sehr schmale Oberlippe, flache und verkürzte Nase, weit auseinanderstehende Augen, tief sitzende Ohren
- Hirnschädigungen, Beeinträchtigung der geistigen Fähigkeiten
- Hyperaktivität, Störungen der Aufmerksamkeit und des Gedächtnisses

(vgl. Feldmann, 2014)

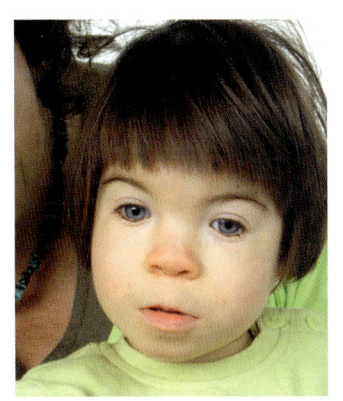

Mädchen mit Fetalem Alkoholsyndrom (FAS)

Die Besonderheiten im Gesicht wachsen sich in der Regel aus und sind später nicht mehr zu erkennen. In ihrer geistigen und sozialen Entwicklung aber sind viele Betroffene auch noch im Erwachsenenalter rückständig. Alkoholkonsum während der Schwangerschaft ist heute in der westlichen Welt der häufigste Grund für Beeinträchtigungen in der Intelligenzentwicklung, geistige Behinderungen und körperliche Fehlbildungen, die keine genetischen Ursachen haben oder Folge von Unfällen sind. (vgl. Siegler u. a.,

2011, S. 61 und Mietzel, 2002, S. 83) Schätzungen zufolge werden in Deutschland jährlich ca. 2 200 Kinder mit einer mehr oder weniger stark ausgeprägten Alkoholembryopathie geboren, also im Durchschnitt eines von 300 Neugeborenen (vgl. Adler, 2006, S. 1). Die Menge an Alkohol, den die werdende Mutter zu sich nimmt, ist dabei nicht ausschlaggebend. Gelegentliche kleine Mengen können ebenso schädigend wirken wie dauerhafter und hoher Alkoholkonsum bei alkoholabhängigen Frauen. Ebenso ist es möglich, dass Frauen, die während der Schwangerschaft regelmäßig Alkohol zu sich nehmen, ein völlig gesundes Kind zur Welt bringen. Da die Gründe für die unterschiedliche Wirkung von Alkohol auf das Kind nicht geklärt sind, wird Frauen dazu geraten, während der Schwangerschaft auf jeglichen Alkoholkonsum zu verzichten, um das Kind nicht zu gefährden.

Rauchen/Nikotin

Die Zahl von Frauen, die während der Schwangerschaft rauchen, ist nicht unerheblich, obwohl hinlänglich bekannt ist, dass Rauchen äußerst gesundheitsschädlich ist. Mit dem Inhalieren von Zigarettenrauch werden zahlreiche Giftstoffe in den Körper aufgenommen, dazu gehören z. B. Nikotin, Kohlenmonoxid, diverse Schwermetalle und krebserregende Teerstoffe.

Beim Rauchen gelangt Nikotin in das Blut der Mutter und des ungeborenen Kindes. Nikotin hat eine gefäßverengende Wirkung. Raucht eine schwangere Frau, so verengen sich die Blutgefäße in ihrem Körper, also auch die Blutgefäße in der Plazenta. Der verminderte Durchfluss hat zur Folge, dass weniger Blut und damit weniger Sauerstoff und Nährstoffe den Fötus erreichen und der Fötus langsamer als normal an Gewicht zunimmt. Zudem werden bei der Aufnahme von Zigarettenrauch die roten Blutkörperchen mit schädlichem Kohlenmonoxid angereichert. Auch dies bewirkt, dass die Aufnahme von Sauerstoff vermindert wird, da es die roten Blutkörperchen sind, die im Blut die Sauerstoffmoleküle transportieren.

Rauchen während der Schwangerschaft kann folgende Auswirkungen auf das Kind haben:
- vermindertes Geburtsgewicht
- verlangsamtes Wachstum
- erhöhtes Risiko für ein spätere Hyperaktivitätsstörung (ADHS)
- erhöhtes Risiko einer Frühgeburt oder Fehlgeburt
- erhöhtes Risiko für den plötzlichen Kindstod

Ebenso schädlich wie der direkte Zigarettenkonsum der Mutter kann auch Passivrauchen sein. Rauchen Menschen, z. B. Familienangehörige oder Arbeitskollegen, in der Umgebung der Schwangeren ständig, so wird auch sie den Zigarettenrauch einatmen und die Giftstoffe geraten in ihren Blutkreislauf. Auch bei der Verwendung von Nikotinpflastern oder -kaugummis bleiben die Risiken bestehen. Zwar sind Mutter und Kind dabei nicht mehr dem Zigarettenrauch (mit Kohlenmonoxid und Teerstoffen) ausgesetzt, trotzdem gelangt aber Nikotin in den Blutkreislauf und kann die oben genannten Auswirkungen auf das Kind haben.

Auch Passivrauchen kann sich schädlich auf das ungeborene Kind auswirken.

Medikamente

Während einer Schwangerschaft können Frauen unter einigen unangenehmen Symptomen leiden. Dazu gehören z. B. Übelkeit, Sodbrennen, Blähungen und Rückenschmerzen. In der westlichen Gesellschaft ist man es gewohnt, sich bei Krankheitsanzeichen dieser Art mit Medikamenten zu helfen. Jedoch können die Inhaltsstoffe solcher, für erwachsene Menschen harmlosen und oftmals nicht einmal verschreibungspflichtigen, Arzneimittel beim Embryo bzw. Fötus schwerwiegende Fehlbildungen zur Folge haben.

5.2 Pränatale Entwicklung des Körpers und Geburt

Beispiel

Das bekannteste Beispiel von Schädigungen des ungeborenen Kindes durch ein Medikament ist sicherlich der Skandal um das Beruhigungsmittel Contergan Anfang der 1960er-Jahre. Das rezeptfreie und für Schwangere als unbedenklich empfohlene Mittel verursachte gerade bei der Einnahme in den ersten Wochen der Schwangerschaft gravierende Fehlentwicklungen bei den Kindern. Bei den meisten von Contergan geschädigten Menschen sind die Gliedmaßen mit Händen und Füßen unterentwickelt bzw. deformiert.

Jedes von der Mutter eingenommene Medikament kann über die Plazenta in den Blutkreislauf des ungeborenen Kindes gelangen. Das Beispiel des vermeintlich harmlosen Beruhigungsmittels Contergan macht deutlich, wie schwer der sich entwickelnde Organismus von einem Wirkstoff beeinflusst werden kann, der für die schwangere Frau selbst unbedenklich ist. Schwangeren Frauen wird daher geraten, vor der Einnahme von Medikamenten jeglicher Art, immer einen Arzt aufzusuchen, um sich abzusichern, dass die Wirkstoffe nicht schädlich für das Kind sind.

Krankheitserreger (Infektionserkrankungen der Mutter)

Nicht alle Krankheiten der Mutter, die während der Schwangerschaft auftreten, haben einen negativen Einfluss auf das ungeborene Kind. Einige Krankheitserreger sind beispielsweise zu groß, um die Membran der Plazenta zu passieren, und können daher nicht in den kindlichen Organismus gelangen. Und eine simple Erkältung der Mutter wird in der Regel keinen andauernden Effekt auf das Kind haben.

Es gibt jedoch Infektionserkrankungen, die von der Mutter auf das Kind übertragen werden und Schäden zur Folge haben können. Besonders Virusinfektionen können zur Gefahr für das Kind werden. Erkrankt eine schwangere Frau z. B. an den **Röteln**, so kann der Röteln-Erreger beim Kind Blindheit (durch Katarakt (lat.) = Grauer Star), Gehörlosigkeit, Missbildungen des Herzens und der Geschlechtsorgane sowie eine geistige Behinderung zur Folge haben (vgl. Siegler u. a., 2011, S. 65). Besonders schwerwiegend sind die Schäden, wenn die Krankheit in den ersten Wochen der pränatalen Entwicklung – also während der Embryonalphase – ausbricht. Über die Hälfte der Kinder, deren Mütter in dieser Phase der pränatalen Entwicklung an den Röteln erkranken, zeigen die genannten Missbildungen (vgl. Berk, 2011, S. 118).

Neben Viruserkrankungen stellen auch solche Krankheiten eine Gefahr für das ungeborene Kind dar, die durch Parasiten übertragen werden. Die sogenannte **Toxoplasmose** kann von der Mutter auf das Kind übertragen werden. Der Toxoplasmose-Erreger ist ein einzelliger Parasit, der sich bei vielen Tierarten findet. Menschen können sich durch den Verzehr von rohem Fleisch oder durch den direkten Kontakt mit dem Kot infizierter Tiere anstecken. Der Toxoplasmose-Erreger kann auch von infizierten Hauskatzen übertragen werden. Eine Infektion während des ersten Trimesters der Schwangerschaft führt häufig zur Fehlgeburt. Im zweiten und dritten Trimester kann es zu erheblichen Schädigungen an Gehirn, Augen und inneren Organen des Kindes kommen (vgl. Aden u. a., 2013, S. 82 f.). Wenn schwangere Frauen alle Infektionsquellen kennen, ist es leicht möglich, eine Toxoplasmose-Infektion zu vermeiden, indem sie kein rohes Fleisch essen und sich von Katzentoiletten fernhalten.

Wenn eine Toxoplasmoseinfektion ausgeschlossen wurde, ist das Leben mit der Hauskatze auch für eine Schwangere unbedenklich.

Negativer Stress

Bedenkt man, welche körperlichen Auswirkungen Stress auf den eigenen Organismus haben kann, so ist es nicht ungewöhnlich, dass auch das ungeborene Kind von Stressreaktionen der werdenden Mutter nicht unbeeinträchtigt bleibt. Bei großer emotionaler Belastung und Stress reagiert der Körper mit einem erhöhten Blutfluss zum Gehirn, zum Herzen und in die Extremitäten. Die Folge davon ist, dass weniger Blut mit Nährstoffen und Sauerstoff in die Gebärmutter gelangt – der Fötus wird unterversorgt (vgl. Mietzel, 2002, S. 87). Ein zu geringes Geburtsgewicht kann die Folge sein. Zudem schüttet der Körper der Mutter Stresshormone aus. Es wird angenommen, dass eine andauernd erhöhte Konzentration von Stresshormonen im Blut dazu führt, dass das Kind später nicht regelrecht auf Stress reagieren wird. Folge können Hyperaktivitäts-, Ess- und Schlafstörungen sein (vgl. Elsner/Pauen, 2012, S. 162).

> **Berufliche Handlungsrelevanz**
>
> Pädagogische Fachkräfte können in ihrem Alltag auf Kinder bzw. erwachsene Menschen treffen, die von einem Geburtsfehler betroffen sind. Das Wissen um die Entstehung von körperlichen Fehlbildungen kann ihnen dabei helfen, solche Behinderungen in einen Zusammenhang einzuordnen, stets zuerst den Menschen hinter der Behinderung zu sehen und eventuelle Berührungsängste zu beseitigen. Zudem kann es helfen, das manchmal noch bestehende Vorurteil abzubauen, dass eine körperliche Behinderung oder Fehlbildung mit einer geistigen Behinderung einhergeht.
>
> Das Wissen über die schädigende Wirkung von Teratogenen kann pädagogischen Fachkräften, die z. B. in der Jugendhilfe schwangere junge Mädchen betreuen, eine Hilfe bei der Aufklärung über die Risiken für das ungeborene Kind während der Schwangerschaft sein. Zudem kann es vorkommen, dass pädagogische Fachkräfte auch bei Elterngesprächen in der Kita auf dieses Thema angesprochen werden.

5.2.4 Normale Geburt und Gefahren einer Frühgeburt

Die Geburt wird in der Regel zwischen der 38. und 40. Schwangerschaftswoche durch ein starkes Kontrahieren der Gebärmuttermuskulatur eingeleitet. Diese durch Hormone ausgelösten Kontraktionen werden **Wehen** genannt. Unter normalen Umständen hat sich das Kind in den Tagen vor der Geburt in sogenannten Senkwehen mit dem Kopf nach unten in den Beckeneingang der Mutter gedreht. Es wird mit dem Kopf voran geboren.

Der Geburtsvorgang gliedert sich in drei aufeinanderfolgende Phasen (siehe auch Bild auf S. 101):

- **Eröffnungsphase:** Diese Phase ist gekennzeichnet durch das Einsetzen regelmäßiger Wehen, die zunehmend stärker werden und dazu führen, dass sich der Muttermund erweitert bzw. eröffnet. Durch die Kontraktionen der Gebärmutter und die damit einhergehende Verengung erhöht sich der Druck auf das Baby und es wird in den Geburtskanal gedrängt. Das äußere Ende der Fruchtblase wölbt sich in die Vagina vor, wenn der Muttermund ca. 10 cm geweitet ist. Zu diesem Zeitpunkt ereignet sich in der Regel der sogenannte Blasensprung, das Aufplatzen der Fruchtblase und entsprechend das Austreten des Fruchtwassers. Die Eröffnungsphase ist die längste Phase der Geburt. Sie dauert bei Erstgebärenden durchschnittlich 12 Stunden.
- **Austreibungsphase:** In dieser Phase der Geburt ist der Muttermund vollständig geöffnet. Die Wehen üben weiterhin Druck auf das Baby aus und die Mutter presst zusätzlich mit ihren Bauchmuskeln. Das Baby wird mit jeder Wehe weiter in den Geburtskanal und in Richtung des äußeren Muttermundes getrieben. Da die Schädelplatten des Kindes noch nicht zusammengewachsen sind, können sie sich aufgrund des ausgeübten Drucks im Geburtskanal leicht verschieben. So wird der Kopfumfang des Kindes verringert, damit der Kopf durch den ca. 10 cm weit geöffneten Muttermund passt. Ist das Köpfchen geboren, wird der Körper des Kindes um 90 Grad gedreht, damit die Schultern

durch das Becken der Mutter passen. Da Kopf und Schultern die breitesten Teile des Kindes sind, wird der Rest nun leicht durch den Muttermund ausgetrieben und das Kind ist geboren. Sein erster kräftiger Schrei öffnet die Bronchien in den Lungen und das Kind beginnt selbstständig zu atmen. Die Nabelschnur kann nun durchtrennt werden. Die Austreibungsphase dauert bei Erstgebärenden durchschnittlich eine Stunde.
- **Nachgeburtsphase:** Nach der Geburt des Kindes folgen leichtere Nachgeburtswehen, mit denen die Plazenta von der Gebärmutterschleimhaut abgestoßen und durch den Geburtskanal nach draußen befördert wird.

Mit der Geburt ist die pränatale Entwicklung des Kindes abgeschlossen.

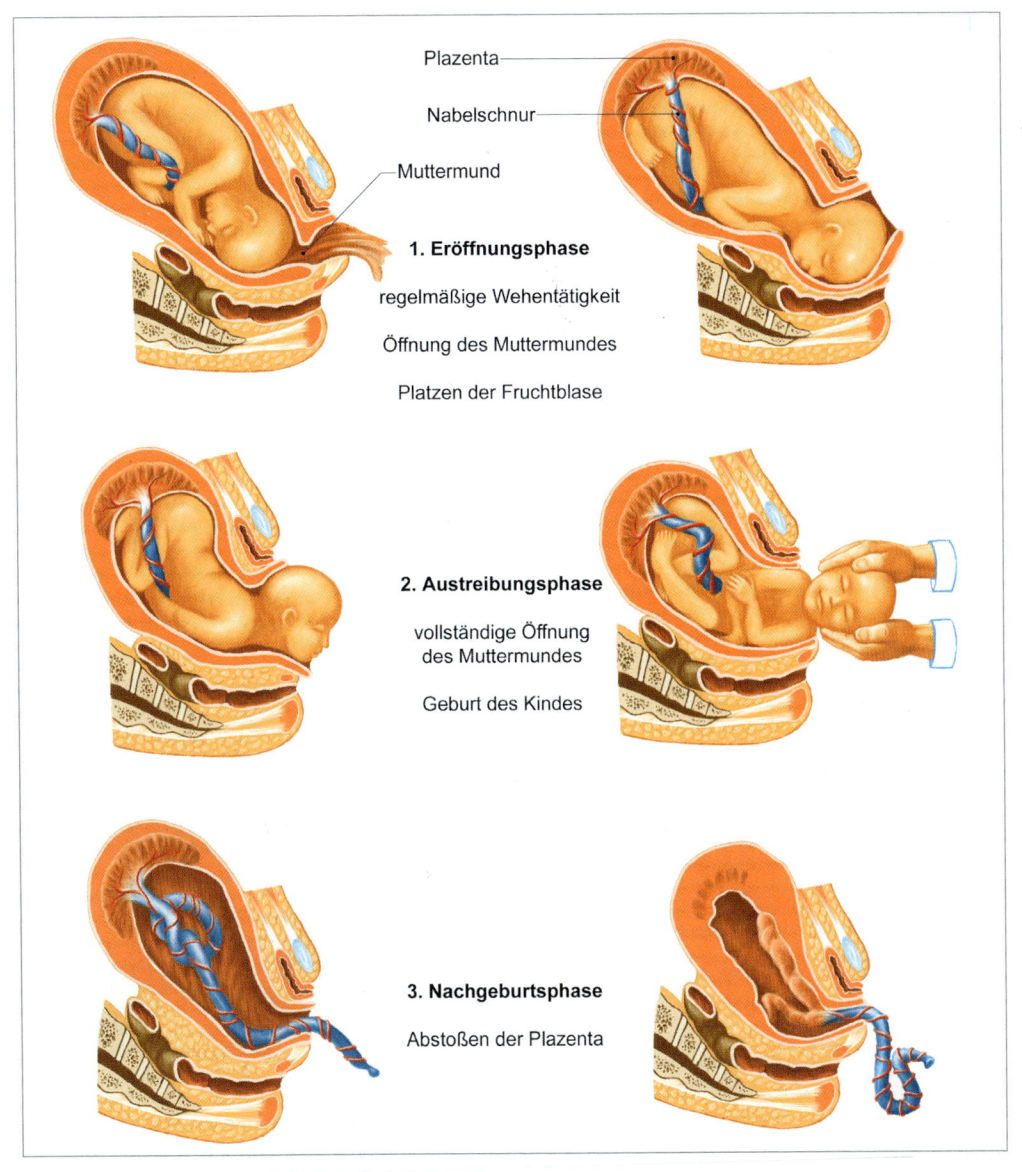

Die Phasen der Geburt

Mögliche Risiken und Komplikationen während der Geburt

Während der Geburt können Komplikationen auftreten, die sowohl für die Mutter als auch für das Kind gefährlich werden und unter Umständen Folgen für die weitere Entwicklung des Kindes haben können.

Die Gabe von Schmerzmedikamenten an die Mutter während der Geburt verlangsamt die Wehen und damit den gesamten Geburtsprozess. Dies erhöht die Gefahr, dass das Kind während der Geburt einen **Sauerstoffmangel** erleidet. Die Folge eines länger andauernden Sauerstoffmangels kann eine Schädigung des Gehirns sein (vgl. Siegler u. a., 2011, S. 66).

Auch durch ein Einknicken oder Abdrücken der Nabelschnur während des Geburtsvorgangs wird die Sauerstoffzufuhr zum Baby unterbrochen und es besteht Lebensgefahr. Es kann auch geschehen, dass sich die Nabelschnur schon vor der eigentlichen Geburt um den Hals des Kindes wickelt. In solchen medizinischen Notsituationen wird in der Regel ein Kaiserschnitt durchgeführt. Bei einem Kaiserschnitt wird ein Schnitt in die untere Bauchdecke und die Gebärmutter der Mutter vorgenommen, durch den der Arzt das Kind heraushebt. Weitere Notsituationen, in denen ein Kaiserschnitt durchgeführt wird, sind beispielsweise eine Steißgeburt (das Kind liegt mit den Füßen voran im Becken), eine frühzeitige Ablösung der Plazenta von der Gebärmutter oder schwere Infektionserkrankungen der Mutter, bei denen das Risiko besteht, dass sich das Kind während der Geburt infiziert.

Frühgeburt

Eine weitere häufige Form einer Komplikation ist die Frühgeburt. Wird ein Kind schon einige Wochen vor der Regelzeit von 38 bis 40 Schwangerschaftswochen geboren, so befindet es sich im Fötalstadium, also noch nicht am Ende seiner eigentlich vorgeburtlichen Entwicklung. Das heißt, dass das Kind noch nicht abschließend darauf vorbereitet ist, außerhalb des Mutterleibs zu überleben.

> Bei einer Geburt vor der 37. Schwangerschaftswoche spricht man von einer **Frühgeburt**.

In Deutschland kommen ca. 60 000 Kinder pro Jahr als Frühgeburt auf die Welt – das sind rund neun Prozent aller Geburten (vgl. Ärztezeitung/dpa, 12.11.2010). **Ursachen** für eine Frühgeburt können beispielsweise sein:

- Alkoholkonsum der Mutter während der Schwangerschaft
- Zigarettenrauchen bzw. Nikotinkonsum während der Schwangerschaft
- Bluthochdruck in der Schwangerschaft
- Infektionen während der Schwangerschaft
- Probleme mit dem Gebärmutterhals (z. B. Gebärmutterhalsverkürzung)
- Schwangerschaftsdiabetes
- Mehrlingsschwangerschaften

Je früher das Kind geboren wird, desto kleiner und weniger entwickelt bzw. ausgereift ist es.

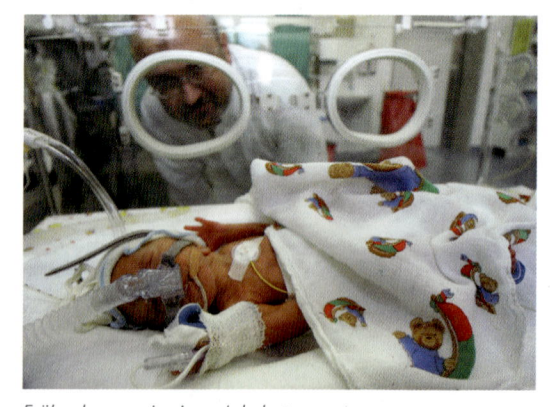

Frühgeborenes in einem Inkubator

Wichtige Schritte der weiteren Reifung des Fötus, die unter normalen Umständen im Mutterleib stattgefunden hätten, müssen nun außerhalb, in einer für diese Phase unnatürlichen Umgebung, erfolgen (vgl. Elsner/Pauen, 2012, S. 162).

Um die natürlichen Bedingungen im Mutterleib so gut es geht nachzustellen, werden zu früh geborene Babys in einen sogenannten **Inkubator** gelegt (lat. incubare = brüten). Dieser dient vorrangig der Abschirmung vor äußeren Einflüssen und der Aufrechterhaltung einer konstanten Temperatur. In den letzten Jahrzehnten wurde erkannt, dass – verglichen mit dem Reizangebot im Mutterleib – die Bedingungen innerhalb des Inkubators für das Kind wenig vielfältig sind. Es fehlt der direkte Kontakt zur Mutter, das Hören ihrer Stimme, ihres Herzschlags und der Geräusche ihres Alltags. Im Mutterleib wurde das Kind im Fruchtwasser bewegt und geschaukelt; auch dieser Reiz fällt im Inkubator weg. (vgl. Mietzel, 2002, S. 96) Um dem Kind zumindest ähnliche Reize zu bieten, werden heute einige Maßnahmen angewandt. Dazu gehören z. B. Wassermatratzen im Inkubator, Einspielung von Geräuschen, Babymassage (Streicheln und Bewegen der Arme und Beine) und regelmäßiger Körperkontakt mit einem Elternteil außerhalb des Inkubators (Känguru-Therapie). Untersuchungen zeigen, dass diese Behandlung für die Gewichtszunahme und den allgemeinen Gesundheitszustand Frühgeborener förderlich ist. (vgl. Elsner/Pauen, 2012, S. 163) Zudem werden die motorische Entwicklung und die Reflexe mithilfe solcher Maßnahmen gefördert.

Frühgeburten werden auf einer Intensivstation für Säuglinge versorgt und überwacht. Es werden medizinische Versorgungsmaßnahmen eingeleitet, die die weitere Entwicklung außerhalb des Mutterleibes ermöglichen und das Überleben des Neugeborenen sicherstellen sollen. Dies sind in erster Linie Maßnahmen, die dem Kind dabei helfen zu atmen und warm zu bleiben sowie die Gabe von Nährstoffen.

In der folgenden Tabelle sind die noch nicht ausgereiften Organe bzw. Organsysteme bei einer Frühgeburt sowie die dazugehörigen medizinischen Maßnahmen zusammengestellt.

Unterentwicklung	Lebenserhaltende Maßnahme
Lungen und Atmungssystem	Da das Neugeborene je nach Entwicklungsstand noch nicht selbstständig atmen kann, muss eine künstliche Beatmung eingeleitet werden. Es wird ein Schlauch in die Atemwege eingeführt, der feuchte vorgewärmte Luft in die Lungen abgibt.
Immunsystem	Die Immunabwehr des Neugeborenen ist noch nicht völlig funktionsfähig. Daher wird das Kind zur Abschirmung vor evtl. schädlichen Umwelteinflüssen und Krankheitserregern in einen Inkubator gelegt.
Verdauungssystem	Da sowohl das Verdauungssystem des Frühgeborenen als auch sein Stoffwechsel noch nicht richtig arbeiten, muss die Nährstoffzufuhr auf anderem Weg erfolgen. Das Kind wird mithilfe nährstoffreicher Infusionen künstlich ernährt.
Blutgefäße	Die Reifung bzw. Entwicklung der Blutgefäße im Körper des Kindes wird mit einer Frühgeburt unterbrochen, Folgen können z. B. Hirnblutungen sein. Um dem vorzubeugen, werden Medikamente verabreicht.
Gehirn	Das noch nicht ausgereifte Gehirn kann die Steuerung lebenswichtiger Körperfunktionen, wie z. B. Atmung, Hormonausschüttung und Regulierung der Körpertemperatur, noch nicht allein leisten. Um die Körperfunktionen zu regulieren, werden Medikamente gegeben. Zudem dient der Inkubator zur Erhaltung der Temperatur.

Medizinische Maßnahmen bei einer Frühgeburt (vgl. Elsner/Pauen, 2012, S. 163)

Dank des heutigen medizinischen Fortschritts ist es möglich, dass Neugeborene, die schon ca. in der 23. Schwangerschaftswoche zur Welt kommen, mit entsprechender medizinischer Unterstützung überlebensfähig sind. Trotzdem kann es zu Komplikationen kommen, wie z. B. den erwähnten Hirnblutungen. Auch wenn diese behandelt werden, können sie Spätfolgen wie z. B. Lern- bzw. Verhaltensauffälligkeiten und Intelligenzminderung nach sich ziehen (vgl. Lohaus u. a., 2010, S. 73). Die meisten zu früh geborenen Kinder entwickeln sich – entsprechend gefördert – normal weiter und unterscheiden sich im Erwachsenenalter nicht von Menschen, die voll ausgereift um die 40. Schwangerschaftswoche geboren wurden.

5.2.5 Das Neugeborene

Nach der Geburt muss sich das Neugeborene erheblich umstellen. Im Mutterleib waren seine Lungen mit Fruchtwasser gefüllt und es wurde über den mütterlichen Blutkreislauf mit Sauerstoff versorgt – nun atmet es selbstständig Luft. Ebenso geschah die Versorgung mit Nährstoffen über den Blutkreislauf der Mutter – künftig wird das Kind Muttermilch trinken und verdauen. Das Neugeborene wird sich zudem an ganz neue kühlere Temperaturen und auch an Temperaturwechsel gewöhnen müssen, denn in der Gebärmutter herrschte stets eine konstante Temperatur von ca. 37 °C.

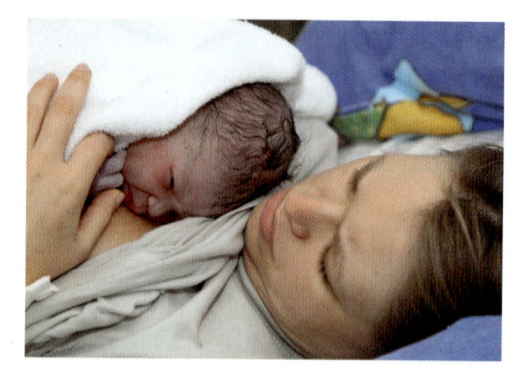

Ein gesundes Neugeborenes ist ca. 50 cm groß und wiegt durchschnittlich 3 000 Gramm. Das Rückenmark und der Hirnstamm, diejenigen Teile des zentralen Nervensystems, die alle überlebenswichtigen Vitalfunktionen des Körpers, wie Herzschlag und Atmung, steuern, sind bei der Geburt nahezu völlig ausgereift und funktionsfähig (vgl. Eliot, 2002, S. 15).

Direkt in den ersten Minuten nach der Geburt wird das Kind untersucht, um festzustellen, ob es gesund und überlebensfähig ist. Hierbei wird in der Regel die sogenannte **Apgar-Skala** verwendet – eine Methode, die es ermöglicht, in kürzester Zeit den allgemeinen Gesundheitszustand des Neugeborenen einzuschätzen und abzuwägen, ob ein medizinisches Eingreifen notwendig ist. Die Methode wurde 1953 von der amerikanischen Medizinerin Virginia Apgar (1909–1974) konzipiert und eingeführt.

Merkmal/Punktwert	0	1	2
Herzschlag	keiner	unter 100 Schlägen pro Minute	über 100 Schläge pro Minute
Atmung	keine	unregelmäßig und flach	kräftig mit Schreien
Muskelspannung	schlaff	wenige Bewegungen der Arme und Beine	aktive und kräftige Bewegungen
Reflexe, Reizbarkeit	keine Reaktionen	schwache Reaktionen, Grimassen	starke Reaktionen
Hautfarbe	Körper, Arme und Beine blau oder weiß	rosa Körper, Arme und Beine blau angelaufen	vollständig rosig

Apgar-Skala

Je nachdem, wie der Zustand des Neugeborenen ist, ergibt sich zu jedem Merkmal ein Punktwert 0, 1 oder 2. Diese Punkte werden addiert.
- Ein Ergebnis von 7 bis 10 Punkten bedeutet, dass das Neugeborene in guter körperlicher Verfassung ist.
- Bei einem Wert zwischen 4 und 6 sollten Maßnahmen ergriffen werden, die das Kind bei der Atmung und bei weiteren wichtigen Körperfunktionen unterstützen.
- Ernste Gefahr für das Leben des Neugeborenen besteht bei einem Wert von 3 oder weniger – hier müssen Notfallmaßnahmen eingeleitet werden.

Diese Untersuchung wird zwei Mal durchgeführt, einmal in den ersten Minuten und ein weiteres Mal ca. zehn Minuten nach der Geburt.

Körper und Körperhaltung

Bei der Geburt ist der Bewegungsapparat des Neugeborenen noch lange nicht ausgereift. Statt aus festem Knochen bestehen einige Teile des Skeletts noch aus Knorpel.

Der Kopf von Neugeborenen ist aufgrund der Verformung der Schädelknochen während der Geburt an der Stirn abgeflacht, der Hinterkopf ist ausgezogen. Die Schädelknochen sind noch nicht zusammengewachsen und die sogenannten **Fontanellen** sind beim Betasten des Kopfes von außen deutlich spürbar. Die große Fontanelle im vorderen Schädeldach und die kleine Fontanelle im hinteren Schädeldach sind mit Bindegewebe gefüllte Spalten an den Kreuzungsstellen der einzelnen Schädelknochen, die bis zum Ende des zweiten Lebensjahres zusammenwachsen und verknöchern werden.

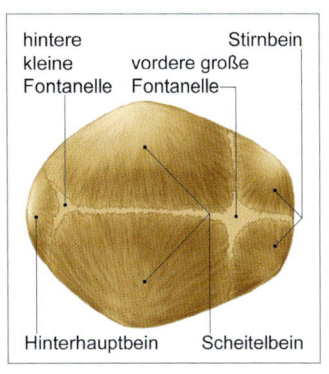

Fontanellen im Schädeldach

Die **Muskeln** sind bereits vorhanden, aufgrund der eingeschränkten Bewegungsfähigkeit im Mutterleib jedoch noch nicht stark genug. Muskelbewegungen werden vom zentralen Nervensystem gesteuert und dieses ist bei Neugeborenen noch nicht weit genug entwickelt, um komplexe Bewegungen ausführen zu können (vgl. Krombholz, 2010). Insgesamt muss sich der sogenannte Stütz- und Bewegungsapparat – also Knochen, Bänder, Sehnen und Muskeln – erst noch zu einem solchen entwickeln.

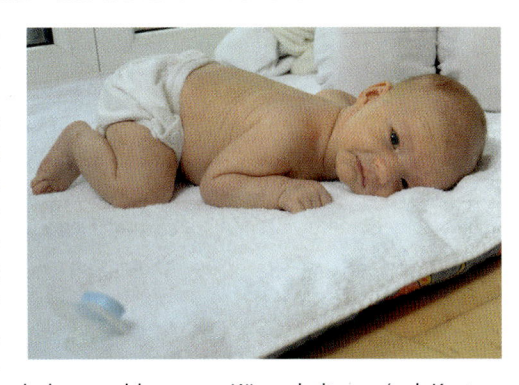

Die **Körperhaltung** eines Neugeborenen kann insgesamt als „geschlossen" bezeichnet werden. Wie das nebenstehende Foto demonstriert, kann das Neugeborene erst einmal nur liegen. Seine Arme und Beine sind gebeugt und eng an den Körper angelegt. Die Knie sind bis auf Bauchhöhe angezogen und die Arme werden – ebenfalls angezogen – neben dem Kopf abgelegt. Die Beugung der Arme und Beine kann damit erklärt werden, dass die Muskeln, die für das Beugen der Gliedmaßen zuständig sind, angespannter sind, als diejenigen, die die Arme und Beine strecken. Auch die zu Fäusten geballten Hände sind Ausdruck der geschlossenen Körperhaltung. (vgl. Kasten, 2011, S. 80 und Krombholz, 2010)

Liegt das Kind auf dem Bauch oder auf dem Rücken, so kann es seinen **Kopf** zur Seite drehen. Der Kopf liegt auf der Unterlage, da die Muskeln in Hals und Schultern noch zu schwach sind, um den Kopf selbstständig oben zu halten. Dennoch gelingt es einigen Neugeborenen, den Kopf in der Bauchlage anzuheben, jedoch nur für wenige Sekunden. Wie schwach die für das selbstständige Halten des Kopfes verantwortlichen Muskeln (und die Muskeln generell) sind, wird zudem deutlich, wenn das Kind in eine sitzende Lage gebracht und gehalten wird. Das Neugeborene kann seinen Kopf und Oberkörper nicht von allein halten – der Kopf kippt nach vorn und der Oberkörper sackt in sich zusammen (vgl. Kasten, 2011, S. 80 f.).

Wenn das Neugeborene aus der Rückenlage an den Armen nach oben gezogen wird, so kann es den Kopf für einen kurzen Moment im Gleichgewicht halten, bevor er wieder nach hinten sinkt. Die Arme sind in dieser Haltung nicht durchgestreckt, sondern angewinkelt – das Kind hält demnach einen Teil seines Gewichts selbst. Ärzte bringen Neugeborene zu Untersuchungszwecken in diese Haltung. Spüren sie in beiden Armen denselben Widerstand, so kann davon ausgegangen werden, dass das Kind gesund ist, denn eine „Symmetrie in der Haltung und in Bewegungen gilt als Zeichen für eine gesunde Entwicklung" (Krombholz, 2010).

Bewegungen

Was die motorische Reife eines Neugeborenen angeht, so befindet es sich auf dem Niveau des Fötus. Da sein Gehirn schon in der Gebärmutter stark wächst, kommt es mit einem – im Verhältnis zum übrigen Körper – sehr großen Kopf und generell funktionsfähigem Gehirn zur Welt. Die motorischen Fähigkeiten sind hingegen noch schwach ausgeprägt und müssen sich erst entwickeln. Trotzdem ist ein Neugeborenes in der Lage, selbstständige Bewegungen auszuführen. Hier wird zwischen zufälligen und zielgerichteten Bewegungen unterschieden.

Strampeln beispielsweise ist eine zufällige **Spontanbewegung**, die Ausdruck von Gefühlszuständen des Neugeborenen sein kann (Wohlgefühl oder Unzufriedenheit) oder aber auf eine Aktivität des zentralen Nervensystems hinweist. Weitere solcher Spontanbewegungen sind z. B. sich drehen, umherschlagen, sich winden oder winken (vgl. Kasten, 2011, S. 81). Sie dienen keinem Zweck und gelten als Zeichen motorischer Unruhe.

Die ersten **zielgerichteten Bewegungen** sind meist am Kopf zu beobachten. Neugeborene folgen mit dem Kopf dem Gesicht der Mutter oder des Vaters bzw. ihren Stimmen oder anderen interessanten Geräuschen. Hier wird deutlich, dass die Entwicklung der Motorik eng mit der Entwicklung der Wahrnehmung (Sensorik) verbunden ist. In der Regel ist die Wahrnehmung der Motorik in der Entwicklung ein Stück voraus. Das heißt, Neugeborene können viel eher die Stimme der Mutter hören und ihr Gesicht erkennen, als sie z. B. gezielt nach der Nase der Mutter greifen können (siehe Kapitel 6.1).

Bereits bei wenigen Wochen alten Säuglingen kann beobachtet werden, dass sie mit ausladenden **Armbewegungen** auf Gegenstände zielen und danach schlagen, die in ihrer Nähe platziert werden (z. B. ein Mobile oder Ähnliches über dem Bett). Diesem Schlagen liegt noch keine bestimmte Absicht zugrunde, es wird vielmehr als grundsätzliches Interesse des Neugeborenen an dem Gegenstand interpretiert. Auch wenn der Gegenstand verfehlt wird und von gezieltem Greifen keine Rede sein kann, so wird dieses Vorgehen als rudimentärer Versuch einer Hand-Auge-Koordination (vgl. Krist u. a., 2012, S. 376) bzw. als Vor-Greifstadium angesehen (vgl. Mietzel, 2002, S. 110) – beide gehen dem tatsächlichen zielgerichteten Greifen nach einem Gegenstand voraus.

Die ersten deutlichen motorischen Aktionen sind in der Regel reflexartige Reaktionen auf bestimmte äußere Reize.

Reflexe

Obwohl Neugeborene nur über äußerst geringe Körperkräfte verfügen, reagieren sie schon direkt nach der Geburt auf bestimmte Reize mit typischen motorischen Verhaltensmustern, sogenannten Reflexen. Es wird angenommen, dass sich diese Reflexreaktionen während der Evolution herausgebildet haben, um das Überleben des ansonsten hilflosen Neugeborenen zu sichern (vgl. Elsner/Pauen, 2012, S. 166).

> **Reflexe** sind immer gleiche, unwillkürliche motorische Abläufe als Reaktionen auf bestimmte Reize. Sie sind angeboren und haben zumeist eine überlebenswichtige Funktion.

Typische automatische Reaktionen von Neugeborenen auf bestimmte äußere Reize werden auch als **Neugeborenenreflexe** bezeichnet. Sie dienen einer ersten Annäherung des Neugeborenen an die ihn umgebende Umwelt. Anhand dieser Reflexe können Informationen zum Funktionszustand des kindlichen Nervensystems gewonnen werden, daher werden sie von Ärzten sorgfältig geprüft.

In der folgenden Tabelle werden die bekanntesten Neugeborenenreflexe aufgeführt – zusammen mit den Reizen, die sie auslösen (siehe dazu auch die Fotos auf S. 108).

Reflex/Reaktion	Auslösender Reiz	Beschreibung
Saugreflex	Die Brustwarze der Mutter, ein Finger oder ein Gegenstand wird an den Mund des Neugeborenen geführt.	Das Neugeborene umschließt die Brustwarze (bzw. den Finger) mit seinem Mund und beginnt rhythmisch daran zu saugen. Hintergrund: Nahrungsaufnahme. Zwischen dem 4. und dem 6. Monat verschwindet dieser Reflex. Gelangt beim Saugen Milch in den Mund, so wird sie durch einen Schluckakt in die Speiseröhre transportiert (Schluckreflex).
Suchreflex	Die Wange des Neugeborenen wird berührt.	Es dreht den Kopf sofort zu der Seite, auf der es berührt worden ist. Hintergrund: Suche nach Kontakt, Nahrungsaufnahme. Der Reflex verschwindet zwischen dem 4. und 6. Monat.
Greifreflex	Die Handinnenfläche des Neugeborenen wird berührt, z. B. mit einem Finger.	Das Neugeborene greift den Finger in seiner Handfläche, umschließt ihn mit seinen Fingern und hält ihn fest. Hintergrund: Suche nach Kontakt. Gegen Ende des ersten Jahres verschwindet der Reflex.
Babinski-Reflex	Die Fußsohle des Neugeborenen wird berührt.	Es spreizt seine Zehen kurz und vollführt dann mit den Zehen eine Greifbewegung, wie auch beim Greifreflex der Hände. Wenn das Kind laufen lernt, verschwindet dieser Reflex.
Schreitreflex	Das Neugeborene wird unter den Achseln fest- und hochgehalten und mit den Fußsohlen an eine Oberfläche geführt.	Es zieht die Beine abwechselnd nach oben und vorn, sobald es festen Boden unter den Füßen spürt; es vollzieht eine Schreitbewegung. Hintergrund: Vorbereitung für späteres Gehen. Im 3. Monat ist der Reflex nicht mehr auslösbar.
Moro- oder Schreckreflex	Das Neugeborene wird in eine angedeutete Fallbewegung nach hinten versetzt.	Im Fallen reißt es beide Arme nach oben und die Hände führen eine Greifbewegung aus, so als ob es nach jemandem greifen bzw. ihn umarmen möchte (auch Klammerreflex genannt). Hintergrund: Suche nach Kontakt. Der Reflex ist nach ca. 6 Monaten nicht mehr auslösbar.
Kriechreflex	Das Neugeborene wird auf den Bauch gelegt und seine Fußsohlen werden leicht gedrückt.	Es beginnt eine Kriechbewegung auszuführen, als wolle es wegkrabbeln. Dieser Reflex kann ca. bis zum Ende des 3. Monats ausgelöst werden.

Neugeborenenreflexe und ihre Auslöser (vgl. Kasten, 2011, S. 82 f.)

Besonderheit des Saugens

Der Saugreflex wird nicht nur durch die Brust der Mutter ausgelöst. Auch wenn man dem Kind den kleinen Finger oder aber einen Schnuller in den Mund steckt, beginnt es rhythmisch daran zu saugen. Neben dem offensichtlichen Hintergrund des Saugreflexes, der Nahrungsaufnahme, dient das Saugen noch einem weiteren Zweck: Es beruhigt das Kind. Wird einem unruhigen und schreienden Säugling ein Schnuller in den Mund gesteckt, so beginnt er daran zu saugen und beruhigt sich umgehend. Die beim

5 Entwicklung des Körpers und der Motorik

Saugen ausgelösten Nervenimpulse werden anscheinend direkt zu der Region im Gehirn geleitet, die das Verhalten des Säuglings steuert. Saugt das Kind tatsächlich an der Brust der Mutter und nimmt Muttermilch auf, so veranlasst der süßliche Geschmack der Milch die Bildung besonderer Neurotransmitter im Gehirn, die die Schmerzschwelle erhöhen – Schmerzen des Kindes werden gelindert und der Säugling beruhigt sich. (vgl. Kasten, 2011, S. 85)

Saugreflex

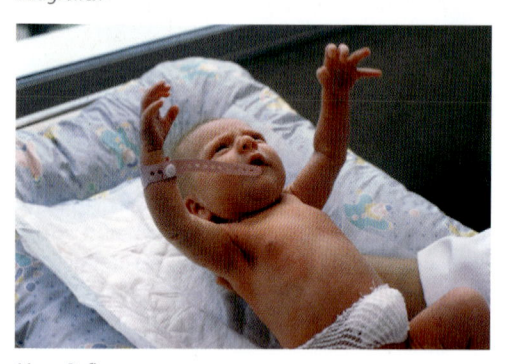

Greifreflex

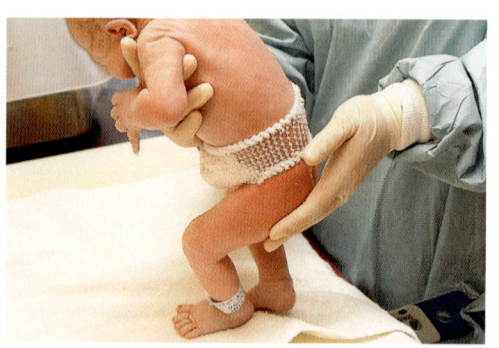

Moro-Reflex

Schreitreflex

Die meisten dieser Reflexreaktionen verlieren sich im Laufe der weiteren Entwicklung vollständig, wenn sie von kontrollierten, bewussten Bewegungen oder Bewegungsmustern abgelöst werden oder aber aufgrund der rasanten körperlichen Veränderungen für das Kind nur noch schwer ausführbar werden.

Beispiel

Lea ist vier Monate alt und ihre Eltern haben kürzlich festgestellt, dass der Schreitreflex bei ihr nicht mehr auftritt. Der Kinderarzt bestätigt ihnen, dass dies völlig normal ist und kein Grund zur Sorge besteht. „Die Beinchen sind ihr einfach zu schwer geworden", sagt er. „Wenn Sie das nächste Mal beim Babyschwimmen sind, tauchen Sie Lea mal mit dem Unterkörper ins Wasser und sehen Sie, was passiert." Beim nächsten Besuch im Schwimmbad hält ihr Vater Lea an den Armen fest, taucht sie bis zum Bauchnabel ins Wasser und siehe da: Lea führt unter Wasser die gewohnten Schreitbewegungen aus. Sie hat in den letzten Wochen einfach viel an Gewicht zugenommen und ihre Muskeln sind noch zu schwach, um die Beine anzuheben. Unter Wasser funktioniert der Reflex wieder, weil die Tragkraft des Wassers Last von Leas Muskeln nimmt.

Auch wenn die Neugeborenenreflexe mit voranschreitender Entwicklung des Kindes nicht mehr auftreten, so bleiben die mit ihnen „etablierten motorischen Programme" (Elsner/Pauen, 2012, S. 167) im Nervensystem dennoch erhalten und bilden die Grundlage für späteres Verhalten. So gelten beispielsweise die koordinierten motorischen Muster des Schreitreflexes als eine Grundlage für das spätere Gehen (vgl. Elsner/Pauen, 2012, S. 167).

5.3 Körperliche Entwicklung vom Säuglingsalter bis in die früheste Kindheit

In den ersten Lebensjahren des Kindes findet eine Vielzahl von grundlegenden Entwicklungsprozessen statt. Die rasche Entwicklung des Körpers, sein Wachstum und seine Reifung sind hier besonders offensichtlich. Vergleicht man die Gestalt und die körperlichen Fertigkeiten eines Neugeborenen mit denen eines zweijährigen Kleinkindes, so werden die enormen Unterschiede und Entwicklungserfolge sichtbar. In keiner anderen Zeit, von der Geburt an, wird sich der Mensch so schnell auf so vielfältige Art und Weise körperlich verändern wie in seinen ersten Lebensjahren. Das Kapitel 5.3 bildet daher auch den Schwerpunkt der Ausführungen zur Entwicklung des Körpers und der Motorik.

Paula im Alter von einem, vier, zwölf und 20 Monaten

5.3.1 Körperliches Wachstum und körperliche Gestalt

Größe und Gewicht

In der Gebärmutter wächst ein Kind innerhalb von 40 Wochen zu einer durchschnittlichen Größe von 48–53 cm heran – das sind ca. 1,25 cm pro Woche. Nie wieder in seinem Leben wird der Mensch so schnell an Körpergröße zulegen wie in seiner frühesten Kindheit. Auch wenn das Tempo sich erheblich verringert, setzt sich das rasche Wachstum im Mutterleib auch nach der Geburt noch weiter fort. In seinem ersten Lebensjahr wächst der Säugling ca. 18–25 cm. Das ist gut die Hälfte seiner Geburtsgröße und entspricht immerhin einem Wachstum von ca. 2 cm im Monat. Im zweiten Lebensjahr reduziert sich die Wachstumsgeschwindigkeit auf ca. 1 cm pro Monat und nimmt danach deutlich ab (vgl. Robert-Koch-Institut, 2011, S. 15). Ab dem dritten Jahr wird das Kind – bis zu einem weiteren größeren Wachstumsschub während der Pubertät – um ca. 5–6 cm pro Jahr wachsen. (vgl. Lohaus u. a., 2011, S. 79)

Kein Wunder also, dass Eltern von Säuglingen behaupten, sie könnten ihrem Kind beim Wachsen zusehen. Die ersten Strampelanzüge werden schon bald nicht mehr passen und das Umhertragen des Säuglings kostet mit jedem voranschreitenden Monat mehr Kraft, da das Kind natürlich auch an Gewicht zulegt. Die meisten Kinder in Deutschland kommen mit einem Geburtsgewicht von 3–4 kg zur Welt (vgl. Statistisches Bundesamt, 2013, S. 86) und werden am Ende ihres ersten Lebensjahres durchschnittlich zwischen 9 und 10 kg wiegen (vgl. Robert-Koch-Institut, 2011, S. 24 f.). Das entspricht einer Gewichtszunahme um mehr als 150 Prozent innerhalb von zwölf Monaten.

5 Entwicklung des Körpers und der Motorik

In den ersten Monaten nach der Geburt setzen die meisten Säuglinge rasch eine mehr oder weniger ausgeprägte Fettschicht an – umgangssprachlich auch „Babyspeck" genannt. Auch hier handelt es sich um einen Mechanismus, der sich während der Evolution herausgebildet hat, um das Überleben des schutzlosen Säuglings zu sichern. Das aufgebaute Fettpolster hilft bei der Aufrechterhaltung der Körpertemperatur und sichert einen Vorrat an Nährstoffen. Im zweiten Drittel des ersten Lebensjahres wird die Gestalt jedoch insgesamt wieder „schlanker", da für die weitere Gewichtszunahme vor allem das Wachstum von Organen, Muskeln und Knochen verantwortlich ist.

Die beiden folgenden Grafiken verdeutlichen die Zunahme der Körpergröße und des Körpergewichts innerhalb der ersten beiden Jahre der Entwicklung. Die Durchschnittswerte wurden im Zuge der bundesweiten „Studie zur Gesundheit von Kindern und Jugendlichen" (KiGGS) von 2003–2006 anhand der Daten von ca. 18 000 Kindern erhoben. Wie sich zeigt, sind Jungen im Durchschnitt etwas größer und etwas schwerer als Mädchen.

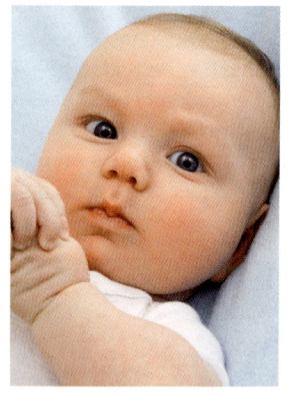

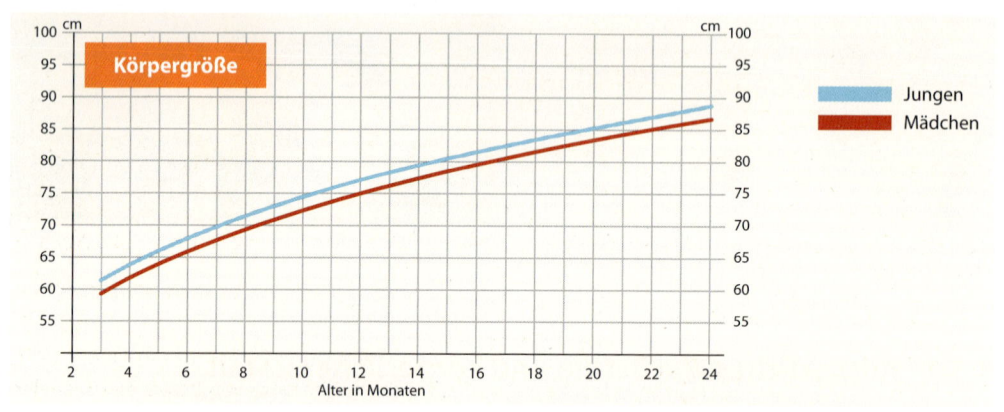

„Babyspeck"

Durchschnittliche Entwicklung der Körpergröße von Jungen und Mädchen im Alter von 3 bis 24 Monaten (vgl. Robert-Koch-Institut, 2011, S. 15)

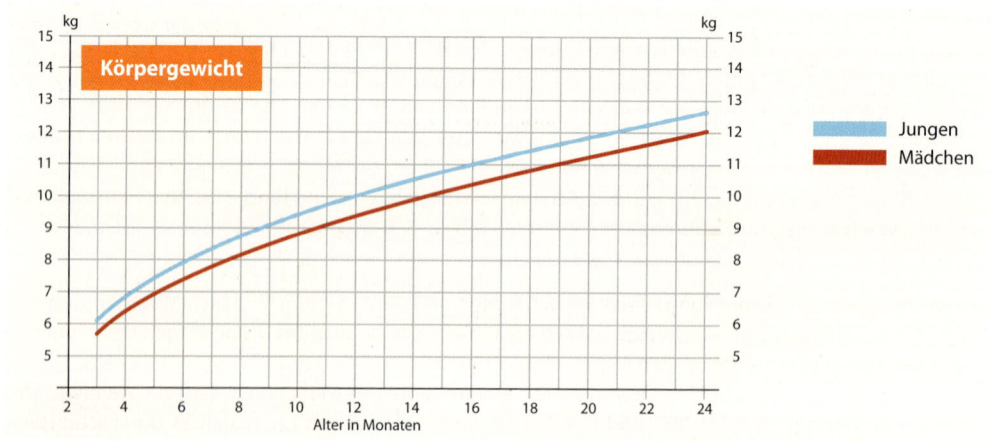

Durchschnittliche Entwicklung des Körpergewichts von Jungen und Mädchen im Alter von 3 bis 24 Monaten (vgl. Robert-Koch-Institut, 2011, S. 24 f.)

Veränderung der Körperproportionen

Mit der Zunahme an Größe und Gewicht verändern sich auch die Körperproportionen des Kindes. Vergleicht man die Gestalt eines Neugeborenen mit dem Körperbau eines erwachsenen Menschen, so fallen enorme Unterschiede auf. Am offensichtlichsten wird der Unterschied an der Größe des Kopfes im Vergleich zum Rest des Körpers. Der Kopf eines Neugeborenen nimmt ein Viertel seiner gesamten Körperlänge ein, während der Kopf eines erwachsenen Menschen ca. einem Achtel seiner Körperlänge entspricht (siehe folgendes Bild). Die Länge des Kopfes verdoppelt sich bis zum Erwachsenenalter, die Länge des restlichen Körpers hingegen vervierfacht sich während dieser Zeit. Hieraus lässt sich der Schluss ziehen, dass der Kopf zu Beginn der körperlichen Entwicklung am schnellsten wächst (vgl. Mietzel, 2002, S. 104).

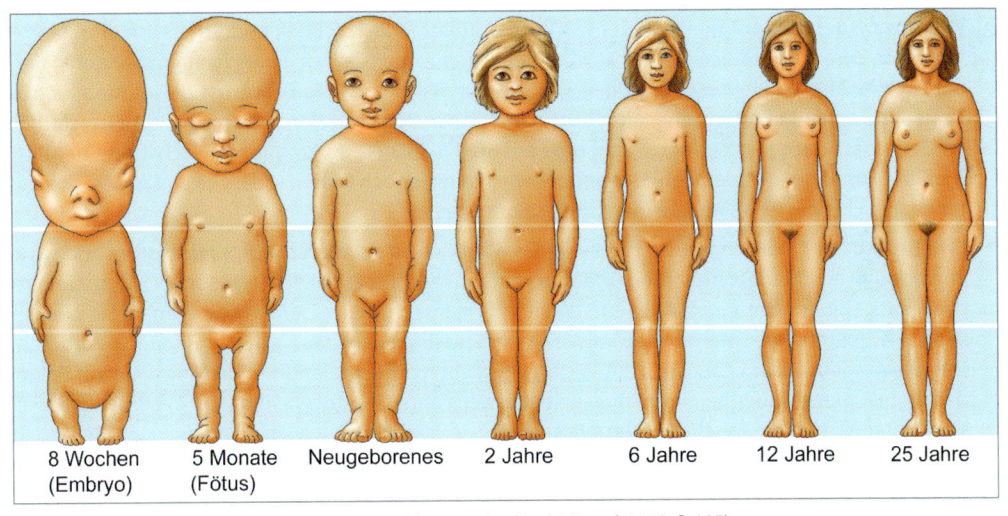

Veränderung der Körperproportionen im Entwicklungsverlauf (vgl. Mietzel, 2002, S. 105)

Der Kopf und der Rumpf wachsen nach der Geburt deutlich schneller bzw. eher als die Gliedmaßen. Dies wurde bereits während des pränatalen Wachstums deutlich. In der achten Woche der embryonalen Entwicklung macht der Kopf ca. die Hälfte der Körperlänge aus, während die Gliedmaßen noch kurz sind (siehe Bild oben, links außen). Anhand dieser Entwicklung werden zwei grundsätzliche **Wachstumsmuster** deutlich, die **cephalo-caudale** und die **zentral-periphere Wachstumsrichtung** (siehe hierzu auch Kapitel 5.3.3). Cephalo-caudal kommt aus dem Lateinischen und bedeutet so viel wie „vom Kopf aus nach unten". Zentral-peripher bedeutet, dass die großen Kerneinheiten des Körpers (zentral), also Kopf, Brustkorb und Rumpf, eher wachsen als die äußeren Körperteile (peripher), wie Arme und Beine bzw. Hände und Füße (vgl. Meinel/Schnabel, 2007, S. 253).

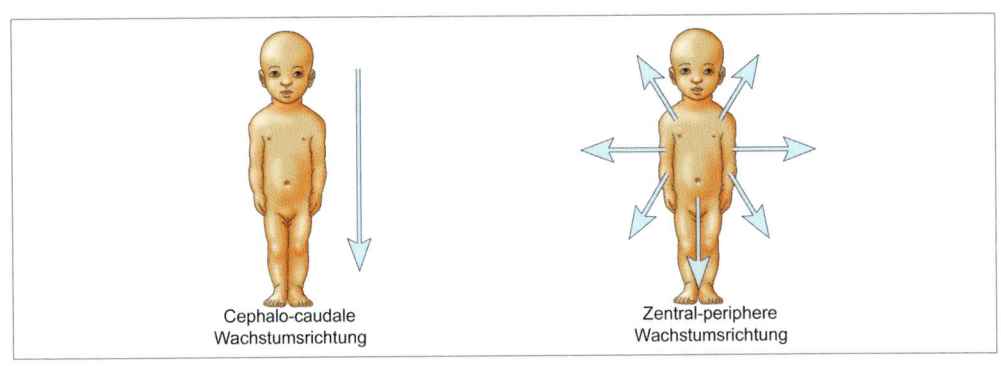

Ursachen von Entwicklungsunterschieden

Ebenso wie bei erwachsenen Menschen gleichen Alters, gibt es auch zwischen gleichaltrigen Kindern zum Teil erhebliche Unterschiede die Größe und das Gewicht betreffend. Solche Unterschiede sind normal. Sie werden von verschiedenen Faktoren beeinflusst:

- **Vererbung:** Die Gestalt des Körpers, seine Größe und sein Gewicht, sind zum Teil genetisch vorprogrammiert. Sind beide Elternteile eines Kindes z. B. überdurchschnittlich groß, so ist die statistische Wahrscheinlichkeit hoch, dass auch deren Kind größer als Gleichaltrige sein wird. Kinder verhältnismäßig kleiner Eltern werden in der Regel selbst auch kleiner als der Durchschnitt bleiben. Ebenso kann Über- bzw. Untergewicht erblich sein.

- **Wachstumsgeschwindigkeit:** Kinder wachsen unterschiedlich schnell und unterschiedlich lange. Das heißt, dass ein Kind beispielsweise in seinen ersten Lebensjahren – verglichen mit anderen Kindern seines Alters – klein bleibt, weil es weniger schnell wächst. Dafür wächst dieses Kind jedoch länger und kann im Erwachsenenalter unter Umständen sogar größer als der Durchschnitt werden. Im Gegensatz dazu kann es auch sein, dass ein Kind in seiner Kindheit rasch wächst und deutlich größer ist als andere Kinder. Dafür stoppt das Wachstum jedoch früher, sodass es im Erwachsenenalter deutlich kleiner ist als andere Menschen seines Alters.

- **Ernährung:** Der Ernährungszustand des Kindes wirkt sich direkt auf sein Körperwachstum und seine Entwicklung aus. Mangelernährung und Unterernährung führt zum Beispiel in Entwicklungsländern dazu, dass Kinder nicht ihrem Alter entsprechend wachsen und an Gewicht zunehmen. Sie bleiben in allen Körpermaßen unterdurchschnittlich klein und ihre Entwicklung gerät generell ins Stocken. Das Überangebot von Lebensmitteln in den westlichen Industrieländern hat hingegen zur Folge, dass immer mehr Kinder bereits in ihren ersten Lebensjahren übergewichtig sind – in der Regel, weil sie von ihren Eltern das falsche Ernährungsverhalten lernen. Aber auch eine epigenetische Belastung durch übergewichtige Eltern ist denkbar.

- **Akzeleration:** Darunter versteht man eine Entwicklungsbeschleunigung (lat. acceleratio = Beschleunigung). Statistische Auswertungen zeigen, dass Menschen in Industrieländern in den vergangenen 150 Jahren mit jeder Generation ungefähr drei Zentimeter größer werden, als die Menschen der vorangegangenen Generation. Gründe hierfür sind der immer besser werdende Ernährungszustand, ein besserer Gesundheitszustand durch optimierte Krankenversorgung und Krankheitsprävention sowie weitere Umweltfaktoren, die die Entwicklung fördern (wie z. B. künstliches Licht, Wärme durch Heizung und sauberes Wasser).

(vgl. Largo, 2009, S. 435 f.)

5.3.2 Entwicklung des Nervensystems und des Gehirns

Damit sich ein Kind in allen Entwicklungsbereichen entfalten kann, ist es grundlegend notwendig, dass sich sein Nervensystem entwickelt bzw. sein Gehirn wächst. Dieses Kapitel soll einen Überblick über die neuronale Entwicklung des Kindes in den ersten Lebensjahren geben.

> Mit der **neuronalen Entwicklung** (vom griech. neuron = Nerv) ist die Entwicklung der Nerven und des Nervensystems gemeint. Die Neurologie als Wissenschaft beschäftigt sich mit dem Aufbau, der Funktion und den Erkrankungen des Nervensystems.

Das menschliche Nervensystem besteht aus zwei miteinander verbundenen Teilsystemen – dem zentralen Nervensystem und dem peripheren Nervensystem. Als **zentrales Nervensystem** (ZNS) werden alle im Gehirn und im Rückenmark befindlichen Nervenstrukturen bezeichnet, die aus Nervenzellen (auch Neuronen genannt) bestehen.

Das Gehirn ist die Steuerzentrale des menschlichen Organismus. Es ist verantwortlich für:

- die Verarbeitung von ankommenden Sinnesreizen (sensorischen Reizen) bzw. Informationen aus dem peripheren Nervensystem,
- die Steuerung der willkürlichen Motorik als Reaktion auf ankommende Reize, d. h. Kontrolle aller bewusst ausgeführten Bewegungen, und
- es ist der Ort, an dem das Denken, Fühlen und Wollen stattfindet.

Zum **peripheren Nervensystem** (PNS) gehören alle Nerven, die sich nicht im Schädel oder im Wirbelkanal – also nicht im zentralen Teil des Körpers – befinden (peripher bedeutet so viel wie „am Rande liegend" oder „außen liegend"). Nerven sind zu unterscheiden von Nervenzellen. Bei Nerven handelt es sich um Bündel aus Nervenfasern (Axonen, siehe S. 114, Bild oben), den Fortsätzen einer Nervenzelle, die elektrische Nervenimpulse weiterleiten. Das periphere Nervensystem verbindet das zentrale Nervensystem mit den Organen und Körperteilen, die das ZNS steuert.

Im Gehirn geschieht, grob beschrieben, Folgendes: Durch die Sinne aufgenommene Eindrücke (Reize, Botschaften, Informationen) werden in elektrische Impulse umgewandelt und an die „zuständigen" Areale im Gehirn weitergeleitet. Dort werden diese Botschaften aufgenommen, weiterverarbeitet und gespeichert. Als Antwort auf eine Botschaft kann das Gehirn nun den Körper bzw. die Psyche dazu veranlassen, zu reagieren und ein Signal an z. B. einen Muskel schicken, der sich daraufhin kontrahiert und eine Bewegung ausführt.

Nervenzellen bzw. Neuronen

Forscher schätzen, dass das menschliche Gehirn aus mehr als 100 Milliarden Nervenzellen besteht. Da diese Zellen schon während der pränatalen Entwicklung gebildet worden sind und sich spezialisiert haben, liegen bereits bei der Geburt nahezu alle Nervenzellen vor. Sie müssen sich nur noch weiterentwickeln und verzweigen.

> Als **Neuronen** oder Nervenzellen werden alle Zellen bezeichnet, die für die Aufnahme, Verarbeitung und Weitergabe von Reizen bzw. elektrischen Nervenimpulsen zuständig sind.

Ein Neuron besteht aus dem eigentlichen Zellkörper mit dem Zellkern, den Dendriten und dem Axon mit dem Endknöpfchen (siehe S. 114, Bild oben). **Dendriten** sind faserige Zellfortsätze des Zellkörpers, die über sogenannte Synapsen Kontakte zu anderen Neuronen herstellen und Nervenimpulse von ihnen aufnehmen. Im Gegensatz dazu ist die Aufgabe des **Axons** (auch Neurit genannt) die Weiterleitung von Nervenimpulsen. Über diesen langen Fortsatz des Neurons werden elektrische Impulse zu anderen Nervenzellen oder direkt zu Muskelzellen geleitet. Am Ende des Axons befindet sich das **synaptische Endknöpfchen**. Dort werden die elektrischen Impulse (auch Aktionspotenziale genannt) mithilfe von sogenannten Neurotransmittern, biochemischen Botenstoffen, durch den synaptischen Spalt der **Synapse** zum Dendrit einer anliegenden weiteren Nervenzelle geleitet. Synapsen sind also Orte, an denen Neurone miteinander kommunizieren. Liegt das Ende eines Axons direkt an einer Muskelzelle, so spricht man nicht von einer Synapse, sondern von einer **motorischen Endplatte**. Statt an eine Nervenzelle wird das Signal hier direkt an eine Muskelzelle weitergegeben.

> Als **Synapse** wird der Spalt zwischen dem Axonende eines Neurons und dem Dendrit eines anderen Neurons bezeichnet, an dem mithilfe von Neurotransmittern elektrische Impulse von einer Nervenzelle zur anderen übertragen werden.

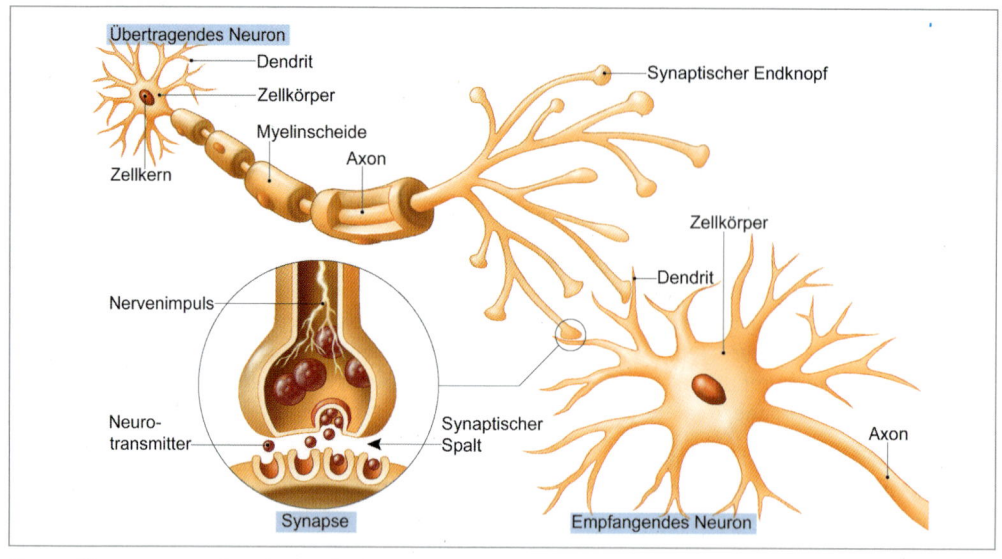

Neuron, Übertragung von Impulsen an der Synapse

Entstehung eines neuronalen Netzes

Im Gegensatz zu den meisten anderen Zellen des Körpers, die sich teilen und so immer neues Zellmaterial entstehen lassen, liegen nahezu alle Neuronen, die ein Mensch während seines Lebens brauchen wird, bereits bei der Geburt vor. Nur noch wenige Neuronen bilden sich nach der pränatalen Phase. Was sich jedoch erst noch entwickeln muss, sind zahlreiche miteinander vernetze Dendriten und Synapsen der Neuronen – ein neuronales Netz. Bei der Geburt liegt lediglich ein Grundgerüst vor. Die Axone werden sich noch verlängern und Dendriten werden zu „Bäumen" mit vielen Verästelungen und Verzweigungen wachsen. Eine Nervenzelle eines Neugeborenen hat ca. 2 500 Synapsen, bei einem Kleinkind sind es bereits ca. 15 000 Synapsen pro Nervenzelle (vgl. Textor, 2010).

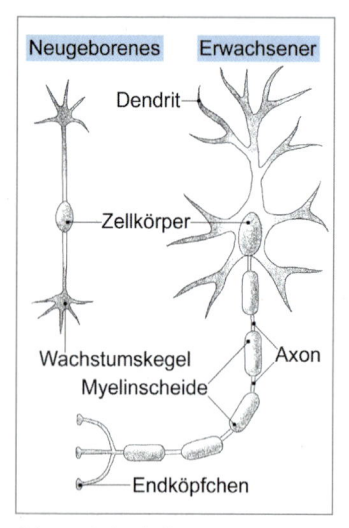

Schematischer Aufbau einer Nervenzelle (vgl. Eliot, 2002, S. 38)

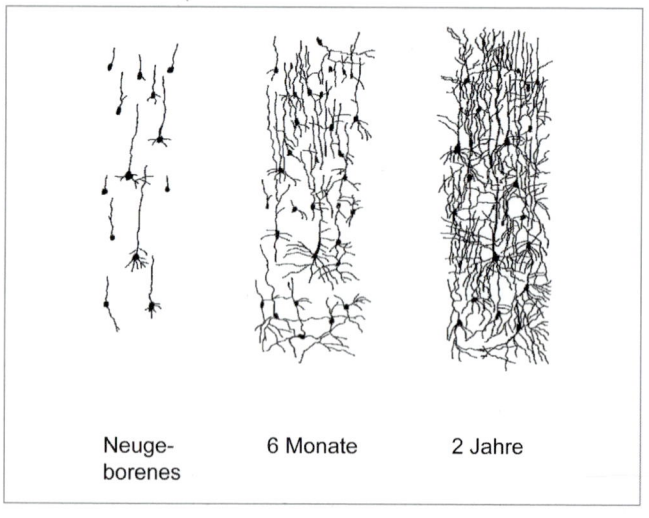

Wachstum von Neuronen und Aufbau neuronaler Verbindungen im Gehirn (vgl. Eliot, 2002, S. 42)

Bildung und Eliminierung von Synapsen

Damit gewährleistet ist, dass ein Kind alle motorischen, sozialen und kognitiven Fähigkeiten erlernen kann, die es für sein Leben benötigen wird, bildet sich in den ersten drei Lebensjahren zunächst ein Überfluss an Synapsenverbindungen – viel mehr als im Erwachsenenalter nötig sein werden.

> *„Mit zwei Jahren entspricht die Menge der Synapsen derjenigen von Erwachsenen; mit drei Jahren hat ein Kind mit 200 Billionen Synapsen bereits doppelt so viele. Außerdem enthalten die Gehirne von Kleinkindern größere Mengen von Neurotransmittern. (...) Die im dritten Lebensjahr erreichte Anzahl von Synapsen bleibt bis zum Ende des ersten Lebensjahrzehnts relativ konstant. Bis zum Jugendalter wird dann rund die Hälfte der Synapsen wieder abgebaut, bis die für Erwachsene typische Anzahl von 100 Billionen erreicht wird."*
>
> (Textor, 2010)

Die Bildung von Synapsen wird weitgehend durch die genetische Programmierung festgelegt und gesteuert (vgl. Siegler u. a., 2011, S. 111). Viele der zahlreich entstandenen Synapsen haben dieselbe Funktion und nicht alle von ihnen werden fortwährend durch Erfahrungen und Reize stimuliert und aktiviert. Daher geschieht im Laufe der weiteren Entwicklung eine „erfahrungsabhängige Eliminierung von überschüssigen Synapsenverbindungen" (vgl. Lohaus u. a., 2010, S. 77). Das heißt, überflüssige oder inaktive Synapsen werden stillgelegt. Diese Reduzierung der Synapsenverbindungen erhöht die Effizienz der Nervenzellen.

Beispiel

Niklas ist fast drei Jahre alt und hält seine Eltern richtig auf Trab. Er ist ein kleiner Entdecker, will alles erkunden, untersucht Regenwürmer und Kleeblätter im Garten, plappert am laufenden Band und will am liebsten jeden Menschen auf der Welt kennenlernen. Kürzlich hat seine Mutter in einer Elternzeitschrift gelesen, dass das Gehirn eines Dreijährigen doppelt so aktiv ist, wie das eines Erwachsenen. Die Hälfte des täglichen Bedarfs an Kalorien wird nur für die Tätigkeit des Gehirns benötigt, bei Erwachsenen sind es dagegen gerade mal 18 Prozent (vgl. Textor, 2010). Niklas Mutter freut sich, dass sich ihr Sohn so großartig entwickelt und hat nun noch mehr Verständnis für seine unstillbare Neugier.

Entscheidend für die „Auslese" von Synapsen und die damit einhergehende Optimierung der Informationsübertragung und -verarbeitung sind die Erfahrungen, die ein Kind bzw. ein Mensch während seiner Entwicklung macht – wie es seine soziale und kulturelle Umwelt mit den Sinnen wahrnimmt und motorisch erforscht.

Berufliche Handlungsrelevanz

Dass die Weiterentwicklung des Gehirns und dementsprechend die Befähigung eines Kindes zu komplexen Bewegungen und Handlungen von der Stimulierung der Nervenzellen abhängt, ist eine Tatsache, die sich pädagogische Fachkräfte stets vor Augen halten sollten. Nur wenn Neuronen fortwährend durch neue Reize angeregt werden, können optimale Synapsenverbindungen ausgebildet werden und ein neuronales Netz kann sich entwickeln. Aus diesem Grund sind sowohl eine anregende Umgebung als auch stetige soziale Kontakte für Säuglinge und Kleinkinder so wichtig. Wächst ein Kind in einer reiz- und kontaktarmen Umgebung auf, so wird sich sein neuronales Netz nur langsam entwickeln bzw. weiterentwickeln.

Plastizität des Gehirns

Das Gehirn des Säuglings verfügt über die Fähigkeit, häufig aktivierte Synapsenverbindungen zu stärken und zu stabilisieren und selten aktivierte Synapsen zu beseitigen – es formt sich also selbst. Dieser Vorgang wird durch Erfahrungen beeinflusst. Man spricht in diesem Zusammenhang von der Plastizität des Gehirns. Sie ist ein Zeichen für die „enorme Lern- und Anpassungsfähigkeit des Säuglings bzw. Kleinkinds" (Textor, 2010). Es können zwei verschiedene Formen unterschieden werden:

- **Erfahrungsabhängige Plastizität:** Synapsen werden in Abhängigkeit von den gemachten Umwelterfahrungen gebildet. Bei einem Klavierspieler zum Beispiel, der für die Ausübung seines Berufes besonders viel Fingerfertigkeit benötigt, werden sich im Gehirn diejenigen Areale, die für die Funktionsfähigkeit der Hände und Finger zuständig sind, besonders gut ausbilden. Und dies umso besser, je jünger er ist, wenn er mit dem Klavierspiel beginnt.
- **Erfahrungserwartende Plastizität:** Für verschiedene Hirnareale gibt es sensible Phasen, in denen bestimmte Erfahrungen vonnöten sind, damit sie sich richtig entwickeln können. Beispielsweise muss in den ersten Wochen nach der Geburt ein Input an visuellen Reizen erfolgen, damit sich das Areal des Gehirns, das für das Sehen zuständig ist, richtig entwickeln kann. Ansonsten wird die Fähigkeit, visuelle Informationen zu verarbeiten, verschwinden.

(vgl. Lohaus u. a., 2010, S. 78)

Die Plastizität des Gehirns wird besonders dann offenbar, wenn das Gehirn während der Weiterentwicklung der Nervenzellen und Synapsen geschädigt oder verletzt wird. Zu Beginn der Gehirnentwicklung ist die Plastizität noch besonders hoch und viele Bereiche des Gehirns sind noch nicht auf bestimmte Funktionen spezialisiert. Daher können zu Beginn der Hirnentwicklung Schäden an Teilen des Gehirns noch kompensiert werden, indem einfach andere Teile deren Funktion übernehmen.

Myelinisierung der Nerven

Das menschliche Gehirn nimmt in den ersten zwei Lebensjahren rasant an Volumen und Gewicht zu. Beträgt das Gewicht des kindlichen Gehirns bei der Geburt ca. 300 Gramm, so werden es am Ende des ersten Lebensjahres durchschnittlich 750 Gramm sein – das Gewicht hat sich mehr als verdoppelt. Zum Vergleich: Das Gehirn eines Erwachsenen wiegt zwischen 1 200 und 1 400 Gramm (vgl. Textor, 2010). Verantwortlich für diese Zunahme sind die sogenannten **Gliazellen** im Gehirn, die in deutlich höherer Anzahl vorliegen als Neurone und ca. die Hälfte des Gehirnvolumens ausmachen.

In den ersten zwei Lebensjahren wird eine Vielzahl von Gliazellen erzeugt. Ihre wichtigste Funktion ist die Bildung der sogenannten **Myelinscheide** (auch Markscheide genannt). Diese Myelinscheide ist eine Hülle aus mehreren Schichten von Gliazellen (Myelin), die die Axone umgibt und somit isoliert (siehe S. 114, Bild oben). Mithilfe dieser Isolierung aus Myelin wird sowohl die Effizienz als auch die Geschwindigkeit der Übertragung von Botschaften erhöht – die **Erregungsleitung** (Leitung eines elektrischen Impulses durch die Neuronen) wird verbessert.

> **Myelin** ist eine aus Gliazellen geformte Schicht, die sich vornehmlich um die Axone von Neuronen herum bildet und dadurch die Erregungsleitung verbessert und beschleunigt.

Die Myelinisierung der Neuronen folgt der cephalo-caudalen Wachstumsrichtung, d. h. dass die Neuronen bzw. Nervenbahnen, die dem Kopf und dem Gehirn am nächsten liegen, zuerst mit Myelin isoliert werden, bevor die Nerven des peripheren Nervensystems folgen (vgl. Lohaus u. a., 2010, S. 78). Die Myelinisierung beginnt schon vor der Geburt und wird sich bis in das frühe Erwachsenenalter fortsetzen.

Entwicklung des zerebralen Kortex (Großhirnrinde)

Die Großhirnrinde bzw. der zerebrale Kortex ist der äußere Bereich (Rinde) des Gehirns. Er wird aus der sogenannten grauen Substanz gebildet, in dem der Großteil der Zellkörper der Nervenzellen sitzt. Die darunterliegende weiße Substanz setzt sich zusammen aus den myelinisierten Axonen der Nervenzellen.

Das Gehirn ähnelt in seiner äußeren Struktur einer Walnuss mit vielen Furchen und Windungen. Dieser Aufbau macht eine Oberflächenvergrößerung des Kortex innerhalb des begrenzten Raums im Schädel möglich, sodass möglichst viele Nervenzellen untergebracht werden können. Eine Entwicklung, die sicherlich die Evolution und das Erlernen immer ausgefeilterer Fähigkeiten des Menschen, die eine größere Oberfläche nötig machten, mit sich brachte.

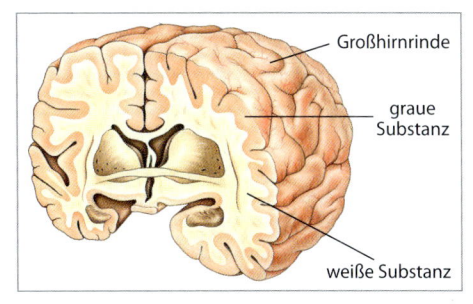

Gehirn im Querschnitt mit grauer und weißer Substanz

Der **zerebrale Kortex** (von lat. cerebrum = Gehirn, lat. cortex = Rinde) ist der äußere Bereich des Großhirns, in dem sich die Zellkörper der Neuronen befinden. Er wird auch als Großhirnrinde bezeichnet.

Die Großhirnrinde wird grob in vier verschiedene funktionale Regionen, die sogenannten Hirnlappen, unterteilt:
- Der **Stirnlappen** (Frontallappen) ist zuständig für die Organisation des Verhaltens und für vorausschauendes Planen. Hier findet das Denken statt. Der Stirnlappen übernimmt die Kontrolle über die Motorik inklusive des Sprechens und die grammatikalische Verarbeitung von Sprache. Zudem wird der Stirnlappen als Sitz des Bewusstseins bezeichnet.
- Der **Scheitellappen** (Parietallappen) ist wichtig für die Verarbeitung räumlicher Informationen und verbindet die Informationen der Sinnesorgane mit im Gedächtnis gespeicherten Informationen. Er ist verantwortlich für die visuelle Steuerung von Bewegungen. Zudem befindet sich hier das Langzeitgedächtnis.
- Der **Schläfenlappen** (Temporallappen) wird verbunden mit dem Gedächtnis und dem Erkennen sowie der Verarbeitung von Emotionen und akustischen Informationen. Hier finden das Hören und das Wortverständnis statt.
- Der **Hinterhauptlappen** (Okzipitallappen) ist zum größten Teil zuständig für das Sehen bzw. die Verarbeitung visueller Informationen und das Wiedererkennen von Gesehenem.

(vgl. Siegler u. a., 2011, S. 104 und Textor, 2010)

Einigen Bereichen der Großhirnrinde können eindeutige Funktionen zugeordnet werden. Zu diesen Bereichen gehören z. B. die Sprachzentren (mit Broca-Areal zur Sprachproduktion und Wernicke-Areal zum Sprachverständnis), das Sehzentrum und das Hörzentrum.

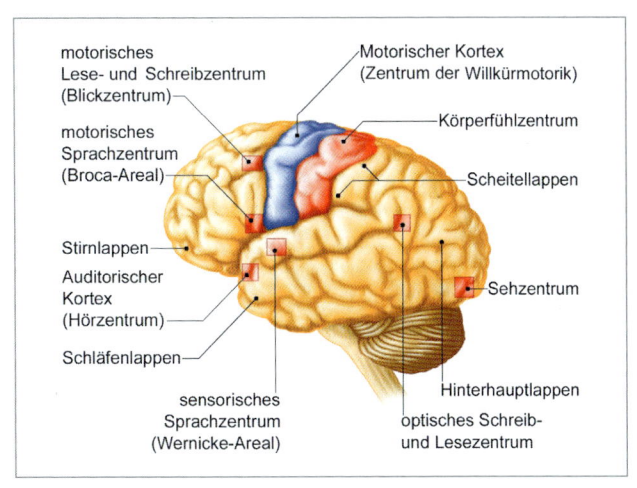

Unterteilung der Großhirnrinde in Funktionsbereiche

Entwicklung der unterschiedlichen Funktionsbereiche

In der Großhirnrinde gibt es unterschiedliche Gehirnareale, die sich auf bestimmte Funktionen spezialisiert haben. Die Reihenfolge der Entwicklung der verschiedenen Regionen der Großhirnrinde – also die Synapsenbildung in diesen Regionen – hängt eng mit der Entwicklung der Fähigkeiten des Kindes zusammen. Im ersten Lebensjahr wachsen besonders diejenigen Bereiche der Großhirnrinde, die für das Sehen und Hören sowie für Bewegungen des Körpers verantwortlich sind. Dementsprechend entwickeln sich in dieser Zeit sowohl die motorischen Fähigkeiten des Säuglings, als auch seine Fähigkeit, visuelle und akustische Reize wahrzunehmen. Im späteren Kleinkindalter wachsen die Nervenzellen im Sprachzentrum des Gehirns besonders aktiv – eine Zeit, in der das Kind mehr und mehr spricht und sprechen lernt. Am längsten dauert die Entwicklung der Stirnlappen, die für die kognitiven Funktionen, d. h. im Groben: das Denken, zuständig sind. Ein besonders beschleunigtes Wachstum geschieht hier während des Vorschul- und Schulalters und der Pubertät. (vgl. Berk, 2011, S. 162)

Zerebrale Lateralisation

Wie im Bild oben auf S. 117 zu sehen ist, ist der Kortex in zwei Hälften, die sogenannten Hemisphären, aufgeteilt. Diese beiden Hemisphären unterscheiden sich hinsichtlich ihrer Funktionen voneinander. Sie haben sich auf verschiedene Arten der Verarbeitung von Information spezialisiert – man spricht hier von zerebraler Lateralisation (lat. lateral = seitlich).

Forscher gehen heute davon aus, dass die **linke Hemisphäre** Informationen nacheinander, „Stück für Stück", verarbeitet – also eine sequenzielle Informationsverarbeitung vornimmt. Sie ist demnach zuständig für logisches Denken und die Verarbeitung von Sprache. Die **rechte Hemisphäre** hingegen übernimmt die ganzheitliche Informationsverarbeitung, wie z. B. das räumliche Denken. (vgl. Lohaus, 2010, S. 79 und Siegler, 2011, S. 108)

In Forscherkreisen herrscht noch Uneinigkeit darüber, wie lange der Prozess der Lateralisation dauert. Einig ist man sich aber, dass er spätestens mit Ende der Pubertät abgeschlossen ist. Nach der Lateralisation können Verletzungen oder Schädigungen von Gehirnregionen nicht mehr so gut kompensiert werden, da die Plastizität des Gehirns mit der Lateralisation deutlich abnimmt.

Die Aufnahme von sensorischen Reizen und die Steuerung motorischer Befehle geschehen bei den beiden Gehirnhälften in besonderer Weise. Die mit einer Körperhälfte aufgenommenen Sinnesreize werden von der jeweils gegenüberliegenden Gehirnhälfte verarbeitet und diejenigen Bereiche der Hemisphäre, die für die Motorik zuständig sind, steuern wiederum die Bewegungen der jeweils gegenüberliegenden Körperhälfte.

Beispiel

Pia ist zwei Jahre alt. In letzter Zeit ist sie besonders von der Küche und dem auf dem Gasherd der Eltern brennenden Feuer fasziniert. Ihre Eltern sagen ihr immer wieder, dass sie nicht an den Herd gehen soll, weil dieser sehr heiß ist und sie sich verbrennen wird. Heute hat sich Pia heimlich einen kleinen Hocker zum Herd geholt, steigt hinauf und streckt die Hand aus. Dieses Mal ist ihr Vater zu spät, um sie wegzuziehen. Sobald sie mit der rechten Hand den heißen Topf berührt, registriert ihre linke Gehirnhälfte den Schmerz und sendet in Sekundenbruchteilen ein Signal zurück an ihren rechten Arm und ihre rechte Hand, diese schnell vom Topf wegzunehmen. Pia hat sich die Finger verbrannt und wird nun von ihren Eltern versorgt und getröstet.

5.3.3 Motorische Entwicklung

Die zunehmende Reifung des Gehirns und des Nervensystems, die Myelinisierung der Nerven sowie die Entwicklung der für die Motorik zuständigen Hirnregionen bilden die wichtigsten **Grundlagen** für die motorische Entwicklung des Kindes.

Weitere Faktoren sind (vgl. Siegler u. a., 2011, 193)
- die Zunahme von Muskelkraft,
- die Kontrolle über die Körperhaltung,
- das Wachstum des Körpers,
- die Motivation des Kindes (Interesse an der Umwelt) und
- seine Fähigkeit zur Wahrnehmung.

Gerade mit der Wahrnehmungsfähigkeit (Sehen, Hören, Riechen, Tasten) steht die motorische Entwicklung in enger Verbindung, da Bewegungen immer zusammen mit der Wahrnehmung der Umgebung stattfinden. Auf dieses Thema wird im folgenden Kapitel 6 zur kognitiven Entwicklung näher eingegangen.

Damit sich der Säugling aktiv mit seiner Umwelt auseinandersetzen kann, muss er lernen, sich in ihr zu bewegen und sie – im wahrsten Sinne des Wortes – zu begreifen. Die wichtigsten Entwicklungsschritte in den ersten beiden Lebensjahren sind – bezogen auf die Motorik – das Erlernen von
- gezieltem Greifen,
- aufrechter Haltung und
- freiem Gehen bzw. selbstständiger Fortbewegung.

Die motorische Entwicklung und die Ausführung von Bewegungen im Säuglingsalter werden von typischen Merkmalen bestimmt, die auch schon beim Wachstum des Körpers deutlich wurden (vgl. hierzu auch Bild auf S. 111 unten):
- **Cephalo-caudale Wachstumsrichtung:** Die Entwicklung findet vom Kopf ausgehend nach unten hin statt. Wie bereits beschrieben, entwickeln sich auch die Nervenzellen und Nervenbahnen in dieser Richtung. Das Kind erlangt dementsprechend zuerst die Kontrolle über Nerven und Muskeln am Kopf und in der Nähe des Kopfes, bevor es aktiv Bewegungen des restlichen Körpers und der Gliedmaßen steuern kann. Ein Indiz hierfür ist, dass die ersten willkürlichen Bewegungen eines Säuglings am Kopf geschehen (z. B. Augenbewegungen, Saugbewegungen mit dem Mund, Drehen oder Heben des Kopfes). Erst später folgen Bewegungen mit dem ganzen Körper und den Gliedmaßen. Auch hier gehen Bewegungen der Arme den Bewegungen der Beine voraus, da sich die Arme näher am Kopf befinden als die Beine.
- **Zentral-periphere Wachstumsrichtung:** Hiermit wird die typische Entwicklungsrichtung von innen nach außen beschrieben. So wie der gesamte Körper vom Größeren zum Kleineren hin wächst, entwickeln sich die größeren Muskelgruppen vor den kleineren. Diese Entwicklung wird besonders anhand der Entwicklung der Greifbewegung deutlich. Die Grobmotorik zeigt sich vor der Feinmotorik, d. h., zuerst erfolgen Bewegungen mit dem ganzen Arm und später gezieltere feinere Greifbewegungen mit der Hand und den Fingern. Diese Entwicklungsrichtung wird auch als proximo-distal bezeichnet (lat. proximal = nah, distal = fern).

(vgl. Meinel/Schnabel, 2007, S. 253)

Als **Grobmotorik** werden Bewegungsabläufe bezeichnet, die einer Gesamtbewegung des Körpers dienen, z. B. Krabbeln, Stehen und Laufen.

Mit **Feinmotorik** sind hingegen feinere und ausgefeiltere Bewegungsabläufe gemeint, z. B. unterschiedliche Greifbewegungen mit den Händen, Bewegungen mit Mund und Zunge zur Erzeugung von Lauten (Sprechen) und die Mimik.

5 Entwicklung des Körpers und der Motorik

Bei Säuglingen ist in den ersten Wochen und Monaten eine weitere Tendenz zu beobachten. Sie zeigen einen **erhöhten Muskeltonus**. Bei den ersten Bewegungen, beispielsweise mit den Armen, werden die Muskeln viel mehr angespannt, als es nötig wäre. Die Säuglinge wenden noch zu viel Kraft auf. Das zeigt sich darin, dass ihre Bewegungen ruckartig, fahrig, steif und verkrampft aussehen. Ab der zweiten Hälfte des ersten Lebensjahres normalisiert sich der Muskeltonus zunehmend und die Bewegungen werden weicher und kontrollierter. (vgl. Meinel/Schnabel, 2007, S. 253 f.) Dies zeigt sich z. B. bei unbeholfenen schlagenden Armbewegungen nach Gegenständen, die bereits in den ersten Wochen nach der Geburt beobachtet werden können und die einem gezielten koordinierten Greifen vorangehen.

Entwicklung im ersten Lebensjahr – Zugreifen, Krabbeln und Stehen

Im ersten Lebensjahr findet eine stetige Differenzierung und Verfeinerung der Motorik des Säuglings statt. Er lernt, verschiedene Bewegungen und Fähigkeiten miteinander zu koordinieren und übt komplexe Bewegungsabläufe.

Es gibt individuelle Unterschiede in der Abfolge der neu hinzukommenden und erlernten Fertigkeiten. Jedes Kind hat sein eigenes Tempo in der Ausbildung seiner Fähigkeiten. Das betrifft sowohl die generelle als auch die motorische Entwicklung. Der folgende Fahrplan gilt als grobe Orientierung im zeitlichen Ablauf der Entwicklung der Motorik (vgl. Kasten, 2011, S. 93 ff.):

0 bis 4 Monate

Kopfhaltung: In den ersten Monaten der Entwicklung beginnt die Muskulatur des Säuglings, langsam kräftiger zu werden. Dies ist beispielsweise an der Kopfhaltung gut zu beobachten. Ist das Neugeborene im 1. Monat gerade dazu imstande, den Kopf in der Bauchlage kurz anzuheben, so gelingt es ihm im 3. und 4. Monat, den Kopf zusammen mit den Schultern länger zu heben und sich dabei auf die Unterarme zu stützen. Zudem kann es den Kopf jetzt aus der Rückenlage anheben. Bei geradem Rücken gelingt es dem Baby nun, in einer sitzenden Position den Kopf aufrecht zu halten.

Anheben des Kopfes

Bewegungen: Im 1. Monat nach der Geburt liegt das Neugeborene in geschlossener Haltung mit angezogenen Armen und Beinen. Die ersten Bewegungen sind fahrig. Im 2. Monat sind die Gliedmaßen nicht mehr so gebeugt und das Baby strampelt. Die Bewegungen der Arme und Beine werden ab dem 3. Monat geschmeidiger, wenn der Körper an Kraft gewinnt. Legt man das Baby nun auf die Seite, wird es sich selbstständig wieder auf den Rücken drehen. In der Bauchlage kann es den Oberkörper mit den Armen anheben und gleichzeitig die Beine nach hinten ausstrecken.

Die Bewegungen werden geschmeidiger.

Löst es mit einer zufälligen Bewegung eine Reaktion aus (z. B. bei einem Spielzeug), so ist zu beobachten, dass es diese wiederholt und dabei übt, sich kontrollierter zu bewegen.

Hände und Greifen: Die im 1. Monat noch geschlossenen Hände des Neugeborenen werden im 2. Monat häufiger geöffnet. Legt man einem Baby ab dem 3. Monat einen Gegenstand in die Hand, so wird es ihn festhalten und versuchen, ihn in den Mund zu nehmen. Im 4. Monat kann es verschiedene Gegenstände greifen und festhalten. Dies geschieht meist mit einem „Ganzhand- oder Grapschgriff" (vgl. Elsner/Pauen, 2012, S. 173), bei dem der Daumen parallel mit den anderen Fingern bewegt wird und Objekte gegen die Innenfläche der Hand gedrückt werden.

Typischer Grapschgriff eines Säuglings

5 bis 7 Monate

Koordinierung von Bewegungsabläufen: Zur Vorbereitung des Sitzens lernt das Baby, seine Gliedmaßen sowie Becken und Schultern miteinander zu koordinieren. Im 5. Monat kann es den Oberkörper noch besser aus der Bauchlage aufrichten und mit den Schultern und Armen abstützen. Ab dem 5. bzw. 6. Monat gelingt es ihm, dabei den zweiten Arm und die Hand anderweitig zu benutzen und sich nur mit einem Arm abzustützen. Das Baby kann nun mit entsprechender Unterstützung sitzen. Will es im 6. Monat einen Gegenstand erreichen, versucht es, sich vorwärts zu bewegen – in diesem Alter jedoch meist noch erfolglos. Im 7. Monat gelingt es dem Säugling, sich vom Bauch auf den Rücken zu drehen. Versuche, sich umgekehrt vom Rücken zurück auf den Bauch zu drehen, enden häufig noch in der Seitenlage. Der Säugling übt nun, komplexe Drehbewegungen und koordinierte Bewegungen der Arme und Beine auszuführen, die grundlegend für das Sitzen und Krabbeln sein werden.

Drehung vom Bauch auf den Rücken

Hände und Mund: Das Greifen von Gegenständen klappt ab dem 5. Monat noch besser. Das Baby kann eine oder beide Hände zur Erkundung von Gegenständen benutzen. Nach wie vor benutzt es hierbei auch den Mund. Ab dem 5./6. Monat gelingt es ihm, sich mit einer Hand einen Gegenstand zu greifen, während es sich mit der anderen Hand in aufgerichteter Bauchlage abstützt. Auch das eigenständige Festhalten eines ergriffenen Gegenstands, wie z. B. eines Fläschchens, gelingt dem Baby gut. Im 7. Monat ist es in der Lage, einen Gegenstand von einer in die andere Hand zu nehmen. Seine Füße kann es mit den Händen greifen und bis zum Kopf bewegen. Die Zehen werden dabei gern mit dem Mund erkundet.

Das Festhalten des Fläschchens klappt schon gut.

5 Entwicklung des Körpers und der Motorik

8 bis 12 Monate

Krabbeln: Erste Versuche, sich aus der Bauchlage heraus fortzubewegen, geschehen im 8./9. Monat noch wenig koordiniert. Das Kind beginnt, sich robbend fortzubewegen. Es setzt die Arme Stück für Stück weiter nach vorn und zieht seine Beine nach. Ab dem 10./11. Monat beginnen die meisten Kinder zu krabbeln. Sie heben den Oberkörper und den Po aus der Bauchlage nach oben, stützen den Körper auf Arme und Knie und bewegen sich vorwärts, indem sie gleichzeitig den rechten Arm und das rechte Bein und anschließend den linken Arm und das linke Bein nach vorn setzen. Einige Kinder überspringen die Krabbelphase und lernen nach dem Robben direkt das Gehen. Andere wiederum krabbeln auch noch dann gern, wenn sie längst gelernt haben zu laufen.

Vom Krabbeln zum Aufstehen und Gehen ist es nicht mehr weit.

Sitzen und Stehen: Ab dem 8./9. Monat kann das Kind für wenige Minuten ohne Unterstützung sitzen. Um aus dieser Position einen Gegenstand zu ergreifen, kann es sich nach vorn beugen. Bei dem Versuch, sich zur Seite zu beugen, kippt es meist noch seitwärts um.

Wird dem Kind im 8. Monat in auf dem Rücken liegender Position eine Hand gereicht, so ergreift es diese so fest, dass es in eine sitzende oder sogar stehende Position gebracht werden kann. Wenn es festgehalten wird, kann es im 9. Monat stehen und wird versuchen, erste Schritte zu machen. Findet es ein geeignetes Möbelstück, ist es nun in der Lage, sich daran in den Stand hochzuziehen und, so gestützt, stehenzubleiben.

Im 10. Monat kann das Kind sich selbstständig aus der Bauchlage in eine sitzende Position bringen und für längere Zeit stabil sitzenbleiben oder auf dem Hosenboden herumrutschen. Manche Kinder strecken dabei ein Bein gerade nach vorn und beugen das andere, um besser in Balance zu bleiben.

Wird das Kind an den Händen gehalten, gelingt es ihm im 11. Monat, Schritte nach vorn zu machen. Sofern es sich an einem Möbelstück festhalten kann, wird es beginnen, entlang des Möbels zu gehen. Am Ende des ersten Lebensjahres können die meisten Kinder mit Unterstützung gehen. Eltern üben dies gern, indem sie das Kind an beiden Händen festhalten und mit ihm zusammen ein Stück laufen.

Zum Stehen und Gehen lernen sind Möbel bestens geeignet.

Hände und Greifen: Die Greiffähigkeit entwickelt sich im 8./9. Monat weiter und die Visumotorik (z. B. Hand-Auge-Koordination) gewinnt nun mehr und mehr an Bedeutung. Der Säugling schätzt die mit den Augen wahrgenommene Entfernung von seiner Hand zu einem Objekt ein, um das Ziel seiner Greifbewegung gekonnt anzusteuern. Zudem öffnet er seine Hand bereits in der Greifbewegung in Erwartung des Ziels, d. h., er antizipiert (vgl. Krist u. a., 2012, S. 378 f.).

> Die Fähigkeit, die Bewegungen des Körpers mit dem Sehen zu koordinieren und über das Sehen die Bewegungen zu kontrollieren, wird als **Visumotorik** bezeichnet.

Das Kind ist in der Lage, sich mit den Händen an Möbelstücken festzuhalten und hochzuziehen. Im 10./11. Monat erlernt es den **Pinzettengriff**, bei dem kleinere Gegenstände mit gestrecktem Daumen und Zeigefinger gegriffen und gehalten werden können. Es kann zwei Gegenstände zielgerichtet mit den Händen aufeinander zu bewegen und Wurfbewegungen ausführen, die jedoch noch unausgewogen sind, da es noch nicht gleichzeitig die Bewegungen von Arm und Hand koordinieren kann. Auch der **Zangengriff**, bei dem Daumen und Zeigefinger gekrümmt zueinander geführt werden, wird erlernt. Am Ende des ersten Lebensjahres sind

Pinzettengriff   *Zangengriff*

die Bewegungen der Hände und Finger so geschickt, dass Gegenstände aufgegriffen, weitergegeben und zielgerichtet abgelegt werden können. Das Kind lernt nun auch, Werkzeuge als solche zu erkennen und zu benutzen, um an gewünschte Objekte heranzukommen (z. B. Verwenden eines Stocks oder Ziehen an einer Tischdecke).

Berufliche Handlungsrelevanz

Gerade das Greifen macht den Menschen einzigartig. Wie grundlegend diese Fähigkeit ist, wird deutlich, wenn man sich vor Augen hält, was man an einem durchschnittlichen Tag alles anfasst, greift und festhält. Ohne verschiedene Greiftechniken wäre vieles davon gar nicht oder nur schwer möglich. Pädagogische Fachkräfte sollten darauf achten, dass genug Anregungen für das Kind geschaffen werden, die es motivieren, seine motorischen Fähigkeiten zu entdecken und einzuüben. Dazu gehören z. B. Greifspielzeuge oder Mobiles und auch kleine Gegenstände, mit denen der Zangen- und der Pinzettengriff geübt werden können. Hierbei muss allerdings sichergestellt werden, dass die Gegenstände vom Kind nicht verschluckt werden.

Liegt das Kind öfter auf dem Rücken, so sollte es unter Aufsicht hin und wieder auf den Bauch gelegt werden, da es so eher anfangen wird zu krabbeln, um seine Umwelt zu erkunden. Kinder, die fast nur auf dem Rücken liegen, neigen dazu, die Krabbelphase zu überspringen und lernen später zu laufen.

Zusammenfassung: Grobmotorik und Feinmotorik im ersten Jahr

In den folgenden beiden Tabellen (siehe S. 124) werden die Entwicklungsschritte nochmals bezüglich der Grob- und Feinmotorik zusammengefasst. Wie in den letzten Spalten deutlich wird, kann und sollte der Zeitpunkt des Auftretens einer motorischen Fähigkeit nur grob gefasst werden, da sich jedes Kind – abhängig von seinen körperlichen Voraussetzungen, seinen genetischen Anlagen und seinen gemachten Erfahrungen – in einem anderen Tempo entwickelt.

Bereich	Fähigkeit	Auftreten
Kopfkontrolle	• den Kopf alleine heben • den Kopf frei bewegen	0–3 Monate 1–4 Monate
Rumpfkontrolle	• sich in Bauchlage mit gestreckten Armen aufstützen • alleine sitzen	2–6 Monate 4–9 Monate
Beinkontrolle	• sich alleine zum Stand hochziehen • Stehen mit festhalten • alleine stehen	6–12 Monate 6–11 Monate 10–16 Monate
Fortbewegung am Boden	• sich selbstständig auf dem Boden rollen • vorwärts auf allen Vieren krabbeln	3–9 Monate 6–11 Monate
Fortbewegung im Stehen	• an Möbeln und Gegenständen entlang gehen • vorwärts laufen	8–13 Monate 11–18 Monate

Entwicklung der Grobmotorik (Elsner/Pauen, 2012, S. 172)

Bereich	Fähigkeit	Auftreten
Hand-Körper-Koordination	• eine Hand gezielt zum Mund führen • Hände vor dem Körper zusammenführen • Handflächen gezielt aneinanderschlagen	1–3 Monate 1–4 Monate 9–12 Monate
Objekte greifen und halten	• gezielt nach hingehaltenem Spielzeug greifen • Objekte im Zangengriff greifen und halten • Pinzettengriff	2–6 Monate 6–11 Monate 7–12 Monate
Gegenstände manipulieren	• Objekt von einer in die andere Hand geben • Spielzeug in einer Hand drehen und wenden • Gegenstände mit zwei Händen bearbeiten	4–8 Monate 5–8 Monate 6–9 Monate

Entwicklung der Feinmotorik (Elsner/Pauen, 2012, S. 172)

Entwicklung im zweiten und dritten Lebensjahr – Laufen und Entdecken

Am Übergang vom ersten in das zweite Lebensjahr lernen die meisten Kinder, frei allein zu gehen. Hierfür sind nun die körperlichen Voraussetzungen geschaffen. Die Muskeln haben sich weiterentwickelt und sind so kräftig, dass sie den Körper in der aufrechten Position halten können. Die Sinne sind schärfer geworden und die gesamte Wahrnehmungsfähigkeit hat sich verbessert, sodass komplexe Bewegungsabläufe möglich geworden sind, bei denen das Kind mehrere Körperteile und Muskelgruppen miteinander koordinieren muss. Es kann beispielsweise die Funktionen von Hand und Auge gut miteinander in Verbindung bringen (Hand-Auge-Koordination). Durch die Veränderung der Körperproportionen hat sich der Körperschwerpunkt ein Stück nach unten verlagert. Der Kopf ist nun im Verhältnis nicht mehr so groß und schwer für den Körper wie noch vor einigen Monaten. Er kann daher besser aufrecht gehalten werden. Der Rumpf hat sich insgesamt verlängert.

5.3 Körperliche Entwicklung vom Säuglingsalter bis in die früheste Kindheit

Der Professor für Kinderheilkunde Remo H. Largo hat anhand von Längsschnittstudien in der Schweiz festgestellt, dass 87 Prozent der Kinder in einer typischen Abfolge von Bewegungsabläufen zum Aufstehen und Gehen kommen – vom Drehen über Rutschen, Robben und Krabbeln in den Vierfüßlergang und schließlich zum Stehen bzw. Gehen. Die übrigen 13 Prozent kommen zum selben Ziel, nehmen jedoch andere Wege (siehe folgende Grafik).

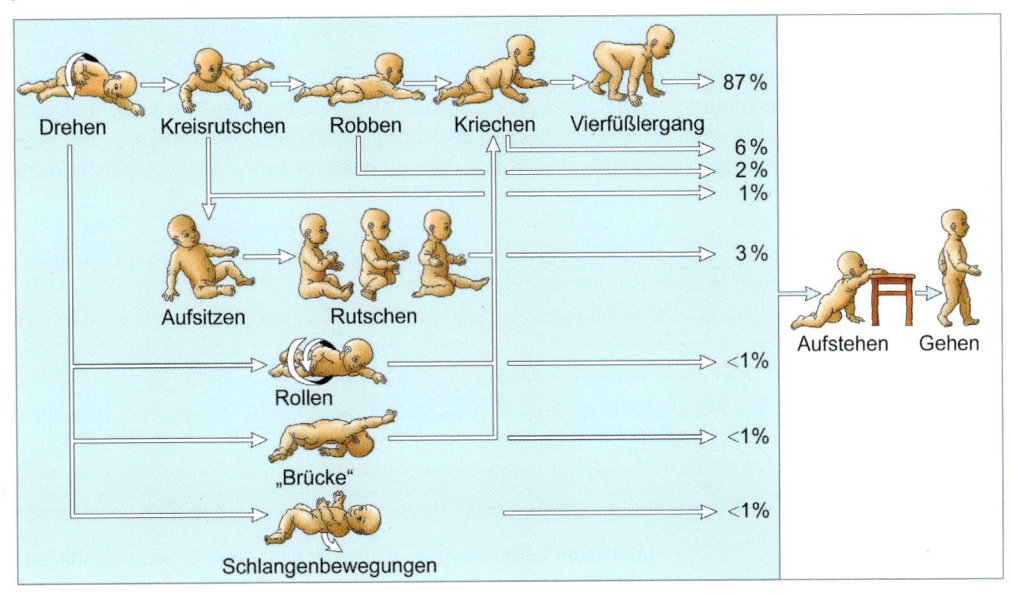

Wie Kinder das Gehen lernen (vgl. Largo, 2009, S. 130)

Gehen, Laufen und Klettern

Bei den ersten Gehversuchen beugen die meisten Kinder ihre Knie, um den Körperschwerpunkt noch ein wenig nach unten zu verlagern. Zudem heben sie bei den ersten Schritten ihre Hände, was es ihnen erleichtert, die Balance zu halten (vgl. Siegler u. a., 2011, S. 194). Die ersten Gehversuche zu Beginn des ersten Lebensjahres sind noch wackelig und das Kind wird öfter zur Hand einer Bezugsperson greifen, um sicher zu gehen. Doch im weiteren Verlauf des zweiten Jahres lernt es, sicher zu gehen und zu laufen. Es läuft nicht mehr so breitbeinig und auch die Arme schwingen beim Gehen neben dem Körper. (vgl. Largo, 2009, S. 132) Die Schritte des Kindes werden sicherer und gleichmäßiger. Dabei helfen ihm Erfahrungen, Übung und – nicht zuletzt – die Freude daran, seine Umwelt zu erkunden.

Kinder, die das freie Gehen üben, stellen fest, dass es verschiedene Oberflächen gibt, auf denen man gehen kann, und sind stolz, wenn sie z. B. über einen flauschigen Teppich oder eine glatte Oberfläche gegangen sind, ohne umzufallen.

> *„Das Kind setzt beim Gehen den Fuß mit der Ferse auf und rollt den Fuß ab. Es vermag das Tempo den räumlichen Gegebenheiten zunehmend anzupassen; Richtungsänderungen gelingen immer besser. Das Kind liebt es, Wägelchen herumzustoßen und Spielsachen auf Rädern hinter sich herzuziehen."*
>
> (Largo, 2009, S. 132)

Etwa ab dem 16. Monat ist das Kind in der Lage, eine Treppe hochzusteigen. Dabei stellt es jeweils beide Beine auf eine Stufe, bevor es die nächste Stufe in Angriff nimmt. Ab und an werden beim Treppensteigen auch die Hände zu Hilfe genommen, um sich abzustützen. Das Hinabsteigen einer Treppe fällt Kindern in diesem Alter noch schwer und sie benötigen die Hand eines Erwachsenen oder das Treppengeländer als Hilfe. (vgl. Kasten, 2011, S. 125)

Weitere Fähigkeiten

Das Erlernen des sicheren Stehens und Gehens sowie das Halten des Gleichgewichts im **zweiten Lebensjahr**, schaffen die Voraussetzungen für weitere motorische Entwicklungen. Den Kindern gelingt es nun, sich aus dem Stand nach Objekten zu bücken und diese aufzuheben. Sie können Dinge wegwerfen, ohne dabei umzukippen. Sie sind in der Lage, zu hüpfen ohne umzufallen, auf Möbelstücke zu klettern und Schubladen zu öffnen. (vgl. Kasten, 2011, S. 125 f.)

> *„Im Laufe der zweiten Hälfte des 2. Lebensjahres verbessern die Kinder ihr gesamtes motorisches Repertoire. Sie laufen schneller, können abrupt anhalten und die Richtung wechseln, auf einem Bein hüpfen, wenn sie sich dabei irgendwo festhalten, frei Treppen steigen und seitwärts gehen. Sie lernen auch, mit dem Ball geschickter umzugehen, zumindest wenn es um Werfen oder Wegkicken geht. Das Fangen dagegen klappt zunächst nur dann, wenn der Ball auf die bereits ausgestreckten Hände geworfen wird. Auch die Feinmotorik der Kinder verbessert sich: Sie schaffen es jetzt, allein mit dem Löffel zu essen, eine Flüssigkeit relativ zielsicher von einem Becher in einen anderen zu gießen und vier Bauklötze aufeinanderzusetzen."*
>
> (Kasten, 2011, S. 126)

Im **dritten Lebensjahr** vertiefen die Kinder die gelernten Fähigkeiten. Sie können nun alles vollbringen, was bei einem Besuch auf dem Spielplatz nötig ist: Rennen, Springen, Fangen und Werfen, Treppen oder Spielgeräte mit beiden Füßen abwechselnd hinaufgehen sowie die Balance beim Klettern halten. Ihre Bewegungen und ihr Geschick sind so weit ausgereift, dass sie problemlos Schränke öffnen, an Herdplatten gelangen und Flaschen aufdrehen können. Auch erste Bastelarbeiten mit Kinderschere und Papier oder Moosgummi können sie nun ausführen. Die Kinder zeichnen mit verschiedenen Sorten von Stiften und der Bau von Türmen und dergleichen aus Bausteinen oder -klötzen stellt kein Problem für sie dar.

Berufliche Handlungsrelevanz

Pädagogische Fachkräfte sollten einen Überblick darüber haben, in welchem ungefähren Zeitraum ein Kind körperlich in der Lage ist, bestimmte Fertigkeiten zu erlernen bzw. auszuführen. So ist es möglich, den Kindern Angebote zu schaffen, die sie weder über- noch unterfordern. Die Fachkräfte sorgen dafür, dass in den Einrichtungen sowohl im Innen- als auch im Außenbereich genügend Spiel-, Kletter- und Balanciermöglichkeiten vorhanden sind, damit die Kinder ab dem 2./3. Lebensjahr ihren Bewegungsdrang ausleben und ihre Fähigkeiten vertiefen können.

Die Unterstützung der motorischen Entwicklung der Kinder im Kindergartenalltag ist enorm wichtig. Neue Errungenschaften im motorischen Bereich, wie z. B. die eigenständige Fortbewegung, eröffnen Kindern neue Formen der Kontaktaufnahme und verändern somit das Sozialverhalten und den Umgang anderer Personen mit dem Kind. Stetige Fortschritte in der motorischen Entwicklung fördern und bereichern demzufolge auch alle anderen Bereiche, wie z. B. die kognitive und die soziale Entwicklung.

5.3 Körperliche Entwicklung vom Säuglingsalter bis in die früheste Kindheit

Kindern sollte ein anregendes Umfeld geschaffen werden, in dem sowohl ihre motorischen Fähigkeiten als auch ihre Motivation, sich selbst zu bewegen und fortzubewegen, gefördert werden. Folgendes Beispiel aus einem iranischen Waisenhaus in den 1960er-Jahren zeigt, wie sich die Entwicklung vollziehen kann, wenn dieses anregende Umfeld fehlt.

> *„Diese Säuglinge lagen den ganzen Tag auf dem Rücken in ihren Bettchen, ohne Spielzeug, mit dem sie hätten spielen können. Das hatte zur Folge, dass die meisten dieser Kinder sich vor dem Erreichen des zweiten Lebensjahres nicht selbstständig fortbewegten. Als sie schließlich begannen, sich zu bewegen, rutschten sie – durch die frühe Erfahrung des ständigen Liegens auf dem Rücken – in sitzender Bewegung vorwärts, statt auf Händen und Knien zu krabbeln. Weil die Kinder, die sich im Sitzen fortbewegten, Möbelstücke mit den Füßen und nicht mit den Händen zuerst erreichten, war es weniger wahrscheinlich, dass sie sich mit den Händen daran hochzogen, um in eine stehende Position zu gelangen, die wiederum die Vorstufe des Laufens darstellt. Tatsächlich konnten nur 15 Prozent dieser iranischen Waisen im Alter von drei bis vier Jahren selbstständig laufen."*
>
> *(Berk, 2011, S. 182)*

Übergreifend ist es wichtig zu erwähnen, dass es kein Indiz für eine körperliche oder neurologische Störung ist, wenn der Verlauf der motorischen Entwicklung in einer anderen Reihenfolge als der hier dargestellten stattfindet oder wenn Entwicklungsschritte ausgelassen werden. Jeder Fortschritt in der Bewegungs- und Fortbewegungsfähigkeit erweitert die Möglichkeiten, Erfahrungen zu sammeln und Erkenntnisse zu gewinnen.

5.3.4 Gesundheit und Krankheit

Gesund geborene Säuglinge werden in den ersten Monaten selten krank. Während der pränatalen Entwicklung haben sie durch den Versorgungskreislauf der Mutter Abwehrstoffe erhalten, die sie in den ersten Lebensmonaten vor einigen gängigen – aber nicht allen – Krankheitserregern schützen. Gegen bakterielle Infektionen besteht ein guter Schutz, gegen Infektionen mit Viren hingegen nicht (vgl. Largo, 2009, S. 449). Menschen, die an einer Erkältung oder einer Infektion der Atemwege leiden, sollten den Umgang mit Säuglingen meiden. Da die Lungen eines Säuglings noch nicht voll entwickelt sind, wird er an einer Erkrankung der Atemwege sehr viel mehr leiden, als ein älteres Kind oder ein Erwachsener.

Nach den ersten drei Monaten reichen die von der Mutter bereitgestellten **Abwehrkörper** nicht mehr aus. Der Säugling setzt sich nun mehr und mehr mit seiner Umwelt auseinander. Er begegnet Menschen, erkundet seine Umgebung und lernt neue Orte kennen. Dazu gehört auch, dass er Krankheitserregern ausgesetzt ist, vor denen er im Mutterleib noch bestens geschützt war. Infektionskrankheiten mit Symptomen wie Fieber, Husten, Hautausschlag und Durchfall können auftreten. So widersinnig es klingt: Es ist wichtig, dass Säuglinge diese Entwicklung durchmachen, sich mit Krankheiten anstecken und diese durchstehen. Denn so wird das **Immunsystem** des Kindes trainiert und kann sich weiterentwickeln. Der Körper kann frühzeitig damit beginnen, Abwehrstoffe gegen Krankheitserreger zu bilden, denen der Mensch im Laufe seines weiteren Lebens noch einige Male ausgesetzt werden wird. Diese Abwehrstoffe sind notwendig, um Erkrankungen durchzustehen und neuen Ansteckungen vorzubeugen. Das heißt also, damit das Immunsystem eines Menschen funktionieren kann, muss es sich mit Krankheitserregern auseinandersetzen. (vgl. Largo, 2009, S. 466)

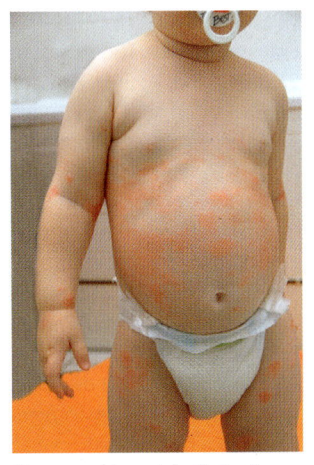

Hautausschlag wird z. B. durch Allergien verursacht.

Während des zweiten Lebensjahres erkranken Kinder vermehrt an typischen Erkältungskrankheiten wie Husten und Schnupfen sowie leichten Magen-Darm-Infektionen, die Durchfall und Erbrechen verursachen können. Kinder, die regelmäßig Spielgruppen oder eine Kinderkrippe besuchen, können in einem Jahr zehn Mal oder öfter krank werden. Und auch Kinder, die weitestgehend in der Familie leben und wenig Kontakt mit anderen Kindern oder Erwachsenen haben, erkranken im ersten Lebensjahr bis zu fünf Mal. (vgl. Largo, 2009, S. 466)

Berufliche Handlungsrelevanz

Ebenso wie die Eltern setzen sich auch pädagogische Fachkräfte mit der Frage auseinander, wie viel Schutz nötig ist. Eine überbehütende Erziehung und eine Abschirmung des Kindes wird es nachhaltig nicht vor den Gefahren des täglichen Lebens schützen können. Der Kontakt mit anderen Kindern und anderen Menschen sowie die Erkundung der Umwelt sind für eine gesunde Entwicklung des kindlichen Immunsystems förderlich. Nur durch den Kontakt mit der Umwelt und ihren Gefahren, z. B. Krankheitserregern, kann der kindliche Organismus lernen, mit diesen Gefahren zurechtzukommen.

Die ersten Zähne

Im ersten Jahr beginnt beim Säugling das Wachstum der Milchzähne. Auch hier kann die Entwicklung unterschiedlich verlaufen. Während bei einigen Kindern schon im Alter von wenigen Monaten die ersten Schneidezähne durchbrechen, so kann es bei anderen erst zu Beginn des zweiten Lebensjahres so weit sein. Die meisten Kinder bekommen ihren ersten Zahn im Alter von fünf bis zehn Monaten. Bei der Hälfte der Kinder bringt das Zahnen einige unangenehme Symptome mit sich, die jedoch in diesem Entwicklungsschritt normal sind. Dazu gehören zum Beispiel Fieber, Verdauungsstörungen, Appetitlosigkeit, Unruhe und vermehrtes Weinen. Bei den meisten Kindern erscheinen zuerst die Schneidezähne, dann die Eckzähne und schließlich – spätestens gegen Ende des dritten Lebensjahres – die Backenzähne. (vgl. Largo, 2009, S. 455 ff.)

Rätselhaftes Phänomen – Plötzlicher Säuglingstod

Eine gefürchtete Todesursache für das Kind in den ersten zwölf Monaten ist der sogenannte plötzliche Säuglingstod, auch SIDS (engl. Sudden Infant Death Syndrome). Die genauen Ursachen oder auslösenden Faktoren sind nicht bekannt. Dennoch zeigen Untersuchungen bei betroffenen Babys, dass sie in vielen Fällen bereits medizinische Probleme hatten, wie z. B. niedriges Geburtsgewicht, schlechte Apgar-Werte und Störungen der Atmung (vgl. Berk, 2011, S. 142).
In den meisten Fällen tritt SIDS zwischen dem zweiten und vierten Monat auf. Als Todesursache werden Unregelmäßigkeiten bei der Atmung angenommen. Die ansonsten meist völlig gesunden Kinder ersticken in der Regel nachts während des Schlafs. Eine Hypothese für den Grund ist eine gestörte Hirnfunktion, die die betroffenen Kinder womöglich daran hindert, überlebensnotwendige Verhaltensweisen in Gefahrensituationen zu erlernen, wie z. B. die Liegeposition zu verändern oder zu schreien, wenn sie nachts Probleme mit der Atmung haben (vgl. Berk, 2011, S. 142).
Als Risikofaktoren für den plötzlichen Säuglingstod gelten beispielsweise
- verminderte Sauerstoffversorgung bei der Geburt,
- verzögertes Wachstum während der pränatalen Entwicklung,
- Rauchen während der Schwangerschaft und Rauchen im Beisein des Kindes,
- Überwärmung des Kindes, z. B. durch zu dickes „Einpacken" des Kindes in den Nächten.

Zudem sind deutlich öfter Kinder betroffen, die in Bauchlage schlafen. Daher gibt es mittlerweile Aufklärungsmaßnahmen, die Eltern darauf hinweisen, dafür Sorge zu tragen, dass ihre Kinder auf dem Rücken schlafen. Seitdem es solche Aufklärungsmaßnahmen gibt, ist die Zahl der Todesfälle durch den plötzlichen Säuglingstod deutlich zurückgegangen. Waren es im Jahr 1998 in Deutschland noch 602 Fälle, so konnte die Zahl bis zum Jahr 2012 stetig auf 103 gesenkt werden.

Jahr	1998	1999	2000	2001	2002	2003	2004	2005	2006	2007	2008	2009	2010	2011	2012
Anzahl	602	507	482	429	367	372	323	298	259	228	215	193	164	147	103

Sterbefälle durch den plötzlichen Säuglingstod in Deutschland, 1998–2011 (vgl. Gesundheitsberichterstattung des Bundes, unter www.gbe-bund.de)

Es gibt nicht *die* eine Ursache für den plötzlichen Kindstod. Ein Zusammenwirken mehrerer Faktoren, wie z. B. Umweltbedingungen, genetische Anlagen, Schlafen in Bauchlage und eine – unter normalen Umständen – banale Infektion, ist sicher.

5.4 Körperliche Entwicklung in der frühen Kindheit

Ab dem dritten Lebensjahr wächst der Körper des Kindes stetig weiter und nimmt an Gewicht zu. Seine Muskeln, sein Nervensystem und seine motorischen Fähigkeiten entwickeln sich kontinuierlich. Die in den ersten Lebensjahren erworbenen Fähigkeiten werden in der frühen Kindheit weiter geübt und vertieft. Der Entwicklungsabschnitt vom dritten Jahr bis zur Vollendung des sechsten Lebensjahres, in dem sich der Erfahrungsraum des Kindes durch den Besuch einer Kindertagesstätte erweitert, wird zeitlich auch mit den Begriffen **Kindergartenalter** oder **Vorschulalter** umrissen.

5.4.1 Körperliches Wachstum

Zu Beginn des dritten Lebensjahres haben die meisten Kinder ihr Geburtsgewicht verdreifacht und ihre Körpergröße verdoppelt. Die typische Kleinkindfigur mit verhältnismäßig großem Kopf und kurzen Armen und Beinen ist ihnen noch eigen. Von nun an verläuft das körperliche Wachstum deutlich langsamer als noch in den ersten drei Jahren. Allerdings ändern sich die Körperproportionen deutlich. Die Zeit zwischen dem vierten und fünften Lebensjahr ist gekennzeichnet durch ein beschleunigtes Wachstum der Muskulatur. Sowohl der Rumpf, als auch die Arme und Beine wachsen in die Länge und der Körper wird insgesamt stärker. Im Vergleich fällt auf, dass Jungen mehr Muskeln und weniger Fett ausbilden als Mädchen. (vgl. Schneider/Hasselhorn, 2012, S. 188) Verglichen mit den anderen Körperteilen wächst der Kopf während der frühen Kindheit nicht mehr so schnell. Sein weiteres Größenwachstum wird sich bis zum Jugendalter immer weiter verringern, bis er seine endgültige Größe erreicht hat.

Bis ca. zum sechsten Lebensjahr sind der für Kleinkinder typische kleine Bauch und das rundliche Gesicht verschwunden. Rumpf, Arme und Beine sind soweit gewachsen und stärker geworden, dass die Proportionen zum Zeitpunkt des Schuleintritts bereits denen eines Erwachsenen ähneln (siehe dazu auch S. 111, Bild oben). Diese prägnante Veränderung der körperlichen Gestalt wird in der Entwicklungspsychologie als **erster Gestaltwandel** bezeichnet.

Zwei Jungen im Alter von zwei und sechs Jahren: Im Vergleich werden die Unterschiede in Größe und Proportion besonders deutlich.

Die beiden folgenden Grafiken verdeutlichen die Zunahme der Körpergröße und des Körpergewichts vom ersten bis zum siebten Lebensjahr. Es werden Durchschnittswerte angegeben, die im Zuge der bundesweiten „Studie zur Gesundheit von Kindern und Jugendlichen" (KiGGS) von 2003–2006 anhand der Daten von ca. 18 000 Kindern und Jugendlichen erhoben wurden.

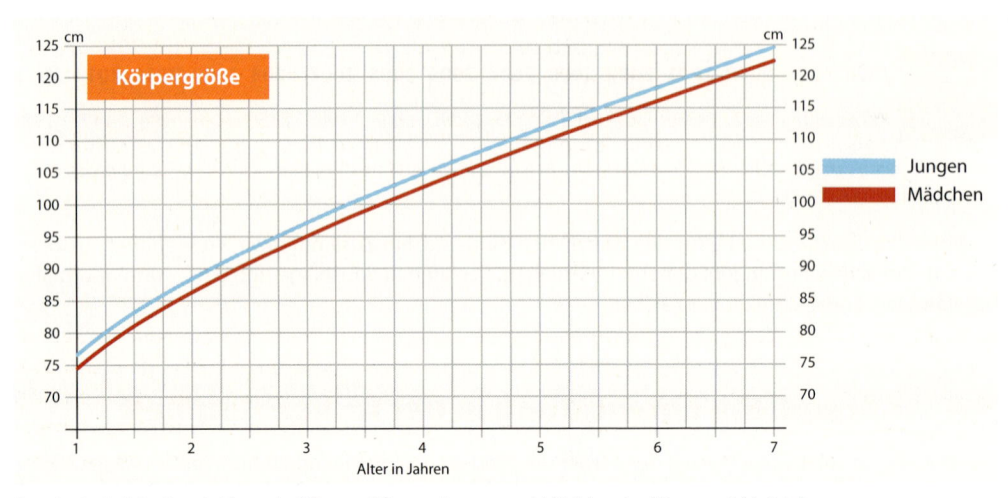

Durchschnittliche Entwicklung der Körpergröße von Jungen und Mädchen im Alter von 1 bis 7 Jahren (vgl. Robert-Koch-Institut, 2011, S. 17 f.)

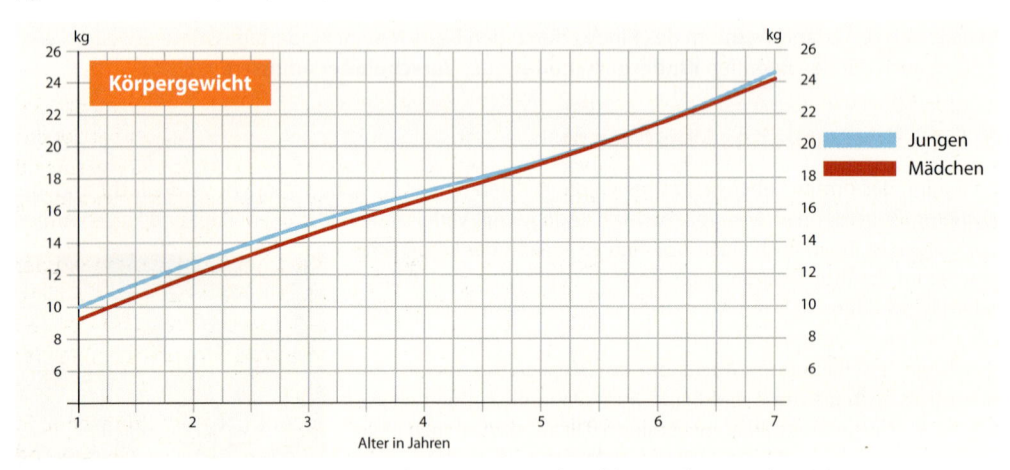

Durchschnittliche Entwicklung des Körpergewichts von Jungen und Mädchen im Alter von 1 bis 7 Jahren (vgl. Robert-Koch-Institut, 2011, S. 26 f.)

Anhand der Werte der deutschen KiGGS-Studie wird deutlich, dass sich die körperliche Entwicklung im Vorschulalter bei Jungen und Mädchen annähernd gleich gestaltet. Im Durchschnitt sind Jungen weiterhin geringfügig größer und wiegen etwas mehr als gleichaltrige Mädchen.
- Die Zunahme der **Körpergröße** pro Jahr beträgt ca. 6 bis 8 cm. Dreijährige sind durchschnittlich 95 bis 100 cm groß und wachsen bis zum sechsten Lebensjahr zu einer Größe von ungefähr 115 bis 125 cm heran.
- Das **Körpergewicht** erhöht sich jährlich um ca. 2 bis 3 kg. Dreijährige Kinder wiegen im Durchschnitt 13 bis 17 kg. Ihr Gewicht erhöht sich bis zum sechsten Jahr ihrer Entwicklung auf ca. 20 bis 25 kg.

(vgl. Robert-Koch-Institut, 2008, S. 17 f. und 26 f.)

Aus der Studie geht zudem hervor, dass sich Größe und Gewicht in der frühen Kindheit individuell sehr unterschiedlich entwickeln. Bei der Körpergröße sind Abweichungen von bis zu 10 Prozent sowohl nach oben als auch nach unten möglich. Beim Körpergewicht schwanken die Werte noch deutlicher. Hier wurden – ausgehend vom Durchschnittswert – nach unten hin Schwankungen bis zu 20 Prozent gemessen. Nach oben hin weichen die Werte bei einigen Kindern im Alter von vier bis sechs Jahren sogar um bis zu 40 Prozent von den Durchschnittswerten ab (vgl. Robert-Koch-Institut, 2011, S. 26 f.). Der Grundstein für späteres Übergewicht wird also bereits im Kleinkindalter gelegt.

Begründet werden kann das **unterschiedliche Wachstum** sowohl mit der individuellen genetischen Ausstattung als auch mit den verschiedenen Umweltbedingungen, unter denen Kinder aufwachsen. Hierzu gehören beispielsweise
- die Form der Ernährung,
- die generelle Lebensweise der Familie (z. B. viel oder wenig Bewegung) und
- das emotionale Wohlbefinden des Kindes.

Beispiel

Luca und Henry sind beste Freunde im Kindergarten „Drachenkinder". Heute ist Henry zusammen mit seiner Mutter bei Luca und seinen Eltern zu Besuch. Die Mütter der beiden Fünfjährigen unterhalten sich über die kürzlich durchgeführten U9-Untersuchungen. „Luca liegt mit knapp 18 Kilogramm zwar unter dem Durchschnitt aber das Gewicht ist für das Alter ganz normal", sagt Lucas Mutter. Etwas beunruhigt antwortet der Vater von Henry: „Unser Kleiner wiegt mittlerweile fast 26 Kilogramm. Der Arzt sagt, dass das zu viel ist. Wir müssen wohl etwas an unserer Ernährung ändern und uns alle mehr bewegen." Gesagt, getan. Anstatt drinnen zu spielen, gehen alle zusammen zum Klettern auf den nahe gelegenen Spielplatz.

5.4.2 Weiterentwicklung des Gehirns

Aufgrund der fortschreitenden Myelinisierung der Nervenzellen (vgl. Kapitel 5.3.2, S. 116) nimmt das Gewicht des Gehirns in der frühen Kindheit weiterhin rasant zu. Zum Vergleich: Bei der Geburt beträgt das Gewicht ca. 25 Prozent des Gehirns eines Erwachsenen, im Alter von zwei Jahren sind es ca. 50 Prozent und am Ende des Kindergartenalters werden es bereits etwa 90 Prozent sein (vgl. Schneider/Hasselhorn, 2012, S. 188).

Die fortwährende Myelinisierung sorgt für eine immer effektivere und schnellere Übertragung der Impulse im Gehirn. Nach wie vor werden die Verbindungen zwischen den Nervenzellen optimiert. Daher können Vorschulkinder Umweltreize immer besser und schneller verarbeiten und machen Fortschritte in allen Entwicklungsbereichen, wie z. B. der Koordination von Bewegungsabläufen, der Wahrnehmung, dem logischen Denken und der Sprache.

Zwischen dem vierten und fünften Lebensjahr ist beispielsweise ein deutlicher Wachstumsschub in denjenigen Arealen der Großhirnrinde zu verzeichnen, die für die Verarbeitung des visuellen Inputs und das Erkennen visueller Muster zuständig sind.

> *„Damit wird (…) eine wichtige Voraussetzung für die Fähigkeit des Kindes geschaffen, gesprochene und geschriebene Sprache in Beziehung zu setzen. Aus diesem Grunde kann man nunmehr mit dem Lese- und Schreibunterricht beginnen, der im Alter von sechs Jahren den meisten Schulneulingen keine Schwierigkeiten mehr bereitet."*
>
> (Mietzel, 2002, S. 223)

Selbstverständlich wächst im Kindergartenalter nicht nur die Großhirnrinde. Auch die anderen Bereiche des Gehirns entwickeln sich weiter. Durch die Bildung und den kontinuierlichen Ausbau von Verbindungen der einzelnen Teile des Gehirns mit der Großhirnrinde verbessert sich die „Koordination der Funktionen des zentralen Nervensystems" (Berk, 2011, S. 289). So werden die Voraussetzungen für die stetigen Fortschritte in der motorischen und kognitiven Entwicklung des Kindes geschaffen. Folgende Aufzählung zeigt, welche Entwicklungsbereiche sich durch das Wachstum der genannten Teile des Gehirns sowie ihre Vernetzung mit der Großhirnrinde verbessern:

- **Kleinhirn:** Koordination der Bewegungen des Körpers (Motorik), Steuerung des Gleichgewichts, Unterstützung des Denk- bzw. Planungsvermögens
- **Hirnstamm:** Aufrechterhaltung von Wachsamkeit, Aufmerksamkeit und Bewusstsein
- **Hippocampus:** Gedächtnis und Orientierungsvermögen, räumliches Denken
- **Corpus callosum (Balken):** Koordination von Bewegungsabläufen, Denken, Problemlösungsvermögen, Wahrnehmung, Gedächtnis, Sprache

(vgl. Berk, 2011, S. 289 f.)

Die Weiterentwicklung des Balkens in der frühen Kindheit ist von besonderer Bedeutung, da er die beiden Hemisphären des Gehirns miteinander verbindet. Durch sein Wachstum werden also alle Fähigkeiten verbessert, bei denen die Funktionen der beiden Gehirnhälften untereinander koordiniert werden müssen.

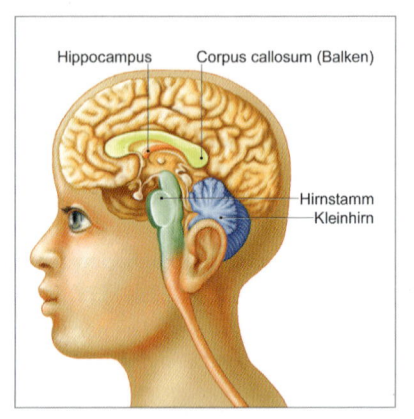

Die Weiterentwicklung der genannten Teile des Gehirns schreitet besonders in der frühen Kindheit voran.

5.4.3 Motorische Entwicklung

Durch den vermehrten Aufbau der Muskulatur in der frühen Kindheit verstärken sich sowohl die körperliche Kraft als auch die Ausdauer des Kindes. Zudem reifen das Gehirn und das Nervensystem weiter heran und ermöglichen die kontrollierte Steuerung der Muskeln und damit immer komplexere Bewegungsabläufe. Die Körpermitte verlagert sich im Laufe der frühen Kindheit weiter nach unten und befindet sich bei Sechsjährigen annähernd an derselben Stelle wie bei Erwachsenen (siehe dazu S. 111, Bild oben). Dies verbessert das Gleichgewicht. Alle diese körperlichen Weiterentwicklungen wirken sich auf die motorischen Fähigkeiten des Kindes aus.

Grobmotorische sowie feinmotorische Bewegungen werden mit zunehmendem Alter mit immer größerer Geschicklichkeit ausgeführt. Jedoch zeigen sich auch im Altersabschnitt von drei bis sechs Jahren teilweise beträchtliche Unterschiede im Entwicklungstempo einzelner Kinder bzw. einzelner Fertigkeiten.

Beispiel

Leo ist gerade vier Jahre alt geworden und kann sich schon allein die Schuhe zubinden, während dies seiner sechsjährigen Cousine Krista noch nicht ohne Hilfe gelingt. Dafür konnte sie problemlos bereits im Alter von vier Jahren mit Stützrädern Fahrrad fahren.

Leo kann die Schnürsenkel ganz allein zubinden.

Krista fuhr schon früh mit Stützrädern Fahrrad.

In der folgenden Tabelle wird anhand eines groben Fahrplans dargestellt, welche Fertigkeiten die meisten Kinder im Laufe des Vorschulalters erlernen.

Alter	Grobmotorik	Feinmotorik
4. Jahr	• schnelles Laufen auch mit Richtungsänderungen, Hüpfen • mit beiden Beinen abwechselnd Treppen nach oben gehen • Balancieren auf schmalen Oberflächen • Klettern auf Gegenstände und Klettergeräte auf dem Spielplatz • Werfen eines Balls mit einer Bewegung des Unterarms • Roller oder Dreirad fahren	• selbstständiges Essen mit Löffel und Gabel • Zeichnen und Malen • Schneiden mit einer Kinderschere • selbstständiges An- und Ausziehen • Tragen eines Bechers mit einer Flüssigkeit, ohne etwas zu verschütten • Auffädeln von Holzperlen oder Ähnlichem
5. Jahr	• mit beiden Beinen abwechselnd Treppen nach unten gehen • aus dem Lauf heraus Springen • rückwärts laufen • zu Musik tanzen • Turnen auf Spielgeräten • Fahrrad fahren mit Stützrädern	• Ausschneiden von Formen mit einer Schere, Basteln und Kleben • Auf- und Zuknöpfen von Kleidern, Betätigung eines Reißverschlusses • Schuhe zubinden, Schleifen binden • Errichten von komplexen Türmen oder Festungen mit Spielbausteinen
6. Jahr	• Fahrrad fahren • Laufen in schnellem Tempo • gezieltes Werfen eines Balls • Fangen eines in Balls, der günstig zugeworfen wird	• Nachzeichnen vorgegebener Formen • Werken und Basteln mit Werkzeugen • Erlernen eines Musikinstruments • Erlernen des Schreibens

Der ungewöhnlich hohe Aktivitäts- und Bewegungsdrang, von dem Kinder im Alter von drei bis sechs Jahren getrieben werden, ermöglicht es ihnen, die neu hinzukommenden Fähigkeiten einzuüben und zu trainieren (vgl. Mietzel, 2002, S. 223).

Die wachsenden Fähigkeiten eröffnen Kindern in der frühen Kindheit immer mehr Möglichkeiten, ihre Umwelt selbstständig zu entdecken und fördern ihr Selbstbewusstsein.

Psychomotorik

Der Begriff „Psychomotorik" hat besonders in den letzten Jahren Einzug in den beruflichen Alltag von pädagogischen Fachkräften gehalten. Hierbei handelt es sich um pädagogisch-therapeutische Angebote der Bewegungserziehung. Kern der Psychomotorik ist die Erkenntnis u. a. des deutschen Sportlehrers Ernst J. Kiphard (1923–2010), dass gemeinsame Bewegungsaktivitäten Auswirkungen auf den psychischen bzw. emotionalen Zustand haben – und umgekehrt.

Als **Psychomotorik** wird der kausale Zusammenhang von psychischen Prozessen und Bewegungsaktivität sowie (Körper-)Wahrnehmung bezeichnet.

Psychomotorische Bewegungsförderung im Kindergarten

Kiphard erlangte diese Erkenntnis während seiner langjährigen Arbeit mit Kindern und Jugendlichen, die Störungen in unterschiedlichen Bereichen ihrer Entwicklung zeigten. Er erkannte, dass diese Kinder häufig auch motorisch auffällig waren. Daher versuchten er und seine Kollegen, die Störungen oder Entwicklungsverzögerungen der Kinder durch Bewegungstherapie und Förderung der motorischen Fähigkeiten zu behandeln bzw. zu vermindern. Diese Vorgehensweise zeigte Erfolg. Ziel der von ihm mitbegründeten Psychomotorik ist es demnach, über Bewegung bzw. Motorik eine „Harmonisierung und Stabilisierung der Gesamtpersönlichkeit" zu bewirken. (vgl. Bender u. a., 2013, S. 31)

Inzwischen hat sich die Psychomotorik zu einem selbstverständlichen und wichtigen Bereich der frühpädagogischen Bildungsarbeit entwickelt. Mit Bewegung werden nicht nur die körperliche Leistungsfähigkeit, sondern auch die Wahrnehmung und das Lernvermögen von Kindern positiv beeinflusst. Eine Förderung von Kindern auf dem Gebiet der Motorik wirkt sich demzufolge auf die gesamte kognitive, soziale und emotionale Entwicklung aus (vgl. Kasten, 2009, S. 136) und sollte in Kindertagesstätten angestrebt werden.

Von spielerischen Angeboten im Bereich Psychomotorik profitieren grundsätzlich alle Kinder, da sie generell die Persönlichkeitsentwicklung fördern. Besonders geeignet sind psychomotorische Übungen und Spiele für Kinder, die Auffälligkeiten in den Bereichen Motorik, Wahrnehmung sowie Verhalten zeigen und Kinder, die Schwierigkeiten beim Lernen haben (vgl. Quante, 2014). Folgende Bereiche sollen gefördert bzw. angeregt werden:
- Entwicklung von Selbstständigkeit
- Erlangen motorischer Sicherheit
- Annehmen und Verstehen des eigenen Körpers (Körpergefühl)
- Umgang mit Wut und Aggressionen
- Stärkung des Vertrauens in die eigenen Fähigkeiten
- soziale Kontakte mit anderen Kindern

(vgl. Quante, 2014)

Berufliche Handlungsrelevanz

Pädagogische Fachkräfte können den Bewegungsdrang von Vorschulkindern in spielerischen psychomotorischen Förderangeboten kanalisieren. Im Zuge solcher Aktivitäten werden z. B. Schwungtücher, Reifen, Seile und Rollbretter verwendet. Aber auch Bewegungsspiele ohne aufwendige Materialien lassen sich einfach realisieren. Psychomotorische Förderung wird beispielsweise in Bewegungskindergarten und auf sogenannten Bewegungsbaustellen umgesetzt.

Malen, Zeichnen und Schreiben

Die gesamte Entwicklung in der frühen Kindheit vollzieht sich weiterhin der cephalo-caudalen und zentral-peripheren Richtung folgend. Dies wird besonders deutlich anhand der motorischen Entwicklung vom Malen hin zum Schreiben. Die **ausladenden Malbewegungen** dreijähriger Kinder werden in erster Linie von den großen Muskelgruppen des Oberarms ausgeführt – sind also eher grobmotorisch. Der Stift oder Pinsel wird eher mit der ganzen Hand gehalten, als mit einzelnen Fingern. Typisch sind in dieser Phase Kritzelzeichnungen, bei denen die Stifte in großen länglichen oder kreisenden Bewegungen über das Papier geführt werden (siehe Foto rechts). Vier- bis Fünfjährige steuern ihre Bewegungen beim Malen und Zeichen mit dem Unterarm, um feinere Linien und Formen zeichnen zu können. Sechsjährige Schulanfänger benutzen zusätzlich zum Unterarm das Handgelenk und schließlich auch die Fingergelenke (Feinmotorik), um feinere Gestalten zu zeichnen und Buchstaben zu formen und aneinanderzureihen. (vgl. Schneider/Hasselhorn, 2012, S. 189)

Die Weiterentwicklung der Feinmotorik und Visumotorik von Vorschulkindern hat Auswirkungen auf ihre kreativen Aktivitäten. Bevor Kinder Zeichnungen erstellen, kritzeln sie mit langen Bewegungen Linien und Formen auf das Papier. Dabei fassen sie den Stift meist noch ungelenk an. Im 3./4. Lebensjahr, wenn Kinder lernen, geschlossene Formen und Umrisse von Gegenständen zu zeichnen, entstehen erste tatsächliche Formen und Figuren, mit denen die Kinder Dinge aus ihrer Umgebung abbilden. Dazu gehören auch erste Zeichnungen von Menschen mit einem großen runden Körper bzw. Kopf und Armen und Beinen in Form von einfachen Strichen, sogenannte „**Kopffüßler**". Komplexere Bilder mit erkennbaren Szenen, Gegenständen und Menschen entstehen im 5./6. Lebensjahr, wenn sowohl die motorischen Fertigkeiten der Hände und Finger, als auch die kognitiven Fähigkeiten weiterentwickelt worden sind.

Die Entwicklung des Zeichnens steht in engem Zusammenhang mit der **Schreibentwicklung**. Durch die feinmotorischen und visumotorischen Fertigkeiten, die sich beim Zeichnen entwickeln,

Kopffüßler gezeichnet von der vierjährigen Lotta

wird das Schreiben vorbereitet. Je weiter die Fertigkeiten beim Zeichnen vorangeschritten sind, desto eher lernen Kinder das Schreiben lesbarer Buchstaben. (vgl. Wicki, 2010, S. 99)

5.5 Körperliche Weiterentwicklung in der mittleren Kindheit

Nachdem sich in der frühen Kindheit mit den massiven Änderungen der Proportionen der erste Gestaltwandel vom Kleinkind zum Schulkind vollzogen hat, verläuft das Wachstum des Körpers weiterhin langsam und von nun an gleichmäßig. Das heißt, die Kinder wachsen stetig in die Länge, nehmen weiterhin an Gewicht zu und die Proportionen ändern sich zunächst nur geringfügig.

5.5.1 Körperliches Wachstum

Siebenjährige Kinder wiegen ca. 24 kg und sind im Durchschnitt 1,24 m groß. Pro Jahr wachsen sie ca. 6 cm und nehmen etwa 3 kg zu. Im Alter von acht bis zehn Jahren sind Jungen nach wie vor geringfügig größer und wiegen etwas mehr als Mädchen. Mit ca. zehn Jahren – zu Beginn der Adoleszenz – wird sich dieses Verhältnis verkehren, da der Wachstumsschub der Pubertät bei den Mädchen früher einsetzt als bei Jungen. Mit zehn Jahren sind Kinder bei einem Gewicht von ca. 35 kg durchschnittlich 1,42 m groß. (vgl. Robert-Koch-Institut, 2011, S.18 f. und 28 f.)

Wie schon in der frühen Kindheit haben Jungen auch während der mittleren Kindheit etwas mehr Muskelmasse als Mädchen und Mädchen hingegen mehr Körperfett. Auch in dieser Phase zeigen sich beträchtliche individuelle Unterschiede bei der körperlichen Entwicklung.

In den westlichen Industrienationen neigen immer mehr Kinder zu **Übergewicht**. Wie problematisch Übergewicht für die Kinder sein kann, zeigt sich vor allem in der mittleren Kindheit, wenn Kinder die Schule besuchen und regelmäßige Bewegungsaktivitäten, z. B. im Sportunterricht, zum Alltag gehören. Hier bleiben die meisten übergewichtigen Kinder hinter den körperlichen Leistungen ihrer Mitschüler zurück. Die Gründe für eine übermäßige Gewichtszunahme in der Kindheit sind in erster Linie mangelnde Bewegung und falsche Ernährung. Zudem ist die genetische Veranlagung zu Übergewicht ein entscheidender Faktor. Neigen beide Elternteile zu Adipositas (Fettleibigkeit, von lat. adeps = Fett), so besteht ein erhöhtes Risiko, dass auch deren Kinder übermäßig an Gewicht zunehmen werden. Auch epigenetische Faktoren können zu einer unregelmäßigen Entwicklung des Gewichts führen, z. B. wenn sich eine gravierende Veränderung der Ernährung ergibt (vgl. Zylka-Menhorn, 2012).

Ein typisches Anzeichen für ein Kind in der mittleren Kindheit sind Zahnlücken. Denn im Alter von sechs bis zwölf Jahren fallen die Milchzähne aus und werden durch die endgültigen **Zähne** ersetzt.

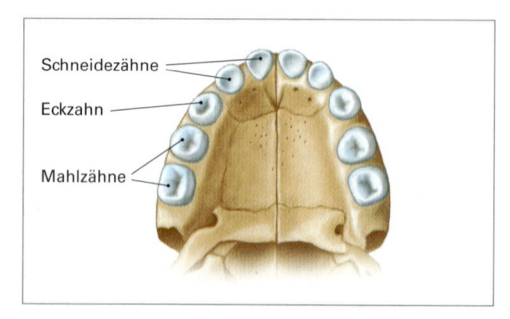

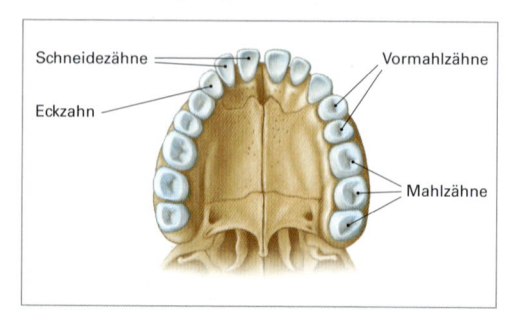

Milchgebiss des Kindes

Gebiss des Erwachsenen

5.5.2 Motorische Weiterentwicklung

Die Knochen wachsen während der mittleren Kindheit in die Länge und sowohl die Muskeln als auch der Körper insgesamt werden kräftiger. Es zeigen sich Fortschritte in vier grundlegenden motorischen Fähigkeiten:

- **Körperkraft:** gesteigerte Muskelkraft und Wachstum der Knochen
- **Flexibilität:** gesteigerte Gelenkigkeit
- **Gleichgewicht:** verbesserte Körperwahrnehmung
- **Geschicklichkeit:** gesteigerte Präzision der Bewegungen

(vgl. Berk, 2011, S. 395 f.)

Dank dieser körperlichen Entwicklung und der weiteren Reifung des Nervensystems zeigen Kinder in der mittleren Kindheit eine immer besser werdende Körperbeherrschung, die sie bei zahlreichen körperlichen und sportlichen Aktivitäten einsetzen. Grundschulkinder können gut laufen, springen, hüpfen und klettern. Das Werfen, Fangen und und Stoßen von Bällen bereitet ihnen keine Schwierigkeiten mehr (vgl. Mietzel, 2002, S. 294). In der weiteren Entwicklung der mittleren Kindheit werden sie diese Fähigkeiten perfektionieren. Nicht wenige Kinder leben ihren Bewegungsdrang in Sportvereinen aus und üben dort regelmäßig in der Gruppe ihre motorischen Fähigkeiten. Sehr beliebt sind Mannschafts- bzw. Ballsportarten wie z. B. Fußball, Eishockey oder Basketball und asiatische Kampfsportarten wie beispielsweise Judo und Karate.

Vereinssport stärkt das Körpergefühl und die soziale Entwicklung.

Leistungssport

Die Muskeln und das Nervensystem haben sich so weit entwickelt, dass die motorischen Fähigkeiten und das Geschick der Kinder nun einen Grad erreicht haben, bei dem sie bereits zu besonderen sportlichen Leistungen in der Lage sind. Sofern während der weiteren Entwicklung ein Expertenstatus in einer Sportart angestrebt wird, ist nun mit dem regelmäßigen Training zu beginnen. Außergewöhnliche motorische oder akrobatische Kompetenzen müssen während der mittleren Kindheit erworben und regelmäßig erprobt und geübt werden. Profisportler wie Fußballspieler, Standardtänzer oder Skispringer beginnen mit dem regelmäßigen Training bereits in der frühen Schulzeit. Ein junger Mann beispielsweise, der mit ca. 18 Jahren mit dem Fußballspielen beginnt und auch regelmäßig trainiert, wird niemals das spielerische Niveau eines Gleichaltrigen erreichen können, der bereits mit sechs oder sieben Jahren in der G- oder F-Jugend mit dem Fußballtraining im Verein begonnen hat und seitdem regelmäßig im Verein spielt.

Beispiel

Der deutsche Profifußballer Andre Schürrle, geboren 1990, begann 1995 im Alter von fünf Jahren mit dem Fußballspielen in der Bambini-Klasse des Ludwigshafener SC. Im Jahr 2006, also im Alter von 16 Jahren, wechselte er in die A-Jugend des 1. FSV Mainz 05. Ab 2009 gehörte er als Stürmer zu ersten Mannschaft des Mainzer Fußballvereins und wurde mit seinen beiden ersten Toren zum jüngsten Bundesligatorschützen der Vereinsgeschichte. Im Jahr 2013 wechselte Andre Schürrle zum berühmten britischen Fußballclub FC Chelsea und spielt seither Fußball auf internationalem Niveau.

Schreiben und Zeichnen

Die stetige Weiterentwicklung der feinmotorischen Fähigkeiten wird besonders beim Erlernen des Schreibens in der Schule offenbar. Bereits in der frühen Kindheit gelingt es Kindern einzelne Buchstaben oder ihren Namen in Großbuchstaben mit langen graden Strichen zu schreiben. Nun lernen sie in der Grundschule das Schreiben auf Linien in einheitlichen Größen und Abständen. Durch die Weiterentwicklung der Feinmotorik in der mittleren Kindheit ist es Kindern nun möglich, auch die komplizierteren und teilweise bauchigen kleinen Buchstaben des Alphabets zu schreiben. Im Alter von acht bis neun Jahren haben die meisten Kinder die Schreibschrift mit geschwungenen und aneinanderhängenden Buchstaben erlernt. (vgl. Berk, 2011, S. 396)

Zeichnung eines neunjährigen Kindes

Die Zeichnungen von Kindern in der mittleren Kindheit werden immer komplexer und detaillierter. Bilden sie in der frühen Grundschulzeit noch Menschen und Szenen ab, bei denen die Proportionen nicht immer der Realität entsprechen, so zeigen Zeichnungen im Verlauf und gegen Ende der mittleren Kindheit immer mehr räumliche Tiefe und realistische Perspektiven.

Unterschiede zwischen Jungen und Mädchen

In der mittleren Kindheit zeigen sich deutliche Unterschiede in der motorischen Entwicklung von Jungen und Mädchen. Jungen haben einen Vorsprung, was grobmotorische Bewegungen und Fähigkeiten angeht, die den gesamten Körper betreffen. Das heißt, sie können z. B. besser laufen, werfen und springen. Mädchen hingegen sind besser im Ausführen von feinmotorischen Übungen wie z. B. Zeichnen, Schreiben und Basteln. Zudem können Mädchen besser Bewegungen und Übungen ausführen, die ein besonderes Geschick und einen guten Gleichgewichtssinn erfordern, z. B. Balancieren, Hüpfen und Seilspringen (hier ist zusätzlich Koordinationsvermögen zwischen den Bewegungen der Hände, Arme und Beine gefragt). (vgl. Berk, 2011, S. 396)

Jungen sind stärker,  ...   *... Mädchen dafür geschickter*

Berufliche Handlungsrelevanz

Pädagogische Fachkräfte, die in der Ganztagsbetreuung an Schulen tätig sind, sollten stets im Blick haben, für die Schulkinder neben pädagogischen Angeboten auch vermehrt passende Bewegungsangebote zu schaffen. Da die Kinder am Vormittag vermehrt in den Klassen sitzen, stellen Bewegungsspiele einen besonders wertvollen Ausgleich für die Heranwachsenden dar.

5.6 Körperliche Entwicklung in der Adoleszenz

Im Jugendalter, bei Mädchen ca. ab dem elften und bei Jungen etwa ab dem 13. Lebensjahr, finden noch einmal erhebliche körperliche Veränderungen bzw. Weiterentwicklungen statt. Das körperliche Wachstum, das sich während der mittleren Kindheit gemäßigt hatte, gerät nun wieder in Gang und führt in wenigen Jahren zum **zweiten Gestaltwandel** im Leben eines Menschen – der körperlichen Entwicklung vom Kind zum Erwachsenen.

> Als **Adoleszenz** (lat. adolescere = heranwachsen) wird die Übergangsperiode bezeichnet, in der sich ein Mensch vom Kind zum Erwachsenen entwickelt. Sie beginnt mit der Pubertät.

Die Adoleszenz kann in drei aufeinanderfolgende Entwicklungsphasen unterschieden werden:
- frühe Adoleszenz (ca. 11 bis 14 Jahre): Beginn der Pubertät mit dramatischen Veränderungen
- mittlere Adoleszenz (ca. 14 bis 16 Jahre): eine Zeit, in der pubertäre Veränderungen abgeschlossen werden
- späte Adoleszenz (ca. 16 bis 18 Jahre): körperliche Entwicklung zum Erwachsenen wird vollendet

> Der Entwicklungsabschnitt der Adoleszenz, in dem sich die biologische und die geschlechtliche Reife vollziehen und an dessen Ende ein ausgewachsener Körper steht, wird als **Pubertät** (lat. pubertas = Geschlechtsreife) bezeichnet.

Da die Pubertät, bezogen auf die körperliche Entwicklung des Kindes bzw. Jugendlichen, die entscheidende Entwicklungsphase in der Adoleszenz darstellt, wird in diesem Kapitel vornehmlich auf die körperlichen Veränderungen während der Pubertät eingegangen.

5.6.1 Folgen hormoneller Veränderungen

Einhergehend mit dem weiteren körperlichen Wachstum vollziehen sich im Körper des Jugendlichen hormonelle Veränderungen, die ihrerseits die Grundlage für die körperlichen Veränderungen während der Pubertät bilden. In der Hypophyse (Hirnanhangsdrüse) werden neben Wachstumshormonen auch solche Hormone produziert, die wiederum die Produktion anderer Hormone (z. B. der Geschlechtshormone Testosteron und Östrogen) im Körper auslösen. Während der Pubertät nimmt die Produktion dieser Hormone zu und löst körperliche Veränderungen aus.

Bei Mädchen und Jungen gleichermaßen werden bereits ab der mittleren Kindheit vermehrt Wachstumshormone ausgeschüttet, die das Wachstum der Knochen und des Körpers im Allgemeinen stimulieren. Während der Pubertät setzt sich diese Entwicklung fort und führt zu einem enormen Wachstumsschub (siehe dazu Kapitel 5.6.2). Zudem produziert der Körper nun vermehrt Geschlechtshormone. Die Ausschüttung von Testosteron führt im Körper der **Jungen** sowohl zu einem Wachstum der Muskeln als auch zum Entstehen von Körperbehaarung an den Genitalien, im Gesicht und unter den Armen. Der Penis vergrößert sich, die Hoden wachsen in den Hodensack hinein und vergrößern sich dort. Die Schultern von Jungen werden nun breiter als ihre Hüfte (siehe Grafik auf folgender S. 140). Die Ausschüttung von Östrogen hat im Körper der **Mädchen** vor allem ein Wachstum der Brüste zur Folge und lässt die Gebärmutter reifen. Zudem bewirkt das Östrogen die Anlage von Fettpolstern und die damit einhergehende Entstehung weiblicher Rundungen und Proportionen. In der Regel ist die Hüfte von Mädchen breiter als ihre Schultern und ihre Taille. Die Geschlechtshormone führen auch bei Mädchen zu einer Körperbehaarung an den Genitalien und unter den Achseln. Zusammenfassend vollziehen sich also Veränderungen in zwei Bereichen: a) dem körperlichen Wachstum und b) der Reifung der Geschlechtsmerkmale. (vgl. Berk, 2011, S. 490 und Mietzel, 2002, S. 352)

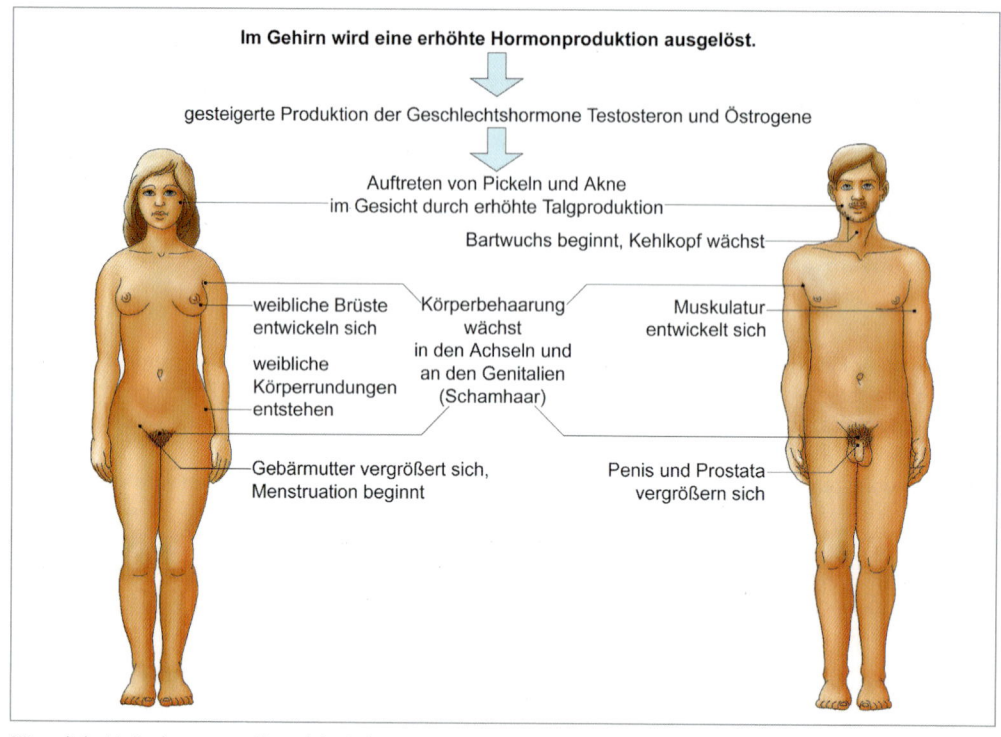

5 Entwicklung des Körpers und der Motorik

Im Gehirn wird eine erhöhte Hormonproduktion ausgelöst.

gesteigerte Produktion der Geschlechtshormone Testosteron und Östrogene

Auftreten von Pickeln und Akne im Gesicht durch erhöhte Talgproduktion

Bartwuchs beginnt, Kehlkopf wächst

weibliche Brüste entwickeln sich

Körperbehaarung wächst in den Achseln und an den Genitalien (Schamhaar)

Muskulatur entwickelt sich

weibliche Körperrundungen entstehen

Gebärmutter vergrößert sich, Menstruation beginnt

Penis und Prostata vergrößern sich

Körperliche Veränderungen während der Pubertät

5.6.2 Körperliches Wachstum und Motorik

Das Aussehen des Körpers und die Proportionen verändern sich während der Pubertät so schnell wie seit dem ersten Lebensjahr nicht mehr. Das offensichtlichste Anzeichen für den Beginn dieser Entwicklungsphase ist ein **Wachstumsschub**, währenddessen der Körper noch einmal sprunghaft an Größe und Gewicht zunimmt. Bei Mädchen setzt dieser Wachstumsschub – und entsprechend die Pubertät – deutlich früher ein als bei Jungen. Deshalb sind Mädchen zwischen elf und zwölf Jahren in der Regel größer als Jungen und entsprechend körperlich auch schon etwas weiter gereift. In den folgenden Jahren überholen die Jungen die Mädchen jedoch sowohl bzgl. der Größe als auch des Gewichts.

Laut der KiGGS-Studie setzt bei **Mädchen** ca. im 10. Lebensjahr ein Wachstumsschub ein und sie wachsen 7–8 cm pro Jahr. Ab dem 13. Jahr wird die Wachstumskurve langsam wieder flacher bis sie ca. im 18. Jahr bei einer Größe von durchschnittlich 1,66 m stagniert. Bei der Gewichtszunahme verhält es sich ähnlich. Vom 11. bis zum 13. Lebensjahr ist bei Mädchen ein sprunghafter Anstieg des Gewichts zu beobachten. In dieser Zeit nehmen sie pro Jahr ca. 6 kg zu. Danach verringert sich die jährliche Gewichtszunahme wieder langsam bis ca. im 17./18. Jahr das durchschnittliche Erwachsenengewicht von etwa 60 kg erreicht ist. (vgl. Robert-Koch-Institut, 2011, S. 19 und 29)

5.6 Körperliche Entwicklung in der Adoleszenz

Bei **Jungen** setzt das gesteigerte Größenwachstum von jährlich ca. 8 cm erst im ca. 12. Lebensjahr ein und verringert sich im 15. Jahr wieder langsam. Mit 18 Jahren haben Jungen eine Größe von durchschnittlich 1,79 m erreicht und wachsen ab diesem Zeitpunkt langsam noch weiter. Die jährliche Gewichtszunahme in der Zeit vom 12. bis zum 15. Lebensjahr beträgt bei Jungen ebenfalls 6–7 kg. Danach nimmt die Kurve langsam wieder ab. Im Alter von 18 Jahren wiegen Jungen durchschnittlich 72 kg. Damit ist bei vielen Jungen das endgültige Erwachsenengewicht jedoch noch nicht erreicht. Denn da die Pubertät der Jungen später begonnen hat, setzt sich die Gewichtszunahme noch weiter fort, wie anhand der ansteigenden blauen Kurve in der untenstehenden Grafik zu erkennen ist. (vgl. Robert-Koch-Institut, 2011, S. 18 und 28) Mit 19 Jahren ist in der Regel auch das Wachstum der Jungen abgeschlossen.

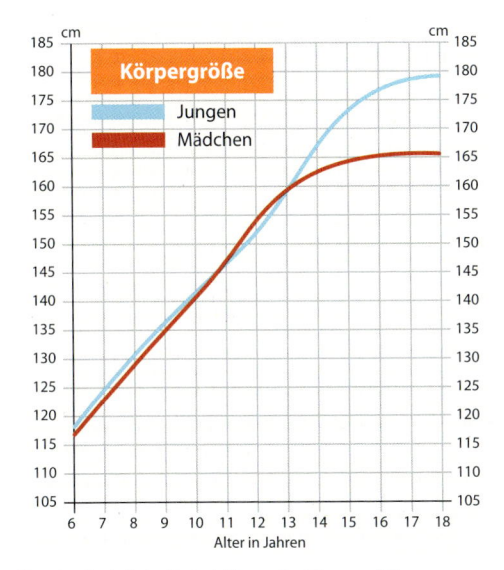

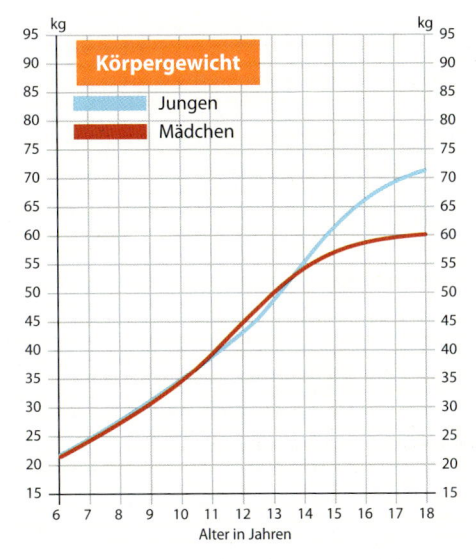

Durchschnittliche Entwicklung der Körpergröße von Jungen und Mädchen im Alter von 6 bis 18 Jahren (vgl. Robert-Koch-Institut, 2011, S. 18 f.)

Durchschnittliche Entwicklung des Körpergewichts von Jungen und Mädchen im Alter von 6 bis 18 Jahren (vgl. Robert-Koch-Institut, 2011, S. 28 f.)

Die abgebildeten Kurven stellen Durchschnittswerte dar. Die körperliche Entwicklung verläuft bezüglich des Zeitraums und des Tempos individuell unterschiedlich. Auf Klassenfotos, die während der Pubertät aufgenommen werden, sind nicht selten deutliche Größenunterschiede unter den gleichaltrigen Teenagern auszumachen, die sich in den folgenden Jahren langsam ausgleichen.

Im Zuge des allgemeinen Körperwachstums entwickeln sich auch die inneren Organe weiter. Das Herz beispielsweise verdoppelt seine Größe in der Pubertät und auch die Größe und die Kapazität der Lunge nimmt deutlich zu. Durch eine allmähliche Verlangsamung des Stoffwechsels vergrößert sich die Leistungsfähigkeit der Jugendlichen insgesamt. (vgl. Silbereisen/Weichold, 2012, S. 238)

Auch bezüglich der **Motorik** ergeben sich während der Teenagerjahre erstaunliche Veränderungen. Die für die Kindheit typische cephalo-caudale und zentral-periphere Wachstumsrichtung kehrt sich während der Pubertät ins Gegenteil. Das bedeutet, dass nun die Arme, Hände, Beine und Füße zuerst wachsen und dann erst der Rumpf (Körpermitte). (vgl. Berk, 2011, S. 491) Das deutlich erhöhte Längenwachstum der Arme und Beine während des pubertären Wachstumsschubs ist der Grund für die häufig zu beobachtenden ungelenken oder schlaksigen Bewegungen von Teenagern während dieser Zeit. Der Körper kann sich quasi nicht langsam an die neuen Größenverhältnisse und Körperproportionen gewöhnen, sondern wird schnell und sprunghaft länger und größer. Daher spricht man davon, dass Teenager „über ihre eigenen Füße stolpern".

5.6.3 Erreichen der Geschlechtsreife

Mit der ersten Regelblutung (Menstruation) und dem ersten Samenerguss (Ejakulation) wird die geschlechtliche Reife der Jugendlichen eingeläutet. Während der Pubertät werden Jungen und Mädchen bzw. ihre Körper fortpflanzungsfähig.

> Die erste Regelblutung bei Mädchen wird als **Menarche** bezeichnet. Sie setzt in der Regel um das zwölfte Lebensjahr ein. Der erste Samenerguss von Jungen, der zumeist im 13. Lebensjahr geschieht, wird **Spermarche** genannt.

Fortpflanzungsfähigkeit bedeutet bei Mädchen, dass sie nun in der Lage sind, Kinder auszutragen, d.h., ihre Gebärmutter ist nun soweit gewachsen und gereift, dass sich eine befruchtete Eizelle einnisten kann. Zudem sind ihre Brustdrüsen von nun an zur Produktion von Muttermilch bereit. Bei Jungen ist die Fortpflanzungsfähigkeit mit der Zeugungsfähigkeit gleichzusetzen, d.h., die Hoden sind soweit herangereift, dass sie Spermien produzieren.

Unterschiede in der geschlechtlichen Reifung

Der Zeitpunkt, zu dem die Pubertät beginnt, ist individuell unterschiedlich. Wie auch bei den vorangegangenen Entwicklungsphasen liegen die Gründe hierfür sowohl in der genetischen Veranlagung als auch in den Umwelteinflüssen, denen das Kind bzw. der Jugendliche ausgesetzt ist. Hierzu gehören z.B. der allgemeine Gesundheits- und Ernährungszustand und das emotionale Befinden.

Unterernährung beispielsweise kann ebenso ein Grund für ein verspätetes Einsetzen der ersten Regelblutung bei Mädchen sein, wie ein zu hoher Anteil an Muskelgewebe im weiblichen Körper. Dies kann damit begründet werden, dass eine regelmäßige Menstruation nicht einsetzt, bevor der Fettanteil im Körper eines Mädchens nicht mindestens 17 Prozent beträgt (vgl. Mietzel, 2002, S. 355). Hierbei handelt es sich um eine während der Evolution herausgebildete Schutzmaßnahme des Körpers, mit der verhindert werden soll, dass ein Mädchen ein Kind austrägt, bevor der Körper kräftig genug dazu ist und entsprechende Energiereserven gebildet hat, die das Überleben des ungeborenen Kindes sichern können.

Beispiel

Die 14-jährige Jule trifft sich mit ein paar Freundinnen aus ihrer Klasse zu einer Pyjamaparty. Ihre beste Freundin Natascha berichtet, dass sie immer so große Schmerzen hat, wenn ihre Regel einsetzt. Daraufhin stimmen alle Mädchen im Raum ein: „Ja, das geht mir genauso." „Ich musste neulich Sport ausfallen lassen, weil ich solche schlimmen Krämpfe hatte." „Hör bloß auf. Meine Periode dauert immer ungefähr acht Tage. Ich wünschte, das ginge schneller vorbei." Nur Jule wird ganz ruhig und sagt nichts. Sie schämt sich, dass sie nicht mitreden kann, denn sie hat noch nie ihre Tage bekommen. Als sie neulich beim Arzt war, sagte der, es würde daran liegen, dass sie es mit dem Training für ihr Hobby, die rhythmische Sportgymnastik, übertreibt. „Du wiegst zu wenig, hast zwar Muskeln, aber kaum ein Gramm Fett am Leib. Und sechs Mal pro Woche Training ist eindeutig zu viel. Das strengt dich zu sehr an", hat ihr Arzt gesagt. Beide haben verabredet, dass sie es mit dem Training ein wenig ruhiger angehen wird, sobald die Wettkampfsaison vorbei ist. Der Arzt nimmt an, dass sich ihre Regelblutung einstellen wird, sobald sie sich besser ernährt und weniger anstrengt.

Säkulare Akzeleration

Welchen enormen Einfluss die umgebenden Umweltfaktoren auf die körperliche Entwicklung haben können, zeigt sich deutlich, wenn man sich die Entwicklung über die letzten beiden Jahrhunderte hinweg betrachtet. Innerhalb der letzten 150 Jahre wurde in den westlichen Industrienationen eine

Entwicklungsbeschleunigung dokumentiert (lat. saeculum = Jahrhundert, lat. acceleratio = Beschleunigung). Das Eintreten der körperlichen und geschlechtlichen Reife hat sich vorverlegt.

Das bedeutet, dass sich das Einsetzen der Menarche und der Spermarche deutlich nach vorn verschoben hat. Im Jahr 1840 beispielsweise bekamen Mädchen ihre erste Regelblutung im Alter von ca. 17 Jahren und nicht, wie heute, mit ca. zwölf Jahren. Auch galt das Größenwachstum im letzten Jahrhundert erst zu einem viel späteren Zeitpunkt als abgeschlossen. War ein Mann um das Jahr 1900 mit 24 Jahren zu seiner endgültigen Größe gelangt, so gelten Jungen heute bereits mit ca. 19 Jahren als ausgewachsen. (vgl. Mietzel, 2002, S. 353)

Zu erklären ist diese Entwicklung mit der Veränderung bzw. Verbesserung der Lebensbedingungen der Menschen, besonders in der gut entwickelten westlichen Welt. Dazu gehören:
- verbesserte allgemeine Umweltbedingungen, z. B. durch das Wohnen in trockenen beheizten Räumen mit sauberen Sanitäreinrichtungen
- ausgewogene und kalorienreiche Ernährung durch den uneingeschränkten Zugang zu Lebensmitteln, Ernährungserziehung bereits im Kindesalter
- verbesserte und vor allem sichergestellte medizinische Versorgung, z. B. in Krankenhäusern und durch Hausärzte, dazu gehört auch die medizinische Vorsorge

(vgl. Silbereisen/Weichold, 2012, S. 239)

5.6.4 Weiterentwicklung des Gehirns

Auch während der Pubertät vollzieht sich die weitere Eliminierung von Synapsenverbindungen und, damit einhergehend, die weitere Optimierung der Erregungsleitung im Gehirn. Etwa 50 Prozent der Synapsen aller Neuronen werden während des Jugendalters eliminiert (vgl. Silbereisen/Weichold, 2012, S. 241). Dies hat eine immer höhere Geschwindigkeit bei der Verarbeitung von Reizen zur Folge. Alle Bereiche der Großhirnrinde entwickeln sich weiter. Zudem werden bei Jugendlichen die Neuronen sensibler für Erregungen. Dies wird als Grund dafür angesehen, dass Teenager angenehme Reize intensiver wahrnehmen und bei unangenehmen Erfahrungen zuweilen besonders reizbar reagieren (vgl. Berk, 2011, S. 498).

Außerdem haben Forscher herausgefunden, dass sich während der Pubertät weitere beachtliche Entwicklungen im Gehirn des Jugendlichen abspielen, die mit den rasanten Veränderungen in den ersten Lebensjahren zu vergleichen sind. Während der gesamten Reifung vom Kind zum Erwachsenen nehmen die graue und weiße Substanz im Großhirn stetig zu. Hieran wird deutlich, dass sich die Nervenzellen weiterentwickeln und wachsen. Ab dem elften bzw. zwölften Lebensjahr ist ein überdurchschnittlicher Zuwachs an grauer Substanz zu verzeichnen, der in der Pubertät seinen Höhepunkt erreicht. Am Ende der Pubertät verringert sich der Zuwachs wieder und ein Teil der grauen Substanz wird durch weiße (Nervenfasern und Synapsen) ersetzt. Die Ersetzung der grauen durch weiße Substanz entspricht der zunehmenden Myelinisierung und ist daher ein Indikator für die Reifung der Großhirnrinde. Diese Reifung ist um das 20. Lebensjahr herum weitestgehend abgeschlossen. Als Letztes reift der Bereich des Stirnlappens heran, der für die höheren Gehirnfunktionen zuständig ist, wie z. B. die Impulssteuerung und das Erkennen von Konsequenzen. Es wird angenommen, dass das zuweilen impulsive, risikobehaftete und unkontrollierte Verhalten von Jugendlichen auf den rasanten Zuwachs an grauer Substanz während der Pubertät zurückgeführt werden kann. (vgl. Siegler u. a., 2011, S. 110)

Berufliche Handlungsrelevanz

Für die Arbeit mit Jugendlichen ist es für pädagogische Fachkräfte hilfreich zu wissen, welchen massiven Veränderungen, die sowohl den Körper als auch das Nervensystem betreffen, Jugendliche während der Adoleszenz unterworfen sind. So kann das Verständnis für zuweilen rebellisches oder extremes Verhalten gestärkt werden.

> Im Sinne einer gesunden Lebensführung sollten Bewegung und Sport im Leben von Jugendlichen eine Rolle spielen. In der heutigen Zeit herrscht jedoch oft eine gewisse Bewegungsunlust und andere Freizeitbeschäftigungen, die nicht unbedingt etwas mit Sport zu tun haben, nehmen einen großen Raum im Alltag von Jugendlichen ein. Auch wenn es zuweilen schwierig ist, Teenager zu Bewegung zu animieren, können pädagogische Fachkräfte in der Jugendarbeit versuchen, einen Beitrag zu einer gesünderen Lebensweise zu leisten. Dies kann beispielsweise gelingen, indem Trendsportarten angeboten werden oder Peerbeziehungen Jugendlicher untereinander genutzt werden.

5.7 Körperliche Entwicklung im Erwachsenenalter

Da im Fokus pädagogischer Fachkräfte vor allem die Entwicklung im Kindes- und Jugendalter steht, soll im folgenden Kapitel nur ein kurzer Überblick gegeben werden, wie sich die körperliche Entwicklung im Erwachsenenalter weiter vollzieht. Als umfangreichere Lektüre wird in diesem Zusammenhang das Buch „Entwicklung im Erwachsenenalter" von Gerd Mietzel (2012) empfohlen.

5.7.1 Gründe für das biologische Altern

Das Altern verläuft, ebenso wie auch die Entwicklung des Körpers vom Kind zum Erwachsenen, von Mensch zu Mensch unterschiedlich. Auch in den Entwicklungsabschnitten nach der Adoleszenz, wenn der Körper ausgewachsen und voll entwickelt ist, sind es sowohl die genetischen Anlagen als auch die Umwelteinflüsse (wie z. B. der allgemeine Lebensstil), die bestimmen, auf welche Weise der Körper altert.

Wissenschaftler haben einige Theorien entwickelt, die die verschiedenen Gründe für das Altern und das zeitliche Einsetzen des natürlichen Alterungsprozesses erklären. Als bewiesen gilt Folgendes: Der amerikanische Gerontologe Leonard Hayflick hat in den 1960er-Jahren in Laborversuchen herausgefunden, dass das biologische Altern einsetzt, weil die Anzahl der möglichen Zellteilungen von Körperzellen auf ca. 50 begrenzt ist (Hayflick-Grenze). Ist diese Grenze überschritten, so können sich Zellen nicht mehr oder nur noch fehlerhaft teilen. Das liegt an der Verkürzung der sogenannten Telomere. Bei Telomeren handelt es sich um die Endstücke der DNA-Stränge, die dafür Sorge tragen, dass bei der Zellteilung keine Fehler geschehen. Mit jeder durchgeführten Zellteilung verkürzen sich diese Endstücke. Wird die Hayflick-Grenze überschritten, so hat dies einen programmierten Zelltod zur Folge, da bei der weiteren Teilung wichtige genetische Informationen für das Zellinnere verloren gehen würden. Dieses Zellsterben ist für das Altern verantwortlich. (vgl. Mietzel, 2012, S. 83 f.)

Obwohl die Verkürzung der Telomere genetisch vorprogrammiert ist, wird sie durch Umweltfaktoren beeinflusst. Forscher haben entdeckt, dass z. B. negativer Stress, Rauchen und Übergewicht Faktoren sind, die die Zellalterung beschleunigen können. Umgekehrt kann sich eine gesunde Lebensweise mit ausreichender Bewegung und vitaminreicher Ernährung positiv auswirken. (vgl. Mietzel, 2012, S. 85 f.)

5.7.2 Frühes bis spätes Erwachsenenalter

Im frühen Erwachsenenalter, also vom Beginn bis zur Mitte der zwanziger Jahre, ist der Mensch am Maximum seiner körperlichen Leistungsfähigkeit angekommen. Die körperliche Kraft, Ausdauer und Widerstandskraft befinden sich auf dem Höhepunkt. Ab diesem Zeitpunkt beginnt das biologische Altern und im Laufe der folgenden Jahrzehnte werden die körperlichen Fähigkeiten langsam, aber stetig nachlassen. Vom 20. bis zum 40. Lebensjahr finden die Veränderungen der Körperfunktionen kaum merklich statt, beschleunigen sich jedoch in den folgenden Jahren bzw. Jahrzehnten. (vgl. Berk, 2011, S. 591 und 594)

5.7 Körperliche Entwicklung im Erwachsenenalter

Körperliche Veränderungen

In der folgenden Tabelle (auf dieser und der nächsten Seite) werden die körperlichen Veränderungen vom frühen bis zum späten Erwachsenenalter (30. bis ca. 60. Lebensjahr) zusammengefasst.

Organ bzw. Organsystem	Alter	Veränderung
Augen	ab 30 Jahre	• Beeinträchtigung des Sehens bei Nacht und der Farbunterscheidung • Abnahme der Sehschärfe, beginnende Kurzsichtigkeit, weiterer starker Abfall der Sehschärfe ab dem 70./80. Lebensjahr
Gehör	ab 30 Jahre	• nachlassende Geräuschempfindlichkeit • Veränderung geschieht bei Männern deutlich schneller als bei Frauen
Geschmackssinn	ab 60 Jahre	• Empfindlichkeit für die Unterscheidung der Geschmacksrichtungen nimmt ab
Geruchssinn	ab 60 Jahre	• Reduzierung der Fähigkeit, Gerüche wahrzunehmen und zu unterscheiden
Tastsinn	allmählich	• Reduzierung der Empfindlichkeit der Sinnesrezeptoren an den Fingerspitzen
Herz-Kreislauf-System	allmählich	• Herzmuskel verliert an Flexibilität, Abnahme der maximalen Pulsfrequenz • Reduzierung der Fähigkeit, bei Belastung den Sauerstoffbedarf des Körpers zu decken • Reduzierung des Blutflusses zu den Zellen durch Ablagerungen in den Blutgefäßen
Atmungssystem	allmählich	• Verringerung der Lungenkapazität • Abnahme der Atemfrequenz bei körperlicher Anstrengung
Immunsystem	allmählich	• Beeinträchtigung der körpereigenen Abwehrmechanismen • höhere Gefahr der Ansteckung mit Krankheiten
Muskeln	allmählich	• Abnahme von Muskelfasern durch Absterben der Nerven, die sie stimulieren • Reduzierung der Geschwindigkeit und Flexibilität von Bewegungen
Skelett	Beginn mit Ende 30, Beschleunigung ab 50, Verlangsamung ab 70	• Ausdünnung der Gelenkknorpel, Knochenenden werden porös • Abnahme des Mineralgehalts der Knochen • Skelett wird empfindlicher für Brüche • bei Frauen stärkere Veränderungen als bei Männern
Fortpflanzungsfähigkeit	bei Frauen beschleunigt ab 35, Beginn bei Männern ab 40	• Probleme mit der Fähigkeit, ein Kind zu empfangen und auszutragen • erhöhtes Risiko, ein Kind mit Chromosomenstörungen zu bekommen
Nervensystem	ab 50 Jahre	• Absterben von Neuronen, Abnahme des Gehirngewichts • Abnahme der Anzahl von Neuronen kann teilweise durch die Entwicklung neuer Synapsen kompensiert werden

5 Entwicklung des Körpers und der Motorik

Organ bzw. Organsystem	Alter	Veränderung
Haut	allmählich	• Verringerung der Fettzellen in den unteren Hautschichten, Ausdünnung • Haut verliert an Straffheit, Elastizität und wird faltig • bei Frauen stärkere Veränderungen als bei Männern
Haare	ab 35 Jahre	• Haare werden grau • Haarverlust
Körpergröße	ab 50 Jahre	• Abbau der Bandscheiben in der Wirbelsäule durch den Verlust der Knochenstärke • mit 70./80. Jahren Größenverlust von bis zu 5 cm
Gewicht	ab 50 Jahre	• Gewichtszunahme bis 50 Jahre, Zunahme von Fett • Abnahme ab 60 Jahre, Abnahme von Muskeln und Knochengewebe

Körperliche Veränderungen, die mit dem Alter einhergehen (vgl. Berk, 2011, S. 595)

Veränderungen bezüglich der Fortpflanzungsfähigkeit

Als ein besonders einschneidendes Ereignis im Leben von **Frauen** ist die Menopause, die letzte Menstruation, zu nennen, die bei den meisten Frauen um das 50. Lebensjahr eintritt. Mit dem Ende der Menstruation verlieren Frauen die Fähigkeit, ein Kind zu empfangen und auszutragen. Dieses Ereignis wird ca. im 45. Lebensjahr eingeleitet vom Klimakterium, umgangssprachlich auch Wechseljahre genannt. Die Wechseljahre sind eine Zeit hormoneller Veränderungen, die verschiedene körperliche Phänomene wie z. B. Hitzewallungen, Gelenkbeschwerden, erhöhte Reizbarkeit und Schlafstörungen zur Folge haben und unter Umständen eine erhöhte psychische Belastung für Frauen darstellen. Mit dem Einsetzen der Menopause enden die Wechseljahre.

Bei **Männern** kann man zwar nicht von einem Klimakterium sprechen, jedoch erleben auch sie Veränderungen, was ihre Fortpflanzungsfähigkeit betrifft. Mit zunehmendem Alter wird das Volumen des Spermas bei einem Samenerguss kleiner. Das heißt nicht, dass die Spermien in ihrer Funktionsfähigkeit gestört sind. Dennoch nimmt die Fruchtbarkeit des Mannes, wegen der geringeren Anzahl von Spermien, mit der Zeit ab.

Lebensstil und Altern

Ein gesunder Lebensstil mit ausreichend körperlicher Aktivität und ausgewogener Ernährung sollte sowohl im frühen als auch im späten Erwachsenenalter eine wichtige Rolle spielen, da einige der in der Tabelle oben aufgeführten Entwicklungen mit einem entsprechenden Lebensstil verlangsamt werden können.

Im Gegenzug kann ein ungesunder Lebensstil (wenig Bewegung, Stress, Übergewicht) dazu führen, dass die genannten Veränderungen bereits früher als beim Durchschnitt auftreten. Beispielsweise gelten eine fettreiche Ernährung, Stress, Rauchen und Bewegungsmangel als Risikofaktoren für Ablagerungen in den Arterien (Arteriosklerose). Typische Folgeerkrankungen dieser weit verbreiteten Zivilisationskrankheit sind Herz-Kreislauf-Erkrankungen, Herzinfarkt und Schlaganfall. In westlichen Industrienationen wie Deutschland zählen Erkrankungen des Herz-Kreislauf-Systems zu den häufigsten Todesursachen im Alter.

5.7.3 Hohes Erwachsenenalter

Die in der Tabelle auf S. 145/146 beschriebenen Veränderungen im Alter setzen sich im hohen Alter weiter fort. Einige der offensichtlichsten Entwicklungen, die bei der Mehrzahl von älteren Menschen zu beobachten sind, finden z. B. in den folgenden beiden Bereichen statt.

Nervensystem und Gehirn

Das Gehirn verliert an Gewicht, weil in allen Bereichen Neuronen absterben, vor allem aber im Frontallappen und im Corpus callosum (Balken, der die beiden Hirnhälften miteinander verbindet). Ebenfalls verantwortlich für den Gewichtsverlust ist das Absterben von Gliazellen. Das bedeutet, dass die isolierende Schicht aus Myelin um die Nervenfasern langsam ausdünnt. Dies hat zur Folge, dass sich die Weiterleitung von Nervenimpulsen zunehmend verlangsamt und die Nervenzellen an Effizienz verlieren (vgl. Berk, 2011, S. 774 f.). Untersuchungen zeigen, dass die Gehirne einiger älterer Menschen den Verlust von Neuronen kompensieren können, in dem andere Bereiche des Gehirns zur Informationsverarbeitung hinzugezogen werden – ein Beleg für die Plastizität des Gehirns auch im hohen Alter (vgl. Mietzel, 2012, S. 128).

Stütz- und Bewegungsapparat

Durch die lebenslange alltägliche Belastung der Knochen kommt es im hohen Alter zu Abnutzungserscheinungen des Knorpelgewebes, das die Gelenkenden umgibt. Diese Erkrankung der Gelenke wird **Arthrose** genannt. Die Knochenenden sind nicht mehr isoliert und reiben bei jeder Bewegung aneinander, was je nach Ausmaß des Knorpelschwunds mit großen Schmerzen verbunden ist und zu Deformierungen der Knochen führen kann. Daneben gibt es noch eine weitere typische Alterserkrankung der Gelenke, die sogenannte **Arthritis**. Hierbei handelt es sich um eine schmerzhafte Entzündung und Schwellung der Gelenke.

Eine weitere Krankheit, von der vor allem ältere Frauen betroffen sind, ist die sogenannte **Osteoporose**. Bei dieser Erkrankung verringert sich die Knochendichte. Die Folge dieser Verringerung ist, dass die Knochen mit dem Fortschreiten der Krankheit immer brüchiger werden. Da durch die altersbedingte Verschlechterung der Sinne und einen Abbau der Muskelmasse, Menschen im hohen Alter häufiger zu Stürzen neigen, ergibt sich eine erhöhte Gefahr, Knochenbrüche zu erleiden. Brüche des Oberschenkelhalses und des Handgelenks sind bei Stürzen im hohen Alter typisch.

Die beschriebenen Veränderungen sind Gründe dafür, dass ältere Menschen zuweilen einen gebrechlichen Eindruck machen und sich sehr viel langsamer bewegen, als Menschen jüngeren Alters.

Doch wie schon oft beschrieben, zeigen sich auch im hohen Alter nach wie vor große individuelle Unterschiede bezüglich der körperlichen Leistungsfähigkeit. Aufgrund der kontinuierlich verbesserten Lebensbedingungen gibt es, heute mehr denn je, eine große Zahl an Menschen die zwar gealtert, aber vergleichsweise aktiv ihr 100. Lebensjahr erreichen.

Aufgaben

1. Erläutern Sie mit eigenen Worten den Unterschied zwischen Genotyp und Phänotyp.
2. Nennen und beschreiben Sie die vier Phänomene, die während des Zellwachstums im Embryonalstadium die Formung körperlicher Strukturen bewirken.
3. Entwickeln Sie anhand der Grafik auf S. 96 unten eine Tabelle zu den sensiblen Phasen der pränatalen Entwicklung. Tragen Sie in der ersten Spalte das Organ bzw. den Körperteil ein und ergänzen Sie in der zweiten Spalte den jeweiligen Zeitraum der sensiblen Phase der Entwicklung.
4. Stellen Sie heraus, weshalb die Körperhaltung eines Neugeborenen am besten mit dem Wort „geschlossen" bezeichnet werden kann.
5. Beschreiben Sie mit eigenen Worten die cephalo-caudale und die zentral-periphere Wachstums- bzw. Reifungsrichtung des Körpers.
6. Nennen und erläutern Sie Ursachen für die unterschiedliche körperliche Entwicklung von gleichaltrigen Kindern.
7. Erklären Sie, weshalb die Eliminierung von Synapsen im Gehirn eine Verbesserung der Übertragung von Nervenimpulsen zur Folge hat.
8. Werten Sie die nachstehende Tabelle aus. Sind die Aussagen zu den motorischen Fähigkeiten in den verschiedenen Altersabschnitten der frühesten Kindheit richtig oder falsch? Wenn Sie sich nicht entscheiden können, begründen Sie dies.

	Alter	Motorische Fähigkeit
a)	1. Monat	Der Säugling kann seinen Kopf in einer sitzenden Position für einige Minuten aufrecht halten.
b)	3. Monat	Das Baby kann Oberkörper und Po anheben und sich auf Händen und Knien krabbelnd fortbewegen.
c)	6. Monat	Das Baby kann ein Fläschchen mit den eigenen Händen halten und zum Mund führen.
d)	11. Monat	Das Baby beherrscht den Pinzettengriff und den Zangengriff. Es kann Gegenstände zielgerichtet aufnehmen und ablegen.
e)	13. Monat	Das Baby kann sich an einem Möbelstück hochziehen und lernt gerade, frei zu gehen.
f)	16. Monat	Das Kind kann beim Klettern auf einem Spielgerät die Balance halten.
g)	20. Monat	Das Kind kann mit einer Kinderschere vorgezeichnete Formen aus Papier ausschneiden.
h)	24. Monat	Das Kind kann selbstständig mit einem Löffel essen, einen Becher halten und aus ihm trinken.

9. Beschreiben Sie die Entwicklung der Hand-Auge-Koordination beim Kind anhand eines Beispiels.
10. Legen Sie dar, inwieweit sich Mädchen und Jungen im mittleren Kindesalter bzgl. ihrer grob- und feinmotorischen Fähigkeiten unterscheiden.
11. Begründen Sie, warum Jungen im Alter von zwölf Jahren in der Regel deutlich kleiner sind, als Mädchen im selben Alter.
12. Zählen Sie die verschiedenen körperlichen Veränderungen auf, die sich bei Jungen und Mädchen aufgrund der hormonellen Veränderungen während der Pubertät einstellen.

6 Die Entwicklung der Kognition

Berufliche Handlungssituation

In der Kita „Zum Sonnenberg" gibt es zwei Gruppen für Drei- bis Sechsjährige sowie neu eingerichtete Plätze für unter Dreijährige. Der Kita-Träger hat sich das Thema „Frühförderung" auf die Fahnen geschrieben und möchte, dass die Leitung zusammen mit dem Team ein entsprechendes Konzept entwirft. Das Team besteht in der Mehrzahl aus berufserfahrenen Erzieherinnen, die schon lange im Job sind. Die Berufsanfängerin Regina Schmitz ist erst seit sechs Monaten in der Einrichtung tätig. In der heutigen Teamsitzung befassen sich die Kindergartenleitung und das Team mit der Neukonzeption der Kita. Dabei werden verschiedenste Meinungen zum Thema „Frühförderung" geäußert.

A: „Dieser ganze Förderquatsch ist doch gar nicht nötig – Kindern lernen doch aus sich heraus."

B: „Am besten machen wir ein Konzept für alle Kinder, dann haben wir weniger Arbeit."

C: „Die beste Förderung ist sowieso Liebe und Zuneigung."

D: „Ich habe gar keine Idee, wie wir Kinder gezielt fördern können."

E: „Am besten konzentrieren wir uns auf einen Bereich – zum Beispiel Mathematik."

F: „Eine Mutter hat mir letztens gesagt, sie erwarte von uns, dass das Kind wenigstens schon etwas schreiben und lesen kann, wenn es in die Schule kommt."

G: „Ich finde, wir brauchen unbedingt auch einen Computer, mit dem die Kinder spielen und lernen können."

Regina Schmitz hat bisher nur an wenigen Teamsitzungen in der Kita teilgenommen und ist erstaunt, dass es zu diesem Thema so viele unterschiedliche Meinungen gibt. Sie beginnt, über die gehörten Aussagen nachzudenken.

Fundierte Kenntnisse über die kognitive Entwicklung des Menschen helfen, die getroffenen Aussagen einordnen und bewerten zu können. Fachwissen wird damit zur Grundlage professionellen Handelns im Beruf.

6 Die Entwicklung der Kognition

Worum geht es in diesem Kapitel?

Nien deis ist kien Zhalneaslat snodren ein Biepseil für die Lietsnugsäfhgkieit usnrees Ghenirs. Owbhol die Bchustaebn nciht in der rchitiegn Rheiefnogle sehten, knöenn Sie den Txet lseen. Wraum? Wiel das Gherin nciht Bstuchbaen sndoern Wröter vearreibtet. Es rcheit, wnen der estre und der ltzete Bstucahbe an der rchitgien Sllteе stheen. Aerudßem seiplt die Leeesrfruahng eine wchitige Rlloe. Das Grehin veehrstt acuh die Gmmraatik krorekt. Dduarch das die Sstratzuktur ennrkat wrid, knan das Geihrn die nafolchgdenen Wrote vsaorhersen. Das hießt der Zhausamemnng selpit eine wictihge Rlole. Enie wetiere wchitige Ekerntnnis: Owbhol sie es nie grnelet hbaen, knöen sie den Bustchabealnsat escnthlsüseln!

Anhand dieses Beispiels wird deutlich: Das menschliche Gehirn ist enorm leistungsfähig! In diesem Kapitel soll dargestellt werden, wie sich diese Leistungsfähigkeit entwickelt.

Beispiel

Lotta, 2;6 Jahre alt, baut aus Bauklötzen einen Turm. Zunächst stapelt sie Bauklötze auf dem Teppich, was dazu führt, dass der Turm schnell instabil wird und umfällt. Schließlich verkündet sie: „Lotta baut jetzt auf dem Boden. Auf dem Teppich fällt es schnell um." Sie beginnt Bauklötze auf dem Holzboden aufeinanderzustapeln und hat damit mehr Erfolg. Schließlich sagt sie stolz zu ihrer Erzieherin gewandt: „Guck mal – ein Turm."

Aus diesem Beispiel ergeben sich bereits eine Reihe von Fragen, die auf die Entwicklung der Kognition abzielen:

- Wieso versucht Lotta einen Turm zu bauen? Diese Frage zielt auf den motivationalen Hintergrund.
- Was bringt sie dazu, vom Teppichboden auf den Holzboden zu wechseln? Hier geht es um die Einsichten von Lotta.
- Wieso bezeichnet sie die aufeinandergestapelten Klötze als „Turm"? Diese Frage beschäftigt sich mit Lottas Fähigkeit, Begriffe zu bilden.
- Was veranlasst Lotta dazu, das Ergebnis der Erzieherin vorzuführen? Hier geht es um ihre Suche nach sozialer Anerkennung.

Vor nicht einmal 100 Jahren dachten manche behaviouristisch (vgl. Kapitel 4.3.3) orientierten Psychologen noch, Lottas Verhalten sei nur durch den Anfang (Input) und das Ende (Output) ihrer Handlung erklärbar. Das, was dazwischen in unserem Gehirn geschieht, bliebe dem Menschen verschlossen. Das Gehirn des Menschen wurde als sogenannte „Black Box" angesehen. Damit wollte man zum Ausdruck bringen, dass es der Erforschung nicht zugänglich sei.

INPUT — Lotta stapelt → **BLACK BOX ?** → OUTPUT — einen Turm

Zwischenzeitlich haben sich viele Wissenschaftsbereiche entscheidend weiterentwickelt. Insbesondere die Entwicklung des Computers, neue psychologische Forschungsmethoden (vgl. Kapitel 2) und neue Methoden, um die Vorgänge im Gehirn direkt zu erforschen, brachten zahlreiche Erkenntnisse darüber, welche Vorgänge in der „Black Box" – unserem Gehirn – ablaufen. Einige Wissenschaftler, wie zum Beispiel der Sprachwissenschaftler Noam Chomsky (geboren 1928), hielten die genannten Veränderungen für so fundamental, dass sie Mitte des 20. Jahrhunderts von der sogenannten „kognitiven Wende" in der Psychologie zu sprechen begannen.

Der wissenschaftliche Begriff **Kognition** (lat. cognoscere = erkennen, erfahren, kennenlernen) bezeichnet das, was man umgangssprachlich unter Denken versteht. Wichtige Fragestellungen, um die Kognition zu erforschen, sind zum Beispiel:

- Wie kommen Menschen zu ihren Schlussfolgerungen? (In unserem Turm-Beispiel: Der Turm fällt um, weil er auf dem Teppich instabil steht.)
- Wieso haben Menschen ein bestimmtes intelligentes Verhalten? (Lotta erkennt, dass sie sich einen festeren Untergrund suchen muss, um ihren Turm zu bauen.)
- Wie lösen Menschen bestimmte Probleme? (Durch welche Mechanismen hat Lotta die Lösung für ihr Problem gefunden?)

Wenn von Kognition die Rede ist, werden sowohl **Inhalte** als auch Abläufe, sogenannte **Prozesse**, in den Blick genommen.

	Fragestellung	**Beispiele**
Inhalte	Was weiß ich?	- Fakten (1 + 1 = 2), - Begriffe („Gerechtigkeit") - Regeln („Du sollst nicht töten!") - Gedächtnisinhalte („Als Kind war ich sportlich!") - Aussagen („Das Auto ist blau.")
Prozesse	Wie komme ich zu meinem Wissen?	- Wahrnehmung und Aufmerksamkeit - Lernen und Informationsverarbeitung - Denken und Problemlösen - Intelligenz und Gedächtnis - Sprache

In diesem Kapitel geht es also darum, die Entwicklung der Kognition beim Menschen vom Fötus bis ins hohe Alter darzustellen. (Anmerkung: Dem Bereich der Sprache wird ein eigenes Kapitel gewidmet, da es gerade für pädagogische Fachkräfte von besonderer Bedeutung ist. Siehe dazu Kapitel 7). Nach den gemachten Vorüberlegungen kann der Begriff folgendermaßen definiert werden:

> Der Begriff **Kognition** bezeichnet zum einen die Inhalte des Wissens, zum anderen die Prozesse, wie diese Inhalte entstehen bzw. entstanden sind.

Die Wissenschaftler, die sich mit den Inhalten und Prozessen der Kognition beschäftigen, werden der Richtung der sogenannten **kognitiven Psychologie** zugerechnet – diese gibt es seit den 1960er Jahren. Seit den 1980er Jahren existiert ebenfalls die **Kognitionswissenschaft**. Hier beschäftigen sich Forscher aus ganz unterschiedlichen wissenschaftlichen Disziplinen (interdisziplinär) mit ähnlichen Fragestellungen (siehe folgende Grafik auf S. 152 oben).

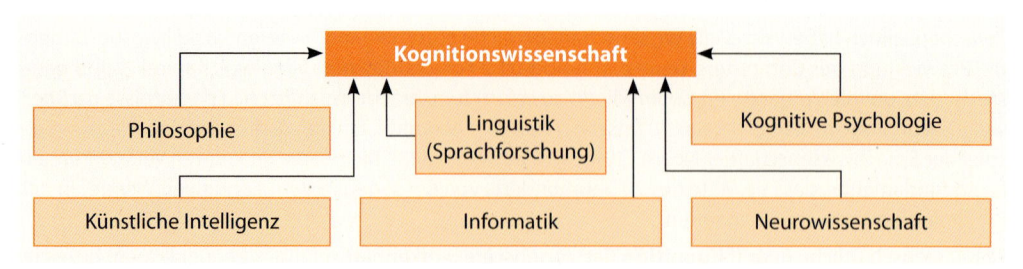

```
                    ┌─────────────────────────┐
                    │ Kognitionswissenschaft  │
                    └─────────────────────────┘
```

| Philosophie | Linguistik (Sprachforschung) | Kognitive Psychologie |

| Künstliche Intelligenz | Informatik | Neurowissenschaft |

Kognitionswissenschaft (vgl. Gerrig/Zimbardo, 2008, S. 277)

Kommen wir auf unser Beispiel mit Lottas Turm zurück: Findet Lotta die Lösung für ihr Problem alleine oder wäre es vielleicht besser, sie dabei zu unterstützen? Mit dieser Fragestellung wird sofort klar, welche Bedeutung die wissenschaftlichen Erkenntnisse der kognitiven Psychologie für die Pädagogik haben. Tatsächlich nahmen und nehmen die Erkenntnisse der Wissenschaftler auf diesem Gebiet großen Einfluss auf die Diskussionen zum Thema „Bildung in der Elementarpädagogik" – insbesondere seit den 1990er Jahren. Wichtige Fragen sind hier zum Beispiel, ob sich das Kind selbst bildet (Selbst-Bildung) und ob die soziale Umwelt für diese Entwicklung eine zwingend notwendige Bedingung darstellt (sogenannte sozial-konstruktivistische oder ko-konstruktivistische Ansätze, vgl. Gisbert, 2004, S. 38).

6.1 Kognition beim Fötus und beim Neugeborenen

Als **Fötus** (oder Fetus) wird der sich entwickelnde Organismus ab der neunten Schwangerschaftswoche bis zur Geburt bezeichnet (vgl. Kapitel 5). In diesem Kapitel wird geklärt, in wieweit kognitive Aktivitäten bereits beim ungeborenen Kind stattfinden.

Sehen

Im Mutterleib ist es zwar nicht vollständig dunkel, trotzdem dürften Erfahrungen durch den Sehsinn vermutlich keine große Rolle spielen. Auch nach der Geburt verfügen Neugeborene im Vergleich zu Erwachsenen noch über eine herabgesetzte Sehschärfe und können kaum Kontraste wahrnehmen. Einigermaßen scharf wird nur in einem Bereich von ca. 20–25 cm Entfernung zum Auge gesehen. Mit der weiteren Entwicklung der Netzhaut wird die volle Sehschärfe erst mit etwa eineinhalb Jahren erreicht. Erforscht wurde dies zum Beispiel mit der sogenannten **Präferenz-Methode**. Dabei werden dem Säugling eine einheitliche graue Fläche und eine grau-schwarz-gestreifte Fläche gezeigt. Letztere erscheint dem Neugeborenen ebenfalls als einheitliche graue Fläche, solange die Fähigkeit scharf und kontrastreich zu sehen, noch nicht ausgeprägt ist. Der Säugling zieht in diesem Fall keine Fläche der anderen vor, da sie für ihn gleich aussehen. Sobald sich das Sehvermögen verbessert, gibt er der kontrastreich gestreiften Fläche den Vorzug – er präferiert sie, nach dem Motto „Das sieht ja ganz interessant aus." Mit dieser Methode konnte auch festgestellt werden, dass Säuglinge einfache, symmetrische, kurvenreiche und bewegte Muster am interessantesten finden.

Trotz des eingeschränkten Sehsinns können bereits Neugeborene zwischen einfachen Formen (Dreieck, Viereck, Kreis) unterscheiden. Außerdem unterscheiden sie zwischen bewegten und unbewegten Objekten. Bestimmte Theorien gehen deshalb davon aus, dass Neugeborene von vornherein die Welt als organisiert und strukturiert wahrnehmen oder zumindest über die Fähigkeit verfügen, dies sehr schnell zu erlernen (mehr dazu in Kapitel 6.2.3).

Auch wenn der Sehsinn für den Fötus im Mutterleib kaum eine Rolle spielt, erfährt er zahlreiche Stimulationen durch Bewegungsreize. So kommt er zum Beispiel durch seine eigenen Bewegungen der Hände mit anderen Teilen seines Körpers in Berührung (taktile Wahrnehmung, lat. tactilis = berührbar, vgl. Kapitel 5.2).

Schmecken und Riechen

Der Fötus schluckt Fruchtwasser und kann dabei unterschiedliche Geschmacksrichtungen unterscheiden (gustatorische Wahrnehmung, lat. gustare = kosten). Es lässt sich nachweisen, dass er eine Vorliebe für die Geschmacksrichtung „süß" hat (vgl. Siegler u.a., 2011, S. 54). Da auch die sich entwickelnden Geruchsrezeptoren des Fötus in Kontakt mit dem Fruchtwasser kommen, geht man davon aus, dass er so auch erste Geruchserfahrungen macht (olfaktorische Wahrnehmung, lat. olfacere = riechen).

Hören

Spätestens ab dem sechsten Schwangerschaftsmonat reagiert der Fötus auch auf Geräusche (auditive Wahrnehmung, lat. audire = hören), z. B. mit einer Veränderung der Pulsfrequenz oder mit Bewegungen. Eine besondere Wirkung hat dabei die Stimme der Mutter (vgl. Kapitel 7). Neugeborene haben noch Schwierigkeiten bei der Bestimmung der Richtung, aus der Geräusche kommen und können im Vergleich zu Erwachsenen auch insgesamt relativ schlecht hören. Dabei hören sie tiefere Tonlagen besser als mittlere Tonhöhen (vgl. Schwarzer, 2011, S. 71).

gustatorisch	=	den Geschmackssinn betreffend
olfaktorisch	=	den Geruchssinn betreffend
auditiv	=	den Hörsinn betreffend
visuell	=	den Sehsinn betreffend
taktil	=	den Tastsinn betreffend

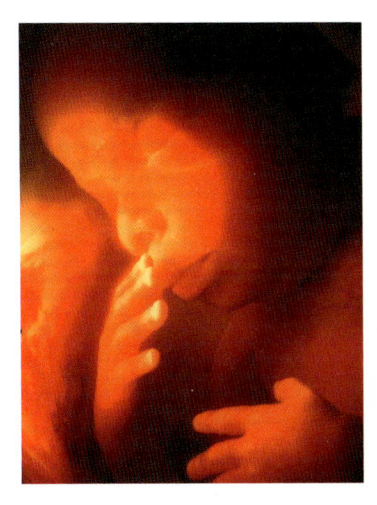

Schmerzwahrnehmung

Dachte man früher, dass sowohl der Fötus als auch das Neugeborene noch über keine Schmerzwahrnehmung verfügen, so weiß man heute, dass der Fötus ungefähr ab der 29. Schwangerschaftswoche Reaktionen auf Schmerzen zeigt.

Eine Geburt ist für die gebärende Frau in der Regel mit großen Schmerzen verbunden – aber gilt dies auch für das Kind? Forscher gehen heute davon aus, dass die Geburt für den Fötus deutlich weniger schmerzhaft ist, als für die Mutter. Hierfür wird folgender Gedankengang vorgeschlagen: Zum einen kann man sich fest in die Haut des Unterarms kneifen (schmerzhaft) zum anderen kann man den Unterarm fest mit der eigenen Hand zusammendrücken (deutlich weniger schmerzhaft). Da der Fötus bei der Geburt Druck erfährt, dürfte dies also kaum so schmerzhaft sein, wie das auseinanderziehen des Gewebes bei der Mutter.

Insbesondere psychoanalytisch orientierte Forscher nahmen zu Beginn des 20. Jahrhunderts an, dass die Geburt für den Fötus ein traumatisches Erlebnis sei. Heute geht man jedoch davon aus, dass der Mensch sich an das Geburtserlebnis nicht erinnern kann (vgl. S. 166). Vermutlich ist die Geburt für den Fötus auch eher mit Anstrengung als mit Angst und Schmerz verbunden (vgl. Oerter/Montada 2008, S. 159).

6.1.1 Kann der Fötus schon lernen?

Spannend ist die Frage, ob der Fötus bereits im Mutterleib lernen kann. In den 1980er Jahren haben Wissenschaftler im Rahmen von Experimenten u.a. mit Ratten herausgefunden, dass Rattenföten über die Fähigkeit des sogenannten **fötalen Lernens** verfügen. Die Experimente liefen wie folgt ab: Bei der Geburt wurden die Brustwarzen der Mutter mit ihrem Fruchtwasser benetzt. Die neugeborenen Ratten fanden die Brustwarzen ihrer Mutter, indem sie dem Geruch des Fruchtwassers folgten – diesen Geruch kannten sie aus dem Mutterleib. Reinigte man zur Kontrolle die Brustwarzen vom Fruchtwasser, fanden die neugeborenen Ratten sie nicht mehr. Wurden nur einige Brustwarzen vom Fruchtwasser gereinigt, bevorzugten die Ratten diejenigen Warzen, die mit Fruchtwasser in Berührung gekommen waren. Diese Ergebnisse belegten, dass die Ratten den Geruch des Fruchtwassers bereits im Mutterleib erlernt hatten. Die Experimente mit den Tieren haben Wissenschaftler dazu bewogen, auch beim Menschen nach dem fötalen Lernen zu forschen. Festgestellt wurde, dass auch der menschliche Fötus, mit der Entwicklung des zentralen Nervensystems in den letzten drei Schwangerschaftsmonaten, bereits die Fähigkeit zum Lernen besitzt. Dies belegen Untersuchungen zur **Habituation** (vgl. Kapitel 6.2.9).

Habituation (Gewöhnung) bezeichnet den Prozess der Abnahme einer Reaktion auf einen dargebotenen Reiz. Je länger ein Reiz andauert, desto mehr erinnert sich das Gedächtnis an diesen Reiz. Daher fällt die Reaktion auf diesen Reiz immer geringer aus.

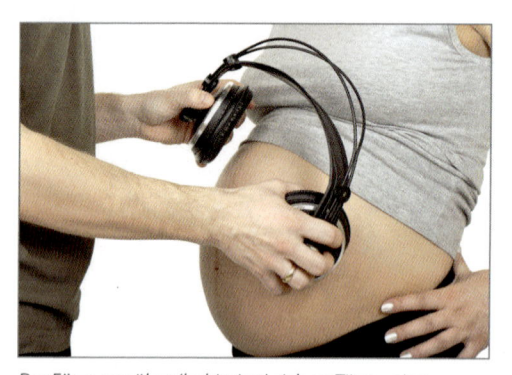

Der Fötus gewöhnt (habituiert) sich an Töne – eine einfache Form des Lernens.

Wenn man beispielsweise dem Fötus ein bestimmtes Silbenpaar dauerhaft präsentiert (zum Beispiel durch einen auf den Bauch der Mutter gelegten Lautsprecher), wird er zunächst darauf reagieren. Dies ist an der Veränderung der Pulsfrequenz feststellbar. Mit der Zeit normalisiert sich die Pulsfrequenz, da sich der Fötus an die Silben erinnern kann – er gewöhnt sich daran oder einfacher gesagt: die Silben werden für ihn langweilig. Präsentiert man ein verändertes Silbenpaar (sogenannte Dishabituation), reagiert auch der Fötus erneut mit einer Veränderung der Pulsfrequenz („Ah, da kommt etwas Neues."). Mit anderen Worten: Der Fötus hat gelernt, die verschiedenen Silben zu unterscheiden. Diese Forschungsmethode wird daher auch als Habituations-Dishabituations-Methode oder als **Gewöhnungsexperiment** bezeichnet.

Die Fähigkeit des pränatalen (vorgeburtlichen) Lernens wurde auch nachgewiesen für:
- den Geruch des Fruchtwassers – der Geruch des Fruchtwassers der Mutter, in dessen Leib er herangewachsen ist, wird vom Neugeborenen bevorzugt;
- den Geschmack bestimmter Nahrungsmittel, die die Mutter während der Schwangerschaft isst – diese werden ebenfalls vom Neugeborenen bevorzugt;
- die Stimme und die Sprache der Mutter – beides wird vom Neugeborenen bevorzugt.

Das Erforschen vorgeburtlicher Erfahrungen – die klassische Studie von Anthony DeCasper und Melanie Spence von 1986 zum Wiedererkennen einer Geschichte

„Um die Bedeutung vorgeburtlicher Erfahrungen zu prüfen, wurden Mütter gebeten, in den letzten 6 Schwangerschaftswochen eine kurze Geschichte zweimal am Tag laut zu lesen. Nach der Geburt konnten die Kinder durch bestimmte Saugfrequenzen entscheiden, ob sie die bereits früher gehörte oder eine andere Geschichte präferieren. Als Ergebnis zeigte sich eine deutliche Präferenz der Kinder für die bekannte Geschichte. Dies zeigt, dass bereits vorgeburtliche auditive Erfahrungen bestehen, die die späteren Präferenzen mitbestimmen können."

(Lohaus u. a., 2010, S. 89)

Die enorme Lernfähigkeit beim Fötus und beim Neugeborenen wird auch durch die Erforschung des Gehirns mit neuen bildgebenden Verfahren belegt. Mithilfe dieser neuen Techniken konnte bewiesen werden, dass sich zunächst viel mehr Verbindungen zwischen den einzelnen Nervenzellen ausbilden, als später benötigt werden. Schließlich bleiben diejenigen Verbindungen bestehen und werden ausgebaut, die regelmäßig genutzt werden (vgl. Kapitel 5.3.2). Dieser Vorgang ist erst im Jugendalter abgeschlossen. Das menschliche Gehirn verfügt also über eine enorme Formbarkeit (Plastizität) – was umgekehrt aber auch bedeutet: Negative Einflüsse können einen großen Schaden anrichten.

6.1.2 Kognition bei Neugeborenen

Ist man noch in den 1950er Jahren davon ausgegangen, das Neugeborene weitestgehend passiv sind und lediglich körperlich versorgt werden müssen – also Wickeln und Füttern –, weiß man heute, dass sie von Anfang an mit ihrer Umgebung in Kontakt treten bzw. interagieren. Im wachen **Aktivierungszustand** erforschen sie aktiv ihre Umgebung und lernen etwas über sie.

> Der Begriff **Aktivierungszustand** bezeichnet das Erregungsniveau eines Menschen. Dieses kann vom Tiefschlaf bis zu höchster Aktivität reichen. In welchem Aktivierungszustand sich der Mensch befindet, hat direkten Einfluss auf sein Verhalten, seine Wahrnehmung und seine Fähigkeit zu lernen.

Im Durchschnitt befinden sich Neugeborene in westlichen Industrieländern während eines 24-Stunden-Tages in folgenden Aktivierungszuständen:
- 8 Stunden verbringen sie mit ruhigem Schlaf,
- 8 Stunden mit aktivem Schlaf,
- 2 Stunden mit Schreien,
- 2,5 Stunden sind sie wach und aktiv,
- 2,5 Stunden sind sie wach und aufmerksam,
- und 1 Stunde dösen sie.

Wichtig ist zu betonen, dass bei dieser Verteilung sehr starke individuelle Unterschiede die Regel sind. Es gibt Neugeborene, die – zum Leidwesen ihrer Eltern – deutlich länger schreien oder mehr schlafen. Auch gibt es Babys die länger wach und aufmerksam ihre Umgebung beobachten, dafür aber geringere weitere Aktivitäten zeigen.

Zwei Aktivierungszustände wurden besonders intensiv erforscht: Schlafen und Schreien.

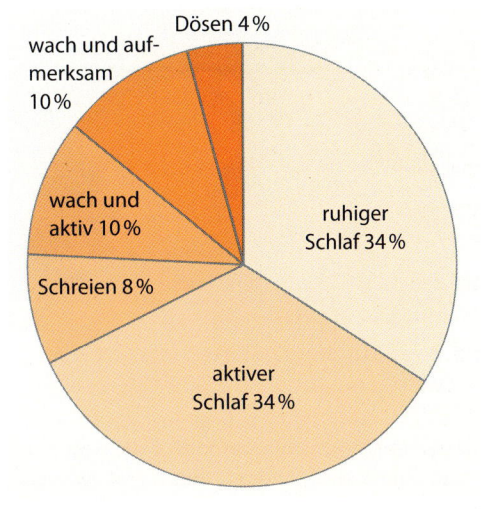

Die prozentualen Anteile der Aktivierungszustände von Neugeborenen in 24 Stunden (vgl. Siegler u. a., 2011, S. 69)

Schreien

Neugeborene schreien aus verschiedenen Gründen, u. a. dürften dies sein:
- Krankheit
- Schmerz
- Hunger
- Kälte
- Überreizung
- Langeweile
- Frustration

Die meisten Erwachsenen empfinden schreiende Babys als besonders unangenehm und versuchen, das Schreien des Babys zu beenden. Aus evolutionärer Sicht kann davon ausgegangen werden, dass schreiende Babys einen Überlebensvorteil haben, da sie Erwachsene dazu bringen können, sich um sie zu kümmern. Heute lassen sich viele Eltern vom Schreien ihres Babys verunsichern – sie können häufig die Ursachen für das Schreien nicht erkennen und wissen nicht, wie sie angemessen darauf reagieren sollen. Erfahrene Eltern erkennen in der Regel besser, wie das Schreien ihres Babys zu deuten ist und können den Zusammenhang, in dem das Schreien stattfindet, genauer einordnen. Von der zweiten bis zur sechsten Lebenswoche nimmt das Schreien zu, um dann bis zum Ende des ersten Lebensjahres wieder nachzulassen. Besonders häufig schreien Babys abends und am späten Nachmittag. Die Ursache dafür könnte darin liegen, dass Babys während des Tages von ihren Eltern oder Bezugspersonen intensiv mit Aktivitäten bedacht wurden. Die „Verarbeitungsgrenze" ist dann sozusagen erreicht. Bringt das Neugeborene mit dem Schreien sein Unbehagen zum Ausdruck, wird später daraus auch ein Kommunikationsmittel, um die Bezugspersonen zu einer bestimmten Handlung zu veranlassen.

Einige Babys schreien besonders viel, unangenehm und häufig ohne einen offensichtlichen Grund. Man bezeichnet sie daher als **Schreibabys**. Dies betrifft in Deutschland fast jedes dritte Baby, wobei Jungen genauso häufig Schreibabys sind wie Mädchen. Warum Babys zu Schreibabys werden, ist bis heute nicht eindeutig geklärt. Als mögliche Ursachen werden sowohl Verdauungsprobleme als auch Regulationsstörungen (das Baby kann sich nicht selber beruhigen) diskutiert. Ein Risikofaktor ist das Rauchen der Mutter während der Schwangerschaft. In vielen Städten gibt es mittlerweile Beratungsstellen (sogenannte Schreiambulanzen), die speziell bei diesem Problem eine Hilfestellung bieten wollen.

Durch welches Verhalten sich Babys in der Regel gut beruhigen lassen, wurde intensiv erforscht. Dabei funktioniert das besonders gut, was die meisten Eltern intuitiv machen: das Baby schaukeln, wiegen, auf den Arm nehmen, ihm einen Schnuller geben oder singen. Das Baby herumzutragen mag zwar für die Eltern anstrengend sein, funktioniert aber ebenfalls gut. Gleichfalls lassen sich Babys durch Ablenkung mit interessanten Gegenständen beruhigen.

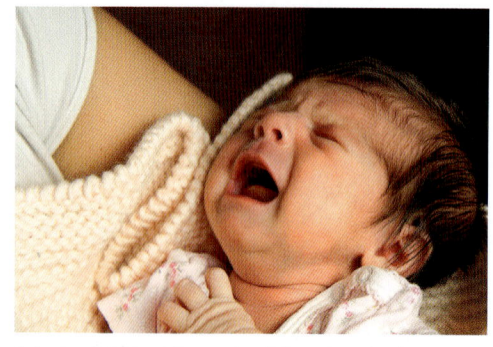

Schreiende Babys können ziemlich anstrengend sein.

Schlafen

Neugeborene schlafen besonders viel – oft doppelt so lange wie Erwachsene –, wobei sich der Schlafbedarf mit zunehmendem Lebensalter verringert. Zwei Schlafzustände können beim Menschen unterschieden werden: Der REM-Schlaf und der Non-REM-Schlaf.

REM-Schlaf	Non-REM-Schlaf
aktiver Schlafzustand	ruhiger, tiefer Schlafzustand
Träume (bei Erwachsenen)	keine Träume
Körperbewegung	keine Bewegungen des Körpers
unregelmäßige Puls- und Atemfrequenz	ruhige Puls- und Atemfrequenz
auffällige Gehirnaktivität	ruhige Gehirnaktivität
schnelle, ruckartige Augenbewegungen bei geschlossenen Augenlidern (**r**apid **e**ye **m**ovement)	kaum Augenbewegungen

Neugeborene verbringen 50 Prozent ihrer Gesamtschlafzeit im REM-Schlaf. Dieser Anteil sinkt im Alter von drei bis vier Jahren auf 20 Prozent ab. Mit anderen Worten: aus Sicht der Erwachsenen schlafen Neugeborene relativ unruhig. Vermutet wird, dass diese „Selbststimulation" des Gehirns wichtig zur Entwicklung des Sehsystems (visuelles System) von Fötus und Neugeborenem ist, da aufgrund der langen Schlafphasen ansonsten wenig Stimulation von außen erfolgt (sogenannte Autostimulationstheorie). Das Gehirn von Neugeborenen ist während des Schlafes außerdem weniger von Außenreizen abgeschottet, als das Gehirn Erwachsener. So können Neugeborene zum Beispiel Sprachlaute, die ihnen während des Schlafes vorgespielt wurden, wiedererkennen, wenn sie wach sind. Neugeborene lernen also tatsächlich im Schlaf.

Neugeborene wechseln zudem häufiger zwischen Schlaf- und Wachphasen hin und her als Erwachsene. Erst mit der Zeit entwickelt sich bei ihnen ein nicht unterbrochener Nachtschlaf. Wie und wo Babys schlafen ist sehr stark kulturell geprägt. So gilt insbesondere in (westlichen) Industrienationen das Ideal: Babys sollen möglichst früh alleine in ihrem eigenen Bett durchschlafen. Dieses Ideal ist insofern zweifelhaft, als das Kinder während der weit überwiegenden Zeit in der Menschheitsgeschichte eng bei ihren Eltern geschlafen haben. Insofern ist es nicht verwunderlich, dass der Kampf um das Alleine-schlafen viele Eltern an den Rand ihrer Kräfte bringt.

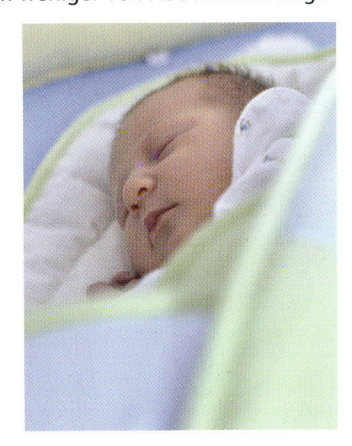

Reflexe

Das Neugeborene verfügt über eine Vielzahl von Reflexen. Dabei handelt es sich um motorische Reaktionen auf bestimmte Reize, die immer gleich ablaufen und für das Neugeborene eine überlebenswichtige Funktion haben. Besonders hervorzuheben sind an dieser Stelle Saugreflex, Suchreflex, Mororeflex und Schreitreflex (siehe Kapitel 5.2.5). Innerhalb des ersten Lebensjahres verschwinden die meisten Reflexe und werden teilweise durch zielgerichtete Handlungsabläufe ersetzt. Wie in Kapitel 6.2.1 an der Theorie Jean Piagets dargestellt wird, sind Reflexe vermutlich wichtig für die spätere kognitive Entwicklung, da sie als Ausgangsbasis für das weitere Verhalten dienen.

6.1.3 Bindung und kognitive Entwicklung

Die erstaunliche Fähigkeit des Menschen, viel, schnell und effektiv zu lernen, ist bereits beim Fötus angelegt. Das In-Funktion-treten von Strukturen, die durch Reifungsprozesse neu ausgebildet worden sind, führt zu einer beständigen weiteren Ausdifferenzierung dieser Strukturen. Diese permanente **Wechselwirkung** zwischen Struktur und Funktion ist essenziell nicht nur für die kognitive, sondern für die gesamte Entwicklung.

Die kognitiven Fähigkeiten des Neugeborenen sind zwar noch sehr eingeschränkt aber in dreierlei Hinsicht auch besonders effektiv (vgl. Oerter/Montada, 2008, S. 178):
- Sie sichern das Überleben des Neugeborenen.
- Sie ermöglichen dem Neugeborenen, seine Gehirnstruktur weiter zu verfeinern.
- Sie bringen Erwachsene dazu, sich um das Neugeborene zu kümmern (Bindungsverhalten).

Insbesondere eine sichere **Bindung** (vgl. Kapitel 6.2.9) hat für die kognitive Entwicklung eine enorme Bedeutung. Die Bindungsperson dient als sicherer Anlaufpunkt für das Kind, das sich – mit dem Wissen um diese Sicherheit – mit der Welt auseinandersetzen kann. Unter dem Stichwort der gelenkten Partizipation wird darauf noch näher eingegangen (siehe Kapitel 6.2.6). Sichere Bindungserfahrungen scheinen eine direkte Voraussetzung für eine effiziente Vernetzung im Gehirn zu sein. Bindung hat also nicht nur eine Bedeutung für die emotionale sondern auch für die kognitive Entwicklung des Kindes. Im Gegensatz dazu kann die kognitive Entwicklung von Angst und Verunsicherung, Vernachlässigung und mangelnden Anregungen verhindert oder verlangsamt werden. In experimentellen Versuchen an Ratten konnte beispielsweise gezeigt werden, dass dauerhafter Stress, der durch Trennungserlebnisse ausgelöst wurde, den Strukturaufbau des Gehirns beeinträchtige (vgl. Drieschner, 2012, S. 21). Auch neueste Befunde aus der Epigenetik (vgl. Kapitel 5.1.3) legen die Vermutung nahe, dass Vernachlässigung bei Kindern einen tiefgreifenden Effekt haben kann (vgl. Tyrka u. a., 2012). Ein erschreckendes Beispiel für die Gefahren der emotionalen Isolation und Verwahrlosung (Deprivation) beim Menschen sind zum Beispiel die in Heimen aufgewachsenen Kinder in Rumänien unter dem Diktator Ceausescu (vgl. Krenz, 2007, S. 133). Diese Kinder wurden stark vernachlässigt und hatten kaum Bezugspersonen, die sich mit ihnen beschäftigten. Viele wurden emotional teilnahmslos, passiv und wiesen große Entwicklungsrückstände auf.

Deprivation (lat. deprivare = berauben), bezeichnet einen starken Mangel an Zuwendung und Pflege durch enge Bezugspersonen sowie die daraus resultierenden Folgen für das Kind.

Berufliche Handlungsrelevanz

Die Erkenntnisse der entwicklungspsychologischen Forschung belegen, dass bereits der Fötus und das Neugeborene lernfähig sind. Für ihre kognitive Entwicklung bedürfen sie der sicheren Bindung an eine Bezugsperson und einfühlsamer Aufmerksamkeit. Diese sind entscheidende Voraussetzungen für die Entwicklung und Weiterentwicklung der Kognition. Die Lernfähigkeit des Neugeborenen hat auch zur Folge, dass das Fehlen dieser Anregungen negative Auswirkungen haben kann. Dies müssen sich pädagogische Fachkräfte stets bewusst machen, wenn sie mit sehr jungen Kindern arbeiten.

6.2 Kognition beim Säugling und in frühester Kindheit

Nach der Geburt entwickeln sich die kognitiven Fähigkeiten in rasantem Tempo. Um diese Entwicklungen zu verstehen, gibt es unterschiedliche Theorien. Diese bieten verschiedene **Erklärungsmodelle** an, wobei keine Theorie für sich in Anspruch nehmen kann, alle Aspekte der kognitiven Entwicklung vollständig zu erfassen. Vielmehr ergänzen sich die Theorien gegenseitig und beleuchten unterschiedliche Aspekte der Entwicklung. Fünf große Theoriegruppen können unterschieden werden.

Theorie	Wichtigste Annahmen
Die konstruktivistische Theorie Jean Piagets	Kinder konstruieren Wissen aus gemachten Erfahrungen durch einen angeborenen Prozess. Vier Stadien der Entwicklung werden dabei unterschieden (vgl. Kapitel 6.2.1).
Theorien der Informationsverarbeitung	Dem Denken von Kindern liegen spezielle Prozesse zugrunde. Lernen bedeutet, diese Basisprozesse zu verbessern. Zusätzlich erwerben Kinder Strategien, um spezielle Probleme zu lösen. Außerdem eignen sie sich inhaltliches Wissen an.

Theorie	Wichtigste Annahmen
Theorien des Kernwissens	Bestimmte kognitive Fähigkeiten sind Kindern angeboren. Dabei handelt es sich insbesondere um solche Fähigkeiten, die im Laufe der Evolution das Überleben sichergestellt haben – die wichtigste ist die Lernfähigkeit. Inhaltliches Wissen über die Welt wird dazu genutzt, um diese angeborenen Fähigkeiten zu einfachen Theorien über die Welt auszubauen.
Soziokulturelle Theorien	Die Umwelt (Menschen, Objekte) formt die Entwicklung des Menschen. Lehren und lernen sind zentrale Fähigkeiten des Menschen. Besonders wichtig ist die Sprache, da unser Denken sprachlich verfasst ist.
Theorien dynamischer Systeme	Entwicklung ist dynamisch. Die verschiedenen kognitiven Prozesse bilden ein System, welches je nach Bedarf auf die Umwelt reagiert. Denken und Handeln ergänzen sich gegenseitig.

Die fünf wichtigsten Theorien der kognitiven Entwicklung (vgl. Siegler u. a., 2011, S. 170 f.)

Berufliche Handlungsrelevanz

Durch die Kenntnis der wichtigsten Theorien der kognitiven Entwicklung können pädagogische Fachkräfte ihr Handeln auf eine professionelle Basis stellen, dieses selbstkritisch reflektieren und gegenüber anderen begründen. Ihre Kenntnis ist also ein wichtiger Beitrag zur Fach- und Methodenkompetenz, denn „Nichts ist praktischer als eine gute Theorie" (Kurt Lewin).

Aus den dargestellten Theorien ergibt sich auch: Bei der kognitiven Entwicklung, wie beim gesamten Entwicklungsprozess, gibt es große individuelle Unterschiede. Entwicklungstabellen sind daher immer mit Vorsicht zu genießen. Eine Entwicklungsverzögerung bei einem Kind deutet sich an, wenn 90 bis 95 Prozent der gleichaltrigen Kinder eine neue Fähigkeit bereits erlernt haben, das betreffende Kind jedoch nicht. Dann sollte genau hingeschaut werden, warum die Fähigkeit noch nicht vorhanden ist (vgl. Krenz, 2007, S. 111).

6.2.1 Die Theorie Jean Piagets

Insbesondere die Theorie des Schweizers Jean Piaget (1896–1980), die zu Beginn des 20. Jahrhunderts entstand, hat entscheidend dazu beigetragen, dass die kognitive Entwicklung zu einem wichtigen Forschungsbereich der Entwicklungspsychologie geworden ist (vgl. Kapitel 4.3.2).

Piagets Theorie ist auch heute noch attraktiv, da sie die kognitive Entwicklung in klar abgegrenzten Phasen nachvollziehbar beschreibt und sich auf viele kognitive Prozesse bezieht. Grundsätzlich ging es Piaget darum zu erklären, wie das Denken bei Säuglingen überhaupt in Gang kommt. Dabei ging er davon aus, dass Kinder sich entwickeln, in dem sie aus gemachten Erfahrungen ihr Wissen konstruieren – z. B. „Wenn ich den Gegenstand loslasse, fällt er nach unten". So verändern und entwickeln sich bestimmte psychologische Strukturen, die sogenannten kognitiven Schemata.

Kognitive Schemata sind spezifische psychologische Strukturen, die eine organisierte, konstruktive und sinnstiftende Verarbeitung von Erfahrungen ermöglichen (vgl. Berk, 2011, S. 201). Sie stellen für das Kind eine überdauernde Wissensbasis dar und ermöglichen es, die Umwelt zu interpretieren.

Damit dieser Konstruktionsprozess gelingt, bilden Kinder Hypothesen (Annahmen) über die Welt, experimentieren und ziehen aus ihren eigenen Beobachtungen Schlussfolgerungen. Kinder scheinen also die Welt genauso zu erforschen, wie Wissenschaftler dies bei ihren Forschungen tun. Damit hatte Piaget eine für die damalige Zeit revolutionäre Sichtweise auf das Kind.

Aus dieser Grundannahme Piagets folgt auch: Kinder sind nicht unbedingt auf Erwachsene als Lehrer angewiesen und sie sind aus sich selbst heraus motiviert zu lernen (intrinsische Motivation, lat. intrinsecus = innerlich). Auf die Umwelt zu reagieren ist Kindern nach Piagets Theorie angeboren. Die eigenen Ziele und die Anforderungen der Umwelt müssen dabei in Einklang gebracht werden. Dies bezeichnet Piaget als **Adaption** (Anpassung, lat. adaptare = anpassen). Außerdem versucht das Kind ein stimmiges System seines Wissens aufzubauen – dies wird als **Strukturierung** bzw. als Struktur bezeichnet.

Zentral in Piagets Theorie sind drei Begriffe, die den Prozess der kognitiven Entwicklung abbilden:

- **Assimilation** (lat. assimilatio = Ähnlichmachung): Neue Informationen werden in eine bereits verstandene Wissensstruktur (kognitives Schema) eingefügt.
  Beispiele: Hanna (1;5 Jahre alt) hat durch die Betrachtung eines Bilderbuchs gelernt, dass ein Clown rote Haare hat. Als sie sieht, dass ihrer Oma beim Friseur die Haare rot gefärbt werden, sagt sie: „Oma Clown". Der zweijährige Philipp hat verstanden, dass man mit Buntstiften malen kann. Er beginnt auf dem Boden, dem Tisch und den Wänden zu malen.

- **Akkomodation** (lat. accommodatio = das Anpassen): Kognitive Schemata werden an neue Erfahrungen angepasst.
  Beispiele: Hanna wird erklärt, dass sich ihre Oma die Haare färben lässt und dass nicht jeder Mensch mit roten Haaren automatisch auch ein Clown ist. Hannas Wissen über die Welt hat sich damit erweitert: Offensichtlich gehört mehr zum Clown-sein als rote Haare. Philipp wird erklärt, dass er auf einem Blatt Papier malen soll.

- **Äquilibration** (franz. équilibrer = Gleichgewicht herstellen): Assimilation und Akkomodation werden in ein Gleichgewicht gebracht. Die Äquilibration vollzieht sich dabei in drei Schritten:
  a) Zunächst erkennt das Kind keinen Widerspruch zwischen seiner Wissensstruktur und seinen Beobachtungen (Äquilibrium).
  b) Dann erfährt es, dass seine Wissensstruktur nicht mehr zu seinen Beobachtungen passt (Disäquilibrium).
  c) Schließlich entwickelt sich eine breitere Wissensstruktur, die die gemachten Beobachtungen besser erklärt.
  Beispiele: Hanna ist jetzt klar, dass ein Clown vielleicht auch eine rote Nase und eine lustige Hose trägt. Philipp hat verstanden, dass man Bilder auf einem Blatt Papier malen soll.

Ein weiteres Beispiel soll den Assimilations-Akkomodations-Prozess noch einmal verdeutlichen:

Beispiel

Lisa (2;5 Jahre alt) hat gelernt, dass ein Ball rund ist (Assimilation). Als sie eine Tomate sieht sagt sie: „Ball ... rot?" Ihr wird nun erklärt, dass nicht jeder runde Gegenstand ein Ball ist. Zum Beispiel gibt es auch viele Obst- und Gemüsesorten, die rund sind. Lisa passt dementsprechend ihr kognitives Schema neu an das hinzugewonnene Wissen an: Ein runder Gegenstand kann ein Ball sein. Ebenso gut, könnte es sich aber auch um eine Frucht handeln (Akkomodation).

Die Prozesse der Assimilation und Akkomodation führen also zu einem breiteren Wissen über die Welt. Diese Wissensaneignung gliedert Piaget in vier festgelegte Stadien der kognitiven Entwicklung, die jeweils zu einer neuen – und besseren – Strukturierung des Wissens führen (siehe folgende Tabelle):

6.2 Kognition beim Säugling und in frühester Kindheit

Entwicklungsstadien nach Piaget	Zentrale Merkmale	Alter
1. **Sensumotorisches Stadium**	Wichtig sind sensorische (Fühlen, Schmecken) und motorische Fähigkeiten.	Geburt–2 Jahre
2. **Präoperationales Stadium**	Kinder lernen, ihre Erfahrungen durch Sprache, Vorstellungen und Symbole darzustellen.	2–7 Jahre (siehe Kapitel 6.3.1)
3. **Konkret-operationales Stadium**	Kinder können logisch über Objekte und Ereignisse nachdenken.	7–12 Jahre (siehe Kapitel 6.4.1)
4. **Formal-operationales Stadium**	Kinder können ab jetzt auch über abstrakte Annahmen und hypothetische Beispiele nachdenken.	ab 12 Jahre (siehe Kapitel 6.5.1)
5. **(Postformales Denken, im Anschluss an Piaget)**	(Junge Erwachsene gehen reflektiert vor. Es gibt unterschiedliche Wahrheiten, Theorie und Wirklichkeit können sich widersprechen.) (vgl. Berk, 2011, S. 625)	(ab ca. 19 Jahre, siehe Kapitel 6.6.1)

Die Stadien in Piagets Stufenmodell der Entwicklung

Die aufgeführten Stadien selbst können wieder in einzelne Teilstadien untergliedert werden. Piaget geht weiter davon aus, dass diese Stufenabfolge nicht veränderbar ist – sie ist invariant, tritt also immer genau in dieser Abfolge auf. Außerdem postuliert er, sie sei weltweit gleich – also unabhängig von der jeweils vorherrschenden Kultur sind die Stufen universell (vgl. Fröhlich-Gildhoff u. a., 2009, S. 85). Andere Forscher haben aber gezeigt, dass die Angehörigen mancher Stammeskulturen nicht über das konkret-operationale Stadium hinausgehen. Daran wird Folgendes deutlich: Piagets Theorie hatte und hat nach wie vor einen entscheidenden Einfluss auf das Forschungsfeld der Entwicklungspsychologie. Nichtsdestotrotz gibt es kritische Stimmen zu Piagets Überlegungen und neuere Forschungsergebnisse, die seine Theorie ergänzen (vgl. Kapitel 6.5.1).

Das sensumotorische Stadium

Piaget zufolge befindet sich der Säugling nach der Geburt bis zum Alter von zwei Jahren im sogenannten sensumotorischen Stadium. Das Verhalten des Kindes ist in diesem Stadium zunächst wesentlich durch seine Reflexe geprägt. Diese Reflexe nutzt der Säugling, indem er sie modifiziert und anpasst – sie werden auf die umgebende Umwelt eingestellt (Akkomodation). Der Saugreflex wird beispielsweise auf das Objekt angepasst, an dem gesaugt wird. Zudem werden unterschiedliche Reflexe, z. B. Greifen und Saugen, zu einem Verhalten zusammengefügt. Beispiel: Jasper schafft es mit sieben Monaten, seinen Schnuller zu greifen und ihn sich selbst in den Mund zu stecken. Manchmal unterlaufen ihm dabei noch Fehler und der Schnuller landet verkehrt herum im Mund.

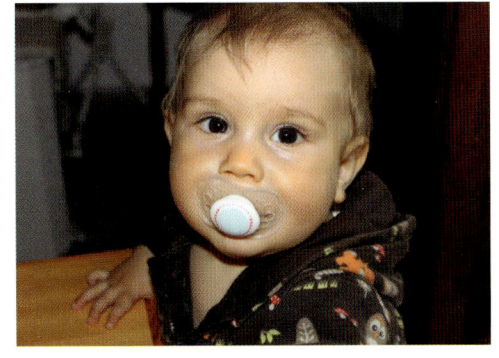

Mit etwa sechs Monaten beginnt der Säugling, sich mehr und mehr für seine Umwelt zu interessieren. Viele Säuglinge scheinen daher auch „frustriert" zu sein, wenn sie ein entferntes Objekt noch nicht erreichen können. Babys fangen nun auch an, Handlungen zu wiederholen, die für sie besonders interessant sind. So beklopft und ertastet Jasper immer wieder ausführlich Menschen und Objekte, um deren „Materialeigenschaften" zu testen.

Folgende Entwicklungsphasen werden im sensumotorischen Stadium unterschieden:

Reflexe führen zu …	Angeborene Reflexe werden ausgeführt
einfachen Gewohnheiten (sogenannte primäre Kreisreaktionen) → führen zu …	Durch Erfahrungen werden die Reflexe angepasst.
Wiederholungen von Handlungen (sogenannte sekundäre Kreisreaktionen) → führen zu …	Einfache Handlungen werden wiederholt, um wiederkehrende Effekte zu erzielen.
koordinierten Handlungen → führen zu …	Einfache Handlungen werden auch in anderen Situationen durchgeführt.
Handlungsabfolgen, mit denen experimentiert wird (sogenannte tertiäre Kreisreaktionen) → führen zu …	Versuch und Irrtum – neue Mittel werden entdeckt, um Ziele zu erreichen.
verinnerlichten Handlungsfolgen, mit denen experimentiert wird.	Übergang zum präoperationalen Stadium durch Entwicklung der Symbolfunktion, wie zum Beispiel die Sprache.

Entwicklungsphasen im sensumotorischen Stadium (vgl. Lohaus u. a., 2010, S. 24)

Objektpermanenz und Repräsentationsfähigkeit

Laut Piaget wissen Säuglinge im sensumotorischen Stadium noch nicht, dass ein Objekt weiterexistiert, auch wenn sie es nicht mehr sehen („Aus den Augen, aus dem Sinn"). Piaget bezeichnet dies als fehlende Objektpermanenz. Objekte scheinen für Kinder in diesem Alter nur zu existieren, wenn sie sie auch wahrnehmen. Schließlich, mit etwa einem Jahr, haben Kinder laut Piaget die Fähigkeit, sich Objekte auch dann vorstellen zu können, wenn sie sie nicht sehen: Sie beginnen nach ihnen zu suchen, wenn man sie versteckt. Wie schwierig dies für Kinder ist, zeigt folgender bekannter Versuch: Ein Objekt wird mehrmals offensichtlich an einem Ort A versteckt. Das Kind findet dieses Objekt an Ort A. Nun wird das Objekt (offensichtlich für das Kind) an einem Ort B versteckt. Trotzdem sucht das Kind aber an Ort A. Es ignoriert die neue Information, dass das Objekt an einem anderen Ort versteckt wurde. Dieses bekannte Experiment bezeichnet man als **A-/nicht-B-Suchfehler**. Die Fähigkeit, sich Objekte vorstellen zu können, wird auch Repräsentationsfähigkeit genannt.

So lernen Kinder Skripte.

> **Repräsentationsfähigkeit** bezeichnet die Fähigkeit, sich Dinge, Ereignisse und Begriffe vorstellen zu können – und zwar losgelöst von der aktuellen Anschauung. Sie ist eine zentrale Voraussetzung für die weitere Entwicklung der kognitiven Fähigkeiten.
>
> Miteinander verbundene Repräsentationen, z. B. „Kuchen mit Kerzen + andere Kinder geben mir Geschenke = Geburtstag" oder „CD nehmen + in den CD-Player stecken + Knopf drücken = lustige Musik" bezeichnet man als **Skripte** (vgl. Viernickel/Völkel, 2009, S. 90, 104).

Neuere Untersuchungen haben gezeigt, dass Kinder schon wesentlich früher über Objektpermanenz verfügen, als von Piaget angenommen – nämlich mit ca. drei bis sechs Monaten (vgl. Viernickel/Völkel 2009, S. 94 und Drieschner, 2012, S. 18). Weiteres dazu findet sich in Kapitel 6.2.4.

Experimentieren und Nachahmen

Schließlich beginnen Kinder mit etwa einem Jahr mit Objekten zu experimentieren. Sie probieren aus, wozu man sie gebrauchen könnte. Auch können Kinder in den letzten sechs Monaten des sensumotorischen Stadiums Handlungen, die sie gesehen haben, zeitversetzt nachahmen. Beispiel: Der einjährige Jasper zieht sich seine Socke aus, bringt sie zu einer Schublade, die er aufziehen kann, legt die Socke hinein und schiebt die Schublade wieder zu. So hat er es bei seinen Eltern gesehen. Kinder haben die Handlungen also dauerhaft präsent. Diese Fähigkeit ermöglicht den Übergang in das präoperationale Stadium.

Zurück zu Piagets Ausgangsfrage

Wie wird das menschliche Denken überhaupt in Gang gesetzt? Piaget beantwortet diese Frage, indem er annimmt, dass das Handeln (zu Beginn die Reflexe) das Denken hervorbringt, indem äußere Handlungen verinnerlicht werden. Denken ist für ihn verinnerlichtes Handeln. Anstelle der Handlungen werden kognitive Schemata gebildet, die schließlich auch unabhängig von der Handlung eingesetzt werden können.

Handeln → **Denken**

6.2.2 Informationsverarbeitungstheorien

Ähnlich wie Piaget gehen die Informationsverarbeitungstheoretiker davon aus, dass das Kind aktiv lernt und Probleme zu lösen versucht. Im Gegensatz zu Piaget, der sich sehr stark für die Inhalte des Denkens interessierte, betrachten Informationsverarbeitungstheoretiker in erster Linie die Abläufe. Dies ist ein wichtiger Unterschied in der Herangehensweise bei der Erforschung der kognitiven Entwicklung, was die Interpretation der Ergebnisse von Versuchen und gestellten Aufgaben zeigt.

Um die Kognition zu erforschen wurde die sogenannte **Aufgabenanalyse** entwickelt. Hier wird genau analysiert
- welche Ziele das Kind verfolgt,
- welche Informationen aus der Umgebung dem Kind zur Verfügung stehen und
- welche Strategien das Kind benutzt, um die Aufgabe zu lösen.

Denken wird dabei als Prozess verstanden – eine Aufgabe wird also nicht durch *einen* Denkschritt, sondern durch viele aufeinanderfolgende Denkschritte gelöst. Schließlich gehen die Informationsverarbeitungstheorien davon aus, dass dem Denken bestimmte Strukturen zugrunde liegen – diese können auch bestimmten Gehirnarealen zugeordnet werden. Außerdem folgt das Denken bestimmten Regeln und Strategien, welche als **Prozesse** bezeichnet werden.

Im Gegensatz zu Piaget erklären Informationsverarbeitungstheoretiker die Entwicklung der kognitiven Fähigkeiten als fortlaufenden kontinuierlichen Prozess und nicht als Abfolge fester Stadien. Die kognitive Entwicklung wird mit der Entwicklung von Computersystemen verglichen, womit nicht gemeint ist, dass das Gehirn wie ein Computer funktioniert – der Vergleich soll lediglich das Verständnis vereinfachen.

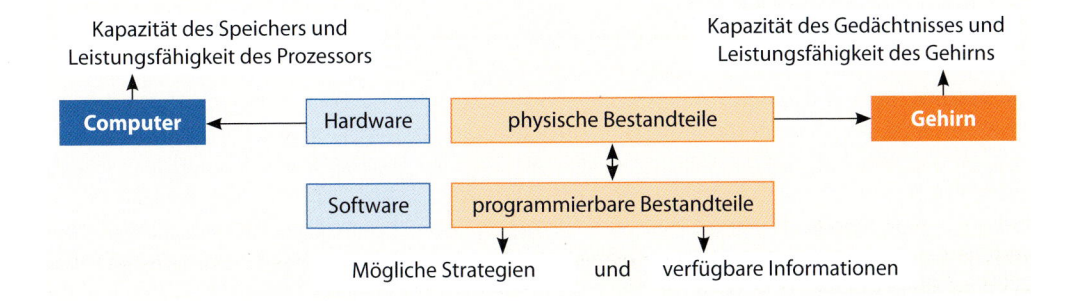

Kapazität des Speichers und Leistungsfähigkeit des Prozessors — Kapazität des Gedächtnisses und Leistungsfähigkeit des Gehirns

Computer ← Hardware — physische Bestandteile → **Gehirn**

Software — programmierbare Bestandteile

Mögliche Strategien und verfügbare Informationen

> „Aus der Sicht der Informationsverarbeitung entsteht die kognitive Entwicklung dadurch, dass Kinder allmählich die Kapazitätsgrenzen ihres kognitiven Verarbeitungssystems überwinden, (1) durch die Ausweitung des Informationsumfangs, den sie gleichzeitig verarbeiten können, (2) durch immer effizientere Ausführung grundlegender Prozesse und (3) durch Erwerb neuer Strategien und neuen Wissens."
>
> (Siegler u. a., 2011, S. 144)

Gedächtnis

Ständig versucht das Kind neue Ziele zu erreichen und seine Grenzen der Informationsverarbeitung zu überwinden. Voraussetzungen dafür sind bestimmte Strukturen – insbesondere die des Gedächtnisses. Heute geht man davon aus, dass das menschliche Gedächtnis nicht eine Einheit darstellt, sondern sich aus unterschiedlichen Gedächtnissen zusammensetzt. Dieses Modell wird als **Mehrspeichermodell** bezeichnet.

Die Verarbeitung von Informationen erfolgt also durch mehrere Gedächtnisspeicher. Den Ablauf kann man sich dabei wir folgt vorstellen (siehe auch Grafik auf S. 165 oben):

1. Informationen werden durch die Sinnesorgane aufgenommen und im **sensorischen Gedächtnis** (auch sensorisches Register bzw. Ultrakurzzeitgedächtnis genannt) für sehr kurze Zeit gespeichert. Hier werden also die Eindrücke gespeichert, die man hört, sieht, riecht usw. Das sensorische Gedächtnis stellt gewissermaßen die Eingangspforte für eine Information dar. Nun wird entschieden, ob diese Information nicht weiter beachtet oder an das Arbeitsgedächtnis weitergegeben wird. Entscheidend an diesem Punkt ist vor allem, ob das Kind der Information Aufmerksamkeit widmet oder nicht.

2. Wird der Information Aufmerksamkeit gewidmet, gelangt sie in den **Arbeitsspeicher**. Dieser führt die Information mit vielleicht bereits vorhandenen Informationen aus dem Langzeitgedächtnis zusammen. Die Information erlangt so eine Bedeutung und wird als relevant oder nicht relevant identifiziert. Die Anzahl der Informationen, die der Arbeitsspeicher verarbeiten kann, ist begrenzt, kann aber durch entsprechende Strategien erhöht werden (siehe unten, S. 165). Die Informationen verbleiben im Arbeitsspeicher wenige Sekunden bis einige Minuten. Einige Theorien unterscheiden verschiedene Arbeitsspeicher z. B. für visuelle oder akustische Informationen.

3. Schließlich können Informationen dauerhaft im **Langzeitgedächtnis** abgelegt werden. Dieses hat prinzipiell eine unbegrenzte Kapazität zur Speicherung von Informationen. Die größte Herausforderung für das Langzeitgedächtnis besteht darin, relevante Informationen zum richtigen Zeitpunkt abrufen (dekodieren) zu können. Das Langzeitgedächtnis kann unterschieden werden in das episodische Gedächtnis (eigene Erfahrungen im zeitlichen Ablauf, z. B. das Wickeln auf dem Wickeltisch), das semantische Gedächtnis (Wissen über die Welt, z. B. Äpfel kann man essen) und das prozedurale Gedächtnis (automatisierte Abläufe, wie z. B. Fahrrad fahren). Das semantische Gedächtnis beinhaltet auch die bereits erwähnten Skripte (vgl. Kapitel 6.2.1), also das Wissen darüber, wie bestimmte Handlungen typischerweise ablaufen.

(vgl. Lohaus u. a., 2010, S. 30)

Der Ablauf nach dem klassischen Mehrspeichermodell verläuft so, dass die Prozesse zeitlich aufeinanderfolgen. Sogenannte konnektionistische Theorien (engl. connection = Verbindung) gehen davon aus, dass viele Prozesse auch gleichzeitig und damit parallel ablaufen können, da unser Gehirn als Netzwerk organisiert ist.

Die Entwicklung des Gedächtnisses ermöglicht es, zu planen und Schlussfolgerungen zu ziehen – also Probleme zu lösen. Dabei ist insbesondere die Kapazität des Arbeitsspeichers von entscheidender Bedeutung für die kognitive Entwicklung.

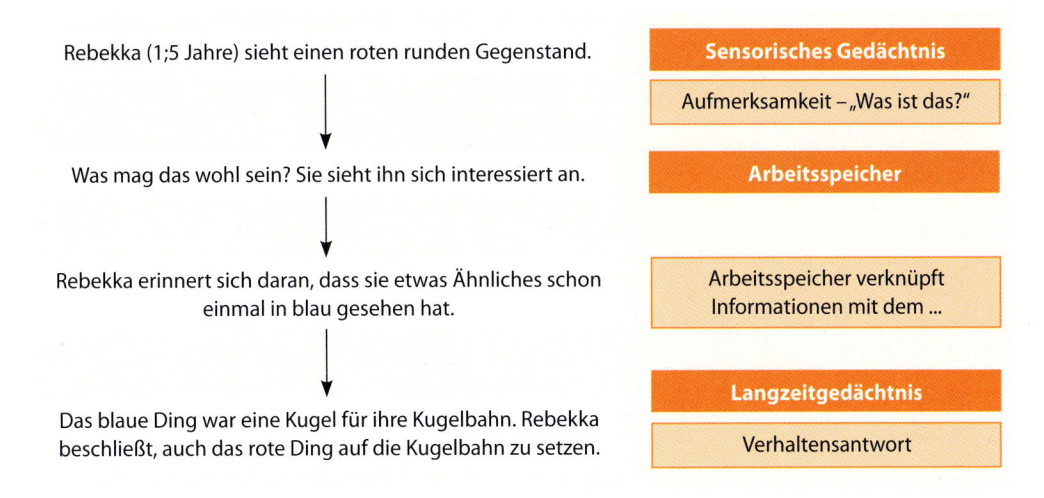

6.2 Kognition beim Säugling und in frühester Kindheit

Rebekka (1;5 Jahre) sieht einen roten runden Gegenstand.	**Sensorisches Gedächtnis** — Aufmerksamkeit – „Was ist das?"
Was mag das wohl sein? Sie sieht ihn sich interessiert an.	**Arbeitsspeicher**
Rebekka erinnert sich daran, dass sie etwas Ähnliches schon einmal in blau gesehen hat.	Arbeitsspeicher verknüpft Informationen mit dem …
Das blaue Ding war eine Kugel für ihre Kugelbahn. Rebekka beschließt, auch das rote Ding auf die Kugelbahn zu setzen.	**Langzeitgedächtnis** — Verhaltensantwort

Beispiel für einen Gedächtnisprozess

Drei grundlegende Fähigkeiten des Gedächtnisses werden unterschieden: **Basisprozesse**, **Strategien** und die Fähigkeit zur **Metakognition** (lat. meta = über, gemeint ist also das Denken über das Denken). Hinzu kommt das direkte **Inhaltswissen** über die Welt.

Basisprozesse (werden im Laufe der Entwicklung effizienter)	• Ereignisse assoziieren (verbinden): „Wenn ich in den Hochstuhl komme, bekomme ich etwas zu essen." • Objekte wiedererkennen: „Da kommt Papa." • Fakten und Vorgehensweisen abrufen: „In der oberen Schublade sind Kekse." • Beispiele verallgemeinern: „Runde kleine Sachen sind Bälle."
Strategien	• Einüben durch Wiederholen (rehearsal): „So ziehe ich mir die Schuhe an." • Sortieren nach Oberbegriffen (chunking): „Alle Bälle sind rund." • Elaborieren (Ausarbeiten) – damit ist z. B. die Verknüpfung von Wissen mit anderem Wissen gemeint: „Auf dem Spielplatz kann ich mit Lisa spielen, vielleicht kann ich auch mit anderen Kindern spielen." • gesteuerte (selektive) Aufmerksamkeit: „Ich reihe die Kugeln auf die Schnur."
Metakognition	• Wahl unterschiedlicher Strategien, je nach Situation • Nachdenken (Reflektieren) über den besten Lösungsweg
Inhaltswissen	• Das Wissen über die Welt nimmt zu und kann miteinander verknüpft werden.

Fähigkeiten des Gedächtnisses bzw. des Gehirns

Im Langzeitgedächtnis wird das Wissen in sogenannten **Konzepten** (vgl. Kapitel 6.2.5) oder Kerninhalten gespeichert, die wiederum mit anderen Inhalten durch Assoziationen verbunden sind. Je ausgereifter dieses **Netzwerk** ist, desto einfacher kann sich das Kind neue Inhalte merken, da es diese mit bereits vorhandenem Wissen verbinden kann (siehe dazu auch die Grafik auf der folgenden S. 166 oben). Wichtig für das Lernen sind also nicht nur die Lernstrategien selbst, sondern auch das bereits vorhandene Vorwissen. Diese Annahme wird im Zusammenhang mit dem Begriff „Zone der nächsten Entwicklung", bei der Darstellung der soziokulturellen Theorien wieder relevant (vgl. Kapitel 6.2.6).

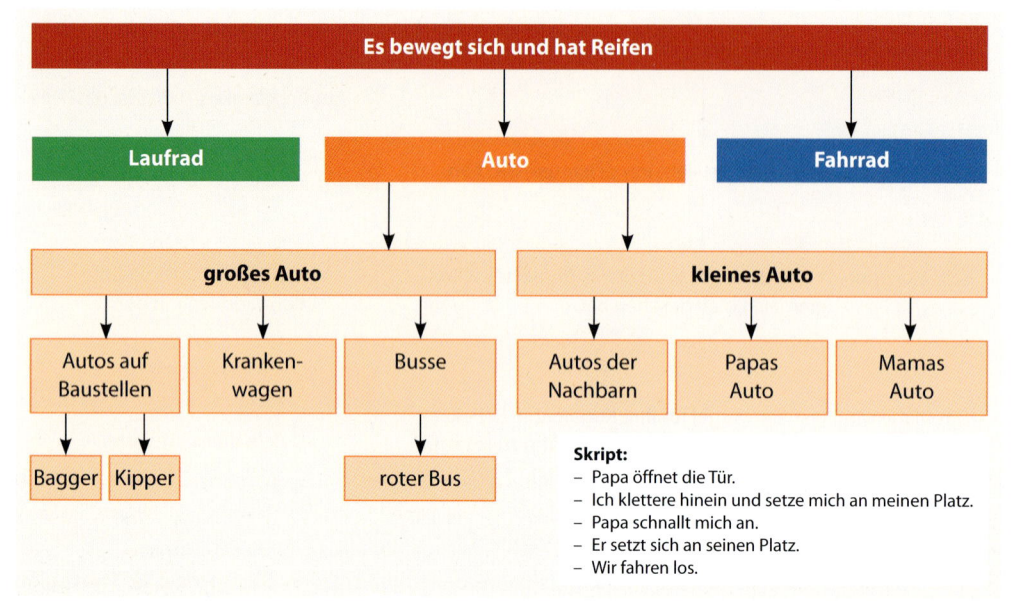

```
                    Es bewegt sich und hat Reifen
                    
   Laufrad              Auto                 Fahrrad
   
         großes Auto              kleines Auto
         
  Autos auf  Kranken-  Busse    Autos der  Papas   Mamas
  Baustellen wagen              Nachbarn   Auto    Auto
  
  Bagger Kipper      roter Bus
```

Skript:
– Papa öffnet die Tür.
– Ich klettere hinein und setze mich an meinen Platz.
– Papa schnallt mich an.
– Er setzt sich an seinen Platz.
– Wir fahren los.

Beispiel für ein Wissensnetzwerk mit einem Skript

Frühkindliche Amnesie

Warum sich Erwachsene nicht an Erlebnisse vor dem zweiten Lebensjahr erinnern können – die sogenannte frühkindliche Amnesie – bleibt rätselhaft. Bereits Kinder unter zwei Jahren verfügen schon über ein Langzeitgedächtnis, daher müssten eigentlich auch sehr früh aufgenommene Informationen so abgespeichert werden, dass sie auch für Erwachsene noch abrufbar sind. Als mögliche Ursachen für die frühkindliche Amnesie werden die noch mangelnde Qualität der Speicherung sowie der fehlende Bezug zu einem noch nicht ausgebildeten Selbstbild diskutiert (vgl. Schwarzer, 2011b, S. 116). Forscher haben allerdings herausgefunden, dass schon sehr früh die Erinnerungsfähigkeit trainiert werden kann. So können sich Kinder besser an Erlebtes erinnern, wenn dieses zeitnah in der Kommunikation mit ihren Bezugspersonen zu Sprache kommt. Gespräche über die Erlebnisse des Kindes lassen das Kind zum Hauptakteur werden, was das Abspeichern seiner Erlebnisse im Langzeitgedächtnis unterstützt. Dies wiederum führt dazu, dass auch frühere Erlebnisse auf späteren Entwicklungsstufen erinnert werden können (vgl. Peterson, 2009).

Metakognition

Ging Piaget noch davon aus, dass Kinder *eine* Strategie verwenden, um Probleme zu lösen, konnten Informationsverarbeitungstheoretiker zeigen, dass das kindliche Denken deutlich flexibler ist. Oftmals kommen nacheinander mehrere Strategien zum Einsatz und werden ausprobiert. Je mehr Strategien Kindern bekannt sind, desto eher können sie ein Problem lösen.

Besonders interessant sind dabei Forschungsergebnisse zur sogenannten **Metakognition**. Hier geht es um das Nachdenken über die Prozesse der Kognition selbst. Die Frühpädagogik-Professorin Ingrid Pramling nennt dies die „Wie-Aspekte" der Kognition: Wie versteht das Kind etwas? Wie erinnert es sich an etwas? Wie kommt das Kind zu einer Lösung? (vgl. Pramling, 2007, S. 75).

> Die Fähigkeit und Kompetenz die eigenen kognitiven Prozesse regulieren, kontrollieren und überwachen zu können, wird als **Metakognition** bezeichnet (vgl. Lohaus u. a., 2010, S. 116).

Kinder erlangen also erst nach und nach ein Verständnis dafür, wie das Denken und das Gedächtnis funktionieren. So wissen viele Kinder im Elementarbereich beispielsweise noch nicht, dass sie Dinge auch vergessen können. Typische metakognitive Fragestellungen für ältere Kinder wären zum Beispiel:
- Was kannst du dir gut, was kannst du dir schlecht merken?
- Kannst du dir drei oder sechs Dinge leichter merken?
- Wer kann sich besser an etwas erinnern – ein Kind, das fünf Minuten Zeit hat, etwas zu lernen, oder ein Kind, das dazu zehn Minuten Zeit hat?
- Was kann man sich leichter merken – die genauen Worte oder die Inhalte einer Geschichte?
- Wer kann sich Sachen besser merken – Kinder mit langen oder Kinder mit kurzen Haaren?

(vgl. Fröhlich-Gildhoff u. a., 2009, S. 119)

Ziel ist die Entwicklung **metakognitiver Kompetenzen**, diese ermöglichen es, etwas vorhersagen, etwas kontrollieren und etwas unter bestimmten Fragestellungen betrachten zu können (vgl. Pramling, 2007, S. 77).

Berufliche Handlungsrelevanz

Die Erkenntnisse des Informationsverarbeitungsansatzes legen nahe, dass pädagogische Fachkräfte Kinder dadurch fördern können, dass sie ihnen helfen, bestimmte Strategien zu entwickeln – insbesondere Gedächtnisstrategien. Das bekannteste Beispiel dafür dürfte wohl das Memory-Spielen sein.

Zudem könnte es die Metakognition bei Kindern fördern, wenn sie laut über ihre Art des Problemlösens nachdenken. Dabei geht es nicht so sehr um die Frage „Wie löse ich ein konkretes Problem?", sondern um den Weg, wie bestimmte Probleme generell gelöst werden können.

Je umfangreicher das Wissensnetzwerk von Kindern ist, desto einfacher können sie sich Wissen merken und Assoziationen herstellen. Wichtig ist also, in möglichst vielen Bereichen durch möglichst unterschiedliche Methoden, die Voraussetzungen zum Entstehen für ein bereites Wissensnetzwerk zu schaffen. Dies spricht gegen eine spezialisierte Förderung in nur einem Bereich.

Hingewiesen werden muss auch hier wieder auf die Basis für eine kognitive Entwicklung: die sichere Bindung (vgl. Kapitel 6.2.9). Untersuchungen haben gezeigt, dass sich dies nicht nur auf die Eltern-Kind-Bindung bezieht. Vielmehr kann (und muss) auch die pädagogische Fachkraft als Bindungsperson wirken, wenn Kinder sich optimal entwickeln sollen (vgl. Drieschner, 2012, S. 23).

Die von Piaget aufgeworfene Frage, wie überhaupt das Denken in Gang kommt, würden Informationsverarbeitungstheoretiker so beantworten: die Kognition bestimmt das Handeln. Kognition entwickelt sich dabei als Prozess in unterschiedlichen Bereichen.

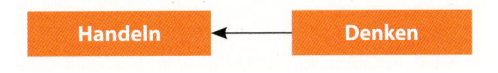

Handeln ← **Denken**

6.2.3 Theorien des Kernwissens

Spätestens seit Charles Darwin 1859 die Evolutionstheorie begründete, ist bekannt, dass der Mensch als biologisches Wesen ein Produkt der Evolution ist. Die Theorien des Kernwissens gehen davon aus, dass bestimmte Bereiche des menschlichen Denkens – insbesondere die, die für ein Überleben notwendig sind – ebenfalls durch die Evolution sozusagen vorgeprägt (angeboren) sind. Dieser Annahme folgend werden Kinder in diesen Bereichen als wesentlich leistungsfähiger eingeschätzt, als dies beispielsweise Piaget annahm. Nichtsdestotrotz werden Kinder auch in den Theorien des Kernwissens als aktive Lerner gesehen.

Angeboren ist also nicht nur die generelle Fähigkeit zu lernen, sondern auch in bestimmten Bereichen besonders effektiv neue Informationen aufnehmen zu können. Gut belegen lässt sich diese Annahme anhand der Fähigkeit von Säuglingen, Gesichter zu erkennen. Diese Fähigkeit scheinen Säuglinge offenbar von Anfang an zu besitzen – sie müssen nicht erst mühsam erlernen, Gesichter zu erkennen. Ein weiterer Beleg für die Annahme angeborener Muster ist die Effizienz des Spracherwerbs (vgl. Kapitel 7). Auch hier sind vermutlich bestimmte Muster, z. B. für das Erkennen grammatischer Strukturen, mit der Geburt bereits vorhanden.

Bestimmte Grundmuster scheinen also angeboren zu sein oder können besonders schnell und effektiv erlernt werden. Dies bezieht sich insbesondere auf:
- das Wissen über **Objekte** (aus evolutionärer Sicht: Wie kann ich mich bewegen, ohne mich zu verletzen?). Dies wird als intuitive Physik bezeichnet.
- das Wissen über **Menschen** (aus evolutionärer Sicht: Wie können wir ein gemeinsames Ziel verfolgen?). Dies wird als intuitive Psychologie bezeichnet (vgl. Kapitel 6.3.4).
- das Wissen über **Pflanzen und Tiere** (aus evolutionärer Sicht: Welche Tiere und Pflanzen sind für mich gefährlich?). Dies wird als intuitive Biologie bezeichnet.

Dieses Kernwissen ist nicht zum Zeitpunkt der Geburt vorhanden, sondern entfaltet sich nach und nach. Vermutlich beginnen Kinder ihr Leben mit einem intuitiven Wissen über Objekte. So sind schon drei Monate alte Kinder überrascht, wenn man ihnen physikalisch „unmögliche" Experimente zeigt, z. B. wenn sich ein Objekt nicht gleichmäßig durch den Raum bewegt sondern plötzlich verschwindet, um an anderer Stelle wieder aufzutauchen (mehr dazu siehe Kapitel 6.2.4). Psychologisches Grundwissen entsteht vermutlich mit ca. 18 Monaten und eine intuitive Biologie im Alter von drei Jahren.

Statt von Kernwissen spricht man auch von **privilegiertem Wissen** und nicht privilegiertem Wissen. Mit letzterem ist dann solches Wissen gemeint, das man sich durch einen Lernprozess aneignet.

Berufliche Handlungsrelevanz

Die Theorien des Kernwissens belegen noch einmal eindringlich mit welchen Kompetenzen bereits der Säugling ausgestattet ist – in der Frühpädagogik und Entwicklungspsychologie spricht man deshalb auch vom kompetenten Säugling. Keinesfalls ist es so, dass der Mensch als unbeschriebenes Blatt (tabula rasa) auf die Welt kommt. Vielmehr scheinen ihm grundlegendes Wissen bzw. dessen Prinzipien angeboren zu sein. In dem die pädagogischen Fachkräfte an dieses privilegierte Wissen im Zusammenhang mit der Alltagswelt der Kinder anknüpfen, können sie Kinder gezielt fördern.

6.2.4 Die Entwicklung physikalischen Wissens

Die Entwicklungspsychologie hat sich intensiv mit der Frage beschäftigt, was Kinder über die Welt der Gegenstände denken. Wie eingangs schon beschrieben wurde, ging Piaget davon aus, dass, sobald ein Objekt aus dem Sichtbereich des Säuglings verschwindet, dieses auch nicht mehr in seinem Bewusstsein ist. Deshalb sucht es nicht nach ihm. Mittlerweile haben viele Untersuchungen gezeigt, dass Säuglinge tatsächlich nicht nach versteckten Objekten suchen, dies aber nicht zwangsläufig bedeutet, dass sie aus ihrem Bewusstsein verschwunden sind. Sehen sie zum Beispiel einen Gegenstand und danach wird der Raum komplett verdunkelt, versuchen sie trotzdem den Gegenstand zu greifen. Mit sechs Monaten scheinen sich Kinder sogar Eigenschaften von Objekten (z. B. groß oder klein) merken zu können.

Das Säuglinge Objekte mental repräsentieren (also sich vorstellen können), belegen eindrucksvoll Versuche zur sogenannten **Erwartungsverletzung**. Bei diesen Versuchen geht man davon aus, dass Säuglinge sich überrascht und interessiert zeigen, wenn sie Ereignisse beobachten, die physikalisch

6.2 Kognition beim Säugling und in frühester Kindheit

nicht möglich sind – also ihre Erwartung an einen „normalen" Ablauf verletzt wird („Das gibt's doch gar nicht!"). Ein Versuch der in den 1980er Jahren erstmals von der amerikanischen Entwicklungspsychologin Renée Baillargeon durchgeführt worden ist, soll hier beispielhaft beschrieben werden (siehe folgende Abbildung): Säuglingen wird ein Sichtschirm gezeigt, der vollständig vor- und zurückklappbar ist. Nun wird hinter dem beweglichen Sichtschirm eine Schachtel platziert, sodass der Schirm nur noch 90 Grad nach oben klappen kann, an die Schachtel stößt und diese dann verdeckt (sogenanntes mögliches Ereignis). Der Schirm verhält sich also physikalisch korrekt. Danach wird den Kindern eine Bewegung gezeigt, bei der der Schirm, trotz platzierter Schachtel, vollständig zurückgeklappt werden kann (die Schachtel wird hierzu heimlich entfernt). Hier findet ein für die Säuglinge unmögliches Ereignis statt, da sich der Schirm physikalisch nicht korrekt verhält. Bereits drei Monate alte Babys schenken dem unmöglichen Ereignis längere Aufmerksamkeit als dem möglichen. Daraus wird gefolgert, dass die Säuglinge sehr wohl noch davon ausgehen, dass hinter dem Schirm eine Schachtel steht, auch wenn sie diese nicht sehen können. Dass die Schachtel den Schirm überraschenderweise nicht aufhält, weckt ihr Interesse.

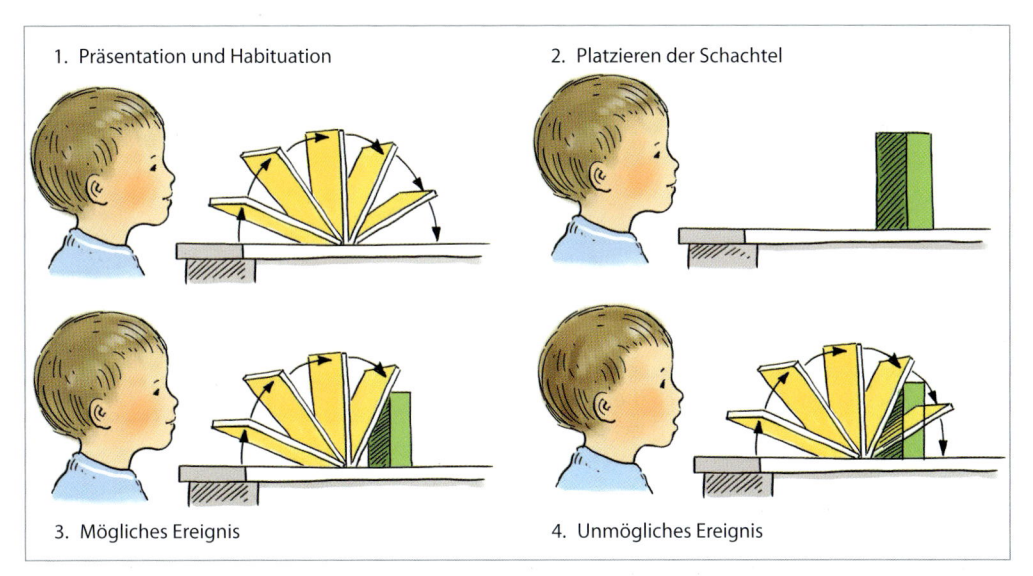

Das Experiment von Baillargeon

Bereits Kinder im ersten Lebensjahr sind überrascht, wenn Objekte einfach durch die Luft schweben. Sie erwarten, dass sie nach unten fallen. Sie sind auch besonders interessiert, wenn sich ein eckiges Objekt mit einer Standfläche „einfach so" bewegt – sie erwarten, dass es an Ort und Stelle bleibt. Gleichfalls sind sie überrascht, wenn ein rundes Objekt eine Schräge hinaufrollt.

In einem anderen Experiment präsentierte Baillargeon Säuglingen eine Rübe, die hinter einem Schirm verschwindet (siehe Bild rechts). Zeigt man Säuglingen dann ein „unmögliches" Ereignis, bei dem die Rübe hinter den Schirm gleitet aber *nicht* in der Aussparung des Schirms erscheint, reagieren die Kinder erstaunt, nach dem Motto „Das kann doch nicht wahr sein!" (vgl. Wicki 2010, S. 30).

6.2.5 Die Entwicklung von Konzepten

Ein entscheidender Schritt für die Entwicklung der Kognition ist die Fähigkeit, **Konzepte** zu bilden. Mithilfe von Konzepten kann der Mensch seine Umwelt strukturieren und in Klassen oder Kategorien einteilen. Durch diese **Kategorienbildung** muss nicht jede neue Erfahrung immer wieder neu eingeordnet und bewertet werden. Die Bildung von Kategorien macht das menschliche Denken also effektiver.

> Das Wort **Konzept** bezeichnet in der Entwicklungspsychologie die allgemeine Vorstellung, mit der Ereignisse, Gegenstände, Eigenschaften oder Sachverhalte zu Klassen zusammengefasst werden, da sie ähnlich sind oder ein gemeinsames Merkmal haben (vgl. Siegler u. a., 2011, S. 258).

Konzepte und Kategorien dienen dazu, das Denken zu strukturieren, dabei können zwei grundsätzliche Arten von Konzepten unterschieden werden: solche zur Kategorisierung von Dingen, und solche zur Kategorisierung von physikalischen Dimensionen wie etwa Raum und Zeit.

Konzepte zur Kategorisierung von Dingen	Konzepte zur Kategorisierung von Dimensionen
Menschen (→ intuitive Psychologie)	Raum – Wo?
Lebewesen (→ intuitive Biologie)	Zeit – Wann?
Objekte (→ intuitive Physik)	Anzahl – Wie oft?
	Kausalität (Ursache und Wirkung) – Warum?

Kategorisierung von Dingen

Menschen, Lebewesen und Objekten können dabei unterschiedlichen Begriffe (Eigenschaften) zugeordnet werden: Objekte können z. B. schwer, rot und rund sein. Menschen können beispielsweise sprechen, lesen und schlafen. Lebewesen können z. B. atmen und essen. Die Kategorien werden nun weiter unterschieden (siehe nebenstehende Grafik).

Die Hierarchisierung, also die Abstufung in verschiedene Ebenen (1. Ebene = Objekt, 2. Ebene = Möbel, usw.), erlaubt es Kindern schnell, Schlussfolgerungen über die sie umgebende Welt zu ziehen. Die noch nicht hierarchisierende Kategorienbildung beginnt bereits in den ersten Lebensmonaten. So haben Untersuchungen gezeigt, dass bereits drei bis vier Monate alte Säuglinge Katzen und Hunde unterscheiden können. Im Alter von sechs Monaten können Kinder Säugetiere von Vögeln und Fischen unterscheiden (vgl. Siegler u. a., 2011, S. 260). Die Kinder treffen diese Unterscheidungen allein durch die Betrachtung der Tiere – dies bezeichnet man als **wahrnehmungsbasierte Klassifikation**. Kinder legen dabei zunächst Wert auf bestimmte Teilaspekte (Beine = Tier, Räder = Auto). Mit etwa zwei Jahren beachten sie dann auch die gesamte Form der Dinge. Der neun Monate alte Fritz beispielsweise bezeichnet Hunde als „Wä-wä". Seine Hundekategorie sieht so aus: klein, vier Beine, Kopf, Schwanz und Fell = Hund = „Wä-Wä".

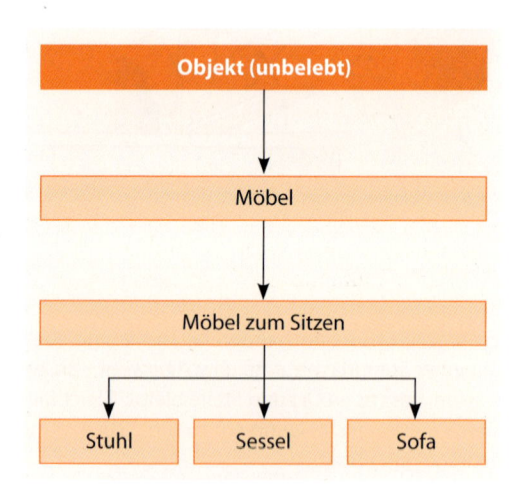

Beispiel für die Bildung von Kategorien mit Hierarchien

Raum

Kinder können bereits sehr früh erkennen, ob ein Objekt für sie in greifbarer Nähe liegt. Mit zunehmender Hirnreifung und Lernerfahrungen finden Kinder auch Objekte, die vor ihnen versteckt wurden. So finden Säuglinge im Alter von etwa zwölf Monaten Objekte, die schon zehn Sekunden vorher versteckt wurden. Mit fortschreitender motorischer Entwicklung verbessert sich auch zunehmend das Raumgefühl. Dabei ist die räumliche Wahrnehmung nicht allein vom Sehen abhängig. Schon drei Monate alte Säuglinge nutzen in einem dunklen Raum z. B. Geräuschquellen zur Orientierung. Ebenso nehmen sie auffällige Orientierungspunkte zur Hilfe. So können sie Aufgaben zur Objektpermanenz besser lösen, wenn man ihnen einen Orientierungspunkt gibt, z. B. einen auffälligen Bauklotz. Dieser gibt dem Kind einen Hinweis darauf, wo sich das gesuchte Objekt befindet. Mit fortschreitendem Alter nutzen Kinder solche Orientierungspunkte immer genauer.

Die Fähigkeit sich zu orientieren ist von der Kultur abhängig, in der das Kind aufwächst. Beispielsweise haben Untersuchungen gezeigt, dass sich Aborigines (australische Ureinwohner) besser orientieren können als in Städten aufgewachsene Gleichaltrige, da sie über ein besseres geografisches Gedächtnis verfügen.

Zeit

Schon mit etwa sechs Monaten besitzen Säuglinge ein sehr einfaches Zeitgefühl, dass es ihnen ermöglicht, einfache Abfolgen zu erkennen. Zeigt man drei Monate alten Kindern zum Beispiel abwechselnd Bilder rechts und links von ihnen, beginnen sie den Wechsel der Blickrichtung schon nach kurzer Zeit vorwegzunehmen, da sie wissen, was in der zeitlichen Abfolge als nächstes kommen wird. Bereits mit zwölf Monaten können Kinder zwei Handlungen in der richtigen Reihenfolge nachmachen. Mit vier Monaten haben Säuglinge auch schon ein Gefühl für die Dauer von Ereignissen. So reagieren sie mit erhöhter Aufmerksamkeit, wenn man für jeweils fünf Sekunden das Licht an- und wieder ausschaltet und dann dieser Wechsel plötzlich ausbleibt. Auch die Wahrnehmung zeitlicher Abläufe verbessert sich mit fortschreitendem Alter. Vierjährige können sagen, welche Ereignisse länger zurücklagen. Allerdings verwechseln auch noch ältere Kinder zwischen fünf und sechs Jahren häufig Vergangenheit und Zukunft auf der sprachlichen Ebene.

Zahlen

Das grundlegende Konzept in Bezug auf dieselbe Anzahl bezeichnet man als **numerische Gleichheit**. Zwei Schuhe, zwei Puppen, zwei Stühle – alle diese Objekte haben etwas gemeinsam, was schon Kinder im Alter von fünf Monaten erkennen können. Zeigt man Kindern z. B. unterschiedliche Formen, die auf einer Karte jeweils zweimal vorkommen und wechselt dann zu der Anzahl drei, reagieren sie mit erhöhter Aufmerksamkeit. Sie scheinen also ein grundsätzliches Gefühl für Zahlen zu besitzen. Einige Forscher gehen davon aus, dass es ein angeborenes Zahlenverständnis gibt.

Ursache und Wirkung

Wie bei den bereits beschriebenen Konzepten gilt auch für das Verständnis von Kausalität Folgendes: Bereits in früher Kindheit gibt es ein erstes Verständnis von kausalen Zusammenhängen. So können Kinder bereits mit sechs Monaten Ursache-Wirkungszusammenhänge wahrnehmen. Zeigt man ihnen beispielsweise Objekte, die andere Objekte anstoßen, welche sich daraufhin in Bewegung setzen, so reagieren sie erstaunt, wenn sich ein Objekt in Bewegung setzt, *bevor* es angestoßen wird.

Die Forscher Alan Leslie und Stephanie Keeble führten im Jahr 1987 folgendes Experiment dazu durch (vgl. Wicki, 2010, S. 32): Sechs Monate alten Säuglingen wurde gezeigt, wie ein blauer Klotz einen grünen anstieß (siehe S. 172). Daran wurden die Säuglinge gewöhnt (Habituierungsphase).

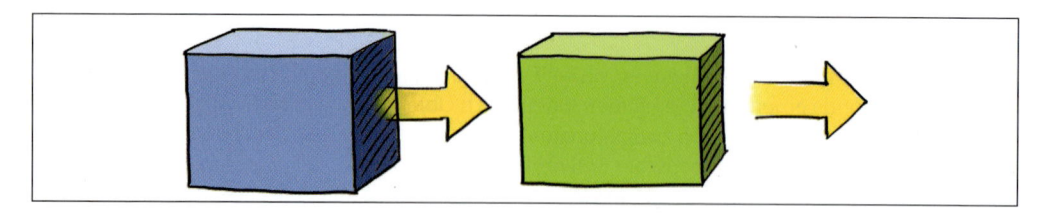

Daraufhin wurde dasselbe Experiment gezeigt. Der angestoßene grüne Klotz setzte sich aber erst verzögert in Bewegung (0,5 Sekunden), wodurch der Eindruck einer direkten Kausalität aufgehoben wurde, was die Kinder in Erstaunen versetzte.

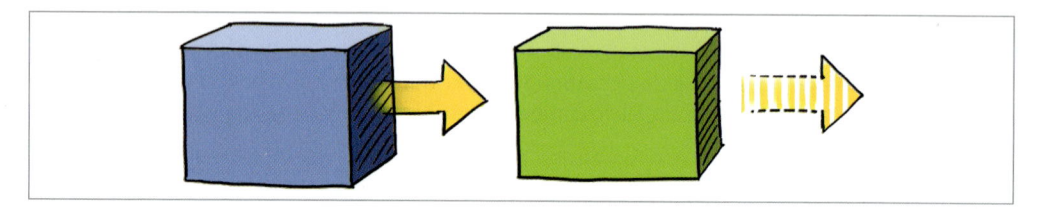

Zeigt man Kindern logisch aufeinander abfolgende Handlungen, können sie diese mit etwa zehn Monaten nachahmen. Dagegen werden Handlungen, die unzusammenhängend nacheinander ablaufen, erst mit etwa 21 Monaten nachgemacht. Mit ca. zwei Jahren können Kinder auch logische Schlüsse ziehen, was folgendes Experiment belegt: Kindern wird ein Kasten gezeigt und ihnen wird erklärt, dass er Musik abspielt, wenn man einen Gegenstand auf ihn stellt. Der Versuchsleiter stellt nun die Gegenstände A und B auf den Kasten und es ertönt Musik. Als nur der Gegenstand B auf dem Kasten steht, ertönt keine Musik. Wenn man die Kinder nun auffordert, die Musik ertönen zu lassen, wählen sie Gegenstand A und setzen ihn auf den Kasten. Sie können also folgern, dass B nicht die Musik einschaltet.

6.2.6 Soziokulturelle Theorien

Soziokulturelle Theorien der Entwicklung legen ihren Schwerpunkt auf die das Kind umgebende **Umwelt** als wesentlichen Faktor. Hierin ist auch der entscheidende Unterschied zu den zuvor beschriebenen Theorien des Konstruktivismus (Piaget), der Informationsverarbeitungstheorien und des Kernwissens zu sehen, die die eigenen Fähigkeiten des Kindes betonen. Im Rahmen der soziokulturellen Theorien muss die kognitive Entwicklung immer im Kontext mit der Umgebung des Kindes gesehen werden – diese Position wird deshalb auch als **Kontextualismus** bezeichnet.

Wichtig für soziokulturelle Theorien ist der Begriff der **gelenkten Partizipation**. Das heißt, Tätigkeiten werden so gestaltet, dass weniger informierte Menschen, von besser informierten Menschen etwas lernen können.

Gelenkte Partizipation bedeutet, dass ein Lehrender die Aufmerksamkeit eines Individuums so lenkt, dass dieses lernen kann.

Beispiel
Eine Erzieherin zeigt einem Kind, wie man eine Schere benutzt, sodass das Kind selbst mit dem Schneiden beginnen kann. Einem anderen Kind wird demonstriert, wie eine Flasche auf- und wieder zugedreht wird. Alleine hätten die Kinder vermutlich lange herumprobieren müssen, um herauszufinden, wie eine Schere richtig verwendet wird oder wie man eine Flasche mit einem Schraubverschluss öffnen kann.

6.2 Kognition beim Säugling und in frühester Kindheit

Betont wird in dieser Theoriefamilie der soziokulturellen Theorien auch immer die Bedeutung von Gegenständen als Kulturwerkzeuge. Diese **Kulturwerkzeuge** sind sogenannte Mediatoren (Vermittler) zwischen Kind und Umwelt.

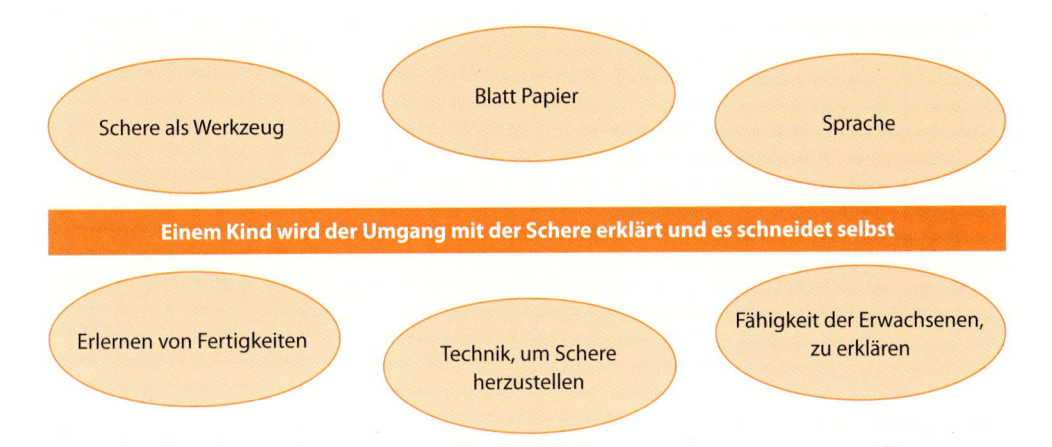

- Schere als Werkzeug
- Blatt Papier
- Sprache

Einem Kind wird der Umgang mit der Schere erklärt und es schneidet selbst

- Erlernen von Fertigkeiten
- Technik, um Schere herzustellen
- Fähigkeit der Erwachsenen, zu erklären

Die Schere als Kulturwerkzeug

Die „Experten" helfen also dem Kind, Gegenstände zu benennen sowie Ereignisse zu deuten und diese einzuordnen. Dieser Vorgang wird als **kognitive Resonanz** bezeichnet. Er hilft dem Kind, sich seiner eigenen Erfahrungen bewusst zu werden. Viele länger andauernde gemeinsame Denkprozesse – engl. „sustained (= anhaltend) shared thinking" genannt –, sind demnach für die kognitive Entwicklung besonders förderlich (vgl. Drieschner, 2012, S. 19).

Als einer der Gründerväter der soziokulturellen Theorien kann der russische Psychologe **Lew Wygotski** (1896–1934) angesehen werden. Für ihn waren Kinder als allererstes soziale Wesen, die durch die sie umgebende Kultur geformt werden und die ihrerseits Einfluss auf ihre Umgebung nehmen können. Wygotski griff damit in seiner Theorie auch Grundannahmen der politischen Theorie des Marxismus auf, dass nämlich das menschliche Bewusstsein wesentlich durch das gesellschaftliche Sein – also durch die soziale Umwelt – bestimmt wird. Weiter geht der Marxismus davon aus,
- dass die Arbeitsbedingungen des Menschen durch das gesellschaftliche System beeinflusst werden,
- dass der Mensch Werkzeuge nutzt, um Material zu verarbeiten und
- dass sich durch den Werkzeuggebrauch nicht nur das Material sondern auch der Mensch selbst verändert.

Wygotski legte bei seiner Theorie auch einen Schwerpunkt auf die **Sprachentwicklung als soziales Instrument** und Denk-Instrument. Er unterschied hierbei drei aufeinanderfolgende Phasen:

Lew Wygotski

- Andere Menschen steuern durch Sprechen das Verhalten des Kindes: „Du musst die Schere so in die Hand nehmen."
- Das Kind steuert sein Verhalten mit einem Selbstgespräch: „Ich mach das jetzt so."
- Das wahrnehmbare Sprechen wird schließlich zu einem inneren Sprechen (Denken). Dies lässt sich daran erkennen, dass Kinder (aber auch Erwachsene) bei komplizierten Aufgaben vor sich hin flüstern – also laut denken.

Wichtig für soziokulturelle Theorien sind demnach die Fähigkeiten des Menschen zum einen zu lehren und zum anderen zu lernen. Diese zwei zentralen Fähigkeiten ermöglichen erst eine Weiterentwicklung und einen Fortschritt der Kultur. Der Lehr-Lern-Prozess selbst kommt in allen Kulturen vor, was gelehrt und gelernt wird ist aber unterschiedlich. Wichtig für diesen Prozess ist es, sich zu verständigen – also sich auf dieselben Inhalte zu beziehen und wechselseitig aufeinander zu reagieren. Zusammengefasst bezeichnet man dies als **Intersubjektivität**. Diese Fähigkeit lässt sich schon bei zwei Monate alten Säuglingen nachweisen.

Lehrender und Lernender beziehen sich intersubjektiv auf ein gemeinsames Thema oder auf einen gemeinsamen Gegenstand: sie teilen ihre Aufmerksamkeit. So schauen Kinder ab ca. neun Monaten auf dieselben Gegenstände wie ihr Gegenüber. Sie verstehen die Zeigegeste und verwenden diese schließlich auch selbst. So schaffen sie es auch, die Aufmerksamkeit des Gegenübers auf Objekte zu lenken, die sie interessieren.

Je älter das Kind wird, desto raffinierter gestaltet sich der Prozess der gelenkten Partizipation. Die Lehrenden geben jetzt z. B. deutlichere Lösungshinweise oder vermitteln den Sinn und Zweck einer Aufgabe. Dies wird als **soziale Stützung** bezeichnet. Je ausgefeilter der Prozess der sozialen Stützung organisiert ist, desto besser ist der Lernerfolg.

Berufliche Handlungsrelevanz

Für pädagogische Fachkräfte ist es besonders wichtig, zu bedenken, was Kinder alles durch gelenkte Partizipation lernen können. Die Lernumgebung darf dabei weder zu einfach, noch zu schwierig gestaltet sein. Dies betrifft zum Beispiel die Anleitung durch die pädagogische Fachkraft aber auch das zur Verfügung gestellte (Spiel-)Material. Die Aufgaben müssen für das Kind gerade noch erreichbar in der Zone der nächsten (proximalen) Entwicklung liegen (vgl. Kapitel 4.4.1). Das Erleben, dass sich bei dieser „Gratwanderung" einstellt, bezeichnet der Motivationspsychologe Mihály Csíkszentmihályi als „Flow". Es ist der schmale Grat zwischen Überforderung (Frustration) und Unterforderung (Langeweile).

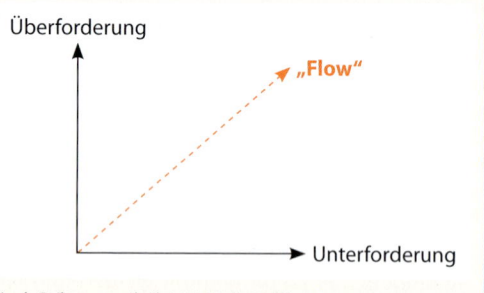

(vgl. Csíkszentmihályi, 2007, S. 61 ff.)

Dabei benötigen die Kinder zu Anfang relativ viel Unterstützung, z. B. durch lautes Sprechen der Erwachsenen, Vormachen, Nachfragen und Motivation. Dieser Ansatz wird heute durch den sogenannten Ko-Konstruktivismus in der Frühpädagogik vertreten.

„Was bedeutet das aber konkret? Es reicht (…) nicht aus, dass Kinder sich aktiv handelnd mit ihrer Umwelt auseinandersetzen und auf diese Weise eigentätig Erfahrungen machen. Damit daraus auch tragfähiges Wissen wird, müssen ihr Handeln und ihre Erfahrungen in soziale Prozesse eingebettet sein. Erkenntnisse und Einsichten des Kindes über die Wirklichkeit werden vor allem dadurch beeinflusst, was ihm Bezugspersonen – Erwachsene oder Gleichaltrige – über die Welt mitteilen. Gemeinsam wird auf diese Weise Sinn, Verständnis der Welt, Wissen konstruiert." (Küls, 2012, S. 23)

Soziokulturelle Theoretiker sehen also den Ursprung der Kognition im engen Zusammenhang zwischen Denken, Handeln und Umwelt.

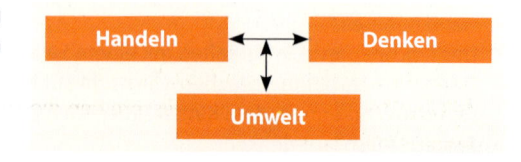

6.2.7 Theorien dynamischer Systeme

Die Theorien dynamischer Systeme gehören zu den derzeit aktuellsten Forschungsansätzen in der Entwicklungspsychologie. Sie betonen zum einen die Zusammenhänge zwischen Denken und Handeln, zum anderen zeigen sie, wie komplex die Entwicklung in einzelnen Bereichen verläuft. So konnten diese Theorien beispielsweise deutlich machen, dass Fertigkeiten von Kindern in sehr unterschiedlicher Weise und unterschiedlich schnell erworben werden. Es gibt also eine große Variabilität (Unterschiedlichkeit) im Entwicklungsverlauf. Entwicklung wird in diesen Theorien als dynamischer Prozess verstanden, bei dem es nicht nur zu Fortschritten sondern auch zu Rückschritten kommen kann. Das Wort „System" macht deutlich, dass nicht nur das Denken allein betrachtet wird. Vielmehr werden alle Bereiche der Kognition gemeinsam in den Blick genommen (Gedächtnis, Sprache, Wahrnehmung usw.). Gleichzeitig werden aber auch folgende Faktoren betont:
- die Motivation des Kindes, seine Umgebung zu erforschen (Piaget)
- das analytische Problemlösen des Kindes (Informationsverarbeitungstheorien)
- das Vorhandensein angeborener Kompetenzfelder (Theorien des Kernwissens)
- die Wichtigkeit der sozialen und kulturellen Umgebung (soziokulturelle Theorien)

Der **Motivation** des Kindes, Neues zu lernen, kommt dabei eine große Bedeutung zu. So versuchen Kinder zum Beispiel laufen zu lernen, obwohl sie krabbelnd schneller vorankommen würden. Dazu kommt das große Interesse von Kindern an der sie umgebenden Welt.

„Neugeborene ziehen Geräusche, Bewegungen und Züge des menschlichen Gesichts nahezu allen anderen Reizen vor. Zwischen zehn und zwölf Monaten tritt das Interesse des Säuglings an der sozialen Welt hervor. Intersubjektivität entsteht. Kinder schauen nun recht konstant dorthin, wo die Menschen, mit denen sie interagieren, hinschauen, und lenken die Aufmerksamkeit anderer auf Dinge, die sie selbst interessant finden. Die Vertreter der Theorien dynamischer Systeme heben hervor, dass die Beobachtung anderer Menschen, das Imitieren ihrer Handlungen und das Aufsichziehen ihrer Aufmerksamkeit allesamt starke Entwicklungsmotivatoren sind."

(Siegler u. a., 2011, S. 166)

Hinzu kommt das eigene Handeln des Kindes als Entwicklungsmotor. Dabei spielen die sogenannten **Spiegelneuronen** eine besondere Rolle (siehe hierzu auch Kapitel 8.1.1, S. 270f.). Diese „spiegeln" im Gehirn des Säuglings beobachtete Handlungen (z. B. ein zielgerichtetes Greifen). Das heißt, die Nervenzellen reagieren genauso, als ob der Säugling die beobachtete Handlung selbst ausgeführt hätte. Dies hat Auswirkungen auf die Fähigkeit Gegenstände zu kategorisieren, auf die Merkfähigkeit und auf den Wortschatzerwerb. „Handlungen formen also unser Denken ebenso, wie das Denken unsere Handlungen formt" (Siegler u. a., 2011, S. 167).

Die Theorien dynamischer Systeme gehen davon aus, dass weder unsere Gene noch der „Input" von außen die kognitive Entwicklung vollständig bestimmen. Vielmehr organisiert sich das kognitive System des Kindes selbst, was als **Selbstorganisation** bezeichnet wird. Dies kann anhand des oben dargestellten Versuchs des A-/nicht-B-Suchfehlers (vgl. Kapitel 6.2.1, S. 162) illustriert werden. Ging Piaget davon aus, dass das Kind an Ort A sucht (obwohl es sieht, dass ein Objekt an Ort B versteckt wurde), da es noch keine Objektpermanenz besitzt, beschreiben die Theorien dynamischer Systeme diesen Vorgang aus mehreren Perspektiven:

B 6 Die Entwicklung der Kognition

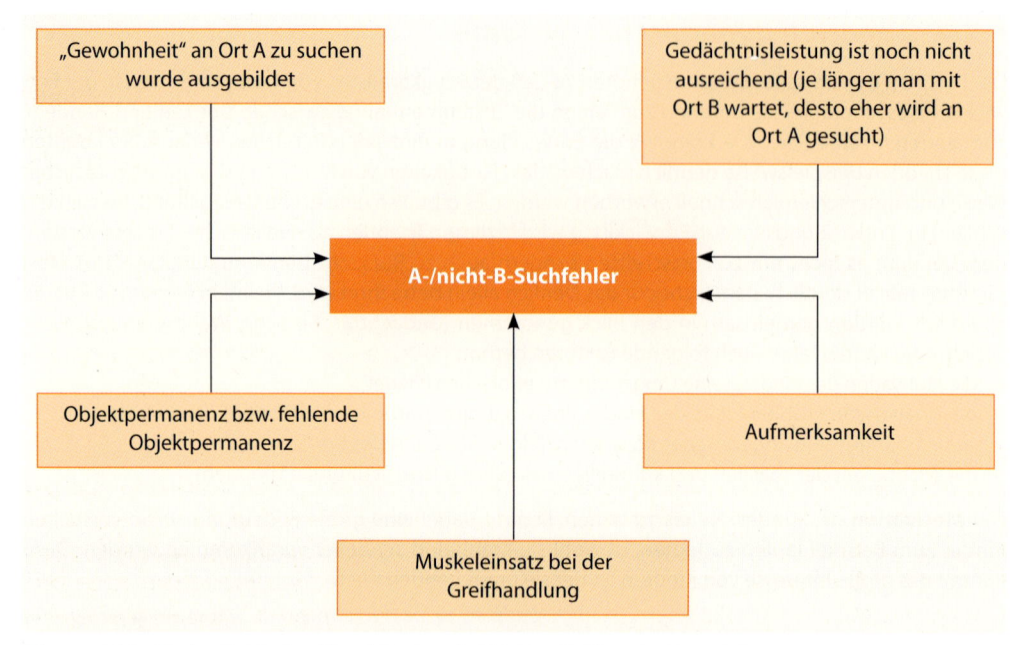

```
"Gewohnheit" an Ort A zu suchen        Gedächtnisleistung ist noch nicht
       wurde ausgebildet               ausreichend (je länger man mit
                                       Ort B wartet, desto eher wird an
                                              Ort A gesucht)

                    ┌─────────────────────────────┐
                    │   A-/nicht-B-Suchfehler     │
                    └─────────────────────────────┘

Objektpermanenz bzw. fehlende                Aufmerksamkeit
       Objektpermanenz

                    Muskeleinsatz bei der
                        Greifhandlung
```

Wieso sucht das Kind an Ort A, obwohl es sieht, dass ein Objekt an Ort B versteckt wurde?

Entwicklung geschieht auch durch die Variation von Verhaltensweisen, wobei schließlich die effektiveren Verhaltensweisen ausgewählt werden (Selektion). Die Variabilität von Verhaltensweisen kann dabei zu- und abnehmen. Kinder, die variables Verhalten zeigen, können effektiver lernen, da sie mehr Auswahlmöglichkeiten für das Finden effektiver Strategien haben.

Berufliche Handlungsrelevanz

Insbesondere dieses neue ganzheitliche Verständnis der frühkindlichen Entwicklung, welches Kinder als aktive, komplexe und ganzheitliche Lerner versteht, macht deutlich, dass einseitige Förderung von Entwicklungsbereichen, die isoliert stattfindet, vermutlich wenig sinnvoll ist. Vielmehr muss es darum gehen unterschiedliche Erfahrungsmöglichkeiten bereitzustellen. Dies bezieht sich auf
- die Raumgestaltung ebenso wie auf
- die sprachliche Förderung und
- das soziale Miteinander.

(vgl. Viernickel/Völkel, 2009, S. 123)

6.2.8 Die Entwicklung in einzelnen Wahrnehmungsfeldern

Nach der Darstellung der umfassenden Theorien der kognitiven Entwicklung für den Alterabschnitt vom Säugling bis zur frühesten Kindheit sollen nun einzelne Wahrnehmungsfelder und ihre Entwicklung genauer betrachtet werden.

> Der Begriff **Wahrnehmung** bezeichnet in der Entwicklungspsychologie die Fähigkeit, strukturierte Sinnesempfindungen (Sehen, Hören, Fühlen, Riechen, Schmecken) auszubilden und zu interpretieren.

Sehen

Die wichtigste Sinnesempfindung des Menschen ist das Sehen. Es wurde bereits darauf hingewiesen, dass die Annahme, Neugeborene seien passiv, heute widerlegt ist (vgl. Kapitel 6.1.1). Da das Auge noch eine geringe Größe hat und die Netzhaut noch nicht ausgereift ist, sehen sie zwar im Vergleich zu Erwachsenen nicht gut, betrachten aber trotzdem ihre Umgebung. In den Folgemonaten nach der Geburt verbessert sich der Sehsinn in rasantem Tempo. Dies betrifft sowohl die Sehschärfe als auch die Empfindlichkeit für Kontraste (Kontrastsensitivität) und die Tiefenwahrnehmung.

Zu Beginn ihres Lebens nehmen Säuglinge nur verschiedene Helligkeitsstufen war, jedoch keine Farben. Diese Farbwahrnehmung ist erst im Alter von zwei bis drei Monaten der der Erwachsenen ähnlich.

Bereits Neugeborene finden sich bewegende Objekte interessant. Sie sind aber nicht in der Lage, ihnen geschmeidig mit ihrem Blick zu folgen. Diese Fähigkeit entwickelt sich ebenfalls erst mit zwei bis drei Monaten.

Eine weitere Einschränkung besteht in der Fähigkeit, Objekte genau zu betrachten. Säuglinge unter zwei Monaten schauen beispielsweise nur auf eine Ecke, wenn man ihnen ein Dreieck zeigt. Bei komplizierteren Objekten betrachten sie nur dessen äußere Ränder. Die Wahrnehmung komplexer Muster und die Fähigkeit Objekte getrennt voneinander zu sehen, entwickelt sich jedoch schnell.

Besonders interessiert sind Neugeborene und Säuglinge an **Gesichtern**. So ziehen sie das Gesicht ihrer Mutter schnell anderen Gesichtern vor und bevorzugen ansonsten solche, die sie häufig zu sehen bekommen. Gesichtsausdrücke können Säuglinge mit etwa vier Monaten unterscheiden – wobei sie aber keinen speziellen Ausdruck bevorzugen. Erst im Alter von ca. zwölf Monaten werden lächelnde Gesichter bevorzugt – denn erst jetzt scheint die Bedeutung verstanden zu werden. Säuglinge bevorzugen außerdem hübsche Gesichter – solche, die auch von Erwachsenen als besonders attraktiv empfunden werden.

Mit sechs bis acht Monaten können Säuglinge eine **räumliche Tiefe** wahrnehmen, wie Versuche zur sogenannten „visuellen Klippe" gezeigt haben.

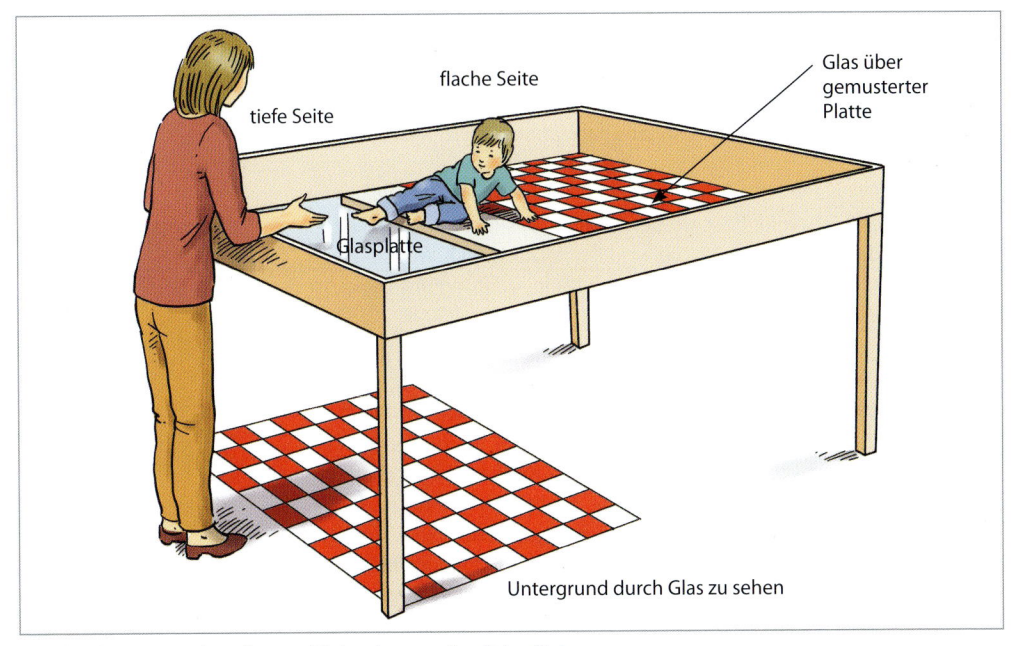

Visuelle Klippe, Versuchsaufbau zur Wahrnehmung räumlicher Tiefe

Auch wenn Säuglinge von ihrer Mutter aufgefordert werden, über die Glasplatte zu ihr zu kommen, folgen die Säuglinge dieser Aufforderung nicht. Dies zeigt, dass sie, trotz derselben Musterung von unterer und oberer Ebene, die Tiefe sehr wohl wahrnehmen können. Sie erkennen quasi eine Gefahr (vermeintliches Abstürzen) und weigern sich daher, sich über „den Abgrund" zu bewegen. Auch blinzeln Säuglinge, wenn man ihnen ein Bild zeigt, das sich vergrößert, so als würde sich ein Objekt schnell annähern (vgl. Schwarzer, 2011, S. 68).

Ab wann können Säuglinge Bilder sehen? Die Forscher Julian Hochberg und Virginia Brooks von der Cornell University (USA) führten dazu in den 1960er-Jahren folgendes Experiment durch:

> *„In der klassischen Untersuchung ließen Hochberg und Brooks (…) ihren eigenen Sohn in einer Umgebung ohne jegliche Bilder aufwachsen: keine Bilder an den Wänden ihrer Wohnung, keine Familienfotos, keine Bilderbücher, keine Muster auf Papier, Kleidung oder Spielsachen. Sie entfernten sogar die Banderolen von den Dosen. Und dennoch konnte das Kind, als es mit 18 Monaten getestet wurde, Menschen und Gegenstände auf Fotos und Zeichnungen problemlos identifizieren."*
>
> *(Siegler u. a., 2011, S. 184)*

Allerdings verstehen Säuglinge noch nicht, was Bilder sind. Sie versuchen häufig, die abgebildeten Gegenstände zu greifen. Erst mit ca. 19 Monaten werden Bilder in der Regel nur noch betrachtet – die Säuglinge haben die Zweidimensionalität verstanden.

Hören

Die Fähigkeit zu hören verbessert sich fortlaufend bis zum 4./5. Lebensjahr, dabei spezialisiert sie sich zunehmend. So können beispielsweise Tonhöhen in verschiedensten Melodien unterschieden werden, wobei die den Säugling umgebende Musikkultur besonderen Einfluss ausübt.

Hören Säuglinge ein Geräusch, wenden sie sich diesem in der Regel zu. Dies bezeichnet man als **akustische Lokalisation**. Sie können besonders gut regelmäßig wiederkehrende Lautfolgen hören – eine für die Sprachentwicklung wichtige Eigenschaft. Säuglinge sind auch besonders interessiert an Musik. Weltweit wird ihnen vorgesungen. Dabei ziehen sie harmonische Musik unharmonischer Musik vor. Rhythmische Musik mögen sie besonders gern. Schon im Alter von vier Monaten können Babys rhythmische Pausen von solchen Pausen unterscheiden, die nicht zum Rhythmus passen. Melodien erkennen sie ebenfalls schon früh und dies sogar unabhängig von der Tonlage.

Riechen und Berühren

Wie in Kapitel 6.1 bereits beschrieben, besitzt das Neugeborene eine Vorliebe für den Geruch der Mutter und der Muttermilch. Mit ca. zwei Wochen drehen Säuglinge ihren Kopf häufiger in Richtung des Geruchs ihrer Mutter, als zu einem anderen Geruch.

Berührungsreize sind für Säuglinge besonders wichtig, um in Kontakt mit ihrer Umwelt zu kommen. Dabei stecken sie alles vorzugsweise in den Mund (oral) – sie erkunden ihre Hände und Füße sowie andere Gegenstände, in dem sie daran lutschen und saugen. Damit lernen sie nicht nur deren Geschmack sondern auch die Oberflächenbeschaffenheit kennen. Mit etwa vier Monaten ist die motorische Steuerung von Armen und Händen soweit fortgeschritten, dass jetzt auch die Wahrnehmung durch Fühlen und Tasten immer wichtiger wird. Dabei wird diese Form der Erforschung der Welt mit der Zeit immer detaillierter gestaltet. Damit einher geht zudem, dass die Säuglinge durch die feinere Motorik Gegenstände besser halten und damit besser betrachten können.

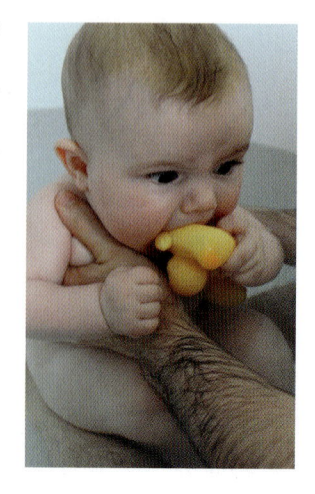

Mehrere Sinnesempfindungen zusammen

Ging Piaget noch davon aus, dass Säuglinge unterschiedliche Sinnesreize nur getrennt wahrnehmen können und erst nach mehreren Monaten in der Lage sind diese zusammenzufügen (zu assoziieren), weiß man heute, dass schon sehr früh, nämlich mit ca. einem Monat, die unterschiedlichen Sinneskanäle zusammengebracht werden. Man spricht hier von **intermodaler Wahrnehmung**.

Intermodale Wahrnehmung bedeutet, dass Informationen aus mehreren Sinnessystemen (Sehen, Hören, Riechen usw.) zu einem Gesamteindruck zusammengeführt werden.

Ein Beispiel dafür ist die akustische Lokalisation: Säuglinge drehen ihren Kopf zu einer Geräuschquelle, da sie davon ausgehen, hier einen Gegenstand zu entdecken (Kombination von akustischer und visueller Wahrnehmung). In einem Experiment ließ man Neugeborene und Säuglinge an Schnullern saugen, die sie nicht sehen konnten. Danach zeigte man ihnen unterschiedliche Schnuller. Dabei wurden diejenigen Schnuller länger betrachtet, an denen zuvor gesaugt worden war. Die Babys waren also in der Lage, die Schnuller wiederzuerkennen, an denen sie saugten. Sie konnten von der durch den Mund ertasteten Beschaffenheit des Gegenstands auf dessen Aussehen schließen und verknüpften somit einen taktilen Reiz mit ihrer Wahrnehmung. Ein anderes Beispiel: Zeigt man Babys gleichzeitig zwei unterschiedliche Filme, unterlegt von einer Musik, die jedoch nur zu einem der Filme passt, wird derjenige Film, bei dem Bilder und Musik zusammenpassen, länger betrachtet. Visuelle und auditive Wahrnehmung werden also zusammengeführt (vgl. Siegler u.a., 2011, S. 187).

Bekannt ist auch, dass Säuglinge Stimmen bestimmten Gesichtern zuordnen können und bereits mit fünf Monaten sind sie sogar in der Lage, den emotionalen Tonfall einer Stimme einem passenden Gesicht zuzuordnen.

6.2.9 Die Entwicklung des Lernens

Grundsätzlich kann aus den bis jetzt dargestellten Entwicklungstheorien auch gefolgert werden, dass es in den ersten sechs Lebensjahren nicht hauptsächlich darum geht, möglichst viele Inhalte zu lernen, sondern grundsätzliche Denkprozesse zu etablieren – eine sogenannte **kognitive Grammatik**. Dies lässt sich auch hirnphysiologisch nachweisen. Dieser Prozess steht in engem Zusammenhang mit der Sprachentwicklung (vgl. Kapitel 7). Die kognitive Grammatik bestimmt das spätere Leben entscheidend mit. Die Entwicklungspsychologin Alison Gopnik beschreibt den (früh-)kindlichen Verstand daher auch als Laterne, die alles beleuchtet, was ihm begegnet, mit dem Ziel, so viel wie möglich über die Welt zu erfahren. Erst später wird die Aufmerksamkeit dann zu einem Scheinwerfer gebündelt (vgl. Klein, 2012, S. 5). Lernen ist als aktiver Prozess zu verstehen und Kinder lernen von Geburt an. Dies zeigt, wie wichtig die Umwelt, die diese Lernprozesse besonders beeinflussen kann, für das Kind ist,– sie ist ein wichtiger exogener (griech. exo = außen) Faktor für die Entwicklung.

Höhere kognitive Lernoperationen sind eng mit dem emotionalen Erleben verknüpft. So werden bei positiven Lernerfolgen bestimmte Neurotransmitter (chemische Botenstoffe im Gehirn) ausgeschüttet, die dem Menschen ein Glücksgefühl verschaffen – Lernen macht also glücklich. Blockiert man, z.B. beim Tierversuch mit Ratten, mithilfe von Medikamenten die Neurotransmitter, verschlechtert sich auch der Lernerfolg. Daraus kann geschlossen werden: Das Gehirn belohnt sich selbst für seinen Lernerfolg. Die Professorin für Entwicklungsneurobiologie Anna Katharina Braun bezeichnet das kindliche Gehirn deshalb auch als „lernsüchtig" (Braun, 2012, S. 23). Angemerkt sei hier nur, dass trotz dieser „Lernsucht" ca. sieben Prozent aller Schüler die Schule ohne Abschluss verlassen, dies sind rund 53.000 Schülerinnen und Schüler jährlich (vgl. Statistisches Bundesamt, 2012, S. 34). Damit stellt sich die Frage, wie es das Schulsystem schafft, so vielen Kindern ihre Lernsucht abzugewöhnen.

Folgende Lernformen sind von besonderem Interesse, da sie entwicklungspsychologische Prozesse gut erklären:
- Wiedererkennen (Habituation)
- Wahrnehmungslernen
- statistisches Lernen
- die klassischen Lerntheorien des Behaviorismus: klassisches und operantes Konditionieren
- Beobachtungs- und Nachahmungslernen, sogenannte sozial-kognitive Lerntheorien (Lernen am Modell)

(vgl. Siegler u. a., 2011, S. 198–204)

Wiedererkennen

Schon Neugeborene beginnen zu lernen, in dem sie Personen und Gegenstände wiedererkennen. Auf wiedererkannte Reize reagieren sie schwächer als auf neue, da bekannte Reize im Gedächtnis bereits gespeichert (repräsentiert) worden sind. Kinder achten demnach besonders auf neue Reize und lernen somit ständig Neues. Wie wichtig diese einfache Form des Lernens ist, zeigen Untersuchungen, die Folgendes belegen: Kleinkinder, die Reize schnell wiedererkennen können und sich stark für neue Reize interessieren, haben als Erwachsene in der Regel einen höheren Intelligenzquotienten als Gleichaltrige (Intelligenzquotient = IQ, vgl. Kapitel 6.4.3).

Wahrnehmungslernen

Mithilfe des Wahrnehmungslernens können Kinder die Dinge entdecken, die in ihrer Umgebung besonders konstant sind, z. B. das Gesicht der Mutter und ihr freundlicher Tonfall. Herausgefiltert werden jetzt also für das Kind wichtige (relevante) Reize. Man spricht deshalb auch von **Differenzierung**.

Besonders wichtig für das Kind ist es, jene Reize zu wahrzunehmen, die ihm die Möglichkeit geben, neue Handlungen auszuprobieren und neue Fähigkeiten zu erlernen – dies bezeichnet man als **Affordanz** (Angebots- bzw. Aufforderungscharakter). Ganz einfach sind das: Bauklötze, einfache Puzzle, Stifte, Gegenstände mit unterschiedlichen Oberflächen usw. Diese Reize haben einen besonderen Aufforderungscharakter, sich mit ihnen zu beschäftigen. Kinder lernen so, unterschiedliche Dinge miteinander in Beziehung zu setzen.

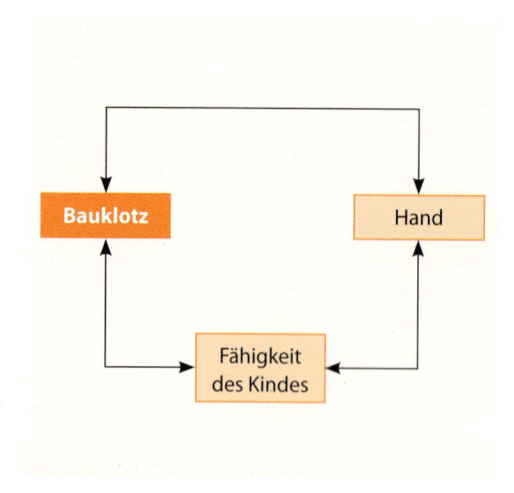

Affordanz – Der Bauklotz hat Aufforderungscharakter für das Kind

Statistisches Lernen

Eine weitere sehr einfache Form des Lernens wird als statistisches Lernen bezeichnet. Hier geht es darum, dass das Kind Regelmäßigkeiten und Wiederholungen erkennt, die bestimmte Handlungen vorhersagbar machen. So weiß ein Baby sehr schnell, dass es auf dem Wickeltisch ausgezogen wird und sich dann freier bewegen kann. Insbesondere beim Spracherwerb spielt die Entdeckung von Regelmäßigkeiten eine sehr wichtige Rolle (siehe dazu Kapitel 7).

Klassisches Konditionieren

Eine besonders bekannte Form des Lernens ist das klassische Konditionieren – verbunden mit dem Namen Iwan Petrowitsch Pawlow (1849–1936) als ihrem Entdecker.

Der russische Psychologe Pawlow brachte seinen Hunden bei, die Gabe von Futter mit dem Klang einer Glocke zu verbinden. Nach einiger Zeit begannen die Hunde bereits Speichel abzusondern, wenn nur die Glocke geläutet wurde, da sie deren Klang mit der Darbietung von Futter assoziierten.

> Als **klassisches Konditionieren** wird eine Form des Lernens bezeichnet, bei dem ein neutraler Reiz (z. B. Glockenton) mit einem anderen Reiz (z. B. Hundefutter) in Verbindung gebracht (assoziiert) wird. Die Reaktion, die dieser Reiz ausgelöst hat (Speicheln), wird schließlich auch vom ursprünglich neutralen Reiz ausgelöst.

Iwan P. Pawlow

Pawlow verwendete für seine Lerntheorie ein bestimmtes Vokabular. Der Psychologe Robert Siegler und seine Mitautoren stellen dies anhand der Saugbewegungen von Babys dar, wenn sie gestillt werden und verdeutlichen so die Wichtigkeit dieser Lernform für das Baby:

1.	Brustwarze im Mund des Kindes →	unkonditionierter Reiz (engl. **un**conditioned **s**timulus – **UCS**)
2.	löst aus: Saugreflex →	unkonditionierte Reaktion (engl. **un**conditioned **r**esponse – **UCR**)
3.	Lernen im Sinne des klassischen Konditionierens entsteht nun dadurch, dass ein eigentlich neutraler Reiz, wie der Anblick der Brust der Mutter oder des Fläschchens, immer zusammen mit dem **UCS** (Brustwarze im Mund des Kindes) auftritt.	
4.	Kind sieht Brust/Fläschchen →	konditionierter Reiz engl. **c**onditioned **s**timulus – **CS**) + es wird anschließend gestillt bzw. gefüttert (UCS)
5.	Nach einiger Zeit wird der Saugreflex schon durch den Anblick der Brust bzw. des Fläschchens ausgelöst.	
6.	Kind sieht Brust/Fläschchen und macht Saugbewegungen →	konditionierte Reaktion (engl. **c**onditioned **r**esponse – **CR**)

Klassisches Konditionieren am Beispiel des Saugens (vgl. Siegler u. a., 2011, S. 201)

Der Anblick der Brust oder des Fläschchens wurde also für den Säugling zu einem Hinweis darauf, was folgen wird – nämlich der enge Kontakt zur Mutter bzw. die Aufnahme von Nahrung. Mit der Zeit kann auch die Mutter selbst die konditionierte Reaktion und die damit verbundenen angenehmen Gefühle auslösen. Aus diesem Grund nehmen Forscher an, dass emotionale Reaktionen von Babys durch klassisches Konditionieren gelernt werden (vgl. Siegler u. a., 2011, S. 201).

Operantes Konditionieren

Wollte Pawlow anhand des klassischen Konditionierens zeigen, wie bestimmte Reize miteinander verknüpft werden, so geht es beim sogenannten **operanten Konditionieren** (manchmal wird es auch als instrumentelles Lernen bezeichnet) um die Konsequenzen bestimmter Verhaltensweisen. Mit anderen Worten: Gelernt wird aus guten oder schlechten Erfahrungen.

Beispiel
Wenn die dreijährige Lotta Bauklötze stapelt, löst dies bei den Eltern Freude aus und sie reagieren mit Lob. Wenn sie dagegen den Papierkorb ausräumt, wird dies die Eltern nicht beglücken und sie reagieren vielleicht mit einer Ermahnung.

Vereinfacht gesagt geht es beim operanten Konditionieren also darum, ob ein Verhalten belohnt oder bestraft wird.

Operantes Konditionieren bezeichnet eine Form des Lernens, bei dem ein zufällig auftretendes Verhalten durch die Reaktion der Umgebung verstärkt wird (z. B. durch verbales Lob oder materielle Belohnung). Diese Verstärkung erhöht die Wahrscheinlichkeit, dass das Verhalten erneut gezeigt wird. Umgekehrt führt eine fehlende Verstärkung oder gar eine Bestrafung dazu, dass die Wahrscheinlichkeit sinkt.

Viele entwicklungspsychologische Versuche sind so gestaltet, dass eine bestimmte Art des Verhaltens konsequent belohnt wird. Dies nennt man **positive Verstärkung**. In der folgenden Tabelle finden sich einige positive Verstärker und die Reaktionen, bei denen sie eingesetzt wurden.

Altersspanne	Durch operantes Konditionieren erlernte Reaktion	Positiver Verstärker/Belohnung
Neugeborenes	dreht Kopf zur Seite	kann Zuckerlösung trinken
3 Wochen alt	saugt in einem bestimmten Rhythmus	kann etwas Interessantes sehen
5–12 Wochen alt	saugt in einem bestimmten Rhythmus	kann einen Film im Blickfeld behalten
6 Monate	drückt auf einen Hebel	Spielzeugeisenbahn fährt los

Versuche zum operanten Konditionieren bei Säuglingen (vgl. Siegler u. a., 2011, S. 202)

Bindet man Säuglingen beispielsweise einen Faden an den Fuß, mit dem sie ein Mobilé in Bewegung setzen können, lernen sie sehr schnell den Zusammenhang zwischen Verhalten (Strampeln) und Belohnung (Mobilé bewegt sich). Der Lernprozess funktioniert dabei um so besser, desto älter die Kinder sind und je enger Verhalten und Belohnung zusammenliegen. Bei solchen Experimenten wird auch deutlich, dass der Kontext (Umgebung), in dem sie stattfinden besonders wichtig ist. So können sich die Säuglinge wesentlich schlechter erinnern, wenn der Kontext verändert wird, z. B. durch ein verändertes Bettchen (vgl. Wicki, 2010, S. 28).

Kinder lernen durch das operante Konditionieren aber nicht nur den direkten Zusammenhang von Verhalten und Belohnung, sondern auch etwas über sich und ihr Verhältnis zu der sie umgebenden Welt – mit anderen Worten: wie gut sie diese kontrollieren oder eben nicht kontrollieren können. Dies bezeichnet man als Selbstwirksamkeit.

> Die Überzeugung, dass in einer Situation das eigene Verhalten bestimmte Ergebnisse hervorruft, wird als **Selbstwirksamkeit** bezeichnet. Dieses Konzept wurde von dem sozial-kognitiven Lerntheoretiker Albert Bandura entwickelt (vgl. Gerrig/Zimbardo, 2008, S. 528).

Anknüpfend an den Versuch in der Tabelle auf S. 182: Neugeborene fangen in der Regel an zu weinen, wenn sie trotz einer seitlichen Kopfdrehung keine Zuckerlösung mehr erhalten, also eine Erfahrung geringer Selbstwirksamkeit machen.

Mit Blick auf das Erziehungsverhalten der Bezugspersonen des Kindes, kann dies direkte Auswirkungen haben. Kinder von depressiven Müttern lächeln beispielsweise weniger und scheinen weniger emotional am Erziehungsgeschehen beteiligt zu sein – vermutlich weil sie für ihre Gefühlsregungen von der depressiven (und damit passiven) Mutter nicht mit Aufmerksamkeit belohnt werden. Sie machen also die Erfahrung geringer Selbstwirksamkeit. Insbesondere im pädagogischen Kontext ist es wichtig, sich bewusst zu machen, dass hinter vielen fehlgelaufenen Lernprozessen Abläufe des operanten Konditionierens stehen.

Lernen am Modell

Im Gegensatz zu den behavioristischen (abgeleitet aus dem englischen Wort für Verhalten: behavior) Lerntheorien des Konditionierens gehen die sozial-kognitiven Lerntheorien davon aus, dass sich Kind und Umwelt gegenseitig beeinflussen, wobei die Kinder Modelle aus ihrer Umwelt aktiv nachahmen. Der amerikanische Psychologe Albert Bandura (geboren 1925), einer der wichtigsten Vertreter dieser Theorien, bezeichnet diese Art des Lernens daher auch als „Lernen am Modell".

Durch diese Form des Lernens, also durch Beobachten und Nachahmen, erwerben Kinder besonders viele neue Verhaltensweisen. Schon Neugeborene strecken

Albert Bandura

die Zunge heraus, wenn Erwachsene ihnen dies vormachen. Mit sechs Monaten versuchen sie z. B. auch Seitwärtsbewegungen der Zunge nachzuahmen. Ab diesem Zeitpunkt machen sie auch Erwachsene nach, wenn das beobachtete Verhalten zeitlich schon etwas weiter zurückliegt. Mit etwa neun Monaten kann dieser Abstand bis zu 24 Stunden betragen, mit 14 Monaten sogar eine Woche.

Dabei scheinen Kinder Bewegungen nicht einfach nur nachzuahmen, sondern die Absichten der beobachteten Person zu analysieren. Wenn in einem Versuch die erwachsene Person statt der Hände den Kopf benutzt, um eine Tätigkeit auszuführen, da sie die Hände offensichtlich nicht frei hat, benutzen Kinder für die gleiche Tätigkeit die Hände. Sie können vermutlich schlussfolgern, dass die Person ebenfalls die Hände benutzt hätte, wenn sie frei gewesen wären.

In ihrem Verhalten sind Kinder auch so flexibel, dass sie das Modell entweder 1:1 nachahmen oder eine andere Strategie benutzen, um dasselbe Ziel zu erreichen, wie das Modell. Nachgeahmt werden dabei andere Menschen und deren Absichten. Simuliert man im Versuch Handlungen von Menschen z. B. durch Maschinen, wird das Verhalten von den Kindern nicht nachgeahmt. Allerdings werden bereits im Alter von 15 Monaten Tätigkeiten nachgeahmt, die Kinder nicht im wahren Leben, sondern bei Erwachsenen im Fernsehen gesehen haben. Spätestens ab dem zweiten Lebensjahr können auch andere Kinder als Modell für Handlungen dienen.

> **Berufliche Handlungsrelevanz**
>
> Jeder, der schon einmal mit Kindern zu tun gehabt hat, weiß um die Bedeutung des sozial-kognitiven Lernens. Besonders wichtig ist es zu bedenken, dass Kinder beobachtetes Verhalten nicht direkt ausführen müssen, um es zu lernen. Vielmehr können sie es abspeichern, um es zu einem späteren Zeitpunkt abzurufen. Soll gezielt gelernt werden, müssen pädagogische Fachkräfte Folgendes bedenken:
>
> - Kinder imitieren besonders von ihnen wertgeschätzte Personen.
> - Aufforderungen an das Kind, ein Verhalten nachzuahmen, können dazu führen, dass das Kind das eigene Verhalten als bedeutsam erfährt.
> - Beobachtetes Verhalten wird eher nachgeahmt, wenn es zum Erfolg führt, belohnt wird und Spaß macht.
> - Die Aufmerksamkeit des Kindes muss vorhanden sein – es darf nicht abgelenkt sein.
> - Erlebtes Handeln wird gespeichert, dies können ältere Kinder besser als jüngere.
> - „Übung macht den Meister". Es reicht oft nicht aus, als „Modell" ein gewünschtes Verhalten nur einmal zu zeigen, vielmehr muss es regelmäßig präsentiert werden.
> - Das Kind muss auch motorisch in der Lage sein, Handlungen ausführen zu können. So macht es beispielsweise wenig Sinn, einem Kleinkind immer wieder zu zeigen, wie Perlen auf eine Schnur aufgefädelt werden, wenn es dies motorisch noch nicht bewerkstelligen kann.
> - Das Kind ist besonders dann motiviert Neues zu lernen, wenn es davon ausgehen kann, dass sein Verhalten positive Konsequenzen hat, wie z. B. Lob, Anerkennung, Spaß oder Belohnung.

6.3 Die Entwicklung der Kognition in der frühen Kindheit

Im Folgenden werden die bereits unter Kapitel 6.2 eingeführten Entwicklungstheorien für den Altersabschnitt der frühen Kindheit wieder aufgegriffen.

6.3.1 Die Theorie Jean Piagets

Kinder in der frühen Kindheit befinden sich nach Piaget im sogenannten **präoperationalen Stadium**. Dieses ist durch die neu entstandene Fähigkeit der **symbolischen Repräsentation** gekennzeichnet. Das bedeutet: Kinder benutzen einen Gegenstand (z. B. einen länglichen Baustein), um einen anderen darzustellen (z. B. ein Mobiltelefon). Zudem verwenden sie solche symbolischen Gegenstände, um jemanden darzustellen. Dabei orientieren sie sich häufig an Symbolen, die sie aus ihrer kulturellen Umgebung kennen. Ein Zauberer trägt zum Beispiel einen Hut und einen Zauberstab – diese gelten als typische Symbole eines Zauberers. Kinder sind damit nun auch in der Lage „Als-ob-Spiele" zu spielen.

Beispiel

Milena, 3;4 Jahre alt, verkündet stolz: „Ich gehe jetzt einkaufen: Brot, Paprika und Marmelade." Dabei packt sie drei verschiedenfarbige Bausteine in einen kleinen Weidenkorb. Danach „übergibt" sie die „eingekauften" Gegenstände an ihre Erzieherin.

Die Fähigkeit der symbolischen Repräsentation findet sich jetzt ebenfalls in Kinderzeichnungen wieder – beispielsweise wird mit einem Herz „Liebe" oder mit einem bunten Kreis ein Regenbogen dargestellt. Und natürlich ist die Entwicklung der Sprache ein entscheidendes Mittel im Denken und Handeln, um symbolische Repräsentation zu ermöglichen.

> **Symbolische Repräsentation** bezeichnet die Fähigkeit des Kindes, einen Gegenstand symbolisch für einen anderen Gegenstand zu verwenden.

Laut Piaget ist diese Entwicklungsphase aber auch durch eine deutliche Begrenztheit in der Denkweise des Kindes gekennzeichnet. Diese wird von ihm als kindlicher **Egozentrismus** bezeichnet. Was bedeutet das? Kinder scheinen in diesem Alter nicht in der Lage zu sein, die Sichtweise anderer Menschen einzunehmen. Ein bekanntes Beispiel dafür ist der von Piaget durchgeführte „Drei-Berge-Versuch". Dazu baute man auf einem Tisch

„Das ist eine Blumenwiese mit Himmel", sagt Lotta.

eine Landschaft mit drei Bergen auf. In Anwesenheit eines Kindes wurde eine Puppe abwechselnd an verschiedenen Seiten des Tisches platziert. Dem Kind zeigte man nun Fotos mit verschiedenen Perspektiven auf die Landschaft und bat es, eine Fotografie auszuwählen, die die jeweilige Sichtweise der Puppe auf die Berge wiedergeben würde. Laut Piaget waren dazu nur sehr wenige Kinder in der Lage. Er interpretierte dieses Ergebnis so, dass die meisten Kinder in der frühen Kindheit nicht über die Fähigkeit verfügen, sich in die Sichtweise der Puppe hineinzuversetzen.

> **Egozentrismus** bedeutet: die Welt wird nur aus der eigenen Perspektive wahrgenommen.

Dieser Egozentrismus findet sich auch der Kommunikations- und Denkweise von Kindern wieder. Da ihnen die Fähigkeit fehlt, sich in andere hineinzuversetzen, kommunizieren sie häufig aneinander vorbei oder ziehen falsche Schlussfolgerungen. Fragt man ein dreijähriges Kind, warum das sechs Monate alte Geschwisterkind noch nicht laufen kann, antwortet es vielleicht, dass es dazu „zu faul sei" (vgl. Siegler u. a., 2011, S. 136). Im Laufe der Entwicklung nimmt dieser Egozentrismus immer weiter ab. Dies lässt sich u. a. daran erkennen, dass Kinder jetzt häufiger anfangen zu streiten. Die Kinder beginnen also zu erkennen, dass ihr Gegenüber etwas anderes möchte als sie selbst.

Die Wahrnehmung von Kindern im Alter von drei bis sechs Jahren ist nach Piaget zudem durch eine **Zentrierung** gekennzeichnet. Das heißt, Kinder konzentrieren sich auf *ein* wesentliches Merkmal und übersehen dabei andere weniger auffällige Merkmale. Um dies zu belegen, zeigte Piaget Kindern eine festgestellte Balkenwaage. Auf der einen Seite befanden sich viele Gewichte, auf der anderen weniger. Dafür waren die wenigen Gewichte aber viel weiter außen auf der Waage platziert als die

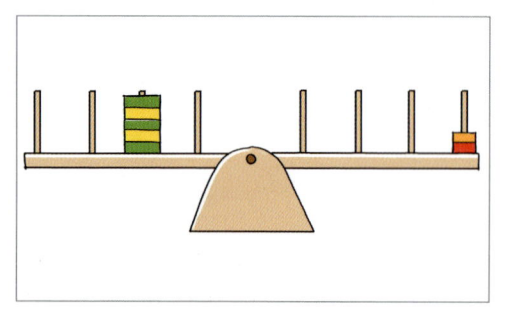

Piagets Balkenwaagen-Versuch

vielen Gewichte auf der anderen Seite, die näher am Scheitelpunkt positioniert waren. Die Kinder zentrierten ihre Wahrnehmung auf die Anzahl der Gewichte und folgerten, dass die Seite mit den vielen Gewichten absinken würde. Sie ignorierten also die verschiedenen Abstände der Gewichte zum Scheitelpunkt und die Hebelwirkung.

Eng mit der Zentrierung des kindlichen Denkens hängt auch die Tatsache zusammen, dass Kinder Schwierigkeiten damit haben, zu verstehen, dass eine Veränderung des äußeren Erscheinungsbildes eines Objekts nicht unbedingt auch seine grundlegenden Eigenschaften verändert. Dies bezeichnet man als **Invarianzkonzept**. Folgende bekannte Beispiele illustrieren dieses Konzept:

- Wird eine Flüssigkeit aus einem breiten Glas umgefüllt in ein schmales Glas (der Flüssigkeitsspiegel ist also höher), sagen die meisten Kinder, dass das schmale Glas jetzt mehr Flüssigkeit enthält. Sie erkennen nicht die Erhaltung der Flüssigkeitsmenge.
- Zeigt man Kindern zwei gleich große Klumpen aus Ton und rollt dann einen der Klumpen zu einer langen Wurst aus, behaupten die Kinder, diese enthalte jetzt mehr Ton. Sie erkennen nicht die Erhaltung der festen Masse.
- Zeigt man Kindern zwei Reihen mit jeweils fünf Münzen und zieht dann eine der Reihen auseinander, in dem man den Abstand der Münzen zueinander vergrößert, behaupten die Kinder, die Anzahl der Münzen habe sich erhöht. Sie erkennen nicht die Erhaltung der Anzahl.

Diese Beispiele zeigen: Kinder scheinen ihre Aufmerksamkeit auf ein Merkmal zu zentrieren (Höhe, Breite) und vernachlässigen andere Merkmale. Solche Einschränkungen des kindlichen Denkens werden erst im nächsten Stadium der kognitiven Entwicklung überwunden (vgl. Kapitel 6.4.1).

Des Weiteren ging Piaget davon aus, dass Kinder im präoperationalem Stadium auch unbelebten Gegenständen menschliche Eigenschaften zuschreiben (sogenannter kindlicher Animismus). Außerdem seien sie noch nicht dazu in der Lage, Objekte nach bestimmten Klassen, z. B. in Ober- und Unterklassen zu ordnen, wie zum Beispiel Hunde in: großer, kleiner, schwarzer Hund, Hund des Nachbarn, Hund von Freunden usw. (vgl. Fröhlich-Gildhoff u. a., 2009, S. 92).

Berufliche Handlungsrelevanz

Piagets Theorie und seine Experimente können wichtige Hinweise auf die Gestaltung (früh)kindlicher Bildungsprozesse liefern. Folgt man den von ihm beschriebenen Entwicklungsstadien, wird deutlich, dass Kinder im prä- und konkret-operationalen Stadium nur wenig mit zu abstrakten Aufgaben und Begriffen anfangen können. Dementsprechend sollten die Angebote in Kindertagesstätten gestaltet sein.

Für Piaget gelangen Kinder durch Experimentieren zu neuen Schlussfolgerungen (Assimilation, Akkomodation). Gibt man Kindern also die Möglichkeit, die für ihre Entwicklungsstufe angemessenen Erfahrungen zu machen, dürfte dies ihrer Entwicklung besonders förderlich sein. Piaget versteht Kinder als eigenaktive Lerner („Forscher"). Damit misst er dem Konzept der Selbstbildung, wie er auch als Ansatz in der Frühpädagogik vertreten wird, eine große Bedeutung zu. Pädagogische Fachkräfte sollten dementsprechend solche Erfahrungsmöglichkeiten bereitstellen, die das Kind zum Nachdenken über ein bestimmtes Problem bringen. Sie sollten aber nicht unterweisend eingreifen, sondern eher eine passive Rolle einnehmen. Da die Stufenabfolge nach Piaget invariant ist, können pädagogische Fachkräfte das Kind kaum dazu bringen, schneller in dieser Abfolge voranzuschreiten.

Piagets Theorie hatte aber durchaus auch negativen Einfluss auf die Frühpädagogik:

> *„Die Unterschätzung der Kompetenzen der jüngeren Kinder führte dazu, dass lange Zeit zu wenig Wert darauf gelegt wurde, den Kindern bereits vor Beginn schulischer Bildungsprozesse kognitiv anregende Entwicklungsumwelten zu bieten und die Neugier und das Interesse der Kinder am Funktionieren ihrer Umwelt zu befriedigen."*
>
> (Fröhlich-Gildhoff u. a., 2009, S. 102 f.)

Piaget unterschätzte die Einflussmöglichkeit der pädagogischen Fachkraft, das Kind zu motivieren oder ihm Hinweise für eine richtige Lösung zu geben, da Kinder allein durch den Äquilibrationsprozess (vgl. S. 160) nicht immer von selbst auf die korrekte Lösung einer Aufgabe kommen können.

Neuere Forschungsergebnisse

Auch wenn Piaget mit seinen Versuchen wichtige Hinweise und Denkanstöße zur kognitiven Entwicklung gegeben hat, haben neuere Forschungen gezeigt, dass er das Leistungsvermögen der Kinder unterschätzte.

Zum Teil resultieren die Einschätzungen Piagets aus seinen Versuchsanordnungen, die nicht immer kindgerecht waren. So zeigen schon Vierjährige, dass sie den Standpunkt eines anderen einnehmen können, wenn man den oben erwähnten „Drei-Berge-Versuch" entsprechend abändert. Auch Zweijährige verstehen, dass das was sie sehen, und das was andere sehen, nicht übereinstimmen muss.

Kinder im Alter von drei bis sechs Jahren verhalten sich auch nicht immer egozentrisch. So passen sie z. B. ihre Sprechweise jüngeren Kindern an. Auch können schon Säuglinge Lebewesen von unbelebten Dingen unterscheiden, was gegen Piagets Annahme des Animismus spricht. Wenn sie diesbezüglich Fehler machen, ist dies häufig auf fehlendes Wissen über die Gegenstände zurückzuführen.

Kinder können also durchaus logisch denken, wenn für sie die gestellten Aufgaben eine praktische Relevanz haben. So können sie beispielsweise Aufgaben zur Mengenkonstanz lösen, wenn nur drei Gegenstände gezeigt werden. Kinder denken nur dann unlogisch, wenn ihnen das Thema nicht bekannt ist, zu viele Informationen gegeben werden oder die Informationen nicht in einem direkten Zusammenhang stehen. Im Gegensatz zu Piagets Annahme, das Denken der Kinder sei an sichtbare Gegenstände gebunden, zeigen neuere Untersuchungen, dass Kinder durchaus in der Lage sind, über nicht sichtbare Gegenstände richtig zu schlussfolgern (vgl. Berk, 2011, S. 306).

Entscheidend für die Überwindung des frühkindlichen Egozentrismus ist der Reifungsschub im Gehirn um das Ende des 4. Lebensjahres (vgl. Kapitel 5.4.2). Er ist der neurophysiologische Grund dafür, dass Kinder im 5. und 6. Lebensjahr zunehmend kompetenter zwischen der eigenen Innenwelt und der Innenwelt anderer Personen unterscheiden können.

6.3.2 Soziokulturelle Theorien

Ein weiterer Einwand gegen die Theorie Piagets ist, dass er die Bedeutung der Sprachentwicklung deutlich unterschätzte. Aus der Beobachtung, dass Kinder zunehmend Selbstgespräche führen, wenn sie aktiv sind, schloss Piaget, dass es sich um egozentrisches Sprechen handelt, da Kinder vermeintlich nicht die Perspektive anderer übernehmen könnten. Die Forschungen des soziokulturellen Theorieansatzes haben aber gezeigt, dass das egozentrische Sprechen des Kindes dazu dient, sich selbst anzuleiten. Man hört sozusagen das, was das Kind denkt. Die Sprache wird damit zu einem wichtigen Motor der kognitiven Entwicklung. Statt „egozentrischer Sprache" benutzen Forscher daher heute den Terminus „Selbstgespräch". Dieses wird mit fortschreitendem Alter immer mehr zur (stillen) Selbstinstruktion.

In Kapitel 6.2.6 wurde bereits darauf hingewiesen, dass Kinder besonders dann gut lernen können, wenn sie sich in der **Zone proximaler Entwicklung** befinden – die Aufgabe also etwas anspruchsvoller ist, als dass, was sie zurzeit lösen können – und die Kinder angemessen unterstützt werden. Dies wird auch als **Scaffolding** (engl. scaffold = Gerüst) bezeichnet. Studien konnten belegen, dass mit der Qualität des Scaffoldings auch die Zahl der Selbstinstruktionen ansteigt, womit auch die kognitive Entwicklung voranschreitet.

Besondere Bedeutung kommt in dieser Phase laut Wygotski der Entwicklung des „Als-ob-Spiels" zu, da Kinder hier lernen, ihren Gedanken kontinuierlich zu folgen. Außerdem können sie damit soziale Regeln ausprobieren. Die Annahmen der soziokulturellen Theorien scheinen besonders auf westliche Industriegesellschaften zuzutreffen, in denen besonderer Wert auf die sprachliche Instruktion von Kindern gelegt wird. In anderen Kulturen, wie Dorf- und Stammesgemeinschaften, wird mehr Wert darauf gelegt, dass die Kinder das Verhalten der Eltern beobachten und nachahmen. Die Forscherin Barbara Rogoff hat deshalb „gelenkte Teilhabe" als weiter gefasste Begrifflichkeit vorgeschlagen, um den Lernprozess zwischen Eltern bzw. Bezugspersonen und Kindern zu beschreiben (vgl. Berk, 2011, S. 313).

6.3.3 Informationsverarbeitungstheorien

Kinder ab drei Jahren lernen immer effektiver, spontane Impulse zu unterdrücken und sich auf ein Ziel zu konzentrieren, was als **kognitive Hemmung** bezeichnet wird. Dies verdeutlichen folgende Versuche: Wenn ein Erwachsener zweimal klopft, soll das Kind einmal klopfen und umgekehrt. Wenn ein Erwachsener das Bild einer Sonne zeigt, soll das Kind „Nacht" sagen, wenn es das Bild eines Mondes sieht „Tag". Während Dreijährige bei diesen Aufgaben noch viele Fehler machen, können Sechsjährige sie gut lösen, da sie den ersten spontanen Impuls kontrollieren (vgl. Berk, 2011, S. 315). Dabei ist die neue Fähigkeit insbesondere auf die organische Entwicklung des Gehirns zurückzuführen.

Erwachsener	Kind
klopft zweimal	soll einmal klopfen
klopft einmal	soll zweimal klopfen
zeigt Sonne	soll „Nacht" sagen
zeigt Mond	soll „Tag" sagen

Sechsjährigen gelingt diese Aufgabe deutlich besser als Dreijährigen.

Kinder lernen jetzt außerdem planvoll an ein Ziel zu gelangen, also bestimmte einfache Abfolgen im Voraus zu überlegen. Auch dies ist stark kulturell geprägt – indem Kinder beispielsweise zusehen, wie ihre Eltern die Küche aufräumen und den Geschirrspüler einräumen, lernen sie ähnlich planvoll vorzugehen.

Gedächtnisentwicklung

Während Kinder einmal gezeigte Gegenstände gut wiedererkennen können, fällt es ihnen deutlich schwerer, diese nur aufzuzählen, wenn sie sie nicht mehr sehen. Dies bezeichnen Forscher als Reproduktion. Die schlechte **Reproduktionsfähigkeit** hängt damit zusammen, dass Kindern Strategien fehlen, wie sie sich das einmal Gezeigte merken können. Eine Strategie wäre zum Beispiel, sich die gezeigten Gegenstände mehrmals zu wiederholen, also auswendig zu lernen. Diese Fähigkeit entsteht erst im Laufe der Zeit mit der Zunahme der Leistungsfähigkeit des Arbeitsgedächtnisses.

Wie in Kapitel 6.2.2 eingeführt, werden zusammenhängende Repräsentationen in Form von Skripten gemerkt. Diese organisieren alltägliche Ereignisse. So sieht beispielsweise Milenas Skript fürs „Zu-Bett-gehen" aus:

1. Zähne putzen
2. nackig durchs Kinderzimmer laufen
3. ein Buch mit Mama oder Papa lesen
4. die Windel und den Schlafsack anziehen
5. noch etwas trinken
6. ins Bett legen
7. ein Lied vorgesungen bekommen

Skripte können sich Kinder besonders gut merken. Häufig werden sie auch im „Als-ob-Spiel" eingesetzt. Gut erinnert werden auch wichtige persönliche Ereignisse, wie z. B. ein Besuch im Puppentheater oder ein Unfall eines Geschwisterkindes. Wichtig dafür ist das sogenannte autobiografische Gedächtnis.

Im **autobiografischen Gedächtnis** werden solche Erlebnisse gespeichert, die im Leben des Kindes eine besondere Bedeutung haben. Diese Inhalte werden dauerhaft behalten und bilden eine wichtige Grundlage für die Bildung der eigenen Identität.

Berufliche Handlungsrelevanz

Vorschulkinder können in der Entwicklung ihres autobiografischen Gedächtnisses besonders gefördert werden, wenn Erwachsene zu einer Erzählung des Kindes gezielt Fragen stellen („Welche Puppen haben beim Theaterstück mitgespielt?") und die Erzählung durch eigene Erlebnisse ergänzen („Erinnerst du dich, wie der Kasperle den Fuchs verhauen hat?"). Dies bezeichnet man als **elaborierten Stil** (lat. elaborare = etwas sorgfältig ausführen). Autobiografische Gespräche unterstützen die Beziehung zwischen Kind und Erwachsenen und helfen dem Kind dabei eine eigene Identität zu entwickeln (vgl. Berk, 2011, S. 317).

6.3.4 Die Entwicklung von Konzepten

Mit etwa vier Jahren entwickeln Kinder auch ein Verständnis über sich selbst und ihr Gegenüber das man als **naive Psychologie** bezeichnet. Wie bereits dargelegt wurde, haben Neugeborene und Säuglinge schon sehr früh ein Interesse an anderen Menschen und verstehen bereits mit ca. zwei Jahren deren Wünsche und Absichten, wenn sie mit ihnen in einer engen Beziehung stehen. Mit vier Jahren beginnen Kinder, ein genaueres Verständnis dafür zu entwickeln, wie psychologische Prozesse das Verhalten beeinflussen – ihr Denken wird mentalistisch (mental = den Geist bzw. Verstand betreffend). Sie entwickeln eine sogenannte **Theory of Mind** (Theorie über das Denken, vgl. Kapitel 8.4.2).

Das Verständnis dafür, dass andere Menschen vielleicht andere Absichten verfolgen oder andere Wünsche und Erwartungen haben als man selbst, wird als **Theory of Mind** bezeichnet (vgl. Greve/Bjorklund, 2012, S. 73).

Grundlegend dafür ist die Erkenntnis der Kinder, dass unsere Handlungen von Wünschen geleitet werden. Ein erstes Verständnis für Wünsche zeigt sich schon im Alter von etwa einem Jahr. Die Theorien des Kernwissens gehen deshalb davon aus, dass eine naive Psychologie angeboren ist.

Was Kinder unter drei Jahren in der Regel noch nicht berücksichtigen können, ist die Tatsache, dass Menschen manchmal unterschiedliche Überzeugungen haben.

Beispiel

Lisa (2;5 Jahre alt) wird gesagt, dass Benn gerne Bonbons essen möchte. Sie hat vorher gesehen, dass Bonbons in einem Küchenschrank liegen. Benn sieht aber, dass Bonbons auf dem Tisch liegen. Fragt man jetzt Lisa, wie sich Benn verhalten wird, sagt sie voraus, dass er auf den Tisch schauen wird und in den Küchenschrank. Sie versteht nicht, dass sie und Benn über unterschiedliches Vorwissen verfügen.

Dieses Verständnis beginnt sich erst im Alter von ca. drei Jahren zu entwickeln. Aber auch dann ist es noch immer eingeschränkt. Dies lässt sich mit Versuchen zeigen, bei denen Menschen etwas für wahr halten, von dem die Kinder wissen, dass es falsch ist – dies wird als **False-belief-Problematik** bezeichnet (false belief = falsche Überzeugung). Die klassischen Forschungen dazu wurden von den Psychologen Heinz Wimmer und Josef Perner in den 1980er Jahren erstmals durchgeführt. Solch ein Experiment mit 4–6-Jährigen verläuft zum Beispiel folgendermaßen:

> *„Tim sitzt am Tisch, eine Keksdose vor sich. Gespannt beobachtet der Vierjährige, wie die Versuchsleiterin die Dose öffnet. Doch binnen Sekunden wandelt sich die Erwartung in eine Mischung aus Überraschung und Enttäuschung: Statt Kekse erblickt Tim Buntstifte. Nun stellt die Leiterin die entscheidende Frage: Was glaubst Du, wird ein anderes Kind, das wir gleich hereinholen, in der Dose vermuten? Tim überlegt kurz, antwortet dann bestimmt: ‚Ist doch klar: Kekse!' Damit hat das Kind den Test bestanden."*
>
> (Seng, Neurowissenschaftliche Gesellschaft e.V., 2011)

Dreijährige hingegen geben in der Regel an, dass die Kinder „Buntstifte" antworten würden. Sie können also noch nicht zwischen ihrem eigenen Wissen (in der Dose sind Stifte statt Kekse) und dem Wissen anderer (in der Dose sind Kekse, da ja Kekse auf ihr abgebildet sind) unterscheiden.

Beim Erlernen dieser Unterscheidungsfähigkeit sind die bereits erwähnten metakognitiven Dialoge (vgl. Kapitel 6.2.2, S. 166) besonders hilfreich. Diese bringen Kinder dazu, ihre Gedanken zu reflektieren und auszusprechen. Gleichzeitig kann die Bezugsperson oder die pädagogische Fachkraft die Unterschiedlichkeiten und die Variationen des Denkens kennenlernen. Dem Kind wird sein eigenes Lernen bewusst und es kann über den Lernprozess selbst nachdenken (vgl. Pramling, 2007, S. 87).

Berufliche Handlungsrelevanz

Für die pädagogische Praxis zeigen die Forschungen zur Theory of Mind beispielsweise auch, dass Kinder unter vier Jahren in der Regel nicht dazu in der Lage sind, bewusst zu lügen. Sie können sich nicht vorstellen, dass sie selbst etwas wissen, das einem anderen nicht bekannt ist. Auch können sie keine ironischen Bemerkungen verstehen, da sie nicht begreifen, dass jemand etwas sagt, was er nicht so meint.

Metakognitive Dialoge zwischen Kindern und pädagogischen Fachkräften (z. B. „Wie kommst du darauf, dass …?", Was müsste geschehen, damit …?") können dem Kind helfen, seine kognitiven Fähigkeiten hinsichtlich der Perspektivenübernahme weiterzuentwickeln.

Zeit

Im Alter von drei bis vier Jahren können Kinder schon gut zeitliche Schlussfolgerungen leisten. Wenn zwei Ereignisse gleichzeitig beginnen aber nacheinander aufhören, wissen sie, dass ein Ereignis länger gedauert hat. Allerdings können sie sich häufig nur auf eine Dimension konzentrieren. Zeigt man Kindern zum Beispiel zwei Spielzeugeisenbahnen, die nebeneinander in dieselbe Richtung fahren, gehen sie davon aus, dass der Zug länger gefahren ist, der eine weitere Strecke zurückgelegt hat. Sie konzentrieren sich also auf die räumliche Dimension und nicht auf die Start- und Stoppzeit.

Zahlen

Mit etwa drei Jahren beginnen Kinder zu zählen, zumeist im Zahlenraum bis zehn. Sie verstehen auch zunehmend die übergreifenden Prinzipien des Zählens:

- Ein Objekt hängt mit einem Zahlwort zusammen.
- Beim Zählen werden Zahlen immer in derselben Reihenfolge genannt.
- Die letztgenannte Zahl bezeichnet die Anzahl der gezählten Objekte.
- Dabei ist es egal, in welcher Reihenfolge die Objekte gezählt werden.
- Jede Menge kann gezählt werden.

Das Erlernen der Zahlwörter ist abhängig von der jeweiligen Kultur. So können chinesische Kinder deutlich früher bis 100 oder sogar weiter zählen, was vermutlich daran liegt, dass in der chinesischen Sprache Zahlen durchgängig nach dem System zehn + zwei, zehn + drei usw. gebildet werden.

Ursache und Wirkung

Vierjährige entwickeln ihr Kausalitätskonzept so weiter, dass sie davon ausgehen, dass bestimmte Ursachen immer die gleiche Wirkung haben. Ist dies nicht der Fall, schließen sie, dass eine weitere Variable die Wirkung beeinflusst. Gut illustrieren lässt sich diese Weiterentwicklung des Denkens am Verständnis von Zauberkunststücken. Während drei- bis vierjährige Kinder Zaubertricks nicht verstehen und auch nicht versuchen diese Ereignisse zu ergründen, sind Fünfjährige häufig von Zaubertricks fasziniert, gerade weil sie ihrer Erwartung von Kausalität widersprechen. Die Weiterentwicklung des kausalen Schlussfolgerns wird also dadurch deutlich, dass Kinder allmählich begreifen: Auch merkwürdige, unerklärliche Ereignisse müssen eine Ursache haben (vgl. Siegler u. a., 2011, S. 285).

6.3.5 Kognitive Entwicklung und moderne Medien

In den letzten zehn Jahren haben zahlreiche Studien belegt, dass moderne visuelle Medien, wie Videospiele, Computer und Fernsehen, das kindliche Verhalten stark beeinflussen können. Vermutet wird, dass die Lernfähigkeit und die gesamte kognitive Entwicklung durch starken Medienkonsum beeinflusst werden. Fatalerweise wirken gerade Sendungen mit zahlreichen Bewegungen, Musik, Geräuschen und Klängen faszinierend auf kleine Kinder. Die (angeborene) Neugier an diesen Phänomenen soll eigentlich dazu dienen, erste behutsame Eindrücke zu sammeln und eine Bindung zu den Bezugspersonen aufzubauen. Für das Kind problematisch wird es, wenn unkontrolliert solche Medien konsumiert werden – vielleicht sogar ohne eine erwachsene Bezugsperson. Dann entwickelt sich weder eine Bindung, noch wird die Aufmerksamkeit des Kindes fokussiert und gesteuert.

Starker Fernseh- und Medienkonsum hängt außerdem deutlich mit kindlicher Fettleibigkeit zusammen, da während des Konsums oftmals genascht wird. Bei älteren Kindern gibt es zudem einen direkten Zusammenhang zwischen schlechten schulischen Leistungen und starkem Fernsehkonsum. Dies lässt sich schon für einen Konsum von zwei bis drei Stunden täglich nachweisen. So zeigen Untersuchungen auch, dass die Lesekompetenz mit wachsendem Fernsehkonsum abnimmt, was vor allem an der passiven Haltung, mit der ferngesehen wird, liegen dürfte. Das Gehirn wird kaum zu eigener Arbeit angeregt. Forscher vermuten außerdem, dass sich im Extremfall die Gehirnstruktur auf eine zweidimensionale Welt hin optimiert, wodurch ihr Einsatz in der Realität immer schwieriger wird (vgl. Braun, 2012).

Nichtsdestotrotz zeigen zahlreiche Studien, dass Vorschulkinder durch manche Fernsehprogramme, die pädagogisch kompetent für Kinder konzipiert worden sind, auch lernen können. So hat man die Wirkung der bekannten Kinderfernsehsendung „Sesamstraße" in vielen Untersuchungen erforscht. Es wurden positive Effekte für die Entwicklung der Kognition, des Sozialverhaltens und der Sprachentwicklung gefunden. Insbesondere Kleinkinder unter drei Jahren profitieren allerdings wesentlich mehr von einem Erwachsenen, der sich mit ihnen beschäftigt. Nur in der direkten Interaktion lässt sich nämlich das Verhalten individuell auf die Bedürfnisse des Kindes einstellen. So zeigten die Untersuchungen zur „Sesamstraße", dass hier besonders Kinder aus gebildeten Familien profitierten, da die Eltern nach und während der Sendung über deren Inhalte mit den Kinder gesprochen haben. Je jünger die Kinder sind, desto mehr scheinen sie noch vom Fernsehkonsum profitieren zu können, wenn er gezielt durch Erwachsene begleitet wird. Schauen Kinder „einfach so" Fernsehen, hat dies eher einen negativen Effekt.

Es wird deutlich, dass bei der Diskussion um moderne Medien und kognitive Entwicklung unterschieden werden muss zwischen einer aktiven Nutzung dieser Medien, z. B. bei einer Lernsoftware, und passivem Konsum. Außerdem spielt die kompetente Begleitung durch Erwachsene eine entscheidende Rolle dabei, ob durch moderne Medien Entwicklungschancen entstehen können.

Berufliche Handlungsrelevanz

Die Bundeszentrale für gesundheitliche Aufklärung BZgA spricht u. a. folgende Empfehlungen zum Thema Fernsehen aus:
- Kinder unter drei Jahren sollten nicht fernsehen.
- Zwischen drei und fünf Jahren sollten Kinder maximal eine halbe Stunde pro Tag fernsehen.
- Zeit, Ort und Umfang des Fernsehkonsums müssen klar geregelt sein.
- Kinder sollen nicht „zappen".
- Ein Fernsehgerät gehört nicht in das Kinderzimmer.
- Kinder sollten nicht alleine fernsehen.
- Mit dem Kind sollte über das Gesehene gesprochen werden.
- Fernsehen sollte keine „Hintergrundkulisse" sein, z. B. beim gemeinsamen Essen.

(vgl. Bundeszentrale für gesundheitliche Aufklärung BZgA, 2012)

6.3.6 Förderung von Vorschulkindern

Mittlerweile gibt es viele Belege dafür, dass die gezielte Förderung von Kindern im Alter von drei bis sechs Jahren auch langfristig positive Auswirkungen hat. So konnte in Studien belegt werden, dass frühe Interventionsprogramme mit späterem privaten und beruflichen Lebenserfolg zusammenhängen. Dies scheint allerdings nur dann der Fall zu sein, wenn auch das Schulsystem entsprechend schülerfreundlich gestaltet ist.

Wissenschaftliche Untersuchungen haben aber auch gezeigt, dass eine Verschulung der Vorschulzeit im Sinne eines lernorientierten Unterrichts negative Folgen haben kann. So zeigen solch „beschulte" Vorschulkinder mehr motorische Unruhe, geringeres Selbstvertrauen und geringere sprachliche und soziale Fertigkeiten. Fazit: Wenn frühe Förderung in Betracht gezogen wird, dann muss sie kind- und altersgerecht gestaltet sein (vgl. Berk 2011 S. 326).

Bedenklich stimmen muss in diesem Zusammenhang, dass nur 16 Prozent der unter dreijährigen Kinder mit Migrationshintergrund und nur 87 Prozent der Drei- bis Fünfjährigen mit Migrationshintergrund ein Angebot in der Kindertagesbetreuung wahrnehmen. Bei Kindern ohne Migrationshintergrund sind dies 33 bzw. 96 Prozent (Zahlen laut Statistischem Bundesamt für das Jahr 2012). Dies lässt vermuten, dass gerade die in sprachlicher Hinsicht besonders förderbedürftigen Kinder Fördermöglichkeiten verpassen.

In der öffentlichen Diskussion ist des Öfteren zu hören, dass gerade auch bildungsferne Familien ihre Kinder nicht in die Kindertagesbetreuung schicken. Dies lässt sich jedoch durch Untersuchungen nicht pauschal bestätigen. Vielmehr wirken unterschiedliche Variablen zusammen, z. B. das Alter des Kindes, die Geschwisterzahl, der Erwerbsstatus und das Bildungsniveau der Eltern. Eine weiterer wichtiger Einflussfaktor ist die Erwerbstätigkeit der Mutter – arbeitet sie, ist ein Besuch in der Kindertagesbetreuung sehr wahrscheinlich (vgl. Schmidt, 2007). In einigen europäischen Ländern, wie z. B. Frankreich, ist es selbstverständlich, dass Kinder ab einem Alter von drei Jahren oder schon früher in entsprechenden Einrichtungen betreut werden, während die Mutter einer Berufstätigkeit nachgeht. In Deutschland hingegen scheint dies in manchen Teilen der Bevölkerung noch immer verpönt zu sein.

6.4 Die Entwicklung der Kognition in der mittleren Kindheit

In diesem Kapitel wird die kognitive Entwicklung im Altersabschnitt der mittleren Kindheit (sechs bis 12 Jahre) behandelt.

6.4.1 Die Theorie Jean Piagets

Mit dem Erreichen des siebten Lebensjahres beginnt für Piaget das **konkret-operationale Stadium** in der Entwicklung. Kinder sind jetzt in der Lage, logisch zu denken und auch mehrere Dimensionen eines Problems zu beachten. Die unter Kapitel 6.3.1 dargestellten Invarianzprobleme können nun von vielen Kindern gelöst werden. Dafür notwendige Denkoperationen wie z. B. das schrittweise Durchdenken eines Problems und die Fähigkeit, gedanklich jeden Schritt wieder zurückgehen zu können, sind jetzt für das Kind möglich. Diese Fähigkeit wird als **Reversibilität** bezeichnet.

Auch das Problem der Balkenwaage (vgl. Kapitel 6.3.1) bereitet Kindern nun deutlich weniger Schwierigkeiten. Allerdings bezieht sich diese Art zu denken noch nicht auf hypothetische – also nur vorgestellte – Probleme und kann auch noch nicht systematisch angewendet werden. Nur konkrete und sichtbare Probleme können gelöst werden. Deutlich wird dies, wenn man Kinder bittet, das sogenannte **Pendelproblem** zu lösen. Dabei sollen die Kinder herausfinden, wovon die Geschwindigkeit, mit der ein Pendel schwingt, abhängig ist. Dafür erhalten sie verschiedene Pendel (mit kurzen und langen Schnüren, mit leichten und schweren

Das Pendelproblem: Welches Pendel schwingt am schnellsten?

Gewichten), sowie ein Gestell, an dem sie die Pendel zum Schwingen bringen können. Die meisten Kinder probieren jetzt völlig unsystematisch aus, welche Kombination von Pendelgewicht und Schnurlänge am schnellsten schwingt und kommen so zu falschen Schlüssen.

Kinder können nun auch Gegenstände hierarchisch in Klassen ordnen. Sie sortieren diese nach ihren Eigenschaften, wie z. B. Länge oder Gewicht. Dies bezeichnet man als **Reihenbildung**. Ebenfalls sind die Kinder in der Lage, die Reihenbildung nur in Gedanken zu vollziehen (sogenanntes transitives Schlussfolgern).

Ebenfalls deutlich erweitert ist jetzt die Fähigkeit, räumlich zu denken – Kinder haben nun eine sogenannte **kognitive Landkarte**. Sie sind beispielsweise in der Lage, eine grobe Karte ihres Wohngebietes zu zeichnen.

Grundsätzlich bleibt das konkret-operationale Denken aber trotz dieser neuen Fähigkeiten auf konkrete Informationen bezogen, die direkt wahrnehmbar sind. Abstrakte Aufgaben wie zum Beispiel: „Regina ist größer als Anja, Anja ist größer als Sabine. Wer von den dreien ist am größten?" sind für Kinder in diesem Stadium nur schwer zu lösen. Auch wird jedes Problem für sich separat angegangen – einmal gefundene Problemlösungen werden nur selten auf andere Probleme übertragen.

Ging Piaget noch davon aus, dass seine Stufen kulturübergreifend und damit universell sind, weiß man heute, dass es bei der Problemlösefähigkeit große kulturelle Unterschiede gibt. Daher sind manche Forscher der Meinung, dass die Lösung der Aufgabenstellungen Piagets und die damit geforderte Logik in hohem Maße von Übung und Kultur abhängig sei.

6.4.2 Informationsverarbeitungstheorien

Wie bereits in den Kapiteln 6.2.2. und 6.3.3 dargestellt, gehen neuere Theorien der Informationsverarbeitung davon aus, dass sich die kognitive Entwicklung nicht in Stufen, sondern kontinuierlich vollzieht. Insbesondere steigert sich durch die Entwicklung des Gehirns die Geschwindigkeit, mit der Informationen verarbeitet werden können. Dadurch wiederum stehen immer größere Kapazitäten im Arbeitsgedächtnis zur Verfügung. Ebenfalls verbessert ist die Fähigkeit, sich auf relevante Denkprozesse zu konzentrieren und andere Reize auszublenden (kognitive Hemmung). Die Aufmerksamkeit kann nun gezielter gesteuert werden. So sind Kinder z. B. in der Lage, unterschiedlich geformte und gefärbte Objekte entweder nach der Form *oder* nach der Farbe zu sortieren, je nach Aufgabenstellung. Auch werden Aufgaben nun gezielter und planvoller angegangen.

Im Altersabschnitt der mittleren Kindheit verfügen Kinder auch schon über effektivere Gedächtnisstrategien. So üben sie gezielt, indem sie z. B. wiederholen oder Inhalte gruppieren. Das gedankliche Bündeln von Informationen bezeichnet man als sogenanntes **Chunking**.

Beispiel
Der achtjährige Maximilian wird aufgefordert, sich mehrere Worte zu merken, die hintereinander aufgezählt werden. Zwei der aufeinanderfolgenden Worte sind z. B. „Clown" und „Vase". Maximilian merkt sich die Worte, indem er sie miteinander in Beziehung setzt: Der Clown macht die Vase kaputt.

Gegen Ende der mittleren Kindheit wird nicht nur mit unterschiedlichen Strategien experimentiert, sondern Kinder sind nun also auch in der Lage, Dinge unterschiedlicher Kategorien in Beziehung zu setzen, um sie sich zu merken. Diese Strategien werden aber nicht immer konsequent eingesetzt.

Ein weiterer wichtiger Aspekt ist die enorme Zunahme an Wissen über die Welt. Neue Informationen können immer besser mit bereits bekannten Informationen verknüpft werden. So entsteht ein **semantisches Netzwerk** (Semantik = Lehre von der Bedeutung der Zeichen). Wissen wird damit immer schneller erworben und aktiv genutzt, was wiederum dazu motiviert, noch mehr über die Welt erfahren zu wollen.

Schließlich verbessert sich auch die Fähigkeit zur Metakognition (vgl. Kapitel 6.2.2, S. 166). So wissen Schulkinder, dass sie sich konzentrieren und anstrengen müssen, um eine schwierige Aufgabe zu bearbeiten. Damit erweitert sich wiederum die Fähigkeit, Probleme durch Schlussfolgern zu lösen.

6.4.3 Die Bedeutung des Konstrukts „Intelligenz"

Spätestens mit dem Schuleintritt wird das Thema Intelligenz wichtig. Der Ursprung zur Entwicklung des ersten Intelligenztests durch den Franzosen Alfred Binet (Binet-Simon-Intelligenztest) liegt nicht zufällig in der Leistungseinschätzung von Schülern im französischen Schulsystem zu Beginn des 20. Jahrhunderts. 100 Jahre später ist es immer noch schwierig, eine allgemein anerkannte Definition von Intelligenz zu finden. Die Diskussion schwankt zwischen folgenden Meinungen bzw. Annahmen:

- Es gibt eine einzige allgemeine Intelligenz (in der Psychologie bezeichnet man diese mit „g" vom englischen „general intelligence").
- Intelligenz setzt sich aus mindestens zwei Komponenten zusammen, nämlich der Denkleistung (= flüssige Intelligenz) und dem Faktenwissen (= kristalline Intelligenz).
- Intelligenz setzt sich aus sehr vielen unterschiedlichen Komponenten und Fähigkeiten zusammen.

Schließlich gibt es auch noch alternative Ansätze, die z. B. eher die sozialen oder emotionalen Faktoren betonen. Oder es werden grundsätzliche Typen von Intelligenzen unterschieden, die auch getrennt in Erscheinung treten (sogenannte Theorie multipler Intelligenzen), z. B. die sprachliche Intelligenz bei Dichtern, die räumliche Intelligenz bei Ingenieuren oder die interpersonale Intelligenz bei Lehrern.

Diese unterschiedlichen Sichtweisen führen dazu, dass es keine allgemeingültige Definition des Intelligenzbegriffs gibt. Zwei Definitionen sind relativ häufig anzutreffen:

Intelligenz ist das was Intelligenztests messen (nach dem Psychologen Edwin G. Boring 1886–1968), *oder* Intelligenz bezeichnet die Fähigkeit, sich seiner Umwelt anzupassen und diese aktiv zu verändern (vgl. Lohaus u. a., 2010, S.120).

Intelligenztest und Intelligenzquotient

Intelligenztests versuchen, abhängig vom Alter der getesteten Personen, eine Aussage über die Leistungsfähigkeit in bestimmten kognitiven Bereichen zu machen. Dabei werden fünf- und sechsjährige Kinder am meisten getestet, was eben mit dem Schuleintritt zu tun haben dürfte. Der am häufigsten eingesetzte Test ist der sogenannte **Ha**mburg-**W**echsler-**I**ntelligenztest für **K**inder (HAWIK-IV) bzw. in seiner englischen Originalbezeichnung **WISC** (**W**echsler **I**ntelligence **S**cale for **C**hildren). Hier werden Tests in folgenden Bereichen durchgeführt:

- Sprachverständnis (z. B. als Wortschatztest: Was ist ein Helikopter?)
- wahrnehmungsbasiertes logisches Denken (z. B. Anordnen von Bauklötzen nach einer bestimmten Vorlage)
- Aufgaben zum Arbeitsgedächtnis (z. B. Wiederholung von Zahlen in einer bestimmten Reihenfolge)
- Verarbeitungsgeschwindigkeit (z. B. Wiedererkennen vorgegebener Symbole)

Intelligenztests wie der HAWIK liefern als Ergebnis eine Zahl, die eine Aussage darüber macht, wie sich die Intelligenz des Getesteten im Vergleich zu anderen Testpersonen im selben Alter verhält. Diese Zahl wird als **Intelligenzquotient (IQ)** bezeichnet.

> Die Kenngröße zur Bewertung der Intelligenz eines Menschen wird als **Intelligenzquotient (IQ)** bezeichnet. Der IQ ist das Testergebnis eines Menschen in Relation zu den Testergebnissen vieler anderer gleichaltriger Menschen.

Der Grundgedanke hinter dem IQ ist es also, zu überprüfen, in wieweit die kognitive Leistungsfähigkeit eines Kindes auch seinem Alter entspricht. Löst ein Kind z. B. genauso viele Testaufgaben, wie der Durchschnitt aller gleichaltrigen Kinder, entspricht sein sogenanntes Intelligenzalter (IA) auch seinem Lebensalter (LA). Entsprechend kann das Intelligenzalter bei über- oder unterdurchschnittlichen Leistungen über oder unter dem Lebensalter liegen. Der IQ berechnet sich hier nach der folgenden Formel: (IA / LA) x 100 = IQ

Die beschriebene Methode eignet sich natürlich nur für das Kindes- und Jugendalter, da hier die intellektuellen Fähigkeiten sehr eng mit dem Alter zusammenhängen. Bei Erwachsenen steigt aber das Lebensalter an, während das Intelligenzalter nahezu gleich bleibt, was nach oben genannter Formel zu einem Absinken des IQ führen würde. Um diesen Effekt zu vermeiden, werden heute normorientierte Intelligenzmessungen verwendet. Das erzielte Testergebnis wird also in Bezug gesetzt zum durchschnittlichen Testergebnis einer sehr großen und damit repräsentativen Vergleichsgruppe gleichen Alters und zum Teil sogar gleichen Geschlechts, die sogenannte Normstichprobe.

Das Thema Normalverteilung wurde bereits in Kapitel 2.5.3 erläutert (siehe S. 35 f.). Eine Normalverteilungskurve findet sich auch, wenn große Gruppen einen Intelligenztest absolvieren. Die Entwickler der ersten Intelligenztests haben (willkürlich) festgelegt, dass diejenigen Menschen, deren IQ genau dem Mittelwert in ihrer Altersgruppe entspricht, einen IQ von 100 haben.

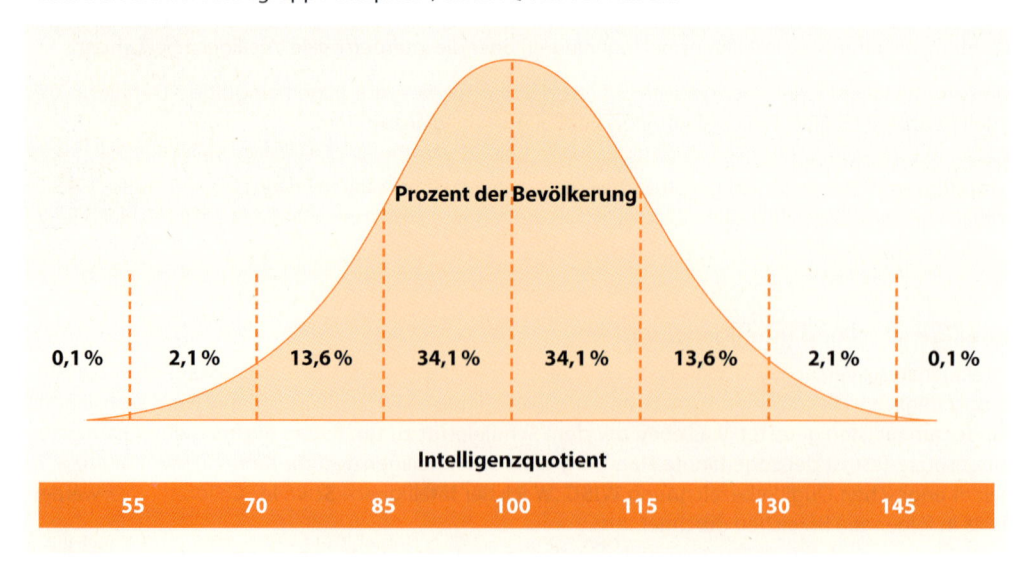

Normalverteilung der Intelligenzquotienten (vgl. Bundesministerium für Bildung und Forschung, 2001, S. 15)

Der Grafik zufolge haben nur jeweils ca. zwei Prozent der Menschen einen IQ zwischen 55–70 oder zwischen 130–145. Bei einem IQ ab 130 spricht man von Hochbegabung. Insbesondere der Bereich unter 85 bzw. 70 wird mit dem Begriff „Behinderung" in Verbindung gebracht.

So bezeichnet
- ein IQ von unter 70 eine leichte Intelligenzminderung,
- ein IQ von unter 50 eine mittlere Intelligenzminderung,
- ein IQ von 35 eine schwere Intelligenzminderung und
- ein IQ unter 20 eine schwerste Intelligenzminderung.

(vgl. ICD-10-GM, Intelligenzstörung F70-F79)

Allerdings wird heute nicht mehr allein der IQ zur Definition von Behinderung herangezogen – weitere soziale und adaptive Diagnosekriterien kommen hinzu (vgl. Gerrig/Zimbardo, 2008, S. 335).

Rund 70 Prozent aller Menschen haben einen IQ zwischen 85 und 115. Einmal gemessene IQ-Werte sind dabei auch über einen langen Zeitraum hinweg relativ stabil. Grundsätzlich lässt sich ein starker Zusammenhang feststellen zwischen dem gemessenen IQ-Wert und späterem Erfolg in der Schule, in der Ausbildung, im Studium und im Berufsleben. Der IQ-Wert ist also eine gute Vorhersagevariable (Prädiktor). Er besitzt zum Beispiel in Bezug auf den Schulerfolg mehr Vorhersagekraft als der gesellschaftliche Status der Eltern (vgl. Siegler u. a., 2011, S. 303).

Einflussfaktoren

Ob die Höhe des IQ-Wertes angeboren ist, wurde in den letzten Jahrzehnten ausführlich erforscht. Durch zahlreiche Studien, z. B. mit Zwillingen oder adoptierten Kindern, weiß man heute, dass der IQ in der frühen Kindheit ungefähr gleichstark durch die **genetische Ausstattung** und die **Umwelt** beeinflusst wird. Mit zunehmendem Alter wird dabei – anders als man es vielleicht erwarten würde – die genetische Ausstattung immer wichtiger. Dies lässt vermuten, dass der Mensch sich als Jugendlicher und Erwachsener immer besser die Umwelt suchen kann, die zu seiner genetischen Ausstattung passt.

Ein wichtiger Einflussfaktor auf den IQ ist das **familiäre Umfeld**. Hier kommt es insbesondere darauf an, wie die Eltern ihr Kind emotional und intellektuell unterstützen. Auch der **Schulbesuch** hat einen Einfluss auf den IQ. Dieser steigt in der Regel mit dem Schuleintritt leicht an.

Neben Familie und Schule hat aber auch die **Gesellschaft** insgesamt einen wesentlichen Einfluss auf den IQ. So konnte man feststellen, dass der durchschnittliche IQ im 20. Jahrhundert in vielen Ländern angestiegen ist (sogenannter Flynn-Effekt nach dem Politologen James R. Flynn, der das Phänomen 1984 erstmals beschrieb). Dies mag an einer verbesserten Ernährung und stetiger gesundheitlicher Versorgung liegen.

Das familiäre Umfeld und der Schulbesuch haben entscheidenden Einfluss auf die Intelligenz.

Dementsprechend ist **Armut** ein großer Risikofaktor für einen niedrigen IQ. Es lässt sich nachweisen, dass Kinder aus armen Familien einen niedrigeren IQ haben als Kinder aus vermögenden Familien. Dabei spielen Faktoren wie Ernährung, medizinische Versorgung, anregungsarme Umwelt usw. eine wichtige Rolle. Um so nachdenklicher muss es stimmen, dass UNICEF in seiner Analyse zur Kinderarmut in Industrienationen feststellt, dass über 30 Millionen Kinder in den 35 reichsten Staaten der Welt in relativer Armut aufwachsen – davon leben gut eine Million Kinder in Deutschland. Dies entspricht 8,5 Prozent aller Kinder zwischen 0 und 17 Jahren. UNICEF zufolge geht es Kindern in Island (Platz 1) und Finnland (Platz 2) am besten und in den USA und Rumänien am schlechtesten. Deutschland findet sich auf Platz 13 der UNICEF-Rangliste zu Entbehrungen von Kindern in 35 Industrienationen (vgl. UNICEF, 2012, S. 3). Diese Zahlen verdeutlichen die Dringlichkeit einer kompensatorischen und nicht nur pädagogischen Förderung.

Beim Thema IQ taucht auch immer wieder die Frage auf, ob sich bestimmte ethnische Gruppen in ihrem durchschnittlichen IQ unterscheiden. Dies ist durch diverse Untersuchungen gut belegt. So weiß man, dass der durchschnittliche IQ euroamerikanischer Kinder ca. 10 Punkte über dem afroamerikanischer Kinder liegt. Amerikanische Kinder asiatischer Abstammung haben einen ca. 3 Punkte höheren IQ als die euroamerikanischer Kinder. Diese Unterschiede treten auch auf, wenn man dieselbe soziale Schicht der jeweiligen Ethnie vergleicht.

Für die Interpretation solcher Ergebnisse ist Folgendes zu beachten:
- Aussagen über die IQ-Unterschiede zwischen Ethnien beziehen sich auf statistische Durchschnittswerte. Sehr viele afroamerikanische Kinder haben also einen höheren IQ als euroamerikanische Kinder.
- Die Unterschiede (Variabilität) innerhalb einer Ethnie sind immer größer als die Unterschiede zwischen den Ethnien.
- Statistische Durchschnittswerte sagen nichts über einzelne Personen aus.
- Bestimmte Ethnien können bestimmte Aufgabenbereiche in IQ-Tests besser bearbeiten als andere Aufgabenbereiche. Dies steht auch in Abhängigkeit zu ihrem kulturellen Hintergrund.
- Die gemessenen Gruppenunterschiede sind auch das Resultat der Umwelt dieser Gruppe. Verändert man die Umwelt, verändert sich auch der IQ-Wert.
- Durch die Angleichung von Lebensverhältnissen, scheint sich auch der IQ-Wert anzugleichen.

(vgl. Siegler u. a., 2011, S. 311)

Berufliche Handlungsrelevanz

Für pädagogische Fachkräfte ist es wichtig zu wissen, welche Risikofaktoren für die kindliche Entwicklung und hier speziell für die Entwicklung des IQ bestehen. So können sie diese frühzeitig erkennen, ihnen durch gezielte Förderung entgegenwirken und Eltern auf professioneller Grundlage beraten. Auch berufspolitisch können pädagogische Fachkräfte begründet dafür eintreten, dass materielle Armut als Entwicklungsrisiko für Kinder thematisiert werden muss. Als Risikofaktoren wurden insbesondere identifiziert:
- Arbeitslosigkeit oder geringes Einkommen der Eltern
- fehlender Schulabschluss der Eltern
- mehr als vier Kinder in der Familie
- Mutter ist alleinerziehend
- viele negative Ereignisse über einen langen Zeitraum für das Kind
- fehlende Information der Eltern über die kindliche Entwicklung
- fehlendes Selbstvertrauen der Eltern
- schlechte Interaktion zwischen Mutter und Kind

6.4.4 Schule und kognitive Entwicklung

Eine der wichtigsten Aufgaben von Schule ist die Vermittlung dreier kultureller Grundfertigkeiten: Lesen, Schreiben und Rechnen. Damit hat die Schule einen enormen Einfluss auf die kognitive Entwicklung in der mittleren Kindheit. Wie Schule dabei optimalerweise agieren sollte ist mittlerweile – auch jenseits ideologisch geführter Debatten zum deutschen Schulsystem – gut erforscht:

Klassengröße	Eine Klasse sollte aus nicht mehr als 18 Schülern bestehen, damit die Lehrer sich optimal um die Schüler kümmern können.
Reflektierte Unterrichtsmethoden	Der Lehrer kann, je nach Lernziel und Gruppenzusammensetzung, wechseln zwischen • einem traditionellen Frontalunterricht, • einem Unterricht, bei dem die Kinder selbst forschen und sich ihr eigenes Wissen konstruieren (konstruktivistischer Unterricht) • und einem Unterricht, in dem sich der Lehrer als Lernpartner/Lernbegleiter begreift und den Kenntnisstand jedes einzelnen Kindes berücksichtigt (sozial-konstruktivistischer Unterricht).
Ausstattung	Diese ermöglicht ein angenehmes Lernumfeld und vielfältige Anregungen – man spricht hier auch vom Raum als dritten Erzieher (neben Eltern und Lehrern).
Eltern	Lehrer und Eltern arbeiten partnerschaftlich zusammen und sind in einem Austausch.
Lehrplan	Die Themen des Lehrplans sind miteinander verbunden. Der Lehrplan lässt Raum für andere Aktivitäten der Kinder.
Inklusion	Schüler mit besonderem Förderbedarf müssen so in das Regelschulsystem aufgenommen werden, dass alle Beteiligten optimal gefördert werden. Dies hängt insbesondere mit der personellen Ausstattung zusammen.

Was macht gute Schule aus? (vgl. Berk, 2011, S. 429)

Neben diesen „externen" Variablen scheint die wichtigste Einflussgröße für gelingenden Unterricht aber der Lehrer selbst zu sein. Dies zeigt insbesondere die Untersuchung des Neuseeländers John Hattie. Er nahm eine Metaanalyse (also eine Gesamtanalyse aller Untersuchungen) von über 800 durchgeführten Studien zum Thema Lernerfolg vor. Ergebnis seiner Studie ist, dass weder die finanzielle Ausstattung der Schule, noch die Klassengröße und auch nicht die Schulform wichtigste Einflussgrößen sind: Letztlich kommt es auf den Lehrer bzw. die Lehrerin an. Diese/dieser muss

- seine Klasse klar führen (classroom management),
- klare Aufgaben stellen und klar formulieren (teacher clarity),
- die Perspektive der Schüler kennen und berücksichtigen,
- kritisch über seinen Unterricht reflektieren und nicht den Schülern die Schuld für schlechte Leistungen geben,
- über ein breites Methodenrepertoire verfügen, dass er flexibel einsetzen kann und
- wertschätzend und vertrauensvoll mit seinen Schülern umgehen.

(vgl. Spiewak, 2013 und Hattie u. a., 2013, S. 279 ff.)

Wirksam oder nicht?

Das Barometer der Lernerfolg-Faktoren nach John Hattie

Faktorenbereiche: Schule Eltern Schüler Unterricht Lehrplan Lehrer

schadet – hilft kaum – hilft ein wenig – wirksam – äußerst wirksam

1	Vertrauen der Schüler in die eigene Leistung
2	Altersgerechtes Unterrichten
3	Fortlaufende Überprüfung des Unterrichtserfolgs
8	Klarheit der Lehrperson
10	Feedback an den Lehrer
15	Vokabel- und Wortschatzförderung
31	Häusliches Anregungsniveau
32	Sozioökonomischer Status der Eltern
34	Fordernde Lernziele
55	Vorschulprogramme
88	Hausaufgaben
100	Individualisierung
106	Klassengröße
131	Jahrgangsübergreifende Klassen
132	Freiarbeit
133	Offener Unterricht
136	Nicht-Versetzen
137	Fernsehen
138	Schulwechsel

(aus: Der Spiegel, Nr. 16/2013, S. 39)

Besonders wichtig ist die Beziehung (Interaktion) zwischen Lehrer und Schüler. Untersuchungen zeigen, dass sie direkt mit dem Lernerfolg zusammenhängt.

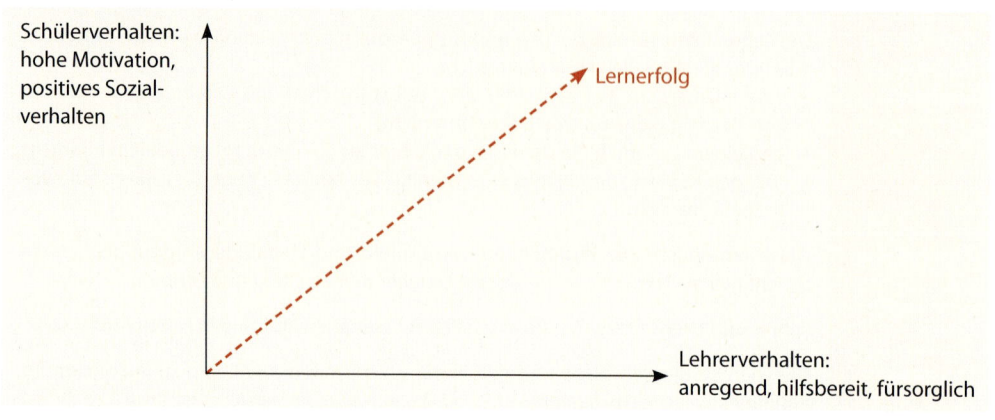

Einfluss der Lehrer-Schüler-Beziehung auf den Lernerfolg

Problematisch wird es, wenn Schüler die Erwartungshaltung übernehmen, die ihre Lehrer an sie haben – insbesondere, wenn dies eine negative Erwartungshaltung ist, d. h. der Lehrer erwartet nichts Gutes vom Schüler. Der Schüler beginnt diese Haltung dann unbewusst zu übernehmen und erwartet nun auch selbst nichts Gutes mehr von sich – dies bezeichnet man als **selbsterfüllende Prophezeiung**. Leider sind gerade leistungsschwächere Schüler besonders empfänglich für selbsterfüllende Prophezeiungen, wodurch schnell eine Abwärtsspirale entstehen kann.

Selbsterfüllende Prophezeiung (engl. self-fulfilling prophecy) ist die Bezeichnung für folgendes Phänomen: Die Erwartungen einer Person A bezüglich des Verhaltens einer Person B können das Verhalten der Person B beeinflussen, da Person B diese Erwartungshaltung der Person A (Prophezeiung) übernimmt.

Schüler zeigt Leistungsschwäche

Lehrer erwartet keine guten Leistungen vom Schüler

Schüler nimmt wahr, dass der Lehrer nicht mit guten Leistungen von ihm rechnet

Schüler arbeitet nicht gut mit

Leistungen des Schülers nehmen weiter ab

Schüler zeigt noch mehr Leistungsschwäche

Lehrer erwartet noch weniger vom Schüler ... usw.

Abwärtsspirale

Berufliche Handlungsrelevanz

Lehrer und pädagogische Fachkräfte sollten die Abwärtsspirale der selbsterfüllenden Prophezeiung natürlich vermeiden. Insbesondere wird diese hervorgerufen durch:
- starken Wettbewerb zwischen den Schülern,
- Leistungsvergleiche zwischen den Schülern vor der gesamten Klasse („Bloßstellen"),
- und dauerhafte Bevorzugung der besseren Schüler.

Lesen

Der normale Erwerb der Lesefähigkeit lässt sich in **fünf Stufen** beschreiben, die in der folgenden Tabelle aufgeführt sind.

Alter	Fähigkeit
0–6 Jahre	Voraussetzungen für das Lesen werden erworben: • Das Alphabet wird gelernt, zusammen mit der Fähigkeit, Laute in Wörtern zu identifizieren (sogenannte phonologische Bewusstheit). Diese Fähigkeit ist zentral für das spätere Lesen. Insbesondere Kinderreime fördern die phonologische Bewusstheit. Zum Beispiel „Das ist der D**aumen**, der schüttelt die Pfl**aumen**…" • Bücher werden betrachtet und es wird vorgelesen. • Dadurch erfährt das Kind, dass Texte von links nach rechts gelesen und Wörter durch Zwischenräume voneinander getrennt werden.
1./2. Klasse	Buchstaben können in Laute übersetzt werden und Laute werden zu Wörtern verbunden (sogenannte phonologische Rekonstruktion). Einzelne Wörter können auch direkt anhand ihrer Form erkannt werden. Dies bezeichnet man als visuell gestützten Abruf.
2./3. Klasse	Kinder können in der Regel einfache Texte flüssig lesen. Sie bilden dabei mentale Modelle der Inhalte, die sie lesen. Dabei spielen die in Kapitel 6.2 dargestellten kognitiven Prozesse eine wichtige Rolle. Die Kinder lernen, zentrale Merkmale zu erkennen (Enkodierung) und lesen zunehmend automatisiert.
4./8. Klasse	Kinder können Texten jetzt auch komplexe Informationen entnehmen. Sie überlegen (metakognitiv), ob sie den gelesenen Text auch verstanden haben (Verständniskontrolle). Zunehmendes Inhaltswissen steigert die Leseeffektivität.
8./12. Klasse	Informationen – auch aus unterschiedlichen Perspektiven – können verstanden werden. Wichtige Textpassagen werden langsam, unwichtige schnell gelesen. Damit entwickeln sich Lesestrategien.

Erwerben der Lesefähigkeit (vgl. Siegler u. a., 2011, S. 319)

Kinder, die gut lesen können, lesen in der Regel auch mehr, als Kinder die schlecht lesen können. Dadurch wird die Leseleistung von Kindern, die gut lesen können, stetig verbessert. Auch das Leseverhalten der Eltern beeinflusst das ihrer Kinder. Das Leseverhalten der Eltern hängt wiederum eng mit ihrem sozioökonomischen Status und Bildungsniveau zusammen: Gut situierte, gebildete Eltern lesen in der Regel mehr als Eltern mit geringen finanziellen Mitteln.

Schreiben

Die Entwicklung des Schreibens verläuft ähnlich der Leseentwicklung. So beginnt die Entwicklung häufig schon vor dem Schuleintritt. In der Regel können Kinder mit vier bis fünf Jahren schon so gut „schreiben", dass sich ihre Schrift sichtbar unterscheidet von dem, was sie malen und sonst zu Papier bringen. Schreiben kann als komplexer Prozess betrachtet werden, der sich zusammensetzt aus:

- Formung von Buchstaben
- Beachtung von Rechtschreibung und Zeichensetzung
- Nachdenken über die Aussage des Textes, den man schreibt

Wie bei der Leseentwicklung wird auch beim Schreiben eine Zunahme an kognitiven Fähigkeiten deutlich, z. B. findet die „Buchstabenproduktion" zunehmend automatisiert statt. Immer mehr werden auch Strategien eingesetzt, um die Inhalte effizient darstellen zu können, beispielsweise wird der Text in einer bestimmten Art und Weise gegliedert. Bedeutend ist auch ein Zuwachs an metakognitivem Wissen (vgl. Kapitel 6.2.2): Der Leser hat in der Regel nicht dieselben Informationen wie der Schreiber. Metakognitive Lernhilfen führen zu einer Verbesserung der Schreibfähigkeit. Lehrer oder Erzieher können Kindern z. B. die Arbeiten anderer Kinder zum Korrigieren geben, sie fragen, was an einem Text gut und was schlecht ist oder Fragen zu den Inhalten des Textes stellen. Wie auch beim Lesen, steigt die Qualität des Schreibens mit zunehmendem Inhaltswissen.

Rechnen

Wie bereits in Kapitel 6.3.4 erläutert, haben Kinder schon sehr früh ein Verständnis für Zahlen. Mit ca. fünf Jahren entwickeln sie ihre ersten Rechenstrategien. Meistens werden Aufgaben wie $1+2=3$ so gelöst, dass Kinder an ihren Fingern abzählen: „1, 2, 3". Häufig wissen sie die Lösung dann direkt auswendig und können sie sofort sagen. Ab der ersten Schulklasse lernen Kinder dann schnell weitere Strategien. Zum Beispiel werden Aufgaben wie $2+7$ so gelöst, dass direkt von der höheren Zahl aus gezählt wird: „7, 8, 9" oder Aufgaben, wie $9+4$, werden zerlegt in $10+4=14$ und $14-1=13$.

Unterschiedliche Strategien finden sich beispielsweise auch bei der Multiplikation. So wird 3×2 gerechnet als $2+2+2=6$. Alternativ wird die richtige Lösung direkt aus dem Gedächtnis abgerufen. Die Strategien werden dabei häufig nach dem Schweregrad der Aufgabe ausgewählt. Kinder verstehen auch einfache mathematische Konzepte oft schon vor dem Schuleintritt, z. B. $a+b=b+a$ (Kommutativgesetz). Wie Kinder mathematische Probleme lösen ist zwar kulturübergreifend oftmals gleich, trotzdem gibt es unterschiedliche kulturelle Einflüsse. So konnten z. B. brasilianische Straßenkinder, die am Straßenrand Süßigkeiten verkauften, in einer Untersuchung gut rechnen, solange sich die Aufgaben auf ihr Umfeld (Wechselgeld herausgeben) bezogen. Stellte man ihnen dieselbe Aufgabe formal mathematisch, waren sie zu einer Lösung nicht in der Lage (vgl. Siegler u. a., 2011, S. 331).

Im internationalen Vergleich schneiden deutsche Schülerinnen und Schüler bei mathematischen Leistungen eher mittelmäßig ab (Platz 13 von 46 in der TIMSS-Studie – **T**rends **I**n **I**nternational **M**athematics and **S**cience **S**tudy, vgl. Bos u. a., 2008). Dies führte seit 2007/2008 zu einer intensiven Diskussion, wie man insbesondere die Mathematikdidaktik in der Schule verbessern und Kinder schon im Elementarbereich früher fördern kann. Allerdings zeigte die im Jahr 2011 erneut durchgeführte TIMSS-Studie keine deutlichen Verbesserungen (vgl. Bos u. a., 2013).

Schwierigkeiten beim Lesen und Rechnen

Etwa 5 bis 10 Prozent aller Kinder, die über einen durchschnittlichen IQ verfügen, tun sich trotzdem besonders schwer damit, lesen zu lernen. Dies bezeichnet man als **Dyslexie**. Die genauen Ursachen der Dyslexie sind bis heute nicht bekannt, allerdings gilt eine genetische Komponente als sicher. Mit Blick auf die Kognition kann bei solchen Kindern festgestellt werden, dass sie ein besonders schlechtes Kurzzeitgedächtnis für verbale Inhalte haben und dass sie bedeutungsunterscheidende Laute (sogenannte Phoneme) schlecht unterscheiden können – z. B. **K**atze und **T**atze. Auch können sie die Bezeichnungen von Objekten nur langsam wiedergeben. Den Kindern fällt es also besonders schwer, Buchstaben mit den dazugehörigen Lauten in Verbindung zu bringen. Oftmals haben Kinder mit Dyslexie auch als Erwachsene noch Schwierigkeiten beim Lesen.

5 bis 8 Prozent aller Kinder leiden an einer Rechenschwäche **(Dyskalkulie)** bei ansonsten durchschnittlichem IQ. Sie lernen nur sehr langsam zu zählen und können auch einfache Aufgaben im einstelligen Bereich nicht sicher rechnen. Dies verbessert sich zwar mit zunehmendem Alter, Kinder mit einer Rechenschwäche haben aber oft auch als Erwachsene größere Probleme mit Rechenaufgaben.

Die genauen Ursachen sind auch hier nicht bekannt und je nach Person vermutlich unterschiedlich. In Erwägung ziehen sollte man folgende Einzelfaktoren:
- Hirnschädigung
- fehlende Förderung im mathematischen Bereich vor dem Schuleintritt
- schlechtes Arbeitsgedächtnis für Zahlen
- schlechte Verarbeitungszeit für Rechenaufgaben
- Angst vor Rechenaufgaben

ADHS – Aufmerksamkeitsdefizitstörung

ADHS steht für **A**ufmerksamkeits-**D**efizit-**H**yperaktivitäts-**S**törung (Fachleute sprechen auch von **h**yper**k**inetischer **S**törung HKS). Kinder mit ADHS sind extrem unruhig, zappeln, können sich nicht konzentrieren und sind besonders impulsiv. Logischerweise führt dieses Verhalten schnell zu schulischen und sozialen Problemen. Ca. drei Prozent aller Kinder leiden an ADHS, wobei 60 Prozent dieser Kinder auch als Erwachsene noch Symptome von ADHS zeigen. Jungen leiden häufiger an der Störung als Mädchen (vgl. Berk, 2011, S. 408). Kinder mit ADHS schneiden bei IQ-Tests schlechter ab als der Altersdurchschnitt, da sie sich nur schlecht konzentrieren können.

Das Thema ADHS wird in der Öffentlichkeit besonders kontrovers diskutiert. Der aktuelle Stand der wissenschaftlichen Forschung soll hier kurz wiedergegeben werden:

- ADHS lässt sich ab dem Grundschulalter relativ zuverlässig diagnostizieren, wobei es – wie bei anderen psychischen Störungen auch – keine objektiven Tests gibt. Die Diagnose sollte durch Experten erfolgen. Für ADHS gibt es eine offizielle Diagnose der Weltgesundheitsorganisation (WHO).
- ADHS hat hauptsächlich genetische Ursachen, wobei die Ursachenzusammenhänge nicht vollständig geklärt sind. Dagegen gibt es für die Annahme, ADHS entstehe durch eine Reizüberflutung (z. B. durch zu viel Fernsehen, Computer) oder durch fehlerhaftes Erziehungsverhalten keine wissenschaftlichen Belege. Natürlich spielt aber, wie bei allen psychischen Erkrankungen, auch bei ADHS die Umwelt eine wichtige Rolle. Umweltfaktoren können die Symptome verstärken.
- Eine weitere Ursache für ADHS ist der Konsum von Alkohol oder Nikotin während der Schwangerschaft.
- Weder Hochbegabung noch Unterforderung scheinen eine Ursache für ADHS zu sein. Hervorzuheben ist, dass auch Kinder mit ADHS ihre individuellen Stärken haben. Diese zu erkennen und zu fördern ist besonders wichtig.
- Seit mehr als 70 Jahren werden Kinder mit ADHS auch medikamentös behandelt. Dies ist in Einzelfällen sinnvoll, wenn ADHS zu einer starken Beeinträchtigung führt. Die Gabe von Medikamenten sollte verhaltenstherapeutisch begleitet werden. Die heute eingesetzten Medikamente fördern die Aufmerksamkeit, indem sie insbesondere die motorische Unruhe verhindern. Auch wenn es verschiedene kritische Studien zum Einsatz von Medikamenten gibt, fehlen abschließende Belege dafür, dass sich diese schädigend auswirken könnten. Werden sie so eingenommen wie verordnet, machen sie auch nicht süchtig.
- Neuere Behandlungsverfahren (Neurofeedback, Einnahme von ungesättigten Fettsäuren) werden zurzeit erforscht.

Kindern die an ADHS leiden, fällt es schwer, sich zu konzentrieren.

(vgl. Döpfner u. a., 2012)

6.5 Die Entwicklung der Kognition in der Adoleszenz

In diesem Kapitel werden die wichtigsten Erkenntnisse zur kognitiven Entwicklung in der Adoleszenz dargestellt. Bezug genommen wird dabei auf die Theorie Piagets und auf die Informationsverarbeitungstheorien. Die Kritik am Ansatz von Piaget, wie sie in den vorangegangenen Kapiteln schon angeklungen ist, wird noch einmal zusammengefasst.

Mit Blick auf die stattfindende Debatte zur Chancengleichheit von Jungen und Mädchen, kann auch die Entwicklungspsychologie einen Beitrag leisten. Deshalb wird dieses Thema in Kapitel 6.5.3 kurz betrachtet.

6.5.1 Die Theorie Jean Piagets

Ab dem zwölften Lebensjahr können Kinder laut Piaget auch abstrakt denken und hypothetische Probleme lösen – sie befinden sich im **formal-operationalen Stadium**. Konfrontiert man Kinder diesen Alters beispielsweise mit dem in Kapitel 6.4.1 vorgestellten Pendelexperiment, können sie berücksichtigen, dass die Geschwindigkeit des Pendels abhängig sein könnte von der Schnurlänge, dem Gewicht des Pendels und der Höhe, in der das Pendel losgelassen wird. Sie fangen nun an, systematisch zu experimentieren und die unterschiedlichen Varianten zu vergleichen. Schließlich gelangen sie zu der Erkenntnis, dass nur …
Überlegen Sie selbst, wie die richtige Lösung lauten muss. Sie finden sie am Ende dieses Kapitels auf S. 216.

Piaget ging davon aus, dass nicht alle Menschen in ihrer Denkentwicklung das formal-operationale Stadium erreichen oder immer systematisch und logisch in ihrer Denkweise vorgehen. Grundsätzlich haben die Kinder bzw. Jugendlichen hinsichtlich ihres Denkvermögens nun aber das Potenzial der Erwachsenen erreicht.

Der wesentliche Unterschied zwischen der formal-operationalen und der vorangegangenen konkret-operationalen Stufe liegt also darin, dass Kinder jetzt nicht mehr konkrete Objekte oder Ereignisse für ihren Denkprozess benötigen, sondern auch unabhängig von existierenden Objekten und tatsächlichen Ereignissen über Probleme nachdenken können, indem sie logische Regeln anwenden. Für Piaget sind dabei zwei Merkmale besonders wichtig: zum einen das sogenannte **hypothetisch-deduktive Denken** und zum anderen das sogenannte **propositionale Denken**. Letzteres wird auch als Aussagenlogik bezeichnet.

Unter **Deduktion** versteht man ein Schließen vom Allgemeinen auf das Besondere. Beispiel: Alle Menschen sind sterblich → Person X ist ein Mensch → Person X ist sterblich.
Im Gegensatz dazu ist die **Induktion** ein Schließen von speziellen Phänomenen auf allgemeine Regeln. Beispiel: Person X ist sterblich → Person X ist ein Mensch → Alle Menschen sind sterblich.

Im vorangegangenen konkret-operationalen Stadium beobachtete das Kind reale Probleme und machte auf dieser Grundlage eine Vorhersage über deren Lösung. Bestätigte sich die angenommene Problemlösung nicht, war das Kind in der Regel nicht in der Lage, eine Aufgabe zu lösen, da es keine alternativen Lösungsansätze hatte. Nun, im formal-operationalen Stadium, geht das Kind **deduktiv** vor, in dem es Annahmen über die Welt hat (Hypothesen) und daraus logische Schlussfolgerungen zieht. Diese Schlussfolgerungen werden an der Realität überprüft. Ein Kind im formal-operationalen Stadium könnte zum oben beschriebenen Pendelproblem (siehe S. 193 f.) vier Hypothesen aufstellen:

1. Die Länge der Schnur ist wichtig.
2. Das Gewicht ist entscheidend.
3. Die Fallhöhe ist entscheidend.
4. Die Kraft beim Anstoßen ist wichtig.

Diese Hypothesen werden von Kindern bzw. Jugendlichen nun systematisch überprüft.

Der Begriff **Proposition** stammt eigentlich aus der Sprachwissenschaft (Linguistik). Er bezeichnet den Sachverhalt, der durch einen Satz ausgedrückt wird.

Piaget benennt mit **propositionalem Denken** demnach die Fähigkeit des Kindes, die Richtigkeit eines Sachverhaltes zu beurteilen, ohne sie an Belegen aus der Realität zu prüfen. Jüngere Kinder sind in der Regel nicht in der Lage, rein logisch zu schlussfolgern, ohne ihr Wissen über die Realität dabei ins Spiel zu bringen.

Stellt man Kindern z. B. folgende Frage: „Wenn Katzen größer sind als Giraffen und Giraffen größer als Flöhe, sind Katzen größer als Flöhe? Ist das wahr oder falsch?" wäre die logisch korrekte Antwort „wahr". Kinder im formal-operationalen Stadium können diese Frage korrekt beantworten. Allerdings würden jüngere Kinder z. B. antworten, dass Katzen nie größer als Giraffen sein können – sie überprüfen also die Korrektheit der Aussage an der Realität.

Forscher haben mittlerweile herausgefunden, dass propositionales Denken besonders stark kulturell geprägt ist und insbesondere durch die Schulbildung trainiert wird. Die Mitglieder traditioneller Stammesgesellschaften beispielsweise sind kaum in der Lage formal-operationale Problemstellungen zu lösen (vgl. Berk, 2011, S. 520 f.).

Kritik am Ansatz von Piaget

Die Theorie von Jean Piaget hatte entscheidenden Einfluss im Forschungsfeld der Entwicklungspsychologie und auch heute noch findet sie sich in jedem Lehrbuch zu diesem Thema. Trotzdem gibt es auch zahlreiche kritische Stimmen zu Piagets Überlegungen und neuere Forschungsergebnisse, die seine Theorie ergänzen und zum Teil auch widerlegen. Diese sollen hier kurz zusammengefasst werden:

1. Piaget stellte die Denkentwicklung in seinem Stufenmodell einheitlich dar. Er unterstellte damit, dass diese bei allen Kindern gleich verläuft. Neuere Untersuchungen haben jedoch gezeigt, dass es große Unterschiede zwischen den Individuen gibt (interindividuelle Unterschiede), die Piagets Theorie nicht berücksichtigt und auch nicht erklären kann.
2. Mit dem Erreichen der letzten Stufe war für Piaget die Entwicklung des Denkens abgeschlossen. Neuere Untersuchungen zeigen aber, dass eine Veränderung des Denkens lebenslang stattfindet (vgl. Kapitel 6.6).
3. Gerade Kleinkinder wurden von Piaget mit anspruchsvollen Experimenten getestet, die ihr Denkvermögen nicht realistisch wiedergaben. Piagets Experimente waren also nur zum Teil reliabel (vgl. Kapitel 2.5.2). So weiß man heute zum Beispiel, dass bereits drei Monate alte Säuglinge über eine beginnende Objektpermanenz verfügen.
4. Piaget konzentrierte sich sehr stark auf die Leistungen der Kinder. Der Beitrag der Umwelt zur kognitiven Entwicklung des Kindes wurde von ihm unterschätzt.
5. Der von Piaget beschriebene Prozess der Assimilation und Akkomodation wirkt plausibel – wie genau diese einzelnen Prozessschritte funktionieren, erklärte Piaget jedoch nicht.
6. Schließlich ging Piaget davon aus, dass Denken durch verinnerlichtes Handeln entsteht. Die Säuglingsforschung konnte aber zeigen, dass Säuglinge auch ohne Handlungserfahrung dazu in der Lage sind, mentale Repräsentationen zu bilden.

(vgl. Schwarzer, 2011b, S. 92 und Siegler u. a., 2011, S.140 f.)

6.5.2 Informationsverarbeitungstheorien

Folgende Mechanismen sind laut den Informationsverarbeitungstheorien besonders wichtig für die kognitive Entwicklung während der Adoleszenz:
- Aufmerksamkeit: Zunehmend konzentrieren sich Jugendliche hauptsächlich auf wichtige Informationen.
- Kognitive Hemmung: Reize, die unwichtig sind, werden nicht beachtet. Einmal erlerntes Verhalten wird an neue Situationen angepasst.
- Strategien: Informationen können aus dem Gedächtnis schneller abgerufen werden, neue Informationen werden schneller gespeichert.
- Wissen: Das Inhaltswissen wächst an, dadurch können Strategien besser eingesetzt werden.
- Verarbeitungsgeschwindigkeit: Diese steigt deutlich an.
- Metakognition: Diese entwickelt sich entscheidend weiter.

Damit sich diese Art des logischen, „wissenschaftlichen Denkens" entwickeln kann, ist es wichtig, dass die Kapazität des Arbeitsgedächtnisses zunimmt, sodass mehrere Gesichtspunkte eines Problems gleichzeitig bedacht werden können. Entscheidend ist auch hier wieder das Ausprobieren und Trainieren. So lösen Kinder Probleme eher wissenschaftlich, wenn sie dies intensiv üben, zum Beispiel in der Schule.

Schließlich ist die Weiterentwicklung der metakognitiven Fähigkeiten besonders entscheidend, um wissenschaftlich zu denken und logisch zu schlussfolgern. Es geht also darum, genau über Theorien nachzudenken, unterschiedliche Einflussfaktoren separat zu betrachten und mögliche Gegenbeispiele zu suchen. Schließlich erfordert metakognitives Denken auch, über sich selbst nachzudenken, z. B. darüber, wie objektiv man einem Problem begegnet oder ob man voreingenommen ist. Dies wiederum hat Auswirkungen auf die Persönlichkeits- und Moralentwicklung (vgl. Kapitel 8, 9 und 10).

> „(...) Die Erkenntnisse aus der Informationsverarbeitung bestätigen, dass wissenschaftliches Denken nicht aus einer abrupten, stufenweisen Veränderung resultiert. Stattdessen entwickelt es sich allmählich aus vielen spezifischen Erfahrungen, die von Kindern und Heranwachsenden fordern, Theorien mit Beweismaterial abzustimmen und ihr Denken zu reflektieren und zu bewerten."
>
> (Berk, 2011, S. 523)

Insbesondere in der Pubertät wird es für junge Erwachsene besonders wichtig, was andere über sie sagen und denken. Dies kann als direkte Folge der kognitiven Möglichkeit zur Perspektivenübernahme interpretiert werden. Oftmals sehen sich Teenager fortlaufend im Mittelpunkt der Aufmerksamkeit aller (sogenanntes imaginäres Publikum) und halten sich für ganz besonders wichtig und einzigartig (sogenannte persönliche Legende). Beides kann aber positive Effekte haben, da diese Jugendlichen den Herausforderungen ihrer Umwelt mit relativ hohem Selbstbewusstsein begegnen.

Die erweiterten Denkmöglichkeiten bringen Heranwachsende auch oft dazu, sich eine idealisierte Welt vorzustellen. Diese ist dann häufig die Grundlage zu deutlicher Kritik an ihren Lebensumständen. Treffen ihre Vorstellungen mit den „realistischen" Vorstellungen Erwachsener zusammen, kann dies zu Konflikten führen.

Trotz des gestiegenen kognitiven Potenzials können Heranwachsende zunehmend Schwierigkeiten damit haben, Entscheidungen zu treffen. Obwohl sie die Logik erkennen, basieren ihre Entscheidungen häufig noch auf Intuition. Die Ursache dafür liegt vermutlich in einem Mangel an inhaltlichem Wissen, insbesondere über die Langzeitwirkung ihrer Entscheidungen. So stehen kurzfristige Ziele, wie beispielsweise sozialer Status und Spaß eher im Mittelpunkt.

Berufliche Handlungsrelevanz

Wie gehen pädagogische Fachkräfte und Eltern mit Teenagern in der Pubertät um?
- Heranwachsende sollten möglichst nicht vor anderen Menschen kritisiert werden.
- Bei übertriebenem Selbstbewusstsein weisen pädagogische Fachkräfte auf ausgeglichene Alternativen hin und berichten z. B. von ihren eigenen Erlebnissen als Teenager.
- Mit Kritik sollte man geduldig sein und versuchen, auf positive Aspekte hinzuweisen.
- Pädagogische Fachkräfte unterstützen Heranwachsende bei ihrer Entscheidungsfindung durch ihren Rat und zusätzliche Informationen, nehmen ihnen Entscheidungen jedoch nicht ab.

(vgl. Berk, 2011, S. 524)

6.5.3 Unterschiede zwischen Jungen und Mädchen

In vielen Untersuchungen wurde nachgewiesen, dass sich Jungen und Mädchen in bestimmten Bereichen der Kognition unterscheiden. Mädchen scheinen im sprachlichen Bereich grundsätzlich eine Stärke zu haben: Sie können besser lesen und schreiben, was vermutlich hirnorganische Ursachen hat. So kann ein weibliches Gehirn sprachliche Informationen effizienter verarbeiten.

Sind die Mädchen im Rechnen in der Grundschule noch besser als die Jungen, werden sie in der Adoleszenz von Jungen überholt. Dies liegt vermutlich am besseren Zahlengedächtnis und an einem besseren räumlichen Vorstellungsvermögen der Jungen. Diese Entwicklung belegen z. B. auch die Ergebnisse der PISA-Studie aus dem Jahr 2009, die weltweit das Leistungsvermögen 15-Jähriger gemessen hat:

> „Die Mädchen schneiden im Bereich Lesekompetenz in allen Teilnehmerländern besser ab als die Jungen. Im überwiegenden Teil des 20. Jahrhunderts galt die Hauptsorge in Bezug auf die Unterschiede zwischen den Geschlechtern der vergleichsweise niedrigen Leistung von Mädchen. Seit einiger Zeit hat sich jedoch das Augenmerk auf die schwächere Leistung der Jungen im Bereich Lesekompetenz verlagert. In PISA 2009 schneiden die Mädchen auf der Gesamtskala Lesekompetenz in allen Teilnehmerländern besser ab als die Jungen (…). Im Durchschnitt der OECD-Länder schneiden die Jungen auf der Gesamtskala Mathematik (…) besser ab als die Mädchen, während in der Regel nur geringe geschlechtsspezifische Unterschiede bei den Leistungen im Bereich Naturwissenschaften festzustellen sind."

(OECD, 2010, S. 14)

Bei diesen Unterschieden spielen aber immer auch Geschlechtsstereotype und sozialer Druck eine Rolle. So sind Mädchen häufig davon überzeugt, im Bereich Mathematik weniger leistungsfähig zu sein als Jungen. Mathematik wird oftmals als „Männersache" angesehen, hier wirken wieder selbsterfüllende Prophezeiungen (vgl. Kapitel 6.4.4).

6.5.4 Schule und kognitive Entwicklung

Wie schon in Kapitel 6.4.4 erläutert, spielt die Schule bei der kognitiven Entwicklung eine zentrale Rolle. Dies gilt natürlich auch für die Zeit nach der Grundschule. Oftmals ist der Wechsel von der Grundschule zu einer weiterführenden Schule mit Problemen verbunden, was zu einer Abnahme der Lernmotivation führen kann und dies wiederum kann ein Absinken des Notendurchschnitts zur Folge haben. Dabei hängen schulische Leistungen und Selbstbild eng zusammen. „Schlechte" Schüler haben häufig auch ein schwaches Selbstbewusstsein. Dies kann schlimmstenfalls in einer Abwärtsspirale enden, die zu problematischem Verhalten und zum Schulabbruch führt. So verließen im Jahr 2008 65.000 Schülerinnen und Schüler die Schule ohne einen Hauptschulabschluss, was einer Quote von 7,5 Prozent entspricht (vgl. Klemm, 2010 S. 8).

Es gibt einige Faktoren, die bestimmen, ob Jugendliche leistungsfähige Schüler werden. Insbesondere sind dabei zu nennen:

- Erziehungsstil
- Zusammenarbeit zwischen Eltern und Schule
- ökonomische Bedingungen im Elternhaus
- soziales Umfeld, insbesondere die Mitschüler
- Art des Unterrichts (Didaktik/Methodik)
- Möglichkeit individueller Förderung

In diesem Zusammenhang muss aber auch deutlich darauf hingewiesen werden, dass in der Bundesrepublik Deutschland das Bildungsniveau der Kinder und Jugendlichen besonders stark vom Bildungsniveau der Eltern abhängt. So haben nur etwa 10 Prozent der Kinder auf Gymnasien Eltern mit einem Hauptschulabschluss (Angabe laut Statistischem Bundesamt für 2011).

Berufliche Handlungsrelevanz

Insbesondere der Erziehungsstil ist für pädagogische Fachkräfte von besonderer Bedeutung. Als sehr förderlich hat sich dabei ein Erziehungsstil herausgestellt, der

- Anforderungen stellt, die hoch aber realistisch sind,
- eine warmherzige, wertschätzende und herausfordernde Atmosphäre schafft,
- klare Regeln und Standards festlegt,
- zur Selbstständigkeit ermuntert und
- Jugendliche und Kinder ernst nimmt.

Diesen Erziehungsstil bezeichnet man als **autoritativ** (vgl. Hobmair, 2012a, S. 229).

6.6 Die Entwicklung der Kognition im frühen Erwachsenenalter

Mit etwa 20 Jahren ist das Wachstum des Gehirns zwar abgeschlossen, trotzdem finden noch Veränderungen statt. So werden beispielsweise nicht genutzte Verbindungen zwischen den Nervenzellen eliminiert (vgl. Kapitel 5.3.2 und 5.6.4). Die organische Veränderung korrespondiert mit kognitiven Veränderungen. Das Gehirn entwickelt sich also anhand bestimmter Erfahrungen weiter. Dies wiederum verändert zum einen die Strukturen, in denen gedacht wird, zum anderen wird sich hoch spezialisiertes Wissen angeeignet, z. B. durch die Berufswahl.

6.6.1 Denkstrukturen verändern sich

Allgemein kann gesagt werden, dass im frühen Erwachsenenalter das Denken rationaler, flexibler und pragmatischer wird. Im Anschluss an die Stufentheorie Piagets wird dies auch als Stufe des **postformalen Denkens** bezeichnet. In diesem Zusammenhang wurde besonders erforscht, wie der Mensch zu bestimmten Erkenntnissen gelangt: die sogenannte epistemische (wissenschaftliche) Kognition.

> Die Erforschung der **epistemischen Kognition** beschäftigt sich mit der Frage, wie Wissen entsteht.

Das Denken wird mit zunehmendem Alter flexibler und toleranter. Jungen Erwachsenen ist klar, dass es nicht nur *einen* richtigen Standpunkt gibt, sondern manchmal – je nach Blickwinkel auf ein Problem – mehrere Ansichten zutreffen können. Dabei kann es wichtig sein, zunächst widersprüchliche Positionen zu einem Standpunkt zu vereinen. Die epistemische Kognition baut daher auf der bereits mehrfach erwähnten Metakognition auf. Dabei spielt besonders der Austausch mit anderen Menschen (Peers oder Peergroups = Gruppe von Gleichgestellten) eine wichtige Rolle, um einen eigenen Standpunkt zu finden.

Wichtig wird außerdem das Lösen konkreter Probleme – zusammengefasst in den Fragen: Wie gestalte ich mein zukünftiges Leben? Wo und mit wem möchte ich wohnen? Was will ich arbeiten oder studieren? usw. Dies bezeichnet man auch als **pragmatisches Denken**.

Die Zeit nach der Schule stellt für viele junge Erwachsene eine große Herausforderung dar.

Ein junger Erwachsener muss aus vielen unterschiedlichen Lebens- und Berufsalternativen auswählen, wobei das Denken und die damit verbundenen Gefühle miteinander vereinbart werden müssen (emotionale Intelligenz).

Im frühen Erwachsenenalter geht es in der Regel auch darum, spezialisiertes Fachwissen durch eine Berufsausbildung oder durch ein Studium zu erlangen. In diesem Wissensbereich wird das Denken dann zumeist immer schneller und effektiver. Fachwissen ermöglicht außerdem kreatives Denken und Handeln.

> „Reife Kreativität erfordert eine besondere kognitive Fähigkeit – nämlich die Fähigkeit, neue, im kulturellen Kontext bedeutsame Probleme zu formulieren und wichtige Fragen zu stellen, die noch nicht gestellt worden sind."
>
> (Berk, 2011, S. 613)

Manchmal kann dieses kreative Denken auch zu Konflikten mit der Umwelt führen. Insbesondere, wenn die umgebende Kultur nicht besonders tolerant ist.

Beispiel
Die Mitglieder der russischen Punkrock-Band „Pussy Riot", drei junge Frauen Anfang 20, wurden im Frühjahr 2012 verhaftet, weil Sie während einer Protestaktion in einer Kirche die Politik des russischen Präsidenten Vladimir Putin kritisiert hatten. Ihnen wurde die Verletzung der öffentlichen Ordnung und Blasphemie vorgeworfen. Im August 2012 verurteilte das Gericht die drei jungen Frauen zu jeweils drei Jahren Straflager.

6.6.2 Berufswahl und Kognition

Die Wahl des passenden Berufs ist für die meisten jungen Erwachsenen besonders wichtig und ein entscheidender Faktor für die kognitive Entwicklung in dieser Lebensphase. Die Entscheidung für einen Beruf kann in drei Phasen unterschieden werden:

Alter	Phasen der Berufswahl	
frühe bis mittlere Kindheit	Fantasiephase	Erste „naive" Einsichten, welche Berufe es gibt.
11 bis 16 Jahre	unentschlossene Phase	Nachdenken über verschiedene Berufe, auf Grundlage eigener Interessen, Fähigkeiten und Wertvorstellungen.
16 bis 20 Jahre	realistische Phase	Realistische Möglichkeiten werden abgewogen, Informationen werden gezielt gesammelt. Zeitweise wird noch experimentiert, in der Regel wird sich dann aber auf einen konkreten Beruf festgelegt.

Phasen der Berufswahl (vgl. Berk 2011, S. 616)

Natürlich gibt es auch bei der Berufswahl große individuelle Unterschiede. So wissen manche Heranwachsende schon sehr frühzeitig und genau, welchen Beruf sie ergreifen wollen. Andere hingegen können sich nicht oder erst spät und nach wechselnden Versuchen entscheiden. Dabei spielt nicht nur die eigene Persönlichkeit, sondern auch die Familie und damit verbunden das Bildungsniveau eine wichtige Rolle. Schließlich nehmen die gesellschaftlichen Erwartungen, die sozialen Rahmenbedingungen und nicht zuletzt noch immer vorhandene Geschlechtsstereotype Einfluss auf die Wahl des Berufs. So werden zum Beispiel die Schulen des Gesundheitswesens zu ca. 80 Prozent von Frauen besucht. Technische Berufe sind hingegen nach wie vor eine Domäne von Männern. Ein Studium wird mittlerweile zu gleichen Teilen von Männern und Frauen absolviert. Dabei werden von Männern Ingenieurwissenschaften, von Frauen Sprach-, Kultur- und Sozialwissenschaften bevorzugt (vgl. BMFSFJ, 2012). Die „typisch" weiblichen Berufe sind nach wie vor in der Regel schlechter bezahlt als solche Berufe, die typischerweise von Männern ergriffen werden.

6.7 Kognition im Erwachsenenalter

Wie bereits in Kapitel 1 beschrieben wurde, betrachtet die moderne Entwicklungspsychologie heute die Entwicklung über die gesamte Lebensspanne des Menschen. Dies gilt gerade auch für die Entwicklung der kognitiven Fähigkeiten. In diesem Kapitel wird also die kognitive Entwicklung im Erwachsenenalter behandelt. Diese Lebensphase wird hier in das mittlere und das höhere Erwachsenenalter unterteilt.

6.7.1 Mittleres Erwachsenenalter (ab ca. 40 Jahre)

Insgesamt wurde die kognitive Entwicklung in diesem Altersabschnitt vergleichsweise wenig entwicklungspsychologisch erforscht. Querschnittstudien konnten belegen, dass die sogenannte **kristalline Intelligenz** (Abruf von Faktenwissen, vgl. Kapitel 6.4.3) bis ins mittlere Erwachsenenalter zunimmt. Dies hängt vermutlich mit dem anwachsenden Faktenwissen zusammen, das u. a. durch den Berufsalltag erworben wird. Damit beeinflusst der Beruf auch die kognitive Leistungsfähigkeit. Dementsprechend unterscheidet sich die kognitive Entwicklung, je nach gewähltem Beruf bzw. Arbeitsfeld. Die **flüssige Intelligenz** (Erschließen von Sachverhalten) erreicht im mittleren Erwachsenenalter ihren Leistungshöhepunkt. Lediglich die Wahrnehmungsgeschwindigkeit nimmt langsam ab. Forscher vermuten, dass dies an Veränderungen des zentralen Nervensystems liegen könnte, also hirnorganische Ursachen hat.

Mit **kristalliner Intelligenz** wird das gesamte Faktenwissen eines Menschen bezeichnet, das er in seinem Leben ansammelt.

Hingegen benennt man seine Fähigkeit, bestimmte Sachverhalte zu erschließen, Regeln zu lernen und Zusammenhänge zu erkennen, mit **flüssiger Intelligenz** (auch fluide Intelligenz).

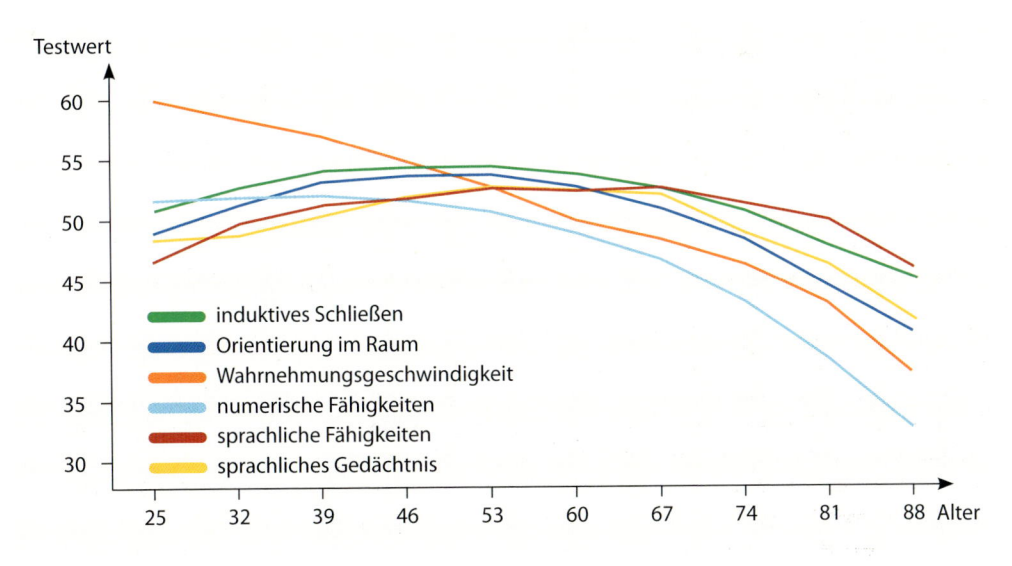

Geistige Fähigkeiten im Alter von ca. 25 bis 88 Jahren (vgl. Schaie, 1994)

Zu beachten ist, dass es immer große **individuelle Unterschiede** bei der Ausprägung der Fähigkeiten gibt. Die Unterschiede können durch folgende Faktoren bedingt sein (siehe S. 212 oben).

- Gesundheitlicher Zustand: Ein guter gesundheitlicher Zustand wirkt sich positiv auf die kognitive Leistungsfähigkeit aus, da er Aktivität ermöglicht.
- Bildung: Diese sagt die kognitive Entwicklung eines Menschen relativ zuverlässig (unabhängig von Alter oder Geschlecht) voraus. Sie ist eine gut Vorhersagevariable (Prädiktor).
- Lebensumstände und Lebensstil: Grundsätzlich kann davon ausgegangen werden, dass nicht genutzte Fähigkeiten verlorengehen. Dies bezeichnet man als „use-it-or-lose-it-Gesetz".
- Einsatz der intellektuellen Fähigkeiten im Beruf: Berufs- und Arbeitswelt können stimulierend für die kognitiven Fähigkeiten sein.
- Freizeitaktivitäten: Untersuchungen konnten zeigen, dass sich regelmäßige Freizeitaktivitäten positiv auf die kognitive Leistungsfähigkeit auswirken. Dies ist sogar unabhängig von Bildung und ökonomischem Status.
- Finanzieller Hintergrund: Dieser hat bspw. Auswirkungen auf die Ernährung (Gesundheitszustand) oder die Freizeitgestaltung.

(vgl. Martin/Zimprich, 2012, S. 72)

Die Verarbeitungsgeschwindigkeit für Informationen nimmt bei schwierigen Situationen und Aufgabenstellungen mit dem mittleren Erwachsenenalter ab, was wiederum auch alle anderen kognitiven Prozesse beeinflusst. Abhängig von der gestellten Aufgabe bedeutet dies jedoch nicht, dass sie generell schlechter gelöst wird, da die Abnahme der Geschwindigkeit ausgeglichen (kompensiert) werden kann durch Wissen und Erfahrung.

Ebenfalls nimmt die Fähigkeit ab, mehrere Aufgabenstellungen gleichzeitig zu verfolgen und wichtige von unwichtigen Reizen zu unterscheiden (kognitive Hemmung). Diese Fähigkeiten lassen sich aber durch Übungen gezielt trainieren.

Die Leistungsfähigkeit des Arbeitsgedächtnisses nimmt ab. Ebenfalls sinkt die Fähigkeit, Informationen aus dem Langzeitgedächtnis abzurufen. Dies liegt u. a. daran, dass Strategien, wie die sinnvolle Nutzung des Gedächtnisses, nicht mehr regelmäßig angewendet werden und damit verloren gehen (use-it-or-lose-it). Der Rückgang an passender Übung – wie etwa in Schule, Ausbildung oder Studium – kann jedoch durch geeignetes metakognitives Wissen ausgeglichen werden. So wissen Menschen im mittleren Erwachsenenalter beispielsweise, wie man sich effektiv auf eine Sitzung vorbereitet.

> *„Insgesamt lässt sich sagen, dass die Veränderungen der Gedächtnisleistung sich bei verschiedenen Aufgaben und Personen stark unterscheiden, da der Mensch seine kognitiven Fähigkeiten nutzt, um den Anforderungen seines Alltags gerecht zu werden."*
>
> *(Berk, 2011, S. 711)*

Fazit: Das mittlere Erwachsenenalter ist hinsichtlich der kognitiven Leistungsfähigkeit zum einen durch Stabilität zum anderen durch Veränderungen einzelner Fähigkeiten, je nach individuellem Hintergrund, gekennzeichnet. Je älter der Mensch wird, desto mehr nehmen verschiedene kognitive Fähigkeiten ab (vgl. Martin/Zimprich, 2012, S. 72).

6.7.2 Höheres Erwachsenenalter (ab ca. 60 Jahre)

Die Veränderungen der kognitiven Prozesse im höheren Alter sind durch zwei Vorgänge gekennzeichnet: Zum einen dem weiter zunehmenden Rückgang der Leistungsfähigkeit, zum anderen die effektive Anpassung an die aktuellen Herausforderungen in diesem Lebensabschnitt. Dies bezeichnet man als sogenannte **adaptive Veränderungen**. Intensiv erforscht wurde dies insbesondere durch die „Berliner Altersstudie" (BASE, vgl. www.base-berlin.mpg.de) und seit 1956 fortlaufend mit der „Seattle Longitudinal Study" (vgl. Martin/Zimprich, 2012, S. 60).

Wie schon weiter oben erwähnt, beschäftigen sich viele Untersuchungen mit den unterschiedlichen Veränderungen im Bereich der kristallinen und der fluiden Intelligenz. In der Regel nimmt die Leistungsfähigkeit der fluiden Intelligenz schneller ab als die der kristallinen. Mit anderen Worten: Auch im hohen Alter ist das Wissen über Fakten häufig noch vorhanden und kann auch angewandt werden. Die Veränderungen der fluiden Intelligenz hängen vermutlich eng mit den verringerten körperlichen Fähigkeiten bzgl. der Wahrnehmung zusammen, wie z. B. Hören und Sehen. Der Rückgang der fluiden Intelligenz ist also zumindest teilweise biologisch begründet (determiniert). Die weitgehende Stabilität der kristallinen Intelligenz erklärt sich dagegen aus ihrer Abhängigkeit von Kultur und Umwelt. Allerdings weisen Forscher, die Untersuchungen mit 70-Jährigen durchgeführt haben, darauf hin, dass auch die kristalline Intelligenz nicht mehr auf einem gleichmäßigen Niveau bleibt, sondern langsam zurückgeht (vgl. Martin/Zimprich, 2012, S. 64).

Theoretische Erklärungsmodelle

Die beiden wichtigsten Theorien, um den Rückgang der kognitiven Leistungsfähigkeit im Alter zu erklären, sind die sogenannte Speed-Hypothese und die Kapazitätshypthese des Alterns.

Die **Speed-Hypothese** geht davon aus, dass die Geschwindigkeit der Informationsverarbeitung im Alter deutlich nachlässt. Beleg dafür sind Untersuchungen, bei denen die Verarbeitungsgeschwindigkeit eine gute Vorhersagemöglichkeit für das Alter der getesteten Personen ist. Aus der Geschwindigkeit, mit der eine Person bestimmte Aufgaben bearbeitet, kann also recht zuverlässig auf ihr Alter geschlossen werden.

Die **Kapazitätstheorie** geht davon aus, dass die Kapazität des Arbeitsgedächtnisses im Alter abnimmt. Außerdem wird das Erinnern anfällig für Störungen. So können ältere Menschen bereits erinnerte Informationen schlecht wieder ausblenden, um sich anderen Informationen zu widmen (vgl. Martin/Zimprich, 2012, S. 65; Kapitel 6.2.2). Damit treten häufig Probleme auf, den Kontext einer Information zu berücksichtigen oder Verknüpfungen zwischen verschiedenen Informationen herzustellen, wie z. B. dem Namen und dem zugehörigen Gesicht.

Im Hinblick auf die eigene Biografie werden Erlebnisse aus der Jugendzeit und dem frühen Erwachsenenalter besser erinnert als darauf folgende Ereignisse (autobiografisches Gedächtnis). Vor kurzem Erlebtes wird am besten erinnert. Oftmals erinnern sich Menschen im hohen Alter an zukünftige Ereignisse, wie beispielsweise Termine, mithilfe von Gedächtnisstützen (z. B. Merkzettel). Ein solches Planen wird als **prospektive Gedächtnisleistung** bezeichnet.

Individuelle Unterschiede und Besonderheiten der Kognition im Alter

Auch im hohen Alter gibt es grundsätzlich große individuelle Unterschiede in der Leistungsfähigkeit. So sind die Unterschiede zwischen einzelnen Personen oft wesentlich größer, als die Leistungsdifferenz bei einer einzelnen Person zu zwei unterschiedlichen Zeitpunkten. Diese individuellen Unterschiede zeigen, dass die kognitive Entwicklung besonders formbar ist. Forscher sprechen in diesem Zusammenhang auch von der „Plastizität kognitiver Entwicklung". Um die Leistungsfähigkeit zu erhalten, hilft es, die Fähigkeiten speziell zu trainieren (verhaltensbezogene Plastizität), wobei es im hohen Alter auch durch intensives Training ein deutlich geringeres Entwicklungspotenzial gibt, als bei Kindern oder jungen Erwachsenen. Viele Menschen höheren Alters benutzen daher eine Strategie der selektiven Optimierung. Das heißt, sie konzentrieren sich auf ausgewählte Lebensbereiche (z. B. Musizieren, ausgedehnte Reisen unternehmen, sich um die Enkelkinder kümmern), um dort besonders leistungsfähig zu bleiben.

Die Fähigkeit Probleme zu lösen, verlagert sich damit häufig weg von der Arbeit, hin zum privaten Umfeld. Zumeist bedeutet dies, dass theoretische Probleme nicht mehr im Fokus stehen und deren Lösung damit auch nicht mehr trainiert wird. Dies hat zur Folge, dass Menschen im hohen Alter Probleme oftmals dann effektiv lösen können, wenn es für sie *relevante* Probleme sind. Man bezeichnet dies als **praktische Intelligenz**. Zum Beispiel gehen sie bei gesundheitlichen Problemen häufig schneller zum Arzt als jüngere Menschen, die eher abwarten würden. Zudem setzen Menschen im hohen Alter ihre Ressourcen in der Regel sparsamer ein als jüngere Menschen. Manche Forscher vermuten, dass aus diesem Grund zwischenmenschliche Konflikte gerne vermieden werden.

Für eine gute kognitive Leistungsfähigkeit im hohen Alter sind, ähnlich den Punkten im mittleren Altersabschnitt, folgende Faktoren besonders wichtig:

- ein insgesamt aktives Leben
- ein hohes Bildungsniveau
- Kontakte zu anderen Menschen
- eine aktive Freizeitgestaltung
  (z. B. durch Reisen, Besuch von Fortbildungen und Ausstellungen)
- ein guter Gesundheitszustand

(vgl. Berk, 2011, S. 814)

Kurz vor dem Tod geht die kognitive Leistungsfähigkeit häufig deutlich zurück. Auch verringern sich oftmals alle Aktivitäten, das psychische Befinden verschlechtert sich und die Zukunftsperspektive ist stark reduziert. Dies bezeichnet man als **terminalen Verfall** (engl. terminal decline). Untersuchungen haben gezeigt, dass dieser Zeitraum stark variieren kann, er wird zwischen einem und bis zu fünf Jahren eingeschätzt.

Fazit: Die kognitive Entwicklung im hohen Alter ist durch große individuelle Unterschiede und Plastizität gekennzeichnet. Dabei gestalten die einzelnen Individuen ihre eigene kognitive Leistungsfähigkeit aktiv mit.

Aufgaben

1. Die kurze Lernsituation, die zu Beginn des Kapitels auf S. 149 skizziert wurde, wirft viele Fragen auf.
   a) Helfen Sie Regina Schmitz, indem Sie fachlich fundiert Stellung zu den Aussagen der Teamkolleginnen nehmen.
   b) Erstellen Sie ein Konzept zur frühen Förderung mit Blick auf die kognitive Entwicklung.

2. Beschreiben Sie unter Zuhilfenahme unterschiedlicher theoretischer Positionen, wie das Denken entsteht.

3. Analysieren Sie die Verbindung von Sprache und Kognition.

4. Sie arbeiten in der Kita „Kunterbunt" in einer Gruppe für unter Dreijährige. Ihre Kollegin Frau Schmitt (58 Jahre alt), vertritt die Meinung, dass man Babys „ruhig mal schreien lassen kann", das „stärke die Lungen". Nehmen Sie aus entwicklungspsychologischer Sicht Stellung zu dieser Meinung.

5. Recherchieren Sie die in Kapitel 6 dargestellten Versuche zum besseren Verständnis auf Videoplattformen im Internet.

6. „Das verbale Streiten von Vierjährigen ist ein Zeichen für eine Weiterentwicklung im Denken." Nehmen Sie Stellung zu dieser Aussage.

7. Die fünfjährige Hanna soll vier Apfelstückchen bekommen, hat aber erst zwei. Es findet folgender Dialog zwischen ihr und einer pädagogischen Fachkraft (pF) statt t (vgl. Pramling, 2007, S. 105):
   pF: Wie viele Apfelstückchen willst du noch haben?
   Hanna: Zwei.
   pF: Woher weißt du das so schnell?
   Hanna: Hab ich mir eben gedacht. Zwei und zwei …

   Die pädagogische Fachkraft möchte Hanna einen Apfel geben und ihn vorher kleinschneiden. Sie fragt Hanna, in wie viele Stücke sie den Apfel teilen solll (vgl. Pramling, 2007, S. 105):
   pF: Wie viele Stücke willst du haben?
   Hanna: Sechs Stücke.
   pF: Wie soll ich den Apfel schneiden, damit es sechs werden?
   Hanna: Erstmal in drei Stücke.
   pF: (schneidet den Apfel in drei Stücke) Ok, das hätten wir … und jetzt?
   Hanna: Jetzt schneidest du jedes Stück noch einmal durch.
   pF: Gut, probieren wir das mal aus. (beginnt die Stücke zu schneiden) Wie bist du darauf gekommen?

   Beschreiben Sie die Dialoge. Nach welcher Theorie arbeitet die pädagogische Fachkraft?

8. Lesen Sie den folgenden Zeitungsartikel. Formulieren Sie die Grundthesen des Artikels in ihren Worten und nehmen Sie aus entwicklungspsychologischer Sicht Stellung dazu.

> ### Wer erzieht unsere Kinder? Der Kita-Ausbau lockt auch schlecht ausgebildete Quereinsteiger in die Branche
>
> „In kaum mehr als einem halben Jahr ist es so weit: Zum 1. August bekommen ein- bis dreijährige Kinder einen Rechtsanspruch auf einen Betreuungsplatz. Doch Städte und Gemeinden sind noch immer unzureichend vorbereitet. Zwischen März 2011 und März 2012 stieg der Anteil der in Tageseinrichtungen oder Tagespflege untergebrachten Kinder im Alter von eins bis drei nur um 2,4 Prozentpunkte – auf insgesamt 27,6 Prozent. Dies geht aus einer Analyse hervor, die die Technische Universität Dortmund diese Woche veröffentlicht hat.

Neuere Zahlen für Gesamtdeutschland liegen nicht vor. Doch fest steht: Würde der Ausbau weiterhin genauso schleppend vorangehen wie zuletzt, dauerte es bis zum Jahr 2017, um den Bedarf zu decken. Der nämlich liegt, einer Umfrage unter Eltern aus dem Jahr 2011 zufolge, bei 39,4 Prozent.

Verantwortlich für das viel zu langsame Tempo ist nicht allein fehlender politischer Wille, sondern auch ein Mangel an geeignetem Personal. Eine Umfrage der ‚Welt am Sonntag' unter den Kultusministerien der Länder hat ergeben: Die Bundesländer haben die Zahl der Ausbildungsplätze für Erzieher seit 2007 um rund 35 Prozent gesteigert. Doch selbst das reicht noch nicht, um die Nachfrage zu decken. Deshalb werden die Kleinsten nun zunehmend einem Personal anvertraut, das fachfremd oder nur mäßig ausgebildet ist. In Baden-Württemberg beispielsweise dürfen künftig auch Hebammen oder Kinderkrankenpfleger in Kitas arbeiten. Und in Brandenburg, Hamburg oder Niedersachsen werden, in einer abgespeckten Version der herkömmlichen Erzieherausbildung, viele Arbeitskräfte zu sogenannten sozialpädagogischen Assistenten oder Kinderpflegern geschult.

Fachleute beobachten die Entwicklung mit großer Sorge. Denn sie fordern eigentlich seit Längerem das Gegenteil: eine verbesserte, am besten sogar akademische Ausbildung des Betreuungspersonals. ‚In den ersten Lebensjahren passiert in der Entwicklung eines Menschen mehr als irgendwann sonst', sagt der renommierte Direktor des Deutschen Jugendinstituts (DJI), Thomas Rauschenbach. ‚Je besser ein Erzieher ausgebildet ist, desto stärker profitieren die Kinder, die er betreut.'

Kritik kommt auch aus der Politik. ‚Es ist der falsche Weg, die Lücken jetzt durch Nicht-Fachkräfte zu stopfen oder durch Leute, die einen Schnellkurs durchlaufen haben', sagte Manuela Schwesig, stellvertretende Vorsitzende der SPD und Sozialministerin Mecklenburg-Vorpommerns, dieser Zeitung. Schwesig forderte, in Deutschland müsse jetzt mehr in das Betreuungspersonal investiert werden – und zwar auch in dessen Bezahlung: ‚Dafür bräuchten wir die 1,2 Milliarden Euro, die für das unsinnige Betreuungsgeld vorgesehen sind. Auf diese Weise kämen auch mehr Männer in den Beruf.'

Bayerns Familienministerin Christine Haderthauer (CSU) sieht die kommunalen Spitzenverbände und kirchlichen Träger in der Pflicht, die Löhne von Erzieherinnen in Kitas und Kindergärten spürbar anzuheben: ‚Unsere Gesellschaft muss lernen, dass es Leistungen wie Pflege und Kinderbetreuung, die die Hausfrau früher kostenlos erledigt hat, nicht zum Nulltarif gibt.' Die Tarifpartner müssten ihre Verantwortung für eine ‚zukunftstaugliche Bezahlung' endlich ernst nehmen, sagte Haderthauer der ‚Welt am Sonntag'. Internet-Vergleichsportalen zufolge verdient eine Gruppenleiterin in Kindertageseinrichtungen derzeit im Durchschnitt gerade einmal 1.800 Euro brutto im Monat.

Die Interessenvertreter der Kommunen haben allerdings etwas ganz anderes im Sinn als Gehaltserhöhungen. So hat Gerd Landsberg, der Hauptgeschäftsführer des Deutschen Städte- und Gemeindebundes, diese Woche gefordert, die Gruppen in Kitas zu vergrößern. Das könnte den Kommunen helfen, den kommenden Rechtsanspruch zu erfüllen – würde aber auf Kosten der Betreuungsintensität gehen. Und damit auch auf Kosten der Kinder.

Nach Informationen des Statistischen Bundesamtes in Wiesbaden arbeiteten im Frühjahr vergangenen Jahres mehr als 9.300 Menschen ohne jedwede abgeschlossene Berufsausbildung in deutschen Kindertageseinrichtungen. Hinzu kommen noch gut 43.400 Tagesmütter und -väter, die in Wochenend- und Abendkursen eine Schnellausbildung zum Kinderbetreuer erhalten haben. Demgegenüber finden sich in Kindertageseinrichtungen bundesweit lediglich rund 1.000 Beschäftigte, die ein Hochschulstudium der Studienrichtung Kindheitspädagogik absolviert haben."

(Dowideit, Anette: Welt am Sonntag, 20.01.2013, S. 1)

Die Lösung zum Pendelproblem aus Kapitel 6.5 (S. 204) lautet: Die Geschwindigkeit des Pendels wird ausschließlich durch die Länge der Schnur beeinflusst. Gewicht und Fallhöhe sind nicht relevant.

7 Sprachentwicklung

Berufliche Handlungssituation

Seit etwa zwei Monaten arbeitet Robert Wenzel als Erzieher in der altersübergreifenden Mäusegruppe der Kindertagesstätte „Tausendfüßler". Bezogen auf das Sprachverhalten der Kinder fällt ihm schon nach kurzer Zeit Einiges auf. So spricht der dreijährige Tim nur sehr wenig und wenn, dann schwer verständlich. Er zeigt z. B. auf ein Kissen und sagt dazu „Tissen, piel i mid".

Roberts Nichte, die gerade einmal 14 Monate alt ist, plappert dagegen schon munter vor sich hin. Dabei werden bereits einzelne Worte erkennbar. Sie sagt zum Ball „Ba", zur Katze „Mia" und wenn sie Milch haben will, schaut sie auffordernd auf und sagt „Mi".

Einmal beobachtet Robert in seiner Gruppe eine Szene, in der Anna (4;6 Jahre) und Gül (5;2 Jahre) versuchen, miteinander zu spielen. Gül lebt erst seit drei Monaten in Deutschland, wirkt aber sehr aufgeweckt und neugierig. Anna versucht Gül zu erklären, wie man Mutter und Kind spielt. Aber Gül versteht nicht, wenn sie ihr sagt: „Du bist die Mutter, ja? Du musst das Kind im Arm halten …". Gül fragt „Anne?" (In der türkischen Sprache bedeutet das Wort „Mutter".) „Ja, so heiße ich", antwortet Anna darauf. „Aber du sollst die Mutter sein!" Nach mehreren vergeblichen Verständigungsversuchen bricht Anna das Spiel ab und geht zu einer anderen Gruppe von Kindern. „Die will nicht hören, was ich sage …", ist ihr Kommentar zu der verunglückten Spielsituation. Gül wirkt daraufhin traurig.

In der gemeinsamen Vorbereitungszeit spricht Robert mit der Gruppenleiterin über seine Beobachtungen. Ihm wird klar, wie wichtig eingehende Kenntnisse über den Spracherwerb von Kindern sind. Nur mit entsprechendem Fachwissen können Abweichungen von einer regelhaften Entwicklung festgestellt und die Mädchen und Jungen in der Kindergruppe bei der Sprachentwicklung sinnvoll unterstützt werden.

Seit den PISA-Studien ist das Bewusstsein für die Bedeutung von Sprachbildung und Sprachförderung als pädagogische Aufgabe der Tageseinrichtungen für Kinder in der Öffentlichkeit erheblich gewachsen. Was inzwischen in der öffentlichen Debatte Konsens ist, ist in der Fachdiskussion schon seit Langem unbestritten: Pädagogische Fachkräfte müssen über umfassende Kompetenzen in diesem Bereich verfügen. Von besonderer Relevanz ist hierbei das Wissen über die Sprachentwicklung, sei es im Zusammenhang mit dem Erwerb der Muttersprache in den ersten Lebensjahren oder dem Lernen von Deutsch als Zweitsprache z. B. im Kindergarten. Natürlich geht die Entwicklung der Sprache auch nach der frühen Kindheit weiter – wenn auch nicht mit der Dynamik der ersten Lebensjahre.

7 Sprachentwicklung

Worum geht es in diesem Kapitel?

„Wauwau" (Lea, 11 Monate)

„Heiß!" (Lea, 14 Monate, mit Blick auf eine Kerze)

„Lies mir" (Lea, 21 Monate, mit einem Bilderbuch in der Hand)

„Warum habe ich keinen Hund?" (Lea, 27 Monate)

„Wenn Du mir Bonbons abgibst, bin ich dein bester Freund, deine zwei besten Freunde" (Lea, 4 Jahre)

„Oma, wir waren in Gönneovel (Ovelgönne)" (Lea, 5;5 Jahre)

„Mann, ich will chillen, echt, Mathe stresst …" (Lea, 16 Jahre, setzt dabei die Kopfhörer ihres Smartphones auf)

(vgl. Siegler u. a., 2011, S. 214)

Kinder lernen auf eine bewundernswert intuitive Weise sprechen – und dies in enorm kurzer Zeit. Im Prinzip ist der Spracherwerb in seinen grundsätzlichen Zügen mit dem fünften Lebensjahr abgeschlossen. So sind die Äußerungen eines 4-jährigen Jungen grammatisch in aller Regel richtig und mit denen eines Erwachsenen vergleichbar. Er ist gut zu verstehen und sein Wortschatz reicht aus, um sich in seiner Welt zurechtzufinden – zumindest in seiner überschaubaren Umgebung. Natürlich geht die Sprachentwicklung weiter. So wächst der Wortschatz ein Leben lang und einige grammatische Formen wie das Passiv werden erst später sicher beherrscht. Aber der Spracherwerb erfolgt vor allem in den ersten drei bis vier Lebensjahren und wird in diesem Entwicklungsfenster weitgehend abgeschlossen.

Allerdings treffen diese Altersangaben nur für Kinder zu, die ihre Mutter- oder **Erstsprache** lernen. Viele Mädchen und Jungen wachsen jedoch mehrsprachig auf. Mehrsprachigkeit ist normal (vgl. Ruberg u. a., 2013, S. 26 ff.). In der beruflichen Handlungssituation wird der Fall von Gül geschildert. Sie lebt erst seit wenigen Monaten in Deutschland und muss ihre neue Umgebungssprache erst noch lernen. Dies ist für viele Kinder und auch Jugendliche bzw. Erwachsene Lebenswirklichkeit. In aller Regel verfügen sie schon über eine Muttersprache, stehen aber nun vor der Aufgabe, zusätzlich Deutsch zu lernen, das zu ihrer zweiten Sprache (oder auch dritten, vierten usw.) wird und somit zur **Zweitsprache**.

> **Erst- oder Muttersprache:** die Sprache, die ein Kind als erstes lernt (Erstsprache) und die in ihrer Herkunftsfamilie gesprochen wird.
>
> **Zweitsprache:** Umgebungssprache, die abweichend von der Erst- oder Muttersprache gesprochen wird, z. B. Deutsch für einen kurdischen Jugendlichen, der mit seinen Eltern nach Deutschland eingewandert ist.
>
> **Bilingualität bzw. bilingualer Spracherwerb:** Ein Kind wächst mit zwei Sprachen gleichzeitig auf, z. B. wenn die Eltern unterschiedlicher Herkunft sind.
>
> **Sukzessiv bilingualer Spracherwerb bzw. früher Zweitspracherwerb:** Eine zweite Sprache wird kurz nach dem Erwerb der Erstsprache gelernt, sodass schon eine Sprache zumindest in Grundzügen vorliegt. Beispielsweise lernt ein dreijähriges Mädchen aus Italien Deutsch, das mit seiner Mutter dem Vater nach Deutschland gefolgt ist und nun hier lebt.
>
> **Fremdsprache:** Eine Sprache, die weder Mutter- noch Umgebungssprache ist, sondern aus anderen Gründen erworben wird, z. B. in der Schule, aus Interesse an einer anderen Kultur oder im Hinblick auf eine geplante Reise.

In diesem Kapitel geht es um **Sprachentwicklung**. Dabei wird der Spracherwerb in der frühen Kindheit im Vordergrund stehen, vor allem der Erstspracherwerb in Deutsch. Aber der frühe Zweitspracherwerb soll ebenfalls immer wieder mit in den Blick genommen werden. Andere Formen des Sprachlernens, wie etwa im Englischunterricht in der Schule oder in einem Fremdsprachenkurs in der Volkshochschule, bleiben hier außen vor, weil sie anderen Gesetzmäßigkeiten folgen und für die Tätigkeit einer Erzieherin bzw. pädagogischen Fachkraft wenig relevant sind.

Die Sprachentwicklung endet natürlich nicht mit dem dritten oder vierten Lebensjahr. Danach erfolgen weitere Entwicklungsschritte, etwa im Kindergarten im pragmatisch-kommunikativen Bereich und dann in der Schule die Aneignung der Schriftsprache. Alles das fußt aber auf den beeindruckenden sprachlichen Lernprozessen der ersten drei bis vier Lebensjahre.

Was aber ist **Sprache** überhaupt? Sprechen nicht auch Hunde miteinander oder Affen, wie auf dem Foto zu sehen ist? Sprache dient der Kommunikation und Tiere kommunizieren doch auch. Damit allein ist sie aber noch nicht definiert, denn wir kennen ebenfalls andere, nichtsprachliche Wege der Kommunikation wie Mimik, Gesten oder Pfiffe.

Das Spezifische an Sprache ist, dass sie sich abstrakter **Symbole** bedient. In der mündlichen Sprache sind **Laute** solche Symbole. Die Lautfolge /h//u//n//d/ steht für einen mit einem Fell ausgestatteten Vierbeiner, der vom Wolf abstammt. Diese Lautfolge ist willkürlich, denn auch /d//o//g/

Affen kommunizieren miteinander

bedeutet das Gleiche. Diese Laute tragen also eine Bedeutung und damit werden sie zu Symbolen. Neben Lauten gibt es ebenfalls Schriftzeichen oder Gebärden, die als Sprachsymbole dienen können.

Sprachen sind also erstens **Symbolsysteme**, die zweitens der **Kommunikation** und damit der **Verständigung** von Menschen dienen. Tiere können sich ebenfalls verständigen, aber sie tun dies mithilfe ihres Verhaltens, das unmittelbar verstanden wird und eine Reaktion auslöst. So kommuniziert der Anführer eines Löwenrudels z. B. durch lautes Brüllen, dass er als erster von der gerissenen Antilope frisst und der jüngere Artgenosse gefälligst zu warten hat. Symbolbasierte Kommunikationssysteme hingegen lassen eine viel komplexere Verständigung über Dinge, Ereignisse und Zusammenhänge zu, die zudem nicht unmittelbar anwesend sein müssen. Daher wird durch Sprache eine kognitive Auseinandersetzung auch mit Vergangenem und mit Planungen für die Zukunft möglich.

Lautfolgen bilden dabei Wörter, die durch bestimmte (grammatische) Regeln miteinander verbunden werden. So lassen sich komplexe und umfangreiche Informationen austauschen. Menschen können auf diese Weise bei komplizierten Aufgaben miteinander kooperieren, z. B. gemeinsam ein Haus bauen oder eine Jagd auf Antilopen vorbereiten und planen. Mit Sprache lassen sich ebenfalls Gefühle ausdrücken und damit das sozial-emotionale Leben bereichern, z. B. indem Sympathiebeziehungen oder Konfliktlösungen bei Interessengegensätzen sprachlich gestaltet werden.

Die Bedeutung von Sprache und Sprechen ist daher für das menschliche Leben und die menschliche Kultur grundlegend und von unschätzbarer Bedeutung. Der Mensch ist ein sprechendes Wesen, das ohne Sprache nicht denkbar wäre.

Sprache ist das wichtigste Kommunikationsmittel der Menschen. Sie besteht aus gesprochenen (Laute, Wörter) oder geschriebenen (Zeichen, Buchstaben) Symbolen, deren Bedeutung willkürlich (d. h. von Menschen festgelegt) ist.

Symbole sind Laute oder Zeichen, die dazu dienen, Gedanken und Gefühle abzubilden, damit sie anderen Menschen mitgeteilt werden können.

7.1 Grundlagen der Sprachentwicklung

Kinder lernen nicht sprechen, weil sie ihre Schullaufbahn im Blick haben oder um die kulturelle Bedeutung der Sprache wissen. Sie erwerben die Sprache als Verständigungsmittel, um sich die Welt zu erobern. Etwas weniger pathetisch ausgedrückt: Kinder lernen sprechen, um mit ihren Eltern kommunizieren und mit anderen Kindern spielen zu können, um sich in der Welt handelnd zurechtzufinden und dabei mit anderen Menschen zu kooperieren. Verwenden sie in diesem Sinne Sprache, sind zwei Perspektiven zu unterscheiden:

Zum einen gehört zur Sprachverwendung das **Sprachverstehen**. Damit ist gemeint: Die Bedeutung der Äußerung eines anderen Menschen wird erfasst und führt zu einer Aktivierung innerer Repräsentationen des angesprochenen Gegenstands oder Sachverhalts. So versteht ein Kind schon sehr früh, dass es gemeint ist, wenn sein Name fällt oder es begreift, dass es etwas nicht tun soll, wenn die Mutter deutlich *„Nein!"* sagt.

Damit zusammenhängend ist zum anderen die **Sprachproduktion** zu sehen, der aktive Gebrauch der Sprache mit dem Ziel der Verständigung und Interaktion. Die ersten gesprochenen Worte eines Kindes beziehen sich meist auf Gegenstände und Personen aus dem unmittelbaren Umfeld und diese Äußerungen dienen dem Einstieg in die sprachliche Interaktion. Wenn zum Beispiel wenn ein anderthalb Jahre altes Mädchen *„Mi"* sagt und auffordernd guckt, will es die Mutter animieren, ihr Milch zu geben. Wie noch im Einzelnen erläutert wird, geht beim Spracherwerb das Verstehen der Produktion immer voraus. Kinder verstehen die Bedeutung eines Wortes, bevor sie es selbst aktiv benutzen. Auch grammatische Strukturen, wie die Frageform oder die Satzstruktur mit dem zentralen Element des Verbes werden begriffen, bevor sie selbst produziert werden.

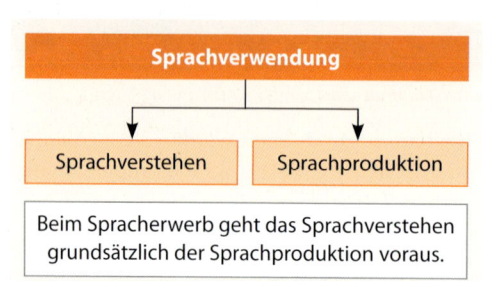

```
           Sprachverwendung
              /        \
    Sprachverstehen   Sprachproduktion
```

Beim Spracherwerb geht das Sprachverstehen grundsätzlich der Sprachproduktion voraus.

7.1.1 Sprechen: Ein Prozess auf mehreren Ebenen

Sprechen bzw. die Verwendung von Sprache ist ein hochkomplexer Vorgang. Hierzu müssen gleichzeitig geistige und motorische Leistungen auf vielfältigen Ebenen erbracht werden. Das wird deutlich, wenn man sich den konkreten Gebrauch von Sprache genauer anschaut: es müssen Laute wahrgenommen und produziert, ihre Bedeutung erfasst und eine komplexe Struktur längerer Lautfolgen (Wörter und Sätze) verstanden, dann eine Erwiderung konstruiert und dann noch in der gegebenen Situation stimmig und sinnvoll geäußert werden. Der Sprechende muss also sowohl beim Sprachverstehen als auch bei der Sprachproduktion folgende Ebenen berücksichtigen und vernetzen:

- Laute
- Bedeutungen
- Regeln für komplexe Äußerungsstrukturen wie Sätze
- Handlungskontext

In der Wissenschaft sind hierzu eigene Fachbegriffe entstanden. Wenn es um Laute und deren Funktion für die **Bedeutungsunterscheidung** geht, spricht man von **Phonemen**.

Phoneme sind elementare lautliche Einheiten wie /l/ oder /p/. Diese stimmen nicht immer ganz genau mit den Buchstaben überein.

Laute als Phoneme sind für Bedeutungen relevant, weil sich durch einen Tausch mit einem anderen Laut Bedeutungen verändern. Beispielsweise macht der Anfangslaut /t/ aus derLautfolge /r/o//t/ ein ganz anderes Wort mit einer anderen Bedeutung, nämlich /t//o//t/. Phoneme selbst tragen keine Bedeutung. Die Anzahl der Phoneme variiert erheblich zwischen den Sprachen. So gibt es im Deutschen ca. 40 Phoneme in der hawaiianischen Sprache sind es nur 11.

7.1 Grundlagen der Sprachentwicklung

„Aus den kleinsten bedeutungsunterscheidenden Einheiten [den Phonemen, Anm. d. Red.] bildet jede Sprache ihre kleinsten *bedeutungstragenden* Einheiten, genannt **Morpheme**." (Dittmann, 2002, S. 11)

Beispiele für solche **Morpheme** sind *Kind, Schrank* oder *rot*. Diese können freistehend auftreten. Andere Morpheme wie *-lein, ent-*, oder *-en* können nur gemeinsam mit anderen Morphemen verwendet werden wie *Kind-lein* oder *ent-lauf-en*. Aus Morphemen werden Wörter. In *Frau-en* liegen zwei Morpheme vor – das erste (Frau) ist freistehend möglich, das zweite hat eine etwas abstraktere, grammatische Bedeutung, nämlich den Plural (vgl. Dittmann, 2002, S. 11).

Auf der Grundlage der einzelnen Bausteine der Phoneme und Morpheme entstehen dann komplexere sprachliche Gebilde wie Wörter, Sätze und ganze Geschichten, die in bestimmten Interaktionszusammenhängen geäußert werden.

Sprachebenen

Bei der Betrachtung der Sprachentwicklung im Kindesalter (aber auch beim Fremdsprachenlernen von Erwachsenen) ist es hilfreich, die unterschiedlichen Aspekte bzw. Ebenen sprachlicher Äußerungen auseinanderzuhalten. In den Sprachwissenschaften und in der Entwicklungspsychologie werden dabei folgende **Sprachebenen** (vgl. Weinert/Grimm, 2012, S. 437–446) unterschieden. Auch wenn sie im Rahmen wissenschaftlicher Forschung häufig jeweils für sich genommen betrachtet werden, lassen sie sich in der alltäglichen sprachlichen Kommunikation natürlich nicht voneinander trennen. So ist es nicht möglich, nur auf der grammatischen Ebene zu sprechen.

1. Phonologisch-prosodische Entwicklung

Auf dieser Ebene geht es um die Wahrnehmung und Produktion von **Lauten**.

Die **Phonologie** befasst sich mit den Lautstrukturen der Sprache, vor allem was ihre bedeutungsunterscheidende Funktion angeht. Mit **Prosodie** sind die Sprachmelodie und der Sprachrhythmus gemeint. So haben die unterschiedlichen Sprachen eigene Betonungs- und Dehnungsmuster und eine eigene Geschwindigkeit. Auch in der Lautstärke gibt es Differenzen. Wer verschiedene Sprachen hört, wird diese Unterschiede schnell bemerken. Dazu sind nur einige Äußerungen eines Franzosen, Arabers oder Chinesen erforderlich.

2. Lexikalische Entwicklung

Dieser Bereich befasst sich mit dem Erwerb bzw. dem Verstehen und aktiven Gebrauch von **Wörtern** und deren Bedeutungen.

Jeder Mensch, der sprechen kann, verfügt über einen großen Schatz an unterschiedlichen Worten – den **Wortschatz**. Wörter stehen jeweils für etwas und tragen damit eine Bedeutung. Dabei bezeichnen sie konkrete **Dinge** wie *Hund, Tisch* oder *Wolke*, können sich aber auch auf **Eigenschaften** wie *gut* oder *böse*, **Tätigkeiten** wie *gehen* oder **abstrakte Zusammenhänge** wie *Frieden, Gerechtigkeit* usw. beziehen. Daneben gibt es auch Wörter, die eine Funktion im Satz haben wie Konjunktionen (*weil, und*). Mit der Bedeutung der Wörter befasst sich die **Semantik** oder Bedeutungslehre.

Man geht davon aus, dass die Wörter in einem **mentalen Lexikon** gesammelt werden. Daher spricht man auch von der lexikalischen Entwicklung, wenn es um den Erwerb der Wörter geht. Diese werden nicht einfach aufgelistet, sondern in eine Struktur eingeordnet. So gibt es Überordnungen und Unterordnungen. Beispielsweise sind *Hafer, Weizen, Roggen* einzelne Formen des *Getreides* (Oberbegriff). Die Sprachen können sich teilweise darin unterscheiden, über welche Begriffe und Worte sie für die einzelnen Bereiche der Welt verfügen.

> „So gibt es z. B. im Arabischen keinen Obergriff für verschiedene Pferdearten. In der Sprache der Hopi-Indianer werden fliegende Objekte (Insekten, Flugzeuge usw.) mit einem gemeinsamen Wort bezeichnet."
>
> (Weinert/Grimm, 2012, S. 435)

3. Entwicklung grammatischer Fähigkeiten und Fertigkeiten

Die **Grammatik** regelt, in welcher Weise die einzelnen Elemente der Sprache zu bedeutungsvollen Mitteilungen zusammengefügt werden. Sie stellt also ein Regelwerk dar, das sich vor allem auf Wörter (Morphologie) und Sätze (Syntax) bezieht.

In der **Morphologie** stehen die Wortbildung und deren Bedeutungen im Vordergrund. Aus einem einzelnen *Hund* wird im Plural *Hunde*. So führen beispielsweise Pluralbildungen oder Kennzeichnungen für die einzelnen Fälle (z. B. Akkusativ, Dativ) zu unterschiedlichen Wortformen und Artikelbenutzungen (z. B. ich höre *den* Hund). Wenn die einzelnen Wörter dann durch Anhänge oder Wortveränderungen ihrer grammatischen Funktion angepasst werden, spricht man von Beugung oder Flexion. So werden Verben entsprechend dem Subjekt im Satz angepasst, d. h. gebeugt. Das Verb *sitzen* verändert sich im Satz zu „Er *saß* am Tisch".

> Als **finite Verbform** wird im Gegensatz zur infiniten Verbform die grammatische Form eines Verbs bezeichnet, in der alle grammatischen Kategorien eines Verbs ausdrückt werden wie z. B. Person, Numerus, Tempus und Modus. Beispiel: infinite Form: *laufen* – finite Form: *er läuft*.

Wenn die Verknüpfung verschiedener Wörter zu Sätzen im Fokus steht, ist die **Syntax** gemeint. In ihr geht es u. a. um Reihenfolgen, Kombinationsregeln, Stellungen im Satz sowie die damit zusammenhängenden Beugungen einzelner Wörter. So sind die Sätze *Klaus haut Marion* und *Marion haut Klaus* in ihrer Bedeutung sehr unterschiedlich, obwohl die gleichen Worte in gleicher Form auftauchen. Eine Äußerung wie *Fische im Wasser geschwimme* ist aus mehreren Gründen grammatisch nicht korrekt: Die Reihenfolge ist falsch, weil das Verb nicht an zweiter Stelle steht. Zudem ist das Verb falsch gebeugt. Der Satz müsste lauten: *Fische schwimmen im Wasser*. Im Deutschen gibt es viele syntaktische Regeln, die Aufbau und Struktur sprachlicher Äußerungen bestimmen.

4. Pragmatisch-kommunikative Entwicklung

Der richtige Gebrauch von phonologischen, semantischen und syntaktischen Regeln reicht aber noch nicht aus, um angemessen sprachlich kommunizieren zu können. Wenn ein Schüler zu seinem Lehrer sagt *„Du bist ein langweiliger Klotz"*, dann mag das von den bisher erläuterten Sprachregeln her der richtige Einsatz einer sprachlichen Äußerung sein, dennoch stimmt hier etwas nicht. Der Satz ist der Situation einfach nicht angemessen. Daher wird auf der vierten Ebene über den pragmatisch korrekten Einsatz sprachlicher Äußerungen nachgedacht. Dieser hängt von den situativen Bedingungen ab. Zum Beispiel sind der Ort, die beteiligten Personen und die relevanten Rahmenbedingungen des Handlungskontextes in der sprachlichen Interaktion zu berücksichtigen.

Beispiel

Will die jugendliche Tochter Geld für einen Kinobesuch vom Vater haben, wäre es aus pragmatischer Sicht ungünstig, eine barsche Forderung zu stellen. Viel erfolgversprechender erscheint eine freundlich vorgetragene Bitte, verbunden vielleicht mit einem geschickten Einstieg, in dem auf eine gute Note in der Schule hingewiesen wird, das Ganze begleitet von einem Augenaufschlag.

(Aufzählung der vier Sprachebenen, vgl. Weinert/Grimm, 2012, S. 437–446)

7.1 Grundlagen der Sprachentwicklung

Die ersten drei Sprachebenen werden vor allem von der Sprachwissenschaft bzw. **Linguistik** untersucht. Daher wird hier auch von **linguistischen Sprachebenen** gesprochen. Der pragmatisch-kommunikative Bereich der Verwendung von Sprache wird eher von der Entwicklungspsychologie erforscht. Allerdings gibt es hier viele Überschneidungen.

> **Sprachwissenschaft** bzw. **Linguistik** ist eine wissenschaftliche Disziplin, die sich mit der Struktur, der Funktion und der Entwicklung von Sprache als Symbolsystem befasst und diese Aspekte systematisch erforscht.

Menschen sprechen miteinander, indem sie Sätze bilden, die im Hinblick auf Phonologie, Wortschatz und Grammatik richtig produziert werden und aufgrund der Bezugnahme der Äußerungen aufeinander sowie der Berücksichtigung der Handlungssituation pragmatisch-kommunikativ angemessen sind.

Die einzelnen Sprachkomponenten stellen dabei für das einzelne sprachlernende Kind durchaus eigene und jeweils besondere Anforderungen (vgl. Weinert/Grimm, 2012, S. 435). Bezogen auf die im weiteren Verlauf genauer beschriebene Sprachentwicklung des Kindes bzw. Heranwachsenden werden daher die einzelnen Sprachebenen für sich in den Blick genommen, ohne dabei die Verbindungen und Wechselwirkungen auszublenden.

7.1.2 Die Sprache im Rahmen der Gesamtentwicklung

Völlig unbestritten stellt die Sprachentwicklung einen wichtigen Teil der kindlichen Entwicklung dar. Der Spracherwerb gehört zu den zentralen Aufgaben der ersten Lebensjahre. Es handelt sich hierbei aber nicht um den einzigen Entwicklungsbereich und die Frage, ob es vielleicht der wichtigste ist, lässt sich nicht abschließend beantworten. Selbstverständlich muss Sprachentwicklung immer auch im Kontext der Gesamtentwicklung eines Kindes und in Wechselwirkung mit den anderen Persönlichkeitsbereichen wie dem kognitiven oder dem sozialen gesehen werden.

Hierzu lassen sich allerdings unterschiedliche Perspektiven einnehmen. So kann das Verständnis von Sprache und ihrer Entwicklung aus einer eher **grammatisch-strukturellen Sicht** und/oder aus einer primär **kommunikativ-funktionalen Sicht** in den Blick genommen werden (vgl. Weinert/Grimm, 2012, S. 435). Im ersten Fall stehen vor allem die Entwicklungsschritte auf den linguistischen Sprachebenen im Vordergrund. In der zweiten Perspektive werden diese mit betrachtet, aber vorrangig geht es um die pragmatisch-kommunikativen Aspekte in enger Wechselwirkung mit den sozialen, kognitiven und anderen Persönlichkeitsbereichen. Die **Entwicklungspsychologie** bemüht sich, alle Aspekte und Bereiche der Persönlichkeit gleichzeitig in den Blick zu nehmen und bei der Bearbeitung ihrer Fragestellungen zu berücksichtigen.

Die einzelnen Entwicklungsbereiche stehen in interdependenten Zusammenhängen. Entwicklung ist immer ein ganzheitlicher Prozess.

Allerdings scheint die Sprachentwicklung ein ganz eigener und zudem sehr komplexer Bereich zu sein (vgl. Weinert/Grimm, 2012, S. 450 ff.). Offensichtlich handelt es sich hierbei um ein eigenständiges Phänomen. So zeigt sich, dass Menschen mit einer geistigen Behinderung und deutlichen Einschränkungen in ihren kognitiven Möglichkeiten dennoch über eine normale Sprachkompetenz verfügen können. Das lässt den Schluss zu, dass es sich hierbei um zwei mehr oder weniger voneinander getrennte, eigenständige Entwicklungsbereiche handelt. Daher ist es sinnvoll, der Sprachentwicklung auch im Rahmen der Entwicklungspsychologie gesondert nachzugehen.

Bevor das in den weiteren Ausführungen dieses Kapitels geschieht, sollen zuvor beispielhaft einige Beziehungen und Wechselwirkungen zwischen Sprache und anderen ausgewählten Persönlichkeitsbereichen herausgestellt werden. Die Forschungen zur Interdepenzenz von sprachlicher und kognitiver bzw. sozial-kognitiver und sozial-kommunikativer Entwicklung sind noch im vollen Gange.

Dass der Spracherwerb im Kindesalter viel mit **Bewegung und motorischer Entwicklung** zu tun hat, versteht sich von selbst, da es sich beim Sprechen um einen psychomotorischen Vorgang handelt (siehe S. 232, Artikulationsorgane). Aber darüber hinaus stellt Bewegung ein wichtiges Medium der Erfahrung und Aneignung der Wirklichkeit dar und bietet vielfältige Gelegenheiten für eine ganzheitliche Bildung und Erziehung (vgl. Zimmer, 2005, S. 4).

Sprache und kognitive Entwicklung

Der Zusammenhang von Sprache und Kognition ist sicherlich unbestritten. Wie genau dieser Zusammenhand aussieht und welche Bedeutung er hat, wird hingegen kontrovers erörtert. Beispielsweise spielt es in der Auseinandersetzung der verschiedenen Spracherwerbstheorien eine große Rolle, ob allgemeine kognitive Kompetenzen wie Wahrnehmung, Wissen und Art der Informationsverarbeitung sowie des Lernens von erheblicher Bedeutung beim Spracherwerb sind oder nicht (siehe Kapitel 7.1.3).

Viel grundlegender zeigt sich eine wesentliche Verbindung darin, dass bewusstes Denken eines Menschen beim Problemlösen **sprachliches Denken** ist (vgl. Jampert u. a., 2009, S. 79 ff.).

> *„Was kaufe ich heute zum Abendessen ein? Wie erkläre ich der vierjährigen Alba, was ‚Wochenende‘ bedeutet? Wie kann ich möglichst konkret und praxisnah darstellen, wie sich sprachliches Denken bei Kindern entwickelt und verändert? Mit solchen Fragen treten wir nicht nur an andere Menschen heran, sondern begeben uns mit uns selbst in einen inneren Dialog."*
>
> (Jampert u. a., 2009, S. 79)

Wenn wir ein Problem lösen wollen, geht dies nur, wenn wir Erfahrungen und Vorkenntnisse heranziehen. Dies erfordert sprachbasierte, **innere Dialoge** und damit den Bezug zu Gedächtnisleistungen.

Für die sprachliche Entwicklung ist ebenfalls das jeweils vorhandene Weltwissen relevant. So hängt der Aufbau des Wortschatzes vom Wissen über die Welt ab. Was ein Kind oder ein Erwachsener nicht kennt, kann nicht in Worte gefasst werden. Gerade hier scheinen die Beziehungen zwischen kognitiven Entwicklungsprozessen einerseits und dem Spracherwerb andererseits enger als etwa bei grammatischen Erwerbsprozessen, die eigenständiger und unabhängiger von der kognitiven Entwicklung verlaufen.

Sprache und soziale Entwicklung

Noch unmittelbarer zeigt sich der Zusammenhang von Sprache und sozialer Entwicklung. Sprache ist ein Kommunikationsmittel und damit prägt es das soziale Miteinander.

> *„Sprache schafft Kontakt, sie ermöglicht Teamarbeit, regelt Konflikte und stiftet Freundschaften. Mit Sprache können wir uns unsere Absichten und Pläne mitteilen, uns gegenseitig zum Lachen bringen und ausdrücken, was wir wollen, denken, fühlen und erinnern."*
>
> (Jampert u. a., 2009, S. 100)

7.1 Grundlagen der Sprachentwicklung

Beispiel

Wenn drei Kinder in der Bauecke gemeinsam eine Stadt bauen wollen, kann dies nur mit vielen Absprachen gelingen. Es muss verabredet werden, wer an welcher Stelle was aufbauen will, welche Bausteine dazu herangezogen werden, welches weitere Spielzeug mit verwendet werden soll usw. So entsteht vielleicht ein Bahnhof, an dem Tim baut. Leon widmet sich lieber den Straßen und sieht dabei Kreuzungen mit Ampeln vor und Laura baut ein Hochhaus. Das gemeinsame Handeln wird sprachlich begleitet. Die Kinder machen sich gegenseitig auf ihre Bauwerke aufmerksam, bitten sich um Bausteine oder andere Dinge, die sie benötigen und müssen sicherlich auch Konflikte regeln. „Ich brauche die blauen Steine aber jetzt für mein Hochhaus." „Und ich für den Bahnhof, der soll nämlich blau sein." Im besseren Fall teilen die Kinder dann die Steine auf.

Das Beispiel macht deutlich, wie sehr die Fähigkeit zum gemeinsamen und aufeinander abgestimmten Handeln von sprachlichen Kompetenzen abhängt. Dabei unterstützt einerseits das gemeinsame Handeln die Sprachentwicklung und andererseits die zunehmende Sprachkompetenz das soziale Miteinander. So entdecken Kinder zum Beispiel in der Kommunikation und Kooperation mit anderen die Regeln, aber auch die Unregelmäßigkeiten der deutschen Sprache. Und umgekehrt erhalten sie mit der Sprache ein Handwerkszeug, das es ihnen ermöglicht, am sozialen Miteinander teilzuhaben und Zugang zu gesellschaftlichem Wissen zu erlangen. (vgl. Jampert u. a., 2009 S. 17)

Hierbei darf die Bedeutung der **emotionalen Seite** nicht übersehen werden. Sprachentwicklung hängt vom aktiven Gebrauch der Sprache ab und ob die Sprache gebraucht wird, hängt stark von emotionalen Faktoren ab. So können Angst und Ängstlichkeit den Spracherwerb hemmen, weil sie soziale Interaktionen und damit das Üben des Sprechens einschränken. Im Gegensatz dazu unterstützt eine hohe Motivation, sich sprachlich zu verständigen – z. B. um mit den anderen Kindern spielen zu können – sowie ein wertschätzendes Umfeld den Zweitspracherwerb erheblich.

Berufliche Handlungsrelevanz

So wichtig das Wissen über die sprachliche Entwicklung auf den linguistischen Ebenen ist, dürfen diese vor allem in der pädagogischen Praxis nicht isoliert für sich betrachtet werden. Sowohl bei der Beobachtung des Erwerbsverlaufs als auch bei dessen Unterstützung ist es wichtig, alle Persönlichkeitsbereiche mit ihren kognitiven, sozialen und emotionalen Entwicklungsschritten mit in den Blick zu nehmen. So kann der vermeintlich schleppende Zweitspracherwerb in Deutsch z. B. bei einem serbischen Jungen vielleicht viel mit seiner Unsicherheit in der neuen fremden Institution zu tun haben. Dann könnte die Sprechmotivation der ausschlaggebende Faktor sein, weshalb die Feststellung des linguistisch ausgerichteten Sprachstandes allein auf die falsche Fährte führen würde.

Gerade in der Sprachförderung hat sich gezeigt, dass das Sprachlernen am besten gelingt, wenn es in für das Kind relevante Handlungen und Situationen eingebettet ist. Sich nur auf die Förderung linguistischer Sprachaspekte und -komponenten in sonst eher sterilen Lernsituationen zu konzentrieren, bleibt meist erfolglos. Der Akkusativ oder der Wortschatz können auch mitten im pädagogischen Alltag gefördert werden. Sprachliche Förderung heißt mehr als Unterstützung beim Erwerb von Lauten, Grammatikförderung oder Schaffung phonetischer Bewusstheit (vgl. Jampert u. a., 2009, S. 82).

7.1.3 Spracherwerbstheorien

Eng mit der Frage nach der Wechselwirkung von kognitiver und sprachlicher Entwicklung hängen die Diskussionen über theoretische Erklärungsansätze für den Spracherwerb zusammen. Beim Spracherwerb handelt es sich um einen außerordentlich komplexen Vorgang, der innerhalb weniger Jahre zur Aneignung eines sehr abstrakten Symbolsystems von einzelnen bedeutungsrelevanten bzw. -tragenden Elementen (Phoneme, Morpheme, Wörter) und Regeln für deren Zusammenfügung (Grammatik) führt. Es fragt sich, wie dieser rasante Erwerbsprozess erklärt werden kann. Immer wieder kontrovers diskutiert wird hierbei die Beziehung zwischen kognitiver und sprachlicher Entwicklung. Wissenschaftler haben unterschiedliche Theorien aufgestellt, um diesen Prozess zu erklären. Man spricht hier von Spracherwerbstheorien. Solche Theorien stellen ein System von Aussagen dar,
- die den Bereich dessen, was mit Sprache gemeint ist, eingrenzen,
- den Spracherwerb beschreiben und
- den Spracherwerb erklären, d. h. Ursachenbedingungen erläutern, auf deren Grundlage mithilfe nachvollziehbarer Prinzipien Sprachen erworben werden.

(vgl. Ruberg/Rothweiler, 2012, S. 25)

Spracherwerbstheorien sind Theorien darüber, welche Bedingungen und Prinzipien den Spracherwerb erklären.

Man kann diese Theorien grob in zwei Gruppen unterteilen, die bezogen auf die grundlegenden Ursachen und Gesetzmäßigkeiten für den Spracherwerb einander konträre Positionen vertreten. Dabei geht es um die Frage,

> *„(…) ob es sich um generelle kognitive Fähigkeiten handelt, die unter anderem auch für den Erwerb von Sprache eingesetzt werden, oder ob es sich um sprachspezifische Erwerbsmechanismen handelt, die ausschließlich für den Erwerb von Sprache zur Verfügung stehen."*
>
> (Ruberg/Rothweiler, 2012, S. 25)

Einig sind sich die Theorien darin, dass es sich beim Spracherwerb um einen spezifisch menschlichen Prozess handelt, der auf einer neurobiologischen Basis beruht (siehe Kapitel 7.1.4) und von einer sprachlichen Umwelt abhängt. Ohne Bezugspersonen, die mit den Sprechen lernenden Kindern kommunizieren und ihnen einen sprachlichen Input geben, kommt kein Spracherwerb zustande, was z. B. das Schicksal der sogenannten „Wolfskinder von Midnapore" zeigt. Im Jahr 1920 wurden nahe der indischen Stadt Midnapore zwei verwilderte Mädchen aufgefunden. Die Kinder waren bis zu diesem Zeitpunkt ohne jeden menschlichen Kontakt in der Wildnis aufgewachsen, vermutlich unter Wölfen. Sie verhielten und bewegten sich wie Tiere und sprachen nicht. Bis zu ihrem Tod einige Jahre später erlernten sie nur ein paar wenige sprachliche Fragmente.

Die Geister scheiden sich nun darin, ob der sprachliche Input für Kinder ausreicht, um mit den allgemein angeborenen Lernmechanismen eine Sprache zu erwerben. Oder ob sich Sprachlernen zumindest zum Teil von anderen Lernprozessen unterscheidet und das Kind hierfür mit angeborenem Sprachwissen und sprachspezifischen Fähigkeiten ausgestattet ist (vgl. Weinert/Grimm, 2012, S. 448).

In der Entwicklungspsychologie und Sprachwissenschaft werden hier sogenannte Outside-in- von Inside-out-Modellen unterschieden (vgl. Dittmann, 2002, S. 59–82 und Weinert/Grimm, 2012, S. 447 ff.). Die Outside-in-Modelle betonen eher die Bedeutung der allgemeinen Lernprinzipien. Damit wird vor allem relevant, was an sprachlichen Äußerungen **von außen** kommt. Die Inside-out-Theorien stellen eher die schon **im Kind** vorhandenen Fähigkeiten in Form z. B. einer Urgrammatik in den Vordergrund (siehe folgende Tabelle).

7.1 Grundlagen der Sprachentwicklung

Outside-in-Modell	Inside-out-Modell
Für den Spracherwerb sind vor allem allgemeine Lernprinzipien wie Ähnlichkeits- und Mustererkennung, Kategorienbildung, die Fähigkeit zu erkennen, was andere Menschen denken usw. relevant.	Grundlage des Spracherwerbs sind angeborene sprachliche Muster oder Fähigkeiten, die letztlich nur noch in ihrem Feinschliff, etwa im Hinblick auf die jeweils zu erlernende Sprache, ausgestaltet werden.
Wichtig für einen gelingenden Spracherwerb ist allein ein vielfältiger und reichhaltiger sprachlicher Input, aus dem das Kind die relevanten sprachlichen Elemente und Regeln herausfiltert.	Wichtig für einen gelingenden Spracherwerb ist eine Urgrammatik, die durch späteren sprachlichen Input nur ausgestaltet wird.

Outside-in- und Inside-out-Modell

Diese Theorieansätze stellen in erster Linie den **Grammatikerwerb in den Vordergrund**. Beim Aufbau des Sprachschatzes werden von beiden Seiten die allgemeinen Lernprinzipien und die Relevanz des sprachlichen Inputs betont. Wahrscheinlich liegt die Wahrheit wie so häufig auch hier irgendwo in der Mitte. Beide Theorieansätze können wesentliche Aspekte des Spracherwerbs erklären.

Allerdings fällt es schwer, anzunehmen, dass bezogen auf den Grammatikerwerb allein allgemeine Lernprinzipien ausreichen. Zum einen erwerben auch Menschen mit geistigen Behinderungen, die ansonsten in ihrem Lernen sehr eingeschränkt sind, teilweise problemlos grammatische Strukturen der Syntax und Morphologie. Zum anderen gibt es augenscheinlich eine sensible Phase für den Spracherwerb (siehe Kapitel 7.1.4). In dieser Zeit können sich sowohl Erstsprachler als auch frühe Zweitsprachler ohne Schwierigkeiten komplexe Regeln der jeweiligen Sprache aneignen (siehe Kapitel 7.3.5). Dagegen ist etwa der Fremdsprachen- oder Zweitspracherwerb im Erwachsenenalter sehr viel mühseliger und gelingt vor allem bezogen auf die Grammatik nicht vollständig. Da aber generelle Lernmechanismen ein ganzes Leben zur Verfügung stehen, können die Outside-in-Theorien diesen Umstand nicht erklären (vgl. Ruberg/Rothweiler, 2012, S. 26f.). Beides spricht für die Inside-out-Theorie.

Gleichzeitig bleibt aber die Bedeutung eines regelmäßigen und vielfältigen sprachlichen Inputs sowie der Kommunikation für das Lernen von Sprachen unbestritten. Daher gibt es inzwischen Theorien, die in Form eines Kompromisses (vgl. Dittmann, 2002, S. 81f.) beide Modelle verbinden und nicht einander entgegenstellen. Sie fragen dann auch beim Grammatikerwerb eher danach, **in welchen Bereichen und Schritten** des Spracherwerbs angeborene sprachspezifische Fähigkeiten vorausgesetzt werden müssen und an welchen Stellen allgemeine Lernmechanismen greifen.

7.1.4 Neurobiologische Grundlagen der Sprache und Sprachentwicklung

Wichtige Hinweise über die Sprachentwicklung sind der **Neurobiologie** zu verdanken. Diese Wissenschaftsdisziplin hat sich unter anderem auch der Erforschung der für Sprachnutzung und Spracherwerb relevanten Gehirnareale und neurobiologischen Prozesse angenommen. Dass das Gehirn die zentrale Grundlage der menschlichen Sprachkompetenz und Sprachentwicklung darstellt, ist dabei unbestritten (vgl. Siegler u. a., 2011, S. 217ff.).

Die **Neurobiologie** befasst sich als Wissenschaft mit dem menschlichen Verhalten und Erleben aus der Untersuchungsperspektive der entsprechenden elektrophysiologisch-biochemischen Prozesse im Gehirn bzw. Nervensystem.

Sprachareale

Auf der Grundlage vielfältiger Untersuchungen mit moderner Medizintechnik konnte relativ genau identifiziert werden, in welchen Arealen des Gehirns welche Komponenten der Sprache verarbeitet werden. Grundsätzlich zeigt sich, dass bei Rechtshändern die linke Gehirnhemisphäre für Sprache zuständig ist. Schon bei Kleinkindern wird diese Zuordnung deutlich, die sich im Entwicklungsverlauf immer weiter herauskristallisiert und festigt (vgl. Pritzel u. a., 2009, S. 193 f. und Siegler u. a., 2011, S. 219). Hier liegen die zentralen Sprachareale. Vor allem folgende Areale sind für das Sprechen wesentlich:

Gehirnareal	Sprachfunktion
Wernicke-Areal	Verstehen von sprachlichen Äußerungen, semantische Analyse
Broca-Areal	Produktion von sprachlichen Äußerungen, Finden von Wörtern, Bildung von Sätzen (Grammatik)
Auditorischer Kortex (Hörzentrum)	meist unbewusste Überprüfung der ständigen Geräuschflut auf Bekanntes bzw. sprachliche Botschaften, Zuordnung zu entsprechenden Arealen zur weiteren Verarbeitung
Motorischer Kortex (Bewegungssteuerung)	Artikulation (Lautbildung)

Sprachareale im Gehirn. Eine Abbildung der aufgeführten Areale findet sich in Kapitel 5.3.2 auf S. 117.

Neben diesen wichtigsten Sprachrealen sind viele weitere Areale am Sprachverstehen und der Sprachproduktion beteiligt, wie z. B. Areale in der rechten Hemisphäre (bei Rechtshändern) bezogen auf Teilaspekte der Prosodie (Sprachmelodie) sowie im limbischen System hinsichtlich emotionaler Begleitprozesse. Neurobiologische Forschung hat außerdem gezeigt, dass vor allem das für die menschliche Sprache wichtige und spezifische **Broca-Areal** nur in Gehirnen des Homo Sapiens, also des Menschen, vorzufinden ist. Primaten, wie beispielsweise Schimpansen als die uns nächsten Verwandten, verfügen über keine entsprechenden Hirnstrukturen. Sie haben wohl einen dem Wernicke-Areal entsprechenden Bereich. Daher können sie auch eine Reihe von Bezeichnungen sinnvoll nutzen. Trainierte Affen sind in der Lage, über erlernte Symbolsysteme Wünsche zu äußern oder etwas ausdrücken, z. B. mithilfe von Kärtchen mit bestimmten Zeichen, die sie aktiv einsetzen. So können sie Botschaften wie *Ich will einen Apfel* produzieren. Eine senso-motorische Ausstattung, die eine den Menschen analoge Artikulation ermöglicht, fehlt ihnen weitgehend. Vor allem aber fehlt jeder Hinweis auf eine ausgebildete, grammatische Struktur in den Äußerungen von Primaten. Dies liegt daran, dass sie eben über keine Gehirnstrukturen verfügen, die dem Broca-Areal entsprechen (vgl. Herrmann/Fiebach, 2004, S. 54 f.).

Sensible Phase des Spracherwerbs

Die neurobiologische Forschung hat außerdem viel zum Verständnis von Lernprozessen beigetragen (vgl. Spitzer, 2006 und Caspary, 2007). Von zentraler Bedeutung sind hierbei die neuronalen Verbindungen zwischen den Nervenzellen, die sich zu Netzwerken zusammenfügen und z. B. Wissen, Fähigkeiten, Fertigkeiten repräsentieren. Insbesondere in den sogenannten **sensiblen Phasen** (siehe Kapitel 4, S. 68) ist das Wachstum dieser neuronalen Verbindungen besonders aktiv. Dann müssen die betreffenden Gehirnareale immer wieder in spezifischer Weise aktiviert werden, damit sie sich verstärken und sich die entsprechenden neuronalen Strukturen stabilisieren (vgl. Küls, 2003).

Beispiel ....

Die kleine Kira (13 Monate) hat gerade entdeckt, dass man Personen und Dinge mit Namen bezeichnen kann. Stolz tapst sie jetzt umher, zeigt auf ihren Vater und sagt „Papa". Sie teilt dies auch anderen Menschen in ihrer Umgebung mit. Wenige Monate später verbindet sie diese Bezeichnungen mit weiteren Informationen wie „Papa weg" oder „Papa geht Auto". Rasant erweitern sich in ihren ersten Lebensjahren neben vielen anderen

Entwicklungsschritten ihre sprachlichen Möglichkeiten. Neurobiologisch zeigt das Gehirn jetzt eine besondere Empfänglichkeit für sprachliche Erfahrungen, was zu sehr schnellen Lernprozessen führt. Nun ist das Gehirn bzw. sind die sprachlichen Areale besonders auf deren Nutzung angewiesen, damit sich die entsprechenden neuronalen Strukturen stabilisieren. Dass dies im Fall von Kira gelingt, zeigen ihre großen Fortschritte. Schon wenige Wochen später erzählt sie ihrer Oma: „Papa fährt zu Fuba (Fußball), der is nich da." Dabei schüttelt sie energisch ihr Köpfchen. Diese Sprachentwicklungsprozesse wären nicht möglich ohne vorangegangene Umstrukturierungsvorgänge in ihrem Gehirn.

Obwohl die Forschungen noch kein einheitliches und vollständiges Bild abgeben, scheint für den Spracherwerb vor allem bezogen auf die **Grammatik** sowie die **Artikulation** eine sensible oder, wie auch manchmal gesagt wird, **kritische Phase** in den ersten drei Lebensjahren zu existieren (vgl. Ruberg/Rothweiler, 2012, S. 26 und 34f. und Szagun, 2007, S. 112f.). In einigen Veröffentlichungen werden auch die ersten sechs Jahre genannt oder in älteren Untersuchungen auch die Zeit bis zum 12. Lebensjahr.

> *„Es gibt eine beträchtliche Menge an Hinweisen für die Hypothese, dass die frühen Lebensjahre eine kritische Phase darstellen, in der sich Sprache leicht entwickelt. Nach dieser Phase (irgendwann zwischen fünf Jahren und der Pubertät) verläuft der Spracherwerb viel schwieriger und letztlich auch weniger erfolgreich."*
>
> (Siegler u. a., 2011, S. 220)

Ein Beleg hierfür ist, dass sich die bei einem frühen Zweitspracherwerb entstehenden neuronalen Netzwerke stärker mit den Bereichen der Erstsprache überlappen als bei einem Zweitspracherwerb nach dem siebten Lebensjahr. Das könnte belegen, dass die Sprachareale nur in den ersten Lebensjahren auf einen intuitiven und schnellen Spracherwerb eingestellt sind und sich besonders dann durch wuchernde Nervenzellverbindungen strukturieren (vgl. Herrmann/Fiebach, 2004, S. 70ff. und Siegler u. a., 2011, S. 220f.). Weitere Hinweise ergeben sich aus Untersuchungen von Einwanderern und ihrer Sprachkompetenz in der neuen Umgebungssprache (Zweitsprache), die einen Unterschied zwischen Erwerbsprozessen vor dem siebten bzw. nach dem siebten Lebensjahr aufzeigen (vgl. Siegler u. a., 2011, S. 221).

Berufliche Handlungsrelevanz

Pädagogische Fachkräfte müssen über ein „fachtheoretisch vertieftes Wissen zur Sprachkompetenzentwicklung bei Kindern, Jugendlichen und jungen Erwachsenen" verfügen (KMK, 2011, S. 17). Dazu gehören auch Kenntnisse über sprachtheoretische Grundlagen, wie Sprachebenen, Spracherwerbstheorien und Neurobiologie der Sprache. Dieses Wissen stellt für die pädagogische Fachkraft einerseits Hintergrundwissen für das Verstehen der Sprachentwicklung dar – auch beim Lesen weiterführender Fachliteratur oder bei der Teilnahme an Fort- und Weiterbildungen – und zum anderen dient es als Basis für die Kommunikation mit Fachdiensten.

7.2 Sprachentwicklung beim Fötus und beim Neugeborenen

Die Sprachentwicklung beginnt schon im Mutterleib. Wissenschaftliche Untersuchungen konnten zeigen, dass bereits der Fötus auf Geräusche reagiert und dass hierbei mindestens ab dem sechsten Schwangerschaftsmonat vor allem die Stimme sowie die Sprache der Mutter eine besondere Rolle spielen. So verändert sich der Pulsschlag von Ungeborenen, wenn die Mutter spricht, was als ein Zeichen für Interesse gesehen wird (vgl. Siegler u. a., 2011, S. 55).

Die Sprachentwicklung beginnt schon im Mutterleib.

Ab der 35. Schwangerschaftswoche können Föten zwischen Silben wie *ba* und *bi* unterscheiden (vgl. Ruberg u. a., 2013, S. 71) und es zeigt sich, dass sie nach der Geburt eine Vorliebe für Geschichten entwickeln, die ihnen von der Mutter während der letzten Wochen der Schwangerschaft immer wieder vorgelesen wurden.

Diese ersten Entwicklungsschritte bereiten die Bahn vor für den weiteren Spracherwerb während der ersten Lebensjahre nach der Geburt. Eine gelingende Sprachentwicklung hängt stark von einer günstigen Sprachumgebung ab. Hierbei spielen die Eltern und ihre Kommunikation mit dem Säugling und Kleinkind eine ganz wesentliche Rolle. Daher erscheint es sehr hilfreich, wenn das Neugeborene schon für die Stimme und Sprache der Mutter oder des Vaters sensibilisiert ist.

Laut- und Sprachwahrnehmungen bei Neugeborenen

Neugeborene verfügen daher aufgrund ihrer vorgeburtlichen akustischen Wahrnehmungen schon über Vorlieben bezüglich ihrer Muttersprache, d. h. sie hören lieber ihre zukünftige Muttersprache als eine Sprache, die sie noch nicht kennen (vgl. Mietzel, 2002, S. 153 f.). Wesentlich hierfür ist die **Prosodie** des Gehörten. Schon Säuglinge können Unterschiede im Rhythmus, Tempo, Betonung und Melodie verschiedener Sprachen heraushören.

Neugeborene sind ebenfalls schon wie Erwachsene in der Lage, Lautkategorien zu unterscheiden. Aufwändige Untersuchungen belegen, dass sie z. B. ein /b/ von einem /p/ differenzieren können. Interessanterweise sind sie dabei in der Lage, mehr Laute in ihrer Verschiedenheit zu erkennen als manche ältere Kinder oder Erwachsene. Die Begründung könnte sein, dass eine bestimmte Sprache immer nur eine Teilmenge möglicher Laute oder Phoneme umfasst. So werden in mitteleuropäischen Sprachen /r/ und /l/ unterschieden, im Japanischen aber nicht. Daher können mitteleuropäische Heranwachsende diese Differenz erfassen, während Japaner dies nicht müssen und es daher im Kleinkindalter auch wieder verlernen. In den ersten Lebensmonaten sind Kinder noch imstande, phonemische Kontraste **aller Sprachen der Welt** zu unterscheiden, dann im Laufe der Zeit aber nur noch die der eigenen Muttersprache (vgl. Andresen, 2005, S. 23 und Siegler u. a., 2011, S. 227).

Lautproduktion und Kommunikation von Neugeborenen

Die erste Lautäußerung von Neugeborenen stellt das Schreien dar. Es ist eine unwillkürliche und biologisch sinnvolle Reaktion auf körperliche Defizitzustände wie Hunger, Frieren, Bauchweh usw. Allerdings verbergen sich auch dahinter schon unterschiedliche Intensitätsgrade und Ausrichtungen. Einfühlsame Eltern verstehen relativ schnell, was das Baby gerade umtreibt und reagieren darauf prompt und angemessen. Wissenschaftlich nachgewiesen sind nach Dittmann mindestens sieben verschiedene Typen von Schreien (vgl. Dittmann, 2002, S. 20). Diese Schreie haben aber noch nichts mit der phonologischen Lautentwicklung der kommenden Monate zu tun.

Babys sind in kommunikativer Hinsicht alles andere als passiv. Neben dem Schreien bemühen sie sich schon von Geburt an mit ihrem Umfeld, und das sind vor allem die Eltern, aktiv zu interagieren.

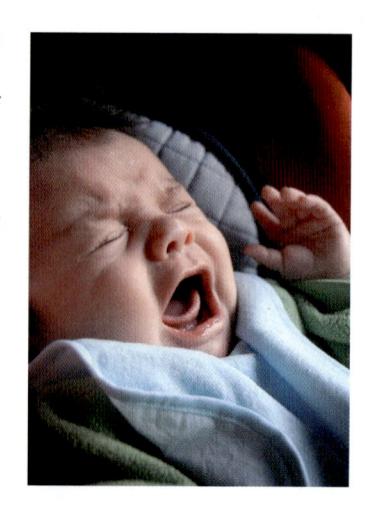

Dazu nutzen sie vor allem körpersprachliche Mittel und ihr Verhalten. Sie haben vor allem ein angeborenes Interesse an ihnen nahen Menschen, an deren Gesichtern etwa oder der Stimme. Mit einer Vielfalt von Gesichtsausdrücken auf der Grundlage der von Anfang an vorhandenen Basisemotionen beeindrucken sie ihre Eltern. Weit geöffnete und aufmerksam zugewandte Augen, ein zufriedenes Glucksen, ein geöffneter Mund fesseln die Eltern und animieren sie dazu, mit dem Baby zu kommunizieren. Wird das Baby hingegen müde, nehmen seine Blickkontakte ab und die Körperspannung sinkt. Wird ein Säugling unsanft und vielleicht zu schnell hochgehoben, reißt es erschreckt die Augen und den Mund auf. Auf diese Weise gestaltet schon ein Neugeborenes in einer noch völlig sprachlosen Phase kommunikative Situationen.

Berufliche Handlungsrelevanz

Pädagogische Fachkräfte werden es in ihrer Tätigkeit nur in sehr seltenen Fällen mit Neugeborenen zu tun haben. Das Wissen über diese ersten Schritte der Sprachentwicklung stellt eher fachliches Hintergrundwissen dar.

7.3 Sprachentwicklung vom Säuglingsalter bis zum dritten Lebensjahr

Auch wenn die Sprachentwicklung schon vor der Geburt beginnt, findet der Erwerb der Muttersprache als symbolbasiertes Kommunikations- und Verständigungssystem vor allem in den ersten Lebensjahren statt. Während im Laufe der ersten zehn bis zwölf Monate eher der Lauterwerb bzw. die phonologische Entwicklung im Vordergrund steht, werden schon zu Beginn des zweiten Lebensjahres die ersten Wörter verwendet und mit dem Aufbau des **Wortschatzes** wird begonnen. Der zentrale Lernfortschritt besteht darin, dass bestimmte Laute und Lautfolgen für Kinder eine Bedeutung erhalten, die nicht unmittelbar mit diesen verbunden ist. So steht für die Lautfolge /M//i//l//ch/ ein bestimmtes, bei Kindern sehr beliebtes Getränk. Sie begreifen, dass diese Lautfolge für etwas anderes steht und somit eine symbolische Funktion hat. Im Übergang vom zweiten zum dritten Lebensjahr vollzieht sich dann mit der Kombination einzelner Wörter der Einstieg in die **Grammatikentwicklung**. Die folgenden Entwicklungsschritte und -phasen führen dazu, dass Mädchen und Jungen mit drei oder dreieinhalb Jahren in der Regel die wesentlichen Aspekte der Syntax und der Morphologie beherrschen. Gleichzeitig schreitet der pragmatische Gebrauch der Sprache voran bzw. wird Sprache als hilfreiches Verständigungsmittel entdeckt und ausgestaltet.

Die vorab verwendeten Alterszuordnungen sind mit Vorsicht zu genießen. Sprachentwicklung ist ein sehr individuell verlaufender Prozess und die Variationsbreiten der einzelnen Erwerbsschritte sind relativ groß. Nur an wenigen Punkten können Meilensteine festgemacht werden, deren Nichterreichen Hinweise auf einen problematischen Entwicklungsverlauf geben können.

Entwicklungspsychologisch sind die ersten drei bis dreieinhalb Lebensjahre für den Spracherwerb besonders relevant. In dieser Zeit werden die wesentlichen Grundlagen der Erst- oder Muttersprache gelegt. Es handelt sich hier, wie schon ausgeführt wurde, um die **sensible Phase des Spracherwerbs** (siehe Kapitel 7.1.4). Daher bildet das Kapitel 7.3 auch den Schwerpunkt der Ausführungen zur Sprachentwicklung.

Die ersten Lebensjahre stellen eine sensible Phase des Spracherwerbs dar.

7.3.1 Die Lautentwicklung

Während die organische Ausstattung von Säuglingen für das Hören schon vor der Geburt ausgebildet wird, und die Aufnahme und Analyse von Lauten daher schon im Mutterleib beginnen kann, gilt dies nicht für die **Artikulationsorgane**. So nennt man die körperlich-anatomischen Sprechwerkzeuge, die zur Lautbildung mithilfe von willkürlich gesteuertem Sprachschall erforderlich sind.

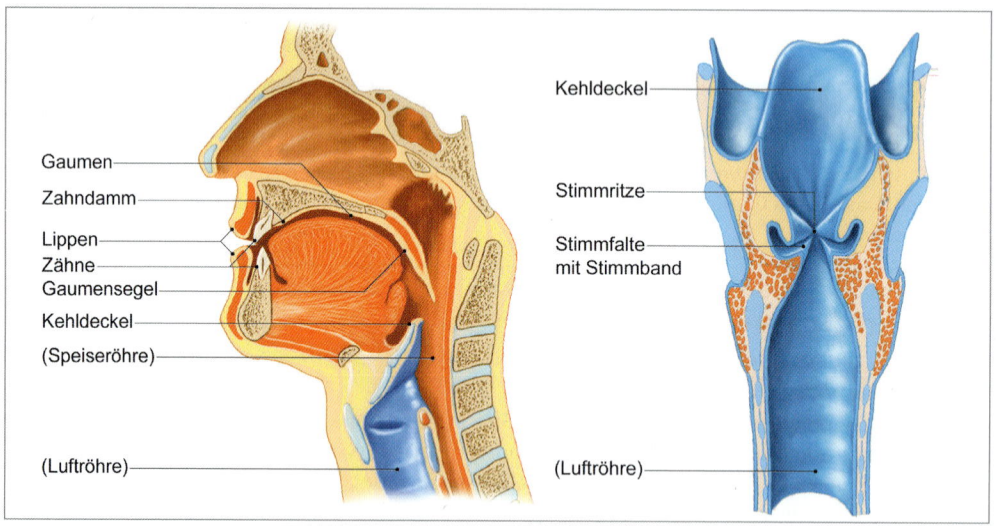

Die Artikulationsorgane (links: von der Seite, rechts: von vorn)

Aufgrund physiologischer und anatomischer Reifungsprozesse der Artikulationsorgane in den ersten Lebensmonaten sind Kinder frühestens mit sechs Monaten bzw. vollständig erst mit Ende des ersten Lebensjahres fähig, die differenzierten Laute vollständig zu artikulieren, die für eine menschliche Sprache erforderlich sind. Anfänglich befindet sich der Kehlkopf ganz oben im Rachen, was es Säuglingen im Gegensatz zu älteren Kindern und Erwachsenen ermöglicht, gleichzeitig zu schlucken und zu atmen (vgl. Dittmann, 2002, S. 19).

Lautwahrnehmung

Nachdem sie im Laufe der ersten Lebensmonate ihre Fähigkeit verloren haben, alle möglichen Phoneme wahrzunehmen, nehmen kleine Kinder dann im Alter von ungefähr einem Jahr Laute genauso wahr wie ihre erwachsenen Bezugspersonen (siehe Kapitel 7.2, S. 230). Allerdings zeigt sich im Vergleich mit Erwachsenen eine erstaunlich hohe Sensibilität für Aspekte der Prosodie, wie etwa Betonungsmuster oder für Verteilungen von Lauten, die mit höherer Wahrscheinlichkeit gemeinsam auftreten (vgl. Siegler u. a., 2011, S. 225 ff.). Gemeinsam mit der Vorliebe für die eigene Muttersprache entsteht auf diese Weise eine große Offenheit und Vorliebe für sprachliche Äußerungen des unmittelbaren Umfeldes. Je deutlicher und prosodisch akzentuierter diese ausfallen, umso mehr Aufmerksamkeit finden sie beim Kind. Daher sprechen Erwachsene mit kleinen Kindern intuitiv in einer spezifischen Weise, die als **Ammensprache** (vgl. Dittmann, 2002, S. 17 f.) oder motherese (vgl. Friederich, 2011, S. 23) bezeichnet wird.

> **Ammensprache** bezeichnet eine besondere Form der Sprache, die Eltern bzw. Erwachsene in der sprachlichen Kommunikation mit einem kleinen Kind wählen. Die Ammensprache passt sich ganz den Lautwahrnehmungsanforderungen des Kindes an. Sie kommt vor allem in der westlichen Welt vor, ist aber auch in vielen anderen Kulturen verbreitet.

Die Ammensprache umfasst u. a. folgende Merkmale:
- intensive kindgerechte dyadische (zwei Personen umfassende) Interaktion
- gedämpftes Sprechtempo
- viele Wiederholungen
- lebhafte Betonungen
- deutliche aber natürliche Sprachmelodie
- höhere Stimme

(vgl. Dittmann, 2002, S. 17)

Diese Merkmale des sprachlichen Inputs helfen dem Kind bei der Wahrnehmung insbesondere dabei, Regelmäßigkeiten herauszuhören. Damit wird es z. B. auf Silbenfolgen aufmerksam, die sich ständig wiederholen und auch in besonderer Weise betont werden. Diese stechen aus dem Sprachstrom hervor und hinterlassen im akustischen Gedächtnis des Kindes eine Spur.

Beispiel

Eine Mutter beugt sich liebevoll über ihr sechsmonatiges Töchterchen, das auf einer Decke liegt und sucht den Blickkontakt zu ihr. Dann sagt sie in der beschriebenen Ammensprache:

*„Schau, hier ist die **Mama**. Na, **Kira**, du lächelst ja schön, da freut sich die **Mama**. **Kira**, das ist dein Füßchen, das dein Händchen, die hat deine **Mama** zum Fressen gern. Oh, **Kira**, was ist jetzt? Was ist da? Die **Mama** …"*

Das Heraushören von gleichen Lautfolgen stellt eine wichtige Vorbereitung auf die Produktion der ersten wortähnlichen Äußerungen dar, den sogenannten **Protowörtern**.

Lautproduktion

Die ersten Lautäußerungen von Säuglingen in Form des Schreiens sind eher als unbewusste intuitive Kommunikation zu verstehen. Daneben gibt es Laute, die im Verlauf des Aufwachens, beim Saugen und Kauen oder beim Anlächeln produziert werden, sowie sogenannte **Gurrlaute**, die nach dem zweiten Lebensmonat auftreten.

> *„Etwa ab dem 4.-5. Lebensmonat beginnen Kinder, ihre Artikulationsorgane zu erkunden. Sie spielen zunehmend mit ihren Lippen und mit ihrer Zunge und experimentieren mit Tonhöhe und Lautstärke der Stimme."*
>
> *(Ruberg/Rothweiler, 2012, S. 81)*

Die beschriebenen Lautäußerungen gehen etwa nach einem halben Jahr mit zunehmender Beherrschung der feinmotorischen Abläufe im Mund- und Rachenraum in die **Lallphase** über. Dann zeigen sich Lautfolgen wie *babababa* oder *dadadada,* die nahezu immer aus einem Vokal und einem Konsonant bestehen. Diese Lallmonologe ähneln immer stärker in Prosodie und bezogen auf die benutzten Konsonanten der Muttersprache. Im Deutschen sind das die Laute /m/, /n/, /p/, /t/, /d/ (vgl. Ruberg/Rothweiler, 2012, S. 81). Teilweise wirken sie wie reale Äußerungen, nur dass sie noch keinen semantischen Sinn ausdrücken.

Irgendwann gegen Ende des ersten Lebensjahres kommt es nach Dittmann zu einem „qualitativen Entwicklungssprung" (Dittmann, 2002, S. 24): das kleine Kind beginnt, Laute in **bedeutungstragender** Form zu benutzen. Damit verschiebt sich der Schwerpunkt der Sprachentwicklung von einem Erprobungsstadium der Lautproduktion hin zum Wortschatzerwerb (siehe Kapitel 7.3.2). Auch auf der phonologischen Ebene entwickelt sich die Sprache weiter, indem das Kind Laute nun gezielt produziert und kombiniert, um etwas zu bezeichnen und damit seine Artikulationsorgane zielgerichtet einsetzt. Nach der relativ schnellen Beherrschung der hierfür relevanten Laute gestaltet sich der weitere Prozess ihrer Perfektionierung eher langwierig (vgl. Dittmann, 2002, S. 24).

7.3.2 Die ersten Wörter – Der Wortschatzerwerb

Wer sich an den Fremdsprachenunterricht in der Schule erinnert oder an einen Sprachkurs an der Volkshochschule, der weiß um die Mühsal des Vokabellernens. Sich Worte und ihre Bedeutungen einzuprägen, ist jedoch eine wichtige Grundlage für das Erlernen einer Sprache. Zum Glück vollzieht sich dieser Prozess zu Anfang des Spracherwerbs ganz anders als das schulische Vokabellernen und verläuft in aller Regel recht schnell und automatisch. Den amerikanischen Entwicklungspsychologen Robert Siegler und Kollegen zufolge, passiert beim ersten Worterwerb Folgendes:

> *„Kinder lernen Wörter zunächst einfach als vertraute Lautmuster, ohne ihnen eine Bedeutung zuzuschreiben; aber dann, in einer großen Revolution, werden Wörter genutzt, um Bedeutungen zu transportieren. Zuerst erkennen Kinder also Wörter, und dann verstehen sie sie allmählich. Danach fangen sie damit an, einige Wörter, die sie gelernt haben, selbst zu produzieren."*
>
> *(Siegler u. a., 2011, S. 231)*

Ausgangspunkt ist also, dass das Kind im Lautstrom seiner Umgebung immer wieder bestimmte Lautfolgen identifiziert. Zumeist ist es der eigene Name, den es schon mit vier Monaten wiedererkennt (vgl. Weinert/Grimm, 2012, S. 439). So wurde experimentell gezeigt, dass Kinder in diesem Alter einer akustischen Einspielung länger zuhören, in der ihr eigener Name ständig wiederholt wird, als einer Einspielung mit einem ähnlich klingenden, anderen Namen (vgl. Siegler u. a., 2011, S. 232). Durch diese und andere Untersuchungen wurde bewiesen, dass Kinder schon weit vor ihrem ersten Geburtstag Wörter heraushören und erkennen können.

An einer bestimmten Stelle in ihrem Spracherwerbsprozess verbinden sie mit dem Wort einen Inhalt bzw. ein Objekt oder eine Person, d. h. eine Lautfolge erhält eine **Bedeutung**. So weiß das Kind, dass es selbst gemeint ist, wenn die Mutter *„Lea"* sagt und dass es etwas nicht tun soll, wenn die Mama laut und deutlich *„Nein!"* sagt. Was aber nicht unbedingt dazu führt, dass das Kind der verstandenen Bedeutung der Äußerung auch folgt. Das Kind beginnt jetzt damit, immer mehr Wörter zu identifizieren und zu verstehen, d. h. zuerst entwickelt sich sein Sprachverständnis. Später werden die verstandenen Wörter dann auch selbst produziert.

Zuordnung von Wörtern zu Objekten – Das Referenzproblem

Was eigentlich ganz einfach scheint, nämlich ein Wort mit einer Bedeutung zu verbinden und es auf diese Weise zu **verstehen**, birgt bei genauerer Betrachtung einige knifflige Schwierigkeiten. Denn woher weiß das Kind, dass es selbst gemeint ist, wenn die Mutter *„Lea"* sagt und nicht etwa nur sein

Kopf. Oder dass die Kuh gemeint ist, wenn sie in die Richtung der Kuh weist und sagt: *„Schau mal die Kuh dort."* Sie könnte sich ja auch auf den Schwanz der Kuh oder das Euter oder das Fressen des Grases beziehen. Damit ist das **Referenzproblem** angesprochen, das bei der Zuordnung von Gegenstand und Wort entsteht.

> Ein Problem, dass sich beim Bedeutungserwerb für das Kind ergibt, wenn es eine Lautfolge (sprachliche Äußerung einer Bezugsperson) einem Objekt seiner Umgebung zuordnen soll, wird als **Referenzproblem** bezeichnet.

Das Referenzproblem

Kinder nutzen beim Erwerb neuer Wörter unterschiedliche Strategien, um dieses Problem zu lösen. Gerade zu Anfang spielt der Kontext eine wichtige Rolle. Durch das Zeigen auf das Objekt wie einem Hund oder ein Ohr, das zudem noch angefasst wird, sowie gleichzeitiger Nennung des Wortes erhält das Kind Hinweise darauf, auf welches Ding sich die Äußerung bezieht. Wichtig ist hierbei, dass die erwachsene Bezugsperson auf die Richtung der Aufmerksamkeit des Kindes achtet. Im günstigen Fall entsteht eine **trianguläre Aufmerksamkeit** bzw. ein gemeinsamer Aufmerksamkeitsfokus (vgl. Ruberg u. a., 2013, S. 132), in der sich das Kind in seiner Aufmerksamkeit z. B. auf die Mutter und von dort aus auf ein Objekt bezieht. Die Mutter nimmt dies auf und wechselt auch in ihrer Aufmerksamkeit zwischen Kind und Objekt. Indem Mutter und Kind hierbei über Blickkontakte gesteuert denselben Gegenstand in den Blick nehmen und die Mutter dies sprachlich begleitet, gelingt es dem Kind, vor allem zu Beginn des Worterwerbs, Informationen aus dem sprachlichen Input und referenziellen Kontext zu ziehen.

Trianguläre Aufmerksamkeit zwischen Kind, Bezugsperson und Objekt

> **Trianguläre Aufmerksamkeit**: Die Aufmerksamkeit wird, meist durch Blickkontakte und andere körpersprachliche Hinweise, im Dreieck (Triangel) von erwachsener Bezugsperson, Kind und Gegenstand so gesteuert, dass Erwachsener und Kind gemeinsam ihre Aufmerksamkeit auf ein Objekt, eine Person oder eine Abbildung richten.

Dem Kind stehen noch weitere Strategien zur Verfügung. Ist sein Wortschatz noch gering, geht das Kind bei Benennungen von Objekten davon aus, dass es hierbei um das **ganze** Objekt geht und nicht um einen Teil desselben oder eine Tätigkeit des Objekts. Das neue Wort wird auf Ganzheiten bezogen. Sagt die Mutter zum Beispiel: *„Da ist ein Hund"*, ordnet das Kind das Wort *Hund* dem ganzen Vierbeiner zu und nicht den Pfoten oder den Ohren oder seinem Hecheln.

Mit zunehmenden Wortschatz greifen dann Strategien, die beim Auftauchen neuer Wörter einen Abgleich mit schon erworbenen Wörtern einbeziehen. Weiß ein Kind z. B. bereits, was *Hund* bedeutet, wird es bei der Äußerung *„Der Hund nagt am Knochen"* bezogen auf das Wort *Knochen* keine Referenz mit dem Hund herstellen. Unterstützt durch den Kontext – vielleicht zeigt die Mutter auf den Kopf des am Knochen nagenden Hundes – ordnet das Kind dann das Wort einem anderen herausstechenden Gegenstand zu.

Abschließend sei noch eine Lösungsstrategie erwähnt, die bereits zweijährige Kinder nutzen, obwohl sie in ihrer Sprachentwicklung noch gar nicht vollständig auf der entsprechenden Sprachebene angekommen sind – die Nutzung grammatischer Hinweise. Dazu verwenden sie sprachlich-syntaktische Merkmale in den Äußerungen ihrer Bezugspersonen als Deutungshilfe.

> *„Wenn ein Kind hört, wie die Äußerung ‚Dies ist ein Daz' auf ein Objekt angewendet wird, nimmt es an, dass sich Daz auf dieses Objekt bezieht und auch auf weitere Mitglieder derselben Objektklasse. Hören sie dagegen ‚Dies ist ein dazzes Ding', nehmen sie an, dass daz sich auf eine Eigenschaft des Objekts bezieht (beispielsweise seine Farbe)."*
>
> (Siegler u. a., 2011, S. 239)

Es gibt noch weitere Erwerbsstrategien, die an dieser Stelle aber nicht weiter vertieft werden können (vgl. Siegler u. a., 2011, S. 236 ff. und Weinert/Grimm, 2012, S. 440 ff.). Die folgende Tabelle liefert noch einmal eine Zusammenfassung der vorangehend beschriebenen Lösungsstrategien des Referenzproblems:

Strategie zur Lösung des Referenzproblems	Erläuterung
Einbezug des Kontextes	Vor allem durch trianguläre Aufmerksamkeit bezieht das Kind aus dem Kontext Informationen über die sprachliche Äußerung und versteht diese als Bezeichnung eines gemeinsam angeschauten Objekts.
Ganzheitsannahme	Kinder gehen zunächst einmal davon aus, dass mit einer Wortäußerung auf ein ganzes Objekt Bezug genommen wird.
Abgleich mit Lexikon	Kinder gleichen neu gehörte Wörter mit dem schon erworbenen Wortschatz ab und ordnen sie daher einem anderen Gegenstand als dem schon bekannten zu, z. B. einem Teil des Objekts oder einer Tätigkeit.
Nutzung grammatischer Hinweise	Kinder ziehen aus syntaktisch-morphologischen Merkmalen eines Wortes Informationen über dessen Kategorie und ordnen es entsprechend zu.

Der Aufbau des Wortschatzes

Nachdem die ersten Wörter in ihrem **Bedeutungsverständnis** angeeignet wurden, erfolgen zwischen dem 11. und 16. Lebensmonat dann auch die ersten bedeutungsvollen **Äußerungen** des Kindes. In vielen Fällen sind es Bezeichnungen für die Eltern, die – sehr zu deren Freude – als erste Wortproduktionen zu hören sind. Oft ist es die Lautfolge *mama*. Sie ergibt sich aus dem in der frühen Kindheit häufig vorkommenden Lallmonolog *mamamamama*. So horcht die Mutter hierbei besonders auf, wiederholt die Silbenfolge mit Begeisterung und auf sich zeigend, oft begleitet durch eine Äußerung wie: *„Ja, hier ist die* **Mama***"*. Aufgrund dessen wird die Verbindung zwischen der Lautäußerung *mama* und dessen Bedeutungsinhalt „Das ist meine Mama" beim Kind schnell verinnerlicht, erst im Verständnis und dann in der Wortproduktion.

Für einen solchen Erklärungsansatz spricht, dass die Bezeichnung für die Mutter in vielen Sprachen der Welt der Lautfolge „Mama" gleicht (für das Wort Papa liegen ähnliche sprachliche Beobachtungen vor):
- Mama (Deutsch, aber auch in einigen afrikanischen Sprachen)
- Mom (Englisch)
- Mamma (Schwedisch, Italienisch)
- Mamá (μαμά) (Griechisch)
- Maman (Französisch)
- Māmā (مادر، مامان) (Persisch)

Anfänglich verläuft der Worterwerb noch recht langsam. Dem Auftauchen der ersten Wortproduktionen geht ein Verständnis von etwa 60 Wörtern voraus. Es sind vor allem die Dinge, die im Leben des kleinen Kindes eine besondere Bedeutung haben, wie zum Beispiel:

- Mama, Papa – für die Eltern
- Be – für die Schwester Beate
- (Ba)nane
- Mi(lch)
- Happa – für Essen
- Wau – für Hund
- Mu(h) – für Kuh
- Didda – für „Ticktack" bzw. Uhr (vgl. Ruberg u.a., 2013, S. 72)
- Winke – für „Winke Winke" als Verabschiedungsäußerung

Diese ersten Wörter sind lautlich meist noch nicht sehr stabil. So kann es mal *Nane* heißen oder *Ne* oder *Nana* mit Betonung auf der ersten oder zweiten Silbe. Sie sind auch nicht mit einer präzisen Bedeutung verbunden, sondern umfassen eine ganze Idee bzw. bringen einen ganzen Zusammenhang zum Ausdruck. Wenn das Kind *Nane* sagt, kann es z.B. meinen *Da liegt eine Banane* oder *Mama, ich möchte eine Banane essen* oder *Wo ist die Banane?* In aller Regel verstehen Eltern diese Äußerungen, weil sie aus dem Kontext heraus sowie unter Berücksichtigung von Tonfall, Wissen über das Kind usw. die Einwortäußerung zutreffend interpretieren. Andere Personen, die dem Kind eher fremd sind, haben mitunter Schwierigkeiten, die ersten Ansätze einer verbalen Kommunikation richtig zu deuten.

Fast mapping

Kinder müssen für das Neulernen eines Wortes noch kein fertiges Konzept dessen haben, was sich dahinter verbirgt. Es genügt oft, das Wort einmal gehört zu haben, um eine ungefähre Vorstellung damit zu verbinden und es im mentalen Lexikon abzuspeichern.

> Der Prozess der schnellen Zuordnung eines neuen Wortes zu einer ersten, noch vorläufigen und unvollständigen Bedeutung wird als **fast mapping** bezeichnet (vgl. Weinert/Grimm, 2012, S. 440).

Dieses ermöglicht das Anwachsen des Wortschatzes ohne eine genaue Durchdringung des jeweiligen semantischen Gehaltes. So reicht es aus, *anthrazit* einmal zufällig zu hören, um eine erste Vorstellung davon zu verankern, dass es sich um eine Farbe handelt. Dann kann schon damit operiert werden, wenn z.B. die Erzieherin sagt, *„Hol mal das Kissen, dass anthrazit ist".* Wenn neben dem anthrazitfarbenen ein blaues liegt, kann das Kind – sofern es die Farbe Blau schon kennt – die Kissen unterscheiden, da es sich sicher ist, dass die Erzieherin sie nach Farben differenziert. Mit zunehmender Häufigkeit der Verwendung des Wortes wird seine Bedeutung genauer und der Eintrag im mentalen Lexikon präziser.

Der Wortschatzspurt

Mit ungefähr 18 Monaten verfügt das Kind in aller Regel über einen aktiven Wortschatz von 50 Wörtern bzw. versteht ungefähr 200 Wörter. In den Folgemonaten setzt ein rasantes Wachstum des aktiven wie auch des passiven Wortschatzes ein. Der vorher eher gemächliche Erwerb neuer Wörter beschleunigt sich so sehr, dass von einem **Wortschatzspurt** oder einer Wortschatzexplosion gesprochen wird. Hatte das Kind zuvor in vielleicht sechs bis acht Monaten gelernt, 50 Wörter zu produzieren, erwirbt es danach bis zur Einschulung durchschnittlich, aber nicht kontinuierlich, ca. fünf bis zehn Wörter **pro Tag** (vgl. Kasten, 2009, S. 134 und Siegler u.a., 2011, S. 235).

> Als **Wortschatzspurt** wird das beschleunigte Wachstum des aktiven und passiven Wortschatzes ab dem Alter von ca. 18 Monaten bezeichnet, das zu einem sehr viel schnelleren Erwerb neuer Wörter und ihrer Bedeutungen führt.

Ein wesentlicher Faktor bei diesem beschleunigten Wachstum ist, dass Kinder nun erkannt haben, dass alle Dinge benannt werden können (vgl. Weinert/Grimm, 2012, S. 439). Das motiviert sie dazu, alle Gegenstände, Personen, Ereignisse und Tätigkeiten zu benennen und diese Benennungen anderen mit Stolz mitzuteilen. Ein Kind zeigt dann mitunter euphorisch auf einen Tisch und sagt *„Tisch"* oder zeigt auf ein Kanapee und fragt vielleicht *„Bank?"*, weil es dieses Sitzmöbel noch nicht genau zu benennen weiß. Der Wortschatzspurt kann daher vor allem in seiner Anfangsphase als **Benennungsspurt** begriffen werden.

Die Sprachentwicklung zeigt auch hier eine große Varianz, d. h. die Geschwindigkeit, der Umfang und auch die Art und Weise des Wortschatzspurts weisen große Unterschiede auf. So mag das eine Kind sein erstes Wort schon mit zehn Monaten sagen, von da an ständig vor sich hin sprudeln und schon im Alter von 14 Monaten zu einem lebendigen Gesprächspartner werden. Ein anderes Kind beginnt erst mit 14 Monaten mit den ersten Worten und bleibt im weiteren Verlauf seiner Sprachentwicklung eher still. Im Hinblick auf das Einsetzen des Wortschatzspurtes gibt es allerdings einen wichtigen Meilenstein. Wenn Kinder mit 24 Monaten noch nicht die „magische 50-Wort-Grenze" erreicht haben, werden sie als **Late-Talker** bezeichnet. Solche Kinder unterliegen einem erhöhten Risiko einer bleibenden Störung der Sprachentwicklung mit möglicherweise gravierenden Folgen für die kognitive wie auch psychosoziale Entwicklung (vgl. Weinert/Grimm, 2012, S. 440) (siehe hierzu auch Kapitel 7.4.2).

> **Late Talker** sind Kinder, die sich im Spracherwerb vor allem bezogen auf das Einsetzen des Wortschatzspurts verzögert entwickeln und mit 24 Monaten noch nicht damit begonnen haben. In solchen Fällen liegt ein deutliches Risiko für eine gravierende Störung der Sprachentwicklung vor.

Die Ordnung der Wörter – Zur Struktur des mentalen Lexikons

Nach dem Überschreiten der 50-Wort-Hürde in der produktiven Sprachverwendung schreitet der Wortschatzerwerb rasant voran. Zugleich werden die Wortbedeutungen beständig präziser und differenzierter.

Der Wortschatzerwerb ist eng mit der kognitiven Entwicklung verbunden. Kinder lernen viele neue Dinge kennen, z. B. in der Krippe. Wenn sie das erste Mal in der Küche stehen oder im Außengelände mit Wasser spielen, begegnen ihnen bisher unbekannte Gegenstände, Eigenschaften, Tätigkeiten usw., für die es Bezeichnungen und damit neue Wörter gibt. Bilderbücher, wie die beliebten Wimmelbücher, geben ihnen viele Gelegenheiten, Neues zu entdecken und zu bezeichnen (siehe Abbildung auf folgender Seite).

Auf diese Weise verbindet sich der zunehmende Wissenserwerb mit dem Auf- und Ausbau des mentalen Lexikons. Kognitive Leistungen, wie Wahrnehmung, Auffassungsgabe, Informationsverarbeitung und -speicherung spielen hierbei eine wichtige Rolle.

Wimmelbücher zeigen Kindern viele neue Dinge.

Die neuen Wörter werden in diesem Prozess nicht einfach gesammelt, sondern sie werden in eine **Ordnung** gebracht. Damit wird es leichter, sie im mentalen Lexikon wiederzufinden. Es gibt eine ganze Reihe von Strukturierungsprinzipien, die die neu erworbenen Wörter kategorisieren. So können Begriffe in einer **hierarchischen Beziehung** von Unter- und Überordnung stehen. Das Wort *Hund* ist beispielsweise den Begriffen für die einzelnen Hunderassen wie *Dackel* oder *Pudel* übergeordnet bzw. diese sind jenem Überbegriff untergeordnet. Zwischen den beiden Hundearten besteht ein Verhältnis der Nebenordnung. Hunde wiederum sind eine Unterkategorie der *Säugetiere*, die wiederum den *Tieren* untergeordnet sind. Weitere Nebenordnungen zu *Säugetieren* sind *Vögel* und *Reptilien*. Auf diese Weise entsteht ein komplexes Netz von Unter-, Über- und Nebenordnungen, das die einzelnen Wörter und Begriffe in eine Struktur bringt. Ähnliches gilt für andere Wortarten wie Verben. So ist das Wort *gehen* den Begriffen *schreiten, schleichen, wandern, spazieren* und *schlendern* übergeordnet.

Andere Ordnungskategorien können **lautliche Parallelen** sein wie Reime: *Hund, bunt, Schwund* oder **Gegensatzpaare** wie *Hund – Katze, schnell – langsam*. Wörter stehen häufig auch in einem engen Zusammenhang, weil sie in der menschlichen Erfahrungswelt gemeinsam auftreten. So tauchen die Begriffe *Hund, Bellen, Schnauze, Knochen, Schwanzwedeln* häufig gemeinsam auf und werden im mentalen Lexikon in einem **Zuordnungsverhältnis** abgelegt. Mit diesen Einordnungen geht die Präzisierung des Begriffs *Hund* im mentalen Lexikon des Kindes einher.

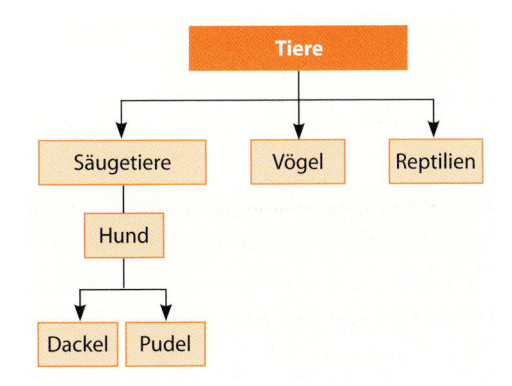

Über-, Neben- und Unterordnungen von Wörtern bzw. Bezeichnungen

Dadurch, dass zu einem Wort weitere Wörter und deren inhaltliche Bedeutung in Beziehung gesetzt werden, erwirbt das Kind immer mehr Informationen darüber. Im mentalen Lexikon wird auch das Geschlecht (Genus) mit gespeichert. So ist das Nomen *Katze* weiblich – es heißt *die Katze*. Man spricht bezogen auf diese Ein- und Zuordnungen auch von **semantischen Netzen**.

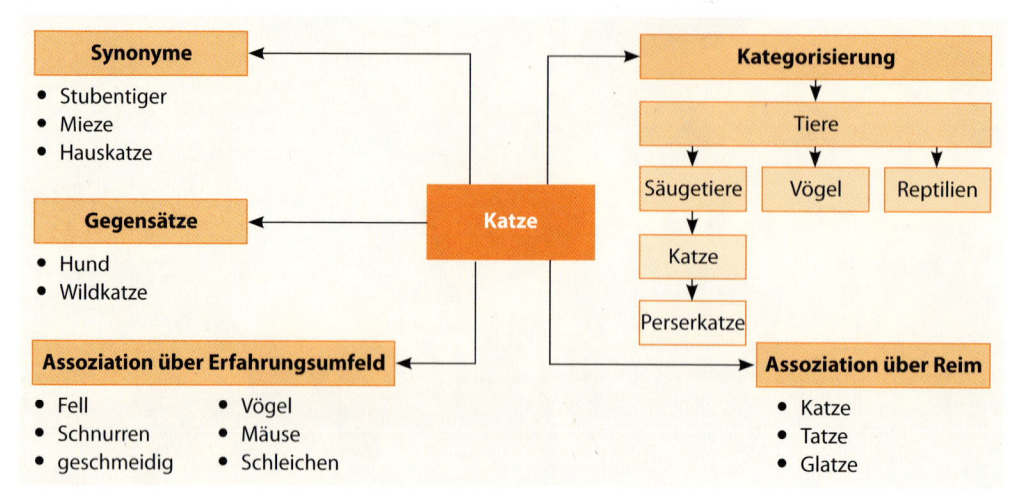

Synonyme
- Stubentiger
- Mieze
- Hauskatze

Gegensätze
- Hund
- Wildkatze

Assoziation über Erfahrungsumfeld
- Fell
- Schnurren
- geschmeidig
- Vögel
- Mäuse
- Schleichen

Katze

Kategorisierung
- Tiere
  - Säugetiere
    - Katze
      - Perserkatze
  - Vögel
  - Reptilien

Assoziation über Reim
- Katze
- Tatze
- Glatze

Semantisches Netz zum Begriff „Katze"

Der Weg zum genauen Begriff – Übergeneralisierungen und Überdiskriminierungen

Die Kategorisierung und Einordnung der einzelnen Wörter ist ein Prozess, der nicht auf Anhieb klappt und zu den bei Erwachsenen vorherrschenden Lexikoneinträgen führt. Es kommt bei Kindern dabei zu sogenannten Übergeneralisierungen und Überdiskriminierungen. Bei einer **Übergeneralisierung** wenden Kinder ein einziges Wort auf Objekte und Ereignisse an, die bei Erwachsenen jeweils eigene Bezeichnungen haben. So heißen z. B. alle vierbeinigen kleinere Säugetiere *Hund*, egal ob es sich um eine Katze, ein Meerschweinchen oder einen Dackel handelt. Bei einer **Überdiskriminierung** schränken sie den Geltungsbereich eines Wortes sehr viel enger ein als sachlich zutreffend. Beispielsweise sind nur Brot, Gemüse und Fleisch *Nahrung*, nicht aber Eiscreme und Schokolade (vgl. Weinert/Grimm, 2011, S. 440).

Dieser Vorgang zeigt, dass Spracherwerb ein aktiver und konstruktiver Prozess ist, in dem Kinder aufgrund von Umwelterfahrungen sprachliche Kategorien bilden und diese dann wieder auf die Umwelt anwenden, um sie gegebenenfalls aufgrund von Erfahrungen noch einmal umzugestalten.

Berufliche Handlungsrelevanz

Der Wortschatzerwerb eines Kindes – unabhängig ob es sich um die Erstsprache handelt oder um das Lernen einer Zweitsprache – hängt von vielfältigen Erfahrungen und sprachlichem Input ab. Daraus ergibt sich die hohe Relevanz der Umgebungsbedingungen für den frühen Aufbau des Wortschatzes. Dies müssen pädagogische Fachkräfte beachten und in ihrer pädagogischen Arbeit ein möglichst ansprechendes und anregungsreiches, sprachliches Umfeld schaffen.
Die Bedeutung des Wortschatzes kann vor allem beim frühen Zweitspracherwerb kaum unterschätzt werden. Kommt ein Kind ohne Deutschkenntnisse neu in eine Kindertagesstätte, ist es für eine erste Orientierung und den Einstieg in das gemeinsame Handeln und Spielen unerlässlich, die sprachliche Bedeutung wichtiger Worte und bedeutsamer Zusammenhänge bzw. Verhaltensweisen zu erlernen. Hier müssen die Fachkräfte einfühlsam unterstützen.

7.3.3 Die Grammatikentwicklung

Nachdem Mädchen und Jungen zwischen dem zweiten und dritten Lebensjahr erfassen, das gesprochene Worte bzw. Lautfolgen eine Bedeutung haben, beginnen sie mit Feuereifer, ihr neues Wissen anzuwenden.

Mehrwortäußerungen – Die Grammatik hält Einzug

Ein nächster, wichtiger Schritt in der weiteren Sprachentwicklung wird vollzogen, wenn Kinder damit anfangen, einzelne Wörter zu Sätzen zusammenzufügen. Dies geschieht in aller Regel, nachdem der Wortschatzspurt eingesetzt hat. Es kommt dann zu Mehrwortäußerungen, mit deren Hilfe sich sehr viel komplexere Inhalte und Ideen ausdrücken lassen.

Beispiel

Ein etwas über einjähriges Mädchen kann sehr unterschiedliche Dinge ausdrücken wollen, wenn es mit Blick auf ihren Vater „Papa" sagt. Vielleicht meint sie „Da ist mein Papa" oder sie will auf seinen Arm oder sie möchte jemandem sagen, „Seht, das ist mein Papa". Wenn nun das Mädchen wenige Monate später sagt, „Papa da" oder „Papa Arm", werden damit die Äußerungen eindeutiger und komplexer. Wie viel mehr lässt sich mithilfe von Sätzen sagen, die umfangreichere Informationen enthalten als die Addierung der einzelnen Wortbedeutungen. Zum Beispiel könnte das Mädchen dann deutlich genauer zum Ausdruck bringen, um was ihr geht. Etwa wenn sie sagt: „Papa ist von der Arbeit gekommen, Mama" oder „Nimm mich auf den Arm, Papa. Ich will an die Keksdose" (wobei die Artikulation vor allem des letzten Wortes in der Phase erster Sätze nicht so deutlich ausfallen dürfte, wie in der hier beschriebenen Situation).

Es ist vor allem die Grammatik bzw. in erster Linie die **Syntax**, die jene komplexe Form sprachlicher Kommunikation ermöglicht, die für den Menschen kennzeichnend ist. Sie wird daher auch als das Herz der menschlichen Sprache bezeichnet, da sie deren unbegrenzte Ausdrucksfähigkeit ermöglicht (vgl. Dittmann, 2002, S. 12).

Der Produktion von grammatisch geprägten Äußerungen geht auch auf dieser Sprachebene das Verstehen grammatischer Strukturen voraus. Bevor also Kinder mit Zweiwortäußerungen in die Syntax einsteigen, verstehen sie schon die Bedeutung oder die Bedeutungsunterschiede, die sich aus der Anordnung von Wörtern im Satz ergeben. Ein klassisches Experiment dazu mit 12 bis 14 Monate alten Kindern schildern Siegler und Mitautoren:

> *„Die Sensibilität von Kleinkindern für die Wortstellung bewiesen auch Kathy Hirsh-Pasek und Roberta Golinkoff, die Kleinkindern zwei Videoaufnahmen zeigten: In einer küsst eine Frau ein paar Schlüssel und hält dabei einen Ball in die Höhe, in der anderen hält die Frau die Schlüssel in die Höhe, während sie den Ball küsst. Dieselben drei Elemente – küssen, Schlüssel und Ball – kamen also in beiden Szenen vor. Wenn die Kinder nun den Satz ‚Sie küsst die Schlüssel' oder ‚Sie küsst den Ball' hörten, blickten sie bevorzugt auf die jeweils zugehörige Szene."*
>
> (Siegler u. a., 2011, S. 240)

Bei den ersten Sätzen von Kindern handelt es sich in aller Regel um **Zweiwortäußerungen**. Wenn Kinder gegen Ende des zweiten Lebensjahres damit beginnen, finden sich unterschiedliche Kombinationen. So werden Handelnde und Handlungen kombiniert, wie in *„Mama trinkt"* oder Objekt und Ort, wie „Stuhl Ecke" oder Besitzer und Besitz, wie bei „Mama Hut" und – oft zu hören – die Verbindung von Zurückweisung und Handlung, wie „Nicht schreiben" oder „Nicht gehen" (vom Spielplatz nach Hause). Typische Äußerungen lassen noch Artikel (die, der, das), Hilfsverben (z. B. wollen, haben) oder Konjunktionen (und, weil) sowie Präpositionen (aus, bei, gegenüber) aus (vgl. Weinert/ Grimm, 2012, S. 443). Daher ergibt sich bei diesen ersten Mehrwortäußerungen ein telegrammartiger Sprechstil, der auch zur Beschreibung dieser Phase herangezogen wird.

> Ihre ersten Sätze – meist Zweiwortkombinationen – äußern Kinder in einer Weise, die man wegen der Verkürzungen auf das Wesentliche als **Telegrammstil** bezeichnet (vgl. Siegler u. a., 2011, S. 240 und Kasten, 2011, S. 135).

Der weitere Entwicklungsverlauf kann unterschiedlich vonstatten gehen. Manche Kinder erhöhen die Äußerungslänge ihrer Sätze früher und gehen schnell zu drei, vier oder noch mehr Wörtern über, andere bleiben länger bei Ein- und Zweiwortsätzen.

Erwerb der Satzstruktur

Sprachwissenschaftler haben sich intensiv damit befasst, wie die Entwicklung der Wortkombinationen im Deutschen hin zu vollständigen Sätzen verläuft. Hierbei zeigt sich eine Abfolge der Entwicklung in vier Schritten, die je nach Forschungsansatz als Meilensteine (vgl. Tracy, 2008) oder als Phasen (vgl. Ruberg/ Rothweiler, 2012) bezeichnet werden. Die einzelnen Schritte sind nicht immer völlig eindeutig voneinander abgegrenzt wie in einem Stufenmodell (siehe Kapitel 4.1.1, S. 56 f.), sondern es gibt Übergangsphasen, in denen nur einige Äußerungen zeigen, dass ein Kind den nächsten Schritt auf dem Weg zur ausgereiften Satzstruktur im Deutschen getan hat. Andere Sätze verbleiben noch in der vorangehenden Erwerbsphase.

Die **vier Schritte** lassen sich wie folgt bestimmten Äußerungsformen zuordnen:
1. Einwortäußerungen
2. Zwei- und Dreiwortäußerungen
3. Mehrwortäußerungen bzw. einfache Sätze
4. Sätze mit Nebensätzen

Die Satzstruktur meint dabei die grammatische Anordnung der einzelnen Satzglieder (Subjekt, Objekt, Prädikat, adverbiale Bestimmungen usw.). Im Deutschen haben einfache Sätze in der Regel die folgende Struktur: Subjekt – Verb – Objekt – adverbiale Bestimmung, wie zum Beispiel:

Subjekt	Verb	Objekt	Adverbiale Bestimmung
Hans	trägt	den Korb	nach Hause.

Dabei können einige Satzglieder getauscht werden, ohne dass dies zu syntaktischen Fehlern führt. So kann der Satz auch lauten *Den Korb trägt Hans nach Hause* oder als Antwort auf eine entsprechende Frage *Nach Hause trägt Hans den Korb*. Was unverändert bleibt, ist das Verb in der zweiten Position. Handelt es sich um ein Verb im Perfekt, lautet der Satz *Hans hat den Korb nach Hause getragen* bzw. *Den Korb hat Hans nach Hause getragen*.

	Verbzweitstellung			Verbendstellung
Hans	trägt	den Korb	nach Hause	
Den Korb	trägt	Hans	nach Hause	
Hans	hat	den Korb	nach Hause	getragen

Wichtig für das Verständnis des Erwerbs der Satzstruktur im Deutschen ist vor allem die besondere **Stellung des Verbs**. In Hauptsätzen findet sich nämlich das finite Verb an zweiter Stelle in der sogenannten Verbzweitstellung. Werden grammatische Formen gewählt, in denen das Verb aus zwei Teilen besteht, findet sich der finite Teil an zweiter Stelle, der infinite bezogen auf den Satz in Endstellung. Dieser kleine Ausflug in die deutsche Grammatik bezogen auf die Verbstellung soll an dieser Stelle genügen. Im Weiteren wird darauf an der einen oder anderen Stelle noch Bezug genommen.

Einwortäußerungen

Eigentlich handelt es sich bei den ersten Worten, die ein Kind äußert, um keine Sätze im eigentlichen Sinn. Dazu fehlt ihnen eine syntaktische Struktur. Es handelt sich eben nur um einzelne Wörter. Dennoch schwingt in diesen Einwortäußerungen durchaus sehr viel mehr mit. So sagt ein Kind „Ball" oder „Balla", wenn es einen vor ihm liegenden Ball haben will (*Ich will den Ball haben*) oder wenn es mit seinem Vater Ball spielen möchte (*Spiel mit mir Ball*). In der Bedeutung der Botschaften schwingen also schon Tätigkeitsbezeichnungen als (mitgedachte) Verben mit.

Zwei- und Dreiwortäußerungen

Das **syntaktische Prinzip** beginnt eigentlich erst, wenn gegen Mitte bis Ende des zweiten Lebensjahres mehrere Wörter miteinander kombiniert werden.

> Das **syntaktische Prinzip** besagt, dass einzelne Äußerungen nach bestimmten Regeln kombiniert werden und damit eigenständige Bedeutungen enthalten.

Oftmals sind es noch keine ausgefeilten Wörter, die kleine Kinder hierbei benutzen, sondern teilweise einzelne Phoneme wie *ab* oder *nich*, die aber neue Möglichkeiten zur Kommunikation eröffnen. Die deutsche Sprachforscherin Helga Andresen interpretiert den Einstieg in die syntaktische Phase der Sprachentwicklung mit dem Wortschatzspurt wie folgt:

> *„Anschaulich kann man sich diese Beziehung [zwischen den Wörtern, Anm. d. Red.] so plausibel machen, dass mit zunehmendem Wortschatz Organisationsprinzipien notwendig werden, die die Relationen zwischen Wörtern strukturieren. Genau das wird durch Grammatik geleistet."*
>
> (Andresen, 2005, S. 33)

In Rahmen dieses Entwicklungsschritts kommen zunehmend auch Tätigkeitsbeschreibungen durch Verben zum Tragen. Diese Verben stehen meist in Endstellung, d. h. am Ende der Äußerung und sind auch noch nicht gebeugt (flektiert). Das heißt, sie orientieren sich noch nicht grammatisch am Subjekt. Sie treten in infiniten Formen auf und enden häufig auf *e* oder *en*.

> Eine **Flexion** (Beugung) meint die grammatische Veränderung von Worten im Hinblick auf grammatische Merkmale und/oder die Funktion im Satz.

Die Flexion ist relevant im Zusammenhang mit der Subjekt-Verb-Kongruenz (in seiner grammatischen Form bezieht sich das Verb in einem Satz auf das Subjekt, z. B. *Peter* **ging** *nach Hause* oder *Peter und Svenja* **gingen** *nach Hause*) oder zur Kennzeichnung des Kasus (siehe S. 246). Die Veränderung besteht zumeist in der Verwendung von angehängten Wortendungen (Flexiven) wie bezogen auf das Verb *sollen* in *Du soll**st** das Haus bauen*.

Beispiel

Die 20 Monate alte Kira stürzt auf ihren Vater zu und sagt „Kia auch balla habe". Die Äußerung „Papa setze" soll ihren Vater dazu veranlassen, sich hinzusetzen, damit sie ihm den Ball zurollen kann. Ihrer Mutter zugewandt ruft sie „Balla (r)olle" und schnell noch „Eis haben". Und dann sagt sie noch „Nich Bett" und unterstreicht dies durch energisches Kopfschütteln.

Es treten zu Anfang vereinzelt, dann aber zunehmend auch schon Sätze auf, die das Verb an die zweite Stelle setzen und erste richtige Ansätze einer Beugung zeigen. So könnte Kira sagen: *„Da is balla"* oder *„Mama singt was"* oder *„Papa, du musst rolle"*. Manchmal verfügen Kinder schon über die entsprechenden grammatischen Kompetenzen, wie etwa die richtigen Flexionsformen, können sie aber in der Hektik eines Geschehens noch nicht durchgehend sicher und schnell genug produzieren (vgl. Dittmann, 2002, S. 86).

Das Kind nutzt diese neuen Möglichkeiten, seine Ideen auszudrücken und mit anderen Menschen zu interagieren sehr motiviert und gewinnt dabei immer mehr sprachliche Sicherheit. Da es im Normalfall ständig von Personen umgeben ist, die über eine ausgereifte Sprachkompetenz verfügen, findet es durchgehend Sprachbeispiele für syntaktisch vollständig ausgebildete Sätze. Eltern und pädagogische Fachkräfte spiegeln häufig die Zwei- und Dreiwortäußerungen kleiner Kinder, nehmen bei ihren Erwiderungen das Gesagte auf und nutzen dabei komplexere Satzkonstruktionen. Etwa auf *„Mama singt"* erwidern sie *„Ja, die Mama singt ein Frühlingslied"* oder auf die Aufforderung *„Papa setze"* sagt dieser *„Du meinst, der Papa soll sich setzen. Dann setze ich mich mal hin"*. Diese spiegelnden Äußerungen auf einem immer noch kindgerechten, aber schon die weitere Entwicklung vorwegnehmenden Niveau, helfen dem Kind sehr, sich sprachlich weiterzuentwickeln.

Mehrwortäußerungen bzw. einfache Sätze

Im Anschluss an diese Phase kommt es im nächsten Schritt zu zwei wichtigen Entwicklungsvorgängen, die miteinander zusammenhängen. Zum einen benutzt das Kind, wenn es ungefähr von der Mitte des dritten Lebensjahres an, vollständige, wenn auch noch einfache Sätze bildet, regelmäßig die für Hauptsätze im Deutschen **typische Verbstellung**. Hierbei setzt es das (finite) Verb jetzt regelmäßig an die **zweite Stelle**. Dass es sich hierbei nicht um zufällige oder mechanische Vorgänge handelt, zeigt sich darin, dass es auch bei einer Umstellung des Satzes die korrekte Verbstellung beibehält. Dies ist in folgender Äußerung erkennbar, in der einmal das Subjekt und dann das Objekt an erster Stelle steht: *„Ich bau die Straße"* – *„Da, die Straße bau ich"*.

Damit zusammenhängend gelingt es dem Kind zum anderen, das Verb richtig zu beugen. Es wird also korrekt flektiert, d. h. es erhält seine zutreffende Form bezogen auf das Subjekt. In diesem Fall wird von **Subjekt-Verb-Kongruenz** gesprochen.

Das Kind verfügt nun über die wichtigsten Flexive und kann entsprechend Sätze mit der korrekten Verbstellung sowie Verbbeugung bilden. Dabei steht mit der Wortendung *-st* auch eine etwas schwierige Form der Beugung zur Verfügung. Mehrwortäußerungen von Dreijährigen wirken vor diesem Hintergrund grammatisch schon relativ ausgereift. Sie können richtige Sätze bilden und auf diese Weise komplexe Mitteilungen machen.

7.3 Sprachentwicklung vom Säuglingsalter bis zum dritten Lebensjahr

Beispiel

Der noch nicht ganz drei Jahre alte Ben geht auf seine Oma zu und sagt: „Du sollst mir das Buch vorlesen". Dabei hält er ihr sein Lieblingsbilderbuch hin, in dem es um die Geburtstagsfeier einer Maus geht. „Der Buch sollst du lesen – du sollst kommen, aufs Sofa. Du sollst dich setzen. Ich setz mich auf Schoß". Auch wenn die Artikulation im Gesprochenen noch undeutlicher sein dürfte als in der schriftlich wiedergegebenen Form und der richtige Artikelgebrauch noch nicht durchgehend gelingt, handelt es sich schon um vollständige Sätze, die eine problemlose sprachliche Kommunikation ermöglichen. Ben drückt deutlich aus, was er jetzt möchte und beschreibt recht gut, wie er sich die Umsetzung seines Wunsches vorstellt.

Sätze mit Nebensätzen

Ein letzter, wesentlicher Schritt bezogen auf den Satzstrukturerwerb besteht darin, dass Kinder zwischen zweieinhalb und dreieinhalb Jahren in der Regel mit der Produktion von Nebensätzen beginnen. Damit können ihre Äußerungen im Prinzip beliebig komplex werden, weil theoretisch unendlich viele Haupt- und Nebensatzkonstruktionen denkbar sind.

> „Wenn die Kinder damit beginnen, komplexe Sätze zu äußern, d. h. ‚von endlichen Mitteln einen unendlichen Gebrauch zu machen', ist ein weiterer Schritt vollzogen."
>
> (Tracy, 2008, S. 81)

Häufig geschieht der Einstieg in die Nebensatzkonstruktionen damit, dass das finite Verb zutreffend an das Ende gesetzt wird, wobei eine Konjunktion als Einleitung des Nebensatzes noch fehlt. So sagt Ben drei Monate nach der oben beschriebenen Szene: „Lilly weint, sie traurig ist" und kurze Zeit später vielleicht auch schon „Lilly ist traurig, **weil** ihr Teddy weg ist". Vor allem gebräuchliche Konjunktionen wie *weil, wenn* und *dass* werden vom vollendeten dritten Lebensjahr an zunehmend häufiger benutzt. Nachfolgend wird der Erwerbsverlauf bezogen auf die **Satzstruktur** im Deutschen noch einmal zusammengefasst dargestellt:

Erwerbsphase	Alter	Beschreibung
Einwortäußerungen	vor dem 18. Lebensmonat	Kinder reden überwiegend in Einwortäußerungen, die aber durchaus komplexere syntaktische Bedeutungen mitschwingen lassen.
Zwei- und Dreiwortäußerungen	von ca. 18 bis 24 Monaten	Zwei oder auch mehr Wörter werden kombiniert. Das Verb befindet sich meist unflektiert in Endstellung. Erste Ansätze einer Subjekt-Verb-Kongruenz entstehen und das Verb kann sich im Verlauf dieser Phase gebeugt in Verbzweitstellung befinden (meist Modal- bzw. Hilfsverben wie *sein, haben* und Flexive wie *-t, -e* oder *-(e)n*).
Mehrwortäußerungen bzw. einfache Sätze	im 3. Lebensjahr	Es werden einfache, aber vollständige Hauptsätze gebildet, in denen das Verb korrekt gebeugt in Zweitstellung steht.
Sätze mit Nebensätzen	im Alter von 2 ½ bis 3 ½ Jahren	Es werden Nebensätze gebildet mit dem finiten Verb in Endstellung, die zu Anfang noch nicht immer mit Konjunktion (*weil, dass*) eingeleitet werden.

Erwerb der Satzstruktur

Artikel- und Kasuserwerb

Die Satzstruktur (Syntax) bildet einen wichtigen, aber nicht den einzigen Bereich der Grammatik. Bei der Konstruktion von Sätzen im Deutschen ist ebenfalls der jeweilige Fall **(Kasus)** relevant. Die Fälle geben – bezogen auf ein Nomen und seinen Stellvertreter, das Pronomen – an, welche Funktion es als Satzglied einnimmt. Im Deutschen gibt es vier Fälle:

Fall (Kasus)	Bedeutung
Nominativ	Der Nominativ kennzeichnet in einem Satz das Subjekt. **Wer oder was** tut etwas?
Genitiv	Der Genitiv kommt in Verbindungen zweier Nomen vor und zeigt ein Besitzverhältnis an. **Wessen** Stuhl ist das?
Dativ	Der Dativ bezeichnet als Objekt meist eine Person, die an einem Geschehen beteiligt ist. **Wem** schlägt er die Tasse aus der Hand?
Akkusativ	Der Akkusativ bezeichnet das Objekt, meist eine Person oder Sache. **Wen oder was** kaufen wir?

Bezogen auf Nomen bzw. Pronomen sind neben dem Kasus der **Numerus** (Anzahl: Singular bzw. Plural) und der **Genus** (Geschlecht: Maskulinum, Femininum, Neutrum) wichtig. Diese grammatischen Kategorien können in unterschiedlichen Ausprägungen vorliegen. Bezogen auf den Kasuserwerb sind vor allem die Artikel wichtig, weil sie diesbezüglich eine wichtige Orientierungsfunktion haben. Zugleich enthalten sie auch Hinweise auf Numerus und Genus. Erschwerend beim Kasuserwerb ist allerdings, dass die Kennzeichnung eines Nomens durch den Artikel mehrdeutig sein kann.

> „**Das** z. B. kann im Neutrum Nominativ Singular oder Akkusativ Singular sein, **die** im Femininum Nominativ Singular, Akkusativ Singular, Nominativ Plural oder Akkusativ Plural. Das System ist also möglicherweise schlicht schwer zu durchschauen."
>
> (Dittmann, 2002, S. 84)

Unter anderem diese Schwierigkeit beim Kasus- und Artikelerwerb (vgl. Ruberg/Rothweiler, 2012, S. 118) führt dazu, dass der Dativ erst zu Beginn der frühen Kindheit (siehe Kapitel 7.4) erworben und der Akkusativ erst gegen Ende des vierten Lebensjahres beherrscht wird.

Auch der Erwerb der Fälle bzw. der Artikel folgt einer Abfolge, die sich ungefähr auf die Phasen des Syntaxerwerbs beziehen lässt. Allerdings kommt es individuell zu unterschiedlichen Verläufen. So können sich einzelne Lernprozesse bezogen auf den Artikelerwerb durchaus über mehrere Phasen hinziehen.

Einwortäußerungen

Die ersten Worte sind häufig Nomen, die noch außerhalb jeder weiteren grammatischen Kategorie produziert werden.

Zwei- und Dreiwortäußerungen

Wenn Kinder erste Worte kombinieren, beginnen sie ebenfalls damit, erste Artikel zu verwenden. Allerdings geschieht dies nur selten und auch eher unvollständig. „Die Kinder produzieren zunächst reduzierte Artikelformen wie **de** oder **e**, die noch nicht für Kasus oder Genus markiert sind, aber als Vorläufer gelten können" (Ruberg/Rothweiler, 2012, S. 124).

Dabei kommen Äußerungen vor wie *„Da **de** flasche hab"* oder *„Das is **e** balla"*. Wird der Artikel vollständig gebildet, kommt es noch häufig zu Genusverwechslungen: *„Das geht nich das hampelman"* oder *„Der puppe is mein"*. Im Prinzip werden alle Nomen im Nominativ benutzt, d. h. in dieser Entwicklungsphase gibt es noch keine Anzeichen für den Akkusativ oder Dativ.

Mehrwortäußerungen bzw. einfache Sätze

Gegen Ende des dritten Lebensjahres treten erste Akkusativformen in den Sätzen von Kindern auf wie *„Emma hat **den** Teddy"* oder *„Jasmin trägt **den** Stuhl"*. Der Artikel *den* wird teilweise auch benutzt, um den Dativ auszudrücken wie in *„Jasmin sitzt auf **den** Stuhl"*. Da dies aber nicht in Verwechslung mit dem Nominativ geschieht, ist davon auszugehen, dass Kinder in diesem Alter den Akkusativ weitgehend beherrschen. Etwas mehr Schwierigkeiten zeigen sich bei den unbestimmten Artikeln. So kann es noch zu Äußerungen kommen wie *„Emma hat **ein** Teddy"*, obwohl der Akkusativ an sich schon gefestigt ist (vgl. Ruberg/Rothweiler, 2012, S. 126 f.). Bezogen auf das Genus zeigen sich noch häufig Verwechslungen. *„Da läuft **die** Junge"*, *„Es ist **das** Junge da"* oder *„Ich baue **ein** Bahn"*.

Sätze mit Nebensätzen

In der Phase, in der zunehmend Nebensätze benutzt werden, wird ebenfalls das Kasussystem ausgebaut. Der Dativ wird teilweise richtig verwendet (*„Tim sitzt unter **dem** Tisch"*), wobei noch längere Zeit Unsicherheiten bleiben. Auch Genusfehler treten bei manchen Kindern noch bis ins fünfte Lebensjahr hinein auf (vgl. Ruberg/Rothweiler, 2012, S. 129). Aber die wesentlichen Schritte der Grammatikentwicklung sind mit Ende des dritten Lebensjahres vollzogen und mit dreieinhalb bis vier Jahren weitgehend abgeschlossen.

Die Arbeit an der Grammatik

Bezogen auf die Zeitform **(Tempus)** herrscht in der Entwicklungsphase der ersten drei Lebensjahre das Präsens vor. Erst gegen Ende des dritten Lebensjahres berichten Kinder von Vergangenem und können dies auch sprachlich ausdrücken. Das geschieht in aller Regel mithilfe von Partizipformen: *„Ich hab gestern meine Oma besucht"*.

Übergeneralisierungen

Eigentlich ist es ein Wunder, wie schnell der Erwerb des sehr komplexen Grammatiksystems vonstatten geht. Der Einstieg beginnt mit etwa einein-

Später wird das Kind vom Besuch bei seiner Oma berichten.

halb bis zwei Jahren, wenn mit den ersten Wortkombinationen das syntaktische Prinzip Einzug hält und ist zwei Jahre später weitgehend abgeschlossen. Jüngere Kinder sind in diesem Prozess mit Feuereifer dabei und hochmotiviert, ihre sprachlichen Kompetenzen zu verbessern.

> *„Wie hart das Kind an der Sprache arbeitet und schrittweise zunehmend abstraktere Strukturprinzipien erkennt, lässt sich besonders eindrücklich an morphologischen Fehlern, wie beispielsweise der Übergeneralisierung der regelmäßigen Vergangenheits- oder Pluralbildung, demonstrieren."*
>
> (Weinert/Grimm, 2012, S. 445)

Hierbei lassen sich drei Schritte erkennen, die zum Erwerb der entsprechenden Grammatikformen führen:
- Im ersten Schritt benutzen Kinder bestimmte Formen, weil sie sie als **unanalysierte Einheiten** aus dem Gedächtnis abrufen. So werden beispielsweise unregelmäßige Pluralformen wie *Männer* richtig eingesetzt, allerdings noch ohne ein tieferes Sprachverständnis.
- Im zweiten Schritt zeigen **Übergeneralisierungen**, dass ein Kind im Erwerbsprozess begriffen hat, dass Wörter Einheiten sind, die in bestimmter Weise nach Regeln kombiniert und dann ggf. verändert werden. Dies ist ein zentraler Lernschritt. Dabei werden regelmäßige Muster auf unregelmäßige Formen ausgedehnt. So wird aus einem *Mann* zwei *Männers*, da das angehängte *s* im Deutschen oft den Plural kennzeichnet. Oder es kommen Formen vor wie *geseht* oder *mitgenehmt*.

Auch im Kasuserwerb und in der Artikelnutzung kommt es zu Übergeneralisierungen. So wird noch lange der Dativ durch Akkusativformen dargestellt (vgl. Tracy, 2008, S. 93 f.). Und so „liegt *der* Ei unter *den* Busch". Dies sind aber keine Fehler, sondern Belege für Fortschritte im Lernprozess von eifrig an ihren Sprachkompetenzen bastelnden Kindern. Wenig hilfreich sind daher Hinweise für das Kind, das habe es aber falsch gesagt. Besser sind sprachliche Spiegelungen, die die grammatische Form korrekt zur Verfügung stellen; als Erwiderung zur letzten Aussage also: „Ah, da hast du ja gut hingeschaut. Da liegt ja das Ei unter dem Busch".

- Im dritten Schritt erwirbt das Kind dann aufgrund vieler sprachlicher Erfahrungen die **korrekten Wort- und Satzformen**. Hierbei handelt es sich um einen langwierigen Prozess des Feinschliffs, weil gerade in der deutschen Sprache sehr viele unregelmäßige grammatische Formen vorliegen. Das Genussystem und damit der richtige Artikelgebrauch stellt dabei eine ganz besondere Herausforderung dar, weil das Geschlecht eines Nomens keiner real nachvollziehbaren Logik folgt. So heißt es *das Mädchen* (Neutrum), obwohl es sich um ein weibliches Wesen handelt, und warum *ein Tisch, ein Stuhl, ein Schrank* männlich sind, *das Regal* aber Neutrum, ist ebenfalls auf Anhieb nicht verstehbar und muss einfach gelernt werden.

(vgl. Weinert/Grimm, 2012, S. 445)

Berufliche Handlungsrelevanz

Der Grammatikerwerb ist sehr komplex. Sicherlich muss eine pädagogische Fachkraft keine sprachwissenschaftliche Expertin sein, die über jedes Detail der morphologisch-syntaktischen Entwicklung vertiefte Kenntnisse besitzt. Leider kommt es auch vor, dass Erfahrungen aus dem eigenen Deutsch-Unterricht die Begeisterung für grammatische Formen und Kategorien wie Akkusativ, Dativ usw. schmälern. Aber ein grundlegendes Wissen über den Erwerb der Satzstruktur sowie der Artikel und Kasus erscheint dennoch für die pädagogische Arbeit wichtig, vor allem in der Krippe bzw. in der Betreuung sehr junger Kinder. Nur so können jeweils anregende sprachliche Bedingungen für das Lernen der Muttersprache geschaffen werden, die einem Kind jeweils den Übergang zur Zone der nächsten Entwicklung (siehe Kapitel 4.4.1, S. 75) erleichtern und Impulse für die Sprachentwicklung liefern. Dies gilt vor allem für die Grammatikentwicklung (vgl. Ruberg u. a., 2013, S.184 f.).

Relevant ist das Basiswissen über den Grammatikerwerb aber auch, weil auf dieser Sprachebene der Erstspracherwerb ähnlich verläuft wie der frühe Zweitspracherwerb (siehe Kapitel 7.3.5). Entsprechend sind auch Förderkonzepte bzw. pädagogische Ansätze der Sprachbildungsarbeit so zu planen und durchzuführen, dass sie Mädchen und Jungen mit Migrationshintergrund durch anregende und fordernde Angebote einen möglichst reibungslosen Spracherwerb ermöglichen.

Nicht zuletzt sind Kenntnisse über den regelhaften Verlauf der Grammatikentwicklung ebenfalls notwendig, weil sich Hinweise für Sprachentwicklungsstörungen vor allem auf dieser Sprachebene zeigen (siehe Kapitel 7.4.2, S. 257).

7.3.4 Die pragmatisch-kommunikative Entwicklung

Auch wenn der Spracherwerb auf den verschiedenen linguistischen Sprachebenen sehr komplex und dynamisch wirkt, darf nicht übersehen werden, dass es dem Kind in seiner Entwicklung vor allem darum geht, die erworbenen sprachlichen Fähigkeiten zur sozialen Interaktion und zum gemeinsamen Handeln zu nutzen. Für die Sprechen lernenden Mädchen und Jungen steht daher die pragmatisch-kommunikative Ebene im Vordergrund. Die Aneignung des Inventars der Sprache in Form von Lauten, Wörtern, Ausdrücken und grammatischen Mitteln ist bei ihrem Einsatz von Anfang an mit den Handlungszielen des heranwachsenden Kindes verbunden, „wenn auch anfangs nur in einer sehr wenig komplexen, nicht immer verständlichen Weise" (Trautmann/Reich, 2009, S. 41).

Schon um ihren ersten Geburtstag herum setzen Kinder vermehrt ihre schnell wachsenden sprachlichen Mittel ein, um auf sich aufmerksam zu machen, etwas zu benennen, auf etwas Interessantes hinzuweisen, etwas zu verlangen, zum gemeinsamen Spiel aufzufordern und in der Mitte des zweiten Lebensjahres – mit der Entdeckung des ICH – dann vor allem auch, um etwas zu verneinen bzw. abzulehnen.

In den ersten Lebensjahren ist die sprachliche Kommunikation noch stark auf die Unterstützung Erwachsener bzw. älterer Bezugspersonen wie Eltern oder größere Geschwister angewiesen. Häufig verstehen zu Anfang nur die Eltern genau, was ihre Tochter oder ihr Sohn sagen möchte. Mit Beginn des dritten Lebensjahrs fangen Kinder dann an, unabhängig von der Unterstützung Älterer, sich auch mit Gleichaltrigen in einem Spielkreis oder einer Krippe sprachlich zu verständigen. Anfänglich im Parallelspiel werden Fragen, Wünsche, Ziele geäußert und wird widersprochen. Das stellt teilweise noch einen mühseligen Prozess dar, wobei sich Zweijährige im Falle einer „nicht erfolgreichen" Kommunikation mit einem Spielgefährten häufig hilfesuchend an eine erwachsene Bezugsperson wenden. Langsam aber nehmen ihre sprachlichen Fähigkeiten auf der pragmatisch-kommunikativen Ebene zu.

Sprachliche Mittel werden eingesetzt, um etwas zu verneinen.

Allerdings bleiben noch bis zum Beginn des vierten Lebensjahres sprachliche Äußerungen stark an die jeweilige Situation gebunden.

Beispiel ··

„Felix (m, 1;5, deutsch) steht am Rand des Sandkastens. Er möchte hinein, aber der Abstand ist ihm zu groß; ‚Hm,… da, hm … da!' Wer Felix kennt und den Zusammenhang richtig deutet, versteht durch den Kontext die kindliche Äußerung als: ‚Da will ich rein!'" (Jampert u. a., 2009, S. 84)

··

Auch wenn ein Kind mit etwa drei Jahren in den Kindergarten kommt, ist seine sprachliche Kommunikation in der Regel noch stark **kontextabhängig**. So sind auch „Berichte" von Jungen und Mädchen in diesem Alter für den Zuhörer, der das Kind nicht kennt, kaum bis gar nicht nachvollziehbar. Zu sehr berichtet das Kind allein aus seiner Perspektive und setzt voraus, dass der Zuhörer weiß, welche Person, welchen Ort oder welche Rahmenbedingung es im Kopf hat.

Die sprachliche Entwicklung kommt einen großen Schritt voran, wenn Kinder im Laufe des vierten Lebensjahr zu verstehen beginnen, dass andere Menschen eigene Gedanken und Gefühle haben, also über eigenes Wissen und eine eigene Sichtweise verfügen (Theory of Mind, siehe Kapitel 8.1.4, S. 282). Damit wird eine **Perspektivübernahme** möglich und die sprachlichen Handlungsmöglichkeiten nehmen deutlich zu (vgl. Trautmann/Reich, 2009, S. 41 f.). Auf dieser Basis entstehen dann Spielformen wie das Rollenspiel, die für die soziale und sprachliche Entwicklung des Kindes vor allem in der frühen Kindheit bzw. im Kindergartenalter von großer Bedeutung sind (siehe Kapitel 7.4).

Selbstgespräche

Die Entwicklung sprachlicher Kompetenzen erfüllt in den ersten Lebensjahren noch eine weitere wichtige pragmatische Funktion. Diese steht in engem Zusammenhang mit der **kognitiven Entwicklung**. Kleine Kinder führen häufig Selbstgespräche, mit denen sie ihr Handeln begleiten. Diese Selbstgespräche haben eine wichtige regulative Funktion für die Organisation der eigenen Aktivitäten und des eigenen Handelns. Das betrifft sowohl Situationen, in denen jüngere Kinder allein für sich spielen, aber zur Hälfte auch Äußerungen in Gesellschaft anderer Kinder oder Erwachsener (vgl. Siegler u. a., 2011, S. 243). Diese Selbstgespräche können sich bis in die Kindergartenzeit fortsetzen.

Beispiel

„Der dreijährige Mike spielt mit einer Holzkuh. Er füttert sie mit kleinen Stofftüchern, ‚Afer … aiaaah' und lässt sie um den Tisch laufen. Ihre Sprünge begleitet er lautmalerisch mit ‚Baba … dildildi … lalalalal … wusch … ja, ja, ja'. Ahmed (4 Jahre) sitzt über seiner Zeichnung und spricht leise vor sich hin. Manchmal versteht man, was er sagt: ‚ein Flugzeug … der Flügel … tschuk … hier noch eine Klappe'."
(Jampert u. a., 2009, S. 80)

Die fast dreijährige Lea spielt im Außengelände des Kindergartens in einem Blumenbeet. Sie versucht ein abgeschnittenes Gänseblümchen einzupflanzen. „Ein Loch … ja, ein Loch … die Schaufel … grab, grab … mmh … Stein … Blümchen muss trinken … Wasser mmh … gieße, gieße…". Dabei begleitet sie ihre sprachlichen Äußerungen mit den entsprechenden Handlungen bzw. umgekehrt.

Die Beispiele machen deutlich, dass Selbstgespräche dazu dienen, eigenes Nachdenken, Planen und Erinnern zu versprachlichen und damit handhabbarer zu machen. In den ersten Lebensjahren sind Gedanken noch stark bildhaft und es bedarf eines längeren Prozesses, um sie mehr und mehr sprachlich zu strukturieren. Genau dieser Vorgang wird anfangs durch die sprachliche Begleitung des eigenen Tuns unterstützt.

Die Neigung Selbstgespräche zu führen trägt in gemeinsamen Spiel- oder Gesprächssituationen von Mädchen und Jungen dazu bei, dass es bis in die frühe Kindheit hinein zu sogenannten **kollektiven Monologen** kommt (vgl. Siegler u. a., 2011, S. 243). So sind auch in dialogischen Situationen die Beiträge und Äußerungen junger Kinder mitunter wenig auf den Gesprächspartner und das gemeinsame Thema bezogen. Ein gemeinsamer Fokus auf **ein** Thema gelingt manchmal nur, wenn der erwachsene Gesprächspartner dafür sorgt. Untersuchungen zeigen aber, dass sich zwischen dem 21. und 36. Lebensmonat der Anteil der kindlichen Äußerungen, die sich auf dasselbe Thema beziehen, verdoppeln und zwar von etwa 20 auf über 40 Prozent (vgl. Siegler u. a., 2011, S. 244).

7.3.5 Der frühe Zweitspracherwerb

Die bisher beschriebenen Abläufe des Spracherwerbs beziehen sich auf Kinder, die Deutsch als ihre Muttersprache lernen. Für viele Kinder in Deutschland ist Deutsch aber nicht die Muttersprache, sondern eine zusätzliche Sprache, die ihnen häufig das erste Mal im Kindergarten intensiv begegnet. Diese Kinder beginnen also oft erst mit drei Jahren mit dem Erlernen der deutschen Sprache. Dabei handelt es sich um eine der häufigsten Erwerbskonstellationen bezogen auf **Deutsch als Zweitsprache** (vgl. Rothweiler/Ruberg, 2012, S. 131). Zwei- bzw. Mehrsprachigkeit ist in Deutschland keine Seltenheit mehr und damit beim Aufwachsen von Kindern eine verbreitete Tatsache. Deutschland schreitet auf dem Weg zu einer mehrsprachigen Gesellschaft deutlich voran und reiht sich damit in mehrsprachige Gesellschaften ein, die weltweit die Regel darstellen (vgl. Rothweiler/Ruberg, 2011, S. 8).

Zwei- und Mehrsprachigkeit ist auch in Deutschland häufig der Regelfall.

7.3 Sprachentwicklung vom Säuglingsalter bis zum dritten Lebensjahr

Alter bei Erwerbsbeginn und Kontaktdauer

Wesentlich für den Zweitspracherwerb ist, in welchem Alter das Kind mit dem Erwerb der zweiten Sprache beginnt. Dazu gibt es viele Untersuchungen, in denen sich die ersten drei bis sechs Lebensjahre als eine sensible Phase bezogen auf den Spracherwerb erwiesen haben (siehe Kapitel 7.1.4, S. 228 f.). Vor allem bezogen auf die Grammatik hat sich gezeigt, dass ein früher Erwerb in den ersten Lebensjahren in weiten Teilen analog zum Erstspracherwerb verläuft. Was also in den vorangehenden Kapiteln insbesondere über die Entwicklung der Satzstruktur und den Kasus- bzw. Artikelerwerb gesagt wurde, gilt ebenfalls für den frühen Erwerb von Deutsch als Zweitsprache.

Mit zunehmend späterem Einstieg in den Zweitspracherwerb verändert sich die Ausgangssituation. Welche Altersphasen hier relevant sind, haben Monika Rothweiler und Tobias Ruberg auf der Grundlage des aktuellen Forschungsstandes zusammengefasst:

Alter des Erwerbsbeginns	Merkmale
bis vier Jahre	Der **frühe Zweitspracherwerb** Deutsch gleicht sehr dem Erstspracherwerb. Vor allem die Syntaxentwicklung sowie der Kasus- bzw. Artikelerwerb zeigen große Analogien. Daher spricht man hier auch von einem sukzessiv bilingualen Erwerb.
bis sechs Jahre	Der Zweitspracherwerb zeigt im Bereich der Flexionsmorphologie, also bei der Beugung von Verben und Nomen, Veränderungen der Erwerbsfähigkeit, während die Satzstruktur wie beim Erstsprachlernen erworben wird. Hier ist häufig die Rede von einem **kindlichen Zweitspracherwerb**, der eine Mischform von frühkindlichem Erstspracherwerb und Zweitspracherwerb im Erwachsenenalter darstellt.
bis neun Jahre	Beginnt der Zweitspracherwerb danach bis zum zehnten Lebensjahr, zeigen sich sehr häufig auch Einschränkungen in der Syntax.
ab neun Jahre	Der Erwerb der Zweitsprache bleibt unvollständig und folgt eher den bewussten Lernprinzipien erwachsener Lerner. Mit hoher Motivation können aber Jugendliche und auch einige erwachsene Lerner noch eine hohe Sprachkompetenz erreichen, wobei Grammatik und Artikulation in aller Regel Unterschiede zu Muttersprachlern aufweisen.

Beginn des Zweitspracherwerbs (vgl. Rothweiler/Ruberg, 2011, S. 11)

Neben dem Alter des Erwerbsbeginns ist insbesondere bei den **sukzessiv bilingualen Kindern** vor allem die Zeit des intensiven Kontakts mit Deutsch von Bedeutung. Hierbei zeigt sich gerade in der sensiblen Phase der Sprachentwicklung in den ersten drei bis vier Lebensjahren, dass der Zweitspracherwerb im Hinblick auf die Verbstellung (Syntax) und Verbflexion (Beugung) sehr schnell von statten geht, sogar schneller als bei den schon rasant lernenden Muttersprachlern (vgl. Tracy, 2008, S. 144 und S. 134–146).

Im Hinblick auf die Kontaktzeit ergeben sich beim frühen Zweitspracherwerb folgende Entwicklungsschritte:

Kontaktzeit mit der Zweitsprache	Entwicklungsphase
bis sechs Monate	Einwortäußerungen
zwischen sechs und zwölf Monaten	Zwei- und Dreiwortäußerungen
zwischen zwölf und 24 Monaten	Mehrwortäußerungen bzw. einfache Sätze
kurz nach Erreichen von 24 Monaten	Nebensätze

Entwicklungsschritte beim Zweitspracherwerb (vgl. Rothweiler/Ruberg, 2012, S. 133)

Diese Entwicklungsverläufe beziehen sich vor allem auf den Grammatikerwerb, also den spezifischen Kernbereich menschlicher Sprache. Beim Aufbau des Wortschatzes hängt der Lernprozess deutlich stärker von der Intensivität des Lernens bzw. vom Umfang und der Vielfalt der sprachlichen Anregungen durch das Umfeld ab. Hier wirken sich entwicklungsbedingt sensible Phasen deutlich weniger aus, weil der Wortschatzerwerb eher allgemeineren Formen des Lernens, wie beispielsweise dem Aufbau von Faktenwissen entspricht. Auch Zweitsprachler können einen umfangreichen Wortschatz erwerben, der sich nicht von Muttersprachlern unterscheiden muss.

Motivation und Umfeld

Kinder lernen eine Sprache nicht um der Sprache willen, sondern weil sie mit ihrem Erwerb den persönlichen Handlungsspielraum im sozialen Umfeld erweitern können (vgl. Rothweiler/Ruberg, 2011, S. 18). Die Motivation eines Kindes zum sprachlichen Austausch ist im vertrauten familiären Umfeld in der Regel sehr hoch, da die Eltern dem eigenen Kind zugewandt sind und eine enge emotionale Beziehung besteht. In der Kindertagesstätte allerdings kann sich die Situation für ein dreijähriges Kind ausländischer Herkunft ganz anders darstellen. Vielleicht verlässt es das erste Mal sein vertrautes, kulturell durch die Herkunft seiner Eltern geprägtes, familiäres Umfeld. Die neue Umgebung wirkt fremd und verunsichert das Kind. In einer solchen Situation ist es für die Sprachentwicklung besonders wichtig, dass die pädagogischen Fachkräfte Ängste abbauen helfen und **motivierende Rahmenbedingungen** schaffen.

Die anderen Mädchen und Jungen in der Kindergartengruppe, mit denen das dreijährige Kind natürlich gern spielen möchte, kümmern sich mehr oder weniger um es und motivieren es, im optimalen Fall, seine sprachlichen Fähigkeiten als Voraussetzung für das gemeinsame Spielen und Toben möglichst schnell zu erweitern. Manchmal ist allerdings zusätzlich eine gute, einfühlsame Unterstützung von Seiten der Fachkräfte erforderlich. Das gilt vor allem dann, wenn das Kind kaum ein paar Worte Deutsch spricht. Dann steht der schnelle Aufbau eines grundlegenden Wortschatzes als Hilfestellung für das gemeinsame Spiel der Gleichaltrigen im Vordergrund.

Darüber hinaus sind gerade beim Zweitspracherwerb in einer Kindertagesstätte viele Bedingungen und Faktoren zu beachten, deren günstige Gestaltung sich im familiären Umfeld der Herkunftsfamilie eher von selbst ergibt. Zum Glück bringen Kinder häufig von sich aus enorme Motivation mit, um die Sprache des für sie neuen Umfeldes schnell zu erlernen.

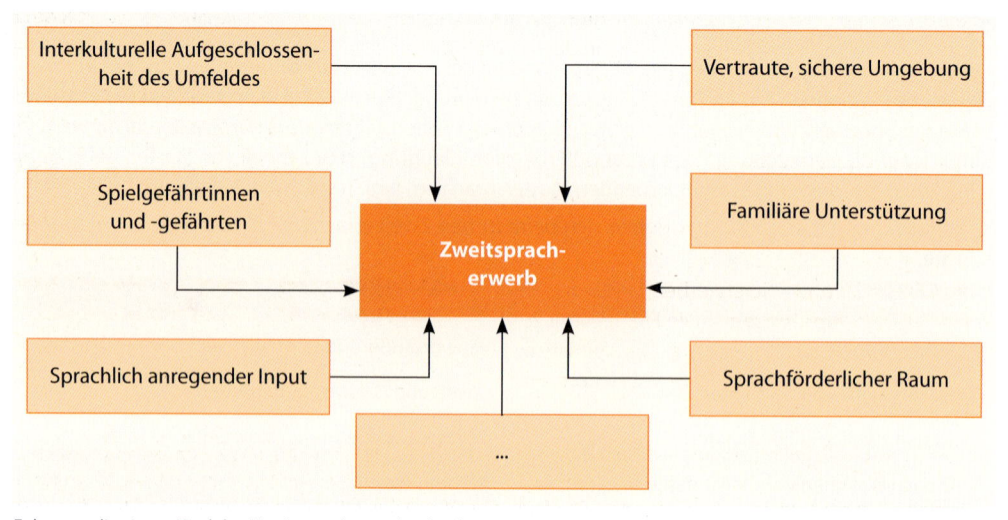

Faktoren, die einem Kind den Zweitspracherwerb erleichtern

> ### Berufliche Handlungsrelevanz
>
> Pädagogische Fachkräfte werden es in aller Regel nur begleitend miterleben, wie ein Junge oder ein Mädchen seine ersten Schritte im Spracherwerb vollzieht. Meist geschieht dies eher im unmittelbaren Umfeld der Familie. Gegenwärtig führt der Ausbau der Kinderbetreuungseinrichtungen aufgrund eines Rechtsanspruchs dazu, dass immer mehr Kinder unter drei Jahren in Krippen oder anderen Formen der Kindertagespflege pädagogisch begleitet und betreut werden. Dadurch fallen wesentliche Entwicklungsschritte auch des Erstspracherwerbs (einschließlich der Beratung der Eltern) in die Mitverantwortung pädagogischer Fachkräfte.
> So kann z. B. der Hinweis für Eltern wichtig sein, dass in Verbindung mit Übergeneralisierungen auftretende Äußerungen der Kinder nicht als Fehler zu betrachten sind, sondern deren kreativen und aktiven Spracherwerbsprozess abbilden. Daher sind fundierte Kenntnisse über die reguläre Sprachentwicklung unabdingbar, um diese einerseits unterstützen, andererseits aber auch möglichst früh Hinweisen auf Störungen und Entwicklungsschwierigkeiten nachgehen zu können. Gegebenenfalls sind dann allerdings andere Professionen gefragt (Logopädie, Sprachtherapie). Als Aufgabe der Fachkräfte rückt in diesem Zusammenhang vor allem die Beratung der Eltern in den Mittelpunkt.
> Wichtig erscheint das Wissen über den Erwerbsprozess in Deutsch außerdem, weil dieser eine gute Grundlage für das Verstehen des frühen Zweitspracherwerbs darstellt.

7.4 Sprachentwicklung in der frühen Kindheit

Im Prinzip sind die sprachlichen Kompetenzen eines Dreieinhalbjährigen durchaus mit denen eines Professors für Linguistik vergleichbar. Sicherlich unterscheidet sich der Wortschatz erheblich, aber was Artikulation und Grammatik angeht, stehen beide auf einem vergleichbaren Niveau und können sprachlich problemlos miteinander kommunizieren. Nachdem die wesentlichen Grundlagen der Sprache in den ersten drei bis dreieinhalb Jahren erworben worden sind, schreitet die Sprachentwicklung weiter auf allen Ebenen voran, wenn auch vielleicht nicht mehr mit jener Dynamik und Breite der sehr frühen Lebensphase. Allerdings verlagern sich in den darauffolgenden Jahren die Schwerpunkte.

So zeigen sich bei Mädchen und Jungen im Kindergartenalter[1] bezogen auf die **Grammatik** nur noch einige wenige Entwicklungsschritte im Hinblick auf die Zeitformen und den Passiv. Der **Wortschatz** wächst natürlich stetig weiter, weil Kinder in diesem Alter mit großem Eifer Neues entdecken und sich die Welt erobern – auch wenn es zunächst nur die unmittelbare Umwelt ist. Vor allem aber steigen sie in die **Schriftsprachentwicklung** ein. Diese beginnt nicht erst mit dem Schreiben- und Lesenlernen in der Schule, sondern wesentliche Schritte werden bereits in der frühen Kindheit durchlaufen. Außerdem kommt es im Bereich der Pragmatik zu markanten Entwicklungen. So erwerben Kinder zunehmend **Erzählkompetenzen** sowie Fähigkeiten zur selbstgesteuerten Gestaltung von **Rollenspielsituationen** sowie anderen gemeinsamen Spielformen.

---

1 Hier wird klassisch mit „Kindergartenalter" die Entwicklungsphase zwischen drei und sechs Jahren bezeichnet. Sie wird also gleichbedeutend mit „frühe Kindheit" verwendet. Die dieser Altersgruppe zugeordnete pädagogische Institution ist der Kindergarten, der in seiner Reinform zunehmend durch Tageseinrichtungen mit Altersöffnungen nach oben und unten ersetzt wird.

7.4.1 Artikulation, Wortschatzerwerb und Grammatikentwicklung

Die auf die einzelnen linguistischen Sprachebenen bezogenen Entwicklungsschritte bzw. -fortschritte sollen auf den folgenden Seiten kurz skizziert werden.

Artikulation

Kinder mit drei Jahren können den weitaus größten Teil der für das Deutsche relevanten Laute sicher äußern. Vor allem in hektischen Situationen können bei ihnen allerdings noch Artikulationsschwierigkeiten und damit Verständnisprobleme für den Zuhörer entstehen. Auch komplizierte Konsonantenfolgen stellen Hürden da. Wer aber als Erwachsener den Spruch „Fischers Fritze fischt frische Fische, frische Fische fischt Fischers Fritze" fehlerfrei über die Lippen bringen will, benötigt dazu eben auch Ruhe und Konzentration.

Bezogen auf Betonung und Sprachmelodie durchlaufen Mädchen und Jungen in der frühen Kindheit noch wichtige Lernprozesse, sodass sie erst beim Schuleintritt die entsprechenden Kompetenzen sicher erworben haben, um z. B. einer Erzählung auch die passende Dramatik zu verleihen.

Etwas länger zeigen sich in manchen Fällen Schwierigkeiten in der Aussprache einiger Laute wie bei [sch] in *Sch*uh oder [ç] wie in i*ch*. Dann wird statt *Schl*ange *Sl*ange gesagt und statt i*ch* is. Auch das **Lispeln** tritt bei manchen Kindern im Alter von fünf Jahren und älter auf. Hierbei zeigen sich Schwierigkeiten mit dem stimmhaften [z] wie in *S*ahne oder beim stimmlosen [s] wie in Fu*ß*. Bei diesen Lauten schiebt sich die Zunge zwischen die oberen und unteren Frontzähne, was im kindlichen Entwicklungsprozess nicht ungewöhnlich ist.

Wortschatz und Lexikon

Der Wortschatz von Kindern wächst nach dem Erwerb der ersten Ausdrücke stetig, in den ersten Lebensjahren zudem mit großer Geschwindigkeit. Nach dem Wortschatzspurt mit etwa 18 Monaten lernen Mädchen und Jungen bis zur Einschulung täglich einige neue Wörter, bezogen auf den passiven Wortschatz durchschnittlich etwa fünf bis zehn pro Tag (vgl. Siegler u. a., 2011, S. 235). Damit verfügen sie mit sechs Jahren über einen passiven Wortschatz von bis zu 14.000 Wörtern und können 3.000 bis 5.000 aktiv produzieren (vgl. Ruberg/Rothweiler, 2012, S. 101). Allerdings sind solche Schätzungen sehr schwierig, weil es sehr große individuelle Unterschiede gibt und das Zählen des aktiven und passiven Wortschatzes relativ fehleranfällig ist.

Gerade in Kindertagesstätten erhalten Kinder Einblick in viele neue Themen- und Inhaltsbereiche, was das Wachsen des Repertoires an Wörtern und Begriffen unterstützt. Dort werden Projekte und Angebote durchgeführt, Exkursionen und Ausflüge unternommen, thematische Ecken eingerichtet, Themen in Sitzkreisen besprochen, Bilderbücher oder Fotos gezeigt usw.

Neue Themen für Kinder im Kindergarten können beispielsweise sein:
- fremde Länder und Kontinente, wie z. B. die Türkei, Schweden oder Afrika, Amerika, Asien
- naturwissenschaftliche Themen, wie z. B. Wasser, Luft, Dichte, Materialien
- das Gemeinwesen, wie z. B. Museen, Altersheim, Feuerwehr, Polizei, Rathaus, Supermarkt, altes Schloss
- Farben und Formen
- hauswirtschaftliche Angelegenheiten und Ernährung: Kochen, Waschen, Putzen, Obst, gesunde Ernährung
- technische Themenkomplexe, wie z. B. Baustellen, Hausbau, Fabrik, Handwerk, Autos

Natürlich ist für Kinder nicht immer alles neu, aber der Horizont des Wissens (mit neuen Bezeichnungen, Wörtern, Tätigkeitsbeschreibungen, Eigenschaften usw.) wächst bei einer anspruchsvollen Bildungsarbeit erheblich. Die neu erlernten Bezeichnungen helfen den Kindern außerdem bei der Kategorisierung und Ordnung schon bekannter Begriffe und Wörter.

Das mentale Lexikon verändert sich in der frühen Kindheit aber nicht nur quantitativ. Auch der Anteil verschiedener Wortformen steigt an: Pronomen, Verben, Adjektive sowie Funktionswörter, wie Artikel und Konjunktionen, kommen vermehrt hinzu. Damit wird langsam die Wortverteilung von Erwachsenen erreicht. Auch Mehrzweckverben, wie *machen, sein, kommen,* werden durch handlungsspezifische Verben abgelöst, wie *anschalten* statt *anmachen* (vgl. Komor/Reich, 2009, S. 54). Zwischen vier und sechs Jahren erwerben Kinder ebenfalls erste, noch naive Konzepte von nicht-gegenständlichen Begriffen wie *Absicht, Wissen, Leben, Mut, Mitleid* (vgl. Komor/Reich, 2009, S. 57).

Grammatik

Mit dem Eintritt in den Kindergarten haben Kinder in aller Regel die Grundlagen der Morphosyntax, bezogen auf Verbstellung und Flexion, vollständig erworben. Im fünften Lebensjahr wird die Syntax dann komplexer: Nebensätze werden durchgehend mit Konjunktionen eingeleitet und das flektierte Verb darin im Gegensatz zu einem einfachen Aussagesatz an den Schluss gestellt. Zudem wird eine Frage mit Fragewort eingeführt und die Satzstellung entsprechend verändert, indem Subjekt bzw. Verb getauscht werden. Die Grammatik wird im Laufe der frühen Kindheit ausgefeilter und gleicht sich deutlich der Sprache Erwachsener an.

Beispiel
Die fünfjährige Hannah kommt morgens zu ihrer Erzieherin und fragt sie: „Wo ist denn Mia? Ich will mit ihr spielen, weil wir das gestern versprochen haben." Mit ihren fünf Jahren spricht Hannah schon wie eine Erwachsene. Sie benutzt die richtigen Worte und wendet die Grammatik korrekt an.

Eng verbunden mit der im Laufe der Kindergartenzeit entstehenden Fähigkeit, anderen etwas zu erzählen (siehe Kapitel 7.4.3), eignen sich Jungen und Mädchen in diesem Alter auch die **verschiedenen Zeitformen** an. So wird die Vergangenheitsform zunehmend genutzt und über den Weg der Übergeneralisierung das Wissen über unregelmäßige Formen der Präteritumbildung (Imperfekt oder 1. Vergangenheit) erweitert. So *gehte* das Kind in den Zoo bevor später dann die richtige Flexion gewählt wird und das Kind in den Zoo *ging*.

Als kognitiv herausfordernd erweist sich die grammatische Form des **Passiv**. Es ist für Kinder erst einmal schwierig zu erfassen, dass nicht der Handelnde als Subjekt erscheint, sondern ein anderer Sachbeteiligter wie etwa im Beispiel: *Die Katze wird von der Maus getreten.* Dies widerspricht der zuvor im Spracherwerb gültigen Maxime und wird von Kindern erst im späten Kindergartenalter, manchmal auch erst danach erfasst.

> *„Das Verständnis von Passivsätzen ist bei Beginn des Schulalters noch nicht gesichert, ihr aktiver Gebrauch ist kaum vor Ende der Primarstufe zu erwarten und kann, bei Sprechern des Deutschen als Zweitsprache, frühestens nach einer zweijährigen Kontaktdauer erwartet werden."*
> (Kemp u. a., 2009, S. 79)

Zweitspracherwerb

Häufig kommt es vor, dass Kinder aus Zuwandererfamilien im Alter von etwa drei Jahren beim Eintritt in den Kindergarten das erste Mal intensiv mit der Umgebungssprache Deutsch konfrontiert werden. Auf die Analogien des frühen Zweitspracherwerbs mit dem Lernen der Muttersprache wurde schon hingewiesen (siehe Kapitel 7.3.5). Das Zeitfenster ist in dieser Entwicklungsphase noch günstig für die Aneignung von Deutsch als zusätzlicher Sprache. Die Situation in einer Kindertagesstätte bietet viele Möglichkeiten, einem Kind mit Migrationshintergrund zu helfen, sich schnell die neue Umgangssprache anzueignen. Vor allem stellen die gleichaltrigen Spielgefährten eine große Motivationsquelle dar, noch ohne schulischen Druck in den vielfältigen Spiel- und Handlungssituationen des Kindergartenalltags, quasi wie von selbst, ins Deutsche hineinzuwachsen.

Berufliche Handlungsrelevanz

Den Zweitspracherwerb können pädagogische Fachkräfte unterstützen, indem sie genau beobachten, wie sich Sprachkompetenz und Sprechmotivation eines Kindes aus einem anderen kulturell-sprachlichen Umfeld entwickeln. Ein häufig verwendeter Beobachtungsbogen, der von Michaela Ulich und Toni Mayr vor allem für derartige Situationen konzipiert wurde, ist SISMIK, mit dem das Sprachverhalten und Interesse an Sprache bei Kindern mit Migrationshintergrund in Kindertageseinrichtungen erfasst werden kann (siehe hierzu www.ifp.bayern.de/projekte/sismik.html). Der Bogen bietet eine gute Grundlage für eine **in den pädagogischen Alltag integrierte Sprachförderung**. Diese sollte genau an den relevanten Stellen des Erwerbsprozesses ansetzen (vgl. Ruberg/Rothweiler, 2012). Zu beachten ist, dass die Sprachentwicklung eng mit anderen Entwicklungsbereichen, wie dem kognitiven, emotional-motivationalen und sozialen vernetzt ist, und sprachliche Förderung daher ganzheitlich gestaltet werden sollte.

7.4.2 Sprachentwicklungsproblematiken

Sprechenlernen ist ein individuell verlaufender Vorgang, bei dem eine günstige Lernumgebung eine wichtige Rolle spielt. Je vielfältiger und anregender der sprachliche Input bzw. das Umfeld, je einfühlsamer und kindorientierter die Kommunikation und je korrekter das Sprachvorbild, umso besser gelingt der Spracherwerb.

Kommt ein Kind mit drei Jahren in den Kindergarten, betritt es einen neuen, öffentlichen Raum. Das kann dazu führen, dass den professionellen Pädagoginnen dort Dinge in seiner Sprachentwicklung auffallen, die Eltern bisher übersehen oder für eine normale individuelle Entwicklung gehalten haben. Daher werden Störungen im sprachlichen Bereich häufig erst beim Eintritt in Kindertagesstätten durch geschultes Personal entdeckt und es gehört auch zu den Aufgaben der Fachkräfte, Eltern bei deren Auftreten zu beraten und gegebenenfalls an Experten zu verweisen.

Sprachentwicklungsprobleme lassen sich grundsätzlich auf zwei Ursachenzusammenhänge zurückführen. Einerseits können die Umfeldbedingungen für den Erwerb ungünstig sein und zu einer verzögerten oder nicht optimal verlaufenden Sprachentwicklung führen. Dies liegt beispielsweise dann vor, wenn zu wenig bzw. zu wenig anregender sprachlicher Input in der zu lernenden Sprache zur Verfügung steht. In solchen Fällen sind zusätzliche **Sprachfördermaßnahmen** angezeigt. Andererseits können, bei ausreichenden sprachlichen Impulsen **Sprachstörungen** auf Seiten des Kindes vorliegen, die einer möglichst frühen Sprachtherapie durch Logopäden oder Sprachtherapeuten bedürfen.

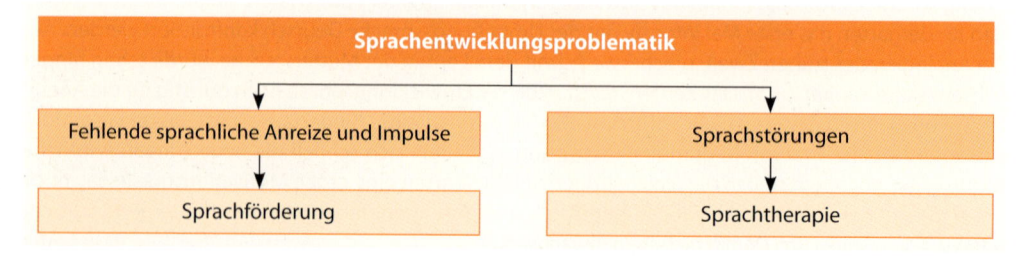

Sprachentwicklungsproblematik	
Fehlende sprachliche Anreize und Impulse	Sprachstörungen
Sprachförderung	Sprachtherapie

7.4 Sprachentwicklung in der frühen Kindheit

In einigen wenigen Fällen – der Linguist Jürgen Dittmann spricht von 6 bis 8 Prozent aller ansonsten normal entwickelten Kinder (vgl. Dittmann, 2002, S. 114) – kommt es zu schwerwiegenderen Problemen beim Erwerb der Muttersprache. Zumeist wird dann eine „spezifische Sprachentwicklungsstörung" diagnostiziert. Sie ist vor allem durch einen verlangsamten Spracherwerbsverlauf und deutliche Beeinträchtigungen in der Grammatikentwicklung gekennzeichnet.

> Die **spezifische Sprachentwicklungsstörung** ist eine Störung in der Sprachentwicklung, die nicht auf andere Entwicklungsprobleme, z. B. im kognitiven oder sensorischen Bereich, zurückzuführen ist und zu einem verlangsamten und eingeschränkten Spracherwerb führt.

Sprachstörungen können in weiteren Ausprägungsformen vorkommen. Man unterscheidet Sprachstörungen, Sprechstörungen und Kommunikationsstörungen.

Störungsart	Beschreibung	Beispiele
Sprachstörung	Das betroffene Kind ist nicht oder nur eingeschränkt in der Lage, das Regelsystem der Muttersprache anzuwenden. Es kommt zu Abweichungen in der Grammatik oder im Wortschatz.	**Grammatik:** Äußerungen eines fünfjährigen Muttersprachlers: *Der Bagger habe, mich geben, Katze gehen Garten.* **Wortschatz:** Altersangemessene Kenntnisse für Bezeichnungen bzw. Wörter fehlen. Dies fällt manchmal nicht auf, weil fehlende Wörter durch kontextbezogene Hilfsbezeichnungen ausgeglichen werden. Zum Beispiel möchte ein Kind im gemeinsamen Spiel einen bestimmten Waggon haben. „Es sagt zu einem anderen Kind, während es in eine Richtung zeigt: ,Der da bitte'. Was das Kind mit der Äußerung genau meint, muss es nicht sagen, weil das Zeigen dem anderen Kind eine eindeutige Zuordnung erlaubt." (Schrey-Dern, 2009) **Risikofaktor:** deutlich verspäteter Sprechbeginn (später als mit 14–18 Monaten), produktiver Wortschatz im Alter von zwei Jahren unter 50 Wörter (vgl. Iven, 2009, S. 89)
Sprechstörung	Das betroffene Kind ist nicht oder nur eingeschränkt in der Lage, das Lautrepertoire im Deutschen anzuwenden. Es kommt zu Störungen der Aussprache.	Lispeln (siehe Kap 7.4.1), Stottern
Kommunikationsstörung	Das betroffene Kind ist nicht oder nur eingeschränkt in der Lage, Interaktions- und Kommunikationsregeln zu erkennen und einzuhalten. Das Dialogverhalten und das Sprechverständnis sind beeinträchtigt.	kein Blickkontakt, Sprecherwechsel bei einem Kind kommt nicht vor, der Dialog gelingt aufgrund inhaltlich oder akustisch unverständlicher Äußerungen nicht

Ausprägungsformen von Sprachstörungen (vgl. Iven, 2009, S. 152)

Den einzelnen Störungen können sehr unterschiedliche Ursachen zugrunde liegen, die sich in manchen Fällen auch durch eine genaue Sprachdiagnostik nicht zweifelsfrei erfassen lassen.

> **Berufliche Handlungsrelevanz**
>
> Bezogen auf **Sprachstörungen** sind die Fachkräfte einer Kindertagesstätte fachlich überfordert. In diesen Fällen müssen andere Expertinnen und Experten zu Rate gezogen werden. Die Aufgabe der Fachkräfte liegt in erster Linie in der Beratung der Eltern. Fundierte Kenntnisse über die Sprachentwicklung sind in diesem Kontext wichtig, um Erwerbsprobleme wahrnehmen und von regelhaften Verläufen abgrenzen zu können. **Sprachförderung** für Kinder mit einem pädagogischen Unterstützungsbedarf gehört hingegen zu den zentralen Aufgaben pädagogischer Fachkräfte.

7.4.3 Pragmatik/Kommunikation

Im Kindergartenalter vollziehen sich bezogen auf die sprachlichen Fähigkeiten im **pragmatisch-kommunikativen Bereich** wichtige Entwicklungsschritte. Die sprachlichen Äußerungen sind zunehmend weniger auf den unmittelbaren Kontext angewiesen, d. h. Kinder mit vier bis fünf Jahren sind immer besser in der Lage, Sprache als Medium der Verständigung über gemeinsame, nicht unmittelbar präsente Themen sowie über geplante bzw. zu inszenierende Spielsituationen zu nutzen. Eine wichtige Voraussetzung dafür ist die Verfügbarkeit über die entsprechenden sprachlichen Mittel, wie etwa die Fähigkeit zu komplexen Äußerungen mithilfe von Nebensätzen. Gleichzeitig aber sind parallel dazu ablaufende Entwicklungsfortschritte im sozialen, emotionalen und kognitiven Bereich erforderlich.

Vor allem zwei Formen sprachlicher Tätigkeiten gelingen auf dieser Grundlage immer besser und erfreuen sich bei Jungen und Mädchen im Alter von vier bis sechs Jahren zunehmend größerer Beliebtheit: Das **Erzählen** und das **Rollenspiel**. Helga Andresen stellt dazu heraus:

> *„Für beide Tätigkeiten ist charakteristisch, dass sich die Kinder in ihrem sprachlichen Handeln gedanklich von dem in der aktuellen Situation gegebenen Wahrnehmungsraum lösen, um über Abwesendes zu erzählen (beispielsweise über vergangene Erlebnisse oder ausgedachte Szenarien) oder um in fiktiven Spielwelten zu handeln."*
>
> (Andresen, 2011, S. 7)

Rollenspiel

Rollenspiele sind bei Kindergartenkindern sehr verbreitet. Das Grundprinzip besteht darin, Gegebenheiten und Situationen aus der realen Welt „nachzuspielen", wobei es nicht um eine einfache Nachahmung geht, sondern um eine aktive Auseinandersetzung und konstruktive Neu- bzw. Umgestaltung. Alles aus dem näheren oder weiteren Umfeld der Kinder kann Thema werden: Feuerwehreinsätze, Geburten, Arztbesuche, Zirkusvorführungen usw. Dazu müssen die beteiligten Mädchen und Jungen viele Umdeutungen vornehmen: Aus einer Raumecke wird ein Einkaufsladen, Bauklötze werden Nahrungsmittel, eine Puppe wird zu einem Baby, aus einer Fünfjährigen wird eine Verkäuferin, eine Mutter, eine Tierdompteurin usw.

Kinder im Rollenspiel

Wenn der Rahmen und die Rollen geklärt sind, wird das „Drehbuch" besprochen und dann wird mit großer Ernsthaftigkeit und Begeisterung gespielt. Im Spielverlauf kann es immer wieder notwendig sein, in komplexen Verständigungsprozessen die unterschiedlichen Vorstellungen über den Spielverlauf abzugleichen bis hin zur Klärung von Konflikten, wenn z. B. ein Kind auch einmal der Arzt sein will. Kinder mit fünf Jahren verfügen schon über erstaunliche **metakommunikative Fähigkeiten**. Sie sprechen über ihr sprachliches Handeln in der Spielsituation, klären Missverständnisse, verabreden gemeinsame Umdeutungen und zeigen dabei eine hohe sprachlich-kommunikative Kompetenz. Die Unterhaltungen von Vorschulkindern sind in solchen Als-ob-Situationen sehr viel differenzierter und umfangreicher als in anderen alltäglichen Sprechkontexten (vgl. Siegler u. a., 2011, S. 244).

> *„Mit formelhaften Redewendungen wie ‚aus Spaß' und ‚nicht in echt' markieren sie ihre Inszenierungsvorschläge und signalisieren durch Veränderung der Stimmlage, wenn sie kurzzeitig ihre Rolle verlassen, um Regieabsprachen vorzunehmen. […] ‚Du bist wohl die Mutter und ich das Kind'. Ab und an verbleiben die Kinder sogar in der Spielhandlung und vermitteln allein durch ihre Wortwahl indirekt Informationen an die mitspielenden Kinder. ‚Und wo das Baby ganz lieb war, schenke ich dir ein leckeres Bonbon' spricht die Ärztin zum Kind. Dadurch erfährt Rosa, was es mit dem roten Bauklotz auf sich hat, den Anne ihr hinhält."*
>
> *(Jampert u. a., 2009, S. 113)*

Erzählungen

> *Beispiel: Lottes Monstergeschichte*
> *„Lotte (vier Jahre), Astrid (Erwachsene)*
> *Astrid: Gut Lotte dann erzähl mal die Monster.*
> *Lotte: Aber denn war auch ein Krokodil dabei.*
> *Astrid: Jaa? Erzähl einfach mal. Ich bin so gespannt.*
> *Lotte: Ein Monster das gang auch noch zu Schgai (gemeint ist ein Sky-Supermarkt). Das (Pause) wie beim andern Anfang. Und dann fresste er auch noch ein Sack und ein Stiefel von den Menschen.*
> *Astrid: Und dann?*
> *Lotte: Dann hat er ein ganzes Meer vom Krokodil aufge, ausgetrunken.*
> *Astrid: Ach!*
> *Lotte: Und dann kamn die Fische (klatscht in die Hände) und bei und dann kam ein Wal und beißte ihn.*
> *Astrid (lachend): Aha und dann?*
> *Lotte: Wah und dann kam ein Kissen und verscherbelt ihn das Monster. Und und dann kam das Krokodil und beißte das Monster noch mal und ne mehr Geschichten kann ich nicht.*
> *Astrid: Die war ja super.*
> *Lotte: Mhm."*
>
> *(Andresen, 2011, S. 6)*

Kinder im Kindergartenalter erzählen gerne. Dabei lassen sich Erzählungen über **Erlebtes** bzw. Vergangenes und **Fantasieerzählungen** voneinander abgrenzen (vgl. Andresen, 2011, S. 9 ff.). Diese folgen jeweils einer unterschiedlichen Dramaturgie und beabsichtigen auch Unterschiedliches. Manchmal vermischen sich die Formen oder gehen ineinander über.

Bei Erzählungen von Kindern handelt es sich wie bei Rollenspielen um interaktive Zusammenhänge. Sprecher- und Hörerrollen sind in Erzählsituationen klar geregelt. Eine Erzählung kann dabei nur gelingen, wenn sich der Erzähler aus dem unmittelbaren Kontext löst und dem Zuhörer durch sprachliche Informationen hilft, Kontext und Inhalt der Erzählung zu erfassen. Kinder müssen dies erst lernen.

Erwachsene Zuhörer spielen hierbei eine wichtige Rolle, indem sie durch Nachfragen und Rückmeldungen auf fehlende Informationen hinweisen und den Erzählvorgang durch Zuhörersignale, wie Zunicken, Blickkontakt usw., unterstützen. Erwachsene werden auf diese Weise zudem zu Vorbildern für das Zuhören, denn auch das will gelernt sein (vgl. Andresen, 2011, S. 7).

Eine weitere wichtige Fertigkeit in diesem Zusammenhang stellt das Sich-abwechseln im Sprechen dar. Es wird unter anderem durch die Klärung der Erzähler- und Zuhörerrollen eingeübt. In Kindertagesstätten bilden Sitzkreise oder Morgenrunden eine wichtige Möglichkeit, um die pragmatische Kompetenz des Erzählens und Zuhörens zu lernen, wenn zum Beispiel nach dem Wochenende reihum Erlebnisse berichtet werden.

Sowohl im Rollenspiel der Gleichaltrigen wie auch in Erzählsituationen von Kindern mit Erwachsenen üben Jungen und Mädchen im Kindergarten wichtige pragmatisch-kommunikative Fähigkeiten ein, die vor allem das vom unmittelbaren Kontext gelöste Sprechen unterstützen. Dieser Prozess stellt eine wichtige Grundlage für den Schriftspracherwerb (vgl. Andresen, 2005 und 2011) sowie für den späteren Schulbesuch mit seiner dort vorherrschenden Bildungssprache dar (siehe Kapitel 7.5).

7.4.4   Der frühe Schriftspracherwerb

Schriftspracherwerb ist eng verbunden mit den Begriffen Literalität bzw. **Literacy**.

> *„Wörtlich heißt ‚Literacy' Lese- und Schreibkompetenz, aber der Begriff beschreibt weit mehr als die Grundfertigkeit des Lesens und Schreibens, er umfasst Kompetenzen wie Textverständnis und Sinnverstehen, sprachliche Abstraktionsfähigkeit, Lesefreude, Vertrautheit mit Büchern, die Fähigkeit sich schriftlich auszudrücken, Vertrautheit mit Schriftsprache oder mit ‚literarischer' Sprache, oder sogar Medienkompetenz. Aber was hat das alles mit der frühen Kindheit zu tun? Sehr viel, denn die Entwicklung dieser Kompetenzen beginnt bereits in der frühen Kindheit."*
>
> (Ulich, 2003)

Mädchen und Jungen im Kindergarten sind auf alles neugierig, was es an Neuem und Interessantem in ihrem Umfeld gibt. Daher stoßen sie auch auf Schrift, schriftliche Zeichen bzw. andere Symbole einer Schriftkultur. Sie beobachten, wie Erwachsene schreiben, sich etwa Notizen für den Einkauf machen, wie sie etwas lesen. Sie sehen Zeitungen und Bücher, Schriftzüge überall in der Stadt, etwa in Form von Namen von Geschäften, Reklame oder am schwarzen Brett im Eingangsbereich der Kindertagesstätte – **Schrift ist überall**. Kinder wachsen mit Schrift auf und schon von Beginn an in die Rolle eines Lesers und eines Schreibers hinein.

Ein wichtiger Einstieg in den Schriftspracherwerb sind **Bilderbücher**. Sie begleiten viele Kinder schon von früh an. Über das Vorlesen und das gemeinsame Betrachten der Bilder beginnen kleine Kinder zu begreifen, dass Geschriebenes bzw. Buchstaben für etwas stehen. Mit zunehmendem Alter fragen sie dann immer wieder nach, was da steht. Großes Vergnügen bereitet es ihnen, „selbst zu lesen". Dies gelingt manchmal erstaunlich gut, wenn ein bestimmtes Lieblingsbilderbuch immer und immer wieder vorgelesen wurde, sodass die Kleinen den Text mittlerweile nahezu auswendig wiedergeben können.

> *„Das eingehende Betrachten von Schrift stellt einen wesentlichen Teil des gemeinsamen Bücherlesens in den ersten Jahren des Kindes. […] Es hat sich auch gezeigt, dass viele Drei- und Vierjährige die Bedeutung von Schrift in einem Buch verstehen. […] Daher ist es so wichtig, frühpädagogische Einrichtungen mit so viel Schrift wie möglich auszustatten und alle nur erdenklichen Funktionen von Schrift in ihrer Fülle auszuschöpfen."*
>
> (Whitehead, 2007, S. 76)

7.4 Sprachentwicklung in der frühen Kindheit

Erste Kritzeleien als Spuren, die hinterlassen werden

Erste Schreibübungen, die schon Merkmale der Schreibschrift enthalten

Kinder werden unter anderem auf diese Weise auf Buchstaben aufmerksam und entdecken sie überall. „Da ist ein P wie in meinem Namen" (Paul). Und sie fragen nach: *„Wie heißt der Buchstabe? Was steht da?"*

Parallel dazu starten auch die ersten **Schreibversuche**. Diese beginnen schon viel früher als man häufig annimmt. Als erste Schritte hin zum Schreiben kann das **Spuren zeichnen** betrachtet werden (vgl. Whitehead, 2007, S. 64). Dies beginnt sehr früh, wenn zum Beispiel ein Zweijähriger mit dem Finger durch eine auf dem Tisch verschüttete Milchpfütze fährt und sieht, wie er auf diese Weise eine Spur hinterlässt. In der frühen Kindheit kritzeln und zeichnen Kinder gern.

Zunehmend werden im Zusammenhang mit den ersten Zeichnungen auch erste Texte verfasst. Kinder notieren dann Dinge, schreiben etwas auf und ahmen die ununterbrochene Schreibschrift der Erwachsenen mit dem spitz-runden Schriftbild, der Anordnung der Zeilen und der Schreibrichtung von links nach rechts nach. Ein besonderer Schritt ist das Schreiben des eigenen Namens, der oftmals mit großem Stolz verbunden ist und zur Differenzierung des Selbstkonzeptes beiträgt.

Das vorangehend skizzierte Hineinwachsen in die Schriftkultur führt nicht zu „Vorläuferfähigkeiten", sondern ist eine wichtige frühe Phase des Schriftspracherwerbs (vgl. Füssenich, 2011, S. 16). Auf diesen Lernprozessen baut das Schreiben- und Lesenlernen in der Grundschule auf. Kinder verfügen im Grundschulalter schon über viel Wissen in Bezug auf Schriftsprache und haben eine Vorstellung davon, was Buchstaben und Texte sind und welche Funktion sie haben. Umso begieriger sind sie, endlich „richtig" Schreiben und Lesen zu können.

In der Auseinandersetzung mit Geschriebenem entwickelt sich auch die mündliche Sprache weiter. Kinder mit viel Vorleseerfahrung können ihre eigene Sprache besser an die jeweilige Umgebung anpassen und z. B. beim Nacherzählen einer Geschichte einen eher schriftsprachlich geprägten Stil wählen (vgl. Füssenich, 2011, S. 17).

Berufliche Handlungsrelevanz

Die Sprachentwicklung setzt sich in der **frühen Kindheit** fort. Daraus folgt für Fachkräfte in den Kindertagesstätten die wichtige pädagogische Aufgabe, den Spracherwerb der Mädchen und Jungen in den Kindertagesstätten auf allen Ebenen zu unterstützen. Dabei bieten ausnahmslos alle pädagogischen Aktivitäten wie Projekte, naturwissenschaftliche Experimente, Bewegungsangebote, Exkursionen usw. Ansatzpunkte für **Sprachbildung**. Wichtig gerade für die meta-sprachlichen und pragmatisch-kommunikativen Fähigkeiten erweisen sich das Rollenspiel und Erzählungen. Für beides gibt es in Form des Freispiels sowie unter anderem der Sitz- oder Morgenkreise bewährte didaktische Formate. Einen weiteren wichtigen Bereich der Sprachbildungsarbeit umfasst dabei die Unterstützung der Literacy-Entwicklung.

> **Sprachförderung** ist vor allem im Hinblick auf sozial bedingte Rückstände in der Sprachentwicklung erforderlich, etwa für die Vorbereitung auf den Schulbesuch. Dieses Thema steht nach den PISA-Untersuchungen ganz oben auf der Agenda und hat zu vielfältigen Anstrengungen der zuständigen Ministerien und Träger der Kindertagesstätten geführt. Wissenschaftliche Untersuchungen zeigen in diesem Zusammenhang, dass vor allem eine in den Alltag integrierte Sprachförderung (vgl. WiFF, Sprachliche Bildung, 2011) hilfreich ist und sich isolierte Sprachförderprogramme eher weniger erfolgversprechend erweisen (siehe EVAS – Evaluationsstudie zur Sprachförderung von Vorschulkindern, 2013).

7.5 Sprachentwicklung in der mittleren Kindheit und in der Adoleszenz

In der mittleren Kindheit und in der Adoleszenz setzt sich die Sprachentwicklung weiter fort, wobei es bezogen auf die linguistischen Ebenen der Sprachkompetenz – abgesehen von der Erweiterung des Wortschatzes – zu keinen grundsätzlich neuen Entwicklungsschritten mehr kommt. Im pragmatisch-kommunikativen Bereich ergeben sich allerdings entwicklungsbedingt noch einige Differenzierungen. Man bezeichnet diese als Sprachvarietäten, wie z. B. die Jugendsprache.

> **Sprachvarietäten** bezeichnen in der Linguistik bestimmte Ausprägungen einer Sprache, die diese ergänzen, erweitern oder modifizieren, aber nicht unabhängig von dieser existieren können.

Im Jugendalter entsteht unter Peers oft eine eigene Sprache bzw. eine Ausprägung eines bestimmten Sprachstils, der als **Jugendsprache** (vgl. Neuland, 2008) bezeichnet wird. Diese ist häufig eher emotional und neigt zu Übertreibungen, Ironie, Humor und Expressivität, will sich aber vor allem von der Umgangssprache abgrenzen und dient der eigenen Identitätsfindung bzw. -stabilisierung. Beispiele hierfür sind Hip-Hop-Slang, Netzjargon oder Kiezdeutsch.

Eine andere, für diese Altersgruppen relevante Sprachvarietät ist das, was nach Jürgen Habermas als **Bildungssprache** bezeichnet wird (vgl. Ruberg u. a., 2013, S. 19 f.). Sie herrscht in Bildungsinstitutionen vor und bestimmt damit ebenfalls die sprachliche Entwicklung von Kindern und Jugendlichen nach dem Eintritt in die Schule. Mit der weiteren Schullaufbahn ist aber vor allem die Fortsetzung der Literacy-Entwicklung verbunden, die im vollständigen Erwerb der **Schriftsprache** mündet.

In der Schule beginnt zudem der **Fremdsprachenerwerb**. Angesichts einer zunehmenden Globalisierung und Europäisierung reicht es nicht mehr aus, nur seine Muttersprache zu beherrschen. Mit dem Eintritt ins Bildungssystem werden zusätzlich zur Erstsprache weit verbreitete Sprachen angeboten, wie Englisch, Französisch, Spanisch, Russisch sowie, als Grundlage anderer Sprachen, Latein. Mittlerweile wird angesichts der Vorteile frühen Sprachlernens mit der Vermittlung von Fremdsprachen teilweise schon in der Elementarstufe begonnen, anstatt – wie gewohnt – in den letzten Jahren der Primarstufe.

Lesen und Schreiben lernen in der Schule

In modernen Gesellschaften lernen Kinder in der Primarstufe des Bildungssystems, in Deutschland ist das die **Grundschule**, lesen und schreiben. Das ist, wie bereits erläutert, die Fortsetzung eines Entwicklungsprozesses, der schon in den Kindertagesstätten bzw. in der frühen Kindheit beginnt. Allerdings stellt die Fähigkeit, selbst lesen und Texte verfassen zu können, einen wichtigen Einschnitt dar. Hierbei handelt es sich um eine Kulturtechnik, ohne deren sichere Beherrschung ein Leben in der modernen Wissensgesellschaft massiven Einschränkungen unterliegt. Die Schriftsprache wird damit zu einem unersetzbaren Kommunikationsmittel. Eine zentrale Leistung der Schrift besteht darin, Sprache zum Gegenstand der Betrachtung machen zu können, sie ihrer Situationsgebundenheit vollständig zu entreißen und somit neue kognitive Möglichkeiten zu schaffen (vgl. Füssenich, 2011, S. 10).

Der Spracherwerbsprozess ist im deutschen Bildungssystem stark schulisch geprägt. Er unterliegt fachdidaktischen Konzepten und wird im Klassenunterricht vermittelt. Mit dem Eintritt in die Schule beginnt für Kinder eine Lebensphase, in der Bildung als gesellschaftlich organisierter Prozess strukturiert wird. Das bedeutet, dass es neben den Lernprozessen im Fachunterricht übergeordnete gesellschaftliche Zielvorstellungen gibt, die in rechtlichen Vorgaben, wie Schulgesetzen, Lehrplänen usw., festgelegt sind. Dazu gehören z. B. die Erziehung zur sozialen Mitverantwortung, Selbstständigkeit und Toleranz. Parallel dazu beginnt in der Schule der Vorgang von Leistungsbeurteilungen. Diese dienen einerseits der Rückmeldung über Lernfortschritte, aber andererseits ebenfalls der Selektion und Zuordnung von beruflichen Perspektiven und damit gesellschaftlichen Rollen bzw. Positionen. Diese nur kurz angerissenen schulisch-pädagogischen Rahmenbedingungen prägen die weitere Sprachentwicklung.

Die Schule bestimmt die Sprachentwicklung in Kindheit und Jugend stark mit.

7.6 Sprache im Erwachsenenalter und im Alter

Auch im Erwachsenenalter bzw. danach hört die Sprachentwicklung natürlich nicht auf. So wächst das mentale Lexikon stetig weiter, wenn auch vielleicht nicht mehr mit der Geschwindigkeit wie im ersten Lebensdrittel. Diese Phase der Sprachentwicklung wird allerdings in der Entwicklungspsychologie und auch in der Linguistik bzw. Sprachwissenschaft kaum thematisiert (vgl. Fhieler/Thimm, 2003, S. 7 ff.). Es sind eher die Prozesse der Sprachaneignung bzw. des Spracherwerbs in der Kindheit, die im Vordergrund der einschlägigen Forschung stehen. Dabei liegt es auf der Hand, dass sich bezogen auf Sprache, sprachliche Kommunikation und sprachliches Lernen ebenfalls im Verlauf des zweiten und dritten Lebensdrittels etwas tut.

Ein wichtiger Lebenseinschnitt, der sich im Erwachsenenalter massiv auf die Sprachentwicklung auswirkt, stellt **Migration** dar. Sprache, vor allem die Muttersprache, ist eng mit der Herkunft, dem kulturellen Selbstverständnis und der Identität verbunden. Damit hängen emotionale Erinnerungen und Erfahrungen zusammen, die das Leben prägen und ebenso die Art und Weise, sich in der Welt zurechtzufinden bzw. seinen Weg zu gehen. Wenn ein erwachsener Mensch allein oder mit seiner Familie in ein anderes Land einwandert, begegnet ihm häufig eine neue Sprache bzw. eine Sprache, die er vielleicht nur in Ansätzen beherrscht. Diese muss als neue Umgangssprache gelernt werden.

Sprachliche Entwicklung ist ein lebenslanger Prozess.

Der sprachliche Lernprozess im Erwachsenenalter unterscheidet sich vom Zweitspracherwerb in jungen Jahren (siehe Kapitel 7.3.5). Bezogen auf Grammatik und Artikulation ist das späte Sprachlernen mühseliger und wird in aller Regel selten und dann nur mit intensivem Training ein muttersprachenähnliches

Niveau erreichen. Was das Vokabellernen und das Leseverständnis angeht, sind Jugendliche und zum Teil auch ältere Erwachsene hingegen nicht selten langfristig im Vorteil gegenüber Kindern.

> „In diesem Bereich können die erwachsenen Lerner auf ein wesentlich breiteres Repertoire von begrifflichem Wissen in ihrer jeweiligen Erstsprache und auch auf ein breiteres Repertoire an Weltwissen zurückgreifen. Und aus der Lernpsychologie wissen wir: Erfolgreiches Lernen baut in erster Linie auf vorhandenem Wissen auf."
>
> (Degener, 2011)

Grundsätzlich kann natürlich eine weitere Sprache oder ein neues sprachliches Gebiet wie eine Fachsprache oder ein Literaturbereich bis ins hohe Alter neu erworben werden. Allerdings schlagen sich hierbei im Laufe des Alterns die Veränderungen der intellektuellen Fähigkeiten nieder, wie sie in folgenden Diagrammen gezeigt werden.

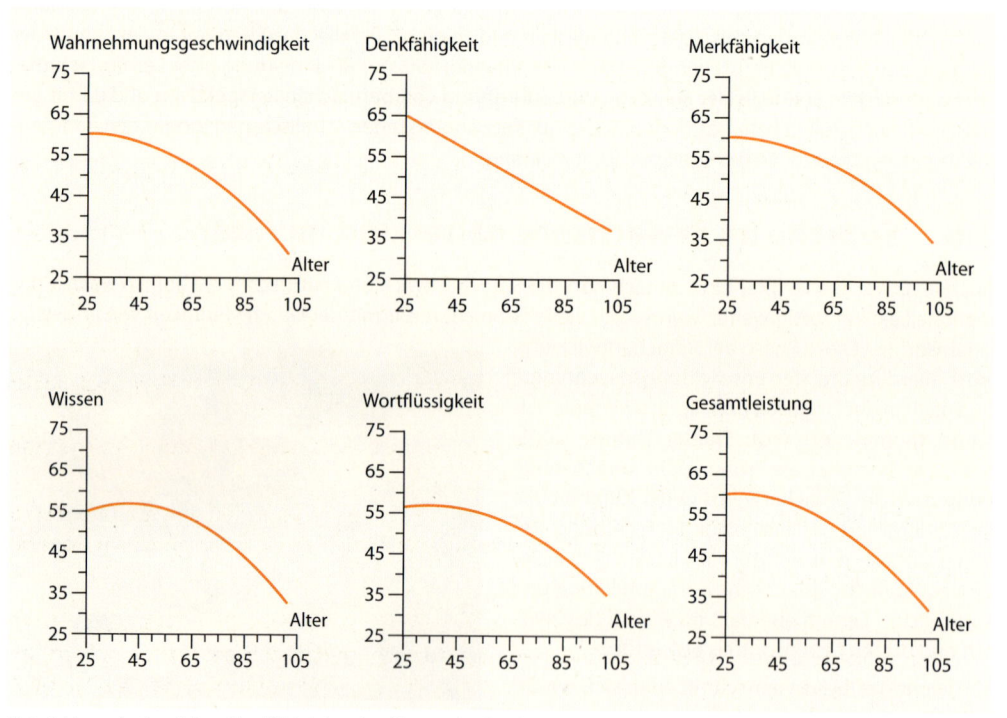

Entwicklung der intellektuellen Fähigkeiten im Altersverlauf (vgl. Lindenberger/Staudinger, 2012, S. 287)

Vor diesem Hintergrund kommt es bezogen auf sprachliche Kompetenzen im Alter kaum noch zu Veränderungen und umfangreichen Lernprozessen. Allerdings kann es in Einzelfällen – z. B. bei auftretenden Schädigungen der Sprachareale im Zusammenhang mit einem Schlaganfall oder bei Hirnverletzungen – zu umfangreichen Lernvorgängen durch therapeutische Maßnahmen kommen, mit denen es mitunter gelingt, die Schädigungen teilweise oder vollständig wieder auszugleichen.

Aufgaben

1. Die Handlungssituation zu Anfang des Kapitels auf S. 217 zeigt die Wichtigkeit des Themas „Sprache und Sprachentwicklung" in Kindertagesstätten. Diskutieren Sie, welche Anforderungen sich daraus für Ihre Ausbildung ergeben.

2. Erläutern Sie die verschiedenen Sprachebenen anhand von Beispieläußerungen. Greifen Sie dabei auf Erfahrungen aus Ihren Praktika in Krippen und Kindergärten zurück.

3. In den Sprachwissenschaften stehen sich zwei Erklärungsansätze für den Spracherwerb gegenüber. Sammeln Sie Argumente für die beiden Positionen. Diskutieren Sie die in Kapitel 7.1.3 aufgeführten Spracherwerbstheorien.

4. Max (5;5 Jahre alt) interessiert sich sehr für Dinosaurier. Er hat inzwischen ein großes Wissen über die Urzeitechsen angesammelt. Entwickeln Sie ein semantisches Netz, das in seinem mentalen Lexikon zum Begriff „Dinosaurier" entstanden sein könnte. Zeichnen Sie es auf.

5. Bilden Sie Arbeitsgruppen zu viert. Erläutern Sie sich gegenseitig mit eigenen Worten den Erstspracherwerb im Alter von null bis drei Jahren auf einer von Ihnen gewählten Sprachebene.

6. Folgend lesen Sie Äußerungen von Kindern in einer Krippe bzw. in einem Kindergarten (jeweils mehrere, voneinander unterschiedene Beispieläußerungen):
   a) Ein Mädchen mit 22 Monaten sagt: „Nane habe"; „Ball spiele"; „wo is Papa?".
   b) Ein vierjähriges Mädchen, das seit zweieinhalb Jahren in Deutschland wohnt, sagt: „Michi Kuche habe"; „Puppa Fena (Fenja) wolle".
   c) Ein zweieinhalb jähriges Mädchen sagt: „kalt sein das"; „Aff (Affe) laufe weg" (das Mädchen zeigt in einem Bilderbuch auf einen weglaufenden Affen); „Sara weint viel".
   d) Ein dreieinhalbjähriger Junge ausländischer Herkunft ist seit ca. 10 Monaten in Ihrer Kitagruppe und sagt: „de Tecka (Trecker) is rot"; „du auch hinsetze"; „Muss mal"; „da Baum male"; „du soll Turm bauen".
   e) Ein dreijähriges Mädchen sagt: „der is weg, weil der Angst hat"; „da ist doch die Hexe, weil die sich versteckt"; „nein, wenn ich nicht will".
   f) Ein zweieinhalbjähriger Junge sagt: „Jourt (Jogurt) is im Kaltschank"; „will ich nich habe"; „auf Arm".

   Analysieren Sie die aufgeführten Äußerungen, indem Sie sie den einzelnen Phasen des Erwerbsprozesses der Satzstruktur im Deutschen zuordnen. Diskutieren Sie, ob die Äußerungen im Normbereich des Spracherwerbs liegen.

7. Sammeln Sie auf der Grundlage Ihrer Erfahrungen aus den Praktika Ideen für pädagogische Aktivitäten (Angebote und Projekte) in Kindertagesstätten, die im Rahmen der Sprachbildung und Sprachförderung eingesetzt wurden bzw. werden. Stellen Sie diese vor und begründen Sie Überlegungen zur Durchführung der Aktivitäten. Diskutieren Sie deren Eignung für Sprachbildung und Sprachförderung kritisch.

8. Entwickeln Sie ein Sprachförderangebot zur Unterstützung des Akkusativerwerbs.

9. Die Feststellung des Sprachstandes durch eine systematische Beobachtung ist eine wichtige Voraussetzung zur Einschätzung der Sprachentwicklung eines Kindes als Grundlage für eine kindorientierte und in den pädagogischen Alltag integrierte Sprachförderung. Führen Sie exemplarisch eine Beobachtung in einer Kindertagesstätte durch (z. B. im Rahmen Ihres Praktikums). Nutzen Sie dazu beispielsweise SISMIK. Nehmen Sie auf dieser Grundlage eine Einschätzung des Sprachentwicklungsstandes des beobachteten Kindes vor. Tauschen Sie sich in Arbeitsgruppen über Ihre Erfahrungen aus.

8 Die sozial-kognitive Entwicklung

Berufliche Handlungssituation

Natalia Wünsch arbeitet seit einer Woche als Berufspraktikantin in der Adlergruppe der Kita „Vogelhorst". Um einen Einblick in die Gruppensituation zu gewinnen und die Kinder besser kennenzulernen, schlägt ihr die Leiterin der Gruppe vor, ein Beobachtungsprotokoll für die aktuelle Woche zu erstellen. Natalia macht sich gleich an die Arbeit und setzt sich zu diesem Zweck als Erstes an den Maltisch.

Hier fällt ihr besonders Clara (3;5 Jahre) auf, die sich an den äußersten Rand des Tisches gesetzt hat. Sie malt vor sich hin und sieht zu keinem der anderen Kinder am Tisch. Plötzlich wird sie von Valentin (5;2 Jahre) wegen des neben ihr stehenden Klebers angesprochen. Clara sieht ihn nur erschrocken an und sagt nichts. Daraufhin dreht sich Valentin wieder zu den anderen Kindern um und sagt: „Clara hat gar nicht reagiert. Ist die komisch!" Als Clara das hört, beugt sie sich wieder verschüchtert über ihr Blatt. Sie malt darauf herum und hat Tränen in den Augen.

Im weiteren Verlauf des Tages bietet sich Natalia eine ganz andere Situation. Jonas (4;9 Jahre) sitzt gemeinsam mit seinem besten Freund Hamid (5;1 Jahre) in der Bauecke und baut einen großen Turm. Die beiden Jungen sind so in ihr Spiel vertieft, dass sie nicht bemerken, wie Lukas (5;5 Jahre) sich ihnen nähert. Er schleicht sich von hinten an Jonas heran und schubst ihn kräftig beiseite. Dann nimmt er sich einige Bausteine aus dem fast fertigen Turm, sodass dieser in sich zusammenstürzt, und stapft mit seinen Errungenschaften in die Puppenecke. Dort beginnt er, allein einen Turm zu bauen. Natalia sucht Lukas in der Puppenecke auf und stellt ihn zur Rede. Lukas kann gar nicht verstehen, was Natalia von ihm will. Sein großer Bruder Hendrik (11;4 Jahre) macht das immer so mit Kindern, die er nicht leiden kann. Er nimmt sich einfach, was er will. Deshalb kann er, Lukas, sich auch nehmen, was er will. Er kann die beiden auch nicht leiden, die lassen ihn nämlich nie mitspielen.

Das Verhalten im Umgang mit anderen Menschen kann sehr unterschiedlich aussehen, wie die beiden Beispiele zeigen. Nicht immer kommt es zu erfolgreichen Interaktionen wie im Fall der dreijährigen Clara. Andere Beziehungen sind durch aggressives Verhalten geprägt, in wieder anderen sozialen Interaktionen sind die betreffenden Personen im Hinblick auf den Aufbau und Erhalt von sozialen Beziehungen äußerst erfolgreich. Doch wie lässt sich soziales Denken und Handeln beeinflussen? Geht es dabei nur darum, sich an Normen, Werte und Regeln zu halten und an die Umwelt bzw. Gesellschaft anzupassen? Welche Voraussetzungen (kognitive Fähigkeiten, das Wissen um Werte und Normen u. Ä.) muss der Einzelne besitzen, um die notwendigen Kompetenzen für den sozialen Umgang zu erwerben und (erfolgreiche) Beziehungen zu anderen Menschen aufzubauen? Sind die Voraussetzungen für soziale Fertigkeiten bereits im Gehirn angelegt? Und wenn ja, wie können sie gefördert werden? Inwiefern ändern sich die sozialen Anforderungen im Laufe des Lebens? Und wie können pädagogische Fachkräfte diesen Prozess des sozialen Lernens fördern und unterstützen? Was können sie „mitgeben", damit Kinder die sozialen Inhalte verstehen lernen und sich in der Umwelt bzw. Gesellschaft erfolgreich zurechtfinden sowie behaupten können?

8 Die sozial-kognitive Entwicklung

Worum geht es in diesem Kapitel?

Kein Lebewesen der Erde ist so auf den sozialen Umgang mit anderen Lebewesen angewiesen wie der Mensch. Nahrung und körperlicher Kontakt scheinen nicht ausreichend für das Überleben der Spezies Mensch zu sein. Das berüchtigte Experiment des römisch-deutschen Kaisers Friedrich II. (1194–1250) verdeutlicht diese Tatsache auf traurige Weise: Um herauszufinden, in welcher Sprache sie anfangen würden zu sprechen, isolierte er Säuglinge von der Außenwelt und ließ sie von Ammen gut ernähren sowie pflegen. Die Ammen durften die Babys jedoch unter keinen Umständen anreden oder ihnen eine wie auch immer geartete Form von Zuwendung wie Kuscheln oder Streicheln zukommen lassen. Der Versuch endete tragisch: Alle Kinder starben.

Offensichtlich ist Menschen die Notwendigkeit, soziale Interaktion, Zuwendung und Bindung zu erfahren, bereits in die Wiege gelegt. Ohne sie „gedeiht" das Kind nicht und kann sich nicht entwickeln. Infolgedessen sind soziale Kompetenzen für die kognitive, körperliche, sprachliche und emotionale Entwicklung des Kindes unerlässlich. Auch wenn sich die Ausbildung, Pflege und Aufrechterhaltung sozialer Beziehungen in der heutigen, globalisierten Welt grundlegend verändert hat – das Leben findet verstärkt virtuell, im Internet und auf sozialen Plattformen wie Facebook, Twitter und YouTube, statt –, so ist die Bedeutung sozialer Kontakte nach wie vor ungebrochen. Aus diesem Grund ist auch kaum ein Forschungsfeld so oft und thematisch so breit gefächert untersucht worden wie das der sozialen Entwicklung des Menschen. Dementsprechend haben Wissenschaftler unterschiedlicher Disziplinen diesen Forschungsgegenstand im Hinblick auf unterschiedliche Schwerpunkte, wie beispielsweise das „allgemeine Sozialverhalten" oder „soziales Lernen", untersucht. Dadurch wird die Erforschung bzw. Darstellung der Thematik durch die verschiedenen Theoriebildungen, die in diesem Bereich vorliegen, jedoch erschwert. Bis heute gibt es keine einheitliche Theorie der sozialen Entwicklung (vgl. z. B. Schmidt-Denter, 1996, S. 3).

Das vorliegende Kapitel befasst sich mit der sozial-kognitiven Entwicklung des Menschen. Dabei stehen die kognitiven Abläufe im Vordergrund (siehe dazu auch Kapitel 6), die beim „Verständnis von Personen [sowie anderen sozialen Gefügen] und ihren Beziehungen zueinander, ihren Handlungen und den [inneren] Prozessen, die dem Handeln zugrunde liegen" (Keller, 1980, S. 91; zitiert in: Schmidt-Denter, 1996, S. 7) eine wichtige Rolle spielen.

Die **sozial-kognitive Entwicklung** des Menschen umfasst die geistigen Prozesse, die hinsichtlich des sozialen Miteinanders, der sozialen Beziehungen und Zusammenhänge, von Bedeutung sind.

Ausgelöst durch die zu Beginn der 1960er-Jahre in den USA zunehmende Begeisterung für Jean Piagets kognitiven Ansatz (siehe hierzu auch Kapitel 6.2.1) erfuhr auch die (deutsche) Entwicklungspsychologie eine sogenannte „kognitive Wende". Der bisher dominierende Behaviorismus mit seinen Konditionierungstheorien wurde in den Hintergrund gedrängt und der wissenschaftliche Fokus richtete sich verstärkt auf die Prozesse, die im Gehirn des Menschen ablaufen (siehe hierzu Kapitel 6). Wurde die soziale Entwicklung bisher eher getrennt von der kognitiven erforscht wurde, so ermöglichte Piagets Konzept der Verbindung zwischen kognitiven Prozessen und (sozialer) Umgebung nun einen neuen Blick auf die Untersuchung der sozialen Entwicklung: die sozial-kognitiven Prozesse. Ausgehend von der Annahme, dass sich (persönliche) Auffassungen von Beziehungen und anderen Personen auf soziale Interaktionen auswirken, hat sich die sozial-kognitive Forschung der Aufgabe gestellt, den Zusammenhang zwischen sozialem Verhalten und sozialen Kognitionen zu beschreiben und zu erklären (vgl. Schmidt-Denter, 1996, S. 7).

> **Berufliche Handlungsrelevanz**
>
> Gerade für die Förderung sozial-kognitiver Kompetenzen im Rahmen der täglichen Praxis stellen diese Inhalte unerlässliches Wissen für pädagogische Fachkräfte dar. Dabei hat jedes Alter seine besonderen Schwerpunkte, die im Rahmen der pädagogischen Arbeit berücksichtigt werden müssen. Für die frühkindliche Bildung beispielsweise sind die wichtigen Fähigkeiten im sozial-kognitiven Entwicklungsbereich in den Bildungsplänen der einzelnen Bundesländer festgehalten, die jedoch im Hinblick auf die Begrifflichkeit, die konkrete Umsetzung in der Praxis oder die sozialen Fähigkeiten an sich variieren können (vgl. Frank, 2012, S. 3 ff.). Nichtsdestotrotz stellen sie die Bedeutung der sozial-kognitiven Entwicklung klar heraus. Der Sächsische Bildungsplan beispielsweise betont die Relevanz von „Vertrauen und Beteiligung [vor allen Dingen der Kinder] als Grundlage für die Entwicklung sozialer Fähigkeiten" (Sächsisches Ministerium für Soziales, 2007, S. 59) und die Wichtigkeit sozialer Interaktionen für die Ausbildung der individuellen Persönlichkeit des einzelnen Kindes. Dabei stellt der Kindergarten neben der Familie einen essenziellen Lernraum dar, in dem das Kind durch Spiel, Rituale, Interaktionen mit anderen Kindern u. Ä. Werte sowie soziale Regeln und Verhaltensweisen lernt, die für das soziale Miteinander unerlässlich sind (vgl. Sächsisches Ministerium für Soziales, 2007, S. 59 ff.). Der Niedersächsische Orientierungsplan für Bildung und Erziehung (2005, S. 15 f.) betrachtet zudem die Fähigkeit zur Perspektivenübernahme und zu Empathie als grundlegende Kompetenz für das soziale Miteinander.

Da die menschliche Entwicklung als ein ganzheitlicher Prozess zu verstehen ist (siehe hierzu die Abbildung auf S. 223 in Kapitel 7.1.2), sind andere Entwicklungsbereiche, wie die kognitive Entwicklung (vgl. Kapitel 6), die geschlechtsspezifische Rollen- und Identitätsentwicklung (siehe Kapitel 10) oder die sprachliche Entwicklung (siehe Kapitel 7), in einer wechselseitigen Beziehung bzw. Abhängigkeit zur sozial-kognitiven Entwicklung zu sehen. Gerade die emotionale Entwicklung (siehe Kapitel 9) ist sehr eng mit der sozialen verbunden. Um besondere (kognitive) Schwerpunkte innerhalb der sozialen Entwicklung detaillierter betrachten zu können, werden die beiden Bereiche im vorliegenden Lehrbuch in separaten Kapiteln behandelt.

8.1 Grundlagen der sozial-kognitiven Entwicklung

Mit der Erforschung der sozial-kognitiven Entwicklung des Menschen befassen sich unterschiedliche wissenschaftliche Disziplinen, z. B. die Psychologie, die Pädagogik, die Soziologie und seit Kurzem auch die Neurobiologie. Um einen Überblick über die verschiedenen Ansätze und Themenbereiche zu erhalten, die in diesem Zusammenhang bedeutsam sind, werden die wichtigsten Erkenntnisse folgend aufgezeigt und kritisch beleuchtet.

8.1.1 Die neurobiologische Basis

Sozial-kognitiv relevante Theorien befassen sich mit Zusammenhängen, die zwischen dem Individuum und seiner Umwelt bestehen. Dabei sind die sozial bedeutsamen kognitiven Prozesse nicht beobachtbar, sie werden lediglich durch die Handlungen offensichtlich, die das Individuum vollzieht – so wurde es bislang zumindest angenommen. Doch seit den frühen 1990er-Jahren sehen es Wissenschaftler zunehmend als erwiesen an, dass es möglich ist, soziale Prozesse wie Nachahmung oder Empathie auch anhand neuronaler Aktivitäten im Gehirn nachzuweisen. Diesen Umstand verdanken sie der Entdeckung von besonderen Nervenzellen im Gehirn, den sogenannten Spiegelneuronen. Das folgende Beispiel verdeutlicht, welche Funktionen die Wissenschaft den Spiegelneuronen zuschreibt.

8.1 Grundlagen der sozial-kognitiven Entwicklung

Beispiel

Da sie beide denselben Weg zur Arbeit haben, wird die Erzieherin Nina jeden Morgen von ihrer Kollegin Sabine zu Hause abgeholt. Heute hat es über Nacht überraschend geschneit und beim Gehen über den Fußweg rutscht Nina auf den glatten Steinen aus. Sie fällt direkt auf das Steißbein und verzieht schmerzverzerrt das Gesicht. Sabine beobachtet die Szene nur. Trotzdem stellt sie, wie die meisten Menschen, unbewusst eine unmittelbare Verbindung zu ihrer Kollegin und ihrem Schmerz her, so als ob sie ihn direkt mitempfinden könnte, ohne dass sie selbst Schmerzen hat. Sie versetzt sich in Ninas Lage und verzieht, vielleicht unbewusst, das Gesicht zu einer ähnlichen Mimik.

In solchen Fällen findet eine emotionale „Übertragung" oder „emotionale Ansteckung" (Fachsprache: „emotional contagion") des Schmerzes statt (vgl. Bauer, 2006, S. 11 f.). Ein weiteres typisches Beispiel ist das Gähnen, kaum eine Handlung ist so ansteckend. Beobachtet ein Mensch einen anderen dabei, fühlt er sich unwillkürlich dazu veranlasst, ebenfalls zu gähnen.

Joachim Bauer, Arzt, Physiotherapeut, Neurobiologe und Professor der Universität Freiburg, spricht in beiden Fällen von Spiegel- oder Resonanzphänomenen. Dazu zählen weitere spontane menschliche Reaktionen, wie beispielsweise die Erwiderung eines Lächelns, das ein Fremder zeigt, oder das Öffnen des eigenen Mundes, wenn man ein Kind füttert. Resonanz bezieht sich auf die Abspeicherung von bewussten oder unbewussten Wahrnehmungen, die dann Reaktionen, Handlungen oder seelische und körperliche Veränderungen beim Beobachter auslösen können (vgl. Bauer, 2006, S. 7 ff.).

Das intuitive Imitieren von Gesten und Mimik ist uns Menschen schon in die Wiege gelegt worden. Bereits Säuglinge sind kurz nach der Geburt (zwischen 12 und 21 Tagen) in der Lage, bestimmte Gesten und Mimiken der Erwachsenen zu imitieren bzw. zu „spiegeln". Diese frühe Fähigkeit entdeckten die amerikanischen Kinderpsychologen Andrew Meltzoff und M. Keith Moore von der University of Washington in Seattle Ende der 1970er-Jahre: Im Rahmen ihrer Untersuchungen streckten sie Säuglingen die Zunge raus. Diese imitierten den Erwachsenen bereits nach kurzer Zeit (vgl. Ayan, 2004, S. 71; Gaschler, 2012, S. 117 f., und 2006, S. 33; Bauer, 2006, S. 57 ff.). Mit diesen neurobiologischen Fähigkeiten ist der Grundstein für zwischenmenschliche Beziehungen gelegt (siehe hierzu Kapitel 9.3.1). Doch Bauer betont auch, dass diese biologische Fähigkeit durch beständige soziale Interaktionen trainiert werden muss, um sich weiterzuentwickeln (vgl. Bauer, 2006, S. 57 ff. und Gaschler, 2006, S. 33).

> *„Es ist (…) von entscheidender Bedeutung, ob ihm die Chance gegeben wird, solche Aktionen zu realisieren, denn eine Grundregel unseres Gehirns lautet: ‚Use it or lose it.' Nervenzellsysteme, die nicht benutzt werden, gehen verloren. Spiegelaktionen entwickeln sich nicht von allein, sie brauchen immer einen Partner."*
>
> (Bauer, 2006, S. 57)

Wie kommt es, dass der Mensch in der Lage ist, die Gefühlszustände eines anderen nachzuempfinden oder unbewusst die Reaktionen eines anderen zu imitieren bzw. zu „spiegeln"? Die Wissenschaft sieht Spiegelneurone dafür zuständig und betrachtet sie als biologische Grundlage von Intuition, Mitgefühl und Sprache. Da die Erkenntnisse in Bezug auf die Funktionen dieser Nervenzellen umstritten sind, ist es bedeutsam, sich die Hintergründe genauer anzusehen.

Spiegelneurone als Zufallsentdeckung

Ursprünglich wollten die Neurophysiologen Giacomo Rizzolatti, Vittorio Gallese und Leonardo Fogassi der Universität Parma in Italien 1992 untersuchen, wie das Gehirn eines Säugetiers es bewerkstelligt, zielgerichtete Handlungen zu planen und auszuführen. Zu diesem Zweck platzierten sie Elektroden in das Hirnareal „F5" eines Makakenäffchens. Dieser Bereich befindet sich im prämotorischen Kortex und ist für die Planung sowie Initiierung von Handlungen bzw. Bewegungen des Körpers zuständig. Beim Menschen befindet sich in diesem Bereich des Gehirns das Broca-Areal, das vornehmlich für die Produktion der Sprache verantwortlich ist. Moderne bildgebende Verfahren haben jedoch Hinweise erbracht, dass das Broca-Areal auch bei Bewegungen, besonders der Arme und Hände, beteiligt ist (vgl. Ertelt, 2013).

In ihrem Versuch untersuchten die Neurophysiologen die Aktivität einzelner Nervenzellen im Gehirn, wenn das Äffchen nach verschiedenen Gegenständen wie Spielzeug oder Obststücken griff. Während einer Pause beobachtete das Äffchen einen der Wissenschaftler, wie dieser sich eine Weintraube nahm. Und obwohl das Tier sich nicht bewegte, schlug das Messgerät aus, weil die Nervenzellen im Areal „F5" ein bioelektrisches Signal erzeugten. Auch mehrere Wiederholungen dieses Vorgangs brachten immer wieder dasselbe Ergebnis. Bis zu diesem Ereignis nahmen die Forscher an, dass die Handlungsneurone nur dann aktiv sind, wenn das Lebewesen die Handlung selbst ausführt. Offensichtlich reichte aber lediglich das Beobachten der Aktion aus, um die dafür zuständigen Nervenzellen zu aktivieren. Da die untersuchten Neurone die wahrgenommene Bewegung „spiegelten", gaben die Neurophysiologen ihnen den Namen „Spiegelneurone". In weiteren Versuchsanordnungen konnten die Funktionen der Neurone noch spezifiziert werden. Es wurde festgestellt, dass nicht der Ablauf der Bewegung an sich die Nervenaktivität auslöst, sondern vielmehr die mit der Handlung verbundene Absicht. Bauer zufolge wird eine Handlung als „Programm" in das Repertoire der Handlungsneurone aufgenommen und kann bei entsprechender Stimulation aktiviert werden – egal, ob es nun wirklich ausgeführt wird oder nur in der Vorstellung bleibt (vgl. Bauer, 2006, S. 21 ff.; S. 26 f., S. 36–40, S. 111 f.; Gaschler, 2012, S. 109 f.; Ayan, 2004, S. 70 f.).

> *„'Spiegelzellen erlauben uns, die Absicht fremder Aktionen zu verstehen', folgerte Gallese, 'und zwar, indem wir mit ihrer Hilfe die Handlung intern simulieren und so ihren Ausgang vorwegnehmen!'"*
>
> (Gaschler, 2012, S. 110)

Spiegelneurone sind Nervenzellen, die sowohl für die Planung und Ausführung von Handlungen zuständig sind, gleichzeitg aber auch aktiv sind, wenn beobachtet wird, wie jemand anderes diese Handlung ausführt, oder selbst wenn nur davon gehört bzw. gesprochen wird. Dabei umfassen die Handlungsabläufe Aspekte motorischer, empathischer oder emotionaler Natur.

1999 konnte während einer Hirnoperation erstmals ein Spiegelneuron auch bei einem Menschen nachgewiesen werden. Auch wenn weitere Experimente, beispielsweise von Maria Alessandra Umiltà, einer Mitarbeiterin von Rizzolatti, erklären, dass Spiegelneurone Signale ebenfalls bei intuitivem Denken und Handeln abfeuern, sind sich Wissenschaftler weiterhin uneinig, inwieweit diese Nervenzellen auch bei Bewegung, Empathie u. Ä. aktiv sind (vgl. Gaschler, 2012, S. 110 ff.; Bauer, 2006, S. 29–31). Ungeachtet dessen stellt sich nun die Frage, welchen Nutzen Spiegelneurone für die sozial-kognitive Entwicklung des Menschen haben könn(t)en, wenn sie die ihnen zugeschriebenen Funktionen erfüllen.

Bedeutung der Resonanz- und Spiegelphänomene für das soziale Miteinander

Gerade im Hinblick auf die frühkindliche Entwicklung wird deutlich, wie wichtig Imitation, das Lernen durch Vorbilder u. Ä. sind. Durch Interaktionen mit der Familie (Eltern, Geschwisterkinder usw.) entwickeln bereits Säuglinge wichtige soziale Bindungen, die die Basis dafür schaffen, erfolgreiche positive Beziehungen zu anderen Menschen aufzubauen (siehe hierzu auch Kapitel 10.3.2). Später erfahren sie über den Kontakt mit anderen Erwachsenen und Gleichaltrigen alles über Gemeinschaft und was sie ausmacht. Sie lernen, wie man sich in der Gesellschaft zurechtfindet und wie man sich anderen gegenüber verhält. Auch die Fähigkeit, sich in andere Personen hineinzuversetzen sowie ihre Absichten und Gedanken zu antizipieren bzw. zu erkennen, was sie bewegt, erleichtert den sozialen Kontakt und die sozialen Beziehungen. All das fördert die Entwicklung einer selbstständigen und selbstbewussten Persönlichkeit, die ihren Platz in der Gemeinschaft gefunden hat. Resonanz- und Spiegelphänomene schaffen hierbei einen gemeinsamen Handlungs- und Bedeutungsraum, in dem sich durch die Spiegelungen Interaktionen ergeben, die auf sozialen Erfahrungen innerhalb einer Gesellschaft beruhen und für das soziale Miteinander von essenzieller Bedeutung sind (vgl. Bauer, 2006, S. 31). Die Bedeutung dieser Resonanz- und Spiegelphänomene wird besonders deutlich, wenn der Einzelne davon ausgeschlossen ist, sei es beispielsweise durch Mobbing, Ruhestand oder Arbeitslosigkeit. In solchen Fällen fehlen die Resonanzphänomene als Orientierungssystem für das tägliche Leben. Isoliert vom Bedeutungsrahmen hat der Einzelne keine Möglichkeit, zu interagieren und anhand der Resonanz des Gegenübers die Welt und dessen Aktionen einzuschätzen bzw. vorherzusehen (vgl. Bauer, 2006, S. 7 f., 16 f., 109 ff., 112 ff.). „Vorhersehbarkeit und Berechenbarkeit sind die Grundlage dessen, was wir Vertrauen nennen" (Bauer, 2006, S. 112).

Berufliche Handlungsrelevanz

Unabhängig davon, wie weit die Forschungen hinsichtlich der Spiegelneurone mittlerweile gediehen sind, können doch die Kernaussagen der Erkenntnisse der vorgestellten neurobiologischen Grundlagen im menschlichen Gehirn pädagogischen Fachkräften als ergänzendes Hintergrundwissen dienen. Gerade im Hinblick auf die Förderung sozial-kognitiver Kompetenzen von Kindern und Jugendlichen ist die Berücksichtigung der Resonanz- und Spiegelphänomene von besonderer Bedeutung.

Vor dem Hintergrund, dass zwischenmenschliche Beziehungen mithilfe dieser Phänomene aufgebaut werden können, sollten auch die Beziehungen zu den Heranwachsenden gestaltet werden. Um Kinder und Jugendliche zu unterstützen, ein positives Selbstwertgefühl aufzubauen, die Fähigkeit zu trainieren, Beziehungen aufzubauen, sowie lebensnotwendige soziale Kompetenzen zu erwerben, ist es bedeutsam, ihnen beständig Rückmeldung zu ihrer Person zu geben. Zudem sollten ihnen Möglichkeiten geboten werden, soziale Kontakte zu knüpfen und ihre sozialen Fertigkeiten im pädagogischen Alltag zu trainieren. Basierend auf der sozial-kognitiven Lerntheorie („Lernen am Modell", siehe S. 183) können sowohl die Kompetenz als auch die Bereitschaft gefördert werden, bestimmte Handlungen zu lernen und auszuführen. Diese Handlungen schließen auch andere Faktoren, wie beispielsweise emotionale Wahrnehmungen, mit ein (vgl. Bauer, 2006, S. 36–40 und S. 117–128). „Erst in den Spiegelungen der Erwachsenen kann ein Kind nach und nach erkennen, wer es selbst ist" (Bauer, 2006, S. 119).

8.1.2 Theorien zur sozial-kognitiven Entwicklung des Menschen

Neben der kognitiven, motorischen und sprachlichen Entwicklung des Menschen haben Entwicklungspsychologen versucht, auch die sozial-kognitive Entwicklung durch Forschungsansätze zu erklären. Im Mittelpunkt dieser Ansätze steht die Frage, inwieweit Umweltfaktoren – dazu gehören auch die Interaktionen mit Menschen – die kindliche Entwicklung maßgeblich beeinflussen. Wie in den Kapiteln 4 und 6 ausgeführt, thematisieren sowohl die klassischen als auch die moderneren Theorien diesen wichtigen Entwicklungsbereich. Bedeutsame Ansätze für die sozial-kognitive Entwicklung des Menschen sind:

- **psychodynamische Erklärungsansätze** wie die psychoanalytische Theorie der psychosexuellen Entwicklung nach Sigmund Freud oder Erik H. Eriksons Theorie der psychosozialen Entwicklung (siehe Kapitel 4.3.1)
- der **Behaviorismus** und die **Konditionierungstheorien** (siehe Kapitel 4.3.3 und 6.2.9)
- **die sozial-kognitive Theorie nach Albert Bandura** oder das Lernen am Modell (siehe Kapitel 6.2.9)
- **die soziokulturelle Theorie** (siehe Kapitel 4.4.1)
- **die system-ökologische Theorie nach Urie Bronfenbrenner** (siehe Kapitel 4.4.2)

Ergänzend zu diesen Forschungsansätzen wird im Folgenden die aktuelle Theorie des Ko-Konstruktivismus detaillierter vorgestellt (siehe hierzu auch Kapitel 3.1.2 und 4.4.1).

Ko-Konstruktion – Lernen durch Zusammenarbeit

Als pädagogischer Ansatz fand die Ko-Konstruktion durch die Erstellung der Bildungs- und Erziehungspläne für die einzelnen Bundesländer Eingang in die Praxis der frühkindlichen Bildung. Das folgende Beispiel verdeutlicht den Schwerpunkt dieses pädagogischen Konzepts.

Beispiel ··

Margarete Stoll ist schon seit vielen Jahren Erzieherin in der „Blauen Gruppe" der KiTa „Zauberparadies". Vor Kurzem nahm sie an einer Fortbildung zum Thema „Ko-Konstruktion im Kindergartenbereich" teil und möchte ihr neues Wissen nun gerne anwenden. Prompt ergibt sich eine Gelegenheit: Ole (5;1 Jahre) und sein bester Freund Tim (5;2 Jahre) beobachten eine lange Ameisenschlange direkt vor der Tür, die in den Außenbereich der Einrichtung führt. Tim erzählt, dass sein Vater mal gesagt hätte, dass Ameisen das 20-Fache ihres eigenen Körpergewichts tragen können. Ole ist beeindruckt: „Stimmt das wirklich? Die sind doch so klein." Tim ist sich nicht ganz sicher. Da kommt Lena (4;2 Jahre) hinzu und meint: „Wir hatten auch mal welche auf der Terrasse. Meine Mama meinte, die wären Ungeziefer, und hat die dann mit Insektenspray getötet." Tim ist bestürzt: „Aber das ist ja furchtbar!" Ole beruhigt seinen Freund: „Keine Sorge. Diese hier lassen wir leben." „Aber was machen wir mit ihnen?", wirft Lena ein. „Nachher tritt noch jemand drauf." Gemeinsam gehen die Kinder zu Margarete und berichten ihr von ihrem Problem.

Margarete kommt zusammen mit den drei Kindern zu dem Ergebnis, dass sie erst einmal ein Schild aufstellen, auf dem „Vorsicht! Ameisen!" steht. In der Abschlussrunde erzählen die Kinder von ihrer Begegnung mit den Ameisen und fragen die anderen Kindergartenkinder, was man tun kann. Aufgeregt diskutiert die gesamte Gruppe über das Problem.

8.1 Grundlagen der sozial-kognitiven Entwicklung

Margarete bereitet für den nächsten Tag eine Tafel für die Gruppe vor, auf der sich die anderen Kinder mithilfe von Magneten, die ihre Porträts zeigen, für das Projekt „Ameisen" eintragen können. Zusätzlich sucht sie einige Projektvorschläge heraus, nicht zu viele, schließlich sollen die Kinder ihre eigenen Ideen einbringen, und setzt einen Termin für ein erstes Treffen der Arbeitsgemeinschaft fest.

In den darauffolgenden Wochen entwickelt sich das Projekt zu einer gruppenübergreifenden Aktion, in deren Rahmen Ausflüge, Expertenbesuche, Bastelaktionen u. Ä. stattfinden. Schließlich werden in allen Gruppen die Basteleien der Kinder, Fotos usw. ausgestellt. Ulrike Sommer, die Leiterin der Einrichtung, sieht sich die Ergebnisse mit großer Neugier an und schlägt für das geplante Sommerfest eine Präsentation für die Eltern vor.

Der pädagogische Ansatz der Ko-Konstruktion hat seine Wurzeln im Konstruktivismus, einer philosophischen Strömung des letzten Jahrhunderts, die davon ausgeht, dass der Einzelne seine Welt selbst konstruieren muss, um zu lernen und sie zu verstehen. Gemäß der Annahme des sozialen Konstruktivismus versteht **Ko-Konstruktion** das Lernen und die Konstruktion von Wissen **als Ergebnis sozialer Interaktionen zwischen Erwachsenen und Kindern** (siehe auch „Zone der nächsten Entwicklung" von Wygotski, Kapitel 4.4). Dabei liegt Piagets Verständnis zugrunde, dass das Kind durch die aktive Auseinandersetzung mit der Umwelt lernt und gleichzeitig seinen Bildungsprozess selbst gestaltet. Im Gegensatz zu Piaget, der das Kind bei der Bildung als Einzelkämpfer sieht, sind in der Ko-Konstruktion die sozialen Interaktionen mit anderen Menschen für die ganzheitliche Entwicklung des Kindes von besonderer Bedeutung. Dieser soziale Austausch ermöglicht es den Kindern, ihren Interessen, Wünschen und Gefühlen Ausdruck zu verleihen, Wissen über die Welt zu konstruieren und diese zu verstehen sowie die Perspektive anderer kennenzulernen. Auf diese Weise gestalten sie ihre Bildungsbiografie aktiv mit. Anders als bisher geht es hierbei nicht um den bloßen Wissenserwerb, sondern um die Erforschung der Zusammenhänge der Welt (vgl. Fthenakis, 2009, S. 8 f.).

> „Die Erforschung von Bedeutungen ist somit ein ko-konstruktiver Prozess, in dem Kinder und Erwachsene in einer Gemeinschaft ihr Verständnis und ihre Interpretation von Dingen miteinander diskutieren und verhandeln."
>
> (Fthenakis, 2009, S. 9)

Ko-Konstruktion versteht Bildung und Lernen als Konstruktion von Wissen durch soziale Interaktionen zwischen Erwachsenen und Kindern. Der Lernprozess basiert dabei vor allen Dingen auf dem Selbstbildungskonzept, nach dem das Kind als Gestalter seiner eigenen Bildungsbiografie verstanden wird.

Berufliche Handlungsrelevanz

Bildung findet ein Leben lang statt. Vor diesem Hintergrund gibt es zahlreiche Möglichkeiten, Ko-Konstruktion einzusetzen. Der ko-konstruktive Ansatz ist jedoch vor allen Dingen für den Elementarbereich von besonderer Bedeutung. Dessen Wichtigkeit wurde bereits in den frühkindlichen Bildungsplänen der einzelnen Bundesländer verankert. In ihren Empfehlungen stellen sie besonders die Relevanz im Hinblick auf die Lernqualität und die Form der Projektarbeit in der pädagogischen Arbeit mit Kindern heraus (vgl. Fthenakis, 2009, S. 12 f.; Küls, 2012, S. 4). Indem sich Kinder untereinander und mit Erwachsenen in verschiedenen Situationen und zu den unterschiedlichsten Themen austauschen und damit Wissen konstruieren, entwickeln sich auch ihre sozial-kognitiven Kompetenzen weiter. Sie erfahren von den Kenntnissen oder Wünschen des anderen und können auch von dessen Wissen profitieren. Dadurch werden sie in ihrer Entwicklung gefördert. Pädagogische Fachkräfte übernehmen Verantwortung für den Bildungsprozess der Kinder. Durch die Planung, Steuerung und Unterstützung des täglichen pädagogischen Umgangs mit ihnen nehmen sie Einfluss auf die Qualität der Interaktionen. Dabei können die Fachkräfte den Austausch anleiten, aber den Kindern genügend Freiraum lassen, um selbst zu konstruieren, zu erkennen und zu lernen – voneinander und miteinander.

8.1.3 Sozial kompetentes Verhalten

Zeit seines Lebens ist der Mensch Teil einer Gesellschaft bzw. Kultur. Dabei bedient er sich bestimmter Verhaltensweisen, die darauf abzielen, in Aktion mit anderen Menschen zu treten bzw. auf sie zu reagieren. Diese Verhaltensweisen können unter dem Begriff „Sozialverhalten" zusammengefasst werden. Dieser Begriff umfasst sowohl positive als auch negative Verhaltensweisen: Das Tragen der Einkäufe für eine ältere Dame zählt ebenso dazu wie die verletzenden Äußerungen eines Kunden gegenüber einem Verkäufer.

Doch wie entwickelt sich Sozialverhalten? Remo H. Largo und Caroline Benz identifizieren vier Teilbereiche des Sozialverhaltens – das Bindungsverhalten, die nonverbale Kommunikation, das soziale Lernen sowie die soziale Kognition –, die bereits direkt nach der Geburt bereit und für die weitere soziale Entwicklung des Menschen bzw. sein Sozialverhalten von Bedeutung sind (vgl. Largo/Benz, 2010). Die vier Teilbereiche ermöglichen es dem Kind,

- Bindungen aufzubauen, die ihm Schutz, Nahrung und Sicherheit geben sowie in der Erkundung der Welt unterstützen, damit es zu einer selbstbewussten und eigenständigen Persönlichkeit heranwächst;
- soziale Signale zu lernen und zu erkennen, um sich in der Welt zurechtzufinden;
- über Vorbilder soziales Verhalten und soziale Werte zu erfahren, zu verinnerlichen und sozialisiert zu werden;
- sich selbst und seine Wünsche, Gedanken usw. zu erkennen und zu verstehen sowie sich in andere hineinversetzen zu können, um dasselbe bei anderen Menschen tun zu können (Empathie, Perspektivenübernahme, Theory of Mind; siehe hierzu Kapitel 8.1.4).

Basierend auf diesen Teilbereichen sollte der Einzelne das nötige Rüstzeug mitbekommen, um sozial kompetent zu sein. Doch was bedeutet „sozial kompetentes Verhalten"?

> *„In den Sozialwissenschaften wird ein Mensch als sozial kompetent bezeichnet, wenn er in der Lage ist, mit seinen Mitmenschen so zusammenzuleben, dass es von diesen und von ihm selbst als akzeptabel, angemessen und zufriedenstellend erlebt wird. Was im konkreten Fall damit gemeint ist, hängt in erster Linie davon ab, welche Wertorientierungen sich eine Gesellschaft vorgegeben hat und wie diese in der jeweiligen besonderen Lebenslage, in der sich ein Mensch befindet, umgesetzt und verwirklicht werden."*
>
> (Kasten, 2008, S. 9)

Der deutsche Entwicklungspsychologe Ulrich Schmidt-Denter charakterisiert sozial kompetentes Verhalten als „sozial effizient" und „sozial akzeptiert" (Schmidt-Denter, 1996, S. 88). Für ihn beinhaltet sozial kompetentes Verhalten die Fähigkeit, bestimmte Verhaltensweisen, die von den unterschiedlichen „Sozialisationsinstanzen wie Familie oder Spielgruppe" akzeptiert werden (soziale Akzeptanz), so einzusetzen, dass sie zu einer großen Anzahl sozialer Erfolge führen (soziale Effizienz).

Prosoziales Verhalten

Eine unerlässliche Form sozialen Verhaltens ist das prosoziale Verhalten. In der wissenschaftlichen Literatur ist eine Handlung dann prosozial, wenn sie freiwillig zugunsten anderer ausgeführt wird. Hartmut Kasten nennt sieben Formen prosozialen Verhaltens:

- „Unterstützen, Helfen, Beistehen
- Einbeziehen, Mitspielen lassen
- Nachgeben, Sich anpassen
- Bekräftigen, Bestärken
- Trösten, Anteil nehmen
- Verteidigen, in Schutz nehmen
- Abgeben, Schenken"

(Kasten, 2009, S.182)

Dabei unterscheidet sich prosoziales Verhalten jedoch vom bloßen Hilfeverhalten, welches allgemeiner und umfassender zu verstehen ist. Dem Sozialpsychologen Hans-Werner Bierhoff zufolge wird durch eine prosoziale Handlung die Situation desjenigen, der die Hilfe erhält, verbessert. Auch wenn Erwachsene es gern sähen, wenn ihre Schützlinge ausschließlich aus altruistischen, d.h. uneigennützigen, Motiven handeln würden, ohne eine Belohnung oder Anerkennung zu erwarten, so kann prosoziales Verhalten ebenso aus egoistischen Beweggründen geschehen. Oftmals ist es jedoch so, dass prosoziales Verhalten eine Mischung aus eigennützigen und uneigennützigen Motiven ist (vgl. Bierhoff, 2003, S. 320 f.; Siegler u.a., 2011, S. 575; Wicki, 2010, S. 85).

Das prosoziale Verhalten kann nach Bierhoff noch einmal weiter eingegrenzt werden, wie in der folgenden Grafik deutlich wird – auf altruistisches Verhalten. „Die Motivation des Helfers ist dadurch gekennzeichnet, dass er die Perspektive des Hilfeempfängers einnimmt und empathisch ist" (Bierhoff, 2003, S. 320).

Prosoziales Verhalten beinhaltet, dass die helfende Person freiwillig einer anderen Person hilft und dadurch dessen Situation verbessert. Die Motive für prosoziales Verhalten können sowohl eigennütziger als auch uneigennütziger Natur sein.

Die Entwicklung prosozialen Denkens und Handelns ist eng verbunden mit der Fähigkeit zur Empathie und Perspektivenübernahme (siehe Kapitel 8.1.4).

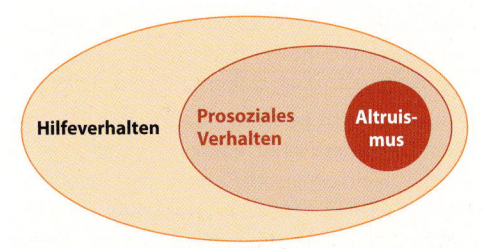

Zusammenhänge zwischen den Begriffen „Hilfeverhalten", „prosoziales Verhalten" und „Altruismus" (Bierhoff, 2003, S. 321)

Antisoziales Verhalten

Auch antisoziale Verhaltenstendenzen gehören zum Sozialverhalten. Ihr gemeinsames Merkmal besteht in der „Verletzung von altersgemäßen sozialen Erwartungen, Regeln und informellen wie formellen Normen" (Beelmann/Raabe, 2007, S. 17). Dabei äußert sich antisoziales Verhalten in offenen Handlungen wie Aggression und in verdeckten Aktionen wie Lügen oder Betrügen. Zweck antisozialen Verhaltens ist meistens, anderen Menschen zu schaden bzw. sie sogar zu verletzen oder die eigenen Wünsche und Absichten durchzusetzen (instrumentelle Aggression) (vgl. Siegler u. a., 2011, S. 562 ff.).

Die Sozialforscher Andreas Beelmann und Tobias Raabe unterscheiden vier Formen antisozialen Verhaltens, das sich bei Kindern und Jugendlichen zeigt:

- **Aggressives Verhalten:** Aggressive Verhaltensweisen geschehen absichtlich und haben die Schädigung von Objekten oder Personen zur Folge.
- **Oppositionelles Verhalten:** Die Kinder und Jugendlichen haben Schwierigkeiten, Autoritäten wie Eltern, Erzieher/-innen oder Lehrer/-innen zu akzeptieren. Können sie ihre eigenen Interessen nicht verwirklichen, reagieren sie mit unangemessener Wut oder Ärger.
- **Delinquenz:** Dieses Verhalten tritt meistens in der Adoleszenz auf. Auch wenn der Begriff verschieden verwendet wird, ist damit zumeist das Verstoßen der Jugendlichen gegen Normen gemeint, die jedoch nicht immer strafrechtlich verfolgt werden, wie z. B. das Stehlen als Strafunmündiger oder das Schwänzen der Schule.
- **Kriminelles Verhalten:** Hierbei verstoßen die Personen gegen Gesetze (z. B. Diebstahl oder Körperverletzung), was in den meisten Fällen eine strafrechtliche Verfolgung nach sich zieht.

(vgl. Beelmann/Raabe, 2007, S. 17)

> **Antisoziales Verhalten** zeichnet sich durch die Verletzung u. a. von Regeln und Normen aus. Es kann offen, wie beispielsweise bei Aggression, oder verdeckt, wie bei Lügen oder Stehlen, geschehen. Ziel der Person, die antisoziales Verhalten zeigt, ist es, anderen Menschen zu schaden bzw. Objekte zu beschädigen oder die eigenen Wünsche durchzusetzen.

Gründe für pro- bzw. antisoziales Verhalten

Wissenschaftler haben versucht, die Gründe für die individuellen Unterschiede aufzuspüren, die einen Menschen dazu bewegen, sich entweder prosozial oder antisozial zu verhalten. Dabei konnten sie u. a. biologische und umweltbedingte Faktoren ausmachen, die Einfluss auf das Sozialverhalten ausüben (vgl. Siegler u. a., 2011, S. 556 ff.; Kasten, 2008, S. 84 f.).

Auch wenn nicht belegt werden kann, inwieweit die Fähigkeit zu prosozialem bzw. antisozialem Verhalten von **genetischen Faktoren** abhängt, so nehmen Forscher doch an, dass die Tendenz dazu von Persönlichkeitseigenschaften des jeweiligen Kindes wie Temperament und Durchsetzungsvermögen abhängt, die beide auf biologische Anlagen zurückgeführt werden können. Die Eigenschaft, sich durchzusetzen ist beispielsweise für prosoziales Verhalten von großer Bedeutung. Je durchsetzungsfähiger ein Kind ist, desto häufiger zeigt es prosoziales Verhalten. Ein durchsetzungsfähiger Charakter ist mutiger, wenn es darum geht, sich für andere einzusetzen. Bei Kindern und Jugendlichen mit antisozialem Verhalten hingegen lassen sich andere soziale Kognitionen feststellen als bei Kindern, die nicht antisozial handeln. Sie unterstellen anderen Menschen feindselige und aggressive Motive. Außerdem betrachten sie antisoziales Verhalten als positiv und aussichtsreicher, wenn es darum geht, ihre Interessen durchzusetzen. Kinder und Jugendliche zeigen auch antisoziale Verhaltensweisen, die auf neurologische Defizite zurückzuführen sind. Die Betroffenen sind nicht in der Lage, sich zu konzentrieren oder ihre Gefühle zu regulieren. Man spricht dann von einer Verhaltensstörung, wenn die Wutausbrüche und Trotzreaktionen dem Alter unangemessen und über eine Zeit von mehr als sechs Monaten zu beobachten sind. Zu den Verhaltensstörungen gehören ODD (engl. oppositional defiant disorder = oppositionelles Trotzverhalten) und CD (engl. conduct disorder = Störung des Sozialverhaltens). Das Sozialverhalten des Kindes wird demzufolge durch seine kognitiven Fähigkeiten sowie seine Persönlichkeit beeinflusst (vgl. Siegler u. a., 2011, S. 556 ff. und 565 ff.; Kasten, 2008, S. 84 f.).

Auch **umweltbedingte Faktoren** beeinflussen die Entwicklung prosozialen bzw. antisozialen Verhaltens. In diesem Zusammenhang ist vor allen Dingen die Art der **familiären Sozialisation** zu erwähnen, die das Kind erfährt:

- **Eltern als Vorbilder und Wertevermittler**

  In ihrem täglichen Umgang mit den Kindern leben die Eltern ihren Kindern prosoziales Verhalten vor und vermitteln ihnen moralische Werte und Normen, die in der Gesellschaft wichtig sind.

  Bedingt durch das Modellverhalten der Eltern und die erzieherischen Stile bzw. Maßnahmen können die Kinder und Jugendlichen jedoch auch erfahren, dass antisoziale Verhaltensweisen in Ordnung sind. Die Eltern leben dieses Verhalten vor, indem sie die Kinder beispielsweise sehr streng erziehen oder misshandeln. Auch wenn die Beziehung der Eltern zueinander durch verbale und physische Gewalt geprägt ist, wirkt sich dieser Umstand negativ auf das kindliche Erleben des Sozialverhaltens aus.

- **Angebot angemessener Gelegenheiten, prosoziales Verhalten (ohne Zwang) auszuprobieren**

  Durch einen effektiven Erziehungsstil und entsprechende Erziehungspraktiken wird das kindliche Gefühl für „prosoziale Pflichten und prosoziales Engagement" (Siegler u. a., 2011, S. 560) gesteigert.

- **Erziehung zu prosozialem bzw. antisozialem Handeln**

  Wenn das Kind prosoziales Verhalten erlernen soll, ist es wichtig, dass Eltern einen klaren, unterstützenden Erziehungsstil einsetzen und ihre Entscheidungen durch entsprechende Argumente begründen.

  Ineffektive und inkonsequente Erziehungsmaßnahmen der Eltern können dazu führen, dass die Kinder und Jugendlichen antisoziales Handeln als (einzige) Möglichkeit ansehen, beständig ihre Ziele und Wünsche zu verwirklichen. Auch die fehlende Aufsicht der Kinder und Jugendlichen durch die Eltern kann das Verhalten beeinflussen und die Annahme der Kinder fördern, dass sie mit allem durchkommen, da sie niemand kontrolliert.

(vgl. Siegler u. a., 2011, S. 557 ff. und 567 ff.)

Ein ganz entscheidender Einfluss, der sowohl zu prosozialem als auch zu antisozialem Verhalten führen kann, ist der der **Gleichaltrigen (Peers)**. Entsprechende Gruppenkonstellationen bei Gleichaltrigen können dazu führen, dass der Einzelne dazu tendiert, eher prosozial oder antisozial zu handeln, während er das allein nicht getan hätte. Sie sind nicht unbedingt die Ursache für das entsprechende Verhalten, können dieses Handeln als Vorbilder aber vorleben und die Bereitschaft zu prosozialem bzw. antisozialem Verhalten verstärken (vgl. Siegler u. a., 2011, S. 570 ff.).

Für prosoziales bzw. antisoziales Verhalten bei Kindern, Jugendlichen und (jungen) Erwachsenen kann sicherlich nicht ausschließlich einer der genannten Faktoren verantwortlich sein. Letzten Endes ist es eine Mischung aus mehreren Einflüssen, die die Entwicklung des Sozialverhaltens beeinflusst (vgl. Siegler u. a., 2011, S. 567).

Die Beziehungen zu Peers oder das Geheimnis der Freundschaft

Wie sich im vorangegangenen Abschnitt gezeigt hat, haben die Beziehungen zu Freunden bzw. Gleichaltrigen (Peers) im Hinblick sowohl auf prosoziales als auch antisoziales Verhalten eine enorme Bedeutung.

> *„Denn die Integration in eine Peer-Gruppe und der Aufbau freundschaftlicher Beziehungen – Fähigkeiten, die oft als Merkmale sozialer Kompetenz angeführt werden, – stellen gleichzeitig auch Voraussetzungen dar, um persönliche und soziale Fähigkeiten zu erwerben und zu festigen."*
>
> *(Frank, 2012, S. 15)*

In der gleichen Weise, wie Säuglinge eine Beziehung zu ihren direkten Bindungspersonen aufbauen (siehe hierzu Kapitel 10.3.2), entwickeln sich auch, mit zunehmendem Alter und fortschreitender Festigung der sozial-kognitiven Kompetenzen, Beziehungen zu anderen, vor allen Dingen (gleichaltrigen) Menschen, die zunehmend einen dauerhaften und unterstützenden Charakter annehmen.

Einige Forscher basieren die Unterschiede in der Qualität der Freundschaften auf Konzepten von Freundschaft, die sich im Laufe des Lebens eines Individuums – bedingt durch seine sozial-kognitive Entwicklung – verändern. Neben William Damon (1989) hat auch der amerikanische Psychologe Robert L. Selman ein Konzept aufgestellt, welches sich in fünf Entwicklungsphasen unterteilt und die sozial-kognitiven Veränderungen des Individuums im Hinblick auf freundschaftliche Beziehungen berücksichtigt.

Phase	Alter	Freundschaftskonzept
0	ca. drei bis acht Jahre *(siehe Kapitel 8.4.3)*	Freundschaft als augenblickliche Interaktion: Freundschaften gehen kaum über die aktuelle (Spiel-)Situation hinaus.
1	ca. fünf bis neun Jahre *(siehe Kapitel 8.4.3 und 8.5.3)*	Freundschaft als einseitige Hilfeleistung: Ein Freund ist jemand, der die eigenen Ziele fördert oder sich dem eigenen Standard anpasst.
2	ca. sieben bis zwölf Jahre *(siehe Kapitel 8.5.3)*	„Schönwetterkooperation": Freundschaft erfordert Koordination und wechselseitige Anpassung; Wünsche und Abneigungen der Beteiligten werden berücksichtigt; die Beziehung ist aber noch instabil.
3	ca. zehn bis 15 Jahre *(siehe Kapitel 8.5.3 und 8.6.3)*	Freundschaft als eine intime und gegenseitig gestützte Beziehung: Freundschaft zeigt sich als überdauernde emotionale Bindung, die auch Konflikten standhält.
4	ab ca. zwölf Jahren *(siehe Kapitel 8.6.3)*	Autonome Interdependenz: Freundschaft als kraftgebende Beziehung mit gegenseitiger Unterstützung, unterschiedliche Bedürfnisse werden akzeptiert.

Die Entwicklungsstufen der Freundschaft nach Selman (vgl. Pinquart u. a., 2011, S. 218; Schmidt-Denter, 1996, S. 108 ff.)

Auf diese Entwicklungsstufen wird im weiteren Verlauf des 8. Kapitels eingegangen. In den entsprechenden Altersabschnitten werden ausschließlich Selmans Entwicklungsstufen vorgestellt. Die Zuordnung von Altersangaben zu einzelnen Phasen kann sich vor dem Hintergrund der individuellen Unterschiede der Kinder als schwierig gestalten. Aus diesem Grund sollten die Altersangaben in diesem Konzept eher als Richtwerte gesehen werden.

Berufliche Handlungsrelevanz

Die Förderung positiven Sozialverhaltens bzw. prosozialen Verhaltens bei Kindern und Jugendlichen ist eine bedeutende Aufgabe pädagogischer Fachkräfte. Gerade die Zeit im Kindergarten ist für die meisten Kinder im Hinblick auf das Erlernen des Sozialverhaltens prägend. In dieser Zeit müssen sie viele Entwicklungsaufgaben sozialer Natur bewältigen, die für ihr späteres Leben richtungsweisend sind. Vorrangig kann dies durch die Vorbildfunktion der Fachkräfte geschehen: Im täglichen Umgang mit den Kindern und Jugendlichen gibt es zahlreiche Möglichkeiten, prosoziales Verhalten zu zeigen und zu unterstützen. Es müssen nicht immer extra dazu ausgewählte Projekte sein, z. B. zum Thema des barmherzigen Samariters, die den sozialen Aspekt einer Tätigkeit betonen. Schon die Hilfe beim Aufräumen der Bauecke oder die Unterstützung bei einer schwierigen Hausaufgabe sind für das soziale Miteinander wichtig und befähigen Kinder und Jugendliche, erfolgreiche soziale Interaktionen mit anderen Menschen zu gestalten. Nichtsdestotrotz können auch eigens zur Förderung des prosozialen Denkens und Handelns Aktivitäten oder Projekte geplant und durchgeführt werden. Hierzu bieten sich beispielsweise Rollenspiele, Gruppen- bzw. kooperative Spiele, Bilderbuchbetrachtungen, Vorlesestunden oder das „gute alte" Kasperletheater an. Die zuvor genannten Aspekte gelten gleichermaßen für den Umgang mit antisozialem Verhalten. Durch richtiges Eingreifen, beispielsweise in Konfliktsituationen, und die darauffolgende Besprechung der Situation mit den Beteiligten, begleiten und unterstützen pädagogische Fachkräfte den Lern- und Verstehensprozess der Kinder und Jugendlichen.

8.1.4 Perspektivenübernahme, Empathiefähigkeit und Theory of Mind als wichtige Voraussetzungen für soziales Denken und Handeln

Bereits Neugeborene sind in den ersten Wochen nach der Geburt in der Lage, Gefühlsregungen bei anderen Personen zu erkennen. Sicher können sie die einzelnen Emotionen noch nicht zuordnen, aber sie spüren intuitiv, ob es der Mutter gut geht oder ob sie traurig ist. Auch die wissenschaftlichen Theorien fokussieren die zunehmende Fähigkeit von Kindern, über Gefühle, Gedanken, Motive und Handeln anderer Menschen nachzudenken und daraus Schlussfolgerungen im Hinblick auf deren Verhalten zu ziehen. Während sie andere Menschen in ihren täglichen Handlungen beobachten, nehmen sie Informationen auf, verarbeiten und speichern sie. Diese Kompetenz nimmt mit zunehmender Ausbildung der Denkprozesse zu und wird immer abstrakter (vgl. Siegler u. a., 2011, S. 352).

Perspektivenübernahme und Empathie

Die Fähigkeit, sich in einen anderen Menschen hineinzuversetzen und eine Situation ebenfalls aus dessen Sicht zu betrachten bzw. zu beurteilen, wird als Rollen- oder Perspektivenübernahme bezeichnet. Der Begriff wurde vom amerikanischen Philosophen, Soziologen und Psychologen George Herbert Mead (1863–1931) geprägt. Mead beschreibt mit seinem Begriff der Rollenübernahme eine Beziehung zwischen dem Selbst und anderen Menschen, die sowohl kognitive als auch emotionale Aspekte mit einbezieht – also für alle sozialen Interaktionen bedeutsam ist – und es erforderlich macht, dass der Einzelne die Rollen der Gesellschaft versteht und mit in seine Überlegungen einbezieht (vgl. Kohlberg, 2001, S. 53). Erst durch diese Fähigkeit, die das Individuum in den sozialen Interaktionen mit anderen Menschen erlernt, nimmt der Einzelne sich und andere als Subjekte wahr und ist in der Lage, sich selbst aus der Sicht anderer zu sehen. (Im Folgenden wird der Einfachheit halber nur von Perspektivenübernahme gesprochen.)

Viele sozial-kognitive Kompetenzen des Menschen wie beispielsweise moralisches Verstehen und Urteilen (siehe hierzu Kapitel 8.1.5) setzen diese Fähigkeit der Perspektivenübernahme voraus. Sie stellt eine, wenn nicht die bedeutendste Komponente der sozial-kognitiven Entwicklung des Menschen dar und beeinflusst seine täglichen sozialen Interaktionen maßgeblich. Durch sie ist ein verständnisvoller und sozial kompetenter Umgang mit anderen Menschen überhaupt erst möglich.

Beispiel

Es ist früher Nachmittag in der Löwengruppe. Heute sind nicht viele Kinder da und Levin (4;2 Jahre) sitzt allein in der Leseecke, um sich ein Bilderbuch anzuschauen. Plötzlich kommt die Erzieherin Sabine in die Gruppe, setzt sich an den Esstisch und stützt das Gesicht in die Hände. Levin blickt verwundert auf und hört ein leises Schluchzen. Die anderen beiden Kinder in der Gruppe scheinen davon nichts mitzubekommen. Was ist denn los?, wundert sich Levin. Warum weint sie denn? Hat sie sich weh getan? Auch wenn er nicht genau versteht, warum Sabine weint, steht Levin auf, geht zu seiner Frühstückstasche und holt ein Stück Apfel heraus. Damit geht er zu Sabine und bietet es ihr ohne Worte an. Seine Mama macht das auch immer bei ihm, wenn er weint, und dann geht es ihm auch wieder gut. Sabine nimmt das Obst aus der kleinen Hand und lächelt Levin an. Levin lächelt zurück und geht wieder in die Leseecke.

Auch wenn Levin nicht genau verstehen kann, warum die Erzieherin traurig ist, zeigt er sich empathisch und versucht, sie zu trösten. Bei seinen Bemühungen geht er von seinen eigenen Bedürfnissen aus, die er in solchen Situationen hat. Kinder müssen erst lernen, sich in andere hineinzuversetzen, um deren Motive, Wünsche und Bedürfnisse zu erkennen, zu verstehen und zu respektieren bzw. zu wissen, welches Verhalten in bestimmten Situationen angemessen ist.

> Mit **Perspektivenübernahme** ist die Fähigkeit des Individuums gemeint, sich in die Perspektive eines anderen Menschen hineinzuversetzen und eine Situation ebenfalls aus dessen Sicht zu betrachten bzw. zu beurteilen.

Beim Vorgang der Perspektivenübernahme werden im Menschen, wie eingangs thematisiert, verschiedene Bereiche angesprochen: Gefühl, Wahrnehmung und Verstand. Kasten unterscheidet vier Komponenten der Perspektivenübernahme:

- die wahrnehmungsmäßige Perspektivenübernahme
- die gefühlsmäßige Perspektivenübernahme
- die verstandesmäßige Perspektivenübernahme
- die motivationale Perspektivenübernahme

(vgl. Kasten, 2008, S. 140)

Oftmals steht jedoch ein Aspekt im Vordergrund. Spielt bei einer Perspektivenübernahme die emotionale Ebene eine entscheidende Rolle, spricht man in der Regel von Empathie, in der Umgangssprache auch „Einfühlungsvermögen" genannt (vgl. Kohlberg, 2001, S. 53).

8.1 Grundlagen der sozial-kognitiven Entwicklung

Empathie ist die Fähigkeit, sich in eine andere Person hineinzuversetzen, um ihre Gefühle nachzuvollziehen und sich damit über ihren Gefühlszustand klar zu werden. Daraus resultierend kann der Einzelne eventuelle Handlungen dieser Person bewerten (vgl. Kasten, 2011, S. 183).

Kasten zufolge ermöglicht nur eine ganzheitliche Perspektivenübernahme, d. h. die Einbeziehung aller vier oben genannten Komponenten, die erfolgreiche Einschätzung der Handlungen einer anderen Person. Allerdings muss sich diese Fähigkeit noch im Laufe der Kindheit und Jugend herausbilden (vgl. Kasten, 2008, S. 141). Die wohl bekannteste Theorie zur Entwicklung der Perspektivenübernahme ist die von Robert L. Selman.

Die Theorie zur Entwicklung der Perspektivenübernahme nach Selman

Robert L. Selman orientierte sich bei der Konzeption seines Ansatzes an den Stufen der moralischen Entwicklung von Lawrence Kohlberg (siehe Kapitel 8.1.5). Im Mittelpunkt seiner Betrachtungen stand nicht – wie bei Piaget – die allmähliche Abwendung vom egozentrischen Standpunkt, sondern die zunehmende Fähigkeit des Kindes zu verstehen, das sich die eigene Perspektive von der anderer Menschen unterscheiden kann und wie die unterschiedlichen Perspektiven zueinander in Beziehung stehen bzw. gebracht werden können. Als Ausgangspunkt für die Betrachtung der sozial-kognitiven Entwicklung wählte er die Eigenperspektive des Kindes (vgl. Selman, 1984, S. 19 und 30; Stangl, 2013; Essen/Habermas, 1984, S. 7; Kohlberg, 1995, S. 133 f.).

Jede Stufe seines Modells stellt ein bestimmtes Entwicklungsniveau des Kindes dar, auf dem es die Gefühle, Absichten u. Ä. der anderen Kinder wahrnimmt und sie entsprechend seiner aktuellen Fähigkeiten interpretiert. Die Entwicklung dieser Niveaus kann durch Eltern o. ä. Personen gefördert werden. Um die einzelnen Stufen der Perspektivenübernahme aufzufinden, erzählte Selman Kindern und Jugendlichen Geschichten, die ein Dilemma vorstellten, das auf der Nichtvereinbarkeit zweier Perspektiven beruht. Er formulierte fünf verschiedene Phasen der Perspektivenübernahme, die parallel zu den moralischen Stufen in Kohlbergs Modell zur Entwicklung des moralischen Urteils verlaufen (vgl. Kohlberg, 1995, S. 133 f.). Die Phasen werden in der folgenden Tabelle kurz aufgeführt und in den jeweiligen Altersabschnitten im Verlauf dieses Kapitels genauer thematisiert.

Phase	Alter	Stufe der Perspektivenübernahme
0	ca. vier bis sechs Jahre *(siehe Kapitel 8.4.2)*	undifferenziert und egozentrisch
1	ca. sechs bis acht Jahre *(siehe Kapitel 8.4.2 und 8.5.2)*	differenziert und subjektiv
2	ca. acht bis zehn Jahre *(siehe Kapitel 8.5.2)*	selbstreflexive/Zweite-Person- und reziproke Perspektivenübernahme
3	ca. zehn bis zwölf Jahre *(siehe Kapitel 8.5.2 und 8.6.1)*	wechselseitige Perspektiven oder Perspektiven der dritten Person
4	ca. zwölf bis 15 Jahre und älter *(siehe Kapitel 8.6.1)*	gesellschaftliche oder Tiefenperspektiven

Die fünf Phasen der Perspektivenübernahme nach Selman (vgl. Selman, 1984, S. 50–55)

Theory of Mind

Hinsichtlich der sozial-kognitiven Entwicklung des Menschen spielt auch die bereits in Kapitel 6.3.4 erwähnte Theory of Mind (ToM) eine bedeutende Rolle – ein Begriff, der sich zu Beginn der 1980er-Jahre in der Entwicklungspsychologie zunehmend durchsetzte. Daher soll auch hier noch einmal kurz auf die ToM eingegangen werden. Im Mittelpunkt der wissenschaftlichen Untersuchungen zu diesem Ansatz stand das Bestreben herauszufinden, wie kleine Kinder schrittweise ein Konzept der menschlichen Psyche im Hinblick auf soziale Interaktionen und auf Beweggründe für das Verhalten der Menschen entwerfen (vgl. Wicki, 2010, S. 81; Kasten, 2008, S. 157). Dadurch besteht eine enge Verbindung zwischen ToM und Perspektivenübernahme. Allerdings basiert die ToM darauf, „dass Kinder im Laufe ihrer kognitiven Entwicklung zunehmend differenziertere, in sich gegliederte und schlüssige Annahmen darüber ausbilden, welche innerseelischen Prozesse menschlichem Handeln vorausgehen" (Kasten, 2008, S. 157). Dabei ist es bedeutsam festzustellen, wie früh Verhalten und Äußerungen der Kleinen bereits auf einen solchen Entwurf schließen lassen (vgl. Rau, 2009, S. 195).

Wie bereits in Kapitel 6.3.4 ausgeführt, entwickelten Wissenschaftler Instrumente, um die Entwicklung der ToM zu untersuchen: sogenannte „False-belief-Aufgaben" (vgl. Wicki, 2010, S. 81 ff.). Die bekannteste dieser Aufgaben ist das „Schokoladen-Experiment" mit Maxi, das 1983 von Heinz Wimmer und Josef Perner entwickelt wurde (vgl. Wimmer/Perner, 1983, S. 103 ff.). Den zu testenden Kindern wird von dem Jungen Maxi erzählt, der Schokolade in den Schrank X legt (Bild 1). Während Maxi weg ist, nimmt seine Mutter die Schokolade aus Schrank X und legt sie in Schrank Y (Bild 2). Die Aufgabe der Kinder ist es nun zu sagen, in welchem Schrank Maxi nach der Schokolade suchen wird, wenn er zurückkommt (Bild 3) (vgl. Wimmer/Perner, 1983, S. 106).

Die Schokoladen-Geschichte von Maxi und seiner Mutter (nach Wimmer/Perner, 1983, S. 106)

> **Berufliche Handlungsrelevanz**
>
> Die Fähigkeit zur Perspektivenübernahme und Empathie können pädagogische Fachkräfte im täglichen Miteinander in der Praxis auf vielfache Weise optimal fördern. Das Erziehungsklima, in der Einrichtung aber auch zu Hause, spielt eine entscheidende Rolle bei der Entwicklung der Fähigkeit zur Perspektivenübernahme: Wenn Kinder darin gefördert werden, sich ausgiebig mit ihrer Umwelt zu befassen, sie zu erforschen und zu verstehen, wenn sie ausreichend Möglichkeiten haben, Fragen zu stellen und ihre Neugier zu stillen, wenn sie zum Nachdenken angeregt und zunehmend selbstständig werden, werden die Persönlichkeit des Kindes sowie seine Fähigkeit zur Perspektivenübernahme gefördert. In diesem Zusammenhang ist auch die Vorbildfunktion der pädagogischen Fachkräfte bzw. die der Eltern nicht zu unterschätzen. Beobachten die Kinder die Erwachsenen dabei, wie sie sich in eine andere Person hineindenken, um deren Handeln zu verstehen und entsprechend zu bewerten, verstehen sie die Bedeutung, es auch so zu machen. In konkreten Situationen, in denen es erforderlich ist, die Perspektive eines anderen einzunehmen, sollte Kindern ausreichend Zeit eingeräumt werden, um sich damit zu beschäftigen. Auf diese Weise fällt dem betreffenden Kind die Entscheidung leichter. Auch eine positive Atmosphäre in der Gruppe mit wenig ablenkenden Reizen trägt zu einer erfolgreichen Perspektivenübernahme bei. Kinder sind z.B. eher bereit, sich in die andere Person hineinzudenken, wenn sie nicht abgelenkt sind (vgl. Kasten, 2008, S. 145 f.).

8.1.5 Die Entwicklung des moralischen Verständnisses

Täglich erleben wir Ereignisse, die wir als moralisch bzw. unmoralisch beurteilen. Dabei hat jeder Mensch eine andere Vorstellung davon, was moralisch bzw. unmoralisch ist und was nicht. Entsprechend werden auch die fraglichen Situationen oder Handlungen unterschiedlich bewertet. Dieser Umstand kann es der pädagogischen Fachkraft erschweren, die Entwicklung des Denkens und Handelns nach moralischen Gesichtspunkten bei Kindern und Jugendlichen zu unterstützen. Zudem gestaltet sich die Abgrenzung zu Religion, Gesetz, sozialen Konventionen oder kulturellen Gebräuchen als schwierig. Selbst Wissenschaftler verstehen Moral auf verschiedene Weise (vgl. Edelstein u. a., 1993, S. 11 ff.). Während einige die Moralvorstellungen beispielsweise abhängig von der sozialen Schicht bzw. Gruppe oder jeweiligen Kultur sehen, betrachten andere sie als universell gültig (vgl. Edelstein/Nunner-Winkler, 2000, S. 10 ff.). In der wissenschaftlichen Literatur zur Moralforschung werden darunter überwiegend Werte und Grundsätze ethischer sowie religiöser Natur gezählt, wie beispielsweise Nächstenliebe oder Toleranz. Bedingt durch den technischen Fortschritt oder die zunehmende Globalisierung können sich moralisches Denken und Handeln über die Jahre hinweg auch ändern (vgl. Edelstein/Nunner-Winkler, 2000, S. 7 ff. und S. 24), was eine Bewertung nach allgemeingültigen moralischen Maßstäben zusätzlich erschwert. Der Psychologe Augusto Blasi betrachtet Denken und Handeln dann als moralisch, wenn es „in der richtigen Weise" getan wird. Das wiederum erfordert drei Kriterien:

- Handlung als Ergebnis einer Absicht (im Gegensatz zu spontan bzw. durch einen Impuls ausgelöst)
- Absicht muss auf moralischen Motiven beruhen (die über persönliche Wünsche und Interessen hinausgehen) und durch sie bestimmt werden
- der Handelnde muss sie wollen, da sie moralisch gesehen „gut" ist

(vgl. Blasi, 2000, S. 118 f.)

Unter **Moral** werden im Allgemeinen ethisch-sittliche Normen und Werte verstanden, die das zwischenmenschliche Verhalten einer Gesellschaft regulieren und von ihr als verbindlich akzeptiert werden.

Damit der Mensch sowohl den gesellschaftlichen Werten und Normen als auch den eigenen entsprechend handelt, benötigt er eine innere Instanz, die sein Verhalten konstant überprüft und ihn zu moralischem Verhalten ermahnt, wenn es angebracht ist (vgl. Hobmair, 2012c, S. 151). Diese Instanz wird als Gewissen bezeichnet. Das Gewissen ist im Hinblick auf die zwischenmenschlichen Beziehungen unerlässlich, da es einen Zusammenhang zwischen den moralischen Standards und den Handlungen des Individuums schafft. Handelt der Mensch im Widerspruch zu den von ihm im Laufe seines Lebens verinnerlichten moralischen Maßstäben (und verletzt u. U. andere ihm nahestehende Personen emotional), so meldet sich das Gewissen in Form von Scham- bzw. Schuldgefühlen. Diese unangenehmen Gefühle bewegen die Person künftig dazu, solche moralisch inakzeptablen Entscheidungen im Hinblick auf Gesellschaft und soziale Beziehungen zu vermeiden (vgl. Keller/Edelstein, 1993, S. 310 ff.).

> Das **Gewissen** ist die kontrollierende Instanz, die das Verhalten des Menschen hinsichtlich der von ihm übernommenen gesellschaftlichen Werte und Normen überprüft und entsprechend regelt. Handelt der Mensch diesen verinnerlichten Maßstäben zuwider, äußert sich das in Gefühlen von Scham und Schuld.

Gerade im Hinblick auf die sozial-kognitive Entwicklung und damit das Sozialverhalten ist die Übernahme von gesellschaftlichen Normen und Werten im Sinne einer moralischen Instanz ein zentraler Aspekt und daher eng mit den Fähigkeiten zur Perspektivenübernahme und Empathie verbunden (vgl. Keller, 2005). Psychologen legen der moralischen Entwicklung bei Kindern meist auch unterschiedliche Prozesse sozialer Interaktion zugrunde, die sich unterstützend auf die Entwicklung auswirken. Der amerikanische Erziehungswissenschaftler William Damon benennt hierzu zwei vorherrschende wissenschaftliche Lager, die diese Prozesse in verschiedenen menschlichen Interaktionen sehen:

- Auf der einen Seite betrachten Wissenschaftler die **Interaktion** der Kinder **mit Menschen einer höheren Kompetenz** bzw. eines anderen Status als förderlich. In diesem Zusammenhang wäre das Lernen nach Modellen der sozial-kognitiven Theorie (siehe dazu Kapitel 6.2.9) oder die Identifikation mit den Eltern zu nennen.

- Auf der anderen Seite spielt für Wissenschaftler die **Interaktion mit Gleichaltrigen** bzw. Peers eine bedeutende Rolle bei der Ausbildung moralischen Denken und Handelns. Piaget u. a. sehen bei diesen Beziehungen vor allem darin einen Vorteil, dass hier Werte wie Gerechtigkeit und Zusammenarbeit häufig gelebt werden.

(vgl. Damon, 1984, S. 82 ff.)

Die moralische Entwicklung des Kindes nach Piaget und Kohlberg

Im Gegensatz zu den bis dahin vorherrschenden Theorien, die den Fokus auf die Verinnerlichung der moralischen Regeln legten, wie beispielsweise Freud, der die innere moralische Instanz des Individuums im Über-Ich verankerte, setzten sowohl Jean Piaget als auch der amerikanische Psychologe Lawrence Kohlberg (1927–1987) bei ihren Untersuchungen den Schwerpunkt auf die kognitive Ebene der moralischen Entwicklung. Auch wenn die Wissenschaft Piaget und Kohlberg in ihren Studien der moralischen Entwicklung mittlerweile in vielen Punkten kritisiert (siehe hierzu weiter unten), ist es unerlässlich, sich die Theorien der beiden bedeutenden Vertreter der entwicklungspsychologischen Moralforschung genauer anzusehen.

Beide basierten ihre Ansätze auf der Selbstbestimmung des Individuums in Bezug auf moralisches Denken und Handeln: Danach ist der Mensch in der Lage, in Situationen moralischer Natur selbstständig zu entscheiden. Er tut dies, indem er die ihm bekannten Werte und Normen kritisch reflektiert und eine ihm aufgrund dessen plausibel erscheinende Entscheidung trifft, die er rational begründen kann. Dadurch wurde ein komplettes Umdenken hinsichtlich der bisher vorherrschenden Theorien bewirkt (vgl. Keller, 2005, S. 149f.). Wie Edelstein und Nunner-Winkler (2000, S. 10f.) feststellen, sind die moralischen Urteile von Kindern eine unerlässliche Quelle für die Moralforschung. Sie orientieren sich an den moralischen Regeln und Maßstäben, die sie im alltäglichen Miteinander erfahren. Erwachsene denken und argumentieren eher ideologisch, d.h., sie legen ihren moralischen Urteilen nicht die eigene Lebensführung zugrunde, sondern eher ihre sozialen Rollen oder sozial akzeptierte Maßstäbe. Demzufolge entwickelten Piaget und Kohlberg ihre Theorien auch vornehmlich mithilfe der Aussagen von Kindern und Jugendlichen.

Neben der kognitiven Entwicklung des Kindes untersuchte Piaget auch die Ausbildung des moralischen Denkens und Handelns im Kindesalter. Dabei legte er seiner Theorie die sozialen Interaktionen des Kindes (sowohl mit Erwachsenen als auch mit Gleichaltrigen) und die damit verbundene Perspektivenübernahme als bedeutende Voraussetzung für das Verständnis und die Übernahme moralischer Werte und Prinzipien zugrunde (vgl. Piaget, 1986, S. 21ff. und S. 135).

> *„Jede Moral ist ein System von Regeln, und der Kern jeder Sittlichkeit besteht in der Achtung, welche das Individuum für diese Regeln empfindet."*
>
> (Piaget, 1986, S. 23)

Ausgehend von dieser Annahme stellte Piaget u.a. das Verständnis und die (bedingungslose) Übernahme von Regeln (als frühe Form moralischen Denkens) sowie die kindliche Einstellung zu ihnen in den Mittelpunkt seiner Untersuchungen (vgl. Mietzel, 2002, S. 279). Im Alltag kommen Kinder überwiegend mit den Regeln und Vorschriften der Erwachsenen in Kontakt. Diese berücksichtigen jedoch nicht den kindlichen Entwicklungsstand und die kindlichen Bedürfnisse. Piaget zufolge ist es schwierig nachzuvollziehen, ob die Kinder diese Regeln verstanden haben und warum sie danach handeln. Mit diesen Fragestellungen im Kopf wählte Piaget für seine Versuchsanordnungen einfache Kinderspiele, deren Regeln von Kindern selbst erarbeitet worden und von Erwachsenen weitgehend unbeeinflusst sind. Piaget und seine Mitarbeiter ließen sich die Spielregeln von den Kindern erklären. Dabei achteten sie besonders auf das Erlernen der Regeln und deren Anwendung sowie die Einstellung der Kinder zu diesen Regeln (vgl. Piaget, 1986, S. 34ff.; Mietzel, 2002, S. 279). Da er die kindliche Moral erforschen wollte, war für ihn die erwachsene Bewertung dieser (Spiel-)Regeln nach moralischen Gesichtspunkten nicht von Bedeutung. Das Praktizieren sowie das Bewusstsein von grundsätzlichen Regeln standen bei seiner Versuchsreihe im Mittelpunkt (vgl. Piaget, 1986, S. 23ff.). In diesem Zusammenhang ist noch bedeutsam zu erwähnen, dass sich die Regeln abhängig von Zeit und Ort ändern können, sodass sich die Kinder immer wieder über die einzelnen Regeln einigen müssen.

Basierend auf diesen Untersuchungen unterschied **Piaget vier Stufen der moralischen Entwicklung** beim Kind, die in ihrer Reihenfolge aufeinander aufbauen. Die moralische Entwicklung vollzieht sich grundsätzlich **von einer fremdbestimmten (heteronomen) Regelanwendung bzw. Moral hin zu einer selbstbestimmten (autonomen) Regelanwendung bzw. Moral**, was einen bestimmten kognitiven Entwicklungsstand sowie eine zunehmende Perspektivenübernahme voraussetzt (siehe hierzu auch Kapitel 8.1.4). Dabei spielt die Beziehung zu Eltern und Gleichaltrigen eine bedeutende Rolle (vgl. Hess/Sturzbecher, 2005, S. 17f.). Die Altersangaben zu den einzelnen Entwicklungsstufen sieht Piaget allerdings eher als Richtwerte:

- **Stufe 1:** Kleinkinder im Alter zwischen 0 und 2 Jahren sind sich sozialer Verpflichtungen und Regeln noch nicht bewusst. Das Handeln ist abhängig von den individuellen Regeln und motorischen Fähigkeiten des einzelnen Kindes.
- **Stufe 2:** Kinder zwischen 3 und 6 Jahren haben eine egozentrische Sicht der Dinge: Es ist alles erlaubt, was nicht bestraft wird.

- **Stufe 3:** Mit dem Eintritt in das Schulkindalter (ca. 7 bis 10 Jahre) beginnt die Phase der heteronomen Moral: Die Kinder orientieren sich an den Moralvorstellungen von anderen und bewerten moralische Handlungen nach ihren (negativen) Konsequenzen für das Individuum.
- **Stufe 4:** Ab etwa 11 Jahren treten Kinder in das Stadium der autonomen Moral und beurteilen Werte und Normen nun nicht mehr abhängig von anderen Personen, sondern selbstbestimmt nach ihrem Gewissen. Dabei beziehen sie die Absichten und Motive anderer Menschen mit in ihre Überlegungen ein.

(vgl. Piaget, 1986, S. 38–96; Aebli, 1986, S. 15 ff.; Keller, 2005, S. 150; Kasten, 2008, S. 128 f.; Hobmair, 2012c, S. 152)

Als Weiterentwicklung von Piagets Ansatz kann Lawrence **Kohlbergs Stufenkonzept** zum moralischen Urteil gesehen werden. Genau wie Piaget sah er die Entwicklung der Moral als einen kognitiven Prozess. Im Rahmen seiner Versuchsreihen stellte Kohlberg eine enge Verbindung zwischen der kognitiven Entwicklung und der moralischen Urteilsfähigkeit her: Um ein bestimmtes Stadium des moralischen Urteils zu erreichen, sollte das Kind auch ebenso eine bestimmte kognitive Stufe erreicht haben. Die Stufen in Piagets kognitivem Stufenmodell stellten die Grundlage für Kohlbergs Ansatz des moralischen Urteils dar (vgl. Thomas/Feldmann, 2002, S. 247 f.). Im Gegensatz zu Piaget integrierte Kohlberg aber die Perspektivenübernahme des Individuums bei moralischen Überlegungen und Entscheidungen in sein Stufenmodell. Er basierte seine Theorie auf der Annahme, dass die moralische Entwicklung des Kindes in Abhängigkeit von der Entwicklung des Gerechtigkeitssinns verläuft, also inwieweit ein Kind Situationen als gerecht erachtet oder nicht. Hinweise auf die moralische Entwicklung liefern folglich nicht ehrliches oder schuldbewusstes Handeln des Kindes, sondern vielmehr sein moralisches Urteil (vgl. Hess/Sturzbacher, 2005, S. 18 ff.; Thomas/Feldmann, 2002, S. 240).

Das **moralische Urteil** bezeichnet die Begründung, die eine Person als Erklärung dazu angibt, warum sie eine ethisch kritische Handlung oder Denkweise als moralisch richtig bewertet. Dabei basiert sie dieses moralische Argument auf ihren eigenen moralischen Prinzipien (vgl. Wicki, 2010, S. 114; Keller, 2005, S. 150).

Nach Kohlberg muss ein moralisches Urteil die Kriterien der Universalität, Inklusivität und Beständigkeit erfüllen und sollte auf objektiven, unpersönlichen und ideellen Grundlagen beruhen (vgl. Thomas/Feldmann, 2002, S. 237).

Basierend auf dem moralischen Urteil einer Person bestimmte Kohlberg die moralische Entwicklungsstufe des Individuums. Um diese Vermutung zu belegen, führte er verschiedene Versuchsreihen durch: Im Rahmen seiner Dissertation (1958) erzählte er Jungen im Alter von zehn, 13 und 16 Jahren Geschichten, in denen der Protagonist vor die Wahl zwischen ein oder mehr Moralprinzipien gestellt wird, die zueinander im Widerspruch stehen. Aufgabe der Versuchsteilnehmer war es, eine Entscheidung zu treffen bzw. ein moralisches Urteil zu fällen, welches sie unter Berücksichtigung der moralischen Maßstäbe begründen sollen. Diese Befragungen dienten als Grundlage für eine anschließende Längsschnittstudie, die für nahezu 30 Jahre lief. Das bekannteste Beispiel ist wohl das Dilemma von Heinz und seiner krebskranken Frau (vgl. Kohlberg, 1995, S. 126; Thomas/Feldmann, 2002, S. 237; Keller, 2005, S. 150).

Die Heinz-Geschichte: „*Eine Frau in Europa war dem Tode nahe, da sie an einer schweren Krankheit, einer besonderen Form von Krebs, litt. Es gab ein Medikament, von dem die Ärzte annahmen, dass es die Rettung bringen könnte. Es handelte sich um eine Art Radium, das ein Apotheker aus derselben Stadt jüngst entdeckt hatte. Das Medikament war teuer in der Herstellung, aber der Apotheker verlangte das Zehnfache dessen, was ihn die Herstellung kostete. [...] Der Ehemann der kranken Frau, Heinz, suchte alle, die er kannte, auf, um sich das Geld zu leihen. Aber er konnte nur etwa [...] die Hälfte des Kaufpreises zusammenbringen. Er sagte dem Apotheker, dass seine Frau im Sterben lag, und bat ihn, das Mittel billiger abzugeben*

8.1 Grundlagen der sozial-kognitiven Entwicklung

oder ihn später bezahlen zu lassen. Aber der Apotheker sagte: ‚Nein, ich habe das Mittel entdeckt, und ich werde damit Geld machen.' Heinz geriet in Verzweiflung und brach in die Apotheke ein, um das Medikament für seine Frau zu stehlen. Hätte der Ehemann dies tun sollen? Warum?"

(Kohlberg, 1995, S. 65)

Im Rahmen seiner Untersuchungen konnte Kohlberg im Hinblick auf die Entwicklung des moralischen Urteils insgesamt drei Niveaus mit jeweils zwei Stufen nachweisen, die aufeinander aufbauen und qualitativ unterschiedliche Formen des moralischen Denkens beschreiben. Die Entwicklung dieser Stufen basierte Kohlberg auf der jeweiligen vorherrschenden soziomoralischen Perspektive. Damit ist der Standpunkt des Individuums gemeint, den es bei der Einschätzung moralischer Situationen auf sich selbst, auf andere sowie auf moralische Werte und Normen einnimmt. Diese Perspektive ist im Unterschied zu Selmans Rollenübernahme zu sehen, der die Art unterscheidet, wie ein Individuum die eigene Sichtweise von anderen abgrenzt und diese später miteinander in Verbindung setzt (vgl. Kohlberg, 1995, S. 133 f.; Kohlberg, 2001, S. 38 f.; Keller, 2005, S. 150 f.; Kasten, 2008, S. 131 f.). Des Weiteren stellte Kohlberg fest, dass diese Stufen auch unabhängig von der jeweiligen Kultur, in der das Individuum lebt, durchlaufen werden. Dabei wird keine Stufe übersprungen, sie werden immer wieder in derselben Reihenfolge durchlaufen. Es kann jedoch sein, dass ein Mensch das Erreichen einer Stufe im Laufe seines Lebens nicht überschreiten wird. Das heißt, dass er im Hinblick auf sein moralisches Urteil immer auf einer bestimmten Stufe verharren wird (vgl. Kohlberg, 2001). Da Kohlbergs Stufenmodell sehr komplex ist, wird im Folgenden eine stark gekürzte Fassung vorgestellt.

Moralisches Niveau	Moralische Stufe	Soziomoralische Perspektive
I: Präkonventionelle Moral (Personengruppe: Kinder bis zum 9. Lebensjahr und Jugendliche)	*Stufe 1:* Orientierung an Gehorsam und Strafe	egozentrische Perspektive
	Stufe 2: vorrangig Befriedigung der eigenen Bedürfnisse und Interessen	Koordination der verschiedenen individuellen Perspektiven
II: Konventionelle Moral (Personengruppe: die meisten Jugendlichen und Erwachsenen)	*Stufe 3:* Wunsch, den sozialen Erwartungen anderer Menschen zu entsprechen sowie Unterstützung und Verteidigung der gesellschaftlichen Ordnung	Perspektive des Individuums, das in Beziehung zu anderen Individuen steht
	Stufe 4: Befolgung von Regeln, Pflichten u. Ä. der Gesellschaft stehen an oberster Stelle, sofern diese nicht im Widerspruch zu anderen sozialen Verpflichtungen stehen	Übernahme des systemischen Standpunkts (im Hinblick auf Rollen und Regeln)
III: Postkonventionelle Moral (Personengruppe: eine Minderheit der Erwachsenen und dann i. d. R. erst nach dem 20. Lebensjahr)	*Stufe 5:* im Sinne der Gerechtigkeit und des Allgemeinwohls Einhaltung von Regeln und Respekt universeller Werte wie Leben und Freiheit	rationale Perspektive: Individuum ist sich bewusst, dass es Werte und Rechte gibt, die in ihrer Gültigkeit über der von Beziehungen und anderen sozialen Abmachungen stehen
	Stufe 6: Denken und Handeln nach selbst gewählten ethischen, aber universell gültigen Grundsätzen	Perspektive eines „moralischen Standpunktes"

Die sechs Stufen des moralischen Urteils nach Kohlberg (vgl. Kohlberg, 1995, S. 126 ff.; Keller, 2005, S. 151; Thomas/Feldmann, 2002, S. 242 f.; zusammengetragen, stark gekürzt und abgeändert)

Kritik und aktuelle Ansätze zur moralischen Entwicklung

Viele Aspekte von Piagets und Kohlbergs Theorien zur moralischen Entwicklung, wie beispielsweise die Annahme, dass Kinder ihre Umwelt aktiv selbst gestalten können (vgl. Bertram, 1982, S. 724), werden noch immer als wichtige Erkenntnisse im Hinblick auf die Ausbildung moralischen Denkens und Handelns gesehen. Nichtsdestotrotz gibt es auch Stimmen und neuere Ansätze, die beide Theorien in vielen Punkten kritisieren.

William Damon (1984, S. 63 ff.) zum Beispiel beanstandet Piagets formale Einteilung in Stufen, da er die Zuordnung bestimmter charakteristischer Verhaltensmerkmale zu einer Entwicklungsstufe als problematisch ansieht. Während ein Kind einige Merkmale einer Stufe im angegebenen Zeitraum zeigt, können bei ihm andere typische Charakteristika derselben Stufe erst früher oder später beobachtet werden – zu einem Zeitpunkt also, an dem es in der moralischen Entwicklung bereits eine Stufe weiter bzw. eher eine zurück sein müsste. Moralforscher sehen auch die beiden letzten Stufen in Kohlbergs Modell hinsichtlich ihrer Erreichbarkeit als sehr unrealistisch: Das Individuum wird diesen höchsten moralischen Entwicklungsstand im Laufe seines Lebens wohl nie erlangen (vgl. Keller, 2005, S. 151).

Wissenschaftler wie Gertrud Nunner-Winkler oder Elliot Turiel haben zudem herausgefunden, dass bereits kleine Kinder (intuitiv) wissen, dass sie Regeln einhalten müssen, die das Wohl jedes Menschen schützen – unabhängig davon, ob Erwachsene diese vorschreiben oder eine Strafe für die Nichteinhaltung folgt. Beobachtungsstudien im Forschungsbereich des Altruismus zeigen zudem, dass Kinder bereits in jungem Alter unaufgefordert empathisch reagieren und anderen Kindern beispielsweise helfen oder sie trösten (vgl. Edelstein u. a., 1993, S. 9 f.; Nunner-Winkler, 1993, S. 280 f.).

Des Weiteren beanstandeten Wissenschaftler wie Carol Gilligan die Tatsache, dass Kohlberg für seine Forschungen ausschließlich männliche Probanden beobachtete und befragte. Dadurch wurde ihm vorgeworfen, die Daten seiner Untersuchungen wären wenig repräsentativ und würden das weibliche moralische Urteil bzw. Gewissen entweder einfach ignorieren oder aber als im Vergleich zum männlichen, wie Freud es ansah, als weniger ausgeprägt betrachten. Gilligan machte sich daher für die Berücksichtigung einer Moral der Fürsorge und Anteilnahme stark, die neben der Kohlberg'schen Moral der Gerechtigkeit besteht, jedoch nicht als ausschließlich weibliche Sichtweise zur gerechtigkeitsorientierten männlichen gesehen werden darf (vgl. Garz, 2008, S. 116, 119 und 127 ff.).

Berufliche Handlungsrelevanz

Hinsichtlich der Förderung von moralischem Denken und Handeln ist es bedeutsam, dass die pädagogische Fachkraft ein Verständnis von Zugehörigkeit und Gerechtigkeit vermittelt (vgl. Frank, 2012, S. 34). Kohlberg selbst rät dringend dazu, von einer erzwungenen Internalisierung von allgemein akzeptierten Werten abzusehen. Die Kinder sollten nicht mit erhobenem Zeigefinger getadelt werden, wenn sie moralische Grundsätze missachtet haben. Wichtig ist es, abhängig vom individuellen moralischen Reifegrad des Kindes, es mit Problemstellungen moralischer Natur bekannt zu machen, in denen es entsprechend entscheiden muss und sich bezüglich seiner moralischen Urteilsfähigkeit weiterentwickeln kann (vgl. Kohlberg, 1995; Thomas/Feldmann, 2002, S. 254 f.). Dadurch lernen Kinder, Situationen angstfrei und nach selbst gewählten moralischen Maßstäben zu beurteilen und entsprechend zu handeln. Dies kann im pädagogischen Alltag auf zweifache Weise geschehen. Zum einen können die Kinder sich im täglichen Spiel in der Einrichtung gemeinsam mit Altersgenossen mit der Anwendung von Regeln auseinandersetzen. Dabei ist es essenziell, den Kindern zu vermitteln, dass die Regeln nicht willkürlich von Erwachsenen bestimmt werden, sondern für das soziale Miteinander unerlässlich und (teilweise) auch verhandelbar sind. Zum anderen ist es für die moralische Entwicklung der Kinder und Jugendlichen bedeutsam, die Perspektivenübernahme zu üben. Dafür sollte die pädagogische Fachkraft ihre Schutzbefohlenen, entsprechend ihrer persönlichen Entwicklung, zunehmend in tägliche Organisationsfragen, Regelabsprachen u. Ä. einbinden und mitbestimmen lassen (Partizipation).

Erfahrungsgemäß sind Kinder eher in der Lage, sich an Regeln zu halten, wenn sie sie mitbestimmt haben. Die Fachkraft sollte ausreichend Freiräume schaffen, in denen die Kinder und Jugendlichen verantwortungsbewusst selbstständige Entscheidungen im täglichen Zusammenleben treffen können. Dabei können auch Konflikte, die zwischen den Beteiligten entstehen, Möglichkeiten bieten, Kompetenzen u. a. im Bereich der Perspektivenübernahme zu trainieren und zu festigen (vgl. Hess/Sturzbecher, 2005, S. 20f. und 22ff.; Frank, 2012, S. 34).

Nicht zuletzt ist auch die Förderung der Familie im Hinblick auf die moralische Entwicklung von großer Bedeutung. Gegebenenfalls können die Eltern im Rahmen von Gesprächen in Bezug auf die oben genannten Aspekte sensibilisiert werden oder auf entsprechende Projekte in der Kindergartengruppe (sollte der Bedarf an solchen Konzepten angezeigt sein) aufmerksam gemacht werden.

8.1.6 Das Spielverhalten

In den Kindheitserinnerungen von Erwachsenen hat das Spielen wahrscheinlich einen großen Stellenwert. Dabei fallen ihnen die Spiele ein, die sie gespielt haben, und sie erinnern sich an ihre Spielgefährten. Doch nicht in allen Epochen der Menschheitsgeschichte war Kindheit eine eigenständige Lebensspanne, die den Kindern die Möglichkeit gab, auszuprobieren, zu lernen, aktiv mitzugestalten und zu spielen, d. h. einfach nur Kind zu sein. Erst Mitte des 20. Jahrhunderts wurden Kinder in der Wissenschaft als Subjekte gesehen, die ein aktives und selbstbestimmtes Leben führen (siehe hierzu Kapitel 3.1).

Seit Längerem geht die Spielforschung der Frage nach, warum Kinder spielen. Dabei wird zwischen der funktionsorientierten und der strukturdynamischen Betrachtungsweise unterschieden. Während der eine Ansatz schwerpunktmäßig eher die Funktionen und Auswirkungen des Spiels behandelt, sucht der andere dessen Sinn (vgl. Schäfer, 2006, S. 2; Oerter/Montada, 2002, S. 221). Gerade im Zusammen-

Pieter Bruegel der Ältere (1528–1569), Kinderspiele (Ausschnitt), Ölgemälde auf Eichenholz, 1560

hang mit sozial-kognitiven Prozessen scheint das kindliche Spielverhalten sehr bedeutsam zu sein, da hier grundlegende Fähigkeiten in Bezug auf das soziale Miteinander gelernt und trainiert werden. Aufgrund der Tatsache, dass die Thematik sehr umfassend ist und keine allgemein anerkannte Spieltheorie existiert (vgl. z. B. Mogel, 2008, S. 230), werden im nachfolgenden Kapitel die wichtigsten Aspekte und ihre Bedeutung für die sozial-kognitive Entwicklung des Kindes vorgestellt.

Merkmale des Spiels

Bereits im Tierreich lassen sich vielfältige Verhaltensweisen entdecken, die sich aufgrund ihrer Merkmale als Spielverhalten klassifizieren lassen.

> *„Bei mehreren Tierarten (Gemsen, Fischottern, Dachsen) wurde beobachtet, dass sie steile Abhänge im Schnee herunterrutschen oder eine Schlitterbahn auf Eis benutzen, beides in dauernder Wiederholung."*
>
> (Hassenstein, 1980, S. 118; zitiert in: Schäfer, 2006, S. 5)

Hassenstein zufolge beschränkt sich das Spiel der Tiere jedoch nicht nur auf angeborene Verhaltensmuster, die (für den Ernstfall) geübt werden. Auch gelernte Verhaltensweisen werden praktisch zweckentfremdet und stehen in keinem direkten Zusammenhang mit der arttypischen Umgebung (vgl. Schäfer, 2006, S. 2). Dabei sind vor allen Dingen die Zielunabhängigkeit der Tätigkeit (von Instinkten) sowie die entspannte Atmosphäre, in der die Handlung ausgeführt wird, von ausschlaggebender Bedeutung. Diese entspannten Spielhandlungen eröffnen dem Tier die Möglichkeit, auf neuartige Weise mit der Umwelt umzugehen und u. U. neue, für die Art nützliche Verhaltensweisen aufzuspüren (vgl. Kasten, 2011, S. 116). Ähnliche Merkmale lassen sich auch im menschlichen Spiel erkennen:

- **Selbstzweck des Spiels:** Beim Spielen stellt sich das sogenannte Flow-Erleben ein (englisches Wort für „Strömung" bzw. „Fluss", 1975 erstmals von Mihály Csíkszentmihályi genauer beschrieben; siehe Kapitel 6.2.6, S. 174). Das heißt, das spielende Kind konzentriert sich nur auf seine Tätigkeit und geht vollkommen darin auf. Es findet eine perfekte Auslastung durch die flüssig ablaufende Spielhandlung statt, in der das Zeiterleben ausgeschaltet ist. Dabei kann die Spielhandlung sich entwickeln, d. h., das Kind beginnt mit einem Thema bzw. einem Objekt und wechselt eines oder beides im Laufe seines Spiels, ohne die Handlung zu unterbrechen.
- **Intrinsische Motivation:** Die Motivation für das Spiel des Kindes kommt allein von innen heraus. Das Kind muss also keinen Erwartungen von außen gerecht werden oder biologische Bedürfnisse wie Hunger befriedigen.
- **Das Kind bestimmt die Regeln seines Spiels selbst.**
- **Charakter und Funktion der Spielobjekte bzw. Teilnehmer können verändert werden.**
- **Wechsel des Realitätsbezugs:** In der „eingebildeten Situation" erschafft das Kind eine eigene Realität. Dabei müssen sich die Kinder bezüglich der alternativen Realität einigen, im Hinblick auf Gegenstände, Handlungen und Personen.
- **Wiederholung und Ritual:** Das Spiel beinhaltet Handlungen, die Ritualcharakter haben und (in übertriebener Form) häufig wiederholt werden.

(vgl. Oerter/Montada, 2002, S. 222; Mietzel, 2002, S. 155 f.)

> Das menschliche **Spiel** ist eine Tätigkeit, die dem Selbstzweck dient, eine alternative Realität bietet und bei der Verarbeitung emotionaler Belastungen hilft. Oftmals findet sie in der Gemeinschaft statt.

Gerd E. Schäfer, Professor für Pädagogik in der frühen Kindheit, stellt zudem drei Bereiche heraus, die durch das kindliche Spiel angesprochen werden:

- **Der sensomotorische Bereich:** Freude an Bewegung und ihre Übung
- **Der kognitive Bereich:** Das Kind versteht, dass Objekte noch da sind, auch wenn sie versteckt werden. Zudem können Gegenstände sich „verwandeln"; ein einfacher Pappkarton wird beispielsweise zur Höhle oder zum Flugzeug.
- **Der emotionale Bereich:** Angelegenheiten, die das Kind emotional belasten, können auf diese Weise verarbeitet werden.

(vgl. Schäfer, 2006, S. 6)

Letzterer Aspekt ist auch insbesondere als Funktion des Spiels bedeutsam (siehe folgende Seite).

8.1 Grundlagen der sozial-kognitiven Entwicklung

Wichtige Funktionen des kindlichen Spiels

Der deutsche Philosoph und Psychologe Karl Groos (1861–1946) stellte erstmals einige grundlegende Funktionen des Spiels heraus (*Das Spiel der Tiere,* 1896, und *Das Spiel der Menschen,* 1899). Dabei betonte er vor allem die biologische Natur dieser Funktionen: Durch das Spiel soll das Individuum in Kindheit und Jugendalter spielerisch auf die Lebensaufgaben des Erwachsenen vorbereitet werden. Insbesondere die Funktionen Einübung, Ergänzung und Erholung stellte Groos in den Vordergrund. Während die **Einübung** sich auf die Selbstausbildung des wachsenden Individuums bezieht (im Hinblick auf das Ausprobieren und Nachahmen), kann das Kind durch die **Ergänzung** Situationen u. Ä. durchspielen, die im alltäglichen Geschehen nicht möglich sind. Um den Spielcharakter der Tätigkeiten herauszustellen (sie entsprechen nicht der Realität), verwendet Groos den Begriff **Erholung** (vgl. Schäfer, 2006, S. 2).

Das „Warum" des Spiels erklären diese Funktionen nach Groos jedoch nicht ausreichend, da es nicht im vorrangigen, bewussten Interesse des Kindes liegt, diese Funktionen auszubilden. Die Psychologen Rolf Oerter und Leo Montada sehen aus diesem Grund den Sinn des Spiels „vielmehr in seiner existenzsichernden und existenzsteigernden Wirkung" (Oerter/Montada, 2002, S. 231). Zudem liegen für sie weitere Funktionen des Spiels darin,

- dass Kinder Handlungen mit Anfang, Steigerung, Höhepunkt und Abfall (Aktivierungszirkel) gern wiederholen, z. B. das Hoppe-hoppe-Reiter-Spiel;
- dass sie sich gern intensiv mit ihrer Umwelt auseinandersetzen;
- dass Kinder Spiel gern (unbewusst) dazu einsetzen, Probleme und Konflikte zu bewältigen; hierzu gehören Entwicklungsthemen (z. B. das Ausspielen von Macht und Kontrolle oder die Sauberkeitserziehung) und Beziehungsthemen (Erfahrungen bzw. Probleme in ihren Beziehungen zu Familienmitgliedern, vor allen Dingen zur Mutter, oder gleichaltrigen Kindern).

(vgl. Oerter/Montada, 2002, S. 231 f.)

Hinsichtlich der Realitätsbewältigung durch das Spiel können drei Formen unterschieden werden:
- Die Kinder spielen das wirkliche Leben nach, indem sie z. B. in einem selbst gebastelten Auto fahren.
- Sie verändern die Wirklichkeit nach ihren Wünschen, z. B. indem sie „verreisen".
- Sie begeben sich in eine alternative Realität, z. B. in das Reich der Märchen oder in die virtuelle Welt der Computerspiele.

(vgl. Oerter/Montada, 2002, S. 234)

Freud ebenso wie Wygotski sahen im Spiel die Möglichkeit, (aktuell) unrealistische bzw. unrealisierbare Wünsche, die in den Augen des Kindes keine Aufschiebung dulden, zu verwirklichen. Beispielsweise kann es in der Spielwelt wie die Erwachsenen sein und handeln, z. B. als Polizist oder Feuerwehrmann. Nach Wygotski sind dem Kind die Motive für sein Handeln jedoch nicht bewusst (vgl. Oerter/Montada, 2002, S. 222 f.).

> *„Das Spiel erlaubt dem Kind, den Zwängen der Realität zu entfliehen, und ermöglicht das Ausleben tabuisierter Impulse, vor allem aggressiver Bedürfnisse. Das Spiel gehorcht dem Lustprinzip, während außerhalb des Spiels das Realitätsprinzip regiert."*
>
> *(Oerter/Montada, 2002, S. 222)*

Zudem schrieb Freud dem Spiel eine „reinigende" Wirkung zu, auch **Katharsis** genannt: Durch das Ausleben früherer Probleme oder unerlaubter Triebwünsche wird das Individuum von seinen Ängsten befreit. Die Annahme, dass das wiederholte Erleben und Durchspielen von Problemen bzw. nicht verarbeiteten Erfahrungen der Bewältigung dient, hat auch heute noch seine Gültigkeit behalten (vgl. Oerter/Montada, 2002, S. 222).

Für einige Spielforscher zählen das Informationsspiel bzw. Explorationsverhalten sowie Konstruktionsspiele nicht zum Spielverhalten.
- **Informationsspiel bzw. Explorationsverhalten:** Im Rahmen des Informationsspiels erkundet das Kind unterschiedliche Objekte hinsichtlich seiner Eigenschaften wie Form und Beschaffenheit.
- **Konstruktionsspiele:** Das Kind nimmt sich Werkzeuge zur Hilfe, um etwas herzustellen wie beispielsweise ein Bild oder eine Sandburg.

(vgl. Oerter/Montada, 2002, S. 224 f.)

Berufliche Handlungsrelevanz

Das Spiel ist für die pädagogische Praxis in Einrichtungen für Kinder und Jugendliche von größter Bedeutung. Abgestimmt auf die Entwicklung der Altersgruppe und die aktuellen Bedürfnisse der Kinder und Jugendlichen ist es die Aufgabe der pädagogischen Fachkräfte, verschiedenartige Spielsituationen zu schaffen. Spielsituationen bieten den Kindern die erforderliche Plattform, um sich zu erproben, bezüglich ihrer körperlichen, kognitiven, emotionalen und sozialen Fähigkeiten.

Gerade im Zusammenspiel mit Erwachsenen ist eine Förderung der Zone der nächsten Entwicklung (siehe hierzu Kapitel 4.4 und 6.2.6) sinnvoll. Die Spielidee des Kindes kann durch entsprechende Hilfestellungen des Erziehenden unterstützt und gefördert werden, indem der Erwachsene die Aktionen beispielsweise sprachlich korrigiert, wenn das Kind wortschatztechnisch noch nicht sicher ist, oder durch Handlungen aktiv unterstützt, wenn Gegenstände benötigt werden.

Aber auch in Einrichtungen für Menschen im hohen Erwachsenenalter bieten Spiele zahlreiche Möglichkeiten, die Menschen zu fordern und zu fördern. Beispielsweise werden in Seniorenzentren Spielekonsolen mit Bewegungssteuerung angeschafft. So können die älteren Menschen gemeinsam vor dem Bildschirm kegeln, Golf spielen und Ähnliches.

8.2 Die sozial-kognitive Entwicklung in der pränatalen Phase

Vertraten ältere entwicklungspsychologische Theorien den Standpunkt, dass Neugeborene nach der Geburt hilflos sind und noch über keine sozialen Fähigkeiten verfügen, sondern lediglich auf Nahrungsaufnahme und Pflege angewiesen sind, so ist man sich nach neuesten Erkenntnissen einig, dass Säuglinge bereits als soziale Wesen auf die Welt kommen (vgl. Schmidt-Denter, 1996, S. 17).

Bis in die 1980er-Jahre betrachtete die Wissenschaft das Verhalten des Kindes in der pränatalen Phase noch als reflektiv (d. h. abhängig von der Entwicklung des Nervensystems) und umgebungsresistent (von äußeren Reizen isoliert). Aufgrund der neuesten Erkenntnisse in der pränatalen Diagnostik sowie des technischen Fortschritts konnten diese Annahmen mittlerweile korrigiert werden. Das Verhalten des Fötus wird als organisiert (er kann unterschiedliche Körperteile in Relation zueinander bewegen) und umgebungssensitiv (er reagiert auf intra- und extrauterine Reize, d. h. Reize von innerhalb und außerhalb der Gebärmutter) beschrieben (vgl. z. B. Kasten, 2008, S. 43).

8.2 Die sozial-kognitive Entwicklung in der pränatalen Phase

Wie bereits in den Kapiteln 5.2.3 und 6.1.1 anschaulich dargestellt wurde, ist der Fötus keineswegs isoliert von der Außenwelt. Über die Mutter besteht eine direkte Verbindung. Dabei können sowohl positive (z. B. das pränatale Hören der Stimme der Mutter) als auch negative (z. B. Alkohol oder Medikamente) Faktoren die Entwicklung des Kindes während der neunmonatigen Schwangerschaft nachhaltig beeinflussen. Auch die Gesellschaft eines Geschwisterkindes im Mutterleib bei Zwillings- und Mehrlingsschwangerschaften kann als sozialer Einfluss gesehen werden.

Da die körperliche Entwicklung in direktem Zusammenhang mit der sozialen und psychischen Entwicklung steht, ist eine ganzheitliche Betrachtung der kindlichen Entwicklung im Mutterleib bedeutsam (vgl. Kasten, 2008, S. 43).

Die erste „Kommunikation" des Embryos findet bereits sechs bis zehn Tage nach der Befruchtung statt, wenn sich die befruchtete Eizelle in der Gebärmutterschleimhaut einnistet. Durch diese Verbindung erhält die Keimzelle die nötigen Informationen und Impulse für die weitere Entwicklung. Durch die fortlaufende körperliche Entwicklung werden Fähigkeiten freigeschaltet, die es dem Fötus ermöglichen, zunehmend in Kontakt mit Mutter und Außenwelt zu treten. Mit der beginnenden Ausbildung des Gehirns aus dem Neuralrohr – das ist das obere Ende einer länglichen, bandartigen Zellverdichtung – in der dritten und vierten Schwangerschaftswoche besteht nun eine „ungefilterte" Verbindung zwischen Mutter und Embryo. Starke psychische oder physische Belastungen haben nun direkten Einfluss auf das ungeborene Kind. Aus diesem Grund können die Auswirkungen von Teratogenen (siehe Kapitel 5.2.3) in dieser Zeit auch besonders gravierend sein (vgl. Kasten, 2008, S. 44 f.).

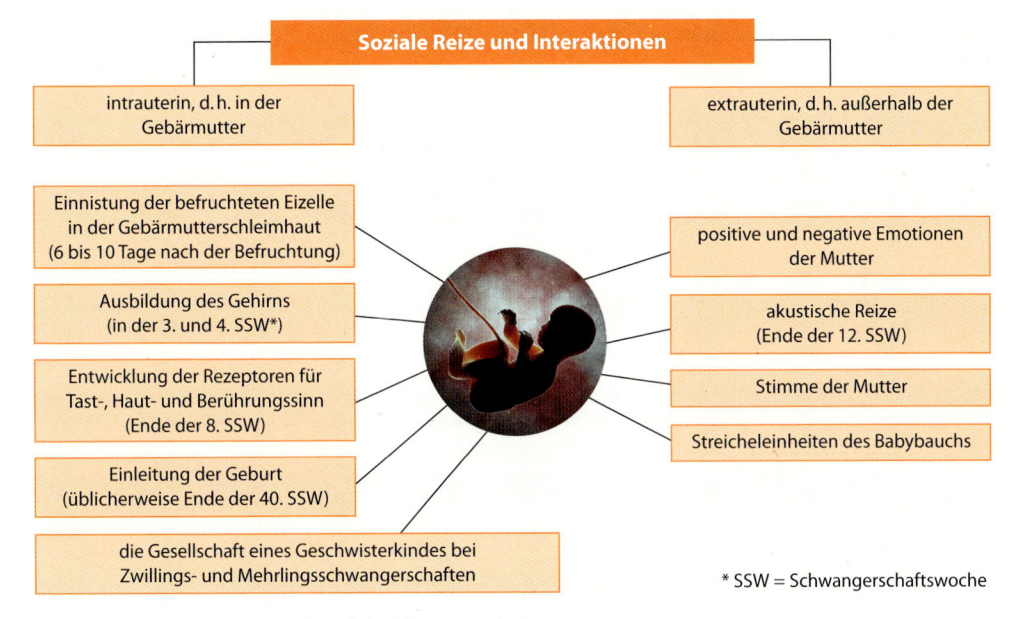

Soziale Reize und Interaktionen

- intrauterin, d. h. in der Gebärmutter
  - Einnistung der befruchteten Eizelle in der Gebärmutterschleimhaut (6 bis 10 Tage nach der Befruchtung)
  - Ausbildung des Gehirns (in der 3. und 4. SSW*)
  - Entwicklung der Rezeptoren für Tast-, Haut- und Berührungssinn (Ende der 8. SSW)
  - Einleitung der Geburt (üblicherweise Ende der 40. SSW)
  - die Gesellschaft eines Geschwisterkindes bei Zwillings- und Mehrlingsschwangerschaften

- extrauterin, d. h. außerhalb der Gebärmutter
  - positive und negative Emotionen der Mutter
  - akustische Reize (Ende der 12. SSW)
  - Stimme der Mutter
  - Streicheleinheiten des Babybauchs

* SSW = Schwangerschaftswoche

Soziale Interaktionen des Fötus während der Schwangerschaft

Eine weitere bedeutende körperliche Entwicklung ist zum Ende des zweiten Schwangerschaftsmonats abgeschlossen: Der Embryo ist nun in der Lage, über die Rezeptoren für den Tast-, Haut- und Berührungssinn ankommende Sinnesreize an das Gehirn weiterzuleiten. Zudem kann er zunehmend die Schwerkraft sowie sich selbst wahrnehmen. Einige Zeit später können auch die Fernsinne, Augen und Ohren, eingesetzt werden. Bereits gegen Ende des dritten Schwangerschaftsmonats reagiert der Embryo nachweislich auf akustische Reize von außen. Diese Entwicklungen ermöglichen es ihm nun, soziale Erfahrungen zu machen und auf Reize wie Berührungen, Töne o. Ä. von außen zu reagieren.

> „Alle Erfahrungen, die von außerhalb des Mutterleibs stammen – aus der sozialen Umwelt der Mutter – können als soziale Erfahrungen bezeichnet werden."
>
> (Kasten, 2008, S. 46)

Kasten erwähnt in diesem Zusammenhang, dass noch wissenschaftliche Zweifel bestehen, inwieweit auch Reaktionen, die aufgrund von Reizen in der Mutter oder vom Fötus selbst geschehen, als soziale Erfahrungen bezeichnet werden können. Teilweise wird die Gebärmutter von Pränatalforschern als „soziales Milieu" bezeichnet (vgl. Kasten, 2008, S. 47).

Aufgrund der Tatsache, dass sich die Sinneswahrnehmungen des Fötus stetig erweitern und er insofern empfänglich ist für emotionale Reize, sollte die Schwangerschaft als positive und schöne Zeit erlebt werden, die durch eine intensive Kommunikation mit der Mutter (z. B. wenn sie mit Streicheleinheiten und Anreden auf die zunehmenden Bewegungen des Kindes gegen Ende des fünften Schwangerschaftsmonats reagiert) sowie durch „gezielte, wohldosierte Anregungen von außen, z. B. vonseiten des Vaters" unterstützt und bereichert werden kann (vgl. Kasten, 2008, S. 47 und 51).

Im letzten Drittel der Schwangerschaft lässt sich die direkte Verbindung des ungeborenen Kindes zur Mutter und Außenwelt anhand verschiedener Faktoren erkennen, u. a. an:

- der Abspeicherung von pränatalen (emotional gefärbten) Erinnerungen durch biochemische und elektrochemische Vorgänge im Gehirn (problematisch hierbei ist jedoch der Nachweis)
- einer unmittelbaren Übertragung sowohl positiver als auch negativer Emotionen der Mutter auf den Fötus
- einem unmittelbaren Zusammenhang zwischen Geräuschen außerhalb des Mutterleibs und den Reaktionen des Fötus

(vgl. Kasten, 2008, S. 52 ff.)

Beispiel
Die schwangere Monika sitzt seelenruhig beim CTG und blättert in einer Zeitschrift. Die Herzschläge ihrer kleinen Tochter sind regelmäßig und werden mithilfe des Schreibgeräts festgehalten. Plötzlich fährt ein Rettungswagen mit eingeschalteter Sirene unten am geöffneten Fenster vorbei. Auch wenn Monika selbst sich nur kurz erschreckt, so ist dieses laute Geräusch für ihre Tochter im Mutterleib ein gewaltiger Schock. Das CTG spielt verrückt. Monikas ungeborene Tochter äußert sich durch einen stark erhöhten Herzschlag und heftiges Strampeln im Bauch. Monika kann die Bewegungen sogar von außen deutlich erkennen. Auch nach einer ganzen Weile, der Rettungswagen ist schon lange weg, hat das Ungeborene noch eine leicht erhöhte Herzfrequenz.

Am Ende der pränatalen Phase verfügt der Fötus über ein grundlegendes Rüstzeug „von entweder genetisch verankerten oder intrauterin herangereiften sozialen Kompetenzen" (Kasten, 2008, S. 44), die ihm den Eintritt in die Welt erleichtern:

- Bevorzugung menschlicher Gesichter, sprachlicher Laute und der lebendigen Welt (im Gegensatz zur materiellen/dinglichen)
- Fähigkeit, zu lächeln (wenn auch zu Beginn noch endogen bedingt) und ein Lächeln reflexartig nachzuahmen
- Fähigkeit, einfache Gefühle auszudrücken und die Bindung zu einer Bezugsperson zu entwickeln

(vgl. Kasten, 2008, S. 55)

Hinsichtlich des konkreten Auslösers der Geburt gibt es verschiedene Vermutungen, wie beispielsweise einen Anstieg wehenfördernder Hormone im Blut durch die Plazenta. Klar ist aber, dass die meisten Kinder „aktiv" an der Initiierung ihrer Geburt beteiligt sind. Durch die „Kommunikation" mit der inneren und äußeren Welt während der Schwangerschaft konnte der Fötus (aktiv) lernen, auf die unterschiedlichsten wahrgenommenen Reize zu reagieren, wodurch wichtige neuronale Vernetzungen im Gehirn aufgebaut werden konnten. Dieser Lernprozess hat ihn zu einem sozial kompetenten Lebewesen gemacht (vgl. Blott, 2010, S. 410; Kasten, 2008, S. 47–55).

8.3 Die sozial-kognitive Entwicklung im Säuglingsalter und in der frühesten Kindheit

Beim Neugeborenen lassen sich angeborene Körpermerkmale und Verhaltensmuster erkennen, die bereits eine soziale Interaktion zwischen Säugling und Bezugsperson ermöglichen (vgl. Schmidt-Denter, 1996, S. 15 ff.). Dieses „Startpaket" sozialer Kompetenzen wird im Laufe der folgenden Entwicklung gefestigt und durch verschiedene soziale Fähigkeiten erweitert, sodass das Kind zu einer selbstbewussten und eigenständigen Persönlichkeit heranwachsen kann, die sich in der Gesellschaft zurechtfindet, in ihrem sozialen Umfeld erfolgreich behaupten kann sowie mit ihren Mitmenschen zufrieden zusammenlebt (zum Thema „Persönlichkeitsentwicklung" siehe Kapitel 10). Bis zu diesem Entwicklungsstand durchlebt der junge Mensch zahlreiche sozial-kognitiv relevante Entwicklungen. In diesem Prozess spielt die Familie die wohl bedeutendste Rolle, da sie das Kind auf diesem Weg begleitet und unterstützt. Neben späteren Bekannten, Freunden, Kollegen u. a. übernehmen auch die pädagogischen Fachkräfte einen wichtigen Part in dieser Entwicklung.

8.3.1 Angeborene Körpermerkmale und Verhaltensmuster zur Kontaktaufnahme

Zu Beginn seines Lebens ist der Mensch im Hinblick auf die Nahrungsaufnahme oder die körperliche Pflege komplett hilflos. Anders als die meisten anderen Säugetiere ist er (für lange Zeit) auf die Hilfe seiner Eltern bzw. Bezugspersonen angewiesen. Zu diesem Zweck muss er sich bemerkbar machen. Noch fehlen ihm die komplexen sozialen Kompetenzen, die menschliche Interaktion und Kommunikation bestimmen. Doch er verfügt bereits über einige angeborene Körpermerkmale und Verhaltensmuster, die ihm eine Kontaktaufnahme bzw. soziale Interaktion ermöglichen und die Aufmerksamkeit der Bezugspersonen sichern:

- die Bevorzugung der menschlichen Stimme
- seine Vorliebe für das menschliche Gesicht
- sein Bestreben, durch das Strampeln mit den Beinen oder das Drehen des Kopfes Aufmerksamkeit zu erregen
- seine Bereitschaft für die Wahrnehmung von Lauten
- sein Interesse an sich bewegenden Reizen
- die frühe Verknüpfung von auditiven und visuellen Informationen
- Das Kindchenschema: Die kindlichen Proportionen eines Neugeborenen (z. B. der große Kopf mit den großen Augen) dienen als Schlüsselreiz bei den Eltern, um ein fürsorgendes und beschützendes Verhalten auszulösen.

- Das „Engelslächeln" oder auch Reflexlächeln: Ohne es bewusst steuern zu können, zeigen Neugeborene dieses Lächeln in den ersten Lebenswochen meist im Schlaf.
  „Als Indikator für den Verlauf des Differenzierungsprozesses zwischen sozialer und nicht sozialer Umwelt kann die Entwicklung des Lächelns gelten" (Schmidt-Denter, 2011, S. 18). Wird das Lächeln zu Beginn noch durch innere Reize bedingt und „wahrscheinlich durch Erregungszustände des Gehirns ohne Außenreizung hervorgerufen" (Schmidt-Denter, 2011, S. 18), so wird es bis zum dritten Monat verstärkt durch äußere Reize ausgelöst.

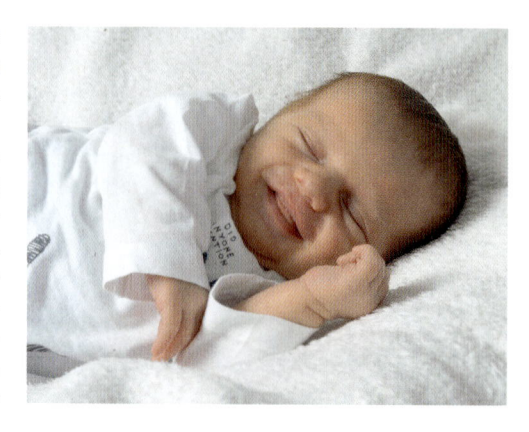

(vgl. Oerter/Montada, 2002, S. 154; Frank, 2012, S. 7; Schmidt-Denter, 1996, S. 18)

In den ersten Wochen in dieser Welt sind für das Neugeborene die Bindungspersonen (siehe hierzu Kapitel 10.3.2) von besonderer Bedeutung. Sie stillen neben seinem Verlangen nach Nahrung und Pflege auch das Bedürfnis nach Liebe, Sicherheit, Vertrauen und Geborgenheit. Gerade bezogen auf die ersten Momente zwischen Mutter und Kind direkt nach der Geburt hat sich in der Geburtspraxis in den letzten Jahren einiges verändert. Bedingt durch die bessere medizinische Versorgung und die dadurch reduzierten Risiken während Schwangerschaft und Geburt, sowohl für die Mutter als auch das Kind, ist das sogenannte Bonding heute übliche Praxis auf Entbindungsstationen. Bereits kurz nach der Entbindung sind die Neugeborenen besonders wach. In dieser Phase bietet sich die optimale Gelegenheit, die erste tiefgehende Bindung zu den Eltern, insbesondere zur Mutter, durch engen körperlichen Kontakt aufzubauen. Damit wird der Grundstein für die folgenden sozialen Beziehungen und die Entwicklung sozial-kognitiver Kompetenzen gelegt.

Mit dem Begriff **Bonding** (= Bindung) wird der erste Kontakt zwischen Mutter und Neugeborenem bezeichnet, der eine innige emotionale Bindung stiften soll. Um dieses Gefühl gleich zu Beginn zu unterstützen, wird das Neugeborene der Mutter auf den Körper gelegt.

Befürworter des Bondings sehen in den ersten Minuten bzw. Stunden nach der Geburt eine „sensible Phase" für diesen Prägungsvorgang und den Aufbau einer elterlichen Bindung. Der Einfluss des Bondings wird von manchen Wissenschaftlern jedoch auch infrage gestellt bzw. relativiert, da ein Fehlen dieser intensiven Bindung z. B. zu Bindungsdefiziten bei Menschen führen müsste, die vor dieser Praxis geboren wurden. Auch der Schweizer Kinderarzt Remo Largo beruhigt eventuelle elterliche Befürchtungen, die bestehen, wenn der Säugling z B. in eine Spezialklinik verlegt werden muss und daher die Möglichkeit zum Bonding verwehrt wird. Für ihn ist der menschliche Bindungsvorgang „kein zeitgebundenes Reflexgeschehen" (Largo, 2012, S. 79). Auch wenn diese erste emotionale Erfahrung sicherlich bedeutend ist, so wird die sich entwickelnde Eltern-Kind-Beziehung durch das Fehlen des Bondings nicht nachhaltig belastet. Unbestritten ist aber, dass diese frühen und intensiven Kontakt- und Interaktionsmöglichkeiten in den ersten Wochen nach der Geburt für den Aufbau einer engen emotionalen Bindung essenziell sind – sowohl für die Eltern als auch für das Kind (vgl. Largo, 2012, S. 79 f.; Oerter/Montada, 2002, S. 141 f.).

8.3.2 Kontaktaufnahme mit der Welt: Erste Interaktionen und „Gespräche" sowie das erste Lächeln

Die Ansicht, dass Neugeborene bereits zwischen der Sach- und der Personenwelt unterscheiden können, wird von Wissenschaftlern gespalten gesehen. Befürworter begründen dies mit den unterschiedlichen Reaktionen, die die Babys bereits zeigen. Während sie Objekte beispielsweise lange, konzentriert und angespannt ansehen, um sich dann unvermittelt abzuwenden, sind sie in Gegenwart von Personen entspannter und äußern sich u. a. durch positive Laute, Lächeln und Mimik. Auf das Schreien anderer Babys reagieren sie mit eigenem Weinen, da es vermutlich als Alarmsignal aufgefasst wird. Forscher, die keine klare Trennung zwischen den beiden Welten sehen, nehmen an, dass das Neugeborene durch seine Verhaltensmuster zwar sozial aktiv ist, diese aber nicht bewusst sozial einsetzt. Vielmehr reagiert das Baby mit seinen noch wenigen ihm zur Verfügung stehenden Verhaltensweisen auf seine Bezugspersonen bzw. Umwelt (vgl. Oerter/Montada, 2002, S. 154).

Im Alter von ein bis zwei Monaten sprechen Wissenschaftler beim Säugling vom „sozialen Erwachen": Ab diesem Alter sind erste prägnante Veränderungen zu bemerken, die durch längere und häufigere Wachphasen sowie das Schreien als gezielt eingesetztes Kommunikationsmittel gekennzeichnet sind.

Bereits bei der Interaktion mit zwei Monate alten Babys können gesprächsähnliche Elemente wie Blickkontakt, Mimik, Laute und Gesten nachgewiesen werden, wobei sich gezeigt hat, dass Kinder auf aktive Gesichter eingestellt sind und bevorzugt darauf reagieren (im Gegensatz zu „still-face"-Situationen, z. B. bei Fotografien von Menschen oder unbewegten Gesichter). Das wachsende Interesse am menschlichen Gesicht ist charakteristisch für die Entwicklung um den dritten Monat herum. Gesichter, die die Distanz von ca. 20 bis 30 cm einhalten (denn hier liegt beim Säugling die größte Sehschärfe), werden gespannt betrachtet. Ausgestattet mit diesen Fähigkeiten kann die soziale Kontaktaufnahme gestärkt weitergehen. Der „Gesprächspartner" hält den Blickkontakt mit dem Säugling aufrecht und sichert beispielsweise durch die Wiederholung von dessen Lautäußerungen die soziale Interaktion. Auch die Auswahl an verschiedenen Mimiken nimmt beim Säugling deutlich zu und er ist nun in der Lage, verschiedene Gefühle wie Freude, Kummer oder Interesse auszudrücken (vgl. Oerter/Montada, 2002, S. 154 ff.; Kasten, 2011, S. 108 ff.).

Sowohl Bezugsperson als auch Kind regulieren diese Interaktionen. Dabei imitiert der Erwachsene zuerst die Reaktionen des Kindes, danach integriert er zunehmend rhythmische oder ausgedachte Elemente in den sozialen Austausch. In der nachfolgenden gemeinsamen Kommunikation ist am Verhalten des Babys zu erkennen, dass es eine Erwartungshaltung hinsichtlich der sozialen Situation mit der Bindungsperson entwickelt hat. Wenn die Erwartungen an das Gespräch nicht erfüllt werden, z. B. durch die Inaktivität des Gegenübers, reagieren die Kleinen u. U. mit Enttäuschung oder versuchen, den Partner selbst aktiv zur Interaktion zu bewegen (vgl. Oerter/Montada, 2002, S. 154 ff.; Kasten, 2011, S. 108 ff.).

In diesem Zusammenhang spielt auch die Nachahmung eine wichtige Rolle (siehe auch Kapitel 9.1.1). Die Tatsache, dass Neugeborene schon wenige Stunden nach der Geburt simple Formen der Mimik nachahmen können, z. B. das Herausstrecken der Zunge oder das Öffnen des Mundes, spricht dafür, dass die Fähigkeit zur Nachahmung angeboren ist. Sie erfolgt jedoch nicht reflexartig. Vielmehr ist sie Bestandteil eines sozialen Zusammenhangs. Die Neugeborenen zeigen die Mimikform erst nach längerem Hinschauen und wiederholtem Ausprobieren (vgl. Kasten, 2011, S. 86 f.).

Die Nachahmung durchläuft einen Entwicklungsprozess, denn bereits einige Monate später hat sich die Art der Nachahmung verändert. Jetzt wird sie mit einer bestimmten Absicht kontrolliert ausgeführt und steht dem Kind als Lerninstrument, gerade auch im Hinblick auf den Spracherwerb, zur Verfügung (vgl. Kasten, 2011, S. 87; Oerter/Montada, 2002, S. 155).

Entwicklungsverlauf der Nachahmung nach Piaget und Uzgiris	
bis 4 Monate	Der Erwachsene ahmt das Kind nach, das Kind wiederholt seine nachgeahmte Verhaltensweise; ein kommunikativer Kreisprozess beginnt.
5 bis 8 Monate	Das Kind ahmt das Verhalten des Erwachsenen nach (meistens Lall-Laute), sofern dieses dem Verhaltensrepertoire des Kindes entspricht.
ab etwa 8 Monaten	Das Kind beginnt, Elemente, die es nur am Vorbild gesehen hat, in seine Nachahmungshandlung zu integrieren. Voraussetzung: Möglichkeit, die eigenen Nachahmungshandlungen mit denen des Vorbildes über denselben Sinneskanal zu vergleichen (Laute über das Gehör, Bewegungen der Hände über das Sehen).
Ende des 1. Lebensjahres	Nachahmen von Mimik oder Grimassen, die es nur beim Modell, aber nicht bei sich selbst sehen kann.

Entwicklungsstufen der Nachahmung (Oerter/Montada, 2002, S. 155)

Durch die zunehmende motorische Sicherheit, wie das Heben seines Kopfes, ist der Säugling schließlich auch in der Lage, seine Umwelt durch Schauen zu entdecken und den Blickkontakt seines Gegenübers zu suchen. Dabei reagiert das Kind zuerst auf die menschliche Stimme, um dann später nur das aktive menschliche Gesicht anzulächeln. Wissenschaftliche Theorien liefern unterschiedliche Erklärungen für diese Reaktionen. Beispielsweise sehen sie sie als instinktive oder konditionierte Reaktion auf das Verhalten der Erwachsenen (vgl. Oerter/Montada, 2002, S. 154, 157).

Im Alter zwischen sechs und neun Monaten geschieht ein entscheidender Fortschritt in der sozial-kognitiven Entwicklung: der **gemeinsame Aufmerksamkeitsfokus**. Das Baby ist nun zunehmend in der Lage, in die gleiche Richtung zu schauen wie die Bindungsperson. Dadurch hat die Bindungsperson nun die Möglichkeit, die Interaktion über Referenzobjekte zu gestalten (vgl. Wicki, 2010, S. 40).

Ab dem siebten Monat wird die sachliche Umwelt, z. B. Haushaltsgegenstände oder Spielsachen, zunehmend interessanter für das Kind. Über die Sinne und das Greifen macht es sich mit den Dingen vertraut und tritt so in einen kommunikativen Austausch mit den Bezugspersonen, die diese Erfahrungen mit ihnen teilen und sie beispielsweise durch Zeigen oder das Bringen von neuen Objekten darin unterstützen.

Im Zusammenhang dieser ersten sozialen Interaktionen ist es auch bedeutsam, das **Fremdeln**, welches ungefähr im achten bzw. neunten Monat zu beobachten ist, zu erwähnen (siehe dazu auch Kapitel 9.3.1, S. 349). Hierbei handelt es sich um die plötzliche Angst des Säuglings gegenüber fremden Menschen. Die Ausprägung dieses Verhaltens kann jedoch von Kind zu Kind variieren. Während einige Kinder z. B. nur leichte Scheu oder sogar verhaltene Neugier zeigen, reagieren andere Säuglinge mit lautem Schreien und ausgeprägten Anzeichen der Furcht. Dabei ist die Anzahl der sozialen Kontakte anscheinend nicht ausschlaggebend dafür, wie das Kind auf unbekannte Personen reagiert (vgl. Kasten, 2011, S. 114).

8.3.3 Das frühe Spielverhalten

Mit welchem Alter das spielerische Verhalten genau beginnt, ist meist abhängig davon, was Spielforscher als spielerisches Verhalten klassifizieren. Tendenziell zählen viele Wissenschaftler dazu bereits die Beschäftigung des Säuglings mit sich selbst in den ersten Lebensmonaten. Indem das Baby beispielsweise seine Hände erkundet, lernt es ihre Beschaffenheit und Fähigkeiten kennen und trainiert gleichzeitig die Koordination von Hand, Auge und Mund. Damit wird unbewusst bereits das Greifen nach Gegenständen vorbereitet – zuerst beidhändig, dann einhändig –, das etwa im vierten bis fünften Monat beginnt. Jetzt entwickeln sich beim Kind verschiedene Greiffunktionen (siehe auch Kapitel 5.3.3, S. 123). Die Reihenfolge, in der diese Fähigkeiten auftreten, ist bei allen Kindern gleich und auf eine vorwiegend biologische Reifung zurückzuführen (vgl. Largo, 2012, S. 299 ff. und S. 305 ff.).

Neben den spielerischen Erkundungen des eigenen Körpers ist auch das „soziale Spiel" – die Interaktion über Mimik, Laute und Körperbewegung mit dem Gegenüber, die bereits in den ersten Wochen einsetzt – für die ersten drei Monate von besonderer Bedeutung. Wie bereits festgestellt, üben dabei das Gesicht und die Stimme der Mutter oder des Vaters eine besondere Faszination auf das Kind aus und animieren es zu einem Wechselspiel. Weil das Neugeborene in dieser frühen Lebensphase jedoch noch viel Zeit benötigt, Sinnesreize wahrzunehmen und entsprechend darauf zu reagieren, ist das soziale Spiel zwischen Kind und Bindungsperson noch recht eingeschränkt. Doch in den darauffolgenden Monaten ändert sich dies schnell: Der Säugling ist zunehmend in der Lage, sich über akustische Signale, Bewegungen von Armen und Beinen sowie mimischen Ausdruck mitzuteilen und am Spiel mit seiner Bezugsperson aktiv teilzunehmen (vgl. Largo, 2012, S. 292 ff.).

Ab dem vierten Monat ändert sich die Ausrichtung der spielerischen Aktivitäten auf den Menschen und das Baby beginnt nun zunehmend, seine (gegenständliche und soziale) Umwelt zu erkunden. Dabei spielt zum einen die Beobachtung anderer Menschen und ihrer Tätigkeiten eine wichtige Rolle. Zum anderen werden Objekte durch orales (bis zum achten Monat dominierende Form), manuelles oder visuelles (ab dem achtem bis neuntem Monat regelmäßig beobachtbar) Erkunden erforscht. Zudem zeigt sich ab dem etwa neunten Monat eine besondere kognitive Fähigkeit, die es dem Kind erlaubt, weitere spielerische Handlungen zu vollziehen: die Objektpermanenz nach Piaget (siehe dazu Kapitel 6.2.1, S. 162). Diese neue Fähigkeit ermöglicht es dem Säugling, sich an Dinge zu erinnern, die aus seinem Blickfeld verschwunden sind und daraus eine spielerische Handlung zu entwickeln. Dies kann sowohl beim Allein-Spielen als auch im sozialen Spiel geschehen. Der Säugling wirft dann beispielsweise einen Gegenstand in eine Schachtel und holt ihn anschließend wieder heraus. Diesen Vorgang wiederholt er mehrmals. Beliebt ist auch das Versteckenspielen mit den Eltern. Dies kann durch das Abdecken des (elterlichen) Kopfes mithilfe eines Tuches geschehen oder aber durch das Verstecken hinter einem Stuhl oder der Tür. Das Baby freut sich, wenn die verschwundene Person mit einem Laut des Erstaunens oder der Freude wieder auftaucht.

Etwa ab dem zwölften Monat übernehmen die Kinder verstärkt die Initiative. Gegen Ende des ersten Lebensjahres werden Babys mit steigender Tendenz durch Wiederholung den Auswirkungen ihrer Handlungen gewahr (vgl. Largo, 2012, S. 311–321).

Beispiel ··
Simon (13 Monate) ist ganz fasziniert von Licht. Vor Kurzem hat er entdeckt, dass das Licht an- und ausgeht, wenn er den Lichtschalter betätigt. Jedes Mal, wenn er auf den Schalter drückt und das Licht entweder an- oder ausgeht, jauchzt er laut auf.
··

Im zweiten Lebensjahr stehen vor allem das Spielverhalten mit räumlichen Charakteristika (z. B. das Spielen mit einem Behälter und seinem Inhalt oder das Bauen) und mit Symbolcharakter sowie das Kategorisieren im Mittelpunkt. Sein Spielverhalten basiert das Kind jetzt zunehmend auf **Nachahmung**. Indem es die Eltern oder andere Bindungspersonen bei ihren täglichen Aktivitäten beobachtet, imitiert es

- den Gebrauch von Gegenständen (funktionelles Spiel; zwischen neun und zwölf Monaten),
- die Benutzung eines Objekts in der Interaktion mit anderen Person, z. B. beim Telefonieren (repräsentatives Spiel; mit etwa zwölf bis 18 Monaten) oder
- die sozialen Abläufe des täglichen Lebens, wie z. B. das Einkaufen (sequenzielles Spiel; etwa mit 21 bis 24 Monaten).

Im Hinblick auf die Spielformen des ersten und zweiten Lebensjahres verwenden Spielforscher, genau wie Piaget, meist den Begriff des sensumotorischen Spiels (auch Funktions- oder Übungsspiel) (siehe hierzu auch Kapitel 6.2.1). Der Begriff verdeutlicht, dass die angeborenen sensorischen und motorischen Verhaltensmuster allen weiteren neuen Verhaltensweisen zugrunde liegen. Demzufolge stehen bei diesen Spielen Körperbewegungen im Vordergrund, die immer wieder geübt werden. Dabei werden auch zunehmend Objekte mit in das Spiel integriert. Gegen Ende des zweiten Lebensjahres treten bereits erste Als-ob-Spiele (auch Symbol- oder Fiktionsspiel) auf (siehe auch Kapitel 6.3.1 und 6.3.2). Als-ob-Spiele gelten als die Spielform, die man am ehesten mit dem kindlichen Spiel in Verbindung bringt. Das Kind entlehnt dem sozialen Umfeld bzw. den eigenen Erfahrungen die Ideen für sein Spiel. Zur Umsetzung seiner Einfälle setzt er dann verschiedene Gebrauchsgegenstände des Alltags ein. Dabei erhalten die Objekte jedoch Eigenschaften, die im Moment des Spiels gar nicht vorliegen, wie beispielsweise ein fahrendes Auto, das aber in Wirklichkeit steht (vgl. Largo, 2012, S. 322–337; Oerter/Montada, 2002, S. 223 f.).

Exkurs: Die Entwicklung des kindlichen Spiels nach Piaget

Im Rahmen der Entwicklung des kindlichen Spiels im ersten und zweiten Lebensjahr ist es bedeutsam, Piagets Spieltheorie – die wohl bekannteste – vorzustellen. Ähnlich wie Freud und Wygotski sieht er das Spiel als kindliche Art, Erfahrungen zu bewältigen. Seiner Meinung nach kann das Spiel des Kindes, vor allem in seiner späteren Form des Als-ob- bzw. Symbolspiels (siehe oben und weiter unten, S. 303), als Gegenreaktion gegen den zunehmenden Gesellschaftsdruck und die von außen aufgezwungene Realität gesehen werden. Die Spielsituation bedeutet einen Ort für das Ich des Kindes, an den es sich zurückziehen und dort gegen die Anpassung an die Umwelt (Akkommodation) wehren kann (vgl. Oerter/Montada, 2002, S. 223).

Für Piaget sind die kognitive und die spielerische Entwicklung des Kindes eng miteinander verbunden. Er unterteilt das kindliche Spielverhalten in sechs Entwicklungsstufen. Aufgrund der individuellen Entwicklung eines jeden Kindes können die Stufen sicherlich nicht trennscharf voneinander abgegrenzt werden. Die folgende Tabelle soll eine ungefähre zeitliche Orientierung bieten.

Stufe	Merkmale
1. Stufe (bis 1 Monat)	• Verhalten des Neugeborenen zum größten Teil durch Reflexe bestimmt
2. Stufe (2 bis 4 Monate)	• Handlungsabläufe werden mit geringfügigen Abwandlungen wiederholt durchgeführt (primäre Zirkulär- bzw. Kreisreaktionen), z. B. Saugbewegung an Hand • wissenschaftlich noch unklar, ob diese Abläufe als erste spielerische Handlung gewertet werden können oder nicht • eventuell spielerisches Element durch (oralen) Lustgewinn mittels Verhaltensmuster
3. Stufe (5 bis 8 Monate)	• Handlungen haben zunehmend spielerische Qualität • Handlungen, die einen bestimmten Effekt haben und dadurch vermehrt gezeigt werden (sekundäre Kreisreaktionen), z. B. etwas durch Bewegungen in Gang bringen, werden auch auf andere Objekte übertragen, um neue Aktivitäten zu testen • Erkennen von Ursache (Säugling handelt) und Wirkung (Objekt bewegt sich)
4. Stufe (9 bis 12 Monate)	• Kombination und zielgerichteter Einsatz von (neu) gelernten Verhaltensweisen, um an ein Ziel zu gelangen • eigenständige Ausführung eines kompletten Verhaltensablaufs (Verstecken – Suchen – Finden) als spielerische Beschäftigung
5. Stufe (13 bis 18 Monate)	• Wiederholung und Variation des Umgangs mit einem Objekt zwecks Erforschung neuer Eigenschaften dieses Objekts (tertiäre Kreisreaktionen) • Lustempfinden durch Suche nach ständig neuen Methoden, Objekte zu untersuchen • Freude durch ständige Wiederholung und Einbettung in Alltagssituationen wie Reinigungs- oder Begrüßungsrituale
6. Stufe (19 bis 24 Monate)	• zunehmende Verlagerung der experimentellen und zielgerichteten Handlungsabläufe nach innen • Vorbereitung auf das Symbolspiel

Entwicklungsstufen des Spielverhaltens nach Piaget (vgl. Kasten, 2011, S. 116 und S. 156; Schäfer, 2006, S. 7 ff.)

Die zunehmende Bedeutung des Spielpartners

Während das Kind etwa bis zum siebten Monat noch allein mit Gegenständen spielt, ändert sich sein Spielverhalten danach dahingehend, dass es zunehmend mit anderen Kindern in Kontakt tritt. Voraussetzung für eine Form des gemeinsamen Spiels ist zu Beginn dieser Entwicklung noch ein Objekt, das eine objektive Wertigkeit besitzt – das heißt, mehrere Kinder haben Interesse an einem (demselben) Gegenstand, Thema o. Ä. Dabei befinden sich die Kinder in ihrer Spielform zwischen dem Einzel- und dem gemeinsamen Spiel, denn sie spielen noch nebeneinander her, d. h., sie agieren nicht miteinander. Ohne direkt Kontakt miteinander aufzunehmen, sich einander aber bewusst zu sein, beobachten sie den anderen nur. Meistens hantieren sie dabei mit ähnlichen Spielobjekten. Diese Art des

Spiels wird als **Parallelspiel** bezeichnet (vgl. Oerter/Montada, 2002, S. 227; Frank, 2012, S. 33; Largo, 2012, S. 338–360).

Ist das Parallelspiel zu Beginn des dritten Lebensjahres noch die dominante Spielform der Kinder, ändert sich das durch die zunehmende Bedeutung der anderen (gleichaltrigen) Kinder. In der nachfolgenden Zeit entsteht im Spiel der Kinder ein wachsender Bezug aufeinander, sodass in der zweiten Hälfte des dritten Lebensjahres auch kooperative Spiele möglich sind. Die amerikanischen Erziehungswissenschaftlerinnen Carollee Howes und Catherine Matheson (1992) beobachteten in zwei Längsschnittstudien (zur Forschungsmethode siehe Kapitel 2) mit Kindern im Alter zwischen 13 und 47 Monaten die folgenden **Entwicklungsstufen des gemeinsamen Spiels**, die aufeinander aufbauen:

- **reines Parallelspiel:** Kinder spielen nebeneinander
- **Parallelspiel:** Kinder spielen nebeneinander mit gelegentlichem Blickkontakt
- **erste Kooperationen:** Kinder sprechen miteinander; sie bieten sich Objekte an, die zum Spiel gehören
- **erstes ergänzendes und wechselseitiges Spiel:** Kinder nehmen Rollen an, die sich aufeinander beziehen und durch die Aktivität bestimmt werden, z. B. versteckt sich ein Kind und ein anderes muss es suchen
- **einfaches kooperatives Rollenspiel:** Kinder sprechen Rollen vor dem gemeinsamen Spiel miteinander ab
- **komplexes kooperatives Rollenspiel:** im Spiel ändern Kinder nach Absprache Rollen und Handlungsabläufe

(vgl. Oerter/Montada, 2002, S. 228; Kasten, 2008, S. 108 f.)

Komplexe Spielformen wie das Rollenspiel konnten während dieser Untersuchung nur bei wenigen älteren Kindern beobachtet werden. Auch wenn sie dann komplexere Formen des Spiels zeigten, bedeutete dies nicht zwangsläufig, dass die einfacheren Spielformen wie das Parallelspiel nicht mehr auftraten (vgl. Oerter/Montada, 2002, S. 228).

Gegen Ende des dritten Lebensjahres zeichnen sich bereits zwei bedeutende sozial-kognitive Entwicklungen ab, die mit der zunehmenden Häufigkeit des kooperativen Spiels einhergehen und die sich in der frühen Kindheit weiter ausbilden:

- der Aufbau von Freundschaften
- die kognitive Einsicht, dass andere Menschen bzw. Kinder Gedanken, Wünsche und Absichten haben können, die sich von der eigenen Perspektive unterscheiden

(vgl. Kasten, 2008, S. 110 f.)

Zudem verändert sich auch die Art des Als-ob- bzw. Symbolspiels im Hinblick auf das spielende Kind selbst, den Spielgegenstand sowie die Spielhandlung. Im Laufe des dritten Lebensjahres bezieht das Kind zunehmend Objekte und andere Personen mit in sein Spiel ein. Dabei wählt es mit fortschreitendem Alter seine Spielgegenstände nicht mehr danach aus, ob sie optisch mit dem vorgestellten Gegenstand der Spielhandlung übereinstimmen. Ein fast vierjähriges Kind setzt in seinem Spiel z. B. einen Karton ein, der als Flugzeug fungieren soll. Auch die Spielhandlung nimmt an Komplexität und Dauer zu (vgl. Kasten, 2008, S. 111; Oerter, 2007, S. 19).

8.3.4 Die Entwicklung sozial kompetenten Verhaltens

Prosoziales Verhalten entwickelt sich verschiedenen Studien zufolge bereits im ersten Lebensjahr. Dabei kann die Art des prosozialen Verhaltens beim einzelnen Kind stark variieren. Die Entwicklungspsychologen Carolyn Zahn-Waxler und Marian Radke-Yarrow stellten im Rahmen einer Studie fest, dass bei Babys im Alter zwischen zehn und zwölf Monaten etwa zwei Drittel beispielsweise durch Weinen, traurige Miene oder den Blickkontakt zur Mutter auf ein emotionales Notsignal eines anderen Babys oder Kindes reagierten. Sind Babys bis etwa 1,5 Jahre durch die Traurigkeit eines anderen Babys unter Umständen noch stark beunruhigt, legt sich dies mit fortschreitendem Alter. Sie sind aufmerksam, wenn ein anderes Baby traurig ist oder Not hat. Sie zeigen sogar Betroffenheit sowie erste Reaktionen in Richtung Trösten wie leichtes Berühren. Kinder nach dem zweiten Lebensjahr bekundeten sogar ihre Sympathie, indem sie Gegenstände oder eine andere Person als Hilfe brachten. Mit der zunehmenden Fähigkeit, empathisch zu reagieren und sich in die Perspektive eines anderen zu versetzen, entwickelt sich auch die Fähigkeit zu prosozialem Handeln weiter. Die Häufigkeit von prosozialem Verhalten nimmt mit fortschreitendem Alter stetig zu (vgl. Schmidt-Denter, 2005, S. 91; Frank, 2012, S. 31 ff.).

Wie bereits angesprochen, spielen die Fähigkeiten zu Empathie und Perspektivenübernahme die Schlüsselrollen in der Entwicklung prosozialen Verhaltens. Die Psychologin Monika Wertfein differenziert diesbezüglich zwischen vier verschiedenen Entwicklungsstufen, die an dieser Stelle zusammenhängend, auch für die folgenden Entwicklungsstufen bis in die mittlere Kindheit, vorgestellt werden:

- **Globale Empathie:** Im ersten Lebensjahr werden die beteiligten Kinder in emotionalen Situationen, wie oben beschrieben, lediglich durch die Gefühle angesteckt. Es kommt noch zu keinem prosozialen Verhalten.
- **Egozentrische Empathie:** Im zweiten bis vierten Lebensjahr findet eine Vermischung von eigenen und fremden Gefühlen statt. Allmählich zeigt sich prosoziales Verhalten, das zunächst jedoch noch aus der Sicht des eigenen emotionalen Erlebens heraus interpretiert wird.
- **Emotionale Empathie:** Im Alter vom vierten bis sechsten Lebensjahr ist das Kind durch die sich entwickelnde Fähigkeit der Differenzierung zwischen eigenen und fremden Gefühlen zunehmend in der Lage, aus der Sicht der betroffenen Person heraus zu reflektieren und darauf abgestimmtes prosoziales Verhalten zu zeigen (siehe auch Kapitel 8.4.2, S. 306).
- **Kontextuelle Empathie:** Etwa ab dem siebten Lebensjahr berücksichtigen die Kinder in der Betrachtung und Beurteilung von Menschen, Situationen u. Ä. die unterschiedlichen Lebensgeschichten, Identitäten und Kontexte (siehe auch Kapitel 8.5.3, S. 310).

(vgl. Wertfein, 2013)

Sicherlich sind die genannten Altersangaben nur als Richtwerte zu sehen. Wie bereits erwähnt, sind hinsichtlich der Entwicklung und Umsetzung prosozialen Verhaltens bei Kindern individuelle Unterschiede festzustellen. Diese Unterschiede lassen jedoch Vorhersagen darüber zu, welche (prosozialen) Verhaltensweisen in späteren Jahren bei den jeweiligen Kindern zu erwarten sind (vgl. Siegler u. a., 2011, S. 561).

8 Die sozial-kognitive Entwicklung

Bereits bei Kindern zwischen zwölf und 18 Monaten lassen sich auch Konflikte beobachten. Diese werden jedoch oft gelöst, ohne dass Aggression ins Spiel kommt. Körperliche Aggressionen wie etwa Schlagen oder Kneifen werden ab 1,5 Jahren als Hilfsmittel in Konflikten eingesetzt. Die Häufigkeit dieses Verhaltens nimmt dann im zweiten und dritten Lebensjahr zu. Aufgrund der zunehmenden sprachlichen Fähigkeiten wechseln die Kinder dann in Konflikten von körperlicher Aggression zu verbalen Beleidigungen (vgl. Siegler u. a., 2011, S. 562 f.).

> **Berufliche Handlungsrelevanz**
>
> Gerade im Hinblick auf den Rechtsanspruch auf einen Kita-Platz für unter Dreijährige ist das Wissen um die sozial-kognitiven Kompetenzen im Säuglingsalter und der frühesten Kindheit mittlerweile nicht nur wichtiges Hintergrundwissen, sondern auch unabdingbar für die pädagogische Arbeit mit dieser Altersgruppe. So sollte die pädagogische Fachkraft beispielsweise bei der Auswahl der (Spiel-)Objekte und Aktivitäten sowie bei der Gestaltung der Gruppe die in diesem Alter bedeutsamen Entwicklungsaufgaben berücksichtigen.
>
> Auch die zunehmende Bedeutung eines Spielpartners kann sowohl in der Einrichtung als auch zu Hause positiv genutzt werden. Das gemeinsame Spiel mit den pädagogischen Fachkräften und Eltern bietet Gelegenheiten, durch Regeln, Absprachen o. Ä. soziale Kompetenzen zu entwickeln und zu festigen. Diese spielerischen sozialen Interaktionen fördern Selbstbewusstsein und Vertrauen der unter Dreijährigen. Im Zusammenhang mit dem fördernden Umgang mit kompetenteren Kindern sind auch die Gruppenzusammensetzungen hinsichtlich des Alters der Kinder zu beachten. Auch wenn ihre Bedürfnisse durch die Vermischung der Altersgruppen nicht vernachlässigt werden dürfen, können ältere Kinder einen entscheidenden Beitrag zur Entwicklung und Integration von unter Dreijährigen leisten (vgl. Kasten, 2008, S. 115).

8.4 Die sozial-kognitive Entwicklung in der frühen Kindheit

Am Ende des dritten Lebensjahres sind bereits die Grundlagen der wichtigsten sozial-kognitiven Kompetenzen zu erkennen, die in der frühen Kindheit weiter entfaltet und gefestigt werden. Das gemeinsame Spiel differenziert sich aus und verändert die Art der Interaktionen mit anderen Kindern. Dieser Umstand ist unter anderem auf die fortschreitende Fähigkeit der Perspektivenübernahme sowie das wachsende Interesse an freundschaftlichen Beziehungen zurückzuführen. Im nachfolgenden Kapitel werden die für die frühe Kindheit vordringlichsten sozial-kognitiven Entwicklungen näher betrachtet.

8.4.1 Das gemeinsame Spiel in der frühen Kindheit

Im Laufe der Entwicklung eines Kindes ist in jedem Altersabschnitt ein bestimmtes Spielverhalten vorrangig zu beobachten, das die verschiedenen Stadien der sozial-kognitiven Entwicklung widerspiegelt. Wie bereits im vorangegangenen Kapitel erwähnt, werden Spielpartner für spielerische Aktivitäten bei Kindern ab drei Jahren zunehmend wichtiger. In diesem Alter sind (teilweise für eine begrenzte Zeit) bereits erste spielerische Handlungen zwischen Kindern ohne Aufgabenteilung oder gemeinsame Zielorientierung (assoziiertes Spielen) sowie das kooperative Spiel zu beobachten. Diese ansteigende Häufigkeit von gemeinsamen spielerischen Interaktionen wirkt sich zum einen positiv auf das Spiel selbst aus, da die anderen Kinder neue Ideen, Interessen, Fähigkeiten, Möglichkeiten u. Ä. in die Aktionen einbringen und die Kinder lernen können, sich an Regeln zu halten. Zum anderen ist dies ebenfalls für die sich ausbildende Persönlichkeit des einzelnen Kindes sehr wichtig. In der Interaktion mit anderen Kindern wird es mit seinen Fähigkeiten, Ideen usw. angenommen und kann verschiedene Rollen ausprobieren. Diese Entwicklung ist zum größten Teil auf die wachsenden motorischen und sprachlichen Fähigkeiten sowie die zunehmende Kompetenz der Perspektivenübernahme zurückzuführen. Das Spiel Fünfjähriger ist nun durch mehr Organisation und Zielorientierung im Hinblick auf Spielobjekt, -partner und -handlung gekennzeichnet. Die meiste Zeit spielen die Kinder zu mehreren, beispielsweise Tisch- oder Rollenspiele. Auch der Wettbewerbsgedanke in Spielen gewinnt zunehmend an Bedeutung (vgl. Frank, 2012, S. 33; Kasten, 2008, S. 180).

Im Alter zwischen drei und sechs Jahren sind zwei Spielformen zunehmend zu beobachten – das Rollenspiel und das Regelspiel:

Im **Rollenspiel** spielen die Kinder gemeinsam fiktive Situationen bzw. Geschichten, zu denen sie sich ggf. verkleiden und in denen sie Rollen übernehmen. Dabei müssen die Mitspieler sich absprechen, um gemeinsam spielen und interagieren zu können. Die Anforderungen hinsichtlich der sozial-kognitiven Fähigkeiten des einzelnen Kindes sind in dieser Spielform gestiegen. Das Rollenspiel ist vereinzelt bereits bei Dreijährigen zu beobachten, tendenziell aber eher ab vier Jahren.

Rollenspiel

Bei **Regelspielen** müssen die Kinder nach festgelegten Regeln spielen, die unbedingt eingehalten werden müssen. Zudem tritt die Bedeutung des Wettkampfes bzw. des Vergleichs mit den Leistungen anderer Kinder bei diesen Spielen zunehmend in den Vordergrund (siehe Kapitel 8.5.1). Regelspiele erfordern meist motorische, kognitive, soziale und/oder kommunikative Kompetenzen, wie beispielsweise die Fähigkeit des einzelnen Kindes, in bzw. mit einer Gruppe agieren zu können, oder ein Verständnis der (teilweise) komplexen Regeln. Zu den Regelspielen zählen beispielsweise das Verstecken- und Fangenspielen, kooperative

Blinde Kuh – ein Regelspiel

Spiele, Ballspiele sowie Brett-, Gedächtnis- oder Kartenspiele. Im Vorschulalter kommen Regelspiele noch relativ selten vor, werden aber mit dem Übergang ins Grundschulalter immer häufiger (vgl. Oerter/Montada, 2002, S. 223 f.).

Nach Piaget lassen sich beim Regelspiel folgende Stadien im Hinblick auf die Entwicklung eines Bewusstseins für Regeln finden, die für ihn auch eng mit der moralischen Entwicklung des Kindes verbunden sind.

Stadium	Merkmale
1. Stadium: individuell	• Kind ist nur an der Befriedigung motorischer Interessen oder der eigenen Fantasie interessiert • Kind legt individuelle Regeln für sein Spiel fest • Kind orientiert sich in seinem Spiel an den Regeln, die auch für das alltägliche Leben gelten
2. Stadium: egozentrisch	• die Spielregeln sind unantastbar und von Autoritäten festgelegt • Kind weigert sich, Regeln zu ändern; Abweichungen wertet es als Fehler
3. Stadium: Regeln sind veränderbar	• Spielregeln werden zunehmend als Ergebnis des freien Entschlusses aufgefasst und nicht mehr nur hingenommen; sie beruhen auf gegenseitigem Übereinkommen • durch Absprachen untereinander können sie auch geändert werden

Stadien der Entwicklung eines Regelbewusstseins (vgl. Piaget, 1986, S. 65–96)

Mit etwa dreieinhalb Jahren ist in den Spielen der Kinder sowohl nonverbale als auch verbale **Metakommunikation** zu beobachten. Auf diese Weise verständigen sich die Kinder, was gespielt werden soll. Dabei lassen sich die folgenden Formen der Metakommunikation unterscheiden:

> - *„Ausagieren: Während der Spielhandlung selbst wird mitgeteilt, was man gerade spielt.*
> - *Versteckte Kommunikation: Sie wird absichtlich im Spiel hervorgehoben, ohne [ausdrücklich] auf eine Vereinbarung hinzuweisen. (…)*
> - *Unterstreichen: Eine Handlung wird verbal kommentiert oder beschrieben. (…)*
> - *Geschichten erzählen: Ein Handlungsvorgang wird mehr erzählt als ausagiert, wobei das Kind oft in eine Art Singsang verfällt. (…)*
> - *Vorsagen: Ein Spieler bricht aus dem Spielrahmen aus und teilt dem Partner mit veränderter Stimme etwas mit. (…)*
> - *Implizite [indirekte] Spielgestaltung: Durch Äußerungen wird der Spielrahmen näher bestimmt, ohne dass das Spiel explizit vereinbart wird. (…)*
> - *Explizite Spielgestaltung: Nun werden explizite Spielvorschläge gemacht mit Formulierungen wie: ‚Wir spielen jetzt …' oder ‚Jetzt tun wir so, als ob …'."*
>
> (Oerter/Montada, 2002, S. 227 f.)

Der Begriff **Metakommunikation** bezeichnet die Kommunikation über Kommunikation, d. h., die an der Kommunikation beteiligten Personen verständigen sich über Form und Inhalt der Kommunikation.

8.4.2 Die Anfänge von Perspektivenübernahme, Empathiefähigkeit und Theory of Mind

Bereits im Alter zwischen 18 und 24 Monaten – nach Piaget am Ende der sensumotorischen Phase – sind Kinder zunehmend in der Lage zu erkennen, dass Menschen im Gegensatz zu Objekten Wünsche und Absichten haben. Ebenfalls verstehen sie, dass es möglich ist, dass sie selbst etwas sehen können, was anderen Menschen verborgen bleibt. Was **Dreijährige Kinder** hingegen noch nicht in der Lage sind zu begreifen, ist „dass andere Personen aufgrund eines fehlerhaften Wissens, das sich vom eigenen Wissen unterscheidet, Intentionen verfolgen können, die nicht zielführend sind" (Wicki, 2010, S. 81) (siehe Kapitel 8.1.4, S. 282, Maxi und die Schokolade). **Im Alter von etwa vier Jahren** sind Kinder nun zunehmend fähig zu begreifen, dass ein Gegenstand aus der eigenen Perspektive anders aussieht als aus der einer anderen Person. Nach der Stufentheorie von Selman befindet sich das einzelne Kind in der frühen Kindheit noch in Phase 0 (undifferenzierte und egozentrische Perspektivenübernahme) (vgl. Selman, 1984, S. 50–55; Siegler u. a., 2011, S. 353). Jetzt legen Kinder auch langsam den kindlichen Egozentrismus ab und fangen an zu dezentrieren. Das heißt, sie können sich von ihrem eigenen Standpunkt trennen und sich in die Perspektive anderer Menschen hineinversetzen. Diese Entwicklung ist ein Schlüsselmoment oder – wie Kasten (2008, S. 158) es ausdrückt – ein „Quantensprung in der sozial-kognitiven Entwicklung", da die Kinder nun einen Zugang zu psychischen Prozessen haben. Obwohl sie schon fähig sind, den Unterschied zwischen der inneren und äußeren Welt zu erkennen, können sie in diesem Alter noch nicht darüber reflektieren oder gar erzählen. Das Konzept der Theory of Mind (ToM) bildet sich erst langsam **bis etwa zum fünften Lebensjahr** aus. Das Kind versteht dann, „dass andere Menschen, die nicht über das gleiche Wissen verfügen wie es selbst, aufgrund dieses [eventuell] falschen Wissens und daraus abgeleiteter Überzeugungen (*false beliefs*) auch entsprechend andere Entscheidungen treffen" (Wicki, 2010, S. 81). Zudem lernen sie nun langsam, dass unter Umständen ein Unterschied zwischen ihrer Sicht der Umwelt und der von anderen Personen besteht (vgl. Mietzel, 2002, S. 191; Wicki, 2010, S. 81 und S. 84; Kasten, 2008, S. 158 f.).

Drei- bis Vierjährige haben allerdings noch Schwierigkeiten, eine (böse) „Absicht" im Spiel bzw. Miteinander (z. B. mit „Absicht" etwas kaputt machen) zu erkennen. Kindern mit vier bis fünf Jahren fällt dies hingegen zunehmend leichter. Zudem sind sie bereits auch in der Lage, äußere Faktoren bei der Beurteilung von Gefühlen mit einzubeziehen, wie beispielsweise das Gefühl der Traurigkeit oder Wut darüber, dass ein Kind den selbst gebauten Turm eines anderen Kindes kaputt gemacht hat (vgl. Mietzel, 2002, S. 191).

Das Kind **im Vorschulalter** ist zunehmend in der Lage, zwischen seiner Perspektive sowie den damit verbundenen Wünschen, Absichten und Bedürfnissen und der Perspektive anderer Menschen zu unterscheiden. Dabei hilft ihm vor allen Dingen die wachsende sprachliche Fähigkeit, die es ihm ermöglicht, Informationen über die psychischen Prozesse eines anderen Menschen zu erhalten und daraufhin Situationen und Handlungen besser einschätzen zu können. Aufgrund der zunehmenden Fähigkeit der Perspektivenübernahme setzen Kinder im Vorschulalter – hier vor allem Mädchen – auch häufiger prosoziales Verhalten wie das Trösten, Beschützen, Teilen oder Seelischen-Beistand-Spenden ein und zeigen Empathie. Wertfein (2013) spricht im Alter vom vierten bis sechsten Lebensjahr von der emotionalen Empathie (siehe Kapitel 8.3.4, S. 303). Das Kind lernt langsam, eigene von fremden Gefühlen zu unterscheiden. Dies ermöglicht es ihm, aus der Sicht der betroffenen Person zu reflektieren und abgestimmtes Verhalten zu zeigen.

Mit weiter fortschreitendem Alter gewinnen die Kinder immer mehr Erfahrungen mit sozialen Interaktionen u. Ä. Daraus resultiert, dass ältere Kinder eher in der Lage sind, Handlungen und Situationen differenzierter zu betrachten und dies bei der Einschätzung von Situationen anderer Menschen mit zu berücksichtigen (vgl. Frank, 2012, S. 31 f.; Kasten, 2009, S. 182).

8.4.3 Der Beginn einer wunderbaren Freundschaft

Wie bereits im Zusammenhang mit den dominanten Spielformen in der frühen Kindheit angesprochen, werden Spielpartner und damit andere Kinder beständig bedeutsamer für den (sozialen) Alltag drei- bis sechsjähriger Kinder. Kinder, mit denen sie am meisten zusammen sind, häufig Aktivitäten unternehmen und/oder die ein attraktives Spielzeug haben, bezeichnen sie bereits als Freunde. Dabei sind Freundschaften in diesem Altersabschnitt schnell geschlossen und genauso schnell wieder getrennt. Sie sind meist nur von kurzer Dauer.

Wenn Freundschaften aufgrund von Vereinbarungen durch die Eltern zustande gekommen sind, können sie allerdings von längerer Dauer sein. Bei diesen Verbindungen steht die Gemeinsamkeit bei den (spielerischen) Aktivitäten im Vordergrund, z. B. gemeinsam etwas unternehmen, Spaß haben oder Schwierigkeiten meistern. Zudem ist auch die Kommunikation in diesen freundschaftlichen Beziehungen positiv sowie verständnisvoll und von gegenseitiger Hilfe geprägt. Im Rahmen der sozialen Interaktionen sind die Kinder zunehmend in der Lage, sich zu einigen, zu helfen und abzusprechen. Insgesamt werden die Freundschaften stabiler (vgl. Kasten, 2009, S. 196 ff.; Metzinger, 2011, S. 62 f.).

Nach Selmans Stufenmodell (1981) befinden sich die Kinder ab drei Jahren im Hinblick auf ihr sozial-kognitives Freundschaftskonzept entweder auf Stufe 0 (undifferenzierte und egozentrische Perspektivenübernahme) oder auf Stufe 1 (differenzierte und subjektive Perspektivenübernahme). Für Kinder in Phase 0 (etwa drei bis acht Jahre) sind Freunde diejenigen Kinder, mit denen sie gerade spielen; die Freundschaft geht kaum über die aktuelle Situation hinaus (Freundschaft als augenblickliche Interaktion). Wenn Kinder in ihrem Konzept von Freundschaft Phase 1 (etwa fünf bis neun Jahre) erreicht haben, ist ein Freund jemand, der die eigenen Ziele fördert oder sich dem eigenen Standard anpasst (Freundschaft als einseitige Hilfeleistung) (vgl. Schmidt-Denter, 1996, S. 1058 ff.; Pinquart u. a., 2011, S. 218).

8.4.4 Der Übergang in den Kindergarten

Der Übergang in den Kindergarten ist für dreijährige Kinder eine einschneidende Erfahrung und wird von Psychologen als „normatives kritisches Lebensereignis" bezeichnet (vgl. Kasten, 2009, S. 20). Diese Institution stellt – neben frühkindlichen Krippen-, PEKiP- oder Krabbelgruppenerfahrungen – den wichtigsten sozialen Erprobungsraum dar, der grundlegende soziale Kompetenzen ermöglicht und dadurch richtungsweisend für die weitere Entwicklung des Kindes ist.

Zum einen müssen sich die Kinder – wenn auch nur für eine gewisse Zeit – von der primären Bindungsperson, hierbei handelt es sich oftmals um

Der erste Tag im Kindergarten

die Mutter, trennen. In diesem Zusammenhang wirkt sich auch die Art der frühen Bindung positiv oder negativ auf diesen Übergang aus. Sicher gebundene Kinder sollten keine Probleme haben, den Übergang in den Kindergartenalltag zu bewältigen. Wegen ihrer sicheren Bindung konnten sie ein stabiles Selbstbewusstsein in ihre Fähigkeiten aufbauen und Vertrauen in ihre Bezugsperson gewinnen, die sie am Ende des Kindergartentages auch wieder abholen wird. Das erleichtert ihnen die Trennung, da sie in dem Bewusstsein ankommen, dass sie mit ihren Kompetenzen etwas erreichen können und nicht dort allein zurückgelassen werden (vgl. Kasten, 2008, S. 121 f.).

Zum anderen stellt der Alltag in der Einrichtung die Kinder vor neue (soziale) Herausforderungen, die gemeistert werden müssen. Dazu gehört vor allen Dingen der Umgang mit den Erzieherinnen und Erziehern sowie den anderen (gleichaltrigen) Kindern. Im neuen sozialen Miteinander erwerben die Kinder zunehmend soziale Fähigkeiten (siehe Kapitel 8.4.2), die in den Interaktionen mit den anderen Personen der Gruppe bzw. Einrichtung entfaltet bzw. gefestigt werden. Auch wenn die Kleinen zu Beginn der Eingewöhnungsphase noch verhalten reagieren und sich eher beobachtend durch die Gruppen bewegen, legt sich dieses Verhalten nach kurzer Zeit und sie nehmen mehr oder weniger intensiven Kontakt mit den anderen Kindern auf, beispielsweise über (mitgebrachte) Spielobjekte. Innerhalb des nächsten Kindergartenjahres kann man beobachten, dass die Kinder einen Platz in der Kindergartengruppe gefunden und die notwendigen sozialen Fähigkeiten erworben haben, um sich in der Gruppe zu behaupten und zufrieden zu sein. Dabei haben sich auch die sozialen Kontakte zu den anderen Kindern gefestigt, wobei hier die Interaktionen mit etwa Gleichaltrigen deutlich häufiger sind als mit älteren Kindern. Diese beschäftigen sich eher auf Geheiß der pädagogischen Fachkräfte mit den jüngeren Kindern der Gruppe (vgl. Kasten, 2008, S. 121 ff.).

Berufliche Handlungsrelevanz

In der frühen Kindheit sind der Aufbau von Freundschaften sowie die Entwicklung der Fähigkeit zur Perspektivenübernahme und Empathie Entwicklungsaufgaben von großer Bedeutung. Diese sozial-kognitiven Kompetenzen können vor allem im Spiel mit anderen Kindern gefordert und gefördert werden. Aus diesem Grund stellt das Spiel für die pädagogische Fachkraft ein bedeutendes Instrument dar. Selbstverständlich können auch Projekte, das Lesen von Büchern oder andere Methoden zur Förderung dieser sozial-kognitiven Fähigkeiten eingesetzt werden.

Zur Auswahl, Planung und Umsetzung der kindlichen Spielformen können pädagogische Fachkräfte entscheidend beitragen. Indem sie zum einen, orientiert an Entwicklungsstand, Interessen und Bedürfnissen des Kindes, Spiele anbieten, die soziale Interaktionen der Kinder in der Gruppe begünstigen.

Hierfür eignen sich beispielsweise die Turnstunden oder Morgen- bzw. Abschlusskreise. Zum anderen können die Fachkräfte auch bereits laufende Spiele fördern, die unter Umständen konfliktbeladen oder im Ablauf gestört sind. Durch diese gezielte pädagogische Unterstützung kann der Lernprozess im Hinblick auf sozial-kognitive Aspekte wie das Einhalten von Regeln im sozialen Miteinander, die Fähigkeit zur Perspektivenübernahme oder prosoziale Verhaltensweisen gefördert werden.

Gerade während der Übergangszeit im Kindergarten ist die pädagogische Fachkraft für das Kind von besonderer Bedeutung. Um die Trennung von den Eltern bzw. der Mutter positiv zu gestalten und eine zunehmende sichere Bindung aufzubauen, ist es die Aufgabe der Fachkraft, sich dem Kind in der ersten Zeit besonders zu widmen und bei eventuellen Schwierigkeiten in der Eingewöhnungszeit zu helfen. In diesem Zusammenhang ist auch die Zusammenarbeit mit den Eltern sehr hilfreich. Die meisten Kindertagesstätten ermöglichen den Kindern heute eine Eingewöhnungsphase, in der die Kinder zunehmend von der primären Bindungsperson getrennt den Alltag verbringen (vgl. auch Kasten, 2008, S. 121 ff.).

8.5 Die sozial-kognitive Entwicklung in der mittleren Kindheit

Auf dem Weg zu einer selbstbewussten und selbstständigen Persönlichkeit weist die Kindheit wichtige Stationen der sozial-kognitiven Entwicklung auf, die für das weitere Leben entscheidend sind. Dazu gehören der Übergang in die Schule und die wachsende Bedeutung der Beziehungen zu Gleichaltrigen bzw. Freundschaften für das einzelne Kind.

8.5.1 Das gemeinsame Spiel in der Kindheit

Bezüglich der stetig wachsenden Bestrebung der Kinder, Freundschaften anzubahnen und zu pflegen, sowie der fortschreitenden sozial-kognitiven Entwicklung spielt das Spielverhalten eine entscheidende Rolle. Entsprechend der sozialen Interessen gestaltet sich nämlich die Wahl der Spielformen. Entscheiden sich Kinder in früheren Altersphasen noch vorwiegend für Als-ob- und Rollenspiele, wird das Regelspiel in der mittleren Kindheit stark bevorzugt. Dabei gewinnen besonders Team- und Mannschaftsspiele zunehmend an Bedeutung. Dieser Entwicklung liegt das wachsende Bedürfnis zugrunde, sich mit anderen Kindern zu messen und in einen Wettbewerb zu treten. Diese Tendenz ist bereits im fünften Lebensjahr zu erkennen. Die Beliebtheit von Regelspielen erreicht mit etwa zehn Jahren ihren Höhepunkt (vgl. Kasten, 2008, S. 180).

8.5.2 Perspektivenübernahme in der mittleren Kindheit

Nach der Stufentheorie von Selman zur Fähigkeit der Perspektivenübernahme befinden sich die Kinder in diesem Altersabschnitt noch in Phase 1 oder bereits in Phase 2 (selbstreflexive/zweite Person- und reziproke Perspektivenübernahme) bzw. Phase 3 (wechselseitige Perspektiven oder Perspektiven der dritten Person). In Phase 2 (etwa acht bis zehn Jahre) erkennen Kinder die Perspektive einer anderen Person und können auch darüber nachdenken. In Phase 3 (etwa zehn bis zwölf Jahre) sind sie bereits in der Lage, ihre eigene Perspektive mit der von anderen Menschen systematisch zu vergleichen. Sie können sogar die Perspektive einer dritten Partei einnehmen und die Sichtweisen der anderen beiden Beteiligten bewerten (vgl. Selman, 1984, S. 50–55; Siegler u. a., 2011, S. 353).

8.5.3 Die Bedeutung der Freundschaft

In der mittleren Kindheit nehmen die sozialen Beziehungen zwischen Kindern immer mehr den Charakter einer Freundschaft an, die emotional ist sowie sich durch gegenseitiges Verständnis, Sympathie und Vertrauen auszeichnet (vgl. Kray/Schaefer, 2012, S. 228).

> Eine enge, emotional positiv besetzte Beziehung zwischen zwei Menschen wird als **Freundschaft** bezeichnet. Sie zeichnet sich durch ein gegenseitiges Verständnis sowie Sympathie und Vertrauen aus.

Nach Selman verharren die Kinder in der mittleren Kindheit hinsichtlich ihres Konzeptes von Freundschaft noch auf Stufe 1 (siehe Kapitel 8.4.3) oder haben bereits Stufe 2 bzw. Stufe 3 erreicht. Kinder auf Stufe 2 (etwa sieben bis zwölf Jahre) verstehen Freundschaft als etwas, das Koordination und wechselseitige Anpassung erfordert. Wünsche und Abneigungen der Beteiligten werden berücksichtigt, die Beziehung ist aber noch instabil („Schönwetterkooperation"). Für Kinder auf Stufe 3 (etwa zehn bis 15 Jahre) hingegen bedeutet Freundschaft eine überdauernde emotionale Bindung, die auch Konflikten standhält. Es besteht noch ein gewisses Besitzdenken gegenüber dem Freund oder der Freundin: Kein anderes Kind darf mit ihm bzw. ihr spielen (Freundschaft als eine intime und gegenseitig gestützte Beziehung).

In diesen freundschaftlichen Beziehungen erkennen die Kinder zunehmend, dass es auch notwendig sein kann, den Standpunkt des anderen Kindes zu akzeptieren und Kompromisse einzugehen. Die Aspekte der Hilfsbereitschaft und des gegenseitigen Vertrauens werden in einer Freundschaft beständig wichtiger. Neun- und Zehnjährigen ist aus diesem Grund auch die Eigenschaft eines Freundes wichtig, ihm ein Geheimnis anvertrauen zu können, das er für sich behält (vgl. Kray/Schaefer, 2012, S. 228). Nach Wertfein (2013) verfügen Kinder etwa ab dem siebten Lebensjahr über eine kontextuelle Empathie. Das heißt, sie sind in der Lage, bei der Betrachtung von Menschen und Situationen unterschiedliche Identitäten und Lebenszusammenhänge zu berücksichtigen.

Im Gegensatz zu den Präferenzen hinsichtlich der Spielarten lehnen Kinder eine Konkurrenz in der Freundschaft ab. Zudem ist es Kindern in diesem Altersabschnitt zunehmend möglich, Freundschaften längerfristig aufrechtzuerhalten. Dies ist auf ihre wachsende soziale Kompetenz zurückzuführen. Bereits Sieben- und Achtjährige sind dazu in der Lage.

Wie bereits im Zusammenhang mit der Fähigkeit zur Perspektivenübernahme und zu sozial kompetentem Verhalten angesprochen wurde (siehe Kapitel 8.1.4 und 8.1.5), spielen diese beiden Fertigkeiten eine bedeutende Rolle im Aufbau von sozialen Beziehungen und Freundschaften zu Gleichaltrigen (Peers). Dabei sind besonders solche Kinder im Vorteil, die über eine hohe soziale Kompetenz verfügen und in der Lage sind, sich in andere hineinzuversetzen. Da sie Signale von anderen Kindern erkennen und interpretieren können, wird ihnen die sensible Kontaktaufnahme erleichtert. Kindern, die sozial nicht so kompetent sind, fällt es hingegen schwer, Kontakt zu Peers aufzunehmen und Freundschaften zu knüpfen. Daher sind sie unter Umständen sozial isoliert und haben deshalb auch nicht die Möglichkeit, sozial kompetente Verhaltensweisen zu lernen und zu festigen (vgl. Kray/Schaefer, 2012, S. 228 f.).

1988 entwickelten die Wissenschaftler John D. Coie und Kenneth A. Dodge ein Soziogramm, mit dessen Hilfe soziale Beziehungen innerhalb einer Gruppe dargestellt werden können. Zu diesem Zweck befragten sie Sechs- bis Neunjährige in den USA. Der Grund für die Auswahl dieser Altersgruppe basiert auf dem Umstand, dass jüngere Kinder aufgrund ihrer sozial-kognitiven Entwicklung noch nicht in der Lage sind, sich in andere hineinzuversetzen und das Verhalten ihrer Peers differenziert zu betrachten (vgl. Coie u. a., 1990, S. 20) Im Rahmen der Befragungen sollten die Kinder ihre Klassenkameraden nach Beliebtheit bzw. Unbeliebtheit bewerten. Dabei konnten Coie und Dodge fünf Kategorien identifizieren (vgl. Coie/Dodge, 1988; Kray/Schaefer, 2012, S. 228 f.).

Kategorie	Beschreibung
beliebte Kinder	• hohe soziale Kompetenz • freundliches Verhalten • aufmerksame Zuhörer und interessiert an den anderen • vertrauenswürdig und loyal
abgelehnte Kinder	• Mangel an sozialer Kompetenz • stören andere in Spiel und Interaktionen • entweder aggressiv und unsensibel gegenüber anderen oder • zurückgezogen und ängstlich
ignorierte Kinder	• insgesamt wenige Interaktionen mit Peers, sowohl positiver (z. B. spielerische Aktivitäten) als auch negativer (z. B. aggressives Verhalten) Natur • leiden nicht unter den reduzierten Interaktionen
durchschnittliche Kinder	• die Anzahl von positiven und negativen Nominierungen hält sich die Waage
kontroverse Kinder	• haben sowohl positive (z. B. humorvoll oder kreativ) als auch negative (z. B. dominant) Eigenschaften • werden oftmals als arrogant wahrgenommen

Fünf Kategorien zur Klassifizierung nach Beliebtheit bzw. Unbeliebtheit (vgl. Kray/Schaefer, 2012, S. 228 f.)

8.5.4 Der Übergang in die Schule

Dieser bedeutende Übergang in der Kindheit stellt das Kind vor neue Herausforderungen im Hinblick auf die sozial-kognitive Entwicklung. Neben der neuen Stufe in der Entwicklung der Persönlichkeit (siehe hierzu Kapitel 10) verändern sich die sozialen Beziehungen des einzelnen Kindes bedingt durch den **mit dem Schuleintritt einhergehenden Rollenwandel**. Dieser Rollenwandel wird von Wissenschaftlern als positive Bestärkung des Selbstbewusstseins und des Vertrauens in die eigenen Fähigkeiten gesehen, da die Heranwachsenden nun „nicht mehr nur" Kindergartenkind, sondern Schulkind sind. Die Schulanfänger müssen lieb gewonnene Spielgefährten sowie Erzieherinnen und Erzieher „zurücklassen", treffen dafür aber auf die Lehrkräfte und andere Erstklässler aus anderen Kindertagesstätten. Hieraus ergeben sich wertvolle soziale Erfahrungen und neue soziale Interaktionen, die sowohl positive (Freundschaften) als auch negative (Konflikte)

Konsequenzen haben können. Wenn Kinder aus derselben Kita gemeinsam auf eine Schule gehen, lässt sich diese Umstellung sehr viel besser bewältigen als allein. Auch wenn die Klassen heute zum Teil sehr groß sind, können Klassenlehrer trotzdem positiv auf den Schulalltag einwirken. Hat das Kind den Übergang als positiv erlebt, fühlt es sich gestärkt für diese neue Situation und wird zunehmend selbstsicherer im Umgang mit den teilweise vielleicht auch schwierigen Herausforderungen des Schulalltags (vgl. Kasten, 2009, S. 213 ff.).

Auch den Eltern kommt in dieser aufreibenden Zeit eine bedeutende Rolle zu. Neben den sozialen Kontakten, die nun unter Umständen neu organisiert werden müssen, kommen jetzt auch vermehrt zusätzliche Freizeitaktivitäten wie Fußball oder Judo hinzu, wenn dies nicht schon vorher geschehen ist. Diese Termine und die damit verbundenen Transportmöglichkeiten müssen geregelt werden. Durch diese Aktivitäten ergeben sich auch neue soziale Kontakte sowohl für die Eltern als auch das Kind. Wenn dann auch noch beide Eltern arbeiten und unter Umständen nach der Schule nicht (immer direkt) jemand zu Hause ist, hat sich der gesamte (sichere) Ablauf des Alltags für das Kind auf den Kopf gestellt. Aus diesem Grund sind Orientierungshilfen für das Kind unerlässlich. Die Eltern-Kind-Beziehung sollte daher während der gesamten Übergangszeit im Fokus der täglichen Bemühungen stehen, damit sich das Kind in stressigen Situationen auf eine sichere Basis und vor allem offene Ohren verlassen kann (vgl. Kasten, 2009, S. 224 f.).

Berufliche Handlungsrelevanz

Gerade im Hinblick auf den bevorstehenden Übergang in die Schule können pädagogische Fachkräfte vorbereitend wirken, um den Vorschulkindern dieses besondere Ereignis so einfach und doch aufregend wie möglich zu gestalten. Dazu gehören beispielsweise Gespräche mit Kindern, die auf der einen Seite die Fragen oder Ängste hinsichtlich des bevorstehenden Schuleintritts thematisieren und auf der anderen Seite die kommunikativen Fähigkeiten trainieren. Auch Einzelfallarbeit ist besonders für die Kinder wichtig, die Ängste haben oder durch ihr (z. B. aggressives) Verhalten auffallen. Wie Hartmut Kasten anregt, kann auch ein „Projekt zur Schulvorbereitung" (nach Ilona Richter, 1999) umgesetzt werden. Im Rahmen dieses Projektes kann der Schulalltag bereits durchlebt werden und die pädagogischen Fachkräfte können in den „schulvorbereitenden Aktivitäten" dabei helfen, die erforderlichen Kompetenzen bezogen auf die Persönlichkeit (z. B. Selbstbewusstsein) und das soziale Miteinander (z. B. kommunikative und kooperative Fähigkeiten) auszubilden und zu festigen. Des Weiteren bieten sich Aktionen mit Eltern und den zukünftigen Schulen an, die zusätzlich auf den Schuleintritt vorbereiten. Dazu gehören beispielsweise Elternabende, ein Abschiedsfest mit den Erstklässlern, ein Schulbesuch vor dem ersten Schultag usw. (vgl. Kasten, 2009, S. 226 ff.).

8.6 Die sozial-kognitive Entwicklung in der Adoleszenz

Eriksons Persönlichkeitsmodell zufolge (siehe Kapitel 4.3.1) markiert diese Lebensphase einen wichtigen Abschnitt für die persönliche Identitätsfindung. Die bis dahin erlebten körperlichen, geistigen und sozial-kognitiven Entwicklungen dienen als Vorbereitung auf das, was in dieser wichtigen Lebensphase des Erwachsenwerdens geschieht. Viele Wissenschaftler sehen die Jugend als „Sturm-und-Drang-Phase", da in dieser Zeit, bedingt durch die enormen sozialen, psychischen und körperlichen Veränderungen, die Stimmungsschwankungen tendenziell extrem sein können und problematisches Verhalten nicht auszuschließen ist. Wie die Psychologen Richard Gerrig und Philip Zimbardo in ihrer Beschreibung der Adoleszenz jedoch anmerken, kann sich diese Phase von Kultur zu Kultur anders gestalten und muss nicht zwangsläufig einen „rebellischen" Charakter haben. Aus diesem Grund stellt die Wissenschaft die

Übergänge, die in dieser Zeit zu bewältigen sind, in den Mittelpunkt ihrer Untersuchungen (vgl. Gerrig/Zimbardo, 2008, S. 396). Diesem Beispiel folgt auch das nachfolgende Kapitel, das die wichtigen sozialen Übergänge der Adoleszenz darstellt. Die damit zusammenhängenden Aspekte der sozial-emotionalen sowie Identitäts- und Persönlichkeitsfindung werden in den Kapiteln 9 und 10 genauer dargelegt.

8.6.1 Perspektivenübernahme in der Adoleszenz

Die bedeutenden kognitiven Entwicklungen in diesem Altersabschnitt (siehe hierzu Kapitel 6.5) bewirken auch entscheidende Veränderungen in den Denkstrukturen des Jugendlichen im sozial-kognitiven Bereich. Neben der Tatsache, dass einige Jugendliche u. a. ihr Selbstbild und Selbstbewusstsein zunehmend von den Meinungen anderer abhängig machen (siehe dazu auch Kapitel 8.6.3), sehen sie nun gleichzeitig bisher (fraglos) anerkannte Werte, Normen und Autoritäten eventuell kritisch. Damit zusammenhängend erreichen die Jugendlichen im Hinblick auf ihre Fähigkeit zur Perspektivenübernahme nun Phase 4 (gesellschaftliche oder Tiefenperspektiven). In dieser Phase (zwölf bis 15 Jahre und älter) versuchen die Jugendlichen, die Sichtweise der anderen Person durch den Vergleich mit einer durchschnittlichen Ansicht zu verstehen. Es gilt dadurch die Erkenntnis zu erlangen, ob die beobachtete Perspektive der des Großteils der eigenen sozialen Gruppe entspricht oder nicht. Entsprechend beurteilen die Jugendlichen die sozialen Interaktionen und können so ihr Verhaltensrepertoire erweitern (vgl. Selman, 1984, S. 50–55; Siegler u. a., 2011, S. 353).

8.6.2 Die Beziehung zwischen Eltern und ihren Kindern

Die Bindung zwischen Eltern und Kind war in den vorhergehenden Lebensphasen für die ganzheitliche Entwicklung des Kindes unerlässlich. Sie bildete die „sichere Basis", von der aus das Kind die Welt neugierig erforschen konnte, und stellte das nötige Vertrauen in soziale Beziehungen sowie die eigenen Fähigkeiten her. Die Persönlichkeit von Jugendlichen durchlebt in dieser Phase jedoch, wie bereits angedeutet, unter Umständen beängstigende, verunsichernde Gefühle und Situationen, die auch die Beziehung zu den Eltern beeinflussen.

Bedingt durch die geistigen, emotionalen und körperlichen Veränderungen stellen die Jugendlichen zunehmend die Autorität der Eltern infrage und wollen unabhängig von der Kontrolle der Erwachsenen ihr Leben leben. Dies wirkt sich auf die Natur der Bindung aus. Für Eltern ist es wichtig, diese Entwicklung verständnisvoll und unterstützend zu begleiten und eine Balance zwischen Kontrolle und Loslassen zu finden. Am Ende dieses Prozesses sind die Jugendlichen in der Lage, wichtige Entscheidungen selbst zu treffen (vgl. Gerrig/Zimbardo, 2008, S. 397).

8.6.3 Beziehungen zu Gleichaltrigen (Peers)

Während die wichtigste Beziehung in der gesamten Kindheit noch die zu den Eltern ist, ändert sich das in der Jugendzeit. Aufgrund des zunehmenden Strebens nach Unabhängigkeit von der elterlichen Sorge wenden sich die Jugendlichen zunehmend Gleichaltrigen zu. Sie üben nun mehr oder weniger starken Einfluss auf die weitere Entwicklung der Persönlichkeit des Heranwachsenden, seiner Wünsche, Gedanken und Ansichten sowie seines Verhaltens aus (vgl. Gerrig/Zimbardo, 2008, S. 397).

Gerrig und Zimbardo nennen drei Ebenen von Beziehungen mit Gleichaltrigen, die in dieser Zeit von Bedeutung sind:
- **Freundschaften:** Es sind einzelne Personen wichtig, die bei Sorge oder Problemen um Unterstützung gebeten werden.
- **Cliquen:** Das sind Gruppen, bestehend aus sechs bis zwölf Personen. Die Zugehörigkeit ist abhängig von Alter oder ethnischem Hintergrund.
- **Gruppen:** Diese zeichnen sich aus durch größere Gruppenzugehörigkeit und lose Einteilung wie z. B. Sportler.

(vgl. Gerrig/Zimbardo, 2008, S. 397)

> *„Durch Interaktion mit Gleichaltrigen auf diesen drei Ebenen definieren Jugendliche allmählich die soziale Komponente ihrer sich entwickelnden Identität, indem sie die Art von Mensch, die sie sein möchten, und die Art von Beziehung, die sie eingehen möchten, wählen (…).“*
>
> (Gerrig/Zimbardo, 2008, S. 397)

Die Beziehungen zu Gleichaltrigen können sowohl einen positiven als auch einen negativen Einfluss haben. Innerhalb der Gruppe lernen die Jugendlichen beispielsweise, welche erfolgreichen Verhaltensstrategien sie in anstrengenden sozialen Situationen anwenden können. Abhängig von der persönlichen Disposition des Jugendlichen können diese Beziehungen aber auch negative Auswirkungen haben, indem der Jugendliche von seinen Freunden z. B. dazu angestachelt wird, zu stehlen oder Drogen zu nehmen (vgl. Gerrig/Zimbardo, 2008, S. 398).

Nach Selmans Stufentheorie haben Jugendliche hinsichtlich ihres Konzepts von Freundschaft bereits Stufe 3 erreicht und nähern sich nun Stufe 4 (ab zwölf Jahre). Auf der letzten Stufe in Selmans Modell ist die Freundschaft für Jugendliche eine kraftgebende Beziehung mit gegenseitiger Unterstützung. Die eigene Identität wird durch die Beziehung zum anderen erweitert. Unterschiedliche Bedürfnisse, die auch andere Freundschaften und Beziehungen erfordern, werden akzeptiert (autonome Interdependenz).

8.7 Die sozial-kognitive Entwicklung im frühen und mittleren Erwachsenenalter

Auch wenn die sozial-kognitive Entwicklung in diesem Altersabschnitt im Wesentlichen abgeschlossen ist, werden die Erwachsenen jedoch mit einschneidenden Entscheidungen und Erlebnissen sozialer Natur konfrontiert, die für den weiteren Lebensweg ausschlaggebend sein können. Verschiedene wissenschaftliche Ansätze identifizierten zwei dominante Themen innerhalb dieser Lebensphase: soziale Beziehungen und persönliche Erfolge (vgl. Gerrig/Zimbardo, 2008, S. 398). Abhängig von der schulischen Ausbildung ist es nun an der Zeit, einen Berufsweg einzuschlagen. Zudem machen sich viele Menschen nun auch Gedanken über eine feste Partnerschaft und Kinder. Bedingt durch die heutige Zeit hat in diesen beiden Aspekten eine Altersverschiebung stattgefunden. Junge Erwachsene verwenden mehr Zeit auf ihre berufliche Ausbildung, schließen diese demzufolge später ab und fassen deshalb unter Umständen auch später den Entschluss, eine Familie zu gründen. Hinzu kommt die heutige Unsicherheit eines festen Arbeitsplatzes. Konnten Mitarbeiter einer Firma bis vor 25 Jahren noch bis zum Renteneintritt im selben Unternehmen bleiben, ist der Lebenslauf von jungen Erwachsenen heute durch mehrmalige Jobwechsel gekennzeichnet.

8.7.1 Die Berufswahl

Eine der wichtigsten Entwicklungsaufgaben des Individuums **im jungen Erwachsenenalter**, abhängig von der Schulausbildung auch schon früher, ist wohl die Wahl des Berufes. Viele junge Menschen haben nach dem Schulabschluss ganz konkrete Vorstellungen davon, was sie werden wollen oder welchen Charakter ihr Beruf haben soll. Einige von ihnen wissen jedoch noch nicht genau, welchen Beruf sie ergreifen wollen. Soll ich eine Ausbildung machen oder (wenn die allgemeine Hochschulreife erreicht wurde) doch lieber studieren? Diese oftmals schwierige Entscheidung wird von einer ganzen Reihe von Faktoren beeinflusst, z. B. die persönlichen Fähigkeiten und Interessen, die Arbeitsmarktsituation sowie Familie oder Freunde.

1977 entwickelte der amerikanische Psychologe John L. Holland (1919–2008) das **Modell der beruflichen Passung**. Das Konzept basiert auf der „Passung" zwischen der Persönlichkeit des Menschen und den Tätigkeiten bzw. Anforderungen des Berufes. Holland ordnete Berufen und Persönlichkeiten sechs zentrale Charakteristika zu, die der Person bei der Suche helfen, einen für ihre Persönlichkeitseigenschaften und Fähigkeiten passenden Beruf zu finden (vgl. Freund/Nikitin, 2012, S. 269).

Ausgehend von den sechs Charakteristika entwarf Holland die RIASEC-Typologie, der Begriff setzt sich aus den Anfangsbuchstaben der Eigenschaften zusammen: R (realistic = realistisch), I (investigative = intellektuell), A (artistic = künstlerisch), S (social = sozial), E (enterprising = unternehmerisch) und C (conventional = konventionell). Diesen Eigenschaften ordnete er dann Persönlichkeitsbilder und Berufe zu (siehe folgende Grafik): R → die „Macher", I → die „Denker", A → die „Künstler", S → die „Helfer", E → die „Überreder/Verführer" und C → die „Organisierer" (vgl. Schuler/Höft, 2006).

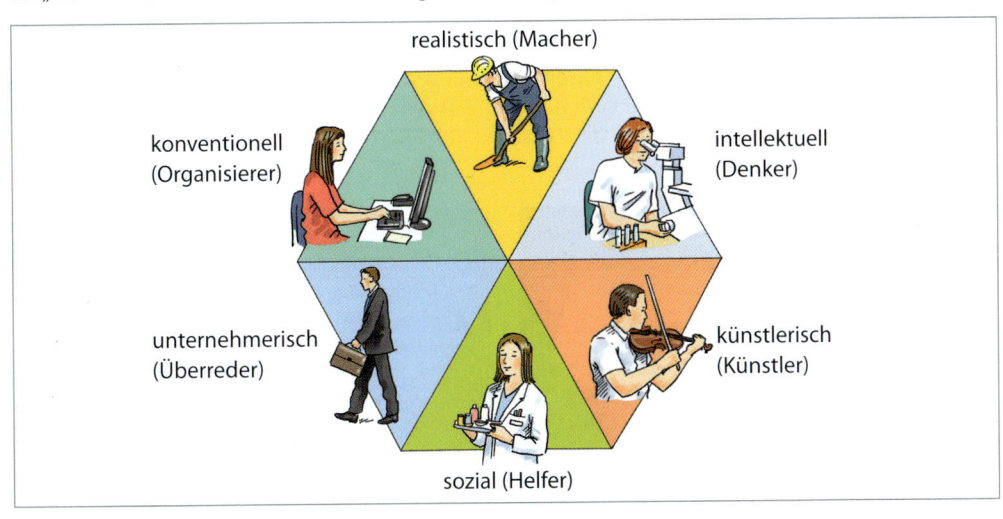

RIASEC-Typologie nach Holland

Auch wenn das Modell heute teilweise kritisch gesehen wird, da es beispielsweise die sich ändernden Interessen in Jugend und im Erwachsenenalter sowie, als statisches Konzept, sich verändernde berufliche Interessen und Anforderungen nicht berücksichtigt – für die Berufsberatung ist es nach wie vor bedeutsam. Zudem hat sich in empirischen Studien gezeigt, dass eine engere Abstimmung von Persönlichkeit und Beruf eine beständigere Berufsentwicklung begünstigt (vgl. Freund/Nikitin, 2012, S. 269).

Mit der Berufsentscheidung im jungen Erwachsenenalter ist die berufliche Entwicklung allerdings nicht abgeschlossen. Im **mittleren Erwachsenenalter** stehen für Menschen unter Umständen die berufliche Weiterbildung bzw. Veränderung oder sogar die berufliche Karriere im Vordergrund. Sie werden nun im Hinblick auf die Verwirklichung persönlicher Berufsziele aktiv, sofern sie diese noch nicht umsetzen konnten, oder erleben Veränderungen hinsichtlich ihrer eigenen Interessen oder den Anforderungen des Berufes. Auch wenn viele Personen mit ihrem Beruf sowie den damit verbundenen Aufgaben und Fähigkeiten zufrieden sind, hält es manche Menschen nicht in einer Firma oder Position. Sie streben nach anderen Aufgaben, um ihre Fähigkeiten intensiver auszuschöpfen, eventuell neu erworbene oder erkannte Kompetenzen zu erproben und die Bedürfnisse ihrer Persönlichkeit zu befriedigen (siehe hierzu auch Kapitel 9.7.3). Die zunehmende Globalisierung, die oftmals eine berufliche Flexibilität nach sich zieht, gleichzeitig aber auch neuen berufliche Perspektiven eröffnet, sowie Arbeitslosigkeit, Berufsunfähigkeit oder Frührente beeinflussen den beruflichen Werdegang und die damit zusammenhängenden sozialen Beziehungen und kognitiven Anforderungen (vgl. Freund/Nikitin, 2012, S. 269 f.).

8.7.2   Formen des Zusammenlebens

Erikson stellte für das frühe Erwachsenenalter die Entwicklungsaufgabe der Intimität fest. Intimität bezeichnet für ihn die Fähigkeit, eine Beziehung mit einem anderen Menschen einzugehen. Dabei kann diese Bindung von sexueller, freundschaftlicher oder anderer Natur sein (vgl. Erikson, 2013, S, 114 f.; Gerrig/Zimbardo, 2008, S. 399).

Feste Partnerschaften

Einhergehend mit dem Bedürfnis nach Intimität in dieser Lebensphase ist die Suche nach einem Partner fürs Leben, wobei hier auch Lebensgemeinschaften ohne Trauschein oder gleichgeschlechtliche Beziehungen einbezogen sind. Erikson verankerte den Wunsch nach einer festen Partnerschaft im frühen Erwachsenenalter, da die damit einhergehende Intimität den Abschluss der Identitätsfindung des Einzelnen voraussetzt. Diese ist üblicherweise erst diesem Lebensabschnitt abgeschlossen.

Die Erfüllung der Intimität sah Erikson zudem als notwendige Voraussetzung dafür an, ein zufriedenes Leben im Erwachsenenalter zu führen. Die nachfolgende Grafik zeigt, welchen Einfluss soziale Interaktionen auf das seelische Wohlbefinden des Einzelnen im Laufe seines Lebens haben. Die Verschiebung der Gewichtung zugunsten der Freunde beispielsweise ab dem Lebensabschnitt von Mitte bis Ende 40 lässt sich auf Ereignisse im Leben zurückführen, die gewöhnlich in diesem Alter auftreten, wenn beispielsweise der Lebenspartner verstirbt oder der Mensch keine Kinder hat (vgl. Gerrig/Zimbardo, 2008, S. 399).

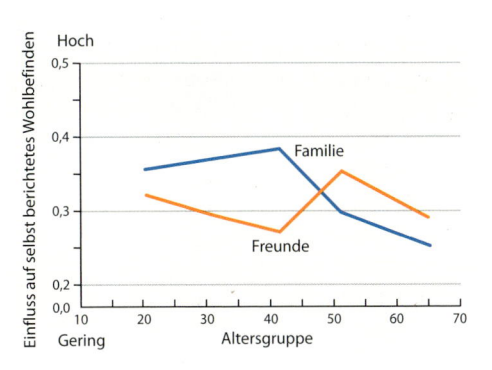

Einflüsse von sozialen Interaktionen auf das psychische Wohlbefinden (aus: Gerrig/Zimbardo, 2008, S. 399)

Trennungen

Aufgebaute Intimitäten können aber auch wieder aufgelöst werden, beispielsweise durch Trennung oder im Falle einer Ehe durch Scheidung. Abhängig von der Art der Trennung (Gründe wie z. B. ein gewalttätiger/untreuer Partner u. Ä.) können daraus gravierende Auswirkungen auf die nachfolgenden sozialen Interaktionen resultieren, die infolgedessen auch das weitere Leben des Menschen beeinflussen können.

Alleinlebende

Nach Angaben des Statistischen Bundesamtes lebte 2011 jeder Fünfte (das sind fast 16 Millionen Menschen) in Deutschland allein, wobei es sich nicht immer um Ledige bzw. Singles handelt. Viele dieser Menschen leben nicht mit ihrem Partner zusammen. Die meisten Haushalte von Alleinlebenden finden sich in den Großstädten (vgl. AFP/dpa, 2012).

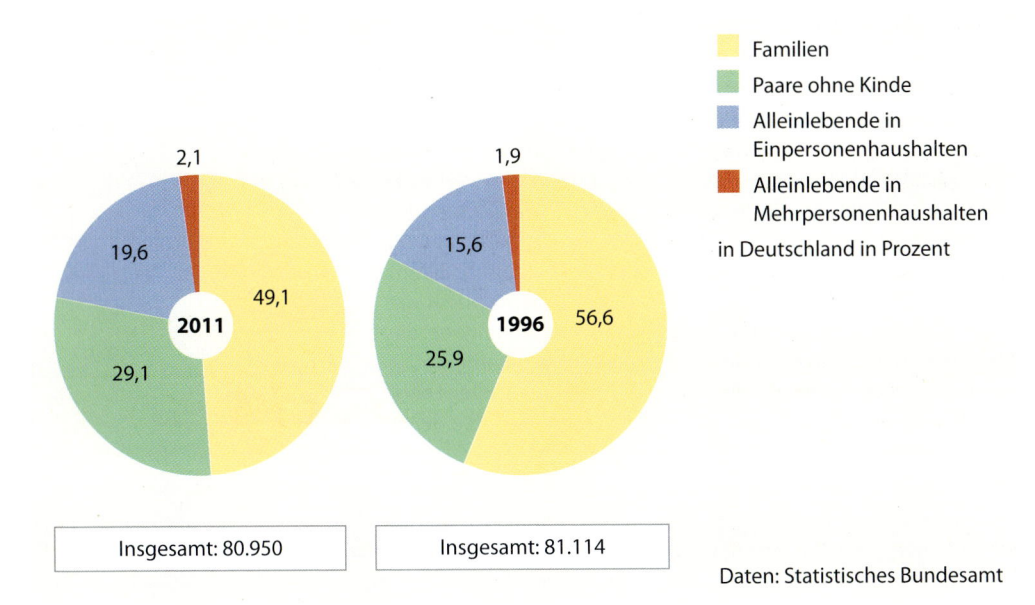

2011 – Familien: 49,1; Paare ohne Kinder: 29,1; Alleinlebende in Einpersonenhaushalten: 19,6; Alleinlebende in Mehrpersonenhaushalten: 2,1; Insgesamt: 80.950

1996 – Familien: 56,6; Paare ohne Kinder: 25,9; Alleinlebende in Einpersonenhaushalten: 15,6; Alleinlebende in Mehrpersonenhaushalten: 1,9; Insgesamt: 81.114

in Deutschland in Prozent

Daten: Statistisches Bundesamt

Bevölkerung nach Lebensformen (Quelle: WELT online, 2013)

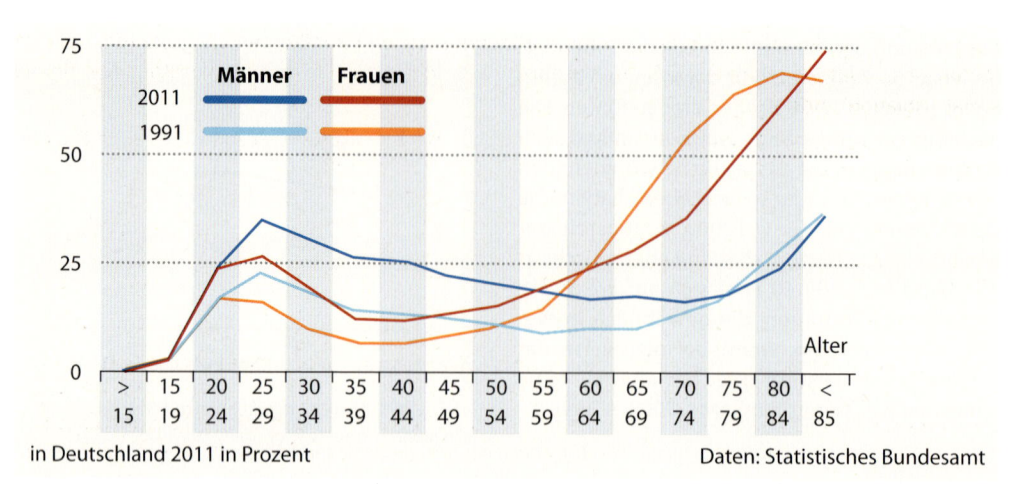

Anteil der Alleinlebenden nach Altersgruppen (Quelle: WELT online, 2013)

Diese Lebenstendenz wirkt sich entsprechend auf die sozialen Interaktionen aus, die der Einzelne im Alltag erlebt. Im täglichen sozialen Miteinander zeigt sich, inwieweit sich alleinlebende Menschen auf die Bedürfnisse, Anforderungen oder Wünsche von anderen Menschen einstellen können. Es besteht die Möglichkeit, dass Alleinlebende unter Umständen mit der Zeit egozentrischer im Hinblick auf ihren Lebensstil agieren und nur eingeschränkt bereit sind, sich auf andere Menschen einzustellen. Dabei können jedoch die Faktoren Freunde, Familie oder Kollegen regulierend auf das Denken und Handeln einwirken.

8.7.3 Kind(er) oder Selbstverwirklichung?

Hat der Erwachsene die Intimität (nicht freundschaftlich) mit einer anderen Person gefunden, werden die Partner unter Umständen über Nachwuchs nachdenken. In diesem Zusammenhang wird erneut das psychische Wohlbefinden bedeutsam, dass die Eltern aus der engen emotionalen Bindung mit ihren Kindern schöpfen. Die Entscheidung für Kinder kann sich sowohl positiv als auch negativ auf die Beziehung der beiden Elternteile auswirken. Während es die Bindung auf der einen Seite stärken und vertiefen kann, kann die Beziehung durch traditionelle Rollenbilder oder emotionale Belastungen leiden (vgl. Gerrig/Zimbardo, 2008, S. 399). Zudem können sich wegen der neuen Situation als Eltern die Beziehungen zu Freunden, Kollegen u. a. ändern. Durch die zeitliche Einschränkung oder veränderte Interessen können die freundschaftlichen sozialen Interaktionen weniger werden oder gar ganz aufhören. Über Krabbelgruppen oder andere Eltern können jedoch auch wieder neue Beziehungen entstehen, die durch gleiche Interessen, Probleme u. Ä. gefestigt werden.

Nicht jeder hingegen sucht die Intimität in einer festen Beziehung oder die Erfüllung in der Rolle als Vater oder Mutter. Einige Menschen verfolgen andere Ziele im Leben, die unter Umständen weniger mit sozialen Beziehungen als vielmehr mit der Konzentration auf persönliche Präferenzen zu tun haben, z. B. Reisen, Karriere oder Selbstfindung. Die Beziehung zu Freunden, die Kinder haben, kann sich dadurch, wie bereits oben beschrieben, verändern, indem die soziale Interaktion abnimmt oder komplett beendet wird. Durch das Wegfallen dieser Beziehung fühlen sich diese Personen dann entweder motiviert, neue Kontakte zu knüpfen und das Leben mit anderen sozialen Interaktionen zu gestalten, oder sie fühlen sich verletzt und ziehen sich, immer abhängig von der Gesamtzahl sozialer Kontakte, (in die soziale Isolation) zurück.

Die in dieser Lebensphase getroffenen Entscheidungen wirken sich entsprechend auf die nächsten beiden Phasen des Erwachsenenalters aus.

8.8 Die sozial-kognitive Entwicklung im späten und hohen Erwachsenenalter

Im späten und hohen Erwachsenenalter können sich viele Aspekte in Bezug auf soziale Faktoren verändern. Dies hängt vielfach mit den starken Veränderungen innerhalb der sozialen Beziehungen zusammen. Ulrich Schmidt-Denter sieht die soziale Entwicklung in diesem Altersabschnitt als „einen Adaptionsprozess (…), in dem bestimmte Lebensbedingungen und ihre Veränderungen in personen- und kohortenspezifischer Weise bewältigt werden" (Schmidt-Denter, 1996, S. 182).

8.8.1 Soziale Beziehungen im Alter

Bedingt durch die Veränderungen in der Familienstruktur hat sich die Institution der Familie grundlegend geändert. Heute trifft man tendenziell eher „Kernfamilien" an, die aus Vater, Mutter und den bei ihnen lebenden Kindern bestehen. Früher waren Haushalte üblich, in denen mehrere Generationen unter einem Dach lebten. Der Familienverband war sehr stark und die jungen Familienmitglieder konnten von den Erfahrungen der älteren profitieren (und umgekehrt).

Ausgelöst durch die Industrialisierung im 19. Jahrhundert jedoch waren viele Menschen gezwungen, mobil zu sein und vom Land in die Stadt zu ziehen. Die kleineren urbanen Wohnräume ließen wenig Raum für große Familien, sodass die Zahl der Familienmitglieder schrumpfte. Zudem waren die Kinder durch die zunehmenden beruflichen Anforderungen nicht mehr in der Lage, sich um die unter Umständen kranken und pflegebedürftigen älteren Menschen der Familie zu kümmern. Aus diesem Grund wurde die Betreuung vermehrt in entsprechende Institutionen verlagert. Auch das Streben der heutigen jungen Menschen nach Unabhängigkeit und internationalen Erfahrungen trägt dazu bei, dass die Eltern im Alter häufig allein zurückbleiben (vgl. Schmidt-Denter, 1996, S. 182).

Neben diesen gesellschaftlichen und altersbedingten Veränderungen wie Ruhestand oder Krankheit wirken sich auch die in Kapitel 8.7 beschriebenen persönlichen Entscheidungen auf die soziale Lebenssituation im späten und hohen Erwachsenenalter sowie das damit verbundene Lebensgefühl aus. Ungeachtet der individuellen Lebenssituation können verschiedene soziale Beziehungen und Ereignisse für den Einzelnen von besonderer Bedeutung sein.

Der Lebenspartner

Nach wie vor stellt der Lebenspartner, neben den möglicherweise geborenen Kindern, die zentrale Bezugsperson im Leben eines älteren Menschen dar. Der tägliche soziale Kontakt bestimmt die Art der Interaktion beider Partner. Dabei können sich die Interaktionen sowohl positiv (z. B. gemeinsame Hobbys) als auch negativ (z. B. Konflikte wegen Geld) gestalten. Abhängig von den persönlichen Präferenzen der betreffenden Person im Hinblick auf soziale Interaktionen kann diese Partnerschaft die einzige (enge emotionale) soziale Beziehung sein; sie kann selbstverständlich aber auch den Kontakt zu anderen, außerfamiliären Menschen wie Freunden oder ehemaligen Kollegen pflegen.

Im Alter kann sich die lebenspartnerschaftliche Beziehung unter Umständen noch einmal verändern, wenn ein Partner beispielsweise (stark) pflegebedürftig oder dement ist. Der Charakter der Beziehung wechselt dann vielleicht von einer partnerschaftlichen hin zu einer eher umsorgenden Bindung.

Im Hinblick auf das psychische Wohlbefinden, das Menschen aus sozialen Interaktionen schöpfen, ist es wichtig, auf einen Aspekt hinzuweisen, der im späten bis hohen Erwachsenenalter auftreten kann. Sind Menschen in diesen Lebensabschnitten beispielsweise aufgrund von **Krankheit oder altersbedingter Pflegebedürftigkeit** auf die Hilfe von anderen Menschen angewiesen, seien es nun Lebenspartner, Familienmitglieder oder Fremde, kann die soziale Interaktion das seelische Wohlbefinden auch mindern. Die Betroffenen fühlen sich dann unter Umständen abhängig von der betreuenden Person und in ihrer Freiheit beschnitten. Schlimmstenfalls wird die Hilfsbedürftigkeit als unangenehm oder erniedrigend empfunden. Selbstverständlich sind die Gefühle immer in Abhängigkeit von der Beziehung zur betreuenden Person, von der Qualität der Unterstützung und von der Situation zu betrachten (vgl. Berk, 2011, S. 832 f.).

Der **Tod** eines der beiden Partner kann schwerwiegende Auswirkungen auf die sozialen Kontakte des anderen haben. Teilweise rücken dann vermehrt die Kinder bzw. Enkelkinder in den Mittelpunkt der sozialen Interaktionen. Viele ältere Menschen, vor allem auch diejenigen, die keine engeren familiären Bindungen haben, planen ihre sozialen Aktivitäten eher mit Freunden und/oder Kollegen. In einigen Fällen kann es aber auch sein, dass sich die verwitwete Person aus dem sozialen Leben zurückzieht. Soziale Isolierung und Depressionen können die Folge sein (vgl. Petrich, 2011, S. 18).

Die Eltern-Kind/Enkelkind-Beziehung

Die Beziehung zu Kindern und Enkelkindern ist für viele ältere Menschen ein wichtiger Anker im Leben. Neben emotionalem Austausch und Unterstützung erfahren sie ein gesteigertes Selbstwertgefühl und Freude, wenn sie sich in die Beziehung zu ihren Kindern mit Erfahrung, Hilfe u. Ä. einbringen können. Daraus resultierend gestalten sich auch die sozial-kognitiven Kompetenzen. Das damit einhergehende psychische Wohlbefinden ist vor allem von der Qualität und Intensität der sozialen Interaktion abhängig. Wegen des stetigen Wandels in familiären Beziehungen kann es aber auch sein, dass kein enger (emotionaler) Kontakt zu den eigenen Kindern bzw. Enkelkindern besteht. Dies kann zum einen mit der räumlichen Trennung – die Kinder wohnen in einer weit(er) entfernten Stadt oder gar im Ausland – oder zum anderen mit dem Gefühl des Nicht-stören-Wollens der Eltern zusammenhängen (vgl. Petrich, 2011, S. 19). Die räumliche Trennung kann heutzutage dank Telefon, E-Mail, Video-Telefonie usw. überwunden werden, vorausgesetzt die Eltern sind den neuen Medien gegenüber aufgeschlossen. Im Hinblick auf die Mobilität ist eine gute gesundheitliche Verfassung der Eltern bzw. Großeltern Voraussetzung.

Außerfamiliäre Beziehungen

Zu den außerfamiliären Beziehungen zählen Freunde, Nachbarn und Bekannte. Der soziale Austausch mit ihnen kann dazu dienen, die familiären Beziehungen zu ergänzen bzw. fehlende zu kompensieren. Im Alter spielen vor allen Dingen langjährige Freundschaften eine große Rolle, da man meistens im selben Alter ist, einen gemeinsamen sozialen Hintergrund hat und beispielsweise in der Freizeit ähnliche Interessen verfolgt. Dadurch stellt sich psychisches Wohlbefinden ein und ...

„... [auch] hinsichtlich außerfamiliärer Beziehungen ist nicht die Anzahl der Interaktionspartner insgesamt entscheidend, sondern die Intensität der Beziehungen. Dabei ist weniger die instrumentelle Unterstützung ausschlaggebend. Ein empfundener Mangel an gemeinsamen Aktivitäten oder emotionalem Austausch kann trotz Vorhandensein von Interaktionspartnern Gefühle der Einsamkeit bedingen (...)."

(Petrich, 2011, S. 19)

Gemeinsame Aktivitäten mit anderen Senioren und der soziale Austausch regen die kognitiven Fähigkeiten an und bringen Freude.

Mit zunehmendem Alter nimmt jedoch auch die Anzahl an außerfamiliären sozialen Kontakten ab. Schmidt-Denter führt dafür folgende Gründe auf:

- die eigene Verrentung oder Pensionierung
- der Tod gleichaltriger Freunde und Bekannter
- Einengung des Aktionsradius (z. B. wegen schlechterem Gesundheitszustand oder vermindertem finanziellen Spielraum)

(vgl. Schmidt-Denter, 1996, S. 192)

8.8.2 Kritische Lebensereignisse

Die Art und der Umfang der sozialen Beziehungen im späten und hohen Erwachsenenalter werden auch durch einschneidende Erlebnisse bzw. kritische Lebensereignisse (vgl. Kapitel 4.1.3) in dieser Zeit beeinflusst. Als wichtigster Übergang kann der Austritt aus dem Erwerbsleben in den Ruhestand gesehen werden. Aber auch die Beeinträchtigung der Gesundheit und das Risiko der sozialen Isolierung sind bedeutende Faktoren in der sozialen Interaktion im Alter.

Der Eintritt in den Ruhestand

Der Eintritt in den Ruhestand stellt im späten und hohen Erwachsenenalter ein einschneidendes Erlebnis dar, da sich dadurch die bisher bestehenden sozialen Gefüge ändern sowie die wichtigsten Umgestaltungen im Hinblick auf die eigenen Rollen stattfinden (vgl. Schmidt-Denter, 1996, S. 182). Ein Großteil der sozialen (Berufs-)Kontakte fällt mit einem Mal weg und eine komplette Neuorientierung des bisherigen Lebens im Hinblick auf Tagesablauf, Aktivitäten und Rollenverständnis ist erforderlich. Die „Neurentner" haben einen wichtigen Bestandteil ihrer Identität verloren. Viele müssen sich nun die Frage stellen, wer sie (jetzt) sind und was sie wollen.

Dieser neue Lebensabschnitt ist sowohl vonseiten des Rentners als auch vonseiten der Außenstehenden mit unterschiedlichen Erwartungen verbunden (vgl. z. B. Petrich, 2011, S. 20):
- Viele „Neurentner" müssen sich erst an die neue Lebenssituation gewöhnen.
- Die neu gewonnene Freizeit wird ausgiebig genutzt, z. B. klassisch im Garten oder auf Reisen.
- „Endlich kann ich tun und lassen, was ich will."
- Jetzt können Hobbys verfolgt oder der Geist gebildet werden.
- Auch die Zeit für ehrenamtliches Engagement findet sich.

Die Beeinträchtigung der Gesundheit

So lange der Mensch im späten und hohen Erwachsenenalter gesund ist, stellt es für ihn kein Problem dar, soziale Kontakte zu pflegen und am gesellschaftlichen Leben aktiv teilzunehmen. Wie bereits in Kapitel 8.8 thematisiert wurde, kann sich eine fortschreitend schlechte gesundheitliche Situation in dieser Lebensphase negativ auf soziale Interaktionen und das psychische Wohlbefinden des Betroffenen auswirken. Durch die beeinträchtigte körperliche Verfassung und die damit verbundene eingeschränkte Mobilität sind die älteren Menschen zunehmend weniger in der Lage, soziale Kontakte aktiv aufrechtzuerhalten. Zudem sind sie, abhängig von der Schwere der Beeinträchtigung, auf Hilfe angewiesen, die durch Partner, Familie oder Fremde bereitgestellt wird. Auch wenn der hilfebedürftige Mensch mit seinen gesundheitlichen Schwierigkeiten nicht allein und durch die sozialen Interaktionen nicht isoliert ist, kann die Hilfe von ihm sowohl positiv als auch negativ empfunden werden. Senioren können, auch wenn sie sich durch die emotionale und pflegerische Zuwendung geborgen und unterstützt fühlen, trotz allem die Angst vor dem Verlust der Selbstständigkeit und die Ablehnung der Situation der Hilfsbedürftigkeit an sich teilweise nicht leugnen (vgl. Petrich, 2011, S. 20).

Durch die schwindende Gesundheit kann sich das psychische Wohlbefinden des älteren Menschen verschlechtern. Unabhängig davon, ob der Mensch in seinem momentanen gesundheitlichen Zustand noch auf intensive emotional soziale Beziehungen zurückgreifen kann oder nicht, kann sich ein Gefühl der Einsamkeit bzw. (sozialen) Isolierung einstellen. Das Leben stellt keine Option mehr da. Zudem kann sich der Gedanke an die eigene noch verbleibende Zeit negativ auf den Gemütszustand auswirken. So konnte festgestellt werden, dass bei Menschen ab 65 Jahren die höchste Suizidrate aller Altersgruppen besteht. Dies kann beispielsweise auf den Tod des Lebenspartners oder eine schwere Krankheit zurückgeführt werden (vgl. Berk, 2011, S. 833; Petrich, 2011, S. 18).

Soziale Isolierung im Alter

Die soziale Isolierung im Alter zählt zu den am meisten behandelten Themen der Sozialwissenschaften (vgl. Schmidt-Denter, 1996, S. 182). Die zuvor genannten Faktoren, wie das Ausscheiden aus dem Erwerbsleben, der Tod des Partners oder gesundheitliche Beschwerden, können dazu führen, dass sich die betroffene ältere Person zunehmend aus dem sozial aktiven Leben zurückzieht und schließlich wenige bis keine sozialen Interaktionen mehr hat. Die Folge ist ein schlechtes psychisches Empfinden wie beispielsweise Depressionen, das sich wiederum negativ auf die Gesundheit auswirken kann und in den schlimmsten Fällen dazu führt, dass der Mensch Selbstmord begeht (vgl. Petrich, 2011, S. 18 ff.).

Wie bereits erwähnt, kann hier die Intensität und Art der sozialen Beziehungen entgegenwirken. Durch ein ausgewogenes Verhältnis von Unterstützung und Gewährung der Selbstständigkeit kann die helfende Person das Selbstwertgefühl der älteren Person stärken. Ein nicht zu unterschätzender Faktor in diesem Zusammenhang sind auch die persönlichen Eigenschaften sowie die individuellen biografischen Erfahrungen mit Bindungen, die ausschlaggebend für die Bewältigung der Probleme sind (vgl. Berk, 2011, S. 832 f. und 863 f.; Petrich, 2011, S. 20 f.).

> „Die Eigenschaften einer Person sind das Ergebnis eines lebenslangen Sozialisationsprozesses. Wenn jedoch im Alter die mit sozialen Verlusten verbundenen Belastungen sowie gesundheitliche Beeinträchtigungen zunehmen und damit verbunden die psychologische Widerstandsfähigkeit abnimmt, können Beeinträchtigungen des Selbstkonzeptes und Defizite hinsichtlich sozialer Fähigkeiten besonders zum Tragen kommen."
>
> (Petrich, 2011, S. 21)

8.8.3 Erfolgreich Altern

Bislang wurde das Alter eher unter defizitären Gesichtspunkten betrachtet. Oftmals wird es mit Krankheit und sozialer Isolation gleichgesetzt. Die Tatsache, dass die Medien vermehrt ein Idealbild der ewig währenden Jugend propagieren und Schönheitsoperationen heute zum guten Ton zu gehören scheinen, lenkte das wissenschaftliche Augenmerk in den letzten Jahrzehnten auf eine (kleine) Gruppe älterer Menschen, die scheinbar „jung geblieben war". Die Menschen dieser Gruppe leiden nicht an Krankheiten und können im Hinblick auf ihre kognitiven und körperlichen Fähigkeiten durchaus mit den Leistungen jüngerer Menschen mithalten. Sie altern „erfolgreich" (vgl. Mietzel, 2012, S. 54). Durch ihre Vitalität, Weiterbildung und ihren Ehrgeiz sind diese Menschen dazu in der Lage, der Verminderung ihrer körperlichen, geistigen und sozialen Kompetenzen entgegenzuwirken oder diese sogar zu bezwingen (vgl. Berk, 2011, S. 863 f.).

> „Je ausgeprägter die Fähigkeit zur Anpassung an die Realität (…), je größer die Bereitschaft, den anstehenden Entwicklungsaufgaben wachsam ins Auge zu schauen und je mehr innere gute Objekte, also Menschen, die wir uns innerlich als verfügbar bewahren konnten, umso eher kann es gelingen, das Alleinsein, das Sich-getrennt-Erleben und das zum Teil aufgezwungene Alleinsein im Alter erfolgreich zu bewältigen."
>
> (Junkers, 2009, S. 81; zit. in: Petrich, 2011, S. 21)

Hinsichtlich der Kriterien, die erfolgreiches Altern begünstigen, gibt es in der wissenschaftlichen Literatur kein Übereinkommen (vgl. Lang u. a., 2012, S. 20). Für die amerikanischen Altersforscher John Rowe und Robert Kahn (1997) gehören zu den Faktoren, die erfolgreiches Altern im gegenseitigen Zusammenspiel positiv beeinflussen, die Folgenden:
- Die Menschen leiden an keiner Krankheit (sie zählen auch nicht zu Risikogruppen bestimmter Krankheiten) und den damit zusammenhängenden Einschränkungen.
- Sie weisen eine körperliche und kognitive Fitness auf. Deshalb können sie ein selbstbestimmtes Leben führen.
- Sie sind auch im fortgeschrittenen Alter noch aktiv, unternehmen viel und pflegen soziale Kontakte.

(vgl. Mietzel, 2012, S. 54)

> Mit **erfolgreichem Altern** ist ein Prozess gemeint, bei dem das Individuum der Verminderung körperlicher, kognitiver und sozialer Kompetenzen entgegenwirken oder diese sogar bezwingen kann.

Theorien zum erfolgreichen Altern

Beim Konzept des erfolgreichen Alterns geht es vor allem um die Zufriedenheit im Alter. Mehrere wissenschaftliche Theorien versuchen zu beschreiben und zu erklären, welche Faktoren erfolgreiches Altern bedingen. Dabei unterscheiden sich die einzelnen Ansätze hinsichtlich ihrer Schwerpunkte wie z. B. dem Alterungsprozess oder den individuellen Eigenschaften. Die wichtigsten werden im Folgenden vorgestellt:

- Basierend auf der Annahme, dass alle Menschen denselben Alterungsprozess erleben und im höheren Alter einige grundlegende Veränderungen durchleben, entwickelten Elaine Cumming und William Henry in den 1960er-Jahren die **Disengagement-Theorie**. Ihr zufolge ist das Altern ein Prozess, den man nicht aufhalten kann. Die sozialen Beziehungen im Leben des älteren Menschen werden – ausgelöst durch äußere (gesellschaftliche) und innere (individuelle) Faktoren – entweder getrennt oder neu bewertet. Durch den Rückzug aus der sozialen (äußeren) Welt und die Reduzierung bzw. Veränderung der sozialen Beziehungen kann sich der ältere Mensch nun auf andere, eher geistige Aspekte seines Lebens konzentrieren.
- Mit der **Aktivitätstheorie** wurde ein gegensätzlicher Ansatz formuliert, der den sozialen Rückzug des älteren Menschen ausschließlich gesellschaftlich motiviert sieht. Nach diesem Konzept liegt der Schlüssel erfolgreichen Alterns in der Aktivität und Initiative des älteren Menschen. Psychisches Wohlbefinden kann nur durch Aktivität und die Beziehungen zu anderen Menschen erreicht werden.
- Als Gegenbewegung zu den beiden vorhergehenden Ansätzen besagt die **Kontinuitätstheorie**, dass die älteren Menschen ihre sozialen Kontakte weiter pflegen.
- Vertreter der **sozial-emotionalen Selektivitätstheorie** sind der Ansicht, dass die sozialen Beziehungen weniger werden. Die Kontakte jedoch, die weiterhin gepflegt werden, haben für den Menschen eine größere Bedeutung und zeichnen sich durch eine höhere Qualität aus.

(vgl. Hobmair, 2012c, S. 177 f.; Martin/Kliegel, 2008, S. 57–59; Mietzel, 2014, S. 68 ff.; Wahl, 2014)

Im Folgenden wird das Modell der selektiven Optimierung (SOK-Modell) ausführlicher vorgestellt.

Das SOK-Modell

Die beiden Gerontologen (Gerontologie = Wissenschaft vom Alter und vom Altern) Paul und Margret Baltes entwickelten im Zusammenhang mit dem erfolgreichen Altern das Modell der selektiven Optimierung mit Kompensation (SOK-Modell). Nach diesem Modell hängt das erfolgreiche Altern eines Menschen vom Zusammenspiel zwischen Selektion, Optimierung und Kompensation ab:

- **Selektion:** Der ältere Mensch trifft hinsichtlich seiner Beziehungen und Tätigkeiten eine Auswahl, die u. a. die nachlassenden Fähigkeiten im Alter berücksichtigt und dafür die noch verfügbaren Kompetenzen nutzt.
- **Optimierung:** Er konzentriert sich nun im Hinblick auf die effektive Verteilung seiner Kräfte auf diese ausgewählten Beziehungen und Tätigkeiten.
- **Kompensation:** Kräfte, die dem älteren Menschen nicht mehr zur Verfügung stehen, werden durch andere Handlungsmöglichkeiten ersetzt.

(vgl. Hobmair, 2012c, S. 179 f.; Mietzel, 2014, S. 37 f.; Martin/Kliegel, 2008, S. 60 ff.)

Kritische Betrachtung des Konzepts des erfolgreichen Alterns

In der wissenschaftlichen Literatur gibt es zunehmend kritische Stimmen, die vor einer voreiligen Verallgemeinerung dieses Konzepts des erfolgreichen Alterns warnen und meinen, dass es bei älteren Menschen auch als belastend und abwertend empfunden werden kann. Die Erwartung zu erfüllen, immer jung, gesund, belastbar und aktiv sein zu müssen, stellt ältere Menschen unter einen enormen Druck. Zudem ist dieses Konzept stark kultur- und werteabhängig. Während in den USA oder Europa die Unabhängigkeit im Alter häufig als erstrebenswert angesehen wird, trifft in asiatischen Ländern genau das Gegenteil zu (vgl. Mietzel, 2012, S. 55).

Aufgaben

1. Definieren Sie in eigenen Worten den Begriff „sozial-kognitiv".
2. Zählen Sie verschiedene Möglichkeiten auf, wie der Fötus im Mutterleib (sozialen) Kontakt aufnehmen kann.
3. Erklären Sie, was Spiegelneurone sind und welche Bedeutung sie für die sozial-kognitive Entwicklung des Menschen haben.
4. a) Stellen Sie kurz den pädagogisch-didaktischen Ansatz der Ko-Konstruktion dar. Ergänzen Sie Ihr Wissen durch eine Recherche im Internet oder in einer Bibliothek.
   b) Planen Sie ein Projekt, das die Grundsätze der Ko-Konstruktion berücksichtigt. Die Themenwahl ist Ihnen freigestellt.
5. Beschreiben Sie, welche Rahmenbedingungen im Kita-Alltag gegeben sein müssen, damit die sozial-kognitive Entwicklung unter Dreijähriger gefördert wird.
6. Entwickeln Sie ein Projekt für Kinder zwischen drei und sechs Jahren, die an das Thema „prosoziales Verhalten" herangeführt werden sollen.
7. Beschreiben Sie die Entwicklung der Perspektivenübernahmen nach Robert L. Selman in der frühen Kindheit.
8. Nennen Sie vier Praxisbeispiele, wie Sie moralisches Verhalten im Kindergarten- und Schulalltag fördern können.
9. a) Stellen Sie kurz die wichtigsten Merkmale und Funktionen des Spielverhaltens heraus.
   b) Überlegen Sie, welche Spiele sich für die folgenden Kinder eignen, um deren sozial-kognitive Entwicklung zu fördern bzw. zu unterstützen, und begründen Sie Ihre Vorschläge.

David (3;4 Jahre)	• ist unsicher im Zusammensein mit anderen Kindern • spielt oft allein und räumlich getrennt vom Hauptgeschehen in der Gruppe
Sophie (5;1 Jahre)	• steht gerne im Mittelpunkt und kann sich schlecht an Abmachungen halten • möchte meistens Art und Ablauf eines Spiels bestimmen
Hamid (4;3 Jahre)	• ist der deutschen Sprache noch nicht so mächtig • dadurch reagiert er oft zurückhaltend und ist eher still • feinmotorisch ist er sehr geschickt
Tim (4;9 Jahre)	• läuft oft unruhig und ziellos in der Gruppe herum • weiß „nichts" mit sich anzufangen • stört die anderen Kinder in ihrem Spiel, da sie ihn nicht mitspielen lassen

10. a) Erläutern Sie die wichtigen Aspekte, die im Hinblick auf eine pädagogische Unterstützung beim Übergang vom Kindergarten in die Schule von Bedeutung sind.
    b) Planen Sie eine schulvorbereitende Aktivität für Vorschulkinder in einer Kindergartengruppe.
11. Skizzieren Sie die wichtigsten sozial-kognitiven Entwicklungsaufgaben in der Adoleszenz.
12. Im Rahmen Ihrer pädagogischen Arbeit haben Sie es mit einem Jugendlichen zu tun, der gegenüber anderen Jugendlichen und Autoritätspersonen aggressiv auftritt und bereits durch delinquentes Verhalten aufgefallen ist. Sie möchten dem Jugendlichen helfen. Welche Möglichkeiten stehen Ihnen zur Verfügung? Recherchieren Sie im Internet oder in Fachbüchern und befragen Sie Menschen aus der Praxis, die mit verhaltensauffälligen Jugendlichen zu tun haben.

13. Lesen Sie folgende Beispiele und bestimmen Sie jeweils, um welches Stadium der moralischen Entwicklung nach Jean Piaget es sich handeln könnte. Begründen Sie Ihre Entscheidung.

a) Julia spielt allein im Wohnzimmer, ihre Mutter ist in der Küche nebenan. Im Regal steht der Porzellanelefant ihrer Mutter. Julia möchte sehr gern damit spielen, weil Elefanten ihre Lieblingstiere sind. Doch ihre Mutter hat es ihr verboten. „Der geht sonst kaputt", sagt sie, „und dann wäre ich sehr traurig." Julia überlegt einen kurzen Moment, dann geht sie zielstrebig auf das Regal und den darin befindlichen Elefanten zu. Kurz blickt sie in Richtung Küche, um zu sehen, ob ihre Mutter vielleicht ins Wohnzimmer kommt. Schließlich nimmt sie den Elefanten aus dem Regal und versteckt sich unter dem Esstisch, um dort zu spielen. Nach einer Weile bricht beim Spielen der Rüssel des Tieres ab. Julia ist leicht geschockt. Was wird ihre Mutter sagen? Klammheimlich bringt sie den Elefanten zurück in das Regal und legt den Rüssel daneben. Dann geht sie wieder zu ihrem ursprünglichen Spielzeug und tut so, als ob nichts gewesen wäre. Als ihre Mutter reinkommt und den kaputten Elefanten findet, spricht sie Julia darauf verärgert an. Diese läuft rot an und ist sehr verlegen.

b) Valentin ist im Badezimmer und möchte unbedingt am Programmwähler der Waschmaschine drehen. Doch seine Mutter schüttelt den Kopf und sagt ihm, dass er das nicht tun darf. Dann nimmt sie Valentins Hand vom Programmknopf. Valentin sieht seine Mutter neugierig an und verstellt wieder die Waschprogramme mithilfe des Knopfes. Valentins Mutter ermahnt ihn mehrmals, das nicht zu tun, ohne großen Erfolg. Schließlich geht sie mit Valentin gemeinsam ins Wohnzimmer, um dort mit ihm zu spielen.

c) An diesem Nachmittag trifft sich Leon mit seinen Freunden in der Turnhalle, um mit ihnen Basketball zu spielen. In der Umkleide ist Leon der Letzte, die anderen sind schon in der Halle. Gedankenverloren zieht er sich die Schuhe an. Er ärgert sich immer noch über seine Mutter, die ihm nicht das Geld für ein neues Rad geben will. Dabei gerät er wieder so in Rage, dass er auf dem Weg nach draußen wütend gegen eine Glastür tritt. Das Glas zerbricht zwar nicht, aber hat viele große Risse. Gott sei Dank hat ihn niemand dabei beobachtet und er geht seelenruhig zu den anderen. Nach dem Training bemerkt der Leiter den Schaden und stellt die Kinder zur Rede. Alle sind ratlos, niemand sagt etwas. Schließlich meldet sich Leon. „Ich glaube, das war der Hausmeister. Ich habe ihn vorhin in den Gängen gesehen." Der Leiter bedankt sich bei Leon und will den Hausmeister später zur Rede stellen. Leon ist erleichtert, beeilt sich aber, schnell nach Hause zu kommen.

9.1 Emotionen – Eine Hinführung

Von **sozialen Emotionen** wird bei Bewertungen solcher Gefühle gesprochen, die von anderen ausgelöst werden oder auf andere Personen bezogen sind. Soziale Emotionen ermöglichen schnelles Handeln in zwischenmenschlichen Beziehungen. Gestik und Mimik beispielsweise signalisieren mehr oder weniger deutlich die momentane Emotionslage von Menschen und regulieren dadurch u. a. das Nähe- und Distanzverhalten in sozialen Interaktionen.

Die Art und Weise, wie Emotionen bewusst oder unbewusst nach außen getragen werden, heißt **Emotionsausdruck**. Emotionen können hauptsächlich auf drei Ebenen geäußert werden: verbal-kognitiv, z. B. durch den Klang der Stimme oder die direkte Benennung der gegenwärtigen Emotionen. Des Weiteren können sie über die Motorik ausgedrückt werden, z. B. durch Gestik und Mimik oder auch durch den persönlichen Rückzug aus einer Situation. Die dritte Ebene betrifft die menschliche Physiologie, hier äußern sich Gefühlszustände beispielsweise in einer erhöhten Herzfrequenz oder Schweißabsonderung.

Besonders dieses **emotionale Ausdrucksverhalten** wirkt als zwischenmenschliches Signalsystem, das anzeigt, welche Gefühle aktuell vorhanden sind und ist damit maßgeblich an der Regulierung von Sozialverhalten beteiligt (vgl. Wendt, 2009, S. 18 ff.). Vor allem im Kindesalter reagieren Interaktionspartner, beispielsweise in der Eltern-Kind-Beziehung, sehr sensibel und unmittelbar auf diese Signale und passen ihr Handeln der jeweiligen Situation an.

Beispiel
Die fünfjährige Tina ist traurig, dass ihr Kaninchen Schluppi humpelt und deshalb ein Besuch beim Tierarzt bevorsteht. Ihre Traurigkeit und Ängstlichkeit verstärken sich, als der Tierarzt dem Kaninchen eine sechstägige Stallruhe verordnet. Auch mehrmalige Besänftigungen der Mutter, dass das Haustier nach ein paar Tagen Ruhe wieder gesund sein wird, können Tinas Laune nicht bessern. Um ihre Tochter etwas abzulenken und aufzuheitern, schlägt die Mutter auf dem Nachhauseweg einen Besuch auf dem Spielplatz vor. Kaum beginnt das Mädchen zusammen mit anderen Kindern auf ihrem Lieblingsklettergerüst zu klettern, heitert sich seine Stimmung auf.

Die Mutter reagiert umgehend auf die Traurigkeit ihrer Tochter und versucht sie wieder aufzumuntern.

Das Beispiel illustriert u. a. die Bandbreite und schnelle Wandelbarkeit von Emotionen, vor allem bei Kindern. Unangenehme Emotionen wie Traurigkeit, Angst oder Wut können sich durch externe, aber auch interne Ereignisse schnell abschwächen oder sogar ganz abklingen und Angenehmem wie Freude, Heiterkeit und Stolz Platz machen.

Stellt man sich obiges Beispiel ohne die Gefühlsregungen der Fünfjährigen vor, so wird schnell deutlich, dass ein Leben ohne Emotionen kaum denkbar ist. Nicht nur unangenehme Regungen, wie Traurigkeit, Angst oder Ekel, wären nicht mehr existent, sondern auch auf all die freudigen und positiven Empfindungen, wie Dankbarkeit, Leidenschaft oder Heiterkeit, müsste verzichtet werden.

Merkmale einer Emotion

Neben der im Beispiel dargestellten Erlebenskomponente (siehe Punkt 6 auf der folgenden Seite), gibt es fünf weitere Merkmale der Emotion. Das heißt insgesamt können sechs Kennzeichen der Emotion unterschieden werden:

1. Die **kognitive Komponente** ermöglicht die Wahrnehmung eines Stimulus (ein Reiz, der eine unwillkürliche Reaktion auslöst) sowie die (unbewusste, mittelbare, direkt anschließende) Bewertung desselben. Tina nimmt ihr humpelndes Kaninchen (Stimulus) wahr und bewertet dies als Angst einflößend (Reaktion). Als Folge werden die zweite und dritte Komponente aktiviert.
2. Die **physische oder somatische Komponente** steuert vegetative (unbewusste) körperliche Reaktionen, wie beispielsweise die Pulsbeschleunigung, das Schwitzen oder die Muskelanspannung. Tinas Körperhaltung wird ganz starr, während der Arzt ihr Haustier untersucht.
3. Die **konative (antreibende), behaviorale Komponente** steuert das Verhalten und lässt dem Reiz eine entsprechende Reaktion folgen. Vielleicht klammert sich die Fünfjährige an die Hand ihrer Mutter.
4. Ein weiteres Merkmal ist die **Objektgerichtetheit**. Personen freuen sich über etwas oder haben Furcht vor etwas. Dabei ist es unerheblich, ob das Objekt, die Situation oder die Person, auf die die Emotion gerichtet ist, tatsächlich existiert oder nur befürchtet wird bzw. nur in der Einbildung existiert. Vielmehr ist nur die individuelle Einschätzung und Haltung gegenüber einer Sache relevant. Tina zum Beispiel befürchtet, dass ihr Kaninchen Schmerzen hat und nicht mehr mit ihr spielen können wird.
5. Ein weiteres grundlegendes Merkmal von Emotionen ist ihre **begrenzte zeitliche Dauer**. Tina ist nicht ununterbrochen traurig, sondern nur so lange sie sich innerlich mit ihrem kranken Kaninchen beschäftigt. Durch einen Besuch auf dem Spielplatz lässt sie sich aufheitern.
6. Diese fünf Aspekte summieren sich zum sechsten, der **Erlebenskomponente**, die z. B. das im Beispiel dargestellte subjektive Gefühl von Ängstlichkeit und Traurigkeit umfasst. Das Gefühlserleben ermöglicht überhaupt erst, dass Empfindungen wie Freude, Ärger oder Stolz möglich sind.

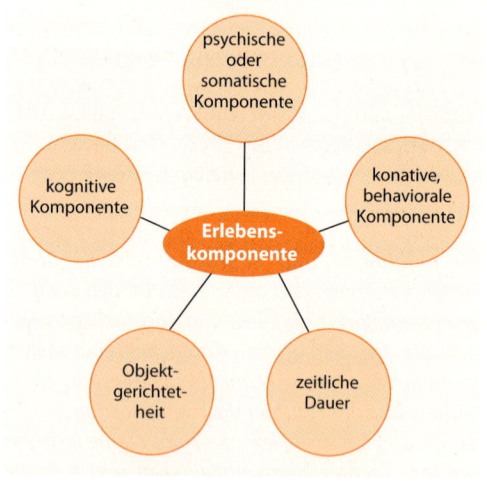

Die sechs Komponenten sind Merkmale jeder menschlichen Emotion.

Abgrenzungen

Emotionen dürfen nicht mit den Begriffen Stimmung und Temperament verwechselt werden. Im Vergleich zu Emotionen sind **Stimmungen** zeitlich ausgedehnter, weniger intensiv und nicht auf konkrete Bezugsobjekte oder Ereignisse bezogen. Stimmungen spielen sich eher im Hintergrund ab und beeinflussen sowohl Emotionen als auch Denkprozesse und Entscheidungen für oder gegen diverse Handlungsalternativen. Ähnliches gilt für die verschiedenen Temperamente.

Das **Temperament** (siehe Kapitel 9.1.7) beschreibt die Grundstimmung und den generellen Verhaltensstil einer Person. Es setzt sich aus emotionalen, aufmerksamkeitsbezogenen und motorischen Verhaltensweisen zusammen und hat Einfluss auf die Selbstregulationsfähigkeit (siehe Kapitel 9.5.3). Merkmale des Temperaments sind relativ konstant und manifestieren sich beispielsweise im Gemüt, Ausdauer, Energie, Dynamik, Lebhaftigkeit oder der Tatkraft.

Im Gegensatz zu Emotionen sind Temperamente zeitlich stabile Persönlichkeitseigenschaften, welche die Emotionen jedoch beeinflussen.

9.1 Emotionen – Eine Hinführung

> **Berufliche Handlungsrelevanz**
>
> Manche Kinder brüllen und schreien häufig ohrenbetäubend, rennen und hüpfen wild umher, andere hingegen sind eher ruhig, zurückhaltend, ausgeglichen und möglicherweise etwas schüchtern, während eine dritte Gruppe aufgrund ihres ungestümen und impulsiven Wesens zuweilen unberechenbar erscheint. Gerade die letztere Gruppe kann sich im Kindergartenalltag hin und wieder als besonders anstrengend erweisen.
>
> Pädagogische Fachkräfte sollten Kinder dabei unterstützen, sich entsprechend ihres Temperamentes zu entwickeln ohne ihre Grundstimmung oder Persönlichkeit verändern zu wollen. Denn dann würden sich die Kinder selbst als unvollkommen erleben und ihr Selbstwertgefühl und Selbstbewusstsein würden leiden. So sollten z. B. vorsichtige, introvertierte Kinder bekräftigt werden, sich gegen impulsive, extrovertierte Kinder durchzusetzen ohne die Dynamik und Tatkraft der wilderen Kinder zu beschneiden.

Die deutschen Psychologen Klaus Rothermund und Andreas Eder (2011) schlagen zudem eine Abgrenzung zwischen Emotion und **Motivation** vor. Emotionen können sowohl auf vergangene (der vierjährige Tim ist stolz, dass er Fahrradfahren gelernt hat) wie auch zukünftige Ereignisse (die fünfjährige Kim freut sich, dass sie bald ihre Cousine besuchen darf) bezogen sein. Motivationen sind hingegen immer auf zukünftige Ziele fokussiert und unterstützen so das aktive Streben hin zur Erreichung eines erwünschten Zustandes. Die Grenze wird jedoch unscharf, wenn Emotionen Ereignisse als Bezugsobjekt haben, die vielleicht eintreten könnten (vgl. Rothermund/Eder, 2011, S. 165). Beispielsweise kann die Emotion Furcht (z. B. vor einem Misserfolgserlebnis) als Motivator dienen.

9.1.2 Wie entstehen Emotionen? – Forschungsansätze und Emotionstheorien

Nachdem nun erste begriffliche Abgrenzungen vorgenommen sind, steht in diesem Abschnitt das Entstehen von Emotionen im Vordergrund. Denn die (unbewusste) Einschätzung einer Situation bestimmt nicht nur, *ob* diese Situation eine Emotion hervorruft oder nicht, sondern auch, *welche* Emotion sie auslöst. Positive Gefühle und ein angenehmes Körpergefühl treten auf, wenn eine Situation (oder auch ein Objekt) als positiv bewertet wird. Bei einer negativen Bewertung werden negative Gefühle erlebt. Das Wort „unbewusst" wurde bisher und wird im Folgenden ganz absichtlich in Klammern gesetzt, um die behavioristische (vom Verhalten geleitete) Sichtweise zu untermauern. Der **Behaviorismus** interessiert sich nur für direkt Beobachtbares, d. h. es kann beobachtet werden, dass auf einen Reiz mehr oder weniger unmittelbar eine Reaktion folgt. Im Gegensatz dazu geht der **Kognitivismus** davon aus, dass auf einen Reiz eine interne Verarbeitung erfolgt und erst dann eine Reaktion möglich ist.

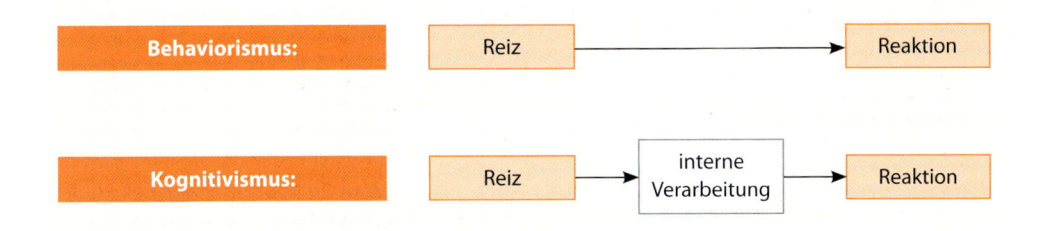

Behaviorismus:	Reiz	→	Reaktion
Kognitivismus:	Reiz	→ interne Verarbeitung →	Reaktion

Anders als der Behaviorismus geht der Kognitivismus davon aus, dass nach dem Reiz eine Phase der internen Verarbeitung zwischengeschaltet ist, auf die dann erst die Reaktion erfolgt.

Philosophen von der Antike bis zur Neuzeit beschäftigten sich mit zentralen Fragen der heutigen Emotionspsychologie. Dabei ging es beispielsweise um die Frage, in welcher Beziehung das Geistige zum Körperlichen steht. Allerdings dachten Philosophen, wie z. B. René Descartes (1596–1650), sehr viel unspezifischer und allgemeiner über ganz Grundsätzliches nach, etwa ob der Geist überhaupt Einfluss auf den Körper haben kann.

Heutige Emotionstheorien erforschen die Entstehung von Emotionen. Es existieren eine Reihe unterschiedlicher Erklärungsansätze, die hier nicht alle dargestellt werden können. Im Folgenden soll ein kurzer Überblick über vier wichtige theoretische Erklärungsansätze gegeben werden:
- (Evolutions-)biologische Ansätze
- Behavioristische Ansätze
- Neuro- und psychophysiologische Ansätze
- Kognitive Bewertungsansätze

(Evolutions-)biologische Ansätze

Die zentrale Frage biologischer Ansätze ist, welche Emotionen bzw. Merkmale von Emotionen jedem Menschen biologisch gesehen innewohnen und deshalb bei der Geburt bereits vorhanden oder angelegt sind. Beeinflusst werden die biologischen Emotionstheorien vom Begründer der Evolutionstheorie Charles Darwin (1809–1882). Der britische Naturforscher vertrat die Ansicht, dass Emotionen und ihr Ausdruck genetisch bedingt sind und das Überleben sowie die Fortpflanzung gewährleisten. Ein furchtvoller Gesichtsausdruck warnte die Artgenossen in der Steinzeit beispielsweise vor gefährlichen Tieren und sicherte so das eigene Leben und jenes der Mitmenschen. Emotionsausdrücke, wie z. B. der typische Gesichtsausdruck bei Ekel, sind Darwin zufolge ein Relikt aus frühen Zeiten; dieser Ausdruck ging damals mit dem Ausspucken ungenießbarer Dinge einher (vgl. Brandstätter u. a., 2013, S. 161).

Überlebensdienliches Verhalten ruft positive Emotionen hervor, während gefährdendes Verhalten das Erleben negativer Emotionen zur Folge hat. Auch das Erleben von Emotionen dient der Arterhaltung.

Beispiel

Während der Menschheitsgeschichte waren Menschen immer wieder darauf angewiesen nahrungsarmen Zeiten vorzubeugen und durch besonders gehaltvolle Ernährung Energiereserven anzulegen. Bis heute werden kohlenhydrat- und fetthaltige Lebensmittel mit positiven Emotionen verbunden, wie die Sprichwörter „Schokolade macht glücklich" oder auch „Nudeln machen glücklich" verdeutlichen. Der Genuss von zucker- und kohlenhydrathaltigen Lebensmitteln regt im Gehirn die Ausschüttung von körpereigenen Glückshormonen (Opioiden) an, die stimmungsaufhellend auf den Menschen wirken.

Eine Konsequenz aus Darwins Ansatz wäre, dass bei allen Menschen ähnliche emotionale Veranlagungen vorhanden sein müssten. Heutige biologische Theorien gehen tatsächlich von sieben kulturübergreifenden Basisemotionen aus, die bei allen Menschen anzutreffen sind. Diese sind Freude, Wut, Ekel, Furcht, Verachtung, Traurigkeit und Überraschung (siehe Kapitel 9.1.3).

Behavioristische Ansätze

Behavioristische Ansätze zeigen, wie Emotionen durch Lernerfahrungen entstehen – anders formuliert, welche Reize aufgrund von Lernerfahrungen zu Emotionsauslösern werden und welches konkrete Verhalten sich manifestiert (vgl. Brandstätter u. a., 2013, S. 162 ff.). Somit bildet dieser Ansatz das konträre Gegenstück zu evolutionsbiologischen Überlegungen. Emotionen können erlernt und auch wieder verlernt werden, wie das folgende Beispiel zeigt (klassisches und operantes Konditionieren, siehe Kapitel 6.2.9, S. 181 ff.).

9.1 Emotionen – Eine Hinführung

Beispiel

Im Jahr 1920 führten John B. Watson und seine Assistentin Rosalie Rayner an der Johns-Hopkins-Universität in Baltimore (USA) ein Experiment durch, welches aus heutiger Perspektive ethisch fragwürdig ist und entsprechend der Richtlinien der Deutschen Gesellschaft für Psychologie nicht genehmigt werden würde. Die beiden Forscher wiesen bei einem, zu Untersuchungsbeginn neun Monate alten Jungen („klein Albert" genannt) nach, dass Emotionen durch klassisches Konditionieren entstehen können. In einer Vorstudie zeigten sie dem kleinen Jungen jeweils kurz und zum ersten Mal in seinem Leben eine weiße Ratte, ein Kaninchen, einen Hund, einen Affen sowie weitere Tiere und Gegenstände mit und ohne Haare bzw. Pelz. Der Junge reagierte ohne Berührungsängste und griff stets neugierig nach den Tieren und Gegenständen. Furcht zeigte er erst, als hinter ihm mit einem Hammer auf eine Eisenstange geschlagen wurde, was ein lautes Geräusch verursachte. In der Folge wurde das eigentliche Experiment durchgeführt: Die weiße Ratte, bei der Albert keine Furcht gezeigt hatte, wurde ihm gemeinsam mit dem lauten Geräusch der Eisenstange präsentiert. Beim ersten Mal wimmerte der Junge leicht, als er die Ratte mit der Hand berührte. Nach zweimaliger Wiederholung weigerte er sich bereits, die Ratte anzufassen. Nach sieben Wiederholungen zeigte er bereits beim Anblick der Ratte große Angst. Die Forscher schlossen daraus, dass der Junge eine klassisch konditionierte Furchtreaktion zeigte. Schließlich reagierte er auch beim Anblick anderer pelziger oder felliger Tiere oder Gegenstände ängstlich.

Ähnliche Studien in den nachfolgenden Jahren konnten zeigen, dass nicht alle Reize angemessen sind, um zuverlässige Konditionierungen aufzubauen. Reaktionen, die Angst hervorrufen, können leichter konditioniert werden – vor allem dann, wenn sie zusätzlich gemeinsam mit unangenehmen Reizen (wie dem lauten Geräusch im Beispiel oben) dargeboten werden.

Emotionale Ausdrucksweisen können auch über Beobachtungen emotionaler Reaktionen anderer Personen, vorzugsweise Bezugspersonen, gelernt werden (Modelllernen, siehe Kapitel 6.2.9, S. 183). So haben Kinder beispielsweise Angst vor Spinnen, wenn sich auch deren Mutter vor Spinnen fürchtet.

Heute sind die behavioristischen Erklärungsmodelle zur Entstehung von Emotionen zugunsten kognitiver und psychophysiologischer Ansätze in den Hintergrund gerückt.

Neuro- und psychophysiologische Ansätze

Im Fokus dieser Ansätze liegen die körperlichen Veränderungen bei der Entstehung von Emotionen. Zwischen 1884 und 1885 proklamierten der amerikanische Psychologe William James und der dänische Forscher Carl Lange fast zeitgleich die These, dass Gefühlsreaktionen Folgeerscheinungen sind, nachdem körperliche Veränderungen wahrgenommen wurden. Demzufolge ist das Kind beispielsweise traurig, weil es weint und nicht umgekehrt, es weint, weil es traurig ist. Die beiden Forscher gingen also davon aus, dass körperliche Regungen die Ursache und Basis für das Entstehen von Emotionen wären.

Ein wesentlicher Kritikpunkt an dieser Theorie ist die von ihr postulierte Reihenfolge, in der Reaktion und Emotion auftreten. Zwischen dem Wahrnehmen eines Reizes und der körperlichen Reaktion erfolgt eine Bewertung. Tatsächlich können Menschen aber auch wahrgenommene Reize unbewertet lassen. Nur wenn etwas als wirklich bedrohlich eingeschätzt wird, zeigt sich eine körperliche Reaktion. Dies wiederum ist der wesentliche Aspekt der kognitiven Emotionstheorien (siehe folgender Abschnitt, S. 335).

Bevor aber die kognitiven Emotionstheorien angesprochen werden, ein Blick auf die Weiterentwicklungen des neurophysiologischen Ansatzes seit James und Lange. Die technischen Errungenschaften seit Mitte des 19. Jahrhunderts ermöglichten vielfältige neuartige Messverfahren neurologischer Vorgänge. Die Positronen-Emissions-Tomographie (PET) beispielsweise ist eine nuklearmedizinische Diagnosemethode, die Stoffwechselprozesse im Körper sichtbar macht. Sie eignet sich unter anderem zur Bestimmung und Einschätzung von Tumorerkrankungen im gesamten Körper, aber auch zur Diagnose unterschiedlicher Hirnerkrankungen. Diese Untersuchungsmethode wird auch bei wissenschaftlichen Tests eingesetzt. Der Proband wird während der Untersuchung mit einem emotionsauslösenden Reiz konfrontiert. Durch die PET können daraufhin auftretende Veränderungen des Blutflusses und der Stoffwechselprozesse in den unterschiedlichen Hirnarealen sichtbar gemacht und ausgewertet werden.

Zu Beginn des 21. Jahrhunderts entwickelte sich eine eigene Wissenschaftsdisziplin, die **emotional neuroscience**, welche sich mit den strukturellen und funktionellen Hirnaktivitäten, die an den Emotionen beteiligt sind, auseinandersetzt. Neben der PET wird hier die Magnetresonanztomographie (MRT) eingesetzt. Hierbei handelt es sich ebenfalls um ein bildgebendes Verfahren, das „Landkarten" der unterschiedlichen Hirnareale produziert, die durch verschiedene Emotionen aktiviert werden. Hauptsächlich sind dies Teile des limbischen Systems, das auch „emotionales Gehirn" genannt wird und u. a. der Verarbeitung von Emotionen sowie der Entstehung von Trieben dient.

Exkurs: Limbisches System

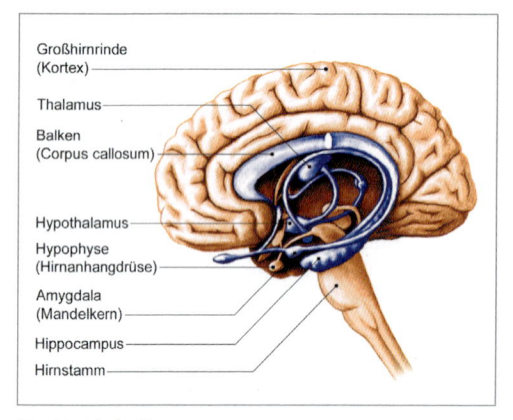

Das Limbische System

Zum limbischen System gehören der Hippocampus, die Amygdala (Mandelkern), die Hypophyse, der Hypothalamus und Teile des Thalamus. Aus physiologischer Perspektive dient das limbische System der Ausschüttung von Hormonen und Neurotransmittern (chemische Nervenbotenstoffe). Neurotransmitter legen u. a. fest, wie Menschen auf äußere Reize reagieren, z. B. interessiert, motiviert oder eher ablehnend.

Der **Hippocampus** (lat. Seepferdchen) ist nach seinem Aussehen benannt und stellt die evolutionär älteste Struktur des Gehirns dar. Wichtigste Funktion des Hippocampus ist die Überführung von Gedächtnisinhalten des Kurzzeitgedächtnisses in das Langzeitgedächtnis. Ebenso wie der Hippocampus tritt auch die **Amygdala** (auch Mandelkern genannt) paarig auf, in jeder Hirnhälfte einmal. Die Mandelkerne sind wesentlich an emotionalen Bewertungen beteiligt, an der Entstehung von Angst sowie am Wiedererkennen bekannter Situationen und Ereignisse.

Die **Hypophyse** (Hirnanhangsdrüse) ist verantwortlich für die Hormonregulation des gesamten Körpers. Der **Hypothalamus** steuert die vegetativen Funktionen des Körpers (die unwillkürlichen Funktionen der inneren Organe) und stellt das wichtigste Steuerzentrum des vegetativen Nervensystems dar. Der **Thalamus** weist starke Verbindungen zur Großhirnrinde (Kortex) auf und umfasst den größten Teil des Zwischenhirns. Im Thalamus treffen sämtliche Informationen der Sinnesorgane sowie des Körpers ein und werden dort, je nach Wichtigkeit, an die Großhirnrinde weitergeleitet. Damit fungiert der Thalamus quasi als Entscheidungszentrale und legt fest, was momentan wichtig ist und einer Weiterverarbeitung zugeführt werden soll und was nicht. Damit Emotionen überhaupt entstehen können, müssen also mehrere Gehirnareale zusammenwirken.

Kognitive Bewertungsansätze

Früher vertrat die Psychologie, wie auch heute noch oft die Alltagspsychologie, die Meinung, dass Emotionen das Denken und Handeln überwiegend negativ beeinflussen. Die Fähigkeit zum klaren, vernunftbasierten Denken würde demzufolge durch Gefühle beeinträchtigt. In den vergangenen 30 Jahren setzte sich jedoch die Auffassung durch, dass Emotionen sowohl negative als auch positive Wirkungen haben können.

Eine Vertreterin der kognitiven Emotionstheorien war die amerikanische Psychologin Magda Arnold (1903–2002). Ausgangspunkt ihrer Arbeit sind objektgerichtete Emotionen (ein Kind freut sich *über* ein Spielzeug oder hat Angst *vor* einem Arztbesuch). Arnold (1960) unterscheidet zwei Arten von Kognitionen als Ursachen von Emotionen:

1. **Faktische Kognitionen:** Tatsachenüberzeugungen über Sachverhalte, z. B. „Ich bekomme ein Spielzeug" oder „Mein Kaninchen muss zum Tierarzt".
2. **Evaluative Kognitionen:** die Erwünschtheit von Sachverhalten, z. B. „Ein Spielzeug macht Spaß und ist gut für mich" oder „Der Tierarztbesuch ist bedrohlich und macht mir Angst".

Die Handlungstendenz entspricht der während der Kognition erlebten Emotion, d. h. das Spielzeug wird als angenehm und erstrebenswert erlebt, demgegenüber wird der Tierarztbesuch als bedrohlich eingeschätzt. Das Tierarztbeispiel verdeutlicht sehr gut die Reichweite der Kognition. Zwar wird der dortige Besuch als Angst einflößend empfunden, aber auch als unvermeidbar und bewältigbar bewertet. Kognitionen können also dazu beitragen, dass Reaktionen reflektiert werden und die Tragweite der möglichen Folgen abgewogen wird.

Zahlreiche empirische Untersuchungen stützen die kognitiven Emotionstheorien (vgl. Reisenzein u. a., 2003), jedoch wurden auch Einwände vorgebracht. Einige Gefühle werden beispielsweise durch einfache Sinnesreize ausgelöst, ohne dass eine kognitive Bewertung notwendig ist (Schokoladeneis schmeckt süß und angenehm, Essig schmeckt sauer und unangenehm) und bedürfen keiner Kognition. Situationen, die ursprünglich unser Überleben sichern sollten, ziehen beispielsweise eine sofortige Reaktion nach sich, die keiner Kognition bedarf – wie etwa der Verzehr von Ungenießbarem. Dies ist auch heute in unserer zivilisierten Gesellschaft sinnvoll, um beispielsweise einen routinierten Tagesablauf zu gewährleisten und nicht zu viel Kraft und Energie auf Alltägliches zu verschwenden.

9.1.3 Emotionen quer durch die Kulturen

Bis heute wird davon ausgegangen, dass sich die Gefühle der Menschen, unabhängig von der Kultur, in gleicher Weise in den Gesichtsausdrücken zeigen. Paul Ekman (geboren 1934), ein amerikanischer Psychologe, der vor allem für seine Forschungen zur nonverbalen Kommunikation bekannt ist, erbrachte Beweise für die kulturübergreifende Gültigkeit der Mimik bei den **sieben Basisemotionen** Freude, Wut, Ekel, Furcht, Verachtung, Traurigkeit und Überraschung (siehe Fotos auf S. 336). Diese von ihm als elementar beschriebenen Gesichtsausdrücke sind nicht kulturell erlernt, sondern haben genetische Wurzeln.

Gesichter, die diese Basisemotionen zeigen, werden von Menschen rund um den Erdball gleich interpretiert. Doch entwickelten unterschiedliche Kulturen verschiedene **Konventionen zum Umgang mit Emotionen** und tradierten Regeln, wann und wie Emotionen gezeigt werden dürfen. Zuwiderhandlungen können unter Umständen soziale Sanktionen nach sich ziehen.

Bringen beispielsweise Eltern am ersten Kindergartentag ihr Kind in die Einrichtung, so wird in unserer westlichen Gesellschaft erwartet, dass sie das Kind unterstützen, sich gemeinsam mit ihm freuen, traurige Gefühle zurückhalten und den Gruppenraum nach einem angemessenen Abschied verlassen. Ebenso wird von angehenden Erzieherinnen und Erziehern während der Fachschulausbildung erwartet, dass sie auf erreichte Noten bei Klassenarbeiten angemessen und nicht übertrieben reagieren, also z. B. keine hemmungslosen Freudentänze bei sehr guten oder absolute Untröstlichkeit bei schlechten Noten zeigen.

9 Die sozial-emotionale Entwicklung

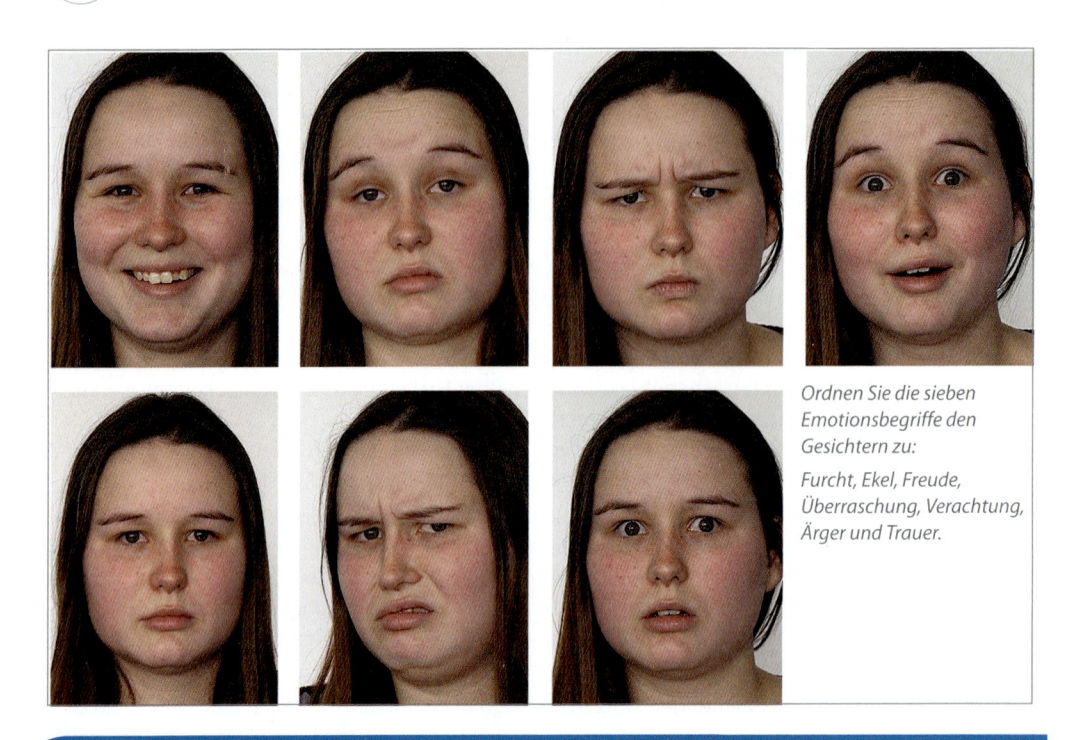

Ordnen Sie die sieben Emotionsbegriffe den Gesichtern zu:

Furcht, Ekel, Freude, Überraschung, Verachtung, Ärger und Trauer.

Berufliche Handlungsrelevanz

Der Umgang mit Familien aus anderen Kulturkreisen bringt neben potenziellen sprachlichen Schwierigkeiten weitere Herausforderungen mit sich. Ein international unterschiedlicher Umgang mit Emotionen wirkt sich nicht nur auf die Intensität des Emotionsausdrucks und auf die Sprache aus, sondern auch auf gesellschaftliche Konventionen und Traditionen sowie auf die Kunst und (Alltags-)Kultur.
Pädagogische Fachkräfte, die Kinder unterschiedlichster Kulturen in ihren Gruppen betreuen, sollten sich Einblick in die jeweiligen Kulturen und Traditionen verschaffen. Das heißt, die Bildung, Erziehung und Betreuung darf sich nicht nur an den Leitideen und dem aktuellen Kindbild der jeweiligen Einrichtung und den Ansichten der Fachkraft selbst orientieren, sondern muss interkulturelle Besonderheiten berücksichtigen und zudem individuell auf jedes Kind zugeschnitten sein. Ausführliche Elterngespräche und gemeinsame Elternabende können Transparenz schaffen und dazu beitragen, dass sich die unterschiedlichen Kulturen annähern und auch gemeinsame Kompromisse geschlossen werden.
Eine aktiv gelebte Internationalität wird nicht nur den Kindern mit verschiedenen Herkunftsländern gerecht, sondern ermöglicht zudem allen Kindern ein Kennenlernen unterschiedlicher Kulturen und die Ausbildung einer besonderen, auch emotionalen, Sensibilität im Umgang mit Menschen aus anderen Kulturkreisen.

9.1.4 Emotionsregulation

Emotionsregulation findet im Alltag nahezu ständig statt, um in unterschiedlichen Situationen den Verhaltenserwartungen unserer Mitmenschen an uns gerecht zu werden.

Beispiel ....
Ebru, Mutter des fünfjährigen Mehmet, hat kürzlich im Kindergarten einen Elternabend zum Thema „Förderung des Forscherdrangs und der Explorationsfreude bei Vorschulkindern" besucht. Wenige Tage später spielt ihr Sohn, bekleidet mit seinen neuesten Hosen, im Garten im Matsch. Er sammelt Regenwürmer und sortiert

9.1 Emotionen – Eine Hinführung

diese nach Länge und Dicke. Ebru freut sich einerseits über den Forscherdrang ihres Kindes, ist jedoch andererseits verärgert über die verschmutzte neue Hose. Sie überlegt kurz und entscheidet sich dann, ihren Sohn deswegen nicht auszuschimpfen.

Das Beispiel verdeutlicht die Komplexität und Vielschichtigkeit der **Regulation affektiver (emotionaler) Zustände**. An dieser Stelle kann natürlich nur spekuliert werden, welche biologischen Einsichten Mehmet in dieser Situation gewinnt und wie diese seine naturwissenschaftlichen Interessen insgesamt verändern und zukünftig beeinflussen werden. Ebenso kann lediglich gemutmaßt werden, ob das Einschreiten der Mutter Mehmets zukünftige Auseinandersetzung mit Tieren in der Natur beeinträchtigt hätte. Auf jeden Fall wird aber die Auswirkung bewusster Regulation deutlich. Prozesse der Emotionsregulation können bewusst aber auch automatisch und unkontrolliert ablaufen.

> Als **Emotionsregulation** bezeichnet man das Beeinflussen, Kontrollieren und Modifizieren eigener Emotionen. Dazu gehören also alle Prozesse, durch die Menschen Einfluss auf das Entstehen, die Bewertung, den Verlauf und den Ausdruck von Emotionen nehmen.

Einfluss genommen wird z. B darauf, welche Emotionen erlebt werden, wie sie erlebt werden und wie sie ausgedrückt werden. Drei **Ebenen der Emotionsregulation** können unterschieden werden:
1. Das **Ziel** der Emotionsregulation: Die eigenen Emotionen oder jene anderer Personen. Eltern beispielsweise regulieren die eigenen affektiven Zustände ebenso wie die ihrer Kleinstkinder.
2. Die **Person**, von der die Regulation ausgeht: Reguliert die Person selbst oder werden ihre Emotionen von anderen reguliert? Sehr junge Kinder können ihre Emotionen noch nicht selbst regulieren und benötigen auch während des weiteren Entwicklungsverlaufs Unterstützung.
3. Das **Objekt** der Regulation: Bezieht sich die Regulation auf Gedanken, Überzeugungen oder das konkrete Verhalten in einer sozialen Interaktion?

(vgl. Garber/Dodge, 2004, S. 3–14)

Im Beispiel von Ebru und Mehmet ist Ebru das Ziel der Emotionsregulation. Sie selbst ist auch die Person, von der die Regulation ausgeht. Objekt der Regulation ist ihr Verhalten gegenüber ihrem forschenden Sohn.

Die Fähigkeit zur Emotionsregulation erwerben Kinder von Geburt an. Je älter sie werden, desto weniger Unterstützung benötigen sie dabei von anderen Personen. Ein zweijähriges Kind, das beispielsweise beim Gehen stürzt, benötigt Trost von einer Bezugsperson. Mit zunehmendem Alter können die auftretenden Emotionen immer besser selbst reguliert werden.

> *Entwicklung der Emotionssteuerung in der frühen Kindheit (vgl. Petermann/Wiedebusch, 2003)*
> – *„Interaktive Regulationsstrategien: Kinder suchen die Unterstützung von Eltern oder Gleichaltrigen, um Emotionen zu regulieren.*
> – *Aufmerksamkeitslenkung: Kinder wenden ihre Aufmerksamkeit von der Erregungsquelle ab und richten ihre Aufmerksamkeit auf etwas anderes.*
> – *Selbstberuhigungsstrategien: Kinder beruhigen sich selbst, indem sie Verhaltensrituale einsetzen (z. B. Kuscheltier in den Arm nehmen) oder beruhigende Selbstgespräche führen („Jetzt ist alles wieder gut').*

> – *Rückzug aus der emotionsauslösenden Situation: Kinder krabbeln z. B. weg.*
> – *Manipulation der emotionsauslösenden Situation: z. B. durch Spielen.*
> – *Kognitive Regulationsstrategien: durch positive Selbstgespräche („Ich muss mich erst einmal beruhigen") oder Neubewertung der Situation („Eigentlich ist das gar nicht so schlimm").*
> – *Externale Regulationsstrategien: Gefühle körperlich ausagieren, z. B. indem das Kind auf den Boden stampft.*
> – *Einhaltung von Darbietungsregeln beim Emotionsausdruck: dabei werden die eigentlichen Emotionen maskiert."*
>
> (Brandl, 2010, S. 21)

Sowohl angenehme als auch unangenehme Emotionen können reguliert werden. Ältere Kinder freuen sich über eine sehr gute Note in der Klassenarbeit eher im Stillen und jubeln nicht laut, wenn beispielsweise der beste Freund eine schlechte Note bekommt und dadurch das Klassenziel nicht erreichen kann. Dabei kontrollieren die Kinder bewusst und absichtlich die auftretenden positiven Emotionen. Emotionen können nicht nur verringert und abgeschwächt sondern auch verstärkt oder aufrechterhalten werden. Hätten beide Freunde eine gute Note erhalten, so könnte die gemeinsame Freude das positive emotionale Erleben noch steigern. Solange das Kind an die schlechte Note und die Konsequenz, das Klassenziel nicht erreichen zu können, zurückdenkt, werden die Emotionen Ärger und Traurigkeit aufrechterhalten. (vgl. Brandstätter u. a., 2013, S. 176 ff.)

Berufliche Handlungsrelevanz

Kinder sollten früh lernen, dass ihr eigener Emotionsausdruck bei anderen Menschen Emotionen auslöst. Wie im Beispiel gezeigt, können nicht regulierte Emotionen für andere verletzend sein oder diese sogar provozieren. Eine gute Regulationsfähigkeit ist also nicht nur für die Kinder selbst, sondern auch für das soziale Miteinander wichtig.

9.1.5 Funktionen von Emotionen

Weshalb haben Menschen Emotionen und welche Funktionen erfüllen sie? Um diese Frage zu beantworten, soll ein Blick auf die folgend aufgeführten drei Funktionsklassen geworfen werden.

- **Die handlungsleitende bzw. motivationale Funktion**
  Emotionen unterstützen Personen bei der Bewältigung herausfordernder Aufgaben, indem sie als Motivator fungieren. Positiv bewertete Situationen werden verfolgt und negativ bewertete Situationen werden vermieden.
- **Die sozial-kommunikative Funktion**
  Emotionen beeinflussen soziale Beziehungen und erzeugen Wechselwirkungen zwischen Aktion und Reaktion der sich gegenüberstehenden Personen. Manche Kinder lächeln beispielsweise, wenn sie sich unbekannten Personen nähern. Andere nähern sich Fremden eher, wenn diese lächeln. In sozialen Gefügen regulieren Emotionen, ob Mitmenschen als attraktiv (im Sinne von anziehend) oder unattraktiv (im Sinne von abstoßend) bewertet werden.

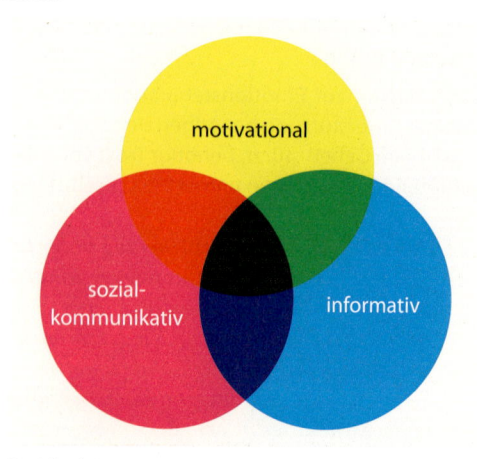

Drei Funktionen von Emotionen

- **Die informative Funktion**
  Emotionen informieren Personen über wichtige Ereignisse in ihrer Umwelt. Sie geben Orientierung, indem sie den Blick auf neue Möglichkeiten oder Gefahren lenken. In ihrer Funktion als Überwachungsinstrument melden sie Erfolge oder Rückschritte auf dem Weg zur Zielerreichung. Als Feedback-Instrument informieren sie über die Folgen der getroffenen Entscheidungen und ausgeführten Handlungen.

9.1.6 Emotionale Intelligenz

Wer geschickt mit den eigenen und fremden Gefühlen umgehen kann, hat es im Leben oft leichter. Manche Kinder und Erwachsene versammeln einen großen und stabilen Freundeskreis um sich, während andere ständig wechselnde und lose Bekanntschaften pflegen. Ebenso haben die einen Kinder schulischen Erfolg, während sich die anderen öfter selbst im Weg stehen; auch im Erwachsenenalter setzt sich diese Tendenz im Berufsalltag fort.

Lange herrschte die mittlerweile mehrfach widerlegte Auffassung vor, Intelligenz wäre nur auf die Kognitionen bezogen und biologisch veranlagt. Bereits 1983 erweiterte der amerikanische Psychologe Howard Gardner das begrenzte Spektrum der Intelligenz, indem er sieben verschiedene Arten von Intelligenz ausdifferenzierte, die sogenannten **multiplen Intelligenzen**: die sprachlich-linguistische, die logisch-mathematische, die bildlich-räumliche, die körperlich-kinästhetische, die musikalisch-rhythmische, die naturalistische sowie die personale Intelligenz.

Emotional intelligente Kinder haben einen großen und stabilen Freundeskreis.

Die **personale Intelligenz** teilt sich in zwei Bereiche:
- Die **intrapersonale** oder auch **emotionale Intelligenz** beschreibt den Zugang zum eigenen Gefühlsleben, zur persönlichen Palette der Emotionen. Ergebnis der (lebenslangen) Entwicklung der intrapersonalen Intelligenz sind etwa die Fähigkeiten, eigene Gefühle sofort zu unterscheiden oder auch als Basis zur Steuerung des persönlichen Verhaltens zu nutzen.
- Die **interpersonale**, oder auch **soziale Intelligenz** ist nach außen auf andere Personen gerichtet. Gemeint ist die Fähigkeit, Unterscheidungen zwischen verschiedenen Individuen vorzunehmen, vor allem bezüglich ihrer Stimmungen, Temperamente, Motive oder Absichten.

Diese beiden Formen der personalen Intelligenz sind aufgrund ihrer symbolischen und interpretativen Systeme weitaus vielfältiger und weniger trennscharf als andere Intelligenzformen. Wichtig ist zudem, dass beide miteinander verknüpft sind und sich nur gemeinsam entwickeln können.

Peter Salovey und John D. Mayer (1990), zwei amerikanische Psychologen, gehen einen Schritt weiter. Sie sehen die interpersonale und intrapersonale Intelligenz nicht mehr nebeneinander, sondern definieren die emotionale (intrapersonale) Intelligenz als Subsystem der sozialen (interpersonalen) Intelligenz.

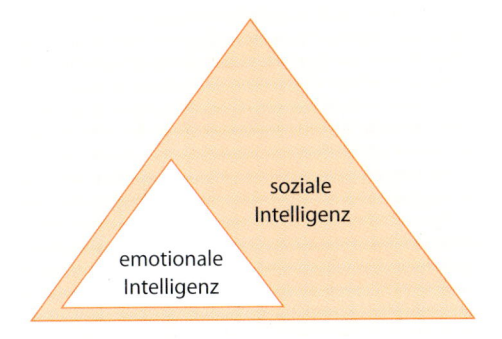

Die emotionale Intelligenz ist ein Subsystem der sozialen Intelligenz (vgl. Salovey/Mayer, 1990).

Die beiden Psychologen nennen fünf grundlegende **Fähigkeiten der intrapersonalen Intelligenz**:
1. Die Selbstwahrnehmung oder das Erkennen der eigenen Emotionen.
2. Darauf aufbauend: der achtsame Umgang mit den eigenen Emotionen, sodass sie der jeweiligen Situation angemessen sind.
3. Emotionen in den Dienst eines Zieles stellen: Neben extrinsischer (von außen her) und intrinsischer Motivation (von innen her) unterstützen positive Emotionen (z. B. Begeisterung) die Zielerreichung.
4. Empathie, um sich in andere einfühlen zu können (siehe Kapitel 8.1.3): Je besser wir mit den eigenen Gefühlen umgehen, desto besser können wir auch die Gefühle anderer deuten.
5. Der angemessene Umgang mit den Emotionen als Grundlage des Beziehungsaufbaus: Emotionen sind „ansteckend". Das heißt, wir vermitteln einander z. B. Stimmungen und treten so in wechselseitigen, überwiegend nonverbalen, Austausch.

Nach Salovey und Mayer bilden diese fünf Fähigkeiten die Grundlage höchster sozialer Kompetenz, sie tragen zu Charme, gesellschaftlichem Erfolg und Charisma bei.

9.1.7 Temperament und Familie

Zu Beginn des Kapitels wurde der Begriff Temperament von Emotionen abgegrenzt. Deshalb erscheint es sinnvoll, nun auch näher auf das Temperament einzugehen. Nach Robert Kegan (1994) bezieht sich das Temperament auf stabile Verhaltensreaktionen im behavioralen und emotionalen Bereich. Diese Reaktionen sind biologisch bedingt und zeigen sich bereits pränatal.

Das amerikanische Psychiaterehepaar Stella Chess und Alexander Thomas (1977) führte eine bis heute vielfach zitierte Langzeitstudie durch. Eltern wurden über einen längeren Zeitraum hinweg mehrfach interviewt. Dabei mussten sie detaillierte Beschreibungen des Verhaltens ihrer Kleinkinder bzw. Babys abgeben. Nach Auswertung der Interviews kristallisierten sich neun unterschiedliche **Temperamentsdimensionen** mit je zwei möglichen Ausprägungen heraus, einer positiven und einer negativen.

Dimension	Beschreibung und gegenpolige Beispiele
Ablenkbarkeit	Ablenkbarkeit durch neue Reize (z. B. verharrt in seiner Tätigkeit vs. lenkt Konzentration auf Neues)
Aktivität	Häufigkeit und Intensität motorischer Aktivitäten (z. B. ist immer in Bewegung vs. mag bewegungsarme Tätigkeiten)
Annäherung/Vermeidung	typische Reaktion auf unbekannte Personen, Situationen und Objekte (z. B. geht neugierig auf Fremde zu vs. hat Heimweh, wenn es bei Freunden übernachtet)
Anpassungsfähigkeit	Gewöhnung an Veränderungen (z. B. folgt sofort bei Ermahnung vs. ist immer unfolgsam)
Aufmerksamkeit, Ausdauer	Durchhaltevermögen bei Schwierigkeiten (z. B. bringt eine schwierige Aufgabe zu Ende vs. sucht sich eine neue Tätigkeit, wenn die Aufgabe zu schwer ist)
Intensität der Reaktionen	Intensität der Reaktion auf Reize (z. B. schlägt Kinder, die das Spielzeug wegnehmen vs. schaut in der gleichen Situation nur überrascht)
Rhythmus	Vorhersagbarkeit biologischer Funktionen (z. B. isst jeden Tag zur gleichen Uhrzeit die gleiche Menge vs. hat zu verschiedenen Zeiten unterschiedlich viel Hunger)
Sensorische Empfindsamkeit	Reaktionsschwelle bei sensorischen Reizen (z. B. kann überall einschlafen vs. benötigt immer dieselbe Schlafposition und Umgebung)
Stimmungslage	Qualität der vorherrschenden Stimmung (z. B. lächelt, wenn es ein neues Spielgerät testet vs. weint, wenn es mit einem fremden Ball spielen soll)

Neun Dimensionen des Temperaments (vgl. Lohaus u. a., 2010, S. 143)

Anhand dieser Dimensionen wurden die Kleinkinder in drei **Temperamentsgruppen** eingeteilt.
- **Einfache Babys:** Sie haben grundsätzlich gute Laune, sind leicht zu beruhigen und können sich gut auf neue und unbekannte Situationen einstellen. 65 Prozent der in der Längsschnittstudie untersuchten Kinder gehörten dieser Gruppe an.
- **Schwierige Babys:** Sie reagieren sehr unterschiedlich, häufig aber negativ und sehr stark auf unbekannte Reize. Zudem zeigen sie große Unregelmäßigkeiten hinsichtlich ihrer Grundbedürfnisse und können sich nur langsam auf Neues einstellen. In der Studie von Chess und Thomas ließen sich 15 Prozent der Kleinstkinder diesem Typ zuordnen.
- **Langsam „auftauende" Babys:** Mit 20 Prozent der untersuchten Kinder ließ sich nach einem schwierigen Anfang immer leichter umgehen.

Eine wesentliche Erkenntnis der Studie war, dass einige Temperamentsdimensionen über Jahre hinweg relativ stabil ausgeprägt sind und deshalb bereits im Kleinstkindalter Prognosen für das Schulalter erlauben. Schwierige Babys hatten z. B. als Schulkinder häufiger Anpassungsprobleme als einfach zu handhabende Säuglinge.

Die Struktur des vorangehend dargestellten Temperamentsmodells wurde mehrfach überarbeitet. Ein Folgemodell sieht beispielsweise die Reduktion auf sechs Dimensionen vor, die zudem in positive und negative Emotionen aufgeteilt sind:
1. Angstvolles Unbehagen: in unbekannten Situationen zieht sich das Kind ängstlich zurück
2. Wut: Frustration, vor allem wenn das Kind seinen eigenen Willen nicht durchsetzen kann
3. Ausdauer und Aufmerksamkeit: bei der Beschäftigung mit Gegenständen und Aufgaben
4. Aktivität: Dauer und Intensität der Bewegungen
5. Positive Gefühle: Freundlichkeit, Kooperation und Annäherung an Menschen
6. Rhythmus: Vorhersagbarkeit und Regelmäßigkeit biologischer Funktionen

(vgl. Rothbart/Bates, 1998, S. 116 ff.)

Anpassungsfähigkeit und die Bedeutung der Familie

Wie bereits erwähnt, konnte (mehrfach) nachgewiesen werden, dass Zusammenhänge zwischen dem Temperament von Säuglingen bzw. Kleinkindern und dem Anpassungsverhalten im späteren Schulkind- und Jugendalter existieren. Kinder, die vor allem aufgrund negativer Emotionen auffielen, hatten in späteren Jahren vermehrt Anpassungsschwierigkeiten, waren als Erwachsene eher arbeitslos oder wurden gar straffällig.

Das Temperament alleine genügt jedoch nicht, um zuverlässige Aussagen über die potenzielle Anpassungsfähigkeit der Kinder zu generieren. Vielmehr muss das soziale Umfeld, allem voran das elterliche **Erziehungsverhalten**, mitberücksichtigt werden. Studien zeigten, je höher die Übereinstimmung zwischen dem kindlichen Temperament und den Erwartungen des Umfeldes ist, desto positiver wirkt sich dies auf die emotionale Entwicklung und das Selbst sowie die Persönlichkeit des Kindes aus. Kinder mit einem schwierigen Temperament stellen eine größere Herausforderung für ihre Eltern und ihr soziales Umfeld dar. Agieren deren Eltern jedoch konsequent und bleiben geduldig, so entwickeln sich die Kinder besser, als wenn die Eltern zu harschen Disziplinierungsmaßnahmen greifen oder inkonsequent sind und dadurch das schwierige Temperament ihrer Kinder eher noch bekräftigen. Langfristig wirkt sich eine konsequente, transparente und faire Erziehung also gerade auf Kinder mit schwierigem Temperament äußerst positiv aus.

Eineiige Zwillinge zeigen von allen Geschwistern die meisten Gemeinsamkeiten.

Aber nicht nur das Erziehungsverhalten wirkt sich auf die emotionale Entwicklung des Kindes in der Familie aus, sondern auch die **Veranlagung**. Zwillings- und Adoptionsstudien belegen, dass die neun bzw. sechs dargestellten Temperamentsdimensionen genetische Wurzeln besitzen. Es wird davon ausgegangen, dass Geschwister unter ähnlichen familiären Sozialisations- und Erziehungsbedingungen aufwachsen.

Persönlichkeitsmerkmale und das Temperament bei Geschwistern, die biologisch nicht miteinander verwandt sind (Adoptiv- oder Pflegegeschwister), variieren stärker als bei verwandten Geschwistern. Auch zeigen eineiige Zwillinge mehr Gemeinsamkeiten als zweieiige Zwillinge.

Berufliche Handlungsrelevanz

Trotz zahlreicher empirischer Belege, dass Temperamente genetische Fundamente haben, sollten pädagogische Fachkräfte nicht überrascht sein, wenn Geschwisterkinder sehr unterschiedlich sind. Trotz ähnlicher genetischer Grundausstattung und nahezu gleichen Sozialisations- und Erziehungsbedingungen ist das Verhalten von Eltern ihren Kindern gegenüber unter Umständen sehr unterschiedlich. So erfahren Mädchen und Jungen oft (unbewusst) eine ungleiche Erziehung. Aber auch die Geschwisterfolge ist ausschlaggebend: beim ersten Kind sind Eltern vielleicht noch etwas unsicher und ängstlich, beim Zweit- oder Drittgeborenen verhalten sie sich gelassener und souveräner. Dieses differenzierende elterliche Verhalten wirkt sich natürlich auf die Kinder, deren Verhalten und Persönlichkeitsentwicklung aus.

Familiale Sozialisation und Emotion

Der direkte (bewusste) und indirekte (unbewusste) Einfluss der Familie auf kindliches Denken, Handeln und Fühlen schließt auch den Umgang mit Emotionen ein. Eltern und auch weitere Familienangehörige fungieren als Verhaltensmodelle für Kinder, die meist zur Nachahmung anregen, im späteren Kindes- und Jugendalter aber auch konträre Verhaltensweisen provozieren können. Beinahe wie von selbst lernen Kinder beispielsweise, welche Emotionen in welchen sozialen Kontexten gezeigt werden dürfen, welche Formen des Emotionsausdrucks effektiv sind oder auch wie sie ihre Mitmenschen durch Emotionen beeinflussen können. Kinder, die in einem familiären Umfeld aufwachsen, in dem positive Emotionen vorherrschen, sind sozial kompetenter, weniger aggressiv, haben ein stabiles Selbst und zeigen mehr Empathie. Überwiegen in der Familie hingegen negative Emotionen, so zeigen sich auch die Kinder weniger sozial kompetent und drücken eher negative Emotionen aus (vgl. Siegler u. a., 2011, S. 405 ff.).

Grundsätzlich bestehen außerordentlich bedeutsame Wechselwirkungen zwischen positiven und negativen Emotionen aller Familienmitglieder. Kinder mit ausgeglichenem Temperament erzeugen bei Eltern mit eher negativen Emotionen genau gegenteilige, also positive Gefühle, sodass dies eventuell zur Verbesserung des emotionalen Klimas des Familiensystems beitragen kann. Umgekehrt können dauerhaft schwierige Kinder Resignation seitens der Eltern hervorrufen. Insgesamt sind neben den Sozialisationsbedingungen und den Anlagen die tagtäglichen Interaktionen zwischen den Familienmitgliedern ausschlaggebend für die sozial-emotionale Entwicklung.

9.2 Die pränatale sozial-emotionale Entwicklung und die Geburt

Kenntnisse der pränatalen und perinatalen (kurz vor, während und direkt nach der Geburt) Emotionsentwicklung beschränken sich bislang hauptsächlich auf die Fragen, ob und in welchem Maß Stress oder Angstzustände der Mutter das ungeborene Kind beeinflussen. Es zeigte sich, dass mütterliche **Stresserfahrungen** großen Einfluss auf das ungeborene Kind haben können. Da die Blutkreisläufe von Mutter und Kind miteinander verbunden sind, überträgt sich Stress durch die erhöhte Hormonausschüttung sowie den Herzschlag der Mutter direkt auf das Kind. Mütter die während der Schwangerschaft Naturkatastrophen, Bombenangriffe oder vergleichbare Angst auslösende Situationen erleben mussten, gebaren häufiger entwicklungsverzögerte, untergewichtige oder leicht erregbare Kinder (vgl. Rittelmeyer, 2005). Zudem zeigten Untersuchungen, dass sich mütterlicher Stress auch auf das Temperament des Kindes auswirken kann.

Natürlich stellt sich die Frage, was auf ein ungeborenes Kind tatsächlich einwirkt? Zweifelhaft ist, ob Säuglinge auf Musik, die sie bereits im Mutterleib hörten, besonders positiv reagieren. Unstrittig ist jedoch, dass Neugeborene aufgrund ihrer pränatalen Erfahrungen mit der Mutterstimme diese allen anderen Stimmen vorziehen.

Der Psychoanalytiker Sigmund Freud beschrieb die Geburt als erstes Angsterlebnis des Menschen (= Geburtstrauma). Aus heutiger Perspektive ist die Geburt für das Kind mit großer, vor allem körperlicher Anstrengung und anschließender Erholung verbunden. Unklar ist, ob und in welchem Maße sich Menschen überhaupt an ihre eigene Geburt erinnern können und inwieweit sich die Geburtserfahrungen auf die weitere emotionale Entwicklung auswirken.

Ein Neugeborenes hat nach der Geburt bereits vielfältige, vor allem körperliche Anstrengungen hinter sich.

9.2.1 Entwicklungsrisiken

Im vorgeburtlichen Stadium können Kinder nicht nur potenziell körperlichen Entwicklungsrisiken (siehe Kapitel 5.2.3) ausgesetzt sein, vielmehr können hier bereits psychosozial und emotional belastende Einflüsse des Umfeldes auf das Ungeborene einwirken. Negative Emotionen der Mutter wie Furcht oder Angst verändern ihren Hormonhaushalt. Diese Veränderung bewirkt, dass mehr Blut zum Herz, zum Gehirn und in die Extremitäten der Mutter gelangt. In der Folge fließt weniger Blut zu anderen Organen (z. B. der Gebärmutter), das Ungeborene erhält nicht nur weniger Nährstoffe und weniger Sauerstoff, sondern wird zudem mit Stresshormonen belastet. Föten reagieren auf diesen Stress in derselben Weise wie alle anderen Menschen, das Herz schlägt schneller und ihre generelle Aktivitätsrate nimmt zu.

Frauen, die während der Schwangerschaft seelischen Belastungen, wie etwa anhaltenden Ängsten ausgesetzt sind, erleiden deutlich häufiger Früh- oder Fehlgeburten. Die Neugeborenen leiden überdurchschnittlich oft an Erkrankungen (beispielsweise der Atemwege) oder körperlichen Fehlbildungen (z. B. Lippen- und Gaumenspalte).

9.2.2 Resilienz

Das Konzept der Resilienz kann thematisch bereits der pränatalen Entwicklung und der Geburt zugeordnet werden, da das Ungeborene bereits während der Entwicklung im Mutterleib belastenden Lebensumständen ausgesetzt sein kann. Diese frühen Belastungssituationen können weitreichende Folgen bis in die Kindheit und das Jugendalter hinein nach sich ziehen.

Der Begriff Resilienz stammt aus dem Englischen (resilience) und kann mit Elastizität, Spannkraft oder Widerstandsfähigkeit übersetzt werden (siehe Kapitel 4, S. 61). Kinder werden als resilient bezeichnet, wenn sie sich aufgrund ihrer psychischen Widerstandsfähigkeit trotz ungünstiger und erschwerender Bedingungen gut entwickeln und das eigene Leben erfolgreich bewältigen und meistern können.

Mit „ungünstigen und erschwerenden Bedingungen" sind sämtliche belastenden Lebensumstände gemeint: emotionale, gesundheitliche und soziale Belastungen aber auch andere Gefahren wie Kriege, Naturkatastrophen, Arbeitslosigkeit der Eltern oder Armut. Einige Kinder, die bereits im Mutterleib Risiken und Gefahren ausgesetzt sind, können mit diesen Belastungen nicht umgehen, andere hingegen können sich von Geburt an dennoch gut entwickeln, wenn zwei notwendige Voraussetzungen erfüllt sind:

1. Sie erhalten von einer Person in ihrem Lebensumfeld **Fürsorge und Unterstützung**.
2. Sie haben ein **positives Temperament** und weisen eine **stabile Persönlichkeitsstruktur** auf.

Beispiel

Die Kauai-Studie
Die Pionierin der Resilienzforschung, Emmy Werner (geboren 1929), führte auf der hawaiianischen Insel Kauai eine Langzeitstudie durch. Werner begleitete und untersuchte den gesamten Geburtsjahrgang 1955 (knapp 700 Kinder) von der pränatalen Entwicklung an über insgesamt 40 Jahre hinweg. Bereits während der pränatalen Phase zeigten sich psychosoziale, emotionale und biologische Risikofaktoren aber auch schützende Faktoren wie intakte Familienverhältnisse oder hohe soziale Kompetenz der Mutter. 30 Prozent der Kinder gehörten zur Gruppe mit einem besonders hohen Entwicklungsrisiko. Zwei Drittel dieser Kinder mit erhöhten Risikofaktoren litten unter den erschwerten Bedingungen und entwickelten unterschiedlichste Verhaltensauffälligkeiten bzw. -störungen oder zeigten früh delinquentes Verhalten. Ein Drittel der Risikokinder entwickelte sich jedoch erstaunlich gut. Diese konnten ihr Leben in sämtlichen Bereichen (zwischenmenschlich, familiär, beruflich usw.) kompetent meistern. Emmy Werner widerlegte so die Annahme, dass sich Kinder aus Risikofamilien zwangsläufig schlecht entwickeln.

Heute werden acht Faktoren als **Grundlage der Ausbildung von Resilienz** genannt, deren Entwicklung teilweise bereits mit der Geburt beginnt:
- eine positive Selbstwahrnehmung
- eine angemessene Selbststeuerungsfähigkeit
- Selbstwirksamkeitsüberzeugung (siehe Kapitel 10.1.1, S. 381)
- soziale und emotionale Kompetenzen
- eine positive emotionale Beziehung zu mindestens einer Bezugsperson
- adäquater Umgang mit Stress
- Problemlösekompetenz
- Vorbilder, die handlungsorientiertes, aktives Problemlösen zeigen

(vgl. Fröhlich-Gildhoff u. a., 2007)

Resilienz ist kein angeborenes Persönlichkeitsmerkmal, sondern entwickelt sich aus dem Zusammenspiel der genannten Faktoren. Kinder, die sehr früh positive Selbstwirksamkeitserfahrungen bei Problembewältigungen erleben, werden auch zukünftige belastende Situationen aktiver und handlungsorientierter angehen.

Berufliche Handlungsrelevanz

Pädagogische Fachkräfte können Kinder dabei unterstützen, Risikosituationen besser zu bewältigen, indem sie sie von Anfang an angemessen bekräftigen. Dabei ist es wichtig nicht defizitorientiert vorzugehen, sondern an den vorhandenen Stärken der Kinder anzusetzen und diese weiter zu fördern. Fachkräfte müssen dazu erkennen, wie das jeweilige Kind mit Stresssituationen und deren Bewältigung umgeht und an diesem Potenzial anknüpfen.

Folgende Bereiche können Anknüpfungspunkte kindlicher Resilienzförderung sein:
- Problemlösefähigkeit und Konfliktlösestrategien
- Eigenaktivität und persönliche Verantwortungsübernahme
- Selbstwirksamkeit und Selbstwertgefühl des Kindes
- soziale Kompetenzen
- Entspannungsfähigkeit
- Inanspruchnahme sozialer Unterstützung
- Förderung körperlicher Gesundheitsressourcen

(vgl. Wustmann, 2003)

9.3 Die sozial-emotionale Entwicklung im Säuglingsalter und in der frühesten Kindheit

Mütter und Väter bringen ihren neugeborenen Kindern Fürsorglichkeit entgegen, die das Überleben des Säuglings sicherstellt. Zudem hat auch der Säugling die Veranlagung, Nähe und Kontakt zu primären Bezugspersonen zu suchen und aufrechtzuerhalten, also eine **Bindung** auf- und auszubauen („angeborene Bindungsbereitschaft" nach Bowlby, 1969).

Die Bindungstheorie wurde vom britischen Kinderpsychiater John Bowlby (1907–1990) und der kanadischen Psychologin Mary Ainsworth (1913–1999) entwickelt (siehe Kapitel 10.3.2, S. 391). Bindungsverhalten manifestiert sich in zwei Verhaltensbereichen des Kindes:

- Das **Signalverhalten** des Kindes (z. B. Weinen, Lächeln, Bewegungen der Hände und Füße) veranlasst die Eltern, sich um das Kind zu kümmern, also Kontakt auf körperlicher und emotionaler Ebene herzustellen.
- Beim **Annäherungsverhalten** nähert sich das Kind den Eltern (z. B. indem es ihnen nachrobbt oder sie festhält). Ein eigenaktives Annähern des Kindes an eine Bezugsperson ist frühestens ab ca. dem sechsten Lebensmonat möglich, wenn das Kind beginnt, sich eigenständig fortzubewegen.

Allerdings darf nicht jedes Signal- oder Annäherungsverhalten als Bindungsverhalten angesehen werden. Letzteres wird erst aktiviert, wenn der Säugling auf emotionale Unterstützung seiner Bindungsperson angewiesen ist. Das Kind kann im frühen Alter seine Affekte noch nicht selbst regulieren und sucht in beängstigenden oder belastenden Situationen Schutz und Sicherheit bei der Bindungsperson (vgl. Hédervári-Heller, 2011, S. 57 ff.).

9 Die sozial-emotionale Entwicklung

Werden Emotionen nicht als angeborene Reaktionsmuster gesehen, sondern als Systeme, die das eigene Handeln regulieren und sich erst entwickeln müssen, dann sind beim Neugeborenen noch nicht alle Emotionen funktionstüchtig ausgebildet (vgl. Holodynski/Oerter, 2012, S. 504). Die ersten gezeigten Emotionen von Säuglingen sind demnach nur zum Teil auf den Kontext abgestimmt, sodass es schwer ist, diese richtig zu interpretieren. Eine der wichtigsten Entwicklungsaufgaben ist es, in sozialen Interaktionen ein umfassendes Emotionsrepertoire aufzubauen. Das Kind lernt den angemessenen Umgang sowohl mit den eigenen Gefühlen als auch mit den Emotionen anderer Personen. Dabei findet es zudem heraus, wie sich Gefühle erzeugen und aufrechterhalten lassen.

Eng verknüpft ist die Emotionsentwicklung mit der Sprachentwicklung und der kognitiven Entwicklung. Erst ab einem Alter zwischen vier und fünf Jahren erlangen Kinder eine Vorstellung davon, dass Emotionen interne Zustände sind (siehe Kapitel 9.4).

9.3.1 Emotionen im Ausdrucksverhalten

Viele Eltern sind der Überzeugung, bei ihren Säuglingen bereits nach wenigen Wochen gezeigte Emotionen erkennen zu können. Die Interpretationen sind jedoch meist subjektiv, d. h. Eltern lesen aus der kindlichen Mimik jene Emotionen heraus, die sie selbst für am wahrscheinlichsten halten. Mehrere Forscher entwickelten unterschiedliche Verfahren, um Emotionen von Säuglingen und Kleinstkindern identifizieren zu können. Sämtliche Untersuchungen betrachten aber hauptsächlich den mimischen und/oder vokalen Ausdruck der Kleinstkinder, und vernachlässigen Gestik und Ganzkörpermotorik.

Kommt der Säugling mit der Fähigkeit, die sieben Basisemotionen (Freude, Wut, Ekel, Furcht, Verachtung, Traurigkeit und Überraschung) auszudrücken auf die Welt? Ansatzweise scheinen diese Emotionen erkennbar zu sein. In erster Linie besteht das Emotionserleben eines Säuglings jedoch aus zwei grundlegenden Zuständen, die mehrere Gefühle inkludieren können:

Wie mögen diese Ausdrücke gedeutet werden? Es zeigt sich, dass kindliche Emotionen nicht immer eindeutig identifiziert werden können.

- Das Kind fühlt sich in angenehmen Situationen wohl (positive Emotionen).
- Das Kind zieht sich in unangenehmen Situationen zurück (negative Emotionen).

Im Folgenden wird zuerst die Entwicklung positiver Emotionen dargestellt, anschließend die Entwicklung negativer sowie auf das Selbst bezogener Emotionen.

Positive Emotionen

Der erste deutlich erkennbare positive Emotionsausdruck ist das Lächeln. In den ersten Lebenswochen lächelt der Säugling hauptsächlich, wenn er satt ist, im Schlaf oder als Reaktion auf sanfte Berührungen und Klänge, oder wenn er leicht gestreichelt beziehungsweise auf den Arm genommen wird. Zwischen dem ersten und zweiten Lebensmonat lächeln Säuglinge erstmals, wenn sie in ihrem Blickfeld interessante Gegenstände entdecken, die sich leicht bewegen und durch eine intensive Farb- oder Formgebung ins Auge stechen.

Ein besonders wichtiger Entwicklungsschritt ist das Auftreten des **sozialen Lächelns** im Alter von etwa sechs bis acht Wochen. Werden Säuglinge ab diesem Alter freundlich angeblickt, erwidern sie dies ihrerseits mit einem Lächeln. Es entsteht eine Wechselwirkung: die freundlich blickende Person freut sich über die Reaktion des Säuglings und verstärkt ihrerseits die positiven Emotionen in der Mimik, was im Gegenzug das soziale Lächeln des Kindes verstärkt.

Das soziale Lächeln ist eine wichtige Fähigkeit, um mit anderen in soziale Interaktion zu treten und aktive zwischenmenschliche Beziehungen aufzubauen. Besonders deutlich wird diese soziale Basis in einer Studie, die zeigen konnte, dass Kleinkinder von anderen Menschen eher zum Lächeln gebracht werden können als von Objekten wie etwa einer Puppe (vgl. Siegler u. a., 2011, S. 380).

Wenn Säuglinge etwa zwei Monate alt sind, freuen sie sich, Situationen und Ereignisse selbst gesteuert erzeugen und kontrollieren zu können. Dies zeigt sich z. B. bei einem Vorgang, den pädagogische Fachkräfte oder Eltern häufig beobachten können: Kleinstkinder haben größte Freude daran, Gegenstände auf den Boden zu werfen und sich diese wieder reichen zu lassen um sie erneut zu werfen.

Auch in einer Studie konnte die Freude an diesem Spiel untermauert werden. Forscher teilten Säuglinge in zwei Gruppen auf und befestigten eine Schnur am Arm des Kindes. Eine Kindergruppe hörte Musik, wenn sie an der Schnur zog und bei der zweiten Gruppe gab es keinen Zusammenhang zwischen dem Ertönen der Musik und dem Ziehen an der Schnur. Die Säuglinge, die das Abspielen der Musik selbst erzeugen konnten, zeigten ein größeres Interesse und vor allem auch mehr Lächeln, wenn die Musik spielte, als jene Kinder, bei denen kein Zusammenhang zwischen der Musik und dem Ziehen an der Schnur bestand (vgl. Lewis, u. a. 1990, S. 745 ff). Säuglinge erkennen also, dass ihr eigenes Tun eine für sie selbst angenehme und schöne Wirkung nach sich zieht. Das heißt ihr Selbstwirksamkeitserleben wird dadurch positiv angesprochen (vgl. Kapitel 6.2.9, S. 183).

Das Lachen bei drei bis vier Monate alten Babys deutet darauf hin, dass eine Form von kognitiver Informationsverarbeitung bereits funktioniert, wobei nach wie vor aktivierende Reize erfolgen müssen. Kinder können ab diesem Alter auch fröhliche, ärgerliche oder neutrale Gesichtsausdrücke unterscheiden. Werden zeitgleich unterschiedliche Gesichtsausdrücke dargeboten, präferieren sie eindeutig die fröhlichen Gesichter, ohne dabei allerdings die Emotionen zu verstehen oder auf die Emotionsfärbungen in der Stimme zu achten. Die Zuordnung einer Stimme zum passenden Gesichtsausdruck entwickelt sich erst zwischen dem vierten und neunten Lebensmonat. Dann können Kinder (fröhliche oder ärgerliche) Stimmen den entsprechenden Gesichtsausdrücken zuordnen. Dieses Phänomen zeigt sich nicht nur bei Personen, die den Kindern vertraut sind, sondern ganz generell. Das heißt, Kinder wenden sich bei bewegten Bildern und auch bei statischen Fotos, bei vertrauten Personen genauso wie bei Fremden, also ganz generell, immer den fröhlicheren Gesichtern zu.

In der Mitte des ersten Lebensjahres beginnen Kinder hauptsächlich bekannte Menschen und nicht mehr alle Menschen gleichermaßen anzulächeln, sie legen also ein quasi **selektives Lächeln** an den Tag. Fremde Menschen erzeugen teilweise sogar regelrechtes Unbehagen (siehe Abschnitt „Fremdeln", S. 349). Die verstärkte, von positiven Emotionen geprägte Eltern-Kind-Interaktion und das zeitgleiche vermehrte Abwenden von anderen Personen stärkt die Eltern-Kind-Bindung und erzeugt seitens der Eltern zudem vermehrt positive Emotionen gegenüber dem Kind. Eltern und Kind reagieren aufeinander erfreut und intensivieren dadurch sowohl die Qualität als auch die Quantität der gemeinsamen sozialen Interaktion.

Während des letzten Viertels des ersten Lebensjahres erkennen Kinder, wie andere Personen reagieren: sind diese erfreut oder ärgerlich, oder haben sie eher einen ängstlichen oder warnenden Gesichtsausdruck? In unbekannten oder auch Furcht einflößenden Situationen nimmt das Kleinkind Blickkontakt mit seiner Bezugsperson auf, um deren Gesichtseindruck einzufangen und eine Situation daraufhin entsprechend beurteilen zu können. Dieser Vorgang wird **soziale Bezugnahme** genannt.

> **Soziale Bezugnahme** (engl. social referencing): Kinder versuchen anhand des Gesichtsausdrucks ihrer Bezugspersonen Informationen darüber zu erhalten, wie eine Situation einzuschätzen ist. Entsprechend der gewonnenen Information reagieren und handeln die Kinder.

Das Kind erkennt den aufmunternden Blick der Mutter und zeigt ebenfalls Interesse an dem Vogel.

Während des zweiten Lebensjahres erkennt das Kind, dass es (z. B. durch seine „Blödeleien") andere zum Lachen bringen kann. Damit einhergehend entsteht immer mehr der Wunsch, positive Emotionen, vor allem mit den Eltern und der Familie, zu teilen und gemeinsam schönen und erfreulichen Beschäftigungen nachzugehen. Erst deutlich später – mit der Überwindung des Egozentrismus (vgl. hierzu Kapitel 6.3.1, S. 185) – entdeckt das Kind, dass sich seine eigenen Emotionen von denen anderer Personen unterscheiden können.

Negative Emotionen

Neugeborene blicken nach der Geburt bereits auf vielfältige Erfahrungen zurück, die Stress oder negative Emotionen hervorgerufen haben. Dazu gehören beispielsweise:

- unangenehme medizinische Prozeduren
- unzählige neue und oft beängstigende Reize (z. B. helles Licht, ungedämpfte Geräusche, ungewohnte Berührungen durch Menschen und Textilien)
- Veränderungen der Umgebungs- und damit auch der Körpertemperatur
- Hunger

Auf solche Erfahrungen reagiert das Neugeborene meist mit einem verkniffenen Gesichtsausdruck sowie durchdringendem Schreien. Grundsätzlich ist es bei sehr kleinen Kindern schwierig, verschiedene negative Emotionen zu unterscheiden. Vor allem da der Emotionsausdruck eines Säuglings noch recht ungenau und schwer interpretierbar ist. Mehrere Studien ergaben, dass Kleinstkinder ein sehr unspezifisches Missfallen beim Erleben negativer Emotionen zeigen, d. h. ihr Emotionsausdruck kann z. B. nicht eindeutig als wütend oder traurig interpretiert werden.

Wut, Angst und Trauer sind bei Säuglingen schwer zu unterscheiden.

Berufliche Handlungsrelevanz

In einer solchen Situation ist es für pädagogische Fachkräfte und Eltern weniger wichtig, das unbehagliche Erleben des Kindes eindeutig zu interpretieren, als die unangenehme Lage der ihnen anvertrauten Kleinen zu beenden und positivere Umstände herzustellen.

In einigen wenigen Untersuchungen ist es gelungen, bei zwei Monate alten Säuglingen Traurigkeit oder Wut von Unbehagen oder Schmerz relativ eindeutig abzugrenzen (vgl. Izard u. a., 1987, S. 105 ff.). Korrespondierend zum sozialen Lächeln spiegeln Kinder im ersten halben Lebensjahr auch den wütenden oder traurigen Gesichtsausdruck ihrer Bezugsperson zurück.

Fremdeln

Im zweiten Lebenshalbjahr zeigen Kleinkinder immer häufiger Anzeichen von Furcht. Sie wirken zunehmend zögerlich, bevor sie sich mit einem neuen und unbekannten Gegenstand beschäftigen oder wenn sie ein ihnen fremdes Terrain krabbelnd erkunden. Ein besonderes Merkmal dieses Entwicklungsabschnitts ist die Furcht vor Fremden.

Beispiel

Leni, 5 Monate alt, wird von ihrer Mutter jede Woche zweimal zum Einkaufen in den Supermarkt mitgenommen. Auf die Verkäuferin an der Käsetheke freut sie sich immer besonders und strahlt sie aus der Bauchtragetasche heraus freundlich an. Die Verkäuferin ihrerseits freut sich über die regelmäßigen Begegnungen und wechselt stets einige freundliche Worte mit Lenis Mutter. Doch eines Tages ändert sich Lenis Verhalten schlagartig. Als die Erwachsenen ein Gespräch beginnen, fängt Leni zu weinen an und vergräbt ihren Kopf an der Schulter ihrer Mutter. Sie beruhigt sich erst nachdem die beiden den Supermarkt verlassen haben und zum Auto zurückkehren.

Zwischen dem vierten und achten Lebensmonat ändern Babys zuweilen sehr deutlich ihre bisherigen Verhaltensmuster und reagieren auf fremde Menschen eher zurückhaltend und ängstlich. Dieses Verhalten wird als **Fremdeln** bezeichnet. Ob und in welcher Intensität sich diese „Fremdenangst" manifestiert, ist von mehreren Faktoren abhängig:
- vom Temperament des Kindes
- von der vorherrschenden Situation (befindet sich das Kind z. B. in einer ihm vertrauten oder unbekannten Umgebung)
- von vorangegangenen Erfahrungen im Umgang mit Fremden
- vom Erscheinungsbild der neuen Person

Die Ängstlichkeit gegenüber Männern ist in der Regel höher als gegenüber Frauen. Männer mit Bart oder dunkler Hautfarbe können zusätzlich furchterregend wirken – aber natürlich nur, wenn der eigene Papa keinen Bart trägt bzw. nicht dunkelhäutig ist.

Als Variante des Fremdelns können **Verlustängste** betrachtet werden. Diese werden bei Kindern ausgelöst, wenn der Kontakt mit der Bezugsperson unterbrochen wird (z. B. die Mutter den Raum plötzlich verlässt). Dabei fällt die Angstreaktion auf unbekanntem Territorium stärker aus, als in gewohnten Räumlichkeiten.

Das Fremdeln tritt meist zeitgleich mit den ersten eigenen Fortbewegungsversuchen (Krabbeln) auf. Ob hier ein Zusammenhang besteht, oder ob sich Fremdeln und Krabbeln zufällig häufig gleichzeitig zeigen konnte noch nicht hinreichend genug untersucht werden.

Angst

Ängste vor unbekanntem Spielzeug, fremden Menschen, lauten Geräuschen oder unerwarteten Bewegungen nehmen nach dem ersten Lebensjahr meist wieder ab. Eine Erklärungsmöglichkeit für diese – aus Erwachsenensicht unbegründeten – Ängste wäre beispielsweise die Unfähigkeit des Kleinstkindes, in bedrohlichen Situationen fliehen zu können. Angstäußerungen des Kindes bewirken, dass die Eltern es beruhigen oder schützen. Kinder lernen, dass Furcht und Angst wirkungsvoll eingesetzt werden können, wenn sie von den Eltern Trost und Hilfe erfahren wollen.

Wut

Ein Jahr alte Kinder können ihren Wutgefühlen bereits deutlich Ausdruck verleihen. Während des zweiten und dritten Lebensjahres mehren sich Wutgefühle, vor allem wenn die Kleinen an Tätigkeiten, die sie selbst ausführen möchten, gehindert werden. Die zunehmenden motorischen Fähigkeiten erweitern den Aktionsradius und Kinder reagieren schnell frustriert, wenn sie nicht alles, was sie gerne tun und ausprobieren möchten, auch dürfen. Nach dem dritten Geburtstag nehmen die Wutanfälle und -ausbrüche allmählich ab, bei Mädchen deutlicher als bei Jungen.

Die emotionale Eindrucksfähigkeit

Je differenzierter die Emotionen werden, desto weiter entwickelt sich die emotionale Erlebens- und Eindrucksfähigkeit. Säuglinge neigen dazu, die Emotionen ihrer Interaktionspartner nachzuahmen. Signalisiert ihr Gegenüber Angst, so reagieren sie darauf ihrerseits mit dem Ausdruck von Angst. Das Lächeln einer anderen Person löst bei ihnen dagegen Anzeichen von Freude aus.

Die **emotionale Eindrucksfähigkeit** ist die Fähigkeit des Kleinstkindes, sich im eigenen Gefühlserleben von den gezeigten Emotionen anderer (Bezugs-)Personen beeindrucken und leiten zu lassen (vgl. Holodynski/Oerter, 2012, S. 506).

Erst ab einem Alter von neun Monaten erkennen Kleinkinder allmählich, weshalb und worauf andere Menschen erfreut, ängstlich oder verärgert reagieren. Sie verstehen den Zusammenhang zwischen einer gezeigten Emotion und ihrem Auslöser immer besser und bilden in ihrem eigenen Verhalten nicht mehr zwangsläufig die Emotionen ihres Gegenübers nach. Nur wenn das Kind selbst die Situation nicht richtig einzuschätzen vermag, verlässt es sich auf die mimischen Hinweise der Bezugsperson (soziale Bezugnahme, siehe S. 348).

Auf das Selbst bezogene Emotionen

Im zweiten Lebensjahr zeigen Kinder neue Emotionen, die weder der Kategorie der positiven noch jener der negativen Emotionen zugeordnet werden können – häufig werden diese **selbst-bewusste oder selbstbezogene Emotionen** genannt.

Selbst-bewusste Emotionen beziehen sich einerseits auf die Selbstwahrnehmung und andererseits auf die Wahrnehmung und Interpretation der Reaktionen anderer bezogen auf das eigene Verhalten.

Der amerikanische Psychologie Michael Lewis (2005) nahm an, dass die Emotionsentwicklung mit der Entstehung des Selbstbewusstseins verknüpft ist und auf eine Vielzahl kognitiver Kapazitäten zurückgreifen muss. Er unterscheidet zwischen zwei Kategorien selbst-bewusster Emotionen:

1. Emotionen, die auf dem Selbstbewusstsein basieren und die Bewertung des eigenen Verhaltens nach sich ziehen, wie Verlegenheit, Empathie oder Eifersucht. Zweijährige werden beispielsweise verlegen, wenn sie plötzlich im Mittelpunkt stehen. Sie beginnen zu kichern, berühren sich selbst oder vermeiden den direkten Blickkontakt mit anderen.

2. Emotionen, die vielfältiger kognitiver Aktivitäten bedürfen und deren Ausdruck anhand sozialer Übereinkünfte (meist unausgesprochener Regeln) erfolgt, z. B. Scham, Schuld oder Stolz. Das Wissen um diese Standards und ein Verständnis dafür müssen Kinder erst nach und nach aufbauen. Am Ende des zweiten Lebensjahres beginnen Kinder beispielsweise stolz zu sein, wenn sie eine neue Aufgabe bewältigt haben. Ab diesem Alter manifestieren sich die Zusammenhänge zwischen dem Gefühl von Stolz und der eigenen Leistung immer deutlicher.

9.3.2 Regulationsfunktionen von Emotionen

Eine der wesentlichen Aufgaben des Säuglings- und Kleinstkindalters ist es, durch soziale Interaktionen, hauptsächlich mit den Bezugspersonen, ein Emotionsrepertoire aufzubauen, und auf Basis dessen vielfältige Handlungsalternativen zur Emotionsregulation zu erproben. Ziel ist es zu lernen, Emotionen sowohl bei sich selbst (intrapersonal) als auch in Bezug auf den Interaktionspartner (interpersonal) angemessen zu regulieren.

Mit eineinhalb Jahren beginnen Kinder, korrespondierend mit ihren Fortschritten im Bereich der Sprachentwicklung, Emotionen anhand einfachster Begriffe zu beschreiben. In den nachfolgenden Monaten werden die Begrifflichkeiten komplexer und beziehen sich zunehmend auch auf die Emotionen anderer. Gegen Ende des 2. Lebensjahres kann das Kind bereits einige emotionsauslösende Situationen ganz alleine, ohne die Unterstützung der Bezugsperson, regulieren.

Manfred Holodynski und Rolf Oerter haben die Emotionsregulationsfunktionen übersichtlich in einer Tabelle zusammengestellt (auf dieser und der nächsten Seite).

Emotionsregulation in Bezug auf			
Emotion	**Anlass**	**die eigene Person (intrapersonal)**	**den Interaktionspartner (interpersonal)**
Ekel (ab 0 Monaten)	Wahrnehmung von schädlichen Substanzen/Individuen	weist schädliche Substanzen/Individuen zurück	signalisiert Fehlen an Aufnahmefähigkeit beim Individuum
Interesse/Erregung (ab 0 Monaten)	Neuartigkeit; Abweichung; Erwartung	öffnet das sensorische System	signalisiert Aufnahmebereitschaft für Information
Freude (ab 2 Monaten)	Vertraulichkeit; genussvolle Stimulation	signalisiert dem Selbst, die momentanen Aktivitäten fortzuführen	fördert soziale Bindung durch Übertragung von positiven Gefühlen
Ärger (ab 7 Monaten)	Zielfrustration durch andere Person	bewirkt die Beseitigung von Barrieren und Quellen der Zielfrustration	warnt vor einem möglichen drohenden Angriff; Aggression
Trauer (ab 9 Monaten)	Verlust eines wertvollen Objekts, Mangel an Wirksamkeit	niedrige Intensität: fördert Empathie höhere Intensität: führt zu Handlungsunfähigkeit	löst Pflege- und Schutztendenzen sowie Unterstützung und Empathie aus
Furcht (ab 9 Monaten)	Wahrnehmung von Gefahr	identifiziert Bedrohung; fördert Flucht- oder Angriffstendenzen	signalisiert Unterwerfung; wehrt Angriff ab

Emotionsregulation in Bezug auf			
Emotion	Anlass	die eigene Person (intrapersonal)	den Interaktionspartner (interpersonal)
Überraschung (ab 9 Monaten)	Verletzung von Erwartungen	unterbricht Handlungsablauf	demonstriert Naivität der Person; beschützt sie vor Angriffen
Verlegenheit (ab 18 Monaten)	Wahrnehmung, dass eigene Person Gegenstand intensiver Begutachtung ist	führt zu Verhalten, das Selbst vor weiterer Begutachtung zu schützen	signalisiert Bedürfnis nach Zurückgezogenheit
Stolz (ab 24 Monaten)	Wahrnehmung eigener Tüchtigkeit bezüglich eines Wertmaßstabs im Angesicht anderer	signalisiert soziale Zugehörigkeit; Steigerung des eigenen Selbstwertgefühls	führt zur Selbsterhöhung als Zeichen, dass man groß ist; Appell zur Bewunderung
Scham (ab 30 Monaten)	Wahrnehmung eigener Unzulänglichkeit bezüglich eines Wertmaßstabs im Angesicht anderer	signalisiert Gefahr des sozialen Ausschlusses; führt zu Vermeidungsverhalten	führt zur Unterwürfigkeit; um sozialen Ausschluss zu verhindern
Schuld (ab 36 Monaten)	Erkenntnis, falsch gehandelt zu haben, und das Gefühl, nicht entkommen zu können	fördert Versuche zur Wiedergutmachung	führt zu unterwürfiger Körperhaltung, welche die Wahrscheinlichkeit eines Angriffs reduziert

Regulationsfunktion der Emotionen bezüglich der eigenen Person und in Bezug auf den Interaktionspartner (Holodynski/Oerter, 2012, S. 505)

9.4 Die sozial-emotionale Entwicklung in der frühen Kindheit

Die Entdeckung des eigenen Ichs und die Erkenntnis, dass andere Personen andere Gedanken, Wünsche und Empfindungen haben können, sind Entwicklungsaufgaben, die sich im Verlauf des zweiten, dritten und vierten Lebensjahres stellen. Sie stehen in direkter Beziehung zur sprachlichen Entwicklung. Erkennbar ist dies am vermehrten Gebrauch von sozialen Worten (alle, ich, wir) oder auch von Begriffen, die Emotionen ausdrücken (lieb, böse, lacht, weint) sowie am insgesamt zunehmenden Wortschatz des jungen Kindes. Darüber hinaus konnten einige Zusammenhänge zwischen Emotionen und der Sprachentwicklung nachgewiesen werden (vgl. Brinkmann, 2008): Beispielsweise korreliert die Emotion „Interesse" bzw. „Erregung" mit dem Lesen- und Schreibenlernen vor dem Schuleintritt; d.h. Kinder, die generell ein stärkeres Interesse an den Tag legen, haben größere Erfolge beim Erlernen von Lesen und Schreiben.

Einen weiteren wesentlichen Entwicklungsschritt, vor allem wenn das Kind bislang noch keine Kindertageseinrichtung besucht hatte, stellt der Eintritt in den Kindergarten dar. Mit der Eingewöhnung und der damit einhergehenden partiellen Ablösung von der bisherigen Hauptbezugsperson, meist der Mutter, muss das Kind mit vielen neuen sozial-emotionalen Anforderungen umgehen lernen. Dazu gehören z.B.:
- Trennung von der Familie und daraus resultierende Frustrationen
- Aufbau von sozial-emotionalen Beziehungen zu den pädagogischen Fachkräften
- Integration in die Kindergruppe und damit einhergehend das Zurückstellen eigener Wünsche und Bedürfnisse
- Kooperationen in Spielsituationen mit Gleichaltrigen

Im Vorschulalter eignen sich Kinder Kenntnisse über die Ursachen von affektiven Zuständen und über Emotionsauslöser an. Dieses Wissen wird zwischen dem vierten und siebten Lebensjahr stark ausgebaut und differenziert sich weiter.

9.4.1 Emotionen verstehen und ausdrücken

Der Wortschatz, mit dem das Kind seine Gefühle verbalisieren kann, erweitert sich ständig und wird immer komplexer. Erste und einfache Gespräche über Emotionen sind schon vom Ende des zweiten Lebensjahres an möglich. Kinder lernen immer besser ihr erworbenes Emotionsvokabular einzusetzen, damit auf ihre Bedürfnisse und Wünsche eingegangen wird. Äußere Faktoren, wie etwa das soziale Umfeld und die emotionale Kompetenz der Bezugspersonen, beeinflussen diese Entwicklung sehr stark. Das Kind kann nur lernen, Emotionen sprachlich auszudrücken, wenn es entsprechende Vorbilder hat, die es dazu anregen sich mitzuteilen. Meist sind es innerfamiliäre Erfahrungen und Erprobungsfelder, welche die Kinder stärken und ermuntern, ihr erworbenes Wissen auch außerfamiliär umzusetzen.

Parallel zum sprachlichen Ausdruck entwickelt sich das Verständnis für Emotionen. Mit vier bis fünf Jahren können Kinder die Ursachen vieler Gefühle richtig einschätzen (vgl. Berk, 2011, S. 346) – zum Beispiel: „Tina ist traurig, weil sie nicht auf den Spielplatz darf" oder „Tina freut sich, weil ihr Kaninchen wieder gesund ist". Allerdings begründen Kinder in diesem Alter ihre Gefühle meist durch externe Faktoren, also potenziell beobachtbare Situationen und weniger durch innere, nicht beobachtbare Vorgänge. Im Vorschulalter können Handlungen anderer Personen, die – üblicherweise – auf eine gezeigte Emotion folgen, vorhergesagt werden. Kinder können dann ahnen, dass

- ein trauriges Kind zum Beispiel die Nähe der pädagogischen Fachkraft suchen wird und
- ein wütendes Kind beginnt, eventuell auch unbeteiligte Kinder zu schlagen oder dass
- ein fröhliches Kind eher bereit ist, gemeinsam zu spielen.

Resultierend daraus kann angenommen werden, dass bereits Vierjährige Zusammenhänge zwischen Denken, Fühlen und Handeln erkennen. Im Vorschulalter sind Kinder demnach schon sehr kompetent im Umgang mit den eigenen Emotionen und denen anderer Personen. Jedoch nur, wenn die Gefühle eindeutig sind und keine Diskrepanzen auftreten – das Gegenüber also genauso reagiert, wie es das Kind in der Situation erwartet. Treten Missverhältnisse zwischen einem Vorfall und den gezeigten Emotionen auf, so verlassen sich Vier- bis Fünfjährige auf die ausgedrückten Emotionen. Die Entwicklungspsychologin Laura E. Berk illustriert dies an einem prägnanten Beispiel.

Beispiel

Eine Fotografie zeigt ein glücklich lächelndes Kind mit einem kaputten Fahrrad. Vier- bis fünfjährige Kinder konzentrieren sich nur auf den Gesichtsausdruck und äußern, das Kind würde sich freuen, weil es z. B. gerne Fahrrad fährt. Weitere notwendige Informationen zur korrekten Interpretation der Situation werden vernachlässigt. Ältere Kinder verbinden die gezeigte Emotion mit dem eher unerfreulichen Umstand des kaputten Fahrrades und interpretieren das Lächeln so, dass das Kind sich freut, weil der Vater versprochen hat, das Rad zu reparieren. (vgl. Berk, 2011, S. 346)

Mit zunehmender Sicherheit im Verstehen von Emotionen bringen Kinder diese Fähigkeiten in Spielsituationen ein, vor allem bei Rollenspielen mit Gleichaltrigen oder Geschwistern. Darüber hinaus bilden ihr Verständnis für und ihr Wissen über Emotionen die Basis für die Entwicklung von Empathie und prosozialem Verhalten (siehe Kapitel 8.1.3, S. 275). Im Alter von zwei bis fünf Jahren werden besonders viele Verknüpfungen zwischen Emotionen und Kognitionen geschaffen. Die daraus resultierenden Fähigkeiten bilden die Grundlage für das Erlernen von Emotionsregulation.

Buchtipp: „Heute bin ich" (Mies van Hout, 2012)

Das Bilderbuch enthält insgesamt zwanzig Abbildungen von Fischen, die ganz unterschiedliche Emotionen zeigen. Auf der jeweils gegenüberliegenden Buchseite findet sich die Emotion verschriftlicht als Adjektiv. Neben den dargestellten Gefühlsausdrücken unterscheiden sich die Fische durch ihre individuelle Farbgebung voneinander. Kindergartenkinder können ähnliche Bilder selbst anfertigen. Anstelle eines Fisches könnten sie z. B. im Rahmen einer Kinderkonferenz ein anderes Tier auswählen. Vorschulkinder, die bereits ein paar Buchstaben schreiben, können die Begriffe dazu zu Papier bringen.

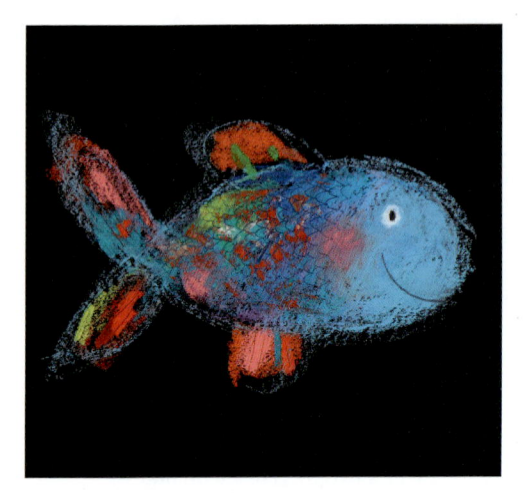

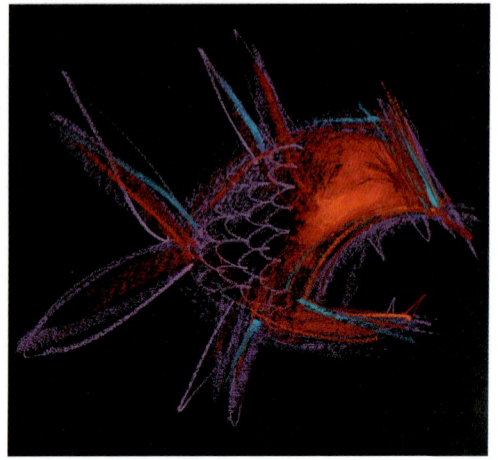

„vergnügt" und „zornig", aus: „Heute bin ich", Mies van Hout (2012)

9.4.2 Emotionsregulation

Am Ende der frühen Kindheit, mit ca. sechs Jahren, können bereits einige Emotionen ohne Unterstützung durch Bezugspersonen reguliert werden (siehe Kapitel 9.3.2). Während des Kleinkind- und Vorschulalters differenziert sich diese Fähigkeit immer mehr aus; die intrapersonale Regulationsfähigkeit gewinnt in mehreren aufeinander aufbauenden Schritten an Bedeutung und Kontur:

- Das Kleinkind benötigt nicht mehr bei jeder Emotion interpersonale regulierende Unterstützung durch die Bezugsperson.
- Das Kind erkennt, bei welchen emotionalen Äußerungen es Aufmerksamkeit und Zuwendung von anderen erhält.
- In der Folge instrumentalisiert das Kind Emotionen, um Zuwendung und Aufmerksamkeit zu erhalten (z. B. weint es, damit es von der Mutter in den Arm genommen wird).
- Fast gleichzeitig kann das Kind bereits eigenständig Trost und Zuwendung bei anderen suchen.
- In der letzten Phase, mit ca. sechs Jahren, kann sich das Kind dann schon selbst Trost verschaffen.

Flankiert wird dieser abstrakte Entwicklungsprozess von typisch kindlichen Verhaltensweisen und Erklärungsmustern: um unangenehme Reize nicht oder nur eingeschränkt wahrnehmen zu müssen, halten sich Kinder beispielsweise mit den Händen die Augen oder Ohren zu. Derartige Strategien zur Emotionsregulation sind gute Prädiktoren (Vorhersagemöglichkeiten) für einen kompetenten Umgang und situationsadäquate Reaktionen in emotional herausfordernden Situationen im späten Vorschulalter.

Die interpersonale Regulation

Die immer kompetentere und sichere Beherrschung allgemeingültiger (vor allem nonverbaler) Ausdrucksvarianten ermöglicht den Kindern zunehmend die gesellschaftliche Teilhabe einerseits und die eigenaktive Mitgestaltung kommunikativer Situationen andererseits. Nonverbale Ausdruckssymbole sind kulturell unterschiedlich: in Deutschland bedeutet ein Kopfschütteln zum Beispiel „nein", in anderen Kulturkreisen kann es „ja" heißen. Des Weiteren entwickeln sich immer neue Darbietungsregeln, z. B. Gesten und Fingerzeichen, die auch in nachfolgenden Generationen tradiert werden können.

> **Darbietungsregeln** sind verbindliche – häufig stillschweigend getroffene – Übereinkünfte (gesellschaftliche Normen), die festlegen, welche Emotionen auf welche Weise gezeigt werden dürfen und welche nicht situationsadäquat sind.

Im Geschlechtervergleich sind Mädchen deutlich geschickter als Jungen, wenn es darum geht, sich gesellschafts- und situationskonform zu verhalten. Mädchen können negative Emotionen besser verbergen und sie sind vor allem deutlich motivierter als Jungen, dies zu tun. Die traditionelle frühkindliche Geschlechterrollenerziehung ist fundamental für den Umgang mit Emotionen auch in späteren Entwicklungsabschnitten. Volkstümliche Redewendungen wie „Jungen weinen nicht" oder „Mädchen schlagen sich nicht" illustrieren geschlechtstypische Erwartungen.

Die intrapersonale Regulation

Spezifische Eigenschaften von Kindern, wie etwa das Temperament, beeinflussen die intrapersonale Emotionsregulation. Kinder, die negative Emotionen intensiver spüren, haben größere Probleme diese zu regulieren als Kinder, die von ihrer Temperamentkonstitution eher zu einem ausgeglichenen oder positiven Gefühlshaushalt neigen. Negative Emotionalität beeinträchtigt den Aufbau von Sozialkontakten und den Erwerb sozialer Kompetenz (vgl. Petermann/Wiedebusch, 2003, S. 189 ff.).

Berufliche Handlungsrelevanz

Für Eltern und pädagogische Fachkräfte ist es eine Herausforderung alle Kinder gleichermaßen bei der Emotionsregulation zu unterstützen. Im turbulenten Erziehungsalltag kommen die ruhigen, besonnenen und braven Kinder diesbezüglich oft zu kurz, da sie „unkompliziert" sind und viele Situationen von sich aus erfolgreich meistern können. Eher introvertierte Kinder oder solche, die durchgängig fröhlich und heiter gestimmt sind, benötigen genauso die Unterstützung der Fachkräfte, um zu lernen, auch ihren negativen Emotionen angemessen Ausdruck zu verleihen. Gerade diese Kinder sind manchmal verunsichert, wenn sie dann tatsächlich negative Emotionen erleben und wissen nicht, wie sie richtig damit umgehen sollen. Grundsätzlich sollen Kinder z. B. nicht nur getröstet werden, denn so können sie sich nicht mit den erlebten Emotionen auseinandersetzen. Vielmehr sollen gemeinsame Lösungsstrategien entwickelt werden, um kompetent mit unangenehmen Emotionen umgehen zu lernen.

Vorschulkinder regulieren ihre Emotionen durch egozentrisches Sprechen. Aktuelle Gefühle und mögliche Handlungsalternativen werden dabei laut verbalisiert.

Beispiel

Olga ist mit dem Fahrrad auf dem Weg zu ihrer Freundin Mara. Da sie schon spät dran ist, nimmt sie eine Abkürzung und muss nun einen kleinen Hang hinunterfahren. Sie fährt erst seit wenigen Tagen ohne Stützräder und ist nun etwas ängstlich. Olga spricht in beschwichtigendem Ton leise vor sich hin:

„Der Berg ist gar nicht so steil, wie er aussieht. Ich kann also langsam mit dem Fahrrad hinunter fahren. Wenn mein Onkel dabei wäre, würde ich auch nicht absteigen und schieben. Ich werde einfach ganz langsam fahren. Ich hab es schon fast geschafft, nur noch vorsichtig rollen und die Hand auf der Bremse lassen."

Je besser Kinder ihre Emotionen selbst regulieren können, desto sicherer und erfolgreicher fühlen sie sich dabei – sie haben ein positives Selbstwirksamkeitserleben. Dies steigert wiederum ihre Motivation, auch ähnliche Situationen ohne Unterstützung anderer zu meistern. Es entsteht eine positive Kreisreaktion, die Vorschulkinder weiter antreibt.

Kurzüberblick über die Entwicklungsstufen von der interpersonalen zur intrapersonalen Emotionsregulation:

1. Stufe: Die Bezugsperson reguliert das Erregungsniveau des Säuglings. Sie schützt ihn z. B. vor negativen Emotionen.
2. Stufe: Der Säugling übernimmt erste Regulationsversuche. Er kann sich z. B. selbstständig von Situationen abwenden, die negative Emotionen erzeugen. Eine Ausnahme bilden Situationen, die den Säugling erschrecken. Reaktionen in schreckauslösenden Momenten geschehen automatisch und müssen nicht erlernt werden. Fasst der Säugling beispielsweise in einem unbeobachteten Moment aus Versehen auf eine heiße Herdplatte, so zieht er seine Hand automatisch weg.
3. Stufe: Mal reguliert das Kleinkind selbst die Emotion, ein anderes Mal ist es die Bezugsperson.
4. Stufe: Das Vorschulkind reguliert seine Emotionen selbst – teilweise noch mit Unterstützung von Eltern, pädagogischen Fachkräften und Freunden.
5. Stufe: Das Schulkind reguliert die Emotionen (nahezu) selbstständig.

(vgl. Holodynski, 1999, S. 29 ff.)

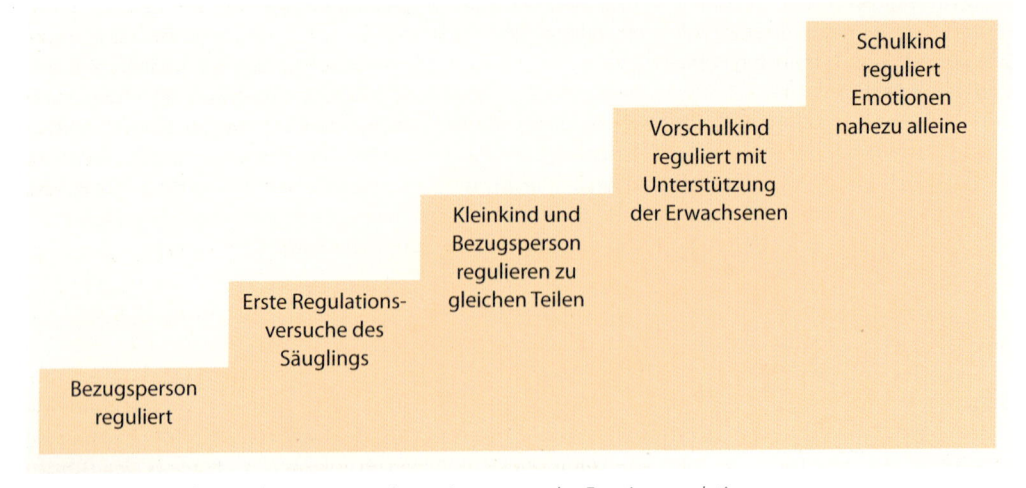

Die Entwicklungsstufen von der interpersonalen zur intrapersonalen Emotionsregulation

9.4.3 Sozial-emotionale Entwicklung und die exekutiven Funktionen

Neueste Erkenntnisse der neurowissenschaftlichen Forschung und Hirnforschung zeigen Zusammenhänge zwischen sozial-emotionaler und kognitiver Entwicklung im Bereich der **exekutiven Funktionen**. Dabei handelt es sich um bestimmte kognitive Fähigkeiten, die nötig sind, um sozial kompetent zu handeln und Gefühle sowie Verhalten zu regulieren.

> Die Hirnforschung bezeichnet kognitive Fähigkeiten, die das menschliche Denken und Handeln steuern, als **exekutive Funktionen**. Dazu zählen das Arbeitsgedächtnis, die Inhibition (Hemmung) und die kognitive Flexibilität.

Das Zentrum für Neurowissenschaften und Lernen in Ulm (vgl. www.znl-emil.de) erarbeitete ein Modell, welches das Zusammenspiel der einzelnen Teilbereiche der exekutiven Funktionen illustriert.

- Die **Inhibition** (Hemmung) von Impulsen und automatischen Reaktionen ermöglicht die Regulation eigener Emotionen und dadurch ein situationsadäquateres Verhalten.
- Im **Arbeitsgedächtnis** werden neue Informationen kurz gespeichert und weiterverarbeitet – Problemlösungen oder das Abwägen potenzieller Reaktionsmöglichkeiten finden hier statt.
- **Kognitive Flexibilität** ist notwendig, um sich auf Neues einzustellen, aber auch um Vor- und Nachteile unterschiedlicher Handlungsoptionen abzuwägen.

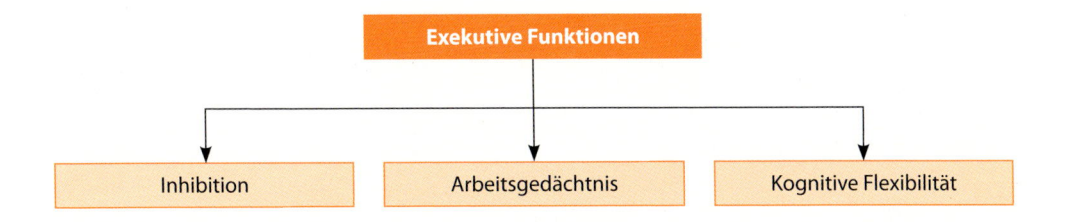

```
                    Exekutive Funktionen
                   /         |          \
            Inhibition  Arbeitsgedächtnis  Kognitive Flexibilität
```

Die drei Teilaspekte steuern zusammen das bewusste Handeln (vgl. www.znl-emil.de).

Mithilfe der **exekutiven Funktionen** kann das eigene Handeln zielgerichtet geplant, gesteuert und umgesetzt werden. Sie ermöglichen es, spontane Impulse zu hemmen, verschiedene Handlungsoptionen im Gedächtnis präsent zu halten und abzuwägen sowie flexibel auf unterschiedliche Situationen zu reagieren. Damit befähigen die exekutiven Funktionen den Menschen auch zur Selbstregulation von Emotionen. Kinder sind durch sie in der Lage, eigene Wünsche und Bedürfnisse zurückzustellen oder aufzuschieben oder auch Meinungen anderer zu akzeptieren und Kompromisse zu bilden. In frustrierenden Situationen unterstützen sie den Umgang mit negativen Gefühlen und die Kontrolle des eigenen Verhaltens.

Die exekutiven Funktionen sind im Frontalhirn angesiedelt und erst im frühen Erwachsenenalter vollständig ausgebildet. Exekutive Funktionen profitieren von gezielter und frühzeitiger Förderung, da sich vor allem im Alter zwischen drei und sieben Jahren die Inhibition sowie die kognitive Flexibilität rasant entwickeln und die Emotionskontrolle wesentlich verbessert wird. Der deutsche Hirnforscher Manfred Spitzer und sein Team (2010) konnten zeigen, dass sich sozial-emotionale, selbstregulatorische sowie kognitive Potenziale gegenseitig beeinflussen und somit Auswirkungen auf sämtliche Lebensbereiche haben. Exekutive Funktionen können beispielsweise ebenso gut als Prädiktoren für die Schuleignung des Kindes herangezogen werden wie traditionelle Vorläuferfertigkeiten im Bereich des Schriftspracherwerbs oder der Mathematik.

9.5 Die sozial-emotionale Entwicklung in der mittleren Kindheit

Der Übergang von der frühen zur mittleren Kindheit geht meist mit dem Eintritt in die Schule einher. Kinder lernen neben Lesen, Schreiben, Rechnen und weiteren tradierten Kulturtechniken nach und nach auch ihre eigenen Fähigkeiten richtig einzuschätzen, u.a. im Vergleich mit Gleichaltrigen. Zum Zeitpunkt des Schuleintritts sind die meisten Kinder motiviert und freuen sich auf die neuen Herausforderungen. Dabei haben manche jedoch noch ein unrealistisches Selbstbild. Bislang wurde bei ihnen jeder kleine Entwicklungsfortschritt und Lernerfolg von den Eltern begeistert gewürdigt. Dies kann zu einer unrealistischen Selbsteinschätzung seitens der Kinder führen und beispielsweise eine überoptimistische Einstellung und Überschätzung der eigenen Fähigkeiten nach sich ziehen. Für viele Schulneulinge gibt es dementsprechend kein „Ich kann nicht" sondern nur ein „Ich kann NOCH nicht". Verschiedene Studien konnten zeigen, dass Kinder erst zwischen Ende des zweiten und vierten Schuljahres lernen, ihre Erfolge und Misserfolge realitätsangemessen zu begründen (Anstrengung, Erfolg oder Zufall). Deshalb ist eine sozial-emotionale Unterstützung und Förderung in dieser Lebensphase besonders wichtig.

9.5.1 Der Übergang vom Kindergarten in die Grundschule

Im Leben eines Kindes ist der Übergang vom Kindergarten in die Grundschule ein wichtiges und bedeutendes Lebensereignis. Meist freuen sich die Kinder, bald Schulkinder zu sein und damit zu den „Großen" gehören zu dürfen.

Beispiel

Der sechsjährige Luigi besucht in den Sommerferien seine konservative Großmutter Frederica. Stolz und voll Vorfreude präsentiert er ihr seine selbst gebastelte Schultüte und sein Vorschul-Portfolio, das die Kooperationsarbeit des letzten Kindergartenjahres dokumentiert. Frederica lässt sich alles genau erklären und betrachtet staunend die vielen Arbeitsmaterialien. Danach unterhält sie sich mit Luigis Mutter. Dem Jungen wird es schnell langweilig und so streunt er durch den Garten. Dabei entdeckt er eine Fuchsienpflanze mit vielen Knospen. Neugierig zerdrückt er eine Knospe zwischen Daumen und Zeigefinger und erkennt, dass ein spaßiges leichtes Knallgeräusch entsteht. Fröhlich zerdrückt Luigi eine Blütenknospe nach der anderen, um das Geräusch immer wieder zu hören. Frederica ertappt ihren Enkel dabei und schimpft ihn aus: „Warte nur, wenn du in die Schule kommst. Da werden dir deine dummen Ideen schon ausgetrieben und das Lachen wird dir schnell vergehen!"

Wie mag sich der Junge in dieser Situation fühlen? Welche Gedanken gehen ihm bei der abschreckenden Skizzierung schulischer Disziplinierungsmaßnahmen durch den Kopf?

Der Übergang vom Kindergarten in die Grundschule wird in der Literatur überwiegend als kritisches Lebensereignis bezeichnet, in dessen Verlauf das Kind eine Reihe von Entwicklungsaufgaben zu bewältigen hat. Jene Aufgaben sind sehr breit gefächert und reichen von Veränderungen im didaktisch-methodischen Arrangement, über ein neues Raum- und Zeiterleben bis hin zu veränderten Sozialbeziehungen – wobei vor allem im ersten Schuljahr Konflikte mit anderen Kindern eine bedeutungsvollere Rolle spielen, als die Beziehung zur Lehrkraft.

Am Bayerischen Staatsinstitut für Frühpädagogik (IFP) wurde ein Transitionsansatz entwickelt (lat. transitio = Übergang), welcher der Bewältigung der Diskontinuitäten beim Übergang besonderes Augenmerk schenkt (vgl. Griebel/Niesel, 2004). Er fokussiert nicht nur die Kinder, sondern auch alle weiteren am Prozess Beteiligten: Kindergarten, Grundschule, die jeweiligen Fachkräfte bzw. Lehrer und ganz wesentlich die Eltern und eventuell auch Geschwister. Es wird der Tatsache Rechnung getragen, dass sich nicht nur für die Kinder neue Herausforderungen ergeben, sondern dass auch Eltern in einem emotionalen Umbruch stecken. Besonders hervorgehoben wird im theoretischen Kontext dieses Ansatzes die Resilienz (vgl. Kapitel 9.2.2). Neben den neuen Erstklässlern sollten auch ihre Eltern entsprechende Unterstützung bei der Bewältigung dieses kritischen Entwicklungsschrittes ihrer Kinder erfahren.

Berufliche Handlungsrelevanz

Da pädagogische Fachkräfte sowohl Kinder als auch deren Eltern während des Übergangs vom Kindergarten in die Grundschule begleiten, werden folgend einige sozial-emotionale Entwicklungsaufgaben während der Transition exemplarisch dargestellt, bei denen Fachkräfte ggf. eine Hilfestellung geben können.

Für die Kinder:
- Zurücklassen von Freunden im Kindergarten und Aufbau neuer Freundschaften
- Ablösung von der pädagogischen Fachkraft als Bezugsperson in der Kita
- Beziehungsaufbau zur Lehrkraft (diese Beziehung ist meist weniger emotional als die zur Fachkraft im Kindergarten; Lehrer werden z. B. mit Sie angesprochen)
- zunehmende Emotionsregulation und Zurückstellen eigener Interessen und Bedürfnisse
- Orientierung an allgemeingültigen Regeln und Verhaltensanforderungen
- Erlernen des Umgangs mit Erfolg und Misserfolg
- Veränderungen der Rollenerwartungen: Schulkinder sollen gute Noten schreiben, um den zukünftigen Anforderungen als Mitglied der Gesellschaft gerecht werden zu können
- Umgang mit den Erwartungen der Eltern
- ggf. Bewältigen der Enttäuschung, dass eine Förderschule besucht werden muss

Für die Eltern:
- Unterstützung des Kindes im stärker strukturierten Alltag (Schulbeginn ist z. B. Punkt 07:30 Uhr)
- Kontrolle der Hausaufgaben und Motivierung der Kinder, diese gewissenhaft zu erledigen
- Handhabung entstehender Leistungserwartungen an die Kinder
- Veränderungen an die Rollenerwartungen: Eltern sollen ihre Kinder unterstützen, den schulischen Anforderungen gerecht werden zu können
- Umgehen mit Bedenken, das Kind könne die Entwicklungsaufgaben nicht bewältigen
- Umgehen mit unangenehmen Erinnerungen an die eigene Schulzeit

Verschiedene Studien konnten zeigen, dass eine optimistische Grundeinstellung des Kindes gegenüber neuen Herausforderungen die Bewältigung des Transitionsprozesses positiv beeinflusst. Ein Kind, das sich freudig in neue Situationen hineinbegibt und Herausforderungen gerne annimmt, hat es leichter als ein Kind, das neuen Situationen zunächst einmal ängstlich und zurückhaltend gegenübersteht. Auch eine positive Einstellung zur Schule und zum Lernen gilt als unterstützender Faktor und kann vom Umfeld maßgeblich mitgeprägt werden.

9.5.2 Emotionen verstehen und ausdrücken

Schulkinder können unterschiedliche Emotionen gleichzeitig wahrnehmen, verstehen und kommunizieren. In dieser Altersstufe entwickeln sich Sprache und Kommunikationsverhalten rasant weiter und wirken sich somit auch auf die Verbalisierung von Emotionen positiv aus.

Beispiel
Vinzenz, 9 Jahre alt, ist stolz auf seine Note Eins in Mathematik. Trotzdem ärgert er sich zugleich ein wenig, dass er nicht die volle Punktzahl erreicht hat.

Das eigene Wahrnehmen und Formulieren gemischter, teilweise sogar widersprüchlicher Gefühle, trägt zur Erkenntnis bei, dass die ausgedrückten Gefühle nicht mit den tatsächlichen übereinstimmen müssen. Komplexere selbstbewusste Emotionen wie Schuld oder Stolz werden mit acht bis neun Jahren differenziert wahrgenommen.

Beispiel
Neben dem Stolz über die gute Note freut sich Vinzenz natürlich auch: Freude empfindet er aus sich selbst heraus und Stolz, weil er die soziale Bezugsnorm bestens erfüllt hat.

Schulkinder sind in der Lage, Emotionsausdrücke anderer Personen, die nicht zur jeweiligen Situation passen, zu hinterfragen. Erinnern wir uns an das Beispiel des glücklich lächelnden Kindes mit dem kaputten Fahrrad (siehe Kapitel 9.4.1, S. 353): Vorschulkinder konzentrieren sich lediglich auf den Emotionsausdruck und konstruieren dementsprechende Erklärungsmodelle. Während der mittleren Kindheitsphase werden diese Diskrepanzen nun erkannt und kritisch hinterfragt.

Spätestens ab dem Schulalter beachten Kinder Darstellungs- bzw. Darbietungsregeln für Gefühle, die sie in sozialen Interaktionen erlernen. Bei solchen Darbietungsregeln handelt es sich um gesellschaftliche (oft unausgesprochene) Normen, die festlegen, welche Emotionen situationsadäquat sind und welche Emotionen nicht gezeigt werden sollten (siehe auch S. 338). Sieben- bis elfjährige Kinder können unausgesprochene und nonverbal tradierte Darbietungsregeln einhalten, um andere nicht zu beleidigen oder zu verletzen, aber auch um ihren eigenen Selbstschutz aufrechtzuerhalten. Sie können Emotionen nun auch situationsspezifisch handhaben, zum Beispiel weinen sie im Beisein der Eltern, wenn sie sich verletzt haben, nicht aber wenn Gleichaltrige in der Nähe sind.

Emotionale Sensitivität

Der Begriff der emotionalen Sensitivität wurde in der psychologischen Fachliteratur lange Jahre nur spärlich verwendet. Die Erziehungswissenschaftlerin Sonja Bieg und der Psychologe Michael Behr (2005) widmeten der emotionalen Sensitivität aus entwicklungspsychologischer Perspektive erstmals größere Aufmerksamkeit und entwickelten ein Interventionsprogramm für Grundschulkinder. Dabei greifen sie im Wesentlichen auf drei Theorieansätze zurück; und zwar auf die Theorie der emotionalen Intelligenz (siehe Kapitel 9.1.6), auf die Stresstheorie nach Lazarus sowie die personenzentrierte Persönlichkeitstheorie nach Carl Rogers.

Zum besseren Verständnis sollen diese Theorien zunächst kurz erläutert werden, bevor weitere Ausführungen zur emotionalen Sensitivität folgen.

Das Stressmodell von Richard Lazarus

Richard Lazarus, ein amerikanischer Psychologe, veröffentlichte 1974 seine Stresstheorie. Stress existiert nicht objektiv, sondern entsteht erst durch die individuelle Bewertung einer Situation durch eine Person. Das kann bedeuten, dass Menschen Stress vollkommen unterschiedlich empfinden: Was für die einen Betroffenen größter Stress ist, wird von anderen als nicht belastend, möglicherweise sogar als angenehm bewertet.

Beispiel

Marlene und Sandra spielen ganz alleine auf einer Wiese, als plötzlich ein großer Hund angerannt kommt. Während Marlene zu weinen beginnt und versucht, auf einen Baum zu klettern, um sich in dieser bedrohlichen Situation in Sicherheit zu bringen, freut sich Sandra darüber, einen so schönen Hund zu sehen und geht sogar auf das Tier zu. Zitternd gelingt es Marlene den untersten Ast des Baumes zu erklimmen. Von dort aus beobachtet sie, wie sich der große Hund vor der erfreuten Sandra auf die Hinterbeine setzt.

Zwischen dem Reiz (Stressor) und der individuellen Reaktion findet ein Bewertungsprozess statt, der bei jedem Menschen zu einem anderen Ergebnis führt. Entsprechend des persönlichen Erfahrungsschatzes und anhand des Vergleichs mit ähnlichen, bereits erlebten Situationen, resultieren (wie im Beispiel) unterschiedlichste Bewertungen und Reaktionen.

Die personenzentrierte Persönlichkeitstheorie nach Carl Rogers

Der amerikanische Psychologe und Psychotherapeut Carl Rogers (1902–1987) war ein renommierter Vertreter der Humanistischen Psychologie. Er ging davon aus, dass jeder Mensch nach Selbstverwirklichung und Selbstaktualisierung strebt.

> Als **Selbstaktualisierungstendenz** bezeichnet Rogers das beständige Streben des Menschen nach Aufrechterhaltung, Förderung und Weiterentwicklung des eigenen Selbst. Verhaltensweisen, die der Selbstverwirklichung dienen, werden positiv bewertet und angestrebt. Formen des Verhaltens, die ihr nicht zuträglich sind, werden negativ bewertet und abgelehnt. Die Selbstaktualisierung ist die hauptsächliche Antriebskraft des Menschen, um Autonomie und Selbständigkeit zu erlangen.

Rogers wichtigstes Anliegen ist die Herstellung und Aufrechterhaltung einer ausgewogenen Balance zwischen eigenen und fremden Bedürfnissen, ohne dass äußere Umstände diese Ausgewogenheit in Gefahr bringen. Ist eine weitgehende Übereinstimmung zwischen dem eigenen Verhalten und den Anforderungen z. B. der Gesellschaft gegeben, so dient dies der Selbstaktualisierung.

Berufliche Handlungsrelevanz

Pädagogische Fachkräfte können Kinder im Alltag dabei unterstützen, eine Balance zwischen den eigenen, persönlichen Bedürfnissen und den Wünschen der Umwelt herzustellen. Zu beachten ist dabei, dass die Kinder nicht zu selbstkongruent agieren, d. h. nicht nur den eigenen Wünschen folgen, sondern beispielsweise gemeinsame Kompromisse zu schließen lernen. Kinderkonferenzen oder andere organisierte Zusammenkünfte, die nach demokratischen Spielregeln ablaufen, bieten die ideale Plattform, um Rogers Anliegen in alltäglichen Situationen umzusetzen.

9 Die sozial-emotionale Entwicklung

Zurück zur emotionalen Sensitivität

> „Emotionale Sensitivität meint eine Durchlässigkeit innerhalb der Person für den Aufbau emotionaler Erfahrungen. Wenn ein Reiz auf den Organismus einwirkt, werden körperliche Empfindungen, Erregung, Kognitionen, Bewertungen, Imaginationen oder spontanes Verhalten aktiviert. Diese Faktoren interagieren und modifizieren sich unter Umständen in Kreisläufen. Die Person erlebt dies als Emotion. Die Klarheit, Intensität und Vielzahl dieser Prozesse hängt zusammen mit dem Bedrohungspotenzial des Reizes für das Selbst der Person. Je weniger bedrohlich die Person den Reiz erlebt, desto flexibler wiederholt, reguliert und modifiziert sich dieser Prozess immer wieder neu und desto schneller und umfassender nimmt die Person ihn als Emotion war. Eine emotional sensitive Person wird weniger Reizen eine bedrohliche Bedeutung geben. Zudem wird sie bei Reizen, die sie als bedrohlich erlebt, sich besser von diesen Prozessen innerlich distanzieren und die Bedeutungsumgebung kognitiv durcharbeiten können. So kann sie diese vollständiger wahrnehmen, sie regulieren und auch ihre Angst reduzieren. Sie kann dadurch auch ihre Gefühle klar und kongruent anderen gegenüber ausdrücken. Auf der Grundlage hoher Sensitivität für eigene emotionale Prozesse kann sich die Person schnell und zutreffend in andere Personen einfühlen. Dadurch kann sie ihre eigenen Gefühle und Gedanken der anderen Person gegenüber nicht nur kongruent, sondern auch so ausdrücken, dass sie diese weder verletzt noch entwertet."
>
> (Bieg/Behr, 2005, S. 31)

Emotionale Sensitivität wird hier als Meta-Kompetenz betrachtet, die eine notwendige Voraussetzung ist, um sämtliche Lebensaufgaben im sozialen wie auch emotionalen Bereich bewältigen zu können. Kinder im Grundschulalter erwerben immer differenzierte emotionale und soziale Fähigkeiten, um zunehmend sensitiv reagieren zu können.

Berufliche Handlungsrelevanz

Anhand einfacher Übungen können pädagogische Fachkräfte die emotionale Sensitivität im Schulalltag oder in der Nachmittagsbetreuung fördern. Solche Übungen umfassen zum Beispiel:
- Ausdrücken und Erkennen eigener und fremder Gefühle
- Zulassen des Auftretens von Gefühlen
- Erkennen der Wirkungen von Emotionen
- Erkennen von Emotionen in gesprochener und verschriftlichter Sprache
- Anwenden von Problemlösestrategien zur Angst- und Stressbewältigung
- Fördern der Perspektivenübernahme, d.h. sich in andere hineinversetzen zu können

9.5.3 Emotionale Selbstregulation

Bereits bei Schuleintritt können Kinder ihre Emotionen weitgehend eigenständig regulieren und benötigen meist nur in emotionalen Ausnahmesituationen die Unterstützung anderer. Je näher sie der Adoleszenz kommen, desto wichtiger werden Freundschaften zwischen Gleichaltrigen und damit einhergehend die emotionale Selbstregulationsfähigkeit. Zehnjährige verfügen über ein beachtliches Spektrum von Anpassungsmöglichkeiten und Problemlösestrategien zur Emotionsregulation. Im Vergleich zu Vorschulkindern entwickeln sie weitere wichtige Varianten des Umgangs mit unangenehmen Situationen,

Je mehr sich Kinder dem Jugendalter nähern, desto wichtiger werden gleichaltrige Freunde.

die sie selbst nicht beeinflussen können (z. B. eine schlechte Schulnote in Deutsch):
- Sie lenken die Gedanken auf andere Themen (die Mathenote war gut),
- beschwichtigen sich selbst (es war nicht die letzte Arbeit in diesem Fach) oder
- deuten die Situation um (das nächste Mal muss ich halt mehr lernen).

Derartige Strategien stehen in Verbindung zur Selbstreflexion und Selbstwirksamkeit. **Emotionale Selbstwirksamkeit** ist das Gefühl, Kontrolle über die eigenen Emotionen und emotionalen Erfahrungen zu haben (vgl. Saarni, 2002, S. 3 ff.). Kinder, die mit ihren Emotionen gut umgehen können und sich selbst als wirksam erleben, haben meist ein positives Temperament und zeigen mehr Empathie. Dies wiederum führt im Freundeskreis zu Beliebtheit und sozialer Anerkennung. In diesem Alter macht das Kind auch den letzten Entwicklungsschritt zur Empathiefähigkeit. Es lernt, die Emotionen anderer Menschen in Bezug zu deren Situation und seiner eigenen Situation zu setzen.

Kognitive Strategien zur Emotionsregulation

Je älter Kinder werden, desto eher wenden sie kognitive Strategien an, um sich von negativen Situationen abzulenken oder für sie Unangenehmes in ein besseres Licht zu rücken. Je flexibler sie mit der Zeit werden und je mehr sich ihr Handlungsrepertoire erweitert, desto besser kommen sie in unangenehmen oder auch bedrohlich erscheinenden Situationen zurecht. Außerdem kann die sichere Handhabung kognitiver Strategien deeskalierend wirken und die Bewältigung von Konfliktsituationen begünstigen.

Beispiel

Gülcan und Teresa, beide zwölf Jahre alt, fahren mit ihren neuen Snakeboards durch die Straßen im Wohngebiet. In einer verkehrsberuhigten Einbahnstraße treffen die beiden Mädchen auf zwei etwa gleichaltrige Jungen, die die Mädchen sofort anpöbeln. Anstatt sich auf einen verbalen Schlagabtausch einzulassen, ignorieren Gülcan und ihre Freundin die Jungen und fahren weiter.

Fast-Jugendliche berücksichtigen unterschiedliche Persönlichkeiten, Erfahrungen und Kontexte, um mögliche Ursachen gezeigter Emotionen abzuwägen oder um potenzielle Emotionen anderer vorauszuahnen.

9.6 Die sozial-emotionale Entwicklung in der Adoleszenz

„Himmelhoch jauchzend, zu Tode betrübt." Die wohlbekannte Redensart aus Goethes Trauerspiel „Egmont" illustriert die emotionalen Turbulenzen von Jugendlichen ziemlich prägnant. Die deutsche Entwicklungspsychologin Inge Seiffge-Krenke beschreibt Adoleszente sowohl als „emotionale Analphabeten" wie auch als „emotional hoch kompetent" (Seiffge-Krenke, 2002, S. 51 ff.).

9.6.1 Neue Emotionen Jugendlicher

Das Jugendalter ist von größten Gefühlsschwankungen gekennzeichnet, da Freundschaftsbeziehungen komplexer werden und erste Liebesbeziehungen emotionale Herausforderungen darstellen. Andererseits zeigen Jugendliche häufig Desinteresse an Gefühlen anderer und eine emotionale Distanz, die ‚sich in „coolem Auftreten" manifestiert. Die vielfältigen emotionalen Entwicklungsaufgaben und Veränderungen stehen im Spannungsfeld der Abgrenzung und Emanzipation von den Eltern sowie der Entwicklung einer eigenständigen Identität und erzeugen so zusätzlich ambivalente (widersprüchliche) Gefühle.

Vor allem das frühe Jugendalter ist durch negative Emotionen (Wut, Trauer, Ärger, emotionale Distanz) geprägt. Erst ab einem Alter von etwa 12 bis 13 Jahren gelingt es Jugendlichen zunehmend besser, Gefühle umfassend zu regulieren und sie vor anderen zu verbergen (vgl. Monigl, 2010, S. 21). Nicht selten kommt es in dieser Phase zu einer Diskrepanz zwischen Emotionen, die unbeabsichtigt gezeigt werden und nicht zurückgehalten werden können und dem eigentlichen Bestreben, emotional kompetent zu agieren. Darüber hinaus verlaufen die körperliche und die psychische Entwicklung häufig unterschiedlich schnell, sodass die Differenz zwischen körperlicher und sozial-emotionaler Reife zusätzliche emotionale Belastungen mit sich bringen kann. Dabei sind es besonders Jugendliche, die außergewöhnliche emotionale Erfahrungen suchen. Tiefgreifende Erlebnisse finden sie beim Besuch von Pop- und Rockkonzerten, beim Sport aber auch bei sehr riskanten Unternehmungen, die sich am Rande der Legalität befinden (z. B. übermäßiger Alkoholkonsum bei „All you can drink-Partys").

Zudem bringen Hormonausschüttungen neben körperlichen Veränderungen auch romantische Gefühle wie Liebe und Zuneigung mit sich, flankiert von immer stärker aufkeimenden sexuellen Interessen und Bedürfnissen. Aufgrund ihrer Neuheit und Intensität bringt die erste romantische Liebe häufig auch ein Übermaß an Stress mit sich.

9.6.2 Emotionsregulation Jugendlicher

Im Jugendalter differenzieren sich kognitive und problemorientierte Regulationsstrategien weiter aus, parallel dazu erfolgt eine weitere Reduktion sozialer Regulation. Das heißt Jugendliche regulieren ihre Emotionen weitgehend selbst.

Besonders markant sind die sich zunehmend deutlicher ausprägenden **Geschlechtsunterschiede**. Ab dem Jugendalter wählen **Jungen** eher vermeidende Strategien zur Emotionsbewältigung. Männliche Jugendliche neigen nicht selten zu gesundheitsgefährdenden Bewältigungsstrategien, die sich in übermäßigem Alkohol-, Nikotin- oder Drogenkonsum sowie zuweilen auch in delinquentem Verhalten niederschlagen. Mit dem Ende der Pubertät wenden sich die meisten jungen Männer von diesen zerstörerischen Regulationsstrategien ab, ein nicht zu unterschätzender Teil behält diese bis ins Erwachsenenalter bei. **Weibliche Jugendliche** agieren in dieser Phase auch zunehmend aggressiv, richten ihre Problembewältigung aber grundsätzlich eher nach innen. Sozialer Rückzug, Ängstlichkeit, depressive Verhaltenstendenzen oder auch körperliche Beschwerden (wie Schmerzen oder Unwohlsein) sind oftmals die Folge.

Die unterschiedlichen Regulationsstrategien sind weniger genetischer oder hormoneller Natur als vielmehr erlerntes geschlechtstypisches Rollenverhalten. Ein Indiz dafür ist unter anderem die emotionale Einstellung zum eigenen Körper: vor allem Mädchen lassen sich von gesellschaftlichen Attraktivitätsidealen leiten und verinnerlichen diese teilweise restriktiv.

9.6.3 Das Bewusstwerden der Identität und die Emotionen

Eine der wichtigsten Aufgaben des Jugendalters ist der Aufbau eines eigenständigen Selbst. Dazu gehört die Entwicklung einer stabilen Identität sowie eines gefestigten Selbstkonzeptes. Adoleszente beginnen sich der verschiedenen Bereiche ihres Selbst bewusst zu werden: dem tatsächlichen Selbst (Wer bin ich?), dem Idealen-Selbst (Wer möchte ich sein?) sowie dem Sollens-Selbst (Wer soll ich aus Perspektive anderer Personen sein? z. B. Familie, Peer-Group, Gesellschaft) (vgl. Holodynski/Oerter, 2012, S. 513). Die Ausgeglichenheit aller drei Instanzen (Ich bin der, der ich sein möchte und die anderen Personen sehen mich so wie ich bin) ist die wesentliche Grundlage für Ausgeglichenheit und positive Emotionen.

9.6 Die sozial-emotionale Entwicklung in der Adoleszenz

Jugendliche können jedoch auch erstmals mögliche Diskrepanzen zwischen den drei Bereichen erleben (z. B. Ich möchte nicht der sein, der ich bin und für den mich meine Peer-Gruppe hält). Die erfolgreiche Bewältigung des daraus resultierenden Konfliktes erfüllt die Heranwachsenden mit Befriedigung und Stolz, während ein Scheitern negative Emotionen auslöst.

Um die oben genannten auf das Selbst und seine Teilinstanzen bezogenen Aufgaben bewältigen zu können, müssen sich Jugendliche selbst reflektieren und dabei quasi eine Metaebene (übergeordnete Ebene) einnehmen. **Selbstreflexion** ermöglicht den Jugendlichen, eigene Gedanken und Gefühle noch einmal nachzuvollziehen und hilft ihnen zu verstehen, warum sie bestimmte Ziele erreichen wollen, bzw. weshalb erwartete Effekte eingetreten sind oder nicht. Sie ist Ausgangspunkt und immer wieder auch Zwischenstation, um überhaupt ein bestimmtes Ziel erreichen und Ergebnisse überprüfen zu können. Ein Übermaß von Selbstreflexion, im Sinne eines stetigen Kreisens um die eigene Person, bringt die Identitätsbalance jedoch aus dem Gleichgewicht und begünstigt Selbstzweifel und Ängste. Jugendliche, die emotional kompetent sind, können die weichende kindliche Unbekümmertheit besser meistern, als jene, deren Identitätsbalance unausgewogen ist.

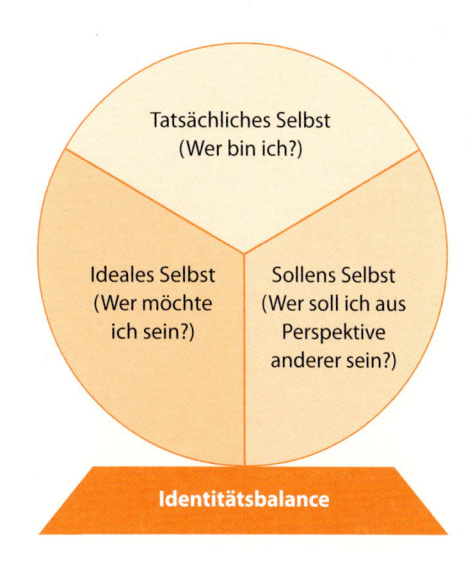

Identitätsbalance: Die Ausgeglichenheit aller drei Instanzen des Selbst ist Grundlage für umfassendes Wohlbefinden.

9.6.4 Bedeutung der Emotionen für die schulische Leistungsfähigkeit

Lernen und Denken sind nicht nur rein kognitive Prozesse, sondern auch von Stimmungen und affektiven Zuständen abhängig. Dabei sind neben lernbezogenen Emotionen auch subjektive Emotionen relevant, die nichts mit der Lernsituation zu tun haben. Zusammenhänge zwischen Emotionen und dem Lernverhalten beziehen sich vorwiegend auf negative Gefühle, die mit nicht zufriedenstellenden Lernerfolgen einhergehen. Doch negative Emotionen müssen nicht zwingend lernhemmend sein, genauso haben positive Gefühle nicht automatisch eine lernfördernde Wirkung. Emotionen wirken nicht notwendigerweise direkt auf das Lernergebnis. Sie beeinflussen andere psychische Prozesse wie Motivation, Handlungskontrolle und Lernverhalten, welche ihrerseits direkt oder indirekt auf die Lernleistung wirken.

Beispiel

Max und Wladimir, zwei 16-jährige Freunde, besuchen die 10. Klasse und müssen drei Wochen vor Schuljahresende noch eine Klausur in Physik schreiben. Max weiß, dass er mindestens die Note 2 schreiben muss, um das Klassenziel noch erreichen zu können. Trotzdem kann er sich kaum aufraffen und lernen. Stattdessen besucht er lieber das Freibad oder fährt mit dem Fahrrad in der Gegend umher. Wladimir hingegen wird wieder einen Leistungspreis erhalten, da er in allen Unterrichtsfächern eine 1 oder 2 bekommt. Dennoch ist er hoch motiviert und möchte in der letzten Klausur seine bisherigen Leistungen bestätigen. Es fällt Wladimir nicht schwer, trotz des schönen Wetters in die Schule zu gehen und sich freiwillig auf die Klausur vorzubereiten.

Das Beispiel verdeutlicht, dass sich das Gefühl eine gute Note in der Physik-Klausur schreiben zu müssen, um das Klassenziel zu erreichen, bei Max eher hemmend als motivierend auswirkt. Eine gute Klausur schreiben zu müssen, um im Zeugnis die Note 1 zu erhalten, kann sich, wie in Wladimirs Fall, eher motivationsfördernd auswirken.

Berufliche Handlungsrelevanz

Pädagogische Fachkräfte, die in der Schulsozialarbeit oder in der Ganztagesbetreuung an Schulen arbeiten, sollten gemeinsam mit den Lehrkräften ein multiperspektivisches Training für die ihnen anvertrauten Jugendlichen anbieten. Multiperspektivisch bedeutet, dass nicht nur ein Bereich, beispielsweise die Emotionen *oder* die Motivation gefördert wird, sondern dass mehrere Bereiche gemeinsam unterstützt werden. Emotionen, Motivation und die Handlungskontrolle beeinflussen sich gegenseitig und wirken sich auf das Lernverhalten und den schulischen Erfolg aus.

9.7 Die sozial-emotionale Entwicklung im frühen Erwachsenenalter

In den vergangenen Jahren mehren sich die Anhaltspunkte dafür, dass Entwicklungsaufgaben der Adoleszenz immer weiter in das frühe Erwachsenenalter hineinverlegt werden. Jugendliche erwerben zunehmend Studienzugangsberechtigungen und besuchen für 12 oder 13 Jahre die Schule. Dadurch verbleiben sie länger in ihren Herkunftsfamilien und pflegen ihre Jugendfreundschaften. Typische sozial-emotionale Entwicklungen des frühen Erwachsenenalters verschieben sich in das dritte Lebensjahrzehnt. Junge Erwachsene, die das Jugendalter gerade hinter sich haben, werden auch **Postadoleszente** genannt.

9.7.1 Ablösung von der Herkunftsfamilie

Als ein Kriterium für die Ablösung der Spätadoleszenten von ihrer Herkunftsfamilie kann der Auszug aus dem Elternhaus gewertet werden. Mittlerweile ziehen junge Frauen durchschnittlich mit 24 Jahren und junge Männer mit 26 Jahren aus dem Elternhaus aus. Dabei kann sich auch so etwas wie eine partielle Ablösung abspielen, beispielsweise wenn die elterliche Wohnung neben dem neuen Wohnort den erwachsen gewordenen Kindern weiterhin als Wohnmöglichkeit zur Verfügung steht.

Beispiel
Toni, 20 Jahre alt, hat nach seinem Bundesfreiwilligendienst in einer Werkstätte für Menschen mit Behinderungen ein Studium der Sozialen Arbeit in Esslingen aufgenommen. Während der Woche wohnt er dort mit drei anderen Studenten in einer Wohngemeinschaft. Am Wochenende kehrt er jedoch immer in das elterliche Haus am Bodensee zurück. Dort trifft er sich dann mit seiner Freundin Mathilda, welche in Zürich im dritten Lehrjahr eine Ausbildung absolviert und selbst auch jedes Wochenende zu ihren Eltern fährt.

Viele Studenten verbringen die Woche an ihrem Studienort und kehren am Wochenende zu ihren Familien zurück.

Der junge Erwachsene durchläuft während dieser Zeit einen Individuationsprozess, der das Autonomwerden gegenüber den Eltern unterstützt. Wenn junge Erwachsene während dieser Jahre auch etwas eigenes Geld dazu verdienen, z. B. durch Nebenjobs, fühlen sie sich zusätzlich in ihrer Autonomie gestärkt. Eine auch emotionale Selbständigkeit fördert die Distanzierung zur Familie und führt zu einer Neugestaltung der Machtbalance zwischen den Generationen. Eltern und ihre „Kinder" haben denselben Erwachsenenstatus erlangt und interagieren – bei erfolgreicher Bewältigung dieser Entwicklungsaufgabe – fortan auf einer neuen emotionalen Ebene. Eine nicht vollzogene Ablösung birgt Risiken für das Selbstwertgefühl und erhöht das Risiko für emotionale Schwierigkeiten in zukünftigen Beziehungen.

9.7.2 Liebesbeziehungen und Partnerwahl

Die Wahl eines Partners ist eine der wichtigsten sozial-emotionalen Entwicklungsaufgaben im frühen Erwachsenenalter. Wissenschaftlich betrachtet ist die Volksweisheit „Gegensätze ziehen sich an" empirisch nicht belastbar. Liebespartner sind sich in wesentlichen Eigenschaften nicht selten sehr ähnlich und können sich darüber hinaus in ihren Persönlichkeitsmerkmalen auch ergänzen. Beispielsweise finden sich häufig Gemeinsamkeiten hinsichtlich der schulischen Bildung, beruflicher Pläne, körperlicher Attraktivität und sonstiger Einstellungen und Wertorientierungen. Unterschiede können sich im Temperament zeigen, so ist ein Partner z. B. sehr aktiv und sprunghaft, der andere hingegen ruhig und besonnen. Beeinflusst werden können Liebesbeziehungen auch von eigenen emotionalen Bindungserfahrungen in der frühen Kindheit.

Komponenten der Liebe

Der amerikanische Psychologe Robert Sternberg entwickelte die **Dreieckstheorie der Liebe** mit den Komponenten Leidenschaft, Hingabe bzw. Verpflichtung und der emotionalen Komponente Intimität.

- **Intimität** inkludiert zärtliche Aufmerksamkeit und Kommunikation sowie Fürsorge um das Wohlergehen des Partners, verbunden mit dem Wunsch, dass diese Komponente auf Gegenseitigkeit beruht.
- Die **Leidenschaft** spricht das Verlangen nach Romantik und Sexualität an.
- **Hingabe bzw. Verpflichtung** sind kognitive Komponenten. Die Partner entscheiden sich eine Liebesbeziehung einzugehen und diese zu pflegen.

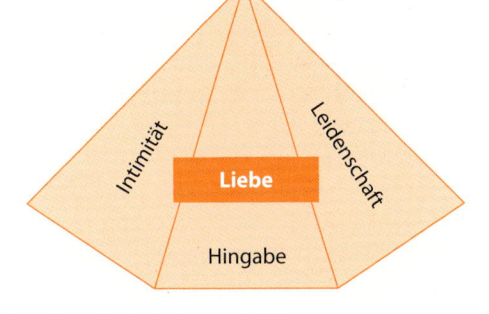

(vgl. Berk, 2011, S. 644f.)

Sternbergs Dreieckstheorie der Liebe

Neben der leidenschaftlichen Liebe in den frühen Phasen einer Beziehung sind gleiche Werte und Einstellungen der Partner gute Prädiktoren für die Beständigkeit der Liebe. Mehrere Studien belegen, dass sich die Liebe im Laufe der ersten Jahre stark verändert: Gemeinsame Freizeitunternehmungen weichen immer mehr notwendigen Aktivitäten im Haushalt, parallel dazu verringert sich die Kommunikation. Gelingt es den Partnern die anfängliche Leidenschaft in die Zweisamkeit zu übertragen, so hat die Paarbeziehung gute Chancen auf Dauer zu gelingen.

Unerfüllte Liebe und fehlende Freundschaften

Viele Postadoleszente haben den Wunsch, eine glückliche Liebesbeziehung einzugehen. Doch Enttäuschungen, nicht den richtigen oder keinen Partner zu finden, sowie häufige oder schmerzliche Trennungen können negative Emotionen wie Traurigkeit und Einsamkeit nach sich ziehen. Auch fehlende Sozialkontakte und Freundschaften führen zu Gefühlen der Verlassenheit und Einsamkeit. Personen zwischen dem 20. und 30. Lebensjahr fühlen sich am häufigsten einsam. Zu Beginn des dritten Lebensjahrzehnts können Schulabschluss, Ausbildung, Studium und der Start ins Berufsleben zudem viele Ortswechsel mit sich bringen, die sich ungünstig auf die Stabilisierung und den Ausbau von Freundschaften auswirken und dadurch Gefühle der Einsamkeit fördern. Ein weiterer Grund für Einsamkeit im frühen Erwachsenenalter könnte sein, dass jüngere Menschen höhere Erwartungen an zwischenmenschliche Beziehungen stellen. Ältere Erwachsene sind eher bereit, Kompromisse einzugehen. Einsamkeit wird je nach Temperament unterschiedlich intensiv erlebt und bewertet. Zurückhaltende und schüchterne Menschen erleben sie beispielsweise stärker als Impulsive und Kontaktfreudige.

9.7.3 Die Elternschaft

Unzählige komplexe Variablen und Einflussfaktoren in vielen Bereichen sind ausschlaggebend, ob sich ein Paar für oder gegen ein eigenes Kind entscheidet (z. B. der Wunsch, Wärme, Zuneigung und Liebe zu geben; Verlust der eigenen Freiheit; finanzielle Situation; Verantwortungsbereitschaft). Hat ein Paar beschlossen, ein Kind zu bekommen, ergeben sich dadurch eine Reihe emotionaler Herausforderungen – zum einen für die Liebesbeziehung und zum anderen für den Umgang mit dem Säugling. In den ersten Wochen nach der Geburt sehen sich die Eltern mit vielen neuen Herausforderungen konfrontiert. Dazu gehören z. B.:
- der Beziehungsaufbau zum Neugeborenen
- das Baby steht im Mittelpunkt der Aufmerksamkeit, Fürsorge und Liebe
- die möglichst gleichberechtigte Verteilung der neuen Aufgaben auf beide Partner
- Zurechtfinden in der neuen Rolle
- Veränderungen im bisherigen Lebensrhythmus

Eltern, die sich gegenseitig emotionale Wärme und Unterstützung geben, meistern den Übergang zur Elternschaft besser, als solche Eltern, die ein gespanntes Verhältnis zueinander haben oder eine unglückliche Paarbeziehung führen. Eine gemeinsame und gleichberechtigte Pflege des Babys wirkt sich zudem positiv auf die Zufriedenheit der jungen Mutter aus und spiegelt sich auch im liebevollen Umgang beider Eltern mit dem Neugeborenen.

Die Eltern müssen sich erst in ihre neue Rolle hineinfinden und ihr Leben neu organisieren.

9.8 Die sozial-emotionale Entwicklung im mittleren Erwachsenenalter

Zunehmend verlagern sich in den Industrie- und Informationsgesellschaften des 21. Jahrhunderts Entwicklungsaufgaben des frühen in das mittlere Erwachsenenalter hinein. Längere Ausbildungszeiten, berufliche Selbstverwirklichung, medizinische Fortschritte und ein aktiveres Freizeitverhalten bringen spätere Partner- und Elternschaften mit sich. Damit einhergehend verschieben sich natürlich auch die Grenzen der nachfolgenden Entwicklungsstufen.

9.8.1 Kulturelle Bedürfnisse

Während des Erwachsenenalters nehmen die kulturellen Bedürfnisse zu. Unter Kultur werden hier beispielsweise Musik, Kunst, Literatur, Reisen aber auch sonstige, das Leben bereichernde Aktivitäten, Interessenbereiche und Maßnahmen (z. B. auch der Abschluss einer Lebensversicherung) zusammengefasst. Diese Feststellung bedeutet jedoch nicht, dass Kultur in der ersten Lebenshälfte unwichtig war, hier wurde sie vielmehr anderes strukturiert und vor allem institutionalisiert: Der Erwerb von Kulturtechniken, wie Lesen, Rechnen oder Schreiben, die Berufsausbildung oder das Studium, sowie die Suche nach einem beruflichen Betätigungsfeld und konkreten Arbeitsplatz fanden größtenteils in Institutionen statt und folgten einem festgelegten Ablauf. In der zweiten Lebenshälfte sind die Menschen freier von derartigen gesellschaftlichen Erwartungen und können folglich mehr und mehr auch ihre individuellen kulturellen Präferenzen vertiefen.

„Wer fühlen will muss hören"

Am Beispiel der Musik soll exemplarisch die Bedeutung kultureller Auseinandersetzung und Erfahrung für die Emotionen aufgezeigt werden. Kaum jemand wird daran zweifeln, dass Musik Gefühle in besonderer Weise anspricht und emotionale Situationen durch Hören passender Musik zusätzlich verstärkt werden.

Musik ist in unserer Gesellschaft allgegenwärtig und beeinflusst unser Erleben – bei Hochzeiten oder Beerdigungen, auf Partys oder im Wartezimmer eines Arztes. Einige Beispiele:
- Weltmeister oder Olympiasieger hören bei der Siegerehrung die Nationalhymnen ihres Landes
- „Freude schöner Götterfunken" wird oft bei besonders festlichen Anlässen gespielt
- durch Wiegenlieder, langsam und ruhig gesungene Lieder, lassen sich Babys beruhigen
- Rave-Musik elektrisiert tausende Besucher von Großveranstaltungen
- die Hintergrundmusik in Kaufhäusern soll das Konsumverhalten anregen

Erst der emotionale Gehalt erweckt ein Musikstück zum Leben.

Musik kann Emotionen auslösen. Manche Musikstücke rufen ganz besondere Erinnerungen wach und lassen Erwachsene, vielleicht mit einem wohligen Gefühl, an ihre Jugendzeit zurückdenken. Die Darstellung der Zusammenhänge von Emotionen und Musik beschränkt sich jedoch nicht auf eine anekdotische Aneinanderreihung von Beispielen. Systematisierende neurowissenschaftliche Studien belegen, dass verschiedene Ereignisse in einem Musikstück (z. B. Beginn einer Singstimme, Höhepunkt eines Crescendos, Rhythmuswechsel oder Auftreten bestimmter Intervalle) unterschiedliche emotionale Reaktionen hervorrufen (vgl. Spitzer, 2003, S. 379 ff.).

9.8.2 Älter werdende Eltern

Die steigende Lebenserwartung führt dazu, dass neben der Gründung einer eigenen Familie, die Beziehung zur Herkunftsfamilie bis weit in das mittlere oder sogar späte Erwachsenenalter hineinreicht. Die Beziehungen zwischen älter werdenden Eltern und ihren erwachsenen Kindern bzw. die Beziehung zu deren Familien hängt zu einem hohen Maß von der Bindungsqualität in früheren Jahren ab. Je enger die Bindung zwischen Eltern und Kind war, desto intensiver sind in der Regel die Kontakte im Erwachsenenalter. Aber auch eine Eltern-Kind Beziehung, die eher als emotional-distanziert zu bezeichnen war, kann mit dem Älterwerden der Eltern einen emotionalen Aufschwung erleben. Verursacht wird dies zumeist vom Pflichtgefühl der erwachsenen Kinder ihren Eltern gegenüber.

Die Versorgung der älteren Generation, häufig parallel zur eigenen Familie mit minderjährigen Kindern und Berufstätigkeit, stellt eine große Herausforderung dar – sowohl organisatorisch, als auch körperlich und emotional. Gedanken an das eigene Altern und Hypothesen, wie die eigenen Kinder darauf reagieren werden, aber auch die Hilfebedürftigkeit der eigenen Eltern können sich emotional belastend auswirken.

9.9 Die sozial-emotionale Entwicklung im späten Erwachsenenalter

Durch die bereits mehrfach erwähnte gestiegene Lebenserwartung und den (aufgrund dieses demografischen Faktors rententechnisch erzwungenen) späteren Übertritt in den Ruhestand erhalten das späte Erwachsenenalter – und folglich auch das hohe – eine neue Bedeutung. Flexible und längerfristige Transitionsmodelle können den Eintritt in die neue Lebensphase erleichtern.

Entgegen landläufiger Annahmen gelingt den meisten Menschen der Übergang ins Rentenalter recht gut. Vor allem ein vorangegangener stressreicher Arbeitsalltag und eine hohe berufliche Belastung erleichtern eine positive Anpassung an das Rentenalter. Finanzielle Sorgen oder das Gefühl nun nicht mehr gebraucht zu werden, beeinträchtigen hingegen das emotionale Wohlbefinden. Gegenwärtig beträgt das Renteneintrittsalter in Deutschland durchschnittlich 63 Jahre (so eine Regierungsstudie aus dem Jahr 2010) und wird deshalb von Entwicklungspsychologen dem späten Erwachsenenalter zugerechnet.

9.9.1 Ehe und Liebesbeziehungen

Die eheliche Zufriedenheit nimmt im späten Erwachsenenalter in der Regel zu. Beide Partner haben nun mehr Zeit, gemeinsamen Interessen und Betätigungen nachzugehen. In diesem Lebensabschnitt erreicht die Emotionsregulationsfähigkeit ihren Höhepunkt. Gepaart mit Lebenserfahrung führt dies zu positiveren partnerschaftlichen Interaktionen und fördert dadurch wiederum die gegenseitige Zuneigung. Paare, die bereits seit vielen Jahren verheiratet sind, lösen Konflikte und Meinungsverschiedenheiten einfacher und routinierter. Emotional belastende oder unglückliche Beziehungen wirken sich auf Frauen unbefriedigender aus als auf Männer. Während Frauen den Dialog suchen, um Schwierigkeiten aktiv zu beseitigen, ziehen sich Männer zurück, wie sie es auch in den Jahrzehnten davor meist praktizierten.

9.9.2 Scheidung

Scheidungen im späten Erwachsenenalter kommen relativ selten vor. Verglichen mit Scheidungen während des frühen oder mittleren Erwachsenenalters sind sie für die Betroffenen meist emotional belastender. Die Scheidungsgründe werden von Männern vor allem in fehlenden gemeinsamen Interessen lokalisiert, von Frauen eher in der subjektiv empfundenen großen emotionalen Distanz. Ältere

Menschen, vor allem wenn sie bereits im Ruhestand sind, leiden emotional stärker unter Scheidungen als jüngere. Als Gründe dafür gelten z. B.:
- stabile Bindungen sind besonders wichtig für das emotionale Wohlbefinden älterer Menschen
- finanzielle Belastungen (Ersparnisse werden für Gerichtskosten verwendet) führen zu Ängsten
- vermehrte Selbstkritik führt unter Umständen zu Schuldgefühlen
- das Selbstwertgefühl sinkt, da die Zukunft düster erscheint
- Ängste im hohen Alter alleine zu sein
- schwierige Gewöhnung an das Alleinsein ohne Partner

(vgl. Berk, 2011, S. 848 f.)

Es sind vorwiegend Männer, die nach einer Scheidung im späten (oder hohen) Erwachsenenalter wieder heiraten. Frauen, die eher gleichaltrige oder ältere Partner wählen, haben potenziell schlechtere Auswahlchancen und müssen sich unter Umständen mit weniger geeigneten Partnern zufriedengeben. Ehen, die im späten Erwachsenenalter geschlossen werden, verlaufen aber in der Regel glücklicher und tragen zu größerer emotionaler Zufriedenheit beider Partner bei, als Ehen, die in früheren Jahren geschlossen wurden. Möglicherweise kann dies damit erklärt werden, dass ältere Partner pragmatischer und kompromissbereiter in der Beziehung sind und die romantische Verliebtheit nicht mehr dominiert.

9.10 Die sozial-emotionale Entwicklung im hohen Erwachsenenalter

Durchschnittlich betrachtet wurden Menschen zu keiner Zeit so alt wie heute. Eine immer bessere medizinische Versorgung und die Möglichkeit, sich ausgewogener und gesünder zu ernähren als früher, begünstigen eine steigende Lebenserwartung. Zudem wirkt sich dies auch auf das sozial-emotionale Wohlbefinden positiv aus.

9.10.1 Witwenschaft

Ein Blick in die Statistik bestätigt die Vermutung, dass mehr Frauen als Männer von Witwenschaft betroffen sind. Im Jahr 2011 starben Männer durchschnittlich im Alter von 73,7 Jahren und Frauen mit 81 Jahren (vgl. Statistisches Bundesamt). Solange die zurückbleibenden Partner geistig, körperlich und finanziell dazu in der Lage sind, weiterhin alleine die bisherige Wohnung zu nutzen, verbleiben sie überwiegend dort.

Die stärksten erlebten Emotionen nach dem Verlust des Partners sind Trauer und Einsamkeit. Allerdings haben ältere Menschen weniger Anpassungsprobleme nach dem Tod des Partners, da der Tod im fortgeschrittenen Lebensalter eher erwartet wird (vgl. Berk, 2005, S. 850). Zurückbleibende Partner mit positivem Temperament und optimistischer Grundhaltung sind gegen Einsamkeit resilienter. Darüber hinaus pflegen sie nach dem Tod des Partners weiterhin soziale Beziehungen im (gemeinsamen) Freundes- und Bekanntenkreis.

Je jünger die verwitweten Menschen sind, desto leichter fällt es ihnen eine neue Identität unabhängig vom ehemaligen Partner aufzubauen und auch neue emotionale Beziehungen einzugehen.

9.10.2 Leben im Seniorenheim

Das Spektrum betreuter Wohnmöglichkeiten für Senioren ist sehr vielfältig und folgt unterschiedlichen Konzepten. Wesentlich für das Wohlbefinden sind gemeinschaftliche Aktivitäten, bei denen sich alle Betroffenen entsprechend ihrer Möglichkeiten und Interessen einbringen können.

Beispiel

Lieselotte Mangold, 86-jährige Bewohnerin eines Seniorenheimes, freut sich besonders auf die Dienstagnachmittage. Zwei Stunden lang kommen die Kinder der benachbarten Kita „Pusteblume" zu Besuch. Neben gemeinsamem Singen, Tanzen, Basteln und Backen fungieren einige Senioren als Vorlesepaten für die Kinder, kümmern sich mit den Vorschülern um die Pflege der Pflanzen im Garten der beiden Einrichtungen oder unterstützen Schulkinder bei den Hausaufgaben.

Kindergartenkinder und Bewohner des Seniorenheims verbringen gemeinsam Zeit.

Wie im Beispiel aufgezeigt, fühlen sich viele alte Menschen sehr wohl, wenn sie ihre Fähigkeiten einbringen und an jüngere Generationen weitergeben können. Aber auch gegenseitige Unterstützung, ähnliche Interessen, Werte und Einstellungen der Bewohner eines Seniorenheims sind wesentliche Voraussetzungen dafür, dass sich Neuankömmlinge schnell eingewöhnen und alle gut miteinander auskommen. Kleinere Stifte oder Heime, die ihren Bewohnern regelmäßige Kommunikationsmöglichkeiten und vielfältige Möglichkeiten zur Freizeitgestaltung bieten, beherbergen häufiger zufriedene und glückliche Senioren.

Berufliche Handlungsrelevanz

Kooperationen zwischen Seniorenheimen und Kindertageseinrichtungen sind für beide Seiten bereichernd. Senioren können beispielsweise als Lese- oder Erzählpaten fungieren und erhalten dadurch das Gefühl, gebraucht zu werden. Aber auch bei gemeinsamen Aktivitäten, wie Singen, Musizieren, Tanzen, Basteln, Backen, Kochen oder Theater spielen, können alte Menschen ihren reichen Erfahrungsschatz und ihr Wissen an die Kinder weitergeben. Pflegebedürftige Bewohner, die sich nicht mehr aktiv engagieren können, haben möglicherweise Freude an unterschiedlichen Vorführungen der Kinder.

9.10.3 Tod und Trauer

Trauer um einen toten Angehörigen oder Freund ist kein Spezifikum des hohen Erwachsenenalters, sondern stellt in jedem Alter ein einschneidendes, kritisches Lebensereignis dar. Menschen werden in unterschiedlichsten Situationen ihres Lebens mit Tod und Trauer konfrontiert, zum Beispiel:

- plötzlicher oder erwarteter Tod nach (längerer) Krankheit
- Verkehrsunfall mit Todesfolge
- Verlust eines Kindes
- Verlust eines Elternteils
- Tod des Lebenspartners

Trauer um einen geliebten Menschen.

Der Umgang mit Verlusten und Trauer ist kulturspezifisch. Aber auch innerhalb eines Kulturkreises trauern Menschen auf sehr unterschiedliche Weise und bewegen sich dabei nicht selten zwischen den nachfolgend genannten Trauerphasen hin und her. Die Schweizer Psychologin Vera Kast (2006) entwickelte ein Vier-Phasen-Modell des Trauerprozesses:

1. Schockphase

Gemeint ist hier die Phase unmittelbar nach dem Erhalt der Todesnachricht. Mit einer Dauer von einigen Stunden bis zu wenigen Tagen ist sie in der Regel recht kurz. Die Stärke des Schocks richtet sich vielfach danach, ob die Angehörigen die Todesnachricht unerwartet trifft (z. B. bei Unfällen) oder ob sie durch eine längere Krankheit auf den Tod vorbereitet waren. Die Betroffenen nehmen in dieser Phase nur relativ wenig von ihrer Umwelt wahr und sind häufig kaum ansprechbar. Die Unterstützung von weiteren Angehörigen gibt den Hauptbetroffenen die Möglichkeit, ihre eigenen Gefühle etwas zu kontrollieren.

2. Kontrollierte Phase

Während dieser Phase wird eine zweifache Form der Kontrolle ausgeübt: Zum einen versucht der Trauernde selbst seine Gefühle und Affekte zu beherrschen, zum anderen bemühen sich Angehörige und Freunde, die nun notwendigen Schritte (z. B. Organisation der Beerdigung) auf den Weg zu bringen. Im Wesentlichen geht es darum den Trauernden zu entlasten. Die Geschäftigkeit der anderen kann die Distanz des Trauernden zur Außenwelt noch vergrößern. Begünstigt wird dies durch Abschottung, starke Emotionalität und übermäßige Selbstkontrolle. Die Kontrolle der Emotionen kann dem Hauptbetroffenen so viel Kraft abfordern, dass keine Kommunikation mehr möglich ist. Das Ende der kontrollierten Phase wird in der Regel durch die Abreise der Verwandten und Freunde nach der Beerdigung markiert.

3. Phase der Regression

In dieser Phase ist der Trauernde ganz auf sich allein gestellt. Während er sich mit der entstandenen Leere, die der Verstorbene hinterlässt, auseinandersetzt, zieht er sich vom bisherigen „normalen" Leben immer weiter zurück. Die Folge sind stärkste Emotionen. Zudem tritt auch Aggressivität und Hilflosigkeit mehr und mehr an die Stelle der Selbstkontrolle. Trauernde versuchen, auf frühere Krisenbewältigungsmuster zurückzugreifen und befinden sich dabei in einer sehr ambivalenten Lage: Neben die noch nicht vollzogene Loslösung vom Verstorbenen tritt zunehmend das Bewusstwerden der eigenen Zurückgezogenheit. Nach und nach wird sich der Trauernde dieses Zustandes bewusst und versucht, sich auf die neue Situation einzulassen.

4. Phase der Anpassung

Diese letzte Trauerphase wird bestimmt von der langsamen Rückkehr ins Leben und der Reaktivierung der Fähigkeit, neue Beziehungen einzugehen. Der Trauernde versucht, allmählich wieder in sein altes Leben zurückzukommen, auch wenn der Verlust immer in seinem Herzen bleiben wird. Die Trauerbewältigung läuft in dieser Phase keineswegs kontinuierlich ab: Kurzzeitige Rückfälle in vorherige Phasen sind obligatorisch, doch diese klingen meist schnell wieder ab.

(vgl. Kast, 2006)

Aufgaben

1. Definieren Sie in eigenen Worten die Begriffe Emotion, Stimmung und Temperament.
2. Insgesamt können sechs Kennzeichen der Emotion unterschieden werden. Beschreiben Sie diese in eigenen Worten und finden Sie für jedes Kennzeichen drei Praxisbeispiele.
3. Zeigen Sie wesentliche Unterschiede oder auch Gemeinsamkeiten der Forschungsansätze und Theorien zur Entstehung von Emotionen auf (siehe S. 331–335).
4. Erklären Sie den Begriff Emotionsregulation. Beschreiben Sie, wie Emotionen reguliert werden können und begründen Sie weshalb die Emotionsregulation ein wesentlicher Bestandteil der Arbeit pädagogischer Fachkräfte ist.
5. Nennen und beschreiben Sie je fünf Praxisbeispiele für die intrapersonale und die interpersonale Intelligenz. Begründen Sie anhand dieser Beispiele, weshalb die emotionale Intelligenz ein Subsystem der sozialen Intelligenz ist.
6. Erstellen Sie auf einem separaten Blatt Papier eine Tabelle mit drei Spalten (siehe Vorlage unten) und ordnen Sie die neun Temperamentsdimensionen aus der Tabelle auf S. 340 in ihrer positiven und negativen Ausprägung den drei Temperamentsgruppen „einfache Babys", „schwierige Babys" und „langsam auftauende Babys" zu. Falls Sie eine Temperamentsdimension nicht eindeutig einer Gruppe zuordnen können, begründen Sie dies bitte.

Einfache Babys	Schwierige Babys	Langsam auftauende Babys
geringe Ablenkbarkeit	hohe Ablenkbarkeit	…
…	…	…
…	…	…

7. Recherchieren Sie in der Bibliothek oder im Internet aktuelle Zwillings- und Adoptionsstudien. Welche Ergebnisse zur Bedeutung der biologischen Verwandtschaft, des Temperaments, des sozialen Umfeldes und der Erziehung werden dargestellt und diskutiert? Fassen Sie die Aussagen zusammen und setzen Sie sie in Beziehung zur sozial-emotionalen Entwicklung.
8. Beschreiben Sie Rahmenbedingungen im Kita-Alltag, die gewährleistet sein müssen, damit die sozial-emotionale Entwicklung unter Dreijähriger positiv verlaufen kann.
9. Begründen Sie, weshalb die exekutiven Funktionen Prädiktoren für die Schulfähigkeit des Kindes sind.
10. Entwickeln Sie zwei exemplarische Übungen, um mit Kindern im Grundschulalter die emotionale Sensitivität zu trainieren. Begründen Sie Ihre Aufgabenstellung und Vorgehensweise.
11. Zeigen Sie die sozial-emotionalen Veränderungen während der Adoleszenz auf. Erarbeiten Sie Ideen, wie diese Entwicklungsschritte pädagogisch zu unterstützen sind.
12. In den letzten Jahren gibt es immer mehr Kooperationen zwischen Kindertageseinrichtungen und Seniorenheimen. Begründen Sie, weshalb dies sowohl für die Kinder als auch für die alten Menschen in emotionaler Hinsicht wichtig ist.
13. Tod und Trauer sind Themen mit denen nicht nur alte Menschen konfrontiert sind, sondern sich ab und an auch Kinder auseinandersetzen müssen. Wie können Sie Kinder bei der Bewältigung von Trauer als Folge eines Todesfalles in der Familie unterstützen? Beziehen Sie bei Ihrer Ausführung die Merkmale der unterschiedlichen Entwicklungsalter mit ein.

10 Entwicklung des Selbst

Berufliche Handlungssituation

Seit einigen Jahren arbeitet Karin Weigelt als Erzieherin in der Kindertagesstätte „Pestalozzi-Straße". Es handelt sich um eine große Einrichtung mit vier Vormittags- und vier Nachmittagsgruppen, die sich in einem Vorort einer deutschen Großstadt befindet. Vor kurzem hat Karin die Mäusegruppe übernommen, zu der 22 Jungen und Mädchen im Alter von dreieinhalb bis sechs Jahren gehören. Manchmal hilft sie auch in der Krippengruppe aus, da sie eine Zeit dort gearbeitet hat und über viel Erfahrung mit den ganz Kleinen verfügt.

Immer wieder ist Karin davon beindruckt, wie bereits kleine Kinder eine ganz eigene Persönlichkeit haben und über ganz eigene Vorstellungen verfügen, wer sie sind und was sie wollen. Spannend ist es, zu beobachten, wie sich diese Vorstellungen in der Entwicklung des Kindes verändern.

Heute sieht Karin den zweijährigen Tim vor dem Spiegel, den er das erste Mal zu bemerken scheint. Er betrachtet sein Spiegelbild sehr aufmerksam und ist ganz fasziniert davon. Ob er ein Junge oder ein Mädchen ist, interessiert ihn dabei noch gar nicht.

Ganz anders der fünfjährige Janus, der sehr gern mit Autos spielt. Auf die Frage einer Gleichaltrigen, ob er Lust habe beim Mutter-Kind-Spiel mitzumachen, antwortet er entrüstet: „Ich bin doch ein Junge!"

Die vierjährige Michi hat im Wettrennen mit Lasse Müller, einem Praktikanten aus der benachbarten Fachschule für Sozialpädagogik, drei Mal verloren. Trotzdem fordert sie ihn zur Revanche mit der Erläuterung: „Jetzt bin ich viel schneller".

Der dreijährige Max sagt zu Karin: „Ich bin sehr stark. Soll ich dich einmal hochheben?" Dem sechsjährigen Jari, der danebensteht, ist schon sehr bewusst, dass er das nicht kann. Auf Karins Aufforderung, er solle sie doch einmal von der Couch zur Sitzecke tragen, sagt er entrüstet: „Das kann ich doch nicht. Du bist viel zu schwer."

Nachmittags kommt Karin mit dem Praktikanten Lasse ins Gespräch. Er berichtet, dass er Schwierigkeiten mit den Leistungsanforderungen in der Fachschule hat. Unterricht und Lernen lägen ihm einfach nicht. Er sei eher der Praxistyp und in der Praxis lerne man sowieso am meisten.

Anhand dieser Szenen wird deutlich, dass Kinder im Laufe der frühen Kindheit Vorstellungen darüber erlangen, wer sie sind und was sie können. Sie entwickeln schon früh ein Gefühl dafür, dass sie eigenständige Wesen sind. Sie nehmen sich wahr, erfahren sich zunehmend als eigene Person, mit eigenen Fähigkeiten, körperlichen Merkmalen, Vorlieben und auch mit Defiziten bzw. „Ecken und Kanten". Gleichzeitig bewerten sie die eigene Person. Was kann ich gut? Worin bin ich im Vergleich mit anderen noch nicht so gut? Das Selbstbild, das sich aus diesem Wissen über sich selbst und den entsprechenden Bewertungen zusammensetzt, verändert sich im Laufe der Entwicklung. Dies geschieht in Wechselwirkung mit den Entwicklungsprozessen in anderen Persönlichkeitsbereichen. In der pädagogischen Arbeit mit Kindern und Jugendlichen ist es sehr wichtig zu wissen, wie sich diese selbst sehen – es hilft, sie bzw. ihr Verhalten besser zu verstehen.

Worum geht es in diesem Kapitel?

Ich bin Mira und schon fast vier Jahre alt. Ich wohne mit meiner Mama und meinem Papa und noch mit Max, das ist mein Bruder, in einem großen Haus. Ich habe grüne Augen und ein Meerschweinchen. Das heißt Schnuffi und ist braun und weiß. Ich kann schon bis 20 zählen, hör mal: 1, 2, 3, 4, 5, 7, 9, 10, 11, 12 … äh … 15, 20. Ich kann ganz schnell laufen. Ich bin stark! Ich habe nie Angst!

Ich bin jetzt elfeinhalb Jahre alt und die Mädchen meiner Klasse mögen mich. Das liegt daran, dass ich ehrlich bin und Geheimnisse für mich behalten kann. Meistens bin ich zu meinen Freundinnen nett. Nur wenn ich schlechte Laune habe, kann es sein, dass ich auch gemeine Dinge sage. In Bio und Mathe bin ich nicht so gut, dafür aber in Deutsch und Religion. Insgesamt komm ich in der Schule gut zurecht. Aber wichtiger ist mir, dass mich meine Freundinnen mögen.

Ich bin nicht sehr extrovertiert, vor allem nicht unter Leuten, die ich nicht kenne. Da halte ich mich eher zurück. Nur bei meinen Freunden bin ich offen, gesprächig und witzig. Im Ganzen finden mich meine Leute ok; zumindest glaube ich das. Mit meinen Eltern komme ich gut klar. Nur in Sachen Schule habe ich wenig Hoffnung, es ihnen jemals recht machen zu können. Das macht mich traurig und manchmal auch sauer. Wie ich als Mensch eigentlich bin? Wahrscheinlich wirst du das nicht verstehen. Ich bin eher kompliziert!

Ich möchte mich noch mehr für die Umwelt engagieren. Das ist mir wichtig, weil sie die Grundlage für unser aller Leben darstellt. Daher studiere ich Umweltwissenschaften und will danach in einer Umweltorganisation arbeiten. Ich weiß, dass ich selbst noch viel mehr tun könnte, um unsere natürlichen Ressourcen zu schützen. Wenn mir das nicht gelingt, bin ich immer ein bisschen deprimiert, weil ich mich dann in dieser Hinsicht für einen Versager halte.

(in Anlehnung an: Siegler u. a., 2011, S. 431 ff. und Harter, 1999)

Kinder und Jugendliche bzw. alle Menschen entwickeln sich in den unterschiedlichen Bereichen ihrer Persönlichkeit. Beispielsweise erwerben sie in den ersten Lebensjahren eine Reihe von Kompetenzen etwa im motorischen oder kognitiven Bereich, es kommt zu emotionalen Entwicklungsprozessen und zur Bewältigung altersbezogener Entwicklungsaufgaben. Gleichzeitig nimmt das Kind bzw. der Jugendliche sich **selbst** als die Person wahr, die diese Entwicklungen durchläuft. Es erlebt sich selbst als denjenigen, der Laufen, Sprechen und Schreiben lernt, der Gefühle empfindet oder sich den Herausforderungen seiner Entwicklungsphase stellen muss.

Was aber ist das Selbst? Der amerikanische Säuglingsforscher Daniel Stern (1934–2012) definiert dieses Selbst bzw. Selbstempfinden folgendermaßen:

> *„Wir empfinden ein Selbst als einzelnen, abgegrenzten, integrierten Körper; wir empfinden ein Selbst als Handlungsinstanz, ein Selbst, das unsere Gefühle empfindet, unsere Absichten fasst, unsere Pläne schmiedet, unsere Erfahrungen in Sprache umsetzt und unser persönliches Wissen mitteilt. Meistens bleiben diese Selbstempfindungen, wie das Atmen, außerhalb des Bewusstseins, aber sie können ins Bewusstsein gebracht und dort behalten werden. Instinktiv verarbeiten wir unsere Erfahrungen so, dass sie zu einer Art einzigartiger, subjektiver Organisation zu gehören scheinen (…).“*
>
> *(Stern, 1992, S.18)*

Auf dieser Grundlage entsteht ein Bild von sich selbst – ein **Selbstkonzept** oder ein **Selbstbild**, dass das Wissen über die eigene Person enthält. Dazu gehört auch, wie wir uns bewerten, unser **Selbstwertgefühl**, wie wir sein wollen, unser Selbst-Ideal usw. Dabei handelt es sich nicht um ein durchgehend klares, bewusstes und detailliertes Konzept. Es ist eher eine Sammlung von Wissenselementen, die mehr oder weniger miteinander zusammenhängen. Diese Vorstellungen sind für die Handlungssteuerung und das Verstehen von sich selbst von zentraler Bedeutung. Sie bilden nämlich die Grundlage für die Bewertung der eigenen Person und seiner Kompetenzen, für die Ausrichtung eigenen Handelns und für die Planung selbstbezogener Zukunftsbilder (vgl. Hannover/Greve, 2011, S. 544).

10.1 Grundlagen der Entwicklung des Selbst und der Geschlechtsidentität

Beispiel

Die vierzehnjährige Sarah ist unzufrieden mit sich: „Ich bin zu faul! Eigentlich müsste ich mehr für Mathe lernen, aber ich versteh das sowieso nicht". Da sie sich in diesem Fach nur wenig zutraut, meidet sie es lieber, sich eingehend mit Mathe zu befassen. Entsprechend schlecht sind ihre Noten. Auf die Frage, was sie denn später einmal beruflich machen wolle, antwortet sie mit Begeisterung: „Oh, ich würde gern mit Kindern arbeiten. Das kann ich auch. Es macht mir viel Spaß, wenn ich auf den fünfjährigen Tom aus der Nachbarschaft aufpasse. Ich bin dann auch manchmal streng, wenn es sein muss und er ins Bett soll. Ich glaube, Erziehen liegt mir. Ich merke manchmal, wie ich eigentlich weich werden will, aber dann doch bei meinen Anweisungen bleibe und sie gegenüber Tom nett und freundlich, aber klar durchziehe." Ihr Schulpraktikum hat sie in einem Kindergarten absolviert, wo sie auch immer noch ab und an aushilft. Sie plant, nach der Realschule eine Ausbildung zur Erzieherin zu beginnen.

In diesem Kapitel geht es um die Entstehung und Entwicklung dieses **Selbst** im Sinne eines **Selbstkonzeptes** bzw. Selbstbildes.

Von wesentlicher Bedeutung für die Entwicklung des Selbst ist die Qualität der **frühen Bindung** zwischen Säugling bzw. Kleinkind und seiner Bindungsperson. Meist handelt es sich dabei um die Mutter bzw. den Vater. Abhängig davon, wie das Kind diese frühe Beziehung erlebt, hat dies weitreichende Auswirkungen auf die nachfolgende Ausgestaltung des Selbstkonzept und -gefühls. Die wichtigen Erkenntnisse der Bindungsforschung u. a. von John Bowlby und Mary D. Salter Ainsworth sind auch für die sozialpädagogische Praxis wesentlich. Daher wird dieses Thema in einem eigenen Kapitel (siehe Kapitel 10.3.2) ausführlich erörtert und in seinen Bezügen zur Entwicklung des Selbst dargestellt.

Ein weiterer wichtiger Aspekt des Selbst ist die Wahrnehmung der eigenen Person als zugehörig zu einem **Geschlecht**. Kinder sind Jungen oder Mädchen, Eltern sind als Väter Männer und als Mütter Frauen.

> *„Die biologische Geschlechtszugehörigkeit steht in der Regel vor der Geburt fest: die meisten Kinder werden als Mädchen oder Junge geboren. Zwar gibt es verschiedene Formen von Intersexualität, in denen die biologische Geschlechtszugehörigkeit nicht eindeutig ist. Manchmal wird dies erst in der Pubertät sichtbar. Diese Fälle sind jedoch sehr selten."*
>
> (Rohrmann, 2012, S. 3)

Das ist so selbstverständlich, dass es manchmal aus dem Blick gerät. Das Geschlecht bestimmt aber das Leben und das Selbst in bedeutendem Ausmaß. Von Anfang an reagiert das Umfeld sehr unterschiedlich darauf, ob es sich bei einem Kind um einen Jungen oder ein Mädchen handelt.

Aufgrund der Rückmeldungen aus dem sozialen Umfeld und der Selbstwahrnehmung entwickelt sich bei Kindern schon früh eine **Geschlechterrolle**, d.h. ein kulturell und sozial geprägtes Verständnis davon, was es heißt, Junge bzw. Mann zu sein oder Mädchen bzw. Frau. Im vorliegenden Kapitel wird die Entwicklung der Geschlechtlichkeit vor allem in Bezug auf die **Geschlechtsidentität** als wesentlicher Bereich der Entwicklung des Selbst in den Blick genommen.

10.1 Grundlagen der Entwicklung des Selbst und der Geschlechtsidentität

Bevor die Entwicklung des **Selbst** und der damit zusammenhängenden **Geschlechtsidentität** über die einzelnen Entwicklungsphasen hinweg genauer erläutert wird, soll zu Anfang erklärt werden, was eigentlich mit diesen Begriffen gemeint ist.

10.1.1 Das Selbst

Beim **Selbst** handelt es sich um ein sehr komplexes psychologisches Thema. Was sich dahinter verbirgt, wird in der Wissenschaft unterschiedlich definiert. Im alltäglichen Leben gehen wir davon aus, dass wir ein eigenständiges Wesen sind, das den Kern und Ausgangspunkt unseres Lebens, unserer Eigenschaften und unseres Verhaltens bildet. Es gibt ein Ich, aus dessen Perspektive man relativ widerspruchsfrei und zeitlich stabil existiert, handelt und wahrnimmt.

- Ich *habe* Persönlichkeitsmerkmale wie blonde Haare, einen IQ von 120 und die Eigenschaft, Zusammenhänge schnell zu durchschauen.
- Ich *verhalte* mich in bestimmten Situationen in einer bestimmten Art und Weise. Beispielsweise lerne ich für eine Klausur, wenn der Termin näher rückt.

Diese **Instanz**, die Eigenschaften *hat* und sich in einer bestimmten Weise *verhält* ist einerseits gemeint, wenn man in der Psychologie vom **Selbst** spricht.

Im Laufe der ersten Lebensjahre beginnt ein Kind jedoch zusätzlich, etwas über sich selbst zu erfahren. So weiß es, dass es einen Bruder und helle Haare hat, abends nicht ins Bett will usw. Es entwickelt ein **Bild von sich selbst**. Dabei handelt es sich um Kognitionen und Emotionen, die sich auf die eigene Person richten. Diese bilden das **Selbstkonzept**, das ebenfalls gemeint ist, wenn vom Selbst die Rede ist. Damit ist das Wissen um einen selbst gemeint, sowohl bezogen auf beschreibende Inhalte (Ich bin ein Junge, habe blonde Haare und wohne mit meiner Familie in Schalksmühle) als auch auf bewertende Aspekte (Ich mag Spagetti, ich wohne gern in Schalksmühle, blonde Haare stehen mir nicht).

Schon Ende des 19. Jahrhunderts hat der amerikanische Psychologe William James (1842–1910) bezogen auf das Selbst die beiden Aspekte des erkennenden bzw. handelnden Selbst und des erkannten Selbst unterschieden. Mit dem **erkennenden Selbst** meinte er die eigene Person als Subjekt, die etwa im Satz „Ich erkannte sie" auftritt. Dann wird die Person als „ich" (engl. „I") bezeichnet. Davon abgegrenzt gibt es das **erkannte Selbst**, etwa im Satz „Sie erkannte mich", das als „mich" (engl. „Me") benannt wird. „Das Ich ist nach James der Akteur, der Urheber der eigenen Handlungen und des eigenen Wissens. Das Mich ist nach James das Objekt des eigenen Wissens." (Asendorpf/Neyer, 2012, S. 206)

Das **Selbstkonzept** entspricht bei James dem „Me" und kann verstanden werden als ein Wissenssystem, in dem das Wissen über die eigene Person eingeordnet ist (vgl. Asendorpf/Neyer, 2012, S. 206). Daneben steht die Bewertung der eigenen Person bzw. Persönlichkeit, das **Selbstwertgefühl**. Hierzu gehört auch der Grad der Zufriedenheit mit sich selbst.

> Das **Selbst** bezeichnet ein Konstrukt, das aus den Gedanken und Einstellungen über sich selbst besteht. Das **Selbstkonzept** besteht aus dem Wissen über die eigene Person. Das **Selbstwertgefühl** ist eine Einschätzung der Wertigkeit des Selbst und der damit zusammenhängenden Gefühle. (vgl. Siegler u. a., 2011, S. 448)

Es handelt sich hierbei um Aspekte des subjektiven Bildes der eigenen Person. Sowohl das Wissen über sich selbst als auch die Selbstwertgefühle beruhen auf subjektiven Sichtweisen des jeweiligen Individuums. Daher gilt auch: „Die Inhalte des Selbst müssen nicht mit dem übereinstimmen, was eine Person objektiv kennzeichnet, oder auch nur mit dem, was andere über sie denken" (Hannover/Greve, 2012, S. 544).

10.1 Grundlagen der Entwicklung des Selbst und der Geschlechtsidentität

Beispiel

Hannah traut sich nicht zu, den Sitzkreis in der Kitagruppe zu leiten, obwohl ihre Praxisanleiterin überzeugt davon ist, dass sie das kann. Auf die Frage, warum sie sich das nicht zutraue, antwortet Hannah, sie könne das nicht. Sie wüsste gar nicht, was sie sagen solle und sie habe Angst, nervös zu werden, wenn sie einige Kinder zur Ruhe ermahnen müsse. Ihr scheint das Selbstvertrauen für diese Aufgabe zu fehlen. Gleichzeitig nimmt sie bei sich selbst bestimmte Kompetenzen nicht wahr, die andere durchaus bei ihr sehen.

Vom **Selbst** ist der in der Psychologie zentrale Begriff der **Persönlichkeit** zu unterscheiden. Das Selbst ist der auf sich selbst gerichtete Blick und stellt die subjektive (Selbst-)Betrachtung eines Menschen dar. Die Persönlichkeit ergibt sich hingegen aus der Betrachtung der Eigenschaften und Verhaltensweisen eines Individuums von außen und stellt somit eine eher objektivierende Betrachtung dar.

Mit dem Begriff der **Persönlichkeit** bezeichnet man die Gesamtheit der Eigenschaften und Verhaltensbereitschaften einer Person, die sie zeitlich relativ stabil und über verschiedene Situationen hinweg charakterisieren und von anderen unterscheiden (vgl. Hannover/Greve, 2012, S. 544).

Die Entwicklung der Persönlichkeit in ihren verschiedenen Persönlichkeitsbereichen, wie dem kognitiven, dem sozial-emotionalen oder dem sprachlichen Bereich, wird in den anderen Kapiteln dieses Buches erläutert. Die Inhalte des Selbst bzw. Selbstbildes beziehen sich teilweise auf diese Persönlichkeitsmerkmale (z. B. Ich bin schüchtern oder ich bin gut in Mathe), gehen aber darüber hinaus und können Gruppenzugehörigkeiten (z. B. Ich bin Fußballspieler beim SV Werder Bremen) oder die eigene Biografie (z. B. Ich war schon als Junge ein begeisterter Fußballer) bzw. die Zukunft (z. B. Ich möchte in der ersten Mannschaft bei Werder spielen) umfassen (vgl. Hannover/Grewe, 2012, S. 544).

In der Psychologie wird davon ausgegangen, dass das **Selbstkonzept** hierarchisch strukturiert ist. Die selbstbezogenen Aspekte des Wissens sind geordnet und ergeben insgesamt ein differenziertes Selbstbild bezogen auf die unterschiedlichen Bereiche eines Menschen.

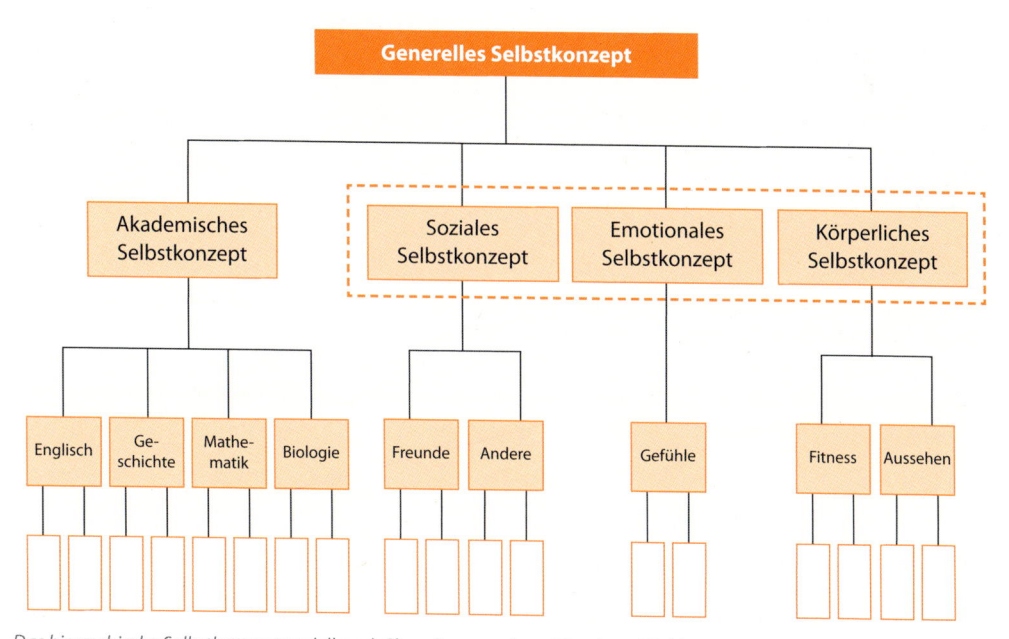

Das hierarchische Selbstkonzeptmodell nach Shavelson u. a. (aus: Moschner/Dickhäuser, 2006, S. 687)

Beispiel

So mag ein 17-Jähriger bezogen auf seine schulischen Leistungen sagen: „Ich bin in Mathe gut, in Geschichte nicht so. Englisch fällt mir sehr schwer. Insgesamt bin ich ein ganz passabler Schüler. Meine Stärke ist aber meine Sportlichkeit und Fitness. Ich gehe regelmäßig ins Fitnessstudio und habe einen ganz gut trainierten Körper. Die Mädchen stehen drauf. Ich habe viele Freunde und bin eigentlich ganz ok. Ich bin zufrieden."

Die Bedeutung des Selbstwertgefühls

Einen wichtigen Aspekt des Selbst stellt das **Selbstwertgefühl** dar. Dabei handelt es sich um Beurteilungen über sich selbst, über die eigenen Fähigkeiten und Kompetenzen, das Aussehen, die „Liebenswürdigkeit" (Bin ich es wert, geliebt zu werden?) und die damit verbundenen Gefühle.

Das Selbstwertgefühl hat großen Einfluss darauf, wie zufrieden ein Mensch mit seinem Leben ist und wie er seine Zukunftsaussichten einschätzt. Daher beeinflusst es die vorherrschenden Stimmungen und das Verhalten. Menschen mit einem hohen Selbstwertgefühl fühlen sich im Allgemeinen gut und sind hoffnungsvoll, was sie selbst betrifft. Individuen mit niedrigem Selbstwertgefühl neigen eher zu deprimierten, hoffnungslosen Gefühlszuständen (vgl. Siegler u. a., 2011, S. 448; Asendorpf/Neyer, 2012, S. 210).

Ähnlich wie beim Selbstkonzept untergliedert sich das Selbstwertgefühl ebenfalls in verschiedene Bereiche. Es gibt ein **allgemeines Selbstwertgefühl**, das sich auf die Person insgesamt bezieht. Unter anderem Untersuchungen an Schülern haben gezeigt, dass sich dieses in mehrere Faktoren bzw. Bereiche aufspalten lässt:

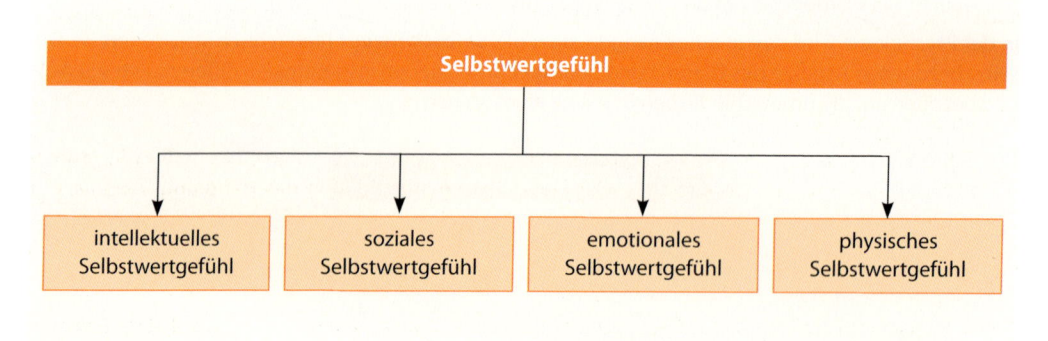

```
                    Selbstwertgefühl
         ┌──────────────┬──────────────┬──────────────┐
   intellektuelles    soziales      emotionales    physisches
   Selbstwertgefühl   Selbstwertgefühl  Selbstwertgefühl  Selbstwertgefühl
```

Instanzen des Selbstwertgefühls

Das allgemeine Selbstwertgefühl stellt hierbei nicht den Durchschnittswert oder Mittelwert der **spezifischen Selbstwertgefühle** dar. Die Zusammenhänge sind komplizierter. Das allgemeine Selbstwertgefühl scheint von Stimmungsschwankungen abhängig zu sein. Die spezifischen Bereiche des Selbstwertgefühls sind in aller Regel stabiler und weniger stimmungsabhängig (vgl. Asendorpf/Neyer, 2012, S. 209 f.).

Beispiel

Der 17-jährige Michael befindet sich seit einigen Tagen in einer emotionalen Krise, weil sich seine Freundin von ihm getrennt hat. Aufgrund dieser Erfahrung und des damit zusammenhängenden Stimmungstiefs leidet auch sein Selbstwertgefühl stark. Er hält sich für einen Looser, der sein Leben nicht auf die Reihe bekommt. Würde man ihn hingegen in dieser Situation nach seinen intellektuellen Fähigkeiten und Kompetenzen fragen, würde er sie nach wie vor als gut bewerten.

Funktionen des Selbst

Das Selbst erfüllt wichtige Funktionen für das Individuum. Einerseits spielt es bei der Informationsaufnahme und -verarbeitung eine zentrale Rolle. Andererseits ist es für das Verhalten und seine Steuerung relevant. Entsprechend werden eine **strukturierende** und eine **ausführende** Funktion unterschieden (vgl. Aronson/Wilson/Akert, 2008, S. 128 f.).

Strukturierende Funktion

Die Vorstellungen und das Wissen über sich selbst helfen, die mentalen bzw. kognitiven Informationsverarbeitungsprozesse eines Menschen zu strukturieren. Sie entscheiden mit, welche Aspekte der Umwelt vorrangig wahrgenommen, über welche nachgedacht und welche behalten werden. Das Selbstkonzept sowie die darauf bezogenen Bewertungsaspekte unterstützen das Individuum außerdem dabei, sich an Informationen über sich und über die soziale Welt zu erinnern und diese zu interpretieren.

Beispiel

Yvonne und Monja, zwei Schülerinnen einer Fachschule für Sozialpädagogik, verbringen das Wochenende miteinander. Sie spielen am Strand Beachvolleyball und schauen sich abends einen Liebesfilm im Kino an. Wie sie diese Erfahrungen strukturieren, worüber sie mehr nachdenken und reden, hängt auch von ihrem Selbst bzw. Selbstkonzept ab. Yvonne treibt viel Sport und es gehört zu ihrem Selbstbild, sportlich aktiv und vor allem bezogen auf Volleyball kompetent zu sein. Monja mag romantische Filme und ist eine richtige Cineastin. Demgemäß werden sie sich, bezogen auf das gemeinsam verbrachte Wochenende, eher an „ihr Thema" erinnern. Während ihrer Freizeitaktivitäten werden sie sich vermutlich motivierter und mit wacherer Aufmerksamkeit jeweils auf das Beachvolleyball oder aber den Kinofilm konzentrieren. Entsprechend werden auch Erinnerungen wachgerufen. So mag Yvonne ihrer Freundin von erfolgreichen Volleyballspielen aus der Vergangenheit berichten und diese schwärmt ihr von herrlichen Kinofilmen vor.

Ausführende Funktion

Das Selbst spielt ebenfalls bei der Ausführung von Handlungen eine wichtige Rolle. Im Prinzip kann in allen Phasen des Handlungsprozesses – der Planung bzw. Antizipation des Handlungsverlaufs, der Durchführung und der Evaluation – das Selbst bedeutsam werden. So richten sich die planerischen Überlegungen stark danach, was man sich zutraut.

Beispiel

Wenn Michael seinem Selbstbild zufolge technisch eher unbegabt und auch wenig interessiert ist, wird er sich bei einem Defekt an seiner brandneuen Stereoanlage auch nicht selbst daran begeben, ihn näher zu identifizieren und ggf. zu reparieren, sondern gleich den Fachhandel aufsuchen.

Vor allem das Konzept der **Selbstwirksamkeit** spielt in diesem Kontext eine wesentliche Rolle. Der Psychologe Albert Bandura hat hierzu viel geforscht (vgl. Köller/Möller, 2006). Dabei zeigte sich, dass bei der Verhaltensentscheidung, den eingesetzten Anstrengungen und dem Durchhaltevermögen die Erwartungen bezogen auf die eigene Wirksamkeit eine wesentliche Rolle spielen.

> *„Erwartungsgemäß bevorzugen Schüler mit geringen Selbstwirksamkeitserwartungen leichtere Aufgaben, zeigen bei schwierigen Problemen eine geringere Anstrengungsbereitschaft und eine niedrige Persistenz [d.h. Beharrlichkeit] als Schüler mit einer höheren Selbstwirksamkeitserwartung."*
>
> (Moschner/Dickhäuser, 2006, S. 687)

Prägende Einflüsse auf das Selbst und seine Entwicklung

Das Selbstkonzept und das Selbstwertgefühl entstehen in den ersten Lebensjahren und unterliegen – wie andere Persönlichkeitsbereiche auch – im weiteren Verlauf des Lebens Veränderungs- und Ausformungsprozessen. Das Selbst als Selbstbild sowie seine Entwicklung werden dabei vor allem durch folgende Faktoren bestimmt:

- angeborene Persönlichkeitsmerkmale wie das Temperament oder die Neigung zur Ängstlichkeit
- Fortschritte und Veränderungen in den kognitiven, emotionalen, sprachlichen und weiteren Persönlichkeitsbereichen
- kulturelle Einflüsse etwa bezogen auf die Geschlechterrolle oder die ethnische Identität (vgl. Siegler u. a., 2011, S. 440)
- Selbstbeobachtung
- Rückmeldungen aus dem Umfeld

Das subjektive Wissen über sich selbst beruht zu einem erheblichen Teil auf **Selbstbeobachtungen** und Reflexionen dessen, was ein Kind wahrnimmt, erlebt, tut, erfährt. Beispielsweise experimentiert es mit Steinen, die es über das Wasser springen lässt. Es sucht immer flachere Steine, weil diese für sein Vorhaben besser geeignet sind, hält sie beim Werfen in einer immer günstigeren Weise und verfeinert damit seine Kunstfertigkeit im „Steine über das Wasser springen lassen". Es verändert hierbei gleichzeitig sein **Selbstkonzept** bezogen auf die eigene Kunstfertigkeit und stellt über sich fest: Ich kann Steine ziemlich gut über das Wasser springen lassen.

Viele weitere Wissenselemente im Selbstkonzept ergeben sich aus der einfachen Wahrnehmung der Lebensumstände: Ich habe einen Bruder, wohne mit meinen Eltern zusammen, habe blonde Haare und kann weit springen. Welche Aspekte bei der Selbstbeobachtung relevant werden, hängt eng mit der kognitiven und sozialen Entwicklung zusammen. Im Grundschulalter werden beispielsweise bei den Wahrnehmungen und Einschätzungen der eigenen Person vor allem Vergleiche mit anderen herangezogen, besonders mit Gleichaltrigen: Ich springe höher als Mara und kann weniger gut Mathe als Sven.

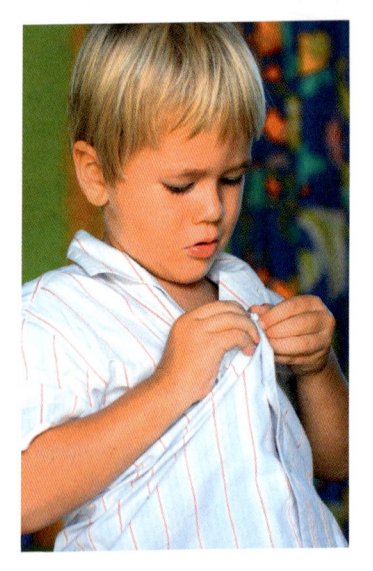

Ebenfalls wichtig sind **Rückmeldungen aus dem Umfeld**. Vor allem in den ersten Lebensjahren spielen hierbei die Eltern eine zentrale Rolle. Diese können durch ihr Verhalten – etwa durch aufmerksame Zuwendung und anregende Spielimpulse – dem Kind zeigen, dass es für sie wertvoll ist und das Spielen für sie einen wichtigen Anteil im Leben des Kindes darstellt. Ähnlich wird ein Kindergartenkind aus den alltäglichen Äußerungen einer Erzieherin wichtige Informationen über sich selbst ableiten. Wenn diese einem Jungen sagt, er solle doch einem anderen Kind helfen, seine Jacke zuzuknöpfen, teilt sie ihm damit mit, wie sie ihn sieht. Sie hält ihn für geschickt beim Zuknöpfen von Kleidung und zudem für hilfsbereit. Beides beeinflusst das Selbstbild des Jungen (vgl. Hannover/Greve, 2012, S. 545). Kinder nehmen aber auch Informationen über sich selbst durch direkte Mitteilungen von Eltern oder anderen Menschen auf und integrieren sie in ihr Selbstkonzept, beispielsweise dass sie einer bestimmten Nationalität angehören, Urlaube mit der Familie erlebt haben, als sie noch klein waren usw.

10.1 Grundlagen der Entwicklung des Selbst und der Geschlechtsidentität

Im Verlauf der Entwicklung verändern sich die Personengruppen, deren Rückmeldungen für das kindliche Selbstkonzeptes besonders relevant sind. Zu Anfang sind beispielsweise die Eltern wichtig bzw. wie sie ihr Kind sehen und was sie ihm darüber mitteilen. Im Grundschulalter übernehmen die Lehrerinnen und Lehrer eine zentrale Rolle, die vor allem das schulische Selbstkonzept sowie das intellektuelle Selbstwertgefühl beeinflussen. Zusätzlich gewinnen die Äußerungen von Gleichaltrigen während des Heranwachsens eine immer größere Bedeutung bei der Entwicklung des Selbstbildes.

Der Aufbau bzw. die Veränderungen des Selbst auf der Grundlage von Selbstbeobachtung und Rückmeldungen aus dem Umfeld hängen eng mit Entwicklungsfortschritten in **anderen Persönlichkeitsbereichen** zusammen: Beispielsweise müssen kognitive Voraussetzungen erfüllt sein, damit bestimmte Veränderungen im Selbstkonzept erfolgen können. So erkennen Mädchen und Jungen im späten Vorschulalter, dass sich das Geschlecht eines Menschen nicht verändert, wenn er die äußeren Merkmale wechselt – z. B. sich als Junge lange Haare wachsen lässt oder Ballett tanzt. Dies beruht auf der in diesem Alter entstehenden Fähigkeit zur Lösung von Invarianzproblemen im konkretoperationalen Stadium nach Piaget (siehe Kapitel 6.4.1, S. 193 f.). Ein weiteres Beispiel: Fortschritte in der frühkindlichen Sprachentwicklung sind maßgeblich für die Fähigkeit, verbale Auskünfte über sich zu erteilen und Selbstaussagen machen zu können oder verbale Rückmeldungen über die eigene Person zu verstehen. Oder: Die soziale Entwicklung entscheidet mit, wie relevant welche Personen(-gruppen) für Feedbackaussagen zum eigenen Selbst sind. So ist für Jugendliche viel wesentlicher, was Peers über sie sagen, als Botschaften erwachsener Bezugspersonen. Allerdings unterscheidet sich dies in Abhängigkeit vom jeweiligen Bereich des Selbstkonzeptes: Sicherlich wird die Aussage des Mathelehrers über die Mathefähigkeiten in der Regel eher ins eigene Selbstbild übernommen als seine Rückmeldung zum Kleidungsstil.

10.1.2 Geschlechtsidentität und Geschlechterrolle

Dass es zwei „Sorten" von Menschen gibt: Männer und Frauen, scheint manchmal so selbstverständlich, dass man darüber kaum einen Gedanken verliert. Allerdings gehört die Geschlechtszugehörigkeit zu den wesentlichen Aspekten des Selbst (vgl. Petermann u. a., 2004, S. 181). Die Geschlechtsidentität sowie die Geschlechterrolle stellen eine der Hauptkategorien der menschlichen Identität dar (vgl. Doctor, 1988, S. 82).

Mit Geschlechterrolle ist die soziale und psychologische Dimension des Geschlechts gemeint. Man spricht auch von Gender. Der Begriff wird zunehmend aus dem Englischen übernommen, um diese Seite des deutschen Worts Geschlecht besser von der biologischen (im Englischen Sex) zu unterscheiden.

> Das **biologische Geschlecht** ist genetisch bestimmt und beruht auf den biologischen (chromosomalen) Geschlechtsunterschieden, wie beispielsweise unterschiedliche Funktionen bei der Fortpflanzung (Schwangerschaft der Frau), hormonelle Unterschiede (z. B. bei Männern vorherrschend Testosteron, bei Frauen Östrogen) und anatomische Unterschiede (primäre und sekundäre Geschlechtsmerkmale, Körpergröße und -kraft) (vgl. Zimbardo, 2008, S. 402).

Die Geschlechterrolle oder das Gender bezieht sich auf geschlechtsbezogene Verhaltensweisen und Haltungen, die in der Sozialisation erworben werden und kulturell geprägt sind. Gender meint aber auch die **Geschlechtsidentität**, d. h. das Gefühl, männlich oder weiblich zu sein, sowie das Bewusstsein und die Akzeptanz des biologischen Geschlechts (vgl. Zimbardo, 2008, S. 404).

383

> **Gender** bezeichnet die nicht-biologischen geschlechtsspezifischen Merkmale wie geschlechtstypisches Verhalten bzw. entsprechende Haltungen (z. B. Beziehungs- und Durchsetzungsverhalten, Kleidung) und sowie die kulturell bedingte Rolle (z. B. Berufswahl, Aufgaben in der Familie).
>
> Die **Geschlechtsidentität** meint das unbewusste oder bewusste „Wissen" um das eigene Geschlecht, das in aller Regel mit dem biologischen Geschlecht übereinstimmt, sowie dessen Akzeptanz.

Während das biologische Geschlecht in aller Regel vor der Geburt eindeutig feststeht, entsteht die Geschlechtsidentität bzw. die Integration der Geschlechterrolle als Teil des Selbst erst im Laufe der ersten Lebensjahre.

Biologische Geschlechtsunterschiede

Menschen unterscheiden sich biologisch aufgrund ihres Geschlechts in vielerlei Hinsicht. Allerdings treten die Unterschiede erst im Laufe des Heranwachsens deutlicher hervor. Kurz nach der Geburt und auch im Säuglingsalter sind sich Mädchen und Jungen hinsichtlich der Größe, des Erscheinungsbildes und der Fähigkeiten noch sehr ähnlich. In der Kindheit wachsen sie ungefähr gleich schnell, sind in Gewicht und Körpergröße vergleichbar. Allerdings unterscheiden sich die beiden Geschlechter zunehmend im Aktivitätsniveau, d. h. in der Neigung, sich zu bewegen und Energie aufzuwenden. Jungen verfügen im Durchschnitt über ein höheres Aktivitätsniveau als Mädchen. Zu körperlich, psychisch und sozial einschneidenden Veränderungen kommt es dann vor allem in der Pubertät; mit der Folge deutlich hervortretender Unterschiede zwischen den Geschlechtern (vgl. Siegler u. a., 2011, S. 602).

Auf der Basis der biologischen Verschiedenheit entwickeln sich Unterschiede im geschlechtstypischen Verhalten bzw. in der Geschlechterrolle und der Geschlechtsidentität zwischen Mädchen und Jungen bzw. Frauen und Männern, wobei es eine umfangreiche Diskussion und Forschung darüber gibt, ob die **biologischen Bedingungen** oder **psychologische und soziologische Einflüsse** ausschlaggebend sind. Unabhängig davon zeigen sich eine Reihe biologischer Unterscheidungsmerkmale:

Art des Unterschiedes	Unterschiede bei Männern und Frauen (Auswahl)
Körperbau/-stärke	Männer sind in der Regel körperlich größer, athletischer und stärker. Im Hinblick auf die Behaarung und die primären und sekundären Geschlechtsorgane weisen die Geschlechter deutliche Unterschiede auf.
Fortpflanzung	Die Frau trägt zur Fortpflanzung über Schwangerschaft und Geburt bei. Daraus ergibt sich ihre Rolle als Mutter. Männer sind nur am Zeugungsprozess beteiligt.
Kognitive Fähigkeiten, schulische Leistungen	Bezogen auf allgemeine Intelligenz liegen keine Unterschiede vor. Tendenziell zeigen Jungen bzw. Männer bessere Testleistungen bei räumlichen und mathematischen Aufgaben. Bei sprachlichen Fähigkeiten liegen Mädchen bzw. Frauen vorn. In schulischen Leistungen übertreffen Mädchen die Jungen. Die individuellen Unterschiede sind allerdings größer (vgl. Siegler u. a., 2011, S. 616 und Asendorpf/Neyer, 2012, S. 344 ff.). Hierfür werden hormonelle bzw. hirnbiologische Unterschiede angeführt.
Sozialverhalten	Jungen bzw. Männer zeigen mehr Aggression. Frauen verfügen über eine größere Impulskontrolle und Handlungsregulation (vgl. Siegler u. a., 2011, 609 ff. und Asendorpf/Neyer, 2012, S. 348 ff.). Vermutet wird ein Zusammenhang mit dem Sexualhormon Testosteron.

Die Geschlechtsidentität als Teil des Selbst

Die Geschlechtsidentität stellt eine wesentliche Komponente des kindlichen Selbstkonzepts dar.

> „Das Geschlecht eines Kindes spielt aufgrund seiner ihm in der sozialen Umwelt zugeschriebenen großen Bedeutung für den Aufbau und die Aufrechterhaltung der persönlichen Identität eine zentrale Rolle. Die Selbstkonstruktion des Kindes als Mädchen oder Junge und die Geschlechtsunterscheidung mit den zugehörigen Symbolen ermöglichen ihm seine Einordnung in die soziale Welt und üben somit eine identitätsstiftende Funktion aus. Welchem Geschlecht wir angehören, ist integraler Bestandteil dessen, wer wir sind, wie wir uns selbst erleben und wie andere mit uns umgehen."
>
> *(Huber, 2010, S. 5)*

Wesentlicher Bezugs- bzw. Ausgangspunkt der Entwicklung der Geschlechtsidentität sind die biologischen Merkmale des Geschlechts. Allerdings gehen kleine Kinder bei ihren ersten Unterscheidungen der Geschlechter noch von den sozialen Merkmalen wie Kleidung, Stimme, Verhalten aus, vermutlich weil diese für sie offensichtlicher sind.

Auf der Grundlage der eigenen (biologischen) Geschlechtlichkeit sind der Erwerb und die weitergehende Entwicklung der Geschlechterrolle und der Geschlechtsidentität als ein in der **Psyche** des Kindes bzw. Jugendlichen verlaufender Prozess zu verstehen. Durch Erfahrungen und kulturelle Prägungen beeinflusst, wird die eigene Weiblichkeit bzw. Männlichkeit in einem kontinuierlichen **Selbstkonstruktionsprozess** gestaltet. Die Selbstwahrnehmung als männlich oder weiblich bzw. als maskulin oder feminin ist somit wichtiger Bestandteil der persönlichen Identität.

Biologische Einflüsse auf die Geschlechterrolle bzw. die Geschlechtsidentität

> „Wissenschaftler unterschiedlicher Orientierung sind sich einig, dass zwischen Männern und Frauen biologische Geschlechtsunterschiede existieren […], große Uneinigkeit besteht aber nach wie vor darin, wenn es um die Frage des ‚Anteils' gesellschaftlicher (psychologischer und soziologischer) Faktoren bei der Ausformung von geschlechtsspezifischen Merkmalen im Verlaufe der Individualentwicklung geht."
>
> *(Kasten, 2006, S. 212)*

Es gibt Hinweise, dass biologische Aspekte, wie der Einfluss der Hormone, eine Rolle bei der Ausgestaltung von Geschlechterrolle und Geschlechtsidentität spielen. So scheint vor allem das Hormon Testosteron Einfluss auf Vorlieben, Aktivitätsniveau und Sozialverhalten zu haben und damit geschlechtstypisches Verhalten zu fördern (vgl. Berk 2011, S. 366f.). Die Forschung kommt in dieser Frage aber zu keinen einheitlichen Ergebnissen. Es scheint keine einfachen linearen Zusammenhänge zwischen frühem hormonellen Geschlecht und späterem geschlechtstypischen Verhalten zu geben (vgl. Asendorpf/Neyer, 2012, S. 336).

Umwelteinflüsse

Unbestritten ist, dass äußere Einflüsse den Erwerb und die Stabilisierung der Geschlechterrolle und der Geschlechtsidentität unterstützen und mitbestimmen. So zeigen Untersuchungen, dass es beispielsweise in den meisten US-amerikanischen Haushalten
- eine geschlechtsbasierte Zuordnung von Haushaltspflichten gibt (Jungen tragen den Müll raus, waschen das Auto; Mädchen betreuen kleinere Geschwister, helfen in der Wohnung),
- Väter ihren Söhnen technische Themen ausführlicher und erläutern
- und Eltern bei Mädchen wesentlich häufiger die äußere Erscheinung und die Kleidung kommentieren als bei Jungs.

(vgl. Siegler u. a., 2011, S. 588)

10 Entwicklung des Selbst

Dies wirkt sich auf das geschlechtsbezogene Selbstkonzept von Kindern aus, wobei vor allem in der Kindheit das Erziehungsverhalten der Eltern eine große Bedeutung hat (vgl. Berk, 2011, S. 369). Aber auch die **Medien** zeigen Geschlechtsstereotypen, die sich auf die Bildung einer Geschlechtsidentität auswirken.

> *„Unnatürlich dürr, eine Wespentaille ‚durch die kaum noch ein Rückgrat passt' und Beine, die im Verhältnis zum restlichen Körper so lang sind, dass sie eigentlich jeder anatomischen Logik widersprechen. Viele Zeichentrickserien im Fernsehen bedienen Rollenklischees und zeigen das stereotype Bild des superschlanken, hübschen Mädchens. Das ist eines der Ergebnisse der weltweit größten Medienanalyse (2008) des Internationalen Zentralinstituts für das Jugend- und Bildungsfernsehen (IZI), in der die Körperproportionen von insgesamt 102 Mädchen- und Frauenfiguren in 24 Ländern untersucht wurden."*
>
> (Zeitler, 2011)

Es sind vor allem Prozesse des Modell- und Verstärkungslernens, die die Umwelteinflüsse auf die Entwicklung der Geschlechtsidentität erklären. Hier zeigt sich die Gefahr, dass gesellschaftlich oder **kulturell geprägte Geschlechtsstereotypen** die geschlechtliche Sozialisation einseitig beeinflussen und einen selbstgesteuerten und aktiven Auseinandersetzungs- und Konstruktionsprozess behindern, bei dem das Kind über die Unterscheidung beider Geschlechter und einer zunehmend stabiler und differenzierter werdenden Selbstzuordnung zu einem Geschlecht seine eigene geschlechtliche Identität entwickelt und ausbaut.

> **Geschlechtsstereotype** umfassen allgemeine Annahmen und Merkmale bezogen auf das Verhalten, die Rolle sowie die Identität der Angehörigen eines Geschlechts. Sie nehmen Einfluss auf die Geschlechterrollen und dienen der Alltagsorientierung. Es handelt sich um Wissensbestände, die sich im Laufe der Sozialisation ergeben.

Berufliche Handlungsrelevanz

Es ist sehr wichtig, dass sich pädagogische Fachkräfte der Bedeutung der Entwicklung des Selbst bewusst sind. Gerade Aspekte des Selbstwertgefühls und der Selbstwirksamkeitserfahrung sollten, bezogen auf die Erziehung bzw. Unterstützung von Bildungsprozessen bei Kindern und Jugendlichen, nicht unterschätzt werden.

Darüber hinaus stellen der Erwerb und die Ausgestaltung der Geschlechtsidentität einen wesentlichen Bereich der Selbstwerdung dar. Gerade im Rahmen einer geschlechterbewussten Erziehung sind vertiefte fachliche Kenntnisse in diesem Feld für Fachkräfte unabdingbar.

Außerdem regt die fachliche Auseinandersetzung mit entwicklungspsychologischen Aspekten von Geschlechtsrolle und -identität dazu an, Fragen der Gendergerechtigkeit in sogenannten „Frauenberufen" berufspolitisch in den Blick zu nehmen.

10.2 Das Selbst beim Fötus und beim Neugeborenen

Die menschliche Entwicklung beginnt schon vor der Geburt. Ging man früher davon aus, dass z. B. Bewegungen eines Fötus nur Reflexe seien, sieht man in ihnen heute eher Reaktionen beispielsweise auf akustische Wahrnehmungen.

10.2.1 Erste Vorformen der Selbstempfindung

Ob Kinder schon im Mutterleib ein Selbstempfinden bzw. Vorformen eines Selbst haben, lässt sich nur schwer sagen und noch schwerer untersuchen. Aber schon im Mutterleib macht das heranwachsende Kind erste Erfahrungen, die zu Lernprozessen führen (vgl. Fröhlich-Gildhoff, 2011, S. 3). **Lernen** aufgrund von Erfahrungen schlägt sich neurobiologisch in der Prägung von Hirnstrukturen nieder. Jeder Lernschritt beruht auf schon vorher gemachten Erfahrungen. Beispielsweise ist nachgewiesen, dass Kinder schon während der Schwangerschaft die Stimme der Mutter kennenlernen oder sich an kulturspezifische Speisen gewöhnen – vermittelt über den Stoffwechsel der Mutter. Daher werden sie schon vorgeburtlich auf ihre Umwelt, insbesondere das soziale Umfeld vorbereitet. Dies sind erste Grundlagen für die Unterscheidung von Welt und Selbst.

Schon unmittelbar nach der Geburt zeigen sich dann erste relevante Fähigkeiten, die darauf schließen lassen, dass Neugeborene zumindest über Voraussetzungen für ein Selbstempfinden verfügen:
- Neugeborene können sich in ihrer Umwelt orientieren, was belegt, dass Selbst-Welt-Differenzierungen bereits nach der Geburt möglich sind.
- Neugeborene schreien lauter, wenn sie den Schrei eines anderen Babys hören, als wenn sie ihren eigenen Schrei wahrnehmen. Damit sind sie in der Lage, zwischen Selbst und Anderen zu unterscheiden.
- Rasch lernen sie im Umgang mit Objekten wie einem Mobile, diese zu kontrollieren. Sie verfügen also über ein frühes Bewusstsein, gewünschte Effekte in ihrer Umwelt auszulösen.
- Zudem ist zu beobachten, dass der Mund die Bewegung der Hand zum Kopf antizipiert, was auf das Vorhandensein eines Körperschemas verweist (vgl. Fuhrer u. a., 2000, S. 42).

Damit ist schon beim Neugeborenen die Basis gelegt für die Entstehung und Entwicklung des Selbst in den ersten Lebensmonaten und -jahren.

10.2.2 Die Bedeutung des Geschlechts bei der Geburt

Bereits bei der Zeugung entscheidet sich, ob das Kind ein Mädchen oder ein Junge wird. Von diesem Zeitpunkt an ist in aller Regel vorgezeichnet, welche geschlechterspezifische Entwicklung das Kind durchlaufen wird, nimmt man einige selten vorkommende genetische Anomalien aus.

Eltern reagieren unterschiedlich darauf, ob sie einen Sohn oder eine Tochter bekommen. Bei ihnen schwingen **Geschlechtsstereotype** mit, die bereits im Verhalten gegenüber einem Neugeborenen erste Wirkungen zeigen. Daher ist die Auskunft „Wir haben einen Sohn bekommen" häufig mit anderen Schwingungen versehen als der Satz „Es ist eine Tochter". Hinzu kommt, dass ein Vater oder eine Mutter durchaus auch individuelle Wünsche bezogen auf das Geschlecht des ungeborenen Kindes hat. Was letztlich mehr über die geschlechtliche Identität entscheidet – die körperlich-biologischen Faktoren oder die von Anfang an bestehenden sozialen und psychologischen Einwirkungen und Prozesse – wird in der wissenschaftlichen Forschung kontrovers diskutiert.

Beispiel
Forscher interviewten Eltern am Tag der Geburt ihres Kindes. Väter und Mütter schätzten die Größe ihres Kindes unterschiedlich ein, je nachdem ob es sich um einen Jungen oder ein Mädchen handelte, obwohl sich beide Geschlechter zu diesem Zeitpunkt weder in der Größe noch im Gewicht unterschieden. Wir alle verfügen über kulturell geprägte Vorstellungen über die Eigenarten der Geschlechter, die unsere Wahrnehmungen und unser Verhalten beeinflussen (vgl. Asendorpf/Neyer, 2012, S. 334).

10.3 Entwicklung des Selbst beim Säugling bis zum dritten Lebensjahr

Säuglinge und auch noch kleine Kinder galten lange Zeit als wenig eigenständige Wesen. Hier hat ein deutliches Umdenken stattgefunden. Heute werden sie als eigenaktive Interaktionspartner und Mitakteure ihrer Entwicklung gesehen, was wesentliche Auswirkungen auf das Verständnis der Entwicklung des Selbst hat.

10.3.1 Die Entstehung des Selbst

Erste Selbstempfindungen

Schon in den ersten Lebensmonaten entwickelt der Säugling Ansätze einer Auffassung vom Selbst (vgl. Siegler u.a., 2011, S. 430). Wie die Säuglingsforschung zeigt, haben schon Kinder im Alter von zwei bis vier Monaten erste Vorstellungen davon, dass sie Gegenstände bewegen, also kontrollieren können. Wer beobachtet, wie Babys in diesem Alter mit Händen oder Füßen ein Mobile oder ein Tuch in Bewegung versetzen, kann dies bestätigen. Auch erste Interaktionen – etwa in Form eines sozialen Lächelns, wenn sich die Mutter mit ihrer Tochter oder ihrem Sohn befasst – weisen in eine ähnliche Richtung. Der Säugling erfährt sich als Ursache einer bestimmten Wirkung und damit als getrennt von anderen Dingen und Personen. Damit ist ein erster Schritt in der **Entstehung eines Selbst** getan, indem er spürt, dass er sich körperlich von anderen bzw. von der Umwelt unterscheidet.

Der Säuglingsforscher und Psychoanalytiker Daniel Stern spricht in diesem Zusammenhang vom „auftauchenden Selbst".

„Das neugeborene Kind erwirbt ein erstes Gefühl von Regelmäßigkeit und Geordnetheit. Es erlebt sich im Grundsatz als getrennt von der Umwelt, und es erlebt die Umwelt prinzipiell nicht als Reizchaos, sondern bereits differenziert und gestalthaft (dies belegen u.a. die Erkenntnisse über frühe Sinneserfahrungen)."

(Fröhlich-Gildhoff, 2011, S. 10)

10.3 Entwicklung des Selbst beim Säugling bis zum dritten Lebensjahr

Bis zum Alter von sieben bis neun Monaten verstärkt sich die Fähigkeit zur Unterscheidung von Selbst und Umwelt deutlich. Das Kind nimmt klarer wahr, dass es in seiner Umwelt etwas bewirken kann und führt dies auch mit Freude aus. Beispielsweise bewegt es eine Rassel oder ein anderes Spielzeug mit dem Fuß. „Es erlebt, dass es Urheber eigener Handlungen ist, nicht aber der Handlungen anderer Personen" (Hannover/Greve, 2012, S. 551).

Damit festigt sich das Wissen, dass es einen Unterschied gibt zwischen der eigenen Person und anderen Personen mit **eigenen** Handlungsansätzen und Affekten bzw. Gemütserregungen. Eine Folge der Erkenntnis, dass es sich bei der Mutter um eine eigenständige Person handelt, ist das in dieser Zeit häufig zu beobachtende **Fremdeln**. Ein Kleinkind reagiert mitunter mit Trennungsangst, wenn die Mama sich entfernt und es einem anderen Menschen in den Arm gegeben wird.

Aufgrund der kognitiven Entwicklung und der voranschreitenden Unterscheidung von Selbst und anderen Personen verfügen die meisten Kinder über ein positiv gefärbtes Bild der Mutter bzw. der Eltern, das als inneres Vorstellungsschema vorliegt. Wenn sich nun ein fremder Mensch nähert, der ganz anders aussieht als die sehr positiv empfundene Mutter, löst dieses Diskrepanzerleben Ängste bzw. abwehrendes Verhalten aus. Daher fremdeln Kinder besonders bei Menschen, die sich (in erster Linie äußerlich) deutlich von ihren Bezugspersonen unterscheiden.

> *Bis zum 15./18. Monat erfasst das Kleinkind zunehmend besser, „ (…) dass das Selbst und das Objekt (andere Personen) nicht nur getrennte, jeweils kohärente (ganzheitliche, zusammenhängende) Einheiten sind, sondern dass beide auch jeweils psychische Zustände, Affektzustände und Aufmerksamkeitsfoki haben, die sich aufeinander beziehen können."*
>
> *(Fröhlich-Gildhoff, 2011, S. 11)*

Dies stellt eine wesentliche Grundlage bewusster Kommunikation und Interaktion dar. Das Kleinkind nimmt sich als jemanden wahr, der auf einen Gegenüber Einfluss ausübt und ausüben kann. So zeigt es zum Beispiel der Mutter ein Spielzeug, schaut sie dabei an und erwartet eine angemessene Reaktion.

Ein wichtiger Schritt in der Entwicklung des Selbst ist erreicht, wenn Kinder sich zwischen 18 und 24 Monaten selbst identifizieren können. Dies zeigt sich unter anderem darin, dass sie sich selbst im Spiegel erkennen oder kurze Zeit später auch auf Fotografien (vgl. Siegler u. a., 2011, S. 430). Das kann mithilfe eines Tests demonstriert werden, der verdeutlicht, dass das Kind sein Spiegelbild nicht mehr für eine andere Person hält, sondern über ein Bewusstsein von sich selbst verfügt.

Beispiel
„Rouge-Test: Die Versuchsleiterin setzt sich mit dem Kind vor den Spiegel, tupft seine Hand vorsichtig in einen Topf mit roter Farbe und führt die Hand an seine Stirn. Diese ziert nun ein roter Fleck, der natürlich auch auf der Stirn des Spiegelbildes erscheint. Diese Demonstration überzeugt die meisten knapp Zweijährigen. Sie bezweifeln nun nicht mehr, dass nur sie selbst das Kind im Spiegel sein können." (Kasten, 2011, S. 146)

Sprache und Selbst

Im Laufe des 2. Lebensjahres lernen Kinder in aller Regel sprechen. Dies ist in der Selbstwerdung ein wesentlicher Meilenstein: Die Entwicklung des bzw. die Auseinandersetzung mit dem Selbst im Kontext der sprachlichen Entwicklung beginnt (vgl. Berk, 2011, S. 276; Siegler u. a., 2011, S. 431).

> *„Sprache ermöglicht den knapp Zweijährigen bereits eine Verdinglichung von Eigenschaften, Merkmalen und Vorgängen […]. Durch die Verwendung von Wörtern können diese Merkmale wie eigenständige Phänomene behandelt werden, mit denen sich die Kinder in der Vorstellung weiterbeschäftigen können, auch wenn die Objekte gar nicht (mehr) vorhanden sind."*
>
> *(Kasten, 2011, S. 144)*

Nun können Kinder von sich selbst sprechen, erst noch in der dritten Person „Ine will auch habe" und gegen Ende des zweiten Lebensjahres auch mit dem Personalpronomen „ich" – eine Fähigkeit, die dann mitunter fleißig eingesetzt wird. Damit wächst ein sprachliches Bewusstsein des Selbst. Auch Äußerungen des Umfeldes über das Kind können von diesem nun sprachlich aufgenommen und in sein Selbstkonzept eingefügt werden. Beispielsweise wenn Eltern beschreibende Informationen geben, wie „Du bist ein großer Junge" oder auch Bewertungen, wie „Du bist schlau und sehr lieb" (vgl. Siegler u. a., 2011, S. 431).

Mitgefühl und Autonomie

Eng verbunden mit diesem sprachlichen Entwicklungsschritt bei Zweijährigen ist die Entdeckung des eigenen Willens. Kleinkinder erleben sich in dieser Entwicklungsphase immer stärker als eine eigene Person mit eigenen Gefühlen und Wünschen. Sie wissen nun klarer, was sie wollen und was nicht. Auf Widerstände oder Aufschub der Wünsche reagieren sie mitunter mit großer Wut. Auch wenn dies für Eltern oder Erzieher/-innen häufig anstrengend wird, zeigt sich darin das erwachende Selbstbewusstsein und das Bewusstsein eines eigenen Willens. Daher spricht man in der Entwicklungspsychologie auch von der **Autonomiephase** (vgl. Kasten, 2011, S. 147 ff.).

Gleichzeitig zeigt das Kleinkind erste Anzeichen von **Mitgefühl** und Empathie (Einfühlung). Darin äußert sich auf der Grundlage eines Ich-Bewusstseins die Fähigkeit, die Perspektive anderer einzunehmen. Es kann emotionale Zustände anderer verstehen und mitfühlen (vgl. Berk, 2011, S. 276).

Beispiel

Die etwas über zweijährige Sophie soll ihr Spiel im Sandkasten des Spielplatzes beenden, weil die Mutter mit ihr nach Hause muss. Behutsam und freundlich bereitet sie ihre Tochter auf das geplante Weggehen vor. Sophie lässt sich in ihrem Spiel allerdings nicht davon beeinflussen. Als ihre Mutter zum Aufbruch drängt, rebelliert sie lautstark. Mit „Ich will nicht, will spielen" wehrt sie sich heftig gegen die Absicht ihrer Mutter und dies in einer Lautstärke, die ihrer Mutter sichtlich unangenehm ist.

In der Krippe weint ein kleiner Junge, weil er sich gestoßen hat. Ein zweieinhalbjähriges Mädchen schaut ihn aufmerksam an. Dann blickt sie zur Erzieherin auf und sagt: „Timmi is traurig". Schnell läuft sie zur Spielecke und sucht ihren Lieblingsteddybären. Sie nimmt ihn, hält ihn Tim hin und streicht mit der Äußerung „Ei, Ei" mit ihrer Hand über seinen Kopf.

Berufliche Handlungsrelevanz

Die Begleitung der Entstehung eines Selbst in den ersten zwei Lebensjahren ist erzieherisch herausfordernd. Fachkräfte benötigen daher fundiertes fachliches Wissen über diese Entwicklungsschritte. Vor allem die Bedeutung der Bindungserfahrungen für den Aufbau eines Selbst muss im pädagogischen Handeln und in der Beratung von Eltern berücksichtigt und immer wieder reflektiert werden. Das gleiche gilt für den Umgang mit manchmal unerwarteten Wutausbrüchen und dem mitunter herausfordernd eigensinnigen Verhalten von Kindern in diesem frühen Alter, das aber nichts anderes als der Ausdruck eines wachsenden Ich-Bewusstseins in der Autonomiephase ist. Gerade hier gilt es, Eltern über diese wichtigen Entwicklungsschritte ihrer Kinder fachlich zu informieren und ihnen damit zu zeigen, dass sie es nicht mit „trotzigen oder missratenen Sprösslingen" zu tun haben. Wichtig ist zudem der Hinweis auf die Bedeutung anderer Persönlichkeitsbereiche, wie z. B. die Sprachentwicklung, für die Selbstwerdung.

10.3.2 Bindung und Selbst – Die Bedeutung der frühen Bindung

Von essenzieller Bedeutung für die Entstehung des Selbst in dieser Entwicklungsphase sind die frühen Bindungserfahrungen, die ein Kind in den ersten Lebensmonaten und -jahren macht. Sie beeinflussen in erheblichem Ausmaß das Selbstgefühl und wirken im Hinblick auf die weitere Entwicklung richtungsweisend für das gesamte Leben.

Kaum eine Beziehung im Leben eines Menschen ist so wichtig wie die zwischen dem Säugling bzw. Kleinkind und seiner Bezugs- bzw. Bindungsperson. (Der Einfachheit halber wird in diesem Kapitel vorzugsweise von der Mutter als (primärer) Bindungsperson gesprochen, da dies auf den Großteil der frühen Bindungen zutrifft. Selbstverständlich sind aber jedes Mal alle erziehenden Personen in derselben Funktion und Bedeutung für das Kind mit angesprochen.)

Um eine selbstbewusste, selbstständige Persönlichkeit entfalten zu können, die neugierig und mutig ist, die Umwelt zu erkunden sowie in Kontakt mit anderen zu treten, und sich Neuem gegenüber aufgeschlossen zeigt, ist die Qualität der frühen Bindung von grundlegender Bedeutung. Baut ein Kleinkind eine sichere Bindung auf, wird es – bezogen auf sich selbst sowie auf die Beziehungsaufnahme zu anderen und zur Umwelt – über andere Gefühle verfügen als im Falle einer unsicheren Beziehung zu seinen Eltern (vgl. Siegler u. a., 2011, S. 429). Ist das Erziehungsverhalten der Mutter oder des Vaters wenig einfühlsam, werden die Bedürfnisse und Signale des Kindes unzureichend wahrgenommen, stehen die Aktivitäten und Wünsche der Eltern im Vordergrund, wird das Kind in seinem Selbstwertgefühl und in seiner Selbstwerdung Einschränkungen erfahren. Unsicherheit, Misstrauen, Ängste, fehlendes Selbstwertgefühl und ein eher pessimistischer Blick auf die Welt können die Folge sein.

Schon Freud stellte heraus, wie wichtig diese frühe Beziehung ist. Seiner Ansicht nach können die einzelnen Entwicklungsstufen nur erfolgreich bewältigt werden, wenn im Gegenzug auch eine erfolgreiche Erziehung und Sozialisation stattgefunden hat. Nach Freud kann dies nur sichergestellt werden, wenn die Eltern-Kind-Beziehung auf Geborgenheit, Zärtlichkeit, Sicherheit, Schutz und Vertrauen aufbaut. Begründet durch seine Triebtheorie ist damit vornehmlich die Bindung zwischen Mutter und Kind gemeint (siehe dazu auch S. 395). Der Vater tritt hier erst später in Erscheinung. Durch das dadurch entstandene **Urvertrauen** kann sich ein starkes, selbstsicheres Ich ausbilden.

Auch heute gehen Wissenschaftler von einem angeborenen Bedürfnis nach Geborgenheit, Zuwendung und Liebe aus. Dabei steht die Beziehung zwischen Mutter und Kind hinsichtlich der Qualität der Bindung und der Feinfühligkeit der Bindungsperson sowie der Folgen für die gesamte Entwicklung im Mittelpunkt der Untersuchungen. Als Vorreiter der Bindungsforschung haben vor allem John Bowlby und Mary D. Salter Ainsworth mit ihren theoretischen und empirischen Studien dazu beigetragen, Fragen in diesem Zusammenhang zu beantworten und beispielsweise wichtige Hilfsmittel für den pädagogischen und therapeutischen Einsatz zu stellen. In den 1970er-Jahren wurde die Bindungstheorie durch das Ehepaar Klaus E. Grossmann und Karin Grossmann auch im deutschsprachigen Raum bekannt und weiterentwickelt (vgl. Frank, 2012, S. 8 ff.; Hobmair, 2012a, S. 49 f.; Siegler u. a., 2011, S. 416 ff.).

> Nach heutiger Auffassung bezeichnet **Bindung** die (starke) emotionale Beziehung zwischen einem Kind und seinen Bezugspersonen, die sowohl räumlich als auch zeitlich andauert und die eine biologische Funktion der Versorgung sowie des Schutzes erfüllt und einzigartig ist.

In ihren Untersuchungen treffen Bowlby und Ainsworth eine klare Unterscheidung zwischen Bindung und Bindungsverhalten. Die **Bindung** zwischen zwei Personen an sich kann nicht beobachtet werden. Sie wird jedoch durch das **Bindungsverhalten** sichtbar, welches das Kind zeigt. Es dient vorrangig dazu, in Stresssituationen Kontakt bzw. (körperliche) Nähe zur Bindungsperson aufzubauen bzw. zu festigen und Geborgenheit sowie Schutz zu empfangen. Die Aufgabe der Mutter besteht nun darin, auf die kindlichen Signale zu reagieren bzw. ihre Handlungen darauf abzustimmen und regulierend auf die Gefühle des Kindes einzuwirken, sodass in der Folge eine wechselseitige soziale Interaktion entsteht. Ein ausgeprägtes kindliches Bindungsverhalten darf jedoch nicht notwendigerweise als Zeichen einer sicheren Bindung gesehen werden (vgl. Ainsworth, 2011b, S. 102; Grossmann/Grossmann, 2011, S. 33 f.).

Das Bindungsverhalten äußert sich abhängig von Alter, Geschlecht, Lebensumständen sowie persönlichen Erfahrungen des Kindes mit Bindungspersonen und ist nicht erlernt. Es wird durch besondere Bedürfnisse und Empfindungen (z. B. Angst, Hunger, Unsicherheit oder Müdigkeit) aktiviert und kann, abhängig vom Alter des Kindes und der Bindung zur Mutter, nur durch deren Reaktion (z. B. Wahrnehmen, Festhalten oder Schmusen) beendet werden (vgl. Bowlby, 2011a, S. 23 f.; Ainsworth, 2011b, S. 109).

Mary Ainsworth hebt drei Eigenschaften von Bindungsverhalten deutlich hervor:
- Die **aktive Rolle des Babys** ist bei der Bindungsentwicklung von besonderer Bedeutung. Erst durch dessen eigene Initiative ist die wechselseitige Interaktion zwischen Mutter und Kind möglich.
- Für die Aufrechterhaltung der Bindung ist **nicht unbedingt** ein **enger körperlicher Kontakt zwischen Mutter und Kinder erforderlich**. Bindung kann auch in mittlerer Distanz durch Laute, Mimik, Gestik und Bewegung bestehen.
- Sobald eine Bindung an die Mutter besteht, baut das Kind **auch Bindungen zu anderen Personen** auf.

(vgl. Ainsworth, 2011b, S. 109 f.)

Ainsworth erweiterte zudem die von Bowlby festgelegten **Bindungsverhaltensweisen**. Dabei klammerte sie die Verhaltensmuster aus, die sich ausschließlich auf den Fütterungsprozess beziehen:
- Weinen, Lächeln, Nachfolgen
- Nuckeln, Klammern
- Lautäußerungen/Vokalisierung
- visuell-motorische Orientierung in Richtung der Mutter
- Exploration von der Mutter (als sicherer Basis) aus
- Gesicht vergraben am Körper der Mutter
- zum Grüßen die Arme heben oder in die Hände klatschen
- Hinbewegen, um Nähe zu suchen

(vgl. Bowlby, 2011a, S. 23; Ainsworth, 2011, S. 104 f.; Ainsworth/Wittig, 2011, S. 113)

Ein weiterer Aspekt, der für Bowlby sowohl in Bezug auf die Bindung als auch auf das Bindungsverhalten bedeutsam ist, ist die Beziehung zum Neugier- und Explorationsverhalten des Babys bzw. Kleinkindes. Dieser Gesichtspunkt wird auf S. 395 näher behandelt.

10.3 Entwicklung des Selbst beim Säugling bis zum dritten Lebensjahr

> **Bindungsverhalten** umfasst verschiedene nicht erlernte Signale und Verhaltensweisen des Kindes, die dazu dienen, in Stresssituationen Kontakt und Bindung aufzubauen sowie eine wechselseitige Interaktion zu etablieren. Zu den Bindungsverhaltensweisen nach Bowlby und Ainsworth gehören u. a. Weinen, Nachfolgen, Klammern und Lächeln.

Bereits während des ersten Lebensjahres bauen die meisten Kinder zu den Personen, die sich auf einer regelmäßigen Basis um sie kümmern, eine Bindung auf. Diese Entwicklung erstreckt sich nach Bowlby über vier Hauptphasen, wobei die Übergänge zwischen den einzelnen Phasen fließend sind. Ainsworth ergänzte seine Einteilung mithilfe ihres „Fremde-Situation"-Tests (siehe hierzu S. 397) um einige Aspekte.

Phase	Dauer	Beschreibung
1: vorbereitende Anhänglichkeit (initial preattachment)	ab der Geburt bis 8–12 Wochen	• Kind reagiert auf alle Personen lebhaft, kann sie aber noch nicht gut voneinander unterscheiden • ab der Geburt Kontaktaufnahme durch Schreien, später durch Lächeln und Plappern
2: entstehende Bindung (attachment-in-the-making)	Ende Phase 1 bis etwa 7–12 Monate	• Kind zeigt verstärkt Kontaktverhalten, um Nähe zu vertrauten Personen wie Mutter herzustellen, und freut sich bei deren Anblick (ab ca. 4. Monat) • Stärke und Repertoire der sozialen Reaktionen auf andere Menschen nimmt zu
3: ausgeprägte Bindung (clear-cut attachment)	Ende Phase 2 bis ins 2. oder 3. Lebensjahr	• Kind bringt sich durch verschiedene Fortbewegungsarten wie Kriechen/Robben und später Laufen in die Nähe der Bezugspersonen • Kind sucht verstärkt nach der Nähe der Bindungsperson(en) • Bindungsperson wird zur sicheren Basis, von der aus das Kind die Welt erkunden kann; bei Bedarf kann es aber wieder zu ihr zurückkehren
4: zielkorrigierte Partnerschaft (goal-corrected partnership)	ab Ende der Phase 3	• Überwindung des kindlichen Egozentrismus • zunehmendes Verständnis der Ziele, Gefühle und Ansichten der Bindungsperson, dadurch gemeinsames Kommunikations- und Handlungsziel • Beziehung zwischen Kind und Bindungsperson(en) basiert dadurch verstärkt auf Gegenseitigkeit und wird vielschichtiger

Die Bindungsentwicklung nach Ainsworth in Anlehnung an Bowlby (vgl. Ainsworth, 2011b, S. 107 f.; Wicki, 2010, S. 49 f.; Schmidt-Denter, 1996, S. 29 f.)

Für pädagogische Fachkräfte ist es selbstverständlich, eine vertrauensvolle Bindung zu Kindern und Jugendlichen aufzubauen. Bei Kindern mit auffälligem Verhalten gehen sie den Gründen dafür sensibel auf den Grund und leiten entsprechende Schritte der Hilfe ein. Zu Beginn der zweiten Hälfte des letzten Jahrhunderts sah dies in vielen Einrichtungen jedoch noch anders aus. Aus diesem Grund ist es wichtig, sich Entstehung und Hintergründe der Bindungstheorie genauer anzusehen.

Die Bindungstheorie nach Bowlby

Als Pionier auf dem Gebiet der Bindungsforschung gilt der britische Kinderarzt, Kinderpsychiater und Psychoanalytiker John Bowlby (1907–1990). Bedingt durch seine Lehrtätigkeit an einem Internat für verhaltensauffällige Kinder wurde er erstmals mit den Auswirkungen von Problemen und Störungen in der Eltern-Kind-Beziehung auf die Persönlichkeitsentwicklung konfrontiert. Diese Erfahrung war entscheidend für die Anfänge seiner weiteren klinischen Studien. Im Rahmen dieser Untersuchungen konzentrierte sich Bowlby vor allem auf die Problematik der Trennung in einer Mutter-Kind-Bindung: In Zusammenarbeit mit seinem Forschungsassistenten James Robertson beobachtete er beispielsweise Kinder, die nach dem Zweiten Weltkrieg für einen längeren Krankenhausaufenthalt von ihren Eltern getrennt wurden, oder Waisenkinder, die ohne feste Bindungsperson aufwuchsen (vgl. Bowlby, 2011c, S. 38f.; 2011b, S. 57).

Die Untersuchungen führten zu der Annahme, dass „eine längere Abwesenheit von mütterlicher Fürsorge und/oder ein wiederholter Wechsel der Mutterperson bei Kindern im Alter von neun Monaten bis fünf Jahren sehr nachteilige Folgen für die Persönlichkeitsentwicklung haben könnten; dies galt vor allem für die spätere Fähigkeit eines Kindes oder Jugendlichen, starke und vertrauensvolle emotionale Beziehungen aufzubauen." (Bowlby, 2011c, S. 40)

Um diese Annahmen weiter zu prüfen, bediente er sich zu Beginn seiner Forschungen noch der Erkenntnisse der Psychoanalyse, die sich zu diesem Zeitpunkt vorrangig mit diesem Themenfeld beschäftigte. Im Hinblick auf die Nutzbarkeit für seine Forschung stieß er jedoch, bedingt durch einige nachteilige Aspekte, schnell an die Grenzen der traditionellen psychoanalytischen Modelle:

John Bowlby

- Die hypothetische Natur der psychoanalytischen Feststellungen bot keinen zuverlässigen Boden für seine Überlegungen. Lediglich auf theoretischer Basis wurden Erklärungsversuche unternommen, warum manche Patienten bestimmte psychische Verhaltensweisen zeigten und andere nicht.
- Zudem basierten die psychoanalytischen Hypothesen zu den unterschiedlichen Persönlichkeitsentwicklungen ausschließlich auf den eigenen und damit subjektiven bzw. befangenen Aussagen der Patienten selbst. Es bestand somit keine Möglichkeit, die Informationen auf unabhängiger Basis zu überprüfen.
- Außerdem lehnte Bowlby die Auffassung der Psychoanalyse sowie der Lerntheorie ab, nach der die Beziehung zwischen Mutter und Kind von einem primären (Nahrung) und einem sekundären (persönliche Beziehung) Trieb bestimmt wird. Nach Freud baut das Neugeborene über das Stillen an der Brust eine Bindung zur Mutter auf. Der sekundäre Trieb wird sogar als Abhängigkeit des Kindes von der Mutter gesehen.
- Des Weiteren ging Freuds Theorie von veraltetem biologischem Wissen des 19. Jahrhunderts aus.

(vgl. Bowlby, 2011c, S. 40 ff.)

Bowlbys Meinung nach ist die Bindung genetisch programmiert und veranlasst den Säugling bereits direkt nach der Geburt dazu, eine enge Beziehung zu Erwachsenen aufzubauen, die aufgrund ihrer Erfahrung und Stärke in der Lage sind, das Baby zu versorgen und zu schützen. Dabei kann er auf ein angeborenes Verhaltensrepertoire wie beispielsweise Weinen oder Klammern zurückgreifen, das die Bindung sichert und ein interaktives Bindungssystem mit der Bindungsperson aufbaut (siehe hierzu auch Kapitel 9.3). In Situationen der Angst oder Unsicherheit sucht der Säugling dann die Nähe seiner Bindungsperson, um Schutz, Zärtlichkeit und Geborgenheit zu erfahren (vgl. Bowlby, 2011b, S. 59 ff.;

Grossmann/Grossmann, 2011, S. 7; Stegmaier, 2013). Bowlby formulierte seine Bindungstheorie, wie bereits eingangs angesprochen, als Gegenstück zum psychoanalytischen und lerntheoretischen Konzept der Abhängigkeit, das sich durch keines der oben genannten Merkmale auszeichnet und eher negative Assoziationen hervorruft (vgl. Bowlby, 2011a, S. 25).

Die **Bindungstheorie** basiert auf Bowlbys Annahme, dass Menschen genetisch programmiert sind, als Säugling eine enge emotionale Beziehung zu Erwachsenen aufzubauen, um versorgt zu werden und das eigene Überleben zu sichern, indem sie Schutz vor Gefahren suchen.

Mithilfe dieser interdisziplinären wissenschaftlichen Einsichten leitete Bowlby eine bahnbrechende Wende in der Forschung ein. Mit seinem methodischen Vorgehen stellte er sich gegen alle bis dahin geltenden Grundsätze der psychologischen Forschungsrichtung, die die Unterstützung der eigenen Thesen durch empirische Untersuchungen bzw. Forschungen am „lebenden Objekt" strikt ablehnte (vgl. Bowlby, 2011a, S. 22f.; Grossmann/Grossmann, 2011a, S. 7; Stegmaier, 2013).

Obwohl er bereits 1940 grundlegende Ideen seiner Bindungstheorie in einem Artikel veröffentlichte, dauerte es noch bis 1969, bis Bowlby mit seinem Buch „Bindung" seine Theorie schließlich auch einer breiteren Öffentlichkeit näherbrachte, gefolgt von den Bänden „Trennung" (1973) und „Verlust, Trauer und Depression" (1980).

Die Bindungsperson als sichere Basis und das internale Arbeitsmodell für spätere Bindungen

Bowlby stellte in seiner Bindungstheorie zwei bedeutende Aspekte im Hinblick auf die Persönlichkeitsentwicklung des Menschen heraus: zum einen die Bedeutung der Bindungsperson als sichere Basis und zum anderen das internale Arbeitsmodell für spätere Bindungen. Das Konzept der **Eltern als sichere Basis für ihr Kind** kann bereits auf die „Theorie der Sicherheit" des amerikanischen Wissenschaftlers William E. Blatz (1895–1964) zurückgeführt werden. Blatz beschreibt die Entwicklung des Kindes von einer unreifen abhängigen Sicherheit zu einer unabhängigen Sicherheit. Das Baby begibt sich zu Beginn noch bestärkt durch das Gefühl der Fürsorge und Verantwortung, das die Eltern vermitteln, neugierig in die Welt, um zu erforschen und zu lernen. Treten während des Lernprozesses Angst oder Unsicherheit auf, kehrt das Kind zu seinen Eltern als sicherer Basis zurück, um sich trösten zu lassen. Das Wissen sowie die Fähigkeiten und Erfahrungen, die das Kind auf seinen Erkundungstouren sammeln kann, ermöglichen es ihm schließlich, Selbstvertrauen aufzubauen und unabhängig zu werden (vgl. Ainsworth/Bowlby, 2011, S. 72f.; Ainsworth/Wittig, 2011, S. 112).

Auch für Bowlby besteht in seiner Bindungstheorie die wichtigste Funktion der Bindungsperson darin, dem Kind ein Gefühl der Sicherheit sowie des Schutzes und Vertrauens zu geben. Erst wenn dieses Gefühl aufgebaut und das Bedürfnis nach Bindung befriedigt ist, kann das Kind sich auch von der Mutter entfernen und seiner inneren Neugier nach Erforschung nachgeben. Bowlby bezeichnet diesen Drang als Explorationsverhalten. Das Kind geht seinem Bedürfnis nach Erkundung nach und erkundet seine Umwelt, macht neue Erfahrungen, eignet sich auf diese Weise das Wissen über die Welt an und erweitert sowie festigt seine Fähigkeiten. Verspürt das Kind aber beispielsweise Unsicherheit oder gar Angst, kehrt es zur Mutter als „sicherer Basis" zurück. Sie ist da, um es zu trösten, wieder aufzubauen und zu ermutigen, damit es sich erneut aufmachen kann, die Welt zu erforschen (vgl. Bowlby, 2011c, S. 43ff.; Stegmaier, 2013; Grossmann/Grossmann, 2011, S. 33; Grossmann/Grossmann, 2011, S. 99; Frank, 2012, S. 9).

Bowlby sah das kindliche Neugier- und Explorationsverhalten als komplementär, d.h. ergänzend, zum Bindungsverhalten an. Kommt es nicht zu einer Aktivierung des Bindungsverhaltens, beispielsweise wegen Angst oder Unsicherheit, kann das Kind auch nicht die Umwelt erkunden und keine neuen Erfahrungen sammeln sowie Fähigkeiten erwerben. Eine unbeschwerte Erkundung der Umwelt ist nur dann möglich, wenn das Kind auf eine sichere Bindung zurückgreifen kann. Das Bindungsbedürfnis hat in den ersten beiden Lebensjahren des Kindes immer Vorrang vor dem der Exploration (vgl. Bowlby, 2011c,

S. 43 ff.; Grossmann/Grossmann, 2011, S. 33). „Erst wenn das Bindungsbedürfnis durch eine sichere emotionale Basis befriedigt ist, wird Explorationsverhalten möglich" (Stegmaier, 2013). Ein ausgewogenes Verhältnis zwischen Bindungs- und Explorationsverhalten ist für die Persönlichkeitsentwicklung des Kindes unerlässlich. Das Streben nach Bindung liefert die notwendige geistige Sicherheit, die das Kind unbedingt braucht, um bereit zu sein, Erfahrungen zu machen und sich in der Welt schließlich (allein) zurechtzufinden. Fehlt diese sichere Basis, wird das Kind nicht die Welt erkunden und folglich diese lebensnotwendigen Erfahrungen nicht sammeln können (vgl. Grossmann/Grossmann, 2011, S. 99).

Basierend auf seinen frühen Bindungserfahrungen baut das Kind nach Bowlby gegen Ende des ersten Lebensjahres ein **internales Arbeitsmodell von Personen** (z. B. des Selbst oder der Mutter) und Bindungen auf. Bis zum fünften Lebensjahr sind die Arbeitsmodelle hoch entwickelt und für die Erwartungshaltung bei späteren Beziehungen ausschlaggebend.

Die primäre Bezugsperson als sichere Basis ist Voraussetzung für ein ausgiebiges Explorationsverhaltens des Kleinkindes.

> „Die Funktion dieser Modelle ist es, Geschehnisse der realen Welt zu simulieren und dadurch das Individuum zu befähigen, Verhalten mit allen Vorteilen von Einsicht und Voraussicht zu planen."
> (Bowlby, 2011b, S. 62)

Abhängig davon, ob das Kind positive oder negative Erfahrungen im Hinblick auf sein Bindungsverhalten macht, werden entsprechend positive bzw. negative Assoziationen hinsichtlich des Verhaltens der Bindungspersonen als internales Arbeitsmodell abgespeichert. Im weiteren Leben dienen diese Modelle dann als Wegweiser für Beziehungen und beeinflussen das Verhalten des Jugendlichen bzw. Erwachsenen im sozialen Kontakt mit anderen Menschen (vgl. Bowlby, 2011b, S. 62 f.; Stegmaier, 2013).

Wenn das Kind mit seiner Bindungsperson beispielsweise ein starkes Gefühl der Geborgenheit und Sicherheit verbindet, die Bezugsperson als sichere Basis immer verfügbar war und die kindlichen Bedürfnisse erfüllt hat, wird es wahrscheinlich ebenfalls sichere und somit positive Bindungen mit anderen Personen erwarten und aufzubauen imstande sein. Im Gegensatz dazu wird ein Kind, das keine sichere und enge Bindung zu seiner Bezugsperson aufbauen konnte, vermutlich Bindungen eher als unsicher und distanziert antizipieren und sich entsprechend verhalten (vgl. Bowlby, 2011b, S. 62 f.; Siegler u. a., 2011, S. 419; Stegmaier, 2013).

Ainsworth' Beitrag zur Bindungsforschung

1950 bewarb sich die klinische Psychologin und Persönlichkeitsforscherin Mary D. Salter Ainsworth (1913–1999) an der Tavistock Clinic in London, an der auch Bowlby mit seinem Forschungsteam tätig war. Dank ihrer Mitarbeit war es Bowlby endlich möglich, seine ethologisch (die Verhaltensforschung betreffend) orientierte Bindungstheorie durch empirische Studien zu belegen. Ihre Beobachtungen der Mutter-Kind-Beziehungen bei den Ganda in Uganda zwischen 1954 und 1955 sowie ihre Baltimore-Studie (1973) lieferten die nötigen erfahrungswissenschaftlichen Beweise für Bowlbys Ansatz und bildeten den Ausgangspunkt für Ainsworth' Weiterentwicklung seiner Theorie (vgl. Ainsworth/Bowlby, 2011, S. 75 ff.; Grossmann/Grossmann, 2011, S. 13 ff.).

10.3 Entwicklung des Selbst beim Säugling bis zum dritten Lebensjahr

Der „Fremde-Situation"-Test und die verschiedenen Bindungstypen

Als bedeutendste Errungenschaft im Hinblick auf die Bindungsforschung gilt Ainsworth' Test der „Fremden Situation", den sie gemeinsam mit Barbara Wittig entwickelte. Mithilfe dieses Instruments konnte sie die Qualität der Mutter-Kind-Beziehung untersuchen, indem sie die Kinder während des Erkundens der Umgebung (im Raum lagen etliche Spielzeuge und dergleichen) sowohl in Gegenwart der Mutter als auch bei der Trennung von ihr beobachtete. Ainsworth führte den Test erstmals 1973 in Baltimore mit Kindern im Alter zwischen 12 und 18 Monaten durch. Die „Fremde Situation" unterteilt sich in acht Episoden zu jeweils maximal drei Minuten. Während dieser Zeit wird das Kind zweimal von seiner Mutter getrennt und zweimal wieder mit ihr vereint. Hierbei ist vor allem die Phase der Wiedervereinigung von besonderer Bedeutung, da sie Aufschluss darüber gibt, wie stark bzw. sicher das Kind an die Mutter gebunden ist. Zudem ist episodenweise auch eine fremde Person mit im Raum, die abhängig vom Verhalten des Kindes reagieren soll (vgl. Ainsworth/Wittig, 2011, S. 114 ff.; Wicki, 2010, S. 52 ff.; Stegmaier, 2013).

Episoden	Zeit	Betreten und Verlassen des Raums
1. Mutter, Baby, Beobachter	30 Sekunden	Beobachter verlässt Raum
2. Mutter, Baby	3 Minuten	
3. Fremde, Mutter, Baby	3 Minuten	Fremde betritt Raum
4. Fremde, Baby	3 Minuten	Mutter verlässt Raum
5. Mutter, Baby	variabel	Mutter betritt Raum, Fremde geht
6. Baby	3 Minuten	Mutter verlässt Raum
7. Fremde, Baby	2 oder 5 Minuten	Fremde betritt Raum
8. Mutter, Baby	variabel	Mutter betritt Raum, Fremde geht

Episode wird abgekürzt, wenn das Baby sehr verzweifelt ist.

Ablauf des „Fremde-Situation"-Tests (aus: Ainsworth/Wittig, 2011, S. 114)

Bei der Beobachtung des kindlichen Verhaltens wurden vor allem drei Fragen berücksichtigt:
- Inwieweit nutzt das Kind die Mutter als sichere Basis?
- Wie reagiert das Kind, wenn die Mutter den Raum verlässt bzw. wieder zurückkommt?
- Wie reagiert das Kind auf die fremde Person?

(vgl. Ainsworth/Wittig, 2011, S. 112 ff.; Pinquart u. a., 2011, S. 198 f.)

Aufgrund der Organisation von Bindungs- und Explorationsverhalten während der verschiedenen Episoden in der „Fremden Situation" konnte Ainsworth Rückschlüsse auf die Qualität der Bindung zwischen Mutter und Kind ziehen (vgl. Ainsworth/Wittig, 2011, S. 124 ff.). Dabei erkannte sie drei Bindungsmuster im Verhalten der Kinder, die sich durch die wiederholte Trennung und Wiedervereinigung zeigten:
- Gruppe A: unsicher-vermeidend gebunden
- Gruppe B: sicher gebunden
- Gruppe C: unsicher-ambivalent gebunden

(vgl. Ainsworth/Bowlby, 2011, S. 80; Ainsworth/Wittig, 2011, S. 132 ff.; Stegmaier, 2013)

Ein sicher gebundenes Kind kann sich auch eine Weile ohne die Mutter beschäftigen.

Mary Main, Judith Solomon und T. Berry Brazelton ergänzten 1986 noch ein viertes Bindungsmuster, das Ainsworth und Wittig in ihrem Test keiner der drei Kategorien eindeutig zuordnen konnten: desorganisiert bzw. desorientiert gebunden (vgl. Stegmaier, 2013).

Bindungstyp	Merkmale	Anteil an untersuchten Kindern
unsicher-vermeidend gebundene Kinder (Gruppe A)	• verstecken ihre negativen Gefühle • zeigen keine Beunruhigung, wenn Mutter geht; erscheinen dadurch kaum auf die Mutter angewiesen • suchen bei der Rückkehr der Mutter weder Nähe noch Interaktion; sie ignorieren sie oder laufen bzw. blicken weg • körperliche Reaktionen (z. B. Herzfrequenz) zeigen aber erhöhte Anspannung → Kinder haben gelernt, Gefühle zu unterdrücken • wenn die Mutter sie auf den Arm nimmt, wehren sie sich nicht, halten sich aber auch nicht fest	etwa 30 %
sicher gebundene Kinder (Gruppe B)	• Kinder zeigen ein Gleichgewicht zwischen Bindungs- und Explorationsverhalten • sie können ihre negativen Gefühle gegenüber der Mutter ausdrücken • sie suchen bei der Rückkehr der Mutter sofort den Körperkontakt und beruhigen sich dann schnell wieder	etwa 60 %
unsicher-ambivalent gebundene Kinder (Gruppe C)	• Kinder zeigen kaum Explorationsverhalten • sind damit beschäftigt, die Aufmerksamkeit der Mutter zu erlangen • wenn die Mutter geht, ist das Kind sehr gestresst • bei Rückkehr der Mutter widersprüchliches Verhalten: auf der einen Seite Bedürfnis nach Körperkontakt und Trost, auf der anderen Seite Abwehr dagegen • können durch Bindungsperson nicht wirklich beruhigt werden	etwa 10 %
desorganisiert bzw. desorientiert gebundene Kinder (Gruppe D)	• widersprüchliches Verhalten, z. B. vermeidendes Abwenden des Kopfes, während gleichzeitig Nähe gesucht wird • bizarre oder erstarrte Gestik • verlangsamte Bewegungen • aggressives Verhalten gegen Bindungsperson oder Gegenstände • Ausdruck eines Dilemmas: Bindungsperson gleichzeitig Sicherheit und Gefahr	weniger als 10 %

Die Bindungstypen nach Ainsworth sowie Main, Solomon und Brazelton (vgl. Ainsworth/Wittig, 2011, S. 132 ff.; Wicki, 2010, S. 53; Aschersleben/Henning, 2008, S. 20 f.)

10.3 Entwicklung des Selbst beim Säugling bis zum dritten Lebensjahr

Die Bedeutung der Feinfühligkeit der Bindungsperson

Im Rahmen der Beobachtungen während der „Fremden Situation" konnten wichtige Merkmale der Mutter-Kind-Interaktion festgestellt werden, die für die einzelnen Bindungsmuster von großer Bedeutung sind. Dabei stellte sich die Feinfühligkeit der Mutter im Hinblick auf die Signale ihres Kindes als ausschlaggebend für den Aufbau der emotionalen Bindung zwischen Mutter und Kind heraus. Für das Bindungsverhalten, also die wechselseitige, aufeinander abgestimmte Interaktion zwischen Mutter und Kind, spielt sie eine bedeutende Rolle. Damit die Mutter die kindlichen Signale wahrnimmt, richtig interpretiert und für das Kind eine sichere Basis während des explorativen Spiels darstellt, muss ihr Bindungsverhalten ein gewisses Maß an Feinfühligkeit aufweisen. Voraussetzungen für feinfühliges Verhalten sind zum einen die Zugänglichkeit der Mutter gegenüber kindlichen Signalen in „Notsituationen" und zum anderen ihre persönliche Schwelle der Feinfühligkeit.

Nach Ainsworth sind vier Merkmale für das feinfühlige Verhalten der Mutter von zentraler Bedeutung:

- Die Mutter muss **die Signale und Befindlichkeiten des Kindes wahrnehmen**.
- Sie muss **diese Signale korrekt interpretieren**.
- Hinsichtlich des Alters und des Entwicklungsstandes des Kindes muss die Bindungsperson **angemessen reagieren**. Das heißt, sie richtet sich bei der Beantwortung der Signale ihres Babys noch genau nach seinen Wünschen, während sie, wenn ihr Kind älter ist, in ihrem Verhalten auch einmal entgegengesetzt reagiert oder kompromissvoll, da die Erfüllung der Wünsche beispielsweise im konkreten Fall nicht gut oder sicher für das Kind wäre. Auch vermeidet sie eine Überreizung ihres Kindes und die mütterlichen Handlungen sind immer strukturiert und abgeschlossen.
- Auch sollte sie **die kindlichen Bedürfnisse prompt beantworten**. Auf diese Weise kann das Kind eine Verbindung zwischen seinem Verhalten und dem (gefühlsregulierenden) Handeln der Mutter herstellen.

(vgl. Ainsworth, 2011a, S. 414 ff.; Aschersleben/Henning, 2008, S. 22; Frank, 2012, S. 10; Stegmaier, 2013)

Die Feinfühligkeit der Mutter kann von den beiden folgenden Faktoren abhängig sein:
- Verzerrung ihrer Wahrnehmung durch Projektion, Verleugnung oder Abwehrhaltung; Interpretation des kindlichen Verhaltens abhängig von eigenen Wünschen und Bedürfnissen, z. B. versteht eine Mutter das Quengeln ihres Kind als Zeichen der Müdigkeit, wenn sie lieber ihre Ruhe haben möchte
- Einfühlungsvermögen in die Perspektive des Babys

(vgl. Ainsworth, 2011, S. 414 ff.)

Durch die mütterliche Feinfühligkeit erfährt das Kind eine Wirksamkeit seiner Handlungen und seiner selbst, was wiederum die Entwicklung seiner Persönlichkeit und Selbstständigkeit stärkt, da es sich in seinen Bedürfnissen nach Nähe und Erkundungsdrang verstanden und akzeptiert fühlt. Dies trägt zu einer positiven Beziehung zwischen Kind und Bindungsperson bei (vgl. Stegmaier, 2013).

Ainsworth unterscheidet bei der Feinfühligkeit der Mutter zudem verschiedene „Schwellen" oder Ausprägungen, die das Verhalten gegenüber den Signalen des Kindes sowie die Qualität der Bindung bestimmen. Inwieweit sich die Ausprägung der Feinfühligkeit unterscheiden kann, zeigen die beiden folgenden Beispiele.

10 Entwicklung des Selbst

Beispiel

Leonie (9 Monate) ist seit zwei Wochen sehr stolz: Sie kann sich an Tischen, Stühlen, der Waschmaschine oder der Couch selbstständig hochziehen und (fast) ohne wackelige Beine stehen. Doch das ist mitunter noch sehr anstrengend. So macht sie sich daher nach einer Weile durch Laute sowie das Ausstrecken eines Armes in Richtung Bindungsperson bemerkbar.

Ihre Mutter Sabine fühlt sich seit einiger Zeit jedoch müde und gestresst. Seitdem Leonie acht Monate ist, arbeitet sie halbtags wieder und Leonie ist in dieser Zeit bei einer Tagesmutter. Nachmittags sitzt Sabine daher viel lieber einfach nur auf der Couch und liest oder sieht fern. Wenn Leonie keine dringenden Bedürfnisse hat, versucht sie die Kleine nach Möglichkeit selbstständig „werkeln" zu lassen. So meint sie auch im vorliegenden Fall, dass Leonie durch ihre Signale lediglich auf ihr Können aufmerksam machen möchte. Deshalb ruft sie ihr von der Couch „Das machst du aber toll!" zu und liest weiter in ihrer Zeitschrift. Leonie ist etwas verwirrt: Warum hilft ihr die Mama denn nicht? Sie versucht noch zweimal, die Mutter zu „rufen", mit dem gleichen Erfolg. Schließlich lässt sie sich auf den Po fallen, um sich aus der Position zu befreien. Ähnliche Situationen kommen in den nächsten Tagen noch ein paar Mal vor, jedes Mal reagiert die Mutter gleichermaßen „uninteressiert". Erst als sich Leonie bei einer dieser Aktionen am Kopf verletzt und laut weint, ist Sabine zur Stelle, um sie zu trösten.

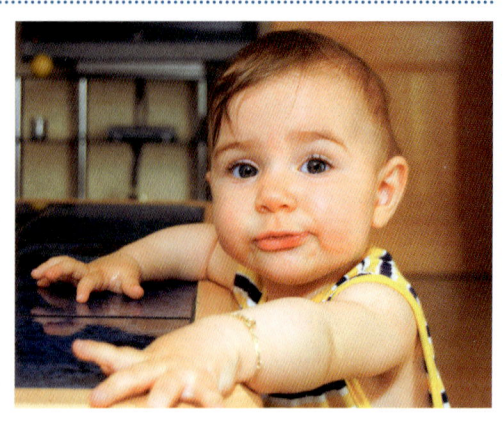

Tristan (13 Monate) kann schon selbstständig stehen und bereits einige Schritte allein gehen. Neuerdings versucht er, an Dinge zu kommen, die so hoch sind, dass er sie nicht erreichen kann. Heute hat es ihm der Türgriff an der Wohnzimmertür angetan. Vom Wohnzimmerteppich aus macht er sich erst krabbelnd, dann am Regal hangelnd und schließlich stehend auf den Weg dorthin.

Seine Mutter Ulrike ist auf dem Teppich sitzen geblieben und beobachtet ihren Sohn bei seiner Unternehmung. Um die ersten Jahre ausschließlich Zeit für ihren Sohn zu haben, hat sich Ulrike drei Jahre Elternzeit genommen und genießt die intensive Zeit mit Tristan sehr. Als sie jetzt sieht, dass er nicht mehr weiterkommt und sich durch Laute und Blicke in ihre Richtung bemerkbar macht, steht Ulrike auf und hockt sich neben Tristan. Sie redet erst liebevoll auf ihn ein: „Kommst du nicht an den Griff? Wollen wir es gemeinsam versuchen?" Dann holt sie einen kleinen Hocker und hilft Tristan hinauf. Nach einigen Versuchen kann Tristan den Griff selbst erreichen und langsam die Türklinke betätigen. Die Tür geht auf. Tristan ist mächtig stolz und lacht seine Mutter an. Am nächsten Tag versucht er es gleich noch einmal.

Beide Mütter reagieren in komplett gegensätzlicher Weise auf die Signale ihres Kindes. Während Tristans Mutter aufmerksam ihr Kind beobachtet und feinfühlig auf seine Bedürfnisse eingeht, wirkt Leonies Mutter eher uninteressiert und zeigt auf die Signale ihrer Tochter hin kein feinfühliges Verhalten bzw. interpretiert diese vollkommen falsch. Hier werden zwei Enden einer Spanne von Feinfühligkeit in der mütterlichen Interaktion mit ihrem Kind offensichtlich. Ainsworth unterscheidet insgesamt fünf **Schwellen der Feinfühligkeit** (siehe Tabelle auf der folgenden Seite).

10.3 Entwicklung des Selbst beim Säugling bis zum dritten Lebensjahr

Grad der Feinfühligkeit der Mutter und Merkmale
hochgradig feinfühlig

- ausgezeichnet auf die Signale des Babys eingestimmt; kann sie ohne Probleme „lesen" und korrekt interpretieren; Bindungsperson kann sich in die Rolle des Babys versetzen
- reagiert prompt und angemessen
- keine verzerrte Wahrnehmung der Signale sowie der Kommunikation des Babys durch eigene Bedürfnisse und Abwehrhaltungen
- überlegte Gewährung der Wünsche und Bedürfnisse des Babys
- zeitliche und rhythmische Anpassung der mütterlichen Reaktionen an die Signale und Kommunikation des Kindes
- abgeschlossene Interaktionen mit zufriedenstellendem Ergebnis für Kind und Mutter

feinfühlig

- korrekte Interpretation der (klaren) Kommunikation
- reagiert prompt und angemessen auf klare Signale
- durch andere Anforderungen möglicherweise abgelenkt
- weniger feinfühlig im Hinblick auf die subtileren Verhaltensweisen des Babys: interpretiert sie teilweise falsch und reagiert darauf nicht immer prompt
- trotz des Auftretens kleinerer „Missverständnisse" keine wirklich unpassenden Reaktionen auf die Signale und Kommunikation des Babys

unbeständig feinfühlig

- trotz feinfühligen Verhaltens tendenziell eher unfeinfühlig bzgl. der Signale des Babys
- Feinfühligkeit ist unbeständig; oft interessiert, zu anderen Zeiten wiederum gleichgültig
- mal verzerrte Wahrnehmung der Bedürfnisse des Babys, mal korrekte Interpretation
- mal angemessene und prompte Beantwortung der kindlichen Signale, mal zu langsam oder unangemessen
- insgesamt öfter feinfühlig als unfeinfühlig

unfeinfühlig

- zu feinfühligem Verhalten fähig
- reagiert aber zum größten Teil nicht prompt und angemessen auf die Signale des Babys
- geringe Feinfühligkeit, da (möglicherweise) nicht in der Lage, die Sicht des Babys zu übernehmen; falsche Interpretation der Verhaltensweisen des Babys; durch andere Dinge abgelenkt; verzerrte Wahrnehmung der kindlichen Signale durch eigene Bedürfnisse oder Abwehrhaltungen oder aber Unwillen, den Bedürfnissen des Kindes nachzukommen
- oftmals abgebrochene Interaktionen
- wenn Wünsche und Signale des Kindes nicht zu stark abweichen von denen der Mutter oder das Kind sehr energisch in seinen Signalen ist, kann Mutter feinfühliges Verhalten zeigen und ihre eigenen Anliegen zurückstellen

hochgradig unfeinfühlig

- eigene Wünsche und Aktivitäten (fast) ausschließlich vorrangig
- Interaktion mit Baby wird überwiegend durch eigene Ideen bestimmt oder eher zufällige Übereinstimmung der Wünsche und Absichten
- verzerrte Wahrnehmung bzw. falsche Interpretation der kindlichen Bedürfnisse oder sie werden schlichtweg ignoriert
- reagiert unangemessen, nicht prompt und unvollständig auf die kindlichen Signale

Die Abstufungen der Feinfühligkeit nach Ainsworth (vgl. Ainsworth, 2011, S. 418–421)

> **Beispiel**
>
> *Leonie sucht mit ihren Verhaltensweisen nach der Nähe und dem Schutz der Mutter. Doch durch die distanzierte Haltung von Sabine, die nur in äußersten Notfällen hilft, lernt Leonie, dass die Bindungsperson nicht (immer) zur Verfügung steht. Sie ist vielfach auf sich allein gestellt. Auch wenn sie die Erfahrung macht, dass sie sich selbstständig helfen kann, indem sie sich auf den Po fallen lässt, so wird bei Leonie doch nicht diese Erfahrung einer neuen Fähigkeit (das Auf-den-Po-fallen-Lassen) in der Erinnerung bzw. dem internalen Arbeitsmodell gespeichert, sondern die fehlende Befriedigung des vordringlichen emotionalen Bedürfnisses nach Schutz, Nähe und Geborgenheit. Eine der Ursachen für Sabines wenig feinfühlige Haltung ihrer Tochter gegenüber kann sicherlich auch in ihrer zusätzlichen beruflichen Tätigkeit liegen. Die doppelte Belastung führt bei Sabine dazu, dass sie ihre Bedürfnisse über die von Leonie stellt. Mit zunehmender Häufigkeit solcher Erlebnisse könnte die Beziehung von Sabine und ihrer Tochter eine unsicher-vermeidende oder unsicher-ambivalente Bindungsqualität annehmen. Nichtsdestotrotz kann Feinfühligkeit auch gelernt werden. Wenn Sabine bereit ist, ihre Aufmerksamkeit auf ihre Tochter zu richten und Leonies Signale wahrzunehmen und entsprechend zu beantworten, kann sich Sabines Feinfühligkeit und dadurch auch die Mutter-Kind-Bindung positiv ändern.*
>
> *Tristans Mutter hingegen zeigt alle Anzeichen einer hochgradigen Feinfühligkeit. Sie beobachtet die Signale ihres Sohnes und reagiert prompt sowie angemessen. Für Tristan ist sie eine sichere Basis, auf die er sich immer verlassen kann, wenn er Hilfe benötigt. Zudem unterstützt Ulrike ihren Sohn so, dass er auch seine Fähigkeiten erweitern und stärken kann. Das wiederum fördert seine Selbstständigkeit und sein Selbstbewusstsein. Aufgrund ihres feinfühligen Verhaltens im Hinblick auf die Signale ihres Sohnes konnte eine sichere Bindung aufgebaut werden. Ulrikes Feinfühligkeit wird auch dadurch positiv beeinflusst, dass sie die freie Zeit mit ihrem Sohn ohne zusätzliche Belastung genießen und sich entsprechend auf Tristans Signale und Bedürfnisse einstellen kann.*

Sicherlich kann es auch in sicheren Bindungen zwischen Bindungsperson und Kind zu Fehlinterpretationen (auch „mismatching" genannt) hinsichtlich der kindlichen Signale kommen. In solchen Fällen passen jedoch sowohl Bindungsperson als auch Kind ihre Reaktionen beständig aneinander an, sodass die Missverständnisse regelmäßig „aus dem Weg geräumt" werden können. Auf diese Weise wird die Interaktion zwischen beiden wiederhergestellt und die Bindung kann weiter stabilisiert werden.

Sollte es jedoch dazu kommen, dass das Kind trotz wiederholter Versuche nicht in der Lage ist, die wechselseitige Interaktion wieder in Gang zu bringen, stellt sich unter Umständen Resignation ein, gekoppelt mit einer negativen emotionalen Abspeicherung im internalen Arbeitsmodell, was die weiteren kindlichen Erwartungen hinsichtlich der Beziehungen zwischen Menschen beeinflussen kann (vgl. Stegmaier, 2013).

Der Einfluss einer sicheren Bindung auf das künftige Leben der Kleinkinder

Auch wenn hinsichtlich der Beständigkeit bzw. Veränderbarkeit von Bindungsmustern in der Fachliteratur kein einheitliches Verständnis besteht, so belegen doch mehrere Längsschnittstudien (von der Kindheit bis ins Erwachsenenalter), wie beispielsweise von den Forschungsteams um Alan Sroufe und Mary Main, die Bedeutung einer sicheren Bindung des Kleinkindes zu seiner Bezugsperson für die weitere Persönlichkeitsentwicklung, die psychische Sicherheit sowie die (erfolgreiche) Bewältigung der Entwicklungsaufgaben (vgl. Ainsworth/Bowlby, 2011, S. 89; Stegmaier, 2013; Grossmann/Grossmann, 2006, S. 405 ff.). Eine sichere Bindung zur Mutter bei Kindern mit einem Jahr wirkt sich im späteren Leben positiv aus und hat erheblichen Einfluss auf die kognitive, soziale und emotionale Entwicklung eines Menschen. Dabei wird z. B. ein direkter Bezug zwischen den sozial-kognitiven Fähigkeiten im ersten Lebensjahr und denen im Vorschulalter offensichtlich: Sicher gebundene Kinder verfügen laut Bindungstheorie später über eine hohe soziale Kompetenz. Sie konnten bereits in jungen Jahren die Erfahrung machen, dass ihr Sozialverhalten effektiv ist und ihre Bezugsperson zur Stelle war. Neben einem besseren Selbstwertgefühl und Selbstvertrauen waren diese Kinder im Vorschulalter zudem in der Lage, offen auf andere Menschen zuzugehen und kompetent mit ihnen in Interaktion zu treten. Auch ist es ihnen eher möglich, ihre Gefühle zu regulieren. Des Weiteren verfügen sie über die Fähigkeit, empathisch mit dem Leid anderer umzugehen (vgl. Frank, 2012, S. 9; Aschersleben/Henning, 2008, S. 20 ff.; Grossmann/Grossmann, 2006, S. 405). Ähnliches gilt für Grundschulkinder und Jugendliche (vgl. Zimbardo, 2008, S. 392).

Zusammenfassend verfügen sicher gebundene Kinder u. a. über folgende persönliche und soziale Kompetenzen:
- Sie verfügen über ein gesundes Selbstwertgefühl, sind sich aber auch ihrer „Fehler" bewusst.
- Sie sind beziehungsfähiger als unsicher gebundene Kinder.
- Sie sind in der Lage, ihre eigenen Gefühle zu erkennen, zu äußern und angemessen damit umzugehen.
- Sie können entsprechend auf die Bedürfnisse anderer eingehen.
- Sie sind in der Lage, erfolgreiche Kooperationen mit anderen einzugehen, und sind bei den Gleichaltrigen beliebter als unsicher gebundene Kinder.

(vgl. Wicki, 2010, S. 57; Grossmann/Grossmann, 2006, S. 406 ff.)

Wie Grossmann/Grossmann (2006, S. 408 f.) darlegen, können negative Bindungserfahrungen aber auch durch spätere erfolgreiche Beziehungen, wie beispielsweise zu Freunden oder Erzieherinnen und Erziehern, ausgeglichen werden, wodurch die Kinder eine neue Wertschätzung von Bindungen mit nachhaltigen positiven Assoziationen lernen können (vgl. Wicki, 2010, S. 57).

Berufliche Handlungsrelevanz

Im Alltag mit Kindern und Jugendlichen ist es für pädagogische Fachkräfte unerlässlich, eine Bindung zu den Schutzbefohlenen aufzubauen. Auch wenn die Erzieher-Kind-Beziehung Lieselotte Ahnert zufolge im Gegensatz zur Mutter-Kind-Beziehung sicherlich einige Besonderheiten aufweist (z. B. die Betreuung einer gesamten Gruppe im Gegensatz zur ungeteilten Aufmerksamkeit der Mutter), so spricht sie ihr doch bindungsähnliche Eigenschaften zu. Aufgrund neuerer Forschungen sollen Bindungserfahrungen in Kindertageseinrichtungen nach Ahnert die folgenden fünf Eigenschaften aufweisen, da sie für eine sichere Erzieher-Kind-Beziehung bedeutsam sind:
- Zuwendung: eine liebevolle Kommunikation als Grundlage der Beziehung
- Sicherheit: Vermittlung eines Gefühls der Sicherheit durch Verfügbarkeit
- Stressreduktion: durch Hilfe u. a. bei der Emotionsregulation
- Explorationsunterstützung: Rückversicherung des Kindes bei Unsicherheit oder Angst
- Assistenz: Hilfe und Unterstützung bei schwierigen Aufgaben

(vgl. Ahnert, 2007, S. 33 f.; Frank, 2012, S. 11)

Internationale Studien unterstützen die Annahme, dass Art und Intensität der Erzieher/-innen-Kind-Beziehung einen bedeutenden Einfluss auf das Sozialverhalten oder die menschlichen Beziehungen ausüben, der dadurch für das spätere Leben des Einzelnen unerlässlich ist (vgl. Roßbach, 2005, S. 131; Frank, 2012, S. 12).

Deshalb gehört es auch zu den Aufgaben der pädagogischen Fachkraft als sichere Basis zu fungieren, um das Kind oder den Jugendlichen zum einen in Problemsituationen zu unterstützen und zum anderen in der Erkundung der Welt zu bestärken und zu fördern. Vor allem für pädagogische Fachkräfte im Krippenbereich ist die sichere Bindung zwischen Kind und Bezugsperson in der täglichen Praxis von besonderer Bedeutung, da Kinder in diesem Alter im Hinblick auf ihre körperliche, kognitive, soziale und Persönlichkeitsentwicklung zunächst noch sehr viel stärker auf den positiven Zuspruch sowie die emotionale Sicherheit und das Gefühl von Schutz, Vertrauen und Sicherheit angewiesen sind.

10.3.3 Der Beginn der Entwicklung der Geschlechtsidentität

Erste Unterscheidungen der Geschlechter

Kinder kommen in der Regel als Mädchen oder Jungen, also mit eindeutigen primären biologischen Geschlechtsmerkmalen auf die Welt. Mindestens von diesem Zeitpunkt an werden sie von ihrem Umfeld geschlechterspezifisch behandelt. Man denke nur an die Kleidungsauswahl oder die Gestaltung der Kinderzimmer, bei der blaue Farbtöne für Jungen und Rosa bei Mädchen vorherrschen. Ausnahmen, bei denen Eltern die geschlechtliche Orientierung ihres Kindes durch die bewusste Gestaltung der Umgebung beeinflussen wollen – die Mutter, die sich unbedingt eine Tochter gewünscht hat und nun ihr Söhnchen in Rosa kleidet –, sind selten und eher skurril.

> *„Das Kind, das zur Welt kommt, wird bereits vom ersten Tag an mit Erwartungen und Verhaltensweisen konfrontiert, die auf das Geschlecht bezogen sind. So verbinden Eltern mit der Geburt eines Sohnes andere Perspektiven, Lebensläufe, Hoffnungen und Sorgen als mit der Geburt einer Tochter. Sie zeigen (zumeist unbewusst) gegenüber einem männlichen Säugling andere Interaktionsformen, Gesten und Mimiken als gegenüber einem weiblichen, sie kleiden Jungen anders als Mädchen, heben jeweils unterschiedliche Verhaltensweisen bei den Babys hervor etc. Das heißt, bereits in den ersten Lebensmonaten ist die kindliche Entwicklung nicht unbeeinflusst durch mehr oder weniger offensichtliche an das Geschlecht geknüpfte Vorstellungen."*
>
> (Hunger, 2010, S. 241 f.)

Schon im ersten Lebensjahr beginnen Kinder, Männer und Frauen zu unterscheiden. Sie verfügen über die entsprechenden Wahrnehmungsfähigkeiten und können regelmäßige Informationsmuster kategorisieren. So werden die bei beiden Geschlechtern typischerweise auftretenden Unterschiede von einjährigen Kindern vor allem anhand **äußerer Merkmale** wie Körpergröße, Frisur, Kleidung, Stimmhöhe und Verhaltensmustern erfasst. Untersuchungen haben gezeigt, dass Kinder im Alter von sechs bis neun Monaten Frauen und Männer vor allem anhand der Frisur und der Stimme erkennen. Sie entwickeln auch Erwartungen über Zusammenhänge zwischen diesen Merkmalen, zum Beispiel dass eine Frauenstimme zu einem Frauengesicht gehört (vgl. Siegler u. a., 2011, S. 592 f.). Dabei zeigen sie Irritationen und längere Aufmerksamkeit, wenn z. B. ein männliches Gesicht mit einer Frauenstimme dargeboten wird. Im zweiten Lebensjahr gelingt diese Zuordnung der beiden Geschlechter immer sicherer (vgl. Rohrmann, 2012, S. 4). Allerdings haben Kinder in dieser Entwicklungsphase noch keine Vorstellung davon, was diese Unterschiede bedeuten. Und sie nehmen sich selbst in dieser frühen Zeit der Entwicklung noch nicht als Mädchen oder Jungen wahr.

Geschlechterspezifische Entwicklungen

Im Verlauf des zweiten Lebensjahres zeigen sich dann die ersten deutlichen Hinweise auf eine geschlechtsspezifische Entwicklung. Kinder in diesem Alter ordnen beispielsweise Gegenstände und Tätigkeiten zunehmend geschlechtsbezogen zu. So verbinden sie Bilder von Frauen eher mit Puppen und Bilder von Männern mit Spielzeugautos. Andere Untersuchungen zeigen, dass sie durch längeres Hinschauen Irritationen signalisieren, wenn Geschlecht und Handlung nicht zusammen passen, etwa wenn ein Mann Lippenstift aufträgt (vgl. Siegler u.a., 2011, S. 593). Sie bilden ebenso Assoziationen zwischen männlich und rau bzw. kantig und weiblich und rund bzw. weich (vgl. Berk, 2011, S. 366).

Ab einem Alter von etwa zwei bis zweieinhalb Jahren entwickeln Kinder ein **Konzept von unterschiedlichen Geschlechtern**. Sie benutzen im Zusammenhang mit ihrer sprachlichen Entwicklung Wörter wie Junge und Mädchen, Mann und Frau richtig und können beispielsweise Kinderfotos nach Stapeln für Junge und Mädchen ordnen (vgl. Berk, 2011, S. 366; Siegler u.a., 2011, S. 593). Dies zeigt, dass sie die Zweiteilung der Menschheit in männlich und weiblich kognitiv erfasst haben und damit zunehmend sicherer umgehen können. Im Spiel zeigen sich Präferenzen bezogen auf geschlechtertypische Spielsachen, die aber noch nicht sehr etabliert sind.

Kurze Zeit später können sie nicht nur das Geschlecht anderer richtig bezeichnen, sondern geben auch die eigene Geschlechtszugehörigkeit zutreffend an. Sie beginnen sich selbst immer deutlicher als Junge oder Mädchen zu begreifen und auch so zu benennen. „Sie erkennen jedoch noch nicht, dass das Geschlecht etwas Permanentes ist (und denken z.B., ein Mädchen könnte als Erwachsene zu einem Vater werden)" (Siegler u.a., 2011, S. 584).

Ein Verständnis der **Geschlechterkonstanz** und ihrer **biologischen** Fundierung, also der Bezug auf die Geschlechtsorgane als Basis der Geschlechtlichkeit, entwickelt sich erst allmählich im Alter von vier bis sieben Jahren.

Beispiel
In einer Kinderkrippe zeigt sich eine Vorliebe der Jungen für Autos und alles, was rollt. Die Mädchen spielen mit Puppen, Kuscheltieren usw. Neugierig auf alles, probieren sie aber genauso die nicht geschlechterspezifischen Spielsachen aus und häufig beschäftigt sich auch ein Junge mit einer Puppe und schiebt sie im Wagen durch den Raum. Genauso rollt ein Mädchen einen Spielzeugtrecker auf dem Boden umher und macht Fahrgeräusche. Die anderen Kinder nehmen daran überhaupt keinen Anstoß.

Geschlechterrollen und Geschlechter werden zutreffend wahrgenommen, was sich beispielsweise zeigt, wenn der Lehrer der benachbarten Fachschule für Sozialpädagogik von den Dreijährigen gefragt wird, ob er der Papa von Mira sei. Aber es kann auch geschehen, dass die fast dreijährige Marie sagt „Wenn ich groß bin, werde ich Papa".

Berufliche Handlungsrelevanz

Die zunehmend bewusstere Wahrnehmung der verschiedenen Geschlechter und die entstehende eigene Geschlechtsidentität stellen einen wesentlichen Aspekt der Entwicklung des Selbst in den ersten Lebensjahren dar. Die Fachkräfte sind aufgerufen, schon mit den Kindern in den ersten Lebensjahren geschlechtssensibel umzugehen: für ihre Fragen zur Verfügung zu stehen, ihnen Orientierungen zu geben über Geschlechter, aber auch Offenheit zu ermöglichen, sich auszuprobieren, der Neugier zu folgen. Sie müssen immer wieder kritisch reflektieren, ob sie zur Festigung von Stereotypen beitragen. Eine wichtige Aufgabe besteht zudem darin, Männer in die Kitas zu holen (Väter, Großväter, Kollegen usw.), um eine „männerfreie Welt" zu vermeiden.

Weil eine solche geschlechtersensible- bzw. geschlechterbewusste Pädagogik schon im Krippenalter beginnt, benötigen Fachkräfte entwicklungspsychologisches Wissen über die Wahrnehmung der Geschlechter bzw. der geschlechtsbezogenen Zweiteilung der menschlichen Welt durch Kinder in den ersten Lebensjahren sowie über den Erwerbsverlauf einer geschlechtlichen Identität in diesem Alter.

10.4 Entwicklung des Selbst in der frühen Kindheit

Viele Kinder treffen im Alter von drei bis vier Jahren erstmalig im Kindergarten regelmäßig auf Gleichaltrige. Nun gilt es, sich zunehmend selbst zu behaupten sowie auf ständig zur Verfügung stehende Eltern verzichten zu müssen – wichtige Impulse für die Entwicklung des Selbst.

10.4.1 Entstehung eines gefestigten Selbst

Im Kindergartenalter kommt es in vielen Entwicklungsbereichen zu enormen Fortschritten. Die Grundlagen für eigenständige Schritte in der Welt sind gelegt: Kinder verfügen mit drei Jahren über ausgereifte Fähigkeiten im Hinblick auf die motorische Mobilität sowie die sprachliche Verständigung. Das unterstützt ein zunehmendes Gefühl der Autonomie und der Eigeninitiative. In der frühen Kindheit steht den Jungen und Mädchen die Welt weitgehend offen und entsprechend neugierig setzen sie sich mit ihr auseinander und erkunden sie. Erik Erikson beschrieb die frühe Kindheit als eine Phase der „ungestümen Entwicklung" (vgl. Berk, 2011, S. 342).

Ein zentrales Medium der Auseinandersetzung mit der Welt ist in diesem Alter das **Spiel**. Dabei lernt das Kind auch etwas über sich selbst und arbeitet auf diese Weise an seinem Selbstbild.

> *„Beim Spielen kann ein Kindergartenkind neue Fertigkeiten ausprobieren und riskiert dabei kaum, kritisiert zu werden oder zu versagen."*
>
> (Berk, 2011, S. 343)

Haben Kinder in den ersten drei Lebensjahren erfahren, dass sie ein Selbst haben oder ein Ich sind, das sich von anderen unterscheidet und einen eigenen Willen hat, entwickelt sich in der frühen Kindheit zunehmend ein **gefestigtes Selbstbild** (vgl. Berk, 2011, S. 343). Das wird durch die kognitive und emotionale Entwicklung sowie die Sprachentwicklung unterstützt. Mit etwa vier Jahren bildet sich bei Kindern ein Wissen darum, dass andere Menschen eigene Gedanken und eine eigene Sicht der Welt haben – bezeichnet als **Theory of Mind** (siehe Kapitel 8.1.4, S. 282). Zudem können sie aufgrund ihrer sprachlichen Kenntnisse ebenfalls über ihre eigenen subjektiven Erfahrungen sowie über ihr eigenes inneres Leben sprechen. Dies hilft, ihre Vorstellungen von Geisteszuständen bei anderen weiterzuentwickeln (vgl. Berk, 2011, S. 343).

Die beschriebenen Entwicklungen führen dazu, dass Kinder in der frühen Kindheit beginnen, ein **Selbstkonzept** zu bilden. Dieses ist in dieser Phase noch gekennzeichnet durch:
- sehr konkrete und beobachtbare körperliche Eigenschaften und Merkmale („Ich habe lange, braune Haare"),
- durch körperliche Fähigkeiten („Ich kann ganz hoch springen"),
- durch Besitztümer („Ich habe ein rotes Fahrrad mit Stützrädern und einen Fernseher in meinem Zimmer"),
- soziale Beziehungen („Mein Bruder heißt Jari") und
- Verhaltensweisen („Ich spiele gern im Sandkasten und mit meinen Freunden").

(vgl. Siegler u. a., 2011, S. 431 f., Schneider/Hasselhorn, 2012, S. 203)

Die **Selbstbeschreibungen** der Kinder sind eher kategorial, d. h. sie entstehen nicht im Vergleich mit anderen, sondern bezeichnen anschauliche und konkrete Ausprägungen von einzelnen Merkmalsklassen, wie „Ich habe zwei Schwestern" oder „Ich kann schnell laufen" (vgl. Petermann u. a., 2004, S. 178). Abstraktere Persönlichkeitseigenschaften wie „Ich bin hilfsbereit" oder „Ich bin schüchtern", gelingen in diesem Alter noch nicht.

Beispiel

Der fünfjährige Milan ist mit der Praktikantin aus der benachbarten Fachschule für Sozialpädagogik ins Gespräch gekommen. Er erzählt: „Ich bin schon fünf Jahre alt. Meine Lieblingshose ist eine coole Jeans mit Nieten. Mein Bruder heißt Daniel, aber wir sagen alle Danny zu ihm. Ich habe eine Katze, äh, wir haben eine Katze, aber ich füttere sie immer. Und ich kann schon bis 100 zählen, soll ich mal? Ich lauf sehr schnell, schneller als du. Ich bin immer lustig. Ich kann viele Witze. Sollen wir mal ein Wettrennen machen? Und ich bin gut im Zielwerfen. Ich treffe mit dem Ball jedes Mal in den Korb." Er versucht es mehrfach vergeblich.

In ihren Selbstbeschreibungen neigen Kinder im Kindergartenalter noch sehr dazu, sich und ihre Fähigkeiten zu **überschätzen**. Sie sehen sich in einem positiven Licht und „denken, dass sie tatsächlich so sind, wie sie sein wollen" (Siegler u. a., 2011, S. 432, vgl. auch Schneider/Hasselhorn, 2012, S. 203). Beispielsweise behauptet ein vierjähriger Junge, er könne schon bis 100 zählen, verhaspelt sich allerdings schon bei 13. Oder einem Mädchen misslingt es mehrfach, eine Gardine im Puppenhaus aufzuhängen. Das Angebot der Hilfe weist sie entrüstet zurück mit der Bemerkung, dass es ihr beim nächsten Versuch gelingen wird, die Gardine anzubringen. Hintergrund für diese unrealistische Selbstsicht ist die Tatsache, dass jüngere Kinder beim Einschätzen ihrer Fähigkeiten frühere Misserfolge bzw. Erfolge noch nicht mit berücksichtigen (vgl. Siegler u. a., 2011, S. 432). Erst im Laufe der weiteren kognitiven Entwicklung erweitert sich ihr zeitlicher Horizont und sie beginnen, Vergleiche mit vorangegangenen Ereignissen zu ziehen.

Autobiografisches Gedächtnis

In der frühen Kindheit bildet sich auch das autobiografische Gedächtnis, sodass Drei- bis Vierjährige zunehmend mehr eigene Erlebnisse als Teil des Selbst bzw. als mit ihrer Person verbunden verankern und speichern können. Als Autobiografisches Gedächtnis wird der Teil des Gedächtnisses bezeichnet, in dem Wissen über Erlebnisse und Erfahrungen aus dem eigenen Leben abgespeichert wird.

Aufgrund der wachsenden sprachlichen Fähigkeiten und der Entwicklung eines autobiografischen Gedächtnisses werden Informationen über die eigene Person bezogen auf Eigenschaften, Merkmale und die eigene Biografie immer komplexer mental gespeichert (vgl. Hannover/Greve, 2012, S. 552 und Berk, 2011, S. 345). Die **Erzählungen** der Eltern spielen hierbei eine große Rolle. Auf diese Weise erinnern sie ihre Kinder immer wieder an Erlebtes und beeinflussen deren Selbstbild. Häufig sind es Urlaubsreisen und Familienausflüge oder -feiern, von denen die Eltern erzählen. Dabei spielen natürlich Norm- und Wertvorstellungen der Eltern eine große Rolle und prägen so das Bild des Kindes von sich selbst mit.

Beispiel

„In verschiedenen Kulturen lenken frühe Erzählungen über das Kind die Selbstkonzepte von Kindergartenkindern auf unterschiedliche Bahnen […]. Chinesische, durch konfuzianische Traditionen strenger Disziplin und sozialer Verpflichtungen geprägte Eltern integrieren solche Werte in ihre Geschichten, betonten dadurch, dass die Familie nicht bloßgestellt werden dürfe, und brachten am Ende einer Geschichte ihre Erwartungen zum Ausdruck." (Berk, 2011, S. 344)

Entwicklung des Selbstwertgefühls

Jungen und Mädchen im Kindergartenalter benötigen viel **Selbstvertrauen** und Selbstwertgefühl, um mit Neugierde und Experimentierfreude die Welt erkunden zu können. Kinder spüren sehr deutlich, ob sie geliebt und in ihrem Verhalten bzw. als Individuum wertgeschätzt werden. Das wird von ihnen genau wahrgenommen und unbewusst in das eigene Selbstbild inegriert. Allerdings ist es schwierig, diese Prozesse wissenschaftlich zu beobachten bzw. zu untersuchen. Kinder in diesem Alter können hierzu nur schlecht befragt werden und auch andere Forschungszugänge erscheinen problematisch, weil sie auf Deutungen angewiesen sind. Dennoch tritt dieser Aspekt des Selbstkonzeptes in der frühen Kindheit klar zutage (vgl. Berk, 2011, S. 345 f.).

In dieser Entwicklungsphase erwirbt ein Kind viele neue Fertigkeiten. Umso wichtiger ist es, dass es sich selbst positiv und kompetent bewertet, um sich auf diese Lernprozesse motiviert einlassen zu können. Untersuchungen haben gezeigt, dass Kinder, deren Wert und Leistung in diesem Alter häufig von den Eltern kritisiert werden, bei Herausforderungen schnell aufgeben und sich dann schämen bzw. niedergeschlagen sind. Sie erwarten dann Missbilligung und spielen dies in Puppenspielen auch nach, wenn Äußerungen erfolgen wie „Er wird bestraft, weil er das Puzzle nicht zusammengesetzt hat" oder „Sie muss bestraft werden, weil sie nicht brav war" (vgl. Berk. 2011, S. 345 f.).

Die meisten Vorschulkinder verfügen aber über ein **gutes Selbstwertgefühl** (vgl. Berk, S. 2011, S. 446). Das hängt einerseits mit der Entwicklung ihres Selbstkonzeptes zusammen, in dem sie in der frühen Kindheit noch ein sehr positives Selbstbild haben. Andererseits werden die Lern- und Entwicklungsprozesse der Kinder von Eltern und anderen Familienangehörigen, aber auch von pädagogischen Fachkräften in aller Regel wertschätzend und mit viel Lob und Ermutigung begleitet.

Ab einem Alter von vier Jahren beginnen Jungen und Mädchen, sich mit anderen zu vergleichen. Lernen sie dabei nicht, mit Misserfolgen umzugehen, wirkt sich das mitunter auch schon in diesem Alter negativ auf das Selbstwertgefühl aus.

10.4.2 Entwicklung der Geschlechtsidentität

Beispiel

Im Kindergarten ist es ein gewohntes Bild, dass Jungen in der Bauecke Straßen, Städte und Burgen bauen oder mit einem brüllenden Dinosaurier oder einem Raumschiff aus Legosteinen durch den Gruppenraum laufen. Sie raufen gern und bleiben eher für sich, möglichst entfernt von der Erzieherin.

Die gleichaltrigen Mädchen befassen sich dagegen im Rollenspiel eher mit sozialen Themen wie Mutter und Kind oder Arztbesuch. Beteiligen sich Jungen an diesen Rollenspielen, bevorzugen sie aktive Rollen wie den Vater, der zur Arbeit geht oder den Hund, der laut bellend an die Leine genommen werden muss. Mädchen malen auch und suchen durchaus die Nähe zur erwachsenen Pädagogin.

In diesem Alter zeigen sich zunehmend deutlichere Abgrenzungen gegenüber dem anderen Geschlecht. Jungen sind hierbei häufig rigoroser. Wenn ein Sechsjähriger mit Puppen spielt, wird er von anderen Jungen gehänselt und gemieden. Mädchen scheinen da toleranter und insgesamt dürfen sie sich auch eher an Jungenaktivitäten, wie Bauen oder Raufen, beteiligen ohne von den anderen Mädchen kritisiert zu werden.

In den einzelnen Spielsituationen bleiben Jungen und Mädchen zunehmend mehr unter sich, was sich zu Beginn des Kindergartenalters nur im Ansatz zeigt, mit fünf oder sechs Jahren – vor allem bei den Jungen – aber deutlich hervorsticht. Je älter Kindergartenkinder werden, umso deutlicher zeigt sich ein **geschlechtsspezifisches Verhalten**. Spielzeuge, Kleidungsstücke, Werkzeuge, Haushaltsgeräte, Berufe, Farben usw. werden mit den Geschlechtern verknüpft. Das Auto ist Sache von Männern, die Küche das Reich der Frauen. Auch bestimmte Verhaltensmuster werden eher Männern oder Frauen zugeordnet. Beispielsweise sind Durchsetzung und technisches Arbeiten Männersache, Trösten und Wunden pflegen Aufgabe von Frauen. Jungen neigen dazu, eher impulsiv, aktiv, energisch und körperlich aggressiver zu sein, Mädchen sind emotional sensibler, körperlich zurückhaltender, folgsamer, mit wirksamerer Selbstkontrolle (vgl. Berk, 2011, S. 366). Das Spiel von Mädchen rankt sich im Durchschnitt häufiger um Puppen und Miniaturausgaben von Küchenutensilien, befasst sich häufiger im Rollenspiel mit Haushalts- und Familienthemen, während Jungs häufiger mit Autos, Sportausrüstungen oder Bauklötzen spielen und im Als-ob-Spiel Action- und Abenteuergeschichten nachempfinden (vgl. Siegler u. a., 2011, S. 593, Berk, 2011, S. 366).

Entstehung der Geschlechtsidentität

Dieses geschlechtsdifferenzierte Verhalten verstärkt sich mit dem vierten Lebensjahr. Vor allem in der Zeit zwischen viertem und siebtem Lebensjahr kommt es bezogen auf die Geschlechtsidentität zu wichtigen Entwicklungsschritten. Mit fünf Jahren sind die Geschlechtsmuster, also die Unterteilung der sozialen Welt in weiblich und männlich, weitgehend verinnerlicht (vgl. Hunger, 2010, S. 242).

Eine **erste Geschlechtsidentität** ist entstanden. Jungen und Mädchen verstehen sich nun deutlich als einem Geschlecht zugehörig. Sie unterscheiden die Welt und die Menschen in männlich und weiblich und orientieren sich entsprechend. So wenden sich Kinder beiderlei Geschlechts im Kindergartenalter bei technischen Fragen eher an ihren Vater oder – wenn vorhanden – an männliche Fachkräfte in der Kita. Dies zeigt, dass sie nun vermehrt auf der Suche nach ihrer **Geschlechtsrolle** sind: Jungen suchen nach der Männlichkeit, Mädchen sind auf dem Weg, ihre Weiblichkeit zu entdecken. Fragen wie

- Wie verhalten sich Jungs bzw. Männer (bzw. Mädchen und Frauen)?
- Welche Vorlieben haben sie?
- Welche Aufgaben übernehmen sie?

werden relevant.

In diesem Alter wird auch der Körper erkundet und vor allem die Genitalien wecken gegen Ende des Kindergartenalters großes Interesse. Die körperlichen Unterschiede zwischen Mädchen und Jungen fallen ins Auge. Da es sich hierbei um biologische Merkmale handelt, die sich nicht so leicht verändern lassen wie beispielsweise Kleidung, wird mit ihnen auch die Stabilität des Geschlechts deutlich. Der Erwerbsverlauf der **Geschlechtskonstanz** hängt dabei stark von äußeren Faktoren ab, z. B. davon, ob

Kinder Gelegenheit haben, Männer und Frauen, etwa die Eltern oder Geschwister, unbekleidet zu sehen oder ob das Thema Körper in der Kita behandelt wird. Es liegen unterschiedliche, teilweise widersprüchliche Untersuchungsergebnisse darüber vor, wann Kinder die Unveränderbarkeit ihres Geschlechts begreifen (vgl. Rohrmann, 2012, S. 4). Einerseits spielen hierbei kognitive Entwicklungsprozesse eine wichtige Rolle, wie das Verständnis von Konstanz eines Sachverhalts über unterschiedliche Rahmenbedingungen hinweg. Hinzu kommen aber Möglichkeiten zum Erfahrungslernen, wie das beschriebene Sehen unbekleideter Männer und Frauen.

Mit dem vermehrten geschlechtertypischen Verhalten geht in dieser Entwicklungsphase eine zunehmende **Geschlechtertrennung** (vgl. Siegler u. a., 2011, S. 594) einher. Damit ist die Bevorzugung gleichgeschlechtlicher Spielpartner bzw. -partnerinnen gemeint, die sich als Tendenz ab dem Alter von drei Jahren entwickelt, aber erst gegen Ende der Kindergartenzeit und zu Beginn der Grundschule größere Bedeutung gewinnt (vgl. Rohrmann, 2012, S. 6). Wer in einer Kindergartengruppe spielende Kinder oder auf einem Schulhof einer Grundschule die ersten Klassen beobachtet, wird feststellen, dass Jungen mit Jungen und Mädchen mit Mädchen spielen. Beide Gruppen achten sehr darauf, dass dies so bleibt. Nur selten werden Jungen in das Mädchenspiel aufgenommen oder toben Mädchen mit einer Gruppe von Jungen.

Geschlechtertrennung bezeichnet die Neigung von Kindern, sich mit gleichgeschlechtlichen Gleichaltrigen zusammenzutun und denen des anderen Geschlechts aus dem Wege zu gehen (vgl. Siegler u. a., 2011, S. 594).

Geschlechtsidentität als Konstruktionsprozess des Kindes

> „Der Prozess der geschlechtsspezifischen Sozialisation vollzieht sich in der Regel sehr unauffällig. Es sind nicht unbedingt die klaren traditionellen Ermahnungen ('so was tut ein Mädchen nicht') oder auffällig stereotyp vorgelebten Rollenmuster, an denen Jungen und Mädchen lernen, was 'männlich' bzw. 'weiblich' sein bedeutet. Vielmehr ist es das Gesamt an unscheinbaren Rückmeldungen, Ermunterungen und Unterstützungen, medialen Einflüssen, beobachteten Arbeitsteilungen etc., das Mädchen und Jungen verdeutlicht, was in geschlechtlicher Hinsicht sozial erwünscht ist und ihnen bei dem Aufbau ihrer Geschlechtsidentität Orientierung gibt."
>
> (Hunger, 2010, S. 243)

Sicherlich spielen in der geschlechtsspezifischen Sozialisation Modelllern- bzw. Verstärkungslernprozesse eine große Rolle. Aber es kommen kognitive Auseinandersetzungsprozesse des einzelnen Kindes hinzu. Jungen und Mädchen konstruieren in diesem Alter ein **kognitives Schema** der beiden Geschlechter. Dieses entsteht auf der Grundlage der Informationen und Vorbilder von außen, aber auch durch Erfahrungen und Bewertungen des Kindes selbst. So sieht ein Mädchen, wie ihre Mutter für die Familie kocht und sich um die Wohnung kümmert. Als sie hilft, erhält sie Lob, auch von ihrem Vater, der ansonsten außer Haus (im Beruf oder im Garten) arbeitet. Ihr Bruder hilft nicht im Haushalt, aber bei der Gartenarbeit und erhält dafür Anerkennung. Sie verinnerlicht diese Rollenverteilung. Diese Geschlechtsschemata können rigide oder auch offen sein. Wenn in einer anderen Familie sich sowohl Vater und Mutter die Haushaltsarbeit teilen und die Mutter außerhalb des Hauses berufstätig ist, entsteht ein weniger unverrückbares Bild über Geschlechterrollen. Hilft der Sohn in der Küche **und** in der Werkstatt des Vaters, führt dies ebenfalls zu offeneren Vorstellungen über das, was Männer bzw. Frauen tun und was nicht.

Berufliche Handlungsrelevanz

Im Kindergartenalter vollziehen Kinder wichtige Schritte in der Selbstentwicklung. Fachkräfte müssen hierüber Bescheid wissen und über die erforderlichen entwicklungspsychologischen Kenntnisse verfügen. Vor allem gilt es, das Selbstwertgefühl der Kinder in diesem Alter über die Unterstützung von Selbstwirksamkeitserfahrungen und der Eröffnung von „Spielräumen" innerhalb und außerhalb der Kindertageseinrichtungen zu fördern. Ebenfalls sind Jungen und Mädchen in der frühen Kindheit sensibel zu begleiten, wenn erste Misserfolgserlebnisse zu bewältigen sind.

Vor allem in der Entwicklung der Geschlechtsidentität gehen Kinder in diesem Alter wichtige Schritte. Pädagogische Fachkräfte benötigen Kenntnisse über die Bedeutung und den Verlauf dieser Prozesse als Grundlage für eine geschlechtersensible bzw. geschlechterbewusste Pädagogik. Vor allem der Kindergarten mit seinen offenen Lern- und Bildungssituationen ist geeignet dafür, solche Fragen mit den Kindern zu thematisieren und das flexible Ausprobieren von Geschlechterrollen zu ermöglichen. Wichtig für Fachkräfte ist es zudem die möglichen Quellen für rigide Geschlechtsstereotypen zu kennen und alternative Vorbilder anzubieten. Gleichzeitig gilt es aber auch, den Kindern auf der Suche nach Orientierung bezüglich ihrer Vorstellungen von männlich und weiblich zu helfen. An dieser Stelle wird die Bedeutung von Männern in Kitas offensichtlich. Elternabende zu diesem Thema, Elterngespräche oder ein pädagogisch reflektierter Medieneinsatz – wenn z. B. Bilderbücher kritisch bezogen auf Geschlechterrollen betrachtet werden – sind ebenfalls Teil der pädagogischen Arbeit der Fachkräfte, die eines begründeten entwicklungspsychologischen Wissens bedürfen.

10.5 Entwicklung des Selbst in der mittleren Kindheit

Die mittlere Kindheit ist meist eine Zeit, die sehr positiv in Erinnerung bleibt. Man hat viel gespielt, sich mit Freunden auf der Straße getroffen und mitunter „Abenteuerliches" erlebt. Die Gleichaltrigen werden immer wichtiger, mit den Eltern ist alles in Ordnung und über sich selbst und seine Zukunft macht man sich in diesem Alter noch wenige Gedanken.

10.5.1 Entwicklung des Selbst – Soziale Vergleiche und schulisches Selbstkonzept

In der mittleren Kindheit nehmen vor allem die körperlichen und kognitiven Fähigkeiten von Mädchen und Jungen deutlich zu. In aller Regel reagieren Erwachsene darauf mit höheren Anforderungen. Beispielsweise müssen Kinder im Haushalt und im Garten mithelfen oder sie sind für die Versorgung eines Haustiers verantwortlich. Die Kinder werden zunehmend selbstständiger und bewältigen in den höheren Klassen der Grundschule den Schulweg schon allein.

Veränderungen des Selbstkonzeptes – realistische Selbstbeschreibungen

Die Fortschritte in der kognitiven Entwicklung führen dazu, dass die **Selbstbeschreibungen** von Kindern in dieser Entwicklungsphase differenzierter, umfassender und auch **realistischer** werden (vgl. Kray/Schaefer, 2012, S. 226). Durch die zunehmende Fähigkeit, Konzepte höherer Ordnung zu bilden, sind sie in der Lage, einzelne Eigenschaften oder Verhaltensweisen miteinander in Verbindung zu bringen (vgl. Kray/Schaefer, 2012, S. 226; Berk,

2011, S. 445; Siegler u. a., 2011, S. 432). Zum Beispiel wird eine Selbstaussage wie „Ich bin sehr musikalisch" konkretisiert mit „Ich kann gut Klavier spielen und auch Noten lesen" oder „In der Schule bin ich so Mittelmaß. In Mathe geht es, in Deutsch bin ich nicht ganz so gut. Aber in Musik und Kunst habe ich gute Noten". Hier zeigt sich, dass es Schulkindern immer besser gelingt, eigentlich gegensätzliche Bestandteile des Selbstkonzeptes nebeneinander zu stellen. „Bei meinen Freunden bin ich nicht auf den Mund gefallen, aber gegenüber Erwachsenen fühle ich mich eher schüchtern, vor allem wenn ich sie nicht kenne" (vgl. Kray/Schaefer, 2012, S. 226).

Quellen der Veränderungen des Selbstkonzeptes

Für Kinder in der mittleren Kindheit wird das soziale Umfeld außerhalb der Familie immer relevanter. Vor allem die Schule, aber auch Vereine und Kindergruppen in Kirchen oder anderen Institutionen sowie Treffpunkte, an denen Mädchen und Jungen in diesem Alter sich in ihrer Freizeit aufhalten, wie die Straße, ein Wald, ein Spielplatz oder das eigene Zimmer, nehmen an Bedeutung zu. Damit werden auch die Rückmeldungen und Aussagen von Personengruppen wie Lehrerinnen und Lehrern, Jugendleitern und vor allem von Gleichaltrigen immer wichtiger und wirken sich auf die Gestaltung des Selbstkonzeptes aus.

Im Grundschulalter werden die Vorstellungen vom Selbst zudem zunehmend durch Vergleiche mit anderen Gleichaltrigen beeinflusst. Diese **sozialen Vergleiche** beziehen sich auf Eigenschaften, Verhaltensweisen und Besitzstände. Beispielsweise stellen sich Jungen nebeneinander und der eine stellt fest „Du bist größer als ich" (vgl. Siegler u. a., 2011, S. 432 und Kray/Schäfer, 2012, S. 226). Aber auch Besitztümer werden verglichen, wie die Anzahl der Fußballsammelbilder oder Spielekonsolen. In diesem Alter werden gern Wettspiele und Wettkämpfe ausgetragen, die die beschriebene Tendenz des Vergleichens und Messens von Leistungen, Fähigkeiten und körperlichen Merkmalen verstärken.

Das akademische bzw. schulische Selbstkonzept

Eine besondere Rolle bezogen auf das Selbstkonzept spielt der Schulbesuch. Durch den Unterricht und die Beurteilungen ihres Lernfortschritts durch Noten achten Kinder in dieser Entwicklungsphase besonders auf ihre Leistungsfähigkeit in der Schule. Denn diese bildet einen wesentlichen Lebensbereich von Kindern in der mittleren Kindheit. Vor diesem Hintergrund gewinnt das **akademische Selbstkonzept** an Bedeutung. Es umfasst die auf die eigenen Fähigkeiten, Vorlieben, Absichten im schulischen Bereich gerichteten Informationen. Daher spricht man auch vom „schulischen Leistungsselbstkonzept", vom „Selbstkonzept schulischer Fähigkeiten" oder kurz vom „Fähigkeitsselbstkonzept" (vgl. Moschner/Dickhäuser, 2006, S. 687). Beispielsweise sieht ein zehnjähriger Junge, dass er in Rechtschreibung gut ist, Mathematik nicht so gut beherrscht, dass ihm Kunst Spaß macht und er in Sport zu den Besten gehört. Im Vordergrund stehen dabei in erster Linie kognitive Leistungen bzw. die Leistungsentwicklungen in den einzelnen Unterrichtsfächern.

> **Akademische Selbstkonzepte** beziehen sich auf das Wissen und die Beurteilung der eigenen Fähigkeiten, Vorlieben, Absichten usw. in schulischen bzw. hochschulischen Zusammenhängen.

Untersuchungen zeigen, dass Selbsteinschätzungen von Grundschulkindern im Verlauf des Schulbesuchs in diesem Bereich des Selbstkonzeptes immer realistischer werden.

> „Jüngere Kinder in der Schulanfangsphase tendieren dazu, ihre eigenen Kompetenzen stark überhöht einzuschätzen, im Verlauf der Grundschulzeit werden die eigenen Leistungseinschätzungen zunehmend den Leistungsbeurteilungen durch die Lehrer angeglichen."
>
> (Moschner/Dickhäuser, 2006, S. 688)

Entwicklung des Selbstwertgefühls

Hatten die meisten Kinder in der frühen Kindheit ein sehr positives Selbstbild, in dem sie sich oftmals auch deutlich überschätzten und sich Kompetenzen zuschrieben, über die sie noch nicht stabil verfügten, verändert sich dies in der mittleren Kindheit. Als eine Folge der Rückmeldungen über Leistungen in der Schule und der Vergleiche mit anderen Kindern wird das Selbstwertgefühl realistischer. Das sehr positive Selbstwertgefühl des Vorschulalters nimmt in aller Regel vor allem zu Anfang der Schulzeit ab, ohne aber normalerweise eine kritische Größe zu unterschreiten.

Gleichzeitig differenziert sich das Selbstwertgefühl in Analogie zur Untergliederung des Selbstkonzeptes aus. So gibt es unterhalb eines globalen Selbstwertes einen Bereich der schulischen Kompetenz, der sozialen Kompetenz, der körperlich-sportlichen Kompetenz usw., die noch einmal Untergliederungen haben. Die soziale Kompetenz kann sich beispielsweise auf die Beziehungen zu Gleichaltrigen und die Beziehung zu den Eltern beziehen (vgl. Berk, 2011, S. 446 ff.).

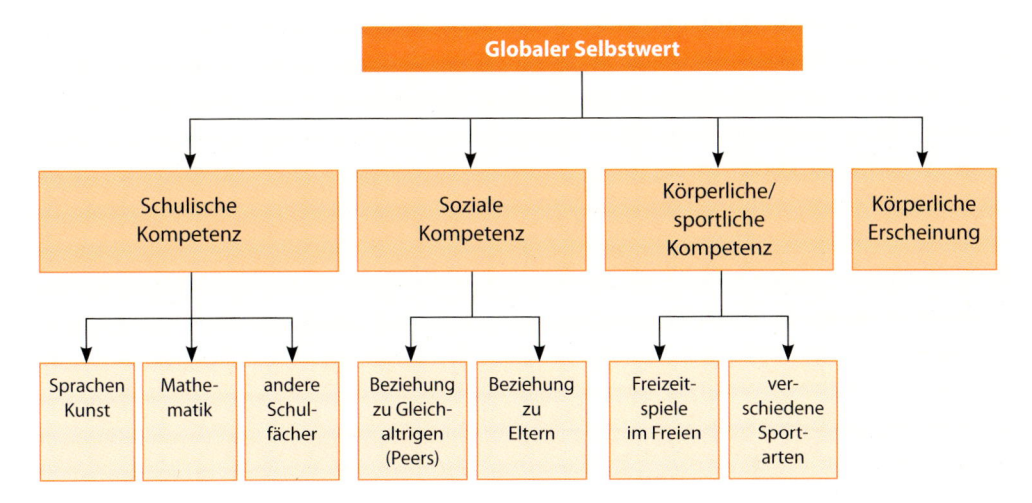

```
                    Globaler Selbstwert
          ┌──────────┬──────────┬──────────┐
    Schulische     Soziale    Körperliche/   Körperliche
    Kompetenz    Kompetenz    sportliche    Erscheinung
                               Kompetenz
    ┌───┬───┬───┐   ┌───┬───┐   ┌───┬───┐
Sprachen Mathe- andere  Beziehung Beziehung  Freizeit-  ver-
 Kunst   matik  Schul-  zu Gleich-   zu       spiele   schiedene
               fächer   altrigen   Eltern   im Freien  Sport-
                       (Peers)                         arten
```

Hierarchische Strukturen des Selbstwertgefühls in den mittleren Schuljahren (aus: Berk, 2011, S. 447)

Aufgrund des insofern differenzierten Selbstbildes ist denkbar, dass ein Kind zuhause selbstbewusst und mit einem positiven Selbstbild auftritt, sich aber unter Gleichaltrigen klein und unsicher fühlt.

Vor allem Selbsteinschätzungen bezogen auf das **körperliche Aussehen** sind bei Kindern im fortgeschrittenen Grundschulalter wichtig. Sie prägen das allgemeine Selbstwertgefühl mehr als andere Faktoren und tragen maßgeblich zur allgemeinen Zufriedenheit von Kindern in diesem Alter bei – bzw. führen zu Gefühlen der Minderwertigkeit, wenn die Selbstwahrnehmung hinter den eigenen Idealvorstellungen und den Vergleichen mit anderen zurückbleibt. Sicherlich spielt hierbei die Betonung des äußeren Erscheinungsbildes in unserer Gesellschaft, etwa in Form idealer Körperproportionen, wie sie sich insbesondere in den Medien widerspiegelt, ein wesentliche Rolle (vgl. Berk, 2011, S. 446).

Auch wenn Kinder in dieser Entwicklungsphase in aller Regel über ein gesundes Selbstwertgefühl verfügen, besteht bei ihnen aufgrund der
- im Fokus stehenden, vor allem kognitiven Leistungsanforderungen in der Schule,
- der damit im Zusammenhang stehenden sozialen Vergleiche sowie
- der Bedeutung der körperlichen Attraktivität

eine vermehrte Gefährdung, dass sie bei Nichterreichen bestimmter Maßstäbe und Normen Minderwertigkeitsgefühle ausbilden (vgl. Berk, 2011, S. 444 f.).

10.5.2 Festigung der Geschlechtsidentität

In der mittleren Kindheit kommt es im Kontext des Schulbesuchs sowie der Bedeutung der Gleichaltrigen in der sozialen Entwicklung ebenfalls zu weiteren Schritten und Prozessen in der Geschlechterentwicklung. Im Alter von etwa sieben Jahren haben alle Kinder erfasst, dass das Geschlecht ein **konstantes und wesentliches Persönlichkeitsmerkmal** darstellt, dass sich nicht mehr verändert. Zugleich haben sie ihre Vorstellungen von den Geschlechtern gefestigt (vgl. Siegler u. a., 2011, S. 595). So werden in Untersuchungen bei Kindern mit etwa elf Jahren Eigenschaften wie „hart", „aggressiv", „rational" und „dominant" als maskulin angesehen und „sanft" bzw. „mitfühlend" als feminin (vgl. Berk, 2011, S. 463).

Sie erkennen in der Regel gegen Ende der mittleren Kindheit, dass diese Vorstellungen als Geschlechtsstereotype eher auf **soziale** als auf biologische **Gründe** zurückgehen (vgl. Berk, 2011, S. 464 und Siegler u. a., 2011, S. 595). Daher wissen sie, dass es sich um keine biologische Notwendigkeit handelt, wenn Papa morgens aus dem Haus zur Arbeit geht und Mama den Haushalt führt. Der gesellschaftliche Trend hin zu einer deutlichen Lockerung der geschlechtstypischen Rollen wird auch von Kindern wahrgenommen und in die eigenen Wissensstrukturen über das geschlechtsbezogene Selbstkonzept integriert.

Im Zusammenhang mit den sich festigenden Stereotypen der Geschlechter werden auch Schulfächer als „maskulin" und „feminin" angesehen. So meinen Kinder in diesem Alter, dass Buchstabieren, Kunst und Musik eher etwas für Mädchen, Mathematik, Sport und mechanisch-technische Fertigkeiten eher für Jungen sind (vgl. Berk, 2011, S. 464). Dies kann erhebliche Auswirkungen auf die Schullaufbahn haben.

Die Diskussionen darüber, ob hinter diesen Zuordnungen und den nachgewiesenen Kompetenzunterschieden zwischen Mädchen und Jungen im sprachlichen und kreativen Bereich (Mädchen statistisch gesehen kompetenter) und bezogen auf naturwissenschaftlich-mathematische Inhalte (Jungen statistisch gesehen kompetenter) allein Effekte der Sozialisation stehen oder ob nicht doch auch biologische Faktoren, wie etwa geschlechtsspezifische Hirnstrukturen, hierzu führen können, werden nach wie vor sehr kontrovers geführt.

Schuld sind Vorurteile und Klischees, sagen die Forscher
„Erklären lasse sich die Leistungslücke jedoch nicht mit unterschiedlichen Begabungen, schreiben die Autoren der Studie [gemeint ist hier die Pisa-Studie, Anmerk. des Autors]. Vielmehr sei die Schuld bei gängigen Mann-Frau-Klischees und Vorurteilen zu suchen. Jungen können besser rechnen, Mädchen besser lesen – eine Prophezeiung, die sich selbst erfüllt.
Alleine weil Mädchen glauben, sie rechneten schlecht, schwächeln sie dann tatsächlich in Mathe. Mit der Fähigkeit, logisch zu denken hat das jedoch wenig zu tun. Das zeigt sich deutlich, wenn die Forscher die Kompetenz messen, Probleme zu lösen. Hier schneiden 15-jährige Mädchen ähnlich gut ab wie ihre männlichen Altersgenossen, während sie beim Lösen mathematischer Aufgaben hinter den Jungen zurückliegen.
Die Studie schreibt diesen Unterschied vor allem dem mangelnden Glauben der Mädchen an ihre mathematischen Fähigkeiten zu. Dieses mangelnde mathematische Selbstvertrauen resultiert demnach aus Rollenbildern, die von Eltern und Lehrern mitgeprägt werden. Einer Begleit-Umfrage zufolge sehen Eltern mit ihren zehnjährigen Söhnen fast doppelt so häufig wissenschaftliche Fernsehsendungen an als mit ihren Töchtern."
(Trenkamp, in: Spiegel Online, 2009)

Geschlechtsidentität und geschlechtstypisches Verhalten

Im Grundschulalter haben Mädchen und Jungen ihre Geschlechtsidentität gefestigt, wobei sich hier geschlechtsspezifische Unterschiede zeigen. Jungen identifizieren sich stark mit Merkmalen der Männlichkeit und zeigen auch ein entsprechendes Verhalten, das heißt

- ihre Spiele sind geprägt durch körperliche Aktivität und es besteht ein großes Bedürfnis nach Bewegung,
- Durchsetzung und Dominanzstreben unter den Peers herrschen vor,
- technische Themen haben eine große Bedeutung und Actionfiguren und -serien stehen hoch im Kurs.

10.5 Entwicklung des Selbst in der mittleren Kindheit

Mädchen hingegen scheinen bezogen auf ihre Geschlechtsrolle offener – sie identifizieren sich weniger stark allein mit „femininen" Merkmalen (vgl. Berk, 2011, S. 464). So erproben sie ebenfalls Sportarten, die typisch maskulin sind bzw. waren wie Fußball oder nennen „männliche" Berufe als Ziel wie Tischler oder Feuerwehrmann.

Auch im Hinblick auf die **Geschlechtertrennung** zeigen sich Unterschiede. Grundsätzlich verstärkt sich die Trennung der Geschlechter von der frühen Kindheit bis zum Übergang in die Grundschule zunehmend. In der mittleren Kindheit bleibt sie auf diesem Niveau bestehen, d. h. Mädchen und Jungen schließen größtenteils in geschlechtsgleichen Gruppen Freundschaften und verbringen dort ihre Zeit.

Dabei neigen Mädchen im Spiel zu Paarbeziehungen während sich Jungen eher in Gruppen zusammenfinden. Allerdings kooperieren Mädchen und Jungen, wenn dies durch die Rahmenbedingungen, wie gemeinsame Projekte in der Schulklasse oder fehlende gleichgeschlechtliche Freunde in der Nachbarschaft, naheliegt. Vor allem Jungen sind ansonsten deutlicher darauf bedacht, unter sich zu bleiben. Eine Tendenz, die es auch bei Mädchen gibt, und die durch die Kinder selbst verstärkt wird, also nicht auf die Einflussnahme Erwachsener oder der Medien zurückzuführen ist.

Beispiel

Auf einer Klassenfahrt essen Drittklässler im großen Speisesaal einer Jugendherberge. An den ersten Tischen haben sich Mädchen und Jungen gemeinsam hingesetzt. Als Sönke, ein Junge der Klasse mit hohem Ansehen, an diesen Tischen vorbeigeht, sagt er laut: „Man, hier sitzen viel zu viele Mädchen." Als er zu den hinteren Tischen weitergeht, stehen auch die anderen Jungen im vorderen Bereich auf und folgen ihm.

Am Nachmittag beabsichtigen einige Mädchen auf dem Rasenplatz „Pferd" zu spielen und haben dazu Springseile als Geschirr umfunktioniert. Allerdings werden sie von einer lautstarken Gruppe Jungen vertrieben, die dort Fußball spielen wollen. Da sich die Mädchen das nicht gefallen lassen wollen, wenden sie sich an ihre Klassenlehrerin. Diese versucht zu schlichten. Laut erklären ihr die Jungen, dass sie nur hier Fußball spielen könnten und der „Mädchenkram" auch woanders stattfinden könne. Als die Lehrerin auf einen Kompromiss pocht, ziehen die Jungen grummelnd davon.

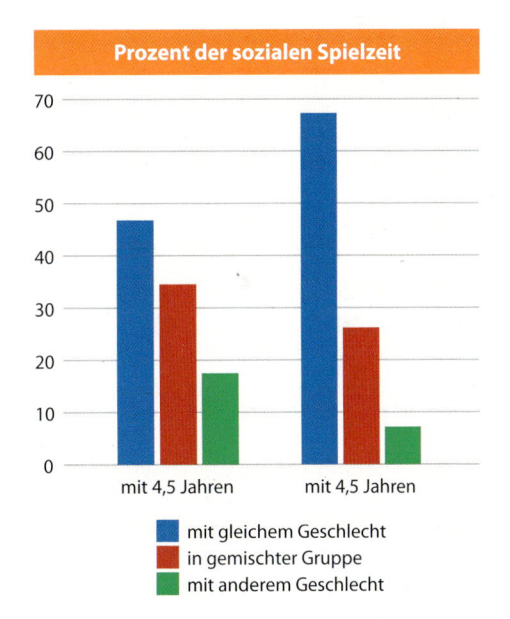

Prozent der sozialen Spielzeit

- mit gleichem Geschlecht
- in gemischter Gruppe
- mit anderem Geschlecht

Geschlechtertrennung beim Spiel (aus: Siegler u. a., 2011, S. 594)

Diese rigiden Verhaltensweisen zeigen, dass sich Jungen und Mädchen, bezogen auf ihr Geschlecht, im Grundschulalter in einer Phase der Selbstvergewisserung befinden. Sie erproben und erkunden ihre Geschlechtsrolle bzw. ihre Geschlechtsidentität als Teil des Selbstkonzeptes.

> **Berufliche Handlungsrelevanz**
>
> Neue Leistungsanforderungen und soziale Vergleiche fordern das Selbstwertgefühl von Kindern im Grundschulalter in besonderer Weise heraus. Entwicklungspsychologisches Wissen darüber hilft pädagogischen Fachkräften, diese Prozesse besser zu verstehen und in ihrem pädagogischen Handeln berücksichtigen zu können. Wenn sie im Hort oder in der Nachmittagsbetreuung einer Grundschule beschäftigt sind, kann es wichtig sein, einen Ausgleich zur Schule mit ihren kognitiven Anforderungen zu schaffen. Dann sind kreative und bewegungsorientierte Angebote sinnvoll; ebenso die Schaffung von Spielräumen für das Zusammensein von Peergruppen und das Ansprechen sozialer, emotionaler und kreativ-künstlerischer Aspekte der Persönlichkeit. Kinder sollen sich in anderen als schulischen Kompetenzbereichen als selbstwirksam und erfolgreich erleben. Dies darf allerdings nicht zur Gegenposition einer leistungsfreien und laissez-fairen Erziehung führen.
>
> Insgesamt hat sich, bezogen auf diese Phase der Entwicklung, ein **autoritativer Erziehungsstil** bewährt (vgl. Berk, 2011, S. 448). Dieser umfasst als grundlegende Dimensionen (vgl. Fuhrer, 2006)
> - Kindern Liebe und Wertschätzung zu geben,
> - Kindern Grenzen zu setzen,
> - Kinder im Streben nach Autonomie zu unterstützen.
>
> Pädagogische Fachkräfte im Hort, Jugendzentrum oder in anderen Einrichtungen der Jugendpflege sind wichtige Vorbilder für Jungen und Mädchen in der mittleren Kindheit. Daher ist in diesem Alter ebenfalls eine entwicklungspsychologisch begründete geschlechtersensible- bzw. geschlechterbewusste Haltung und Erziehung wichtig. Mitunter kann es auch erforderlich sein, das rigide geschlechtsspezifische Verhalten sowie die Geschlechtertrennung der Jungen und Mädchen anzusprechen und kritisch zu reflektieren bzw. durch geeignete pädagogische Angebote zu hinterfragen.

10.6 Entwicklung des Selbst in der Adoleszenz

Häufig wird das Jugendalter als Zeit der Krisen, Konflikte und emotionalen Achterbahnen angesehen. Was im Einzelfall auch stimmen mag, erweist sich, bezogen auf die Gesamtzahl der Jugendlichen, meist als weit weniger dramatisch. Aufwühlend bleibt die lebensgeschichtlich erstmalig auftretende bewusste Auseinandersetzung mit sich selbst dennoch.

10.6.1 Aufbau einer Identität

In der Adoleszenz kommt es zu einem wichtigen Einschnitt in der Entwicklung des Selbstkonzeptes. Das Selbst wird zum **Gegenstand der Auseinandersetzung** und Reflexion. War die Kindheit noch durch eine weitgehend fraglose Beziehung zu sich selbst gekennzeichnet, führen die vielschichtigen Veränderungen vor allem im körperlichen und emotionalen Bereich und die Feststellung, dass auch die Umwelt auf diese reagiert, im Jugendalter zu einer verstärkten Selbstbeobachtung und Infragestellung des Selbst. Jugendliche hinterfragen ihr bis dahin weitgehend unkritisch aufgebautes Selbstbild und thematisieren explizit: „Wer bin ich und wer will ich sein?"

> *„Die körperliche und emotionale Entwicklung erhält nach der Pubertät eine neue Dynamik, zum ersten Mal im Lebenslauf kommt es zu einer bewussten oder doch zumindest teilweise reflektierten Entwicklung eines Bildes vom eigenen Selbst und zu einer Ich-Empfindung."*
>
> *(Hurrelmann/Quenzel, 2012, S. 81 f.)*

Diese Auseinandersetzung mit sich selbst bzw. mit dem eigenen Selbst ist eine der zentralen Herausforderungen im Jugendalter. Sie führt, wenn sie gelingt, zu einer sich festigenden Selbsterkenntnis sowie Selbstgestaltung und damit zu dem, was die Psychologie Identität nennt.

„In der Jugendphase wird die Frage nach der eigenen Identität für die sich entwickelnde Person ein bedeutungsvolles Thema. Seit den Überlegungen von Erikson [..] dürfte dies einen der unstreitigen Konsenspunkte der Entwicklungspsychologie des Jugendalters markieren."

(Hannover/Greve, 2011, S. 554)

Identität bezeichnet die einzigartige Persönlichkeitsstruktur eines Menschen in Verbindung mit dem Bild, das andere von dieser Persönlichkeitsstruktur haben. Wichtiger Bestandteil ist das Erleben der Einheit des Selbst sowie das Verständnis für die eigene Identität.

Veränderungen des Selbstkonzeptes

Bezogen auf Inhalt und Struktur des Selbstkonzeptes kommt es in der frühen Adoleszenz zu einer Reihe von Entwicklungsschritten. So gelingt es Jugendlichen zunehmend, sich mithilfe abstrakter Eigenschaften zu beschreiben. Es erfolgen Selbsteinschätzungen wie „Ich bin eher introvertiert", die durch Persönlichkeitsmerkmale wie „schüchtern", „in Gruppen still", „sage nur wenig in der Klasse" konkretisiert und erläutert werden. Grundlegend hierfür sind Fortschritte in der kognitiven Entwicklung, die mit einer gewachsenen Fähigkeit zum abstrakten Denken verbunden sind (vgl. Siegler u. a., 2011, S. 433 und Berk, 2011, S. 547).

Die Selbstzuschreibungen sind auch nicht mehr allgemein, sondern orientieren sich am jeweiligen sozialen Kontext. Beispielsweise bezeichnet sich ein Jugendlicher als selbstsicher im Freundeskreis und schüchtern gegenüber dem anderen Geschlecht (vgl. Hannover/Greve, 2012, S. 555).

Jugendliche leben in immer mehr sozialen Kontexten. Neben die Familie und Schule treten Nebenjobs, Berufsausbildungen, Partner und deren Familie usw. Sie werden hier aufgrund ihres Status als Heranwachsende zunehmend als gleichrangige Gesprächs- und Kooperationspartner angesehen. Daraus können sich zu Anfang der Adoleszenz – je nach Kontext – unterschiedliche Selbste ergeben. Eine Jugendliche ist beispielsweise gegenüber Fremden eher introvertiert, in vertrauten Kreisen hingegen extrovertiert, in der Familie eher mürrisch und zurückgezogen, in der Jugendgruppe der Kirchengemeinde offen und freundlich (vgl. Hannover/Greve, 2012, S. 555 und Siegler u. a., 2011, S. 433). Zu Beginn der Adoleszenz gelingt es noch nicht, diese unterschiedlichen Sichtweisen und Aspekte zu einem stimmigen Selbst zu integrieren.

Die Wahrnehmung der Veränderungen im Selbstkonzept sowie der deutlichen Widersprüche zwischen den unterschiedlichen Formen des Selbst führen dazu, dass Jugendliche sich im Verlauf der Adoleszenz immer mehr fragen, wer sie eigentlich sind. Das Nachdenken über das eigene Selbst steht im Vordergrund. Damit ist ein gewisser Egozentrismus verbunden, der einerseits durch die ständige Auseinandersetzung mit sich selbst gekennzeichnet ist und andererseits durch den Glauben der Jugendlichen, ihre Gefühle und Gedanken seien einzigartig (vgl. Siegler u. a., 2011, S. 433).

Häufig ist das mit dem Gefühl verbunden, auch die Blicke aller anderen seien nur auf die eigene Person gerichtet. Ein Pickel würde beispielsweise von allen anderen sofort bemerkt. Eine Ermahnung des Lehrers an die gesamte Klasse wird nur auf sich selbst bezogen und als absolute Ungerechtigkeit empfunden und eine eigene ungeschickte Bewegung, wie das Herabfallenlassen eines Kleidungsstücks in einem Bekleidungsgeschäft, löst tiefe Gefühle der Peinlichkeit aus, weil davon ausgegangen wird, alle anderen Anwesenden haben das genau registriert und begleiten es mit abfälligen Gedanken und Emotionen.

In der mittleren und vor allem in der späten Adoleszenz gelingt es Jugendlichen immer besser in der Auseinandersetzung mit ihrem Selbst widersprüchliche Anteile des Selbstkonzeptes zu integrieren. Auch der angesprochene Egozentrismus verringert sich und wird durch einen realistischeren Blick auf die Umgebung abgelöst.

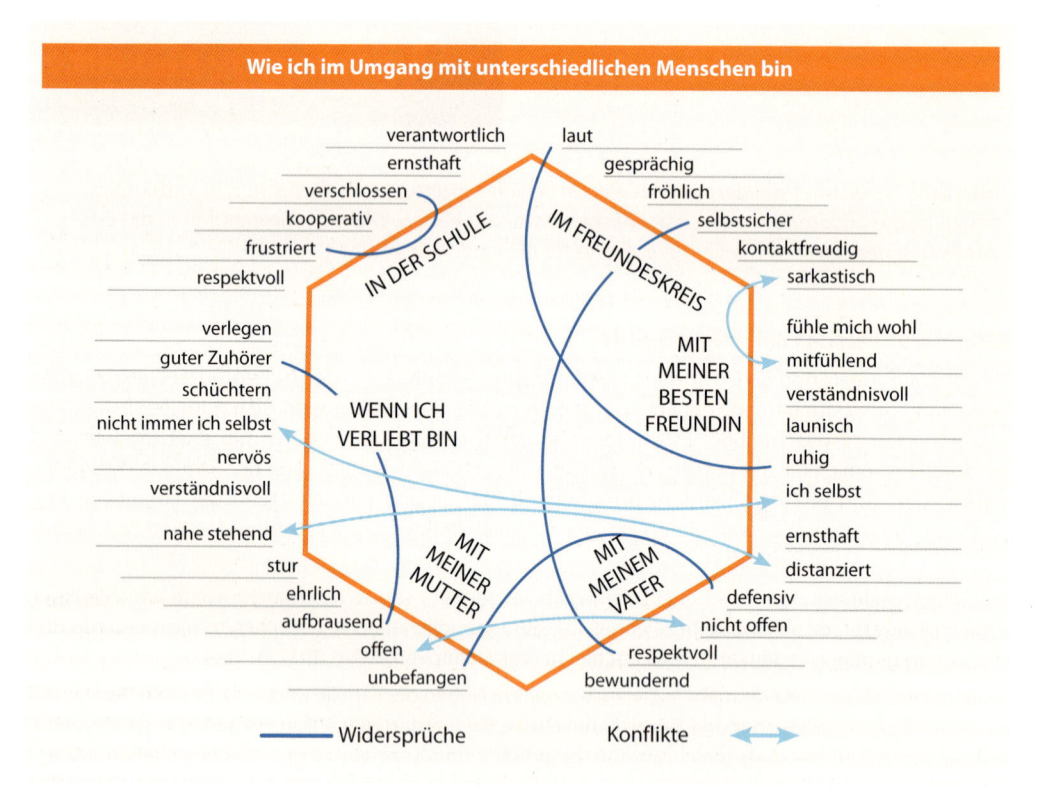

Unterschiedliche Formen des Selbst in der frühen Adoleszenz (aus: Siegler u. a., 2011, S. 435)

Identitätsfindung

Seit den Arbeiten von Erik Erikson ist es in der Entwicklungspsychologie üblich, die zentrale Entwicklungsaufgabe der Adoleszenz im **Aufbau einer eigenen Identität** zu sehen. Wenn Heranwachsende die Kindheit verlassen, um sich dem Erwachsensein anzunähern, stehen sie vor der Aufgabe, ihrem Leben in beruflicher, sozialer, persönlicher, sexueller und weltanschaulicher Hinsicht eine neue Orientierung zu geben sowie die unterschiedlichen Seiten ihres Selbst zu integrieren. Dies ist ein teilweise mühseliger Weg, der bei Gelingen zu einem stimmigen Ganzen führt, das über die Zeit und verschiedene Herausforderungen des Lebens hinweg Bestand hat. Nach Erikson ist dann von einer **erarbeiteten Identität** die Rede.

10.6 Entwicklung des Selbst in der Adoleszenz

Erarbeitete Identität nach Erikson bezeichnet eine Integration verschiedener Aspekte des Selbst in ein kohärentes (zusammenhängendes und widerspruchsfreies) Ganzes, das über die Zeit und über Ereignisse hinweg stabil bleibt (vgl. Siegler u. a., 2011, S. 436).

Ein Modell für die Identitätsbildung, das auf den Überlegungen Eriksons aufbaut, hat der Entwicklungspsychologe James Marcia entwickelt. Es unterscheidet vier Identitätszustände, die den Weg zur erarbeiteten Identität kennzeichnen.

Zustand der Identitätsdiffusion	Der Jugendliche besitzt keine stabilen Festlegungen in Bezug auf Rollen und Werte. Es fehlt eine klare Richtung und das Bemühen um die Erkundung eigener Ziele und Wege. Ansätze einer Identitätsbildung liegen nicht vor bzw. deren Erprobung wird als bedrohlich empfunden.
Zustand der übernommenen Identität	Der Jugendliche hat bezogen auf seine eigene Identität nichts ausprobiert bzw. keine Alternativen geprüft, sondern eine berufliche und persönliche Identität aus Werten und Rollenvorstellungen entwickelt, die auf Vorgaben bzw. der Auswahl anderer beruhen. Meist handelt es sich dabei um Vorgaben einer Autoritätsperson wie dem Vater oder der Mutter.
Zustand des Moratoriums (Moratorium = Aufschub)	Der Jugendliche erkundet unterschiedliche berufliche und weltanschauliche Wahlmöglichkeiten, hat sich aber noch nicht festgelegt. Er sammelt Informationen, erprobt Wege und sucht nach einer Richtung für sein Leben.
Zustand der erarbeiteten Identität	Der Jugendliche hat eine gefestigte und kohärente Identität erreicht. Sie beruht auf eigenständig erworbenen Wertvorstellungen und Zielen, denen er sich verpflichtet fühlt, und einem Gefühl einer die Zeit überdauernden Kontinuität. Damit hat er eine Orientierung für weitere persönliche Entscheidungen bezogen auf Beruf, Familie usw.

Identitätszustände nach James Marcia (vgl. Siegler u. a., 2011, S. 438 und Berk, 2011, S. 549 f.)

Allerdings haben einige Untersuchungen gezeigt, dass das Durchlaufen dieser vier Phasen im Sinne eines Stufenmodells mit konkreten Alterszuordnungen nicht den Regelfall darstellt. Teilweise verbleiben Jugendliche in einem der Zustände bzw. erreichen nicht alle Jugendlichen über die gleichen Schritte hinweg eine erarbeitete Identität. Daher wird dieses Modell weniger als Beschreibung eines festgelegten Entwicklungsverlaufs gesehen, sondern eher als hilfreiches Konstrukt, die Unterschiede individueller Entwicklungsverläufe im Rahmen der Identitätsbildung besser zu erfassen (vgl. Wilkening u. a., 2009, S. 88). Andere Untersuchungen zeigen, dass sich die meisten jüngeren Heranwachsenden anscheinend im Zustand der Identitätsdiffusion oder der übernommenen Identität befinden. Im Moratoriumszustand ist der Anteil der 16- bis 18-Jährigen am höchsten. Für die folgenden Entwicklungsschritte gilt nach Siegler u. a.:

> „Im weiteren Verlauf der Adoleszenz und im frühen Erwachsenenalter gehen die jungen Leute vom Zustand der Identitätsdiffusion oder des Moratoriums meist in den Zustand der erarbeiteten Identität über, aber diejenigen, die sich im Zustand der übernommenen Identität befinden, verharren oft weiterhin darin."
>
> (Siegler u. a., 2011, S. 438)

Marcia hat bezogen auf den Identitätsfindungsprozess die selbstaktive Auseinandersetzung und Konstruktion der eigenen Identität in den Vordergrund gestellt (vgl. Hannover/Greve, 2012, S. 554). Allerdings spielt bei diesen Prozessen das soziale Umfeld ebenfalls eine nicht zu unterschätzende Rolle. Entsprechend der Bedeutung Gleichaltriger haben deren Rückmeldungen und Äußerungen sowie die Gespräche mit Freunden und Freundinnen eine außerordentliche Bedeutung für die Identitätsfindung von Jugendlichen. Nach wie vor ist auch die Familie eine wichtige Orientierungsquelle. So werden Überlegungen zur beruflichen Orientierung und teilweise auch Fragen zu Partnerschaft und Familie ebenso mit den Eltern besprochen wie Fragen zur Politik und zur Wertediskussion. Dabei zeigen sich geschlechtsspezifische Unterschiede. Mädchen beziehen beispielsweise in Beziehungsfragen eher ihre Mütter mit ein, der Vater dagegen ist Ansprechpartner in beruflicher und politischer Hinsicht. Förderlich für eine Unterstützung durch die Eltern ist es, wenn sich die Heranwachsenden einerseits den Eltern verbunden fühlen, andererseits aber auch die Freiheit haben, ihre Meinung offen zu äußern sowie sich zu erproben (vgl. Berk, 2011, S. 552).

Entwicklung des Selbstwertgefühls

Jugendliche erleben zu Beginn der Adoleszenz häufig Unsicherheit und ein niedrigeres Selbstwertgefühl. Bedingt durch körperliche Veränderungen, dem größeren Einfluss Gleichaltriger, dem Übergang in die weiterführende Schule sowie vermehrte Entscheidungsspielräume müssen sie sich in der neuen Lebensphase erst zurecht finden. Das führt dazu, dass sie sich fragen, ob sie in bestimmten neuartigen Situationen richtig gehandelt haben oder ob sie bei den Gleichaltrigen gut ankommen oder wie sich ihre Zukunft gestalten wird. Untersuchungen belegen daher Tendenzen zu einer verstärkten Instabilität in der Selbstachtung und zu negativen Selbstbewertungen (vgl. Petermann u. a., 2004, S. 180 f.).

Ein niedriges Selbstwertgefühl in der Pubertät geht einher mit Problemen wie Aggression, Depression, Drogenkonsum, sozialem Rückzug und Selbstmordgedanken. Sie sind auch ein Hinweis für mögliche Probleme im Erwachsenenalter wie psychische Erkrankungen, Kriminalität, schlechte Einkommensaussichten und geringe Zufriedenheit mit dem Leben und mit Beziehungen (vgl. Siegler u. a., 2011, S. 448 und Petermann u. a., 2004, S. 181).

> „Jedoch steht nicht fest, ob ein niedriges Selbstwertgefühl solche Probleme verursacht oder ob beides auf einen dritten Faktor zurückzuführen ist."
>
> (Siegler u. a., 2011, S. 448)

Beispielsweise könnte der Umstand, dass die Eltern über einen niedrigen Bildungstand verfügen, keinen oder prekäre Arbeitsplätze haben und selbst Erfahrungen mit Drogenmissbrauch und Kriminalität vorweisen, sowohl zu einem niedrigen Selbstwertgefühl bei ihren Kindern als auch zu deren Problemen im weiteren Leben beitragen.

Allerdings verläuft die Pubertät bei vielen Jugendlichen weit unproblematischer als in den Medien suggeriert wird. Gelingt die Identitätsfindung, was häufig vorkommt, ist dies mit einem wachsenden Gefühl psychischen Wohlbefindens verbunden.

10.6.2 Aufbau der eigenen geschlechtlichen Orientierung und Identität

Erwachende Geschlechtlichkeit

Beispiel

Die 14-jährige Marie verbringt seit kurzem viel Zeit vor dem Spiegel. Sie schminkt sich aufwendig und das Herrichten der Haare dauert mitunter sehr lange. Fragen des Aussehens spielen eine erhebliche Rolle in ihrem Leben. Mit ihren Freundinnen redet sie oft über Jungen und auf der letzten Party hat sie ein etwas älterer Junge aus ihrer Schule geküsst.

Sven ist 15 Jahre alt. Er ist Fußballer und spielt seit seinem sechsten Lebensjahr in einem Verein. Er fühlt sich unter seinen Freunden wohl. Sie unterhalten sich über Action-Computerspiele oder Autos und orientieren sich stark an männlichen Vorbildern. Nur wenn er allein in seinem Zimmer ist, beobachtet Sven genau die Veränderungen an seinem Körper. Gern wäre er etwas größer, weil er mitbekommt, dass sich die Aufmerksamkeit der Mädchen in seiner Klasse vor allem auf ältere und größere Mitschüler richtet. Das würde er aber nie im Leben gegenüber seinen Freunden zugeben.

> „Spätestens mit dem Eintritt in die Pubertät beginnen die permanente Auseinandersetzung mit [den] Geschlechterrollen und das aktive Bemühen, den eigenen Zugang zu einer Rollengestaltung zu klären."
>
> (Hurrelmann/Quenzel, 2012, S. 85)

Ist die Geschlechterrolle bzw. die Geschlechtsidentität in der Kindheit nur ein Aspekt des Selbstkonzeptes unter anderen, rückt dieser in der Adoleszenz in den Mittelpunkt. Natürlich haben auch weiterhin Themen wie akademisches bzw. schulisches Selbst sowie soziale Bezüge und Kooperation mit Gleichaltrigen eine erhebliche Bedeutung. Hinzu kommen die berufliche Orientierung und die Auseinandersetzung mit Werten und Rollen. Aber die Zugehörigkeit zum Geschlecht „Mann" oder „Frau" ist für das Erleben im Jugendalter von fundamentaler Bedeutung (vgl. Hurrelmann/Quenzel, 2012, S. 84ff.).

Der Einstieg in diese Phase wird durch **körperliche Veränderungen in der Pubertät** markiert (siehe Kapitel 5.6). Sie treten bei Mädchen in aller Regel früher auf als bei Jungen, wobei dieser Vorsprung in der gesamten Jugendphase erhalten bleibt. Die massiven körperlichen Wandlungen, die auch vom Umfeld deutlich wahrgenommen werden, zeigen nach außen hin, dass die Jugendlichen in eine neue Entwicklungsphase eintreten. Emotionale Veränderungen und erwachende sexuelle Bedürfnisse machen eine Neupositionierung zum anderen Geschlecht erforderlich und führen zur Notwendigkeit, die eigene Geschlechterrolle zu übernehmen und aktiv auszugestalten (vgl. Hurrelmann/Quenzel, 2012, S. 85).

Verstärkung der Identifizierung mit der Geschlechterrolle

In der frühen Adoleszenz suchen Jugendliche vor allem noch Kontakt zu Peers des eigenen Geschlechts. Vermehrt kommt es aber schon in dieser Phase zu Interaktionen und Freundschaften zwischen den Geschlechtern. Daraus ergeben sich die ersten Verliebtheitsbeziehungen (vgl. Siegler u. a., 2011, S. 597), die allerdings eher von Mädchen in diesem Alter eingegangen werden als von Jungen. Auch zu gleichgeschlechtlichen Gleichaltrigen werden die Freundschaften intensiver und emotionaler. Dabei zeigen sich Unterschiede.

> *„Mädchen treffen sich häufiger, um ‚einfach nur zu reden', und in ihren Interaktionen sind sie offener, sie vertrauen sich Geheimnisse an und sind für einander da. Jungen treffen sich dagegen häufiger zu gemeinsamen Unternehmungen – für gewöhnlich Sport und Wettbewerbsspiele. Die Gespräche unter Jungen drehen sich zumeist um Leistungen und sind stärker von Wettbewerb und Konflikten geprägt."*
>
> (Berk, 2011, S. 569)

Typisch für die Auseinandersetzung mit dem eigenen Geschlecht und die Gestaltung der Geschlechtsidentität ist im frühen Jugendalter eine **Intensivierung** der Geschlechterrollen sowohl bei Mädchen als auch bei Jungen (vgl. Siegler u. a., 2011, S. 597 und Berk, 2011, S. 564). Kennzeichnend hierfür ist die Tendenz, sich sehr deutlich mit dem eigenen Geschlecht bzw. mit Geschlechterstereotypen zu identifizieren. Jugendliche zeigen typische Verhaltensweisen, Haltungen und Vorlieben, die sich an den gesellschaftlich bestehenden Vorstellungen über das eigene Geschlecht orientieren. Mädchen kleiden sich weiblich, reden über Themen, die als Frauenthemen gelten und interessieren sich für Mode. Jungen sind begeistert von Sport, Autos, Action, Technik und demonstrieren Stärke und cooles Auftreten.

> Als **Geschlechterrollenintensivierung** wird das erhöhte Interesse, an den herkömmlichen Geschlechterrollen festzuhalten, bezeichnet (vgl. Siegler u. a., 2011, S. 597).

Eine mögliche Begründung könnte darin liegen, dass die auftauchenden Unsicherheiten im Zusammenhang mit den körperlichen und emotionalen Veränderungen in der Pubertät bzw. die einsetzende Geschlechtsreife zu Suchbewegungen führen, die sich an bewährten, vorgegebenen Mustern und Stereotypen orientieren. Zudem wirken häufig auch Eltern in diese Richtung, wenn sie eine Tochter animieren, doch einmal etwas Hübsches anzuziehen bzw. typisch weibliche Eigenschaften zu betonen. Auch die zunehmende Sensibilität für Rückmeldungen anderer, vor allem Gleichaltriger, mag ihren Teil dazu beitragen.

Die verstärkte Identifikation mit der Geschlechterrolle nimmt im Verlauf des Jugendalters wieder ab. Je mehr das Umfeld dazu animiert, die Geschlechtsstereotypen kritisch zu reflektieren und auch geschlechteruntypisches Verhalten zu erproben, umso eher werden enge Grenzen bezüglich der Geschlechtszuordnungen überschritten – beispielsweise wenn Mädchen ermutigt werden, vornehmlich „männliche" Sportarten wie Handball und Fußball zu spielen oder sich für technische bzw. naturwissenschaftliche Themen begeistern. Ein interessanter Trend zeigt sich aktuell darin, dass es intensive Bemühungen gibt, junge Männer für Tätigkeiten wie z. B. die Arbeit in Kindertagesstätten zu gewinnen, die bisher eher den Frauenberufen zugeordnet werden.

Geschlechtliche Beziehungen und Sexualverhalten

Eng verbunden mit der Auseinandersetzung um die eigene Geschlechtsidentität sind die Entstehung erster **Liebesbeziehungen** und die Entwicklung des **Sexualverhaltens**. Häufig läuft beides parallel bzw. aufeinander bezogen ab, allerdings nicht immer. Vor allem die hormonellen Veränderungen in der Pubertät stoßen das Interesse am anderen Geschlecht an und verstärken die Neigung zum Eingehen geschlechtlicher Beziehungen. Allerdings wird die Art der Beziehungsaufnahme, beispielsweise Zeitpunkt, Ort und Art der ersten Treffen, stark von gesellschaftlichen Normen und Bedingungen bestimmt. In westeuropäischen Kulturen sind erste Erfahrungen schon in der Mittelstufe erlaubt, werden von Eltern toleriert und teilweise sogar unterstützt. In asiatischen oder muslimischen Familien sind solche Treffen deutlich seltener und erst im späteren Jugendalter erlaubt und auch dann noch durch viele Normen und Kontrollmechanismen reglementiert (vgl. Berk, 2011, S. 572).

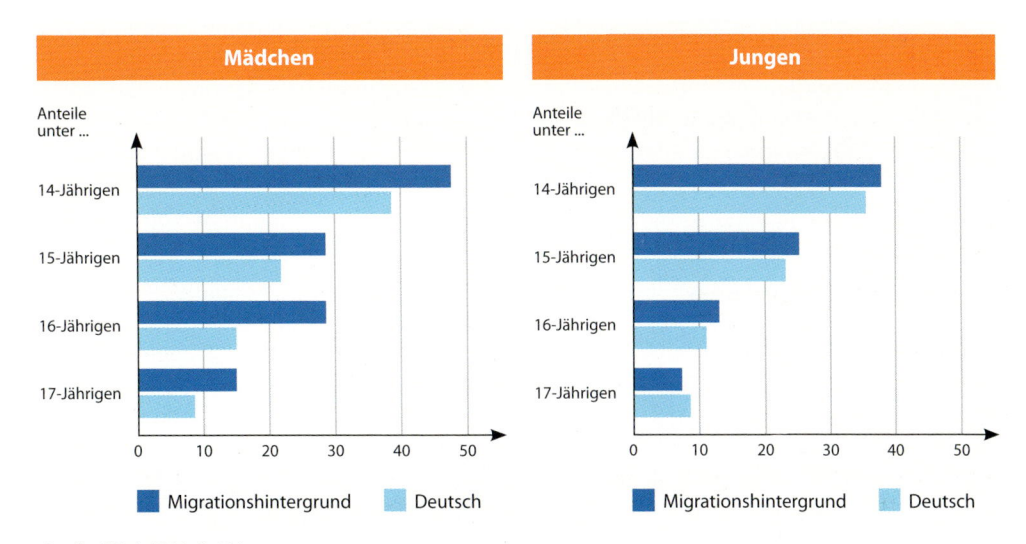

Anteil der Jugendlichen (14 bis 17 Jahre) ohne sexuelle Erfahrung (aus: Hurrelmann/Quenzel, 2012, S. 163)

Während Mädchen schon in der frühen Adoleszenz Interesse an Beziehungen zu dann meist älteren Jungen zeigen, sind männliche Jugendliche eher in der späten Adoleszenz bereit, sich auf erste Partnerschaften und intime Beziehungen einzulassen. Diese ersten Beziehungen veranlassen die Jugendlichen dazu, sich mit ihrer Rolle als Mann und Frau in Liebesbeziehungen bzw. Partnerschaften auseinanderzusetzen.

Sexuelle Orientierungen

In dieser Entwicklungsphase kristallisiert sich die sexuelle Orientierung heraus. Die Mehrzahl der Jugendlichen fühlt sich zu Individuen des jeweils anderen Geschlechts hingezogen und macht dies nicht ausdrücklich zum Gegenstand bewusster Reflexion (vgl. Siegler u. a., 2011, S. 443 f.).

> Die **sexuelle Orientierung** meint das anhaltende Interesse einer Person an Männern oder Frauen als Gegenüber erotischer und/oder romantischer Gefühle sowie oftmals, aber nicht notwendigerweise als Geschlechtspartner. Sie ist Teil des geschlechtlichen Selbstkonzepts.

Sehr viel schwieriger wird der Erwerb der sexuellen Identität, wenn Jugendliche homosexuelle Orientierungen bei sich wahrnehmen. Für diese Minderheit von Jugendlichen wird das Thema zu einer zentralen Frage und vor allem zu Anfang häufig als verwirrend und schmerzhaft empfunden (vgl. Siegler u. a., 2011, S. 444).

Homosexuelle Orientierungen werden Jugendlichen meist nicht mit einem Schlag bewusst, sondern entstehen in einem Prozess, der mit ersten Ahnungen beginnt und dann zu einer – ggf. auch öffentlich bekannten – Liebesbeziehung in einer gleichgeschlechtlichen Partnerschaft führt.

B

Ereignis	Durchschnittliches Alter in Jahren (bei einer großen Spannbreite)
Bewusstheit der gleichgeschlechtlichen Neigungen	8 Jahre
Erster schwuler Sex	14 Jahre
Erster heterosexueller Sex	15 Jahre
Erkennt sich selbst als schwul oder bisexuell	17 Jahre
Erstes Outing gegenüber anderen	18 Jahre
Erste gleichgeschlechtliche Liebesbeziehung	18 Jahre

Das Alter bei wichtigen Schritten der Identitätsentwicklung von schwulen und bisexuellen männlichen Jugendlichen (vgl. Siegler u. a., 2011, S. 445)

Berufliche Handlungsrelevanz

Die Identitätsfindung in der Adoleszenz ist ein wesentlicher Schritt in der Entwicklung des Selbst. Um Jugendliche angemessen begleiten zu können, benötigen pädagogische Fachkräfte ein fundiertes entwicklungspsychologisches Wissen, insbesondere über die Instabilität dieser Prozesse. In ihrem pädagogischen Handeln ist es wichtig, eine Balance herzustellen zwischen einerseits hilfreichen Impulsen und Vorbildsein in Richtung einer erarbeiteten Identität nach Erikson und andererseits dem Zugestehen von selbstständiger Auseinandersetzung und eigener Konstruktion individueller Lebensentwürfe. Vor allem dem Jugendlichen das Erproben eigener Wege zu ermöglichen, erfordert mitunter viel Akzeptanz und wohl auch Frustrationstoleranz.

Nach Möglichkeit ist dabei das Selbstwertgefühl zu stützen, das in dieser Entwicklungsphase aus den ausgeführten entwicklungspsychologischen Gründen in manchen Fällen gefährdet ist.

Eine wichtige Aufgabe für pädagogische Fachkräfte besteht auch in der Beratung von Eltern, für die die Adoleszenz ihrer Töchter und Söhne zuweilen eine schwierige Phase darstellt: gilt es doch loszulassen und den Kindern Selbstständigkeit zuzugestehen, obwohl man es doch besser zu wissen meint. Nur so ermöglicht man es ihnen, eine eigene Identität zu entwickeln. Hier kann mitunter der Rat, gelassen zu bleiben, hilfreich sein.

Eine besondere Herausforderung stellt die Begleitung Jugendlicher auf dem Wege hin zu einer geschlechtlichen sowie sexuellen Identität dar. Es handelt sich hierbei um Fragen, die sehr emotional und intim sind und daher viel Behutsamkeit und eine kritische Selbstreflexion auf Seiten der Fachkraft erforderlich machen. Auch hier sind die eigenen Wege der Jugendlichen zu respektieren. Besonderer Unterstützung bedürfen sie, wenn beispielsweise homosexuelle Orientierungen oder frustrierende Liebeserlebnisse das Selbstwertgefühl und die Selbstwerdung beeinträchtigen.

10.7 Entwicklung des Selbst im frühen Erwachsenenalter

Haben sich junge Menschen in der Adoleszenz eine Identität erarbeitet, warten in der Phase des frühen Erwachsenenalters neue Entwicklungsaufgaben auf sie, die spezifische Herausforderungen darstellen und neue Ungewissheiten mit sich bringen. In der Psychologie besitzen die von Robert J. Havighurst (1900–1991) in den 1950er- und 1960er-Jahren zusammengestellten Entwicklungsaufgaben für das junge Erwachsenenalter noch immer Gültigkeit:

- der Berufseinstieg
- das Finden eines Lebenspartners
- das Zusammenleben mit dem Partner lernen
- die Gründung einer Familie
- die Erziehung von Kindern
- die Schaffung eines Heims für die Familie
- die Sorge für das Gemeinwohl
- der Aufbau und die Aufrechterhaltung eines gemeinsamen Freundeskreises

(vgl. Freund/Nikitin, 2012, S. 262)

Bezogen auf das frühe Erwachsenenalter lassen sich bei Bearbeitung dieser Herausforderungen zwei Phasen unterscheiden:

- Von etwa 20 Jahren an bis zum Erreichen des 30. Lebensjahres steht der **Einstieg** in die Lebenszusammenhänge des Erwachsenenalters im Vordergrund. Hierbei geht es darum, Partnerschaft und Familie **aufzubauen**, in den Beruf **einzusteigen** und seine gesellschaftliche Rolle **zu finden**. Entsprechend wird in den Formulierungen der Entwicklungsaufgaben auch der Aufbau von Lebensbereichen betont.
- Im Mittelpunkt des folgenden Lebensjahrzehnts steht dann, die aufgebauten Lebenszusammenhänge zu stabilisieren, wobei sich bezogen auf Männer und Frauen Unterschiede zeigen (vgl. Berk, 2011, S. 637 f.).

Die beiden Phasen führen zu unterschiedlichen Bedingungen für die Weiterentwicklung des Selbstkonzeptes.

Weichenstellungen im dritten Lebensjahrzehnt

In der ersten Phase spielen die Auswahl, das Erproben und die Gestaltung eigener Lebensentwürfe und -ziele eine wichtige Rolle. Das Alter zwischen 20 und 30 gilt daher als besonders **anspruchsvolle Lebensphase**, in der vor allem bezogen auf Beruf und Familie wichtige Weichenstellungen vorgenommen werden. So steht bis weit in diesen Lebensabschnitt hinein der Erwerb zentraler Kompetenzen durch Ausbildung oder Studium für den weiteren beruflichen Weg im Vordergrund. Dann ist der Einstieg ins Berufsleben zu leisten, d. h. eine zufriedenstellende Arbeitsstelle zu finden. Gleichzeitig gilt es, sich damit auseinanderzusetzen, eine Lebenspartnerschaft einzugehen und eine Familie zu gründen. Dies sind grundlegende Schritte, die in aller Regel die Basis für den weiteren Lebensweg darstellen (vgl. Freund/Nikitin, 2012, S. 264).

Erschwerend kommt hinzu, dass sich aufgrund gesellschaftlicher Veränderungen die Phase dieser Weichenstellungen teilweise verschoben bzw. verkürzt hat. Wer beispielsweise studiert, wird unter Umständen erst nach einigen Praktika mit Ende zwanzig in einen Beruf einsteigen und dann bis Mitte Dreißig eine Familie gründen können, sodass noch weniger Zeit für eine Orientierung zur Verfügung steht. Daher wird auch von der **Rushhour** des Lebens gesprochen (vgl. Freund/Nikitin, 2012, S. 264).

Das Selbstkonzept reflektiert diese Prozesse, wobei vor allem die Vorstellungen, Wünsche und Selbsteinschätzungen bezogen auf die berufliche Sozialisation sowie das Beziehungs- und Familienleben im Vordergrund stehen. Insgesamt gewinnt das Selbstkonzept im frühen Erwachsenenalter nach der Adoleszenz weiter an Komplexität und Realitätsbezug.

Stabilisierung im vierten Lebensjahrzehnt

Während sich vor allem um Mitte Zwanzig unbegrenzte Zukunftsperspektiven zu eröffnen scheinen – verschiedene Lebensentwürfe stehen in beruflicher und partnerschaftlich-familiärer Hinsicht zur Auswahl – wird der Lebensweg im folgenden Lebensjahrzehnt als deutlich festgelegter wahrgenommen. Es wird am weiteren Auf- und Ausbau der Berufskarriere gearbeitet, gegebenenfalls kommen Kinder zur Welt und deren Erziehung steht im Vordergrund. Entsprechend entsteht ein Gefühl, das Leben unter Kontrolle zu haben. Die Lebenszufriedenheit nimmt zu. Allerdings können auch Konflikte zwischen den verschiedenen Lebensbereichen auftreten, etwa bei Frauen zwischen beruflichen Perspektiven und dem Wunsch nach Kindern, was teilweise als schmerzhaft empfundene Entscheidungsnotwendigkeit erlebt wird. Hier werden Auseinandersetzungen mit dem eigenen Selbstbild bzw. mit den persönlichen Lebensentwürfen erforderlich.

Beispiel

Christian ist 29 Jahre alt. Er hat gerade sein Referendariat beendet und seine erste Anstellung als Lehrer an der örtlichen Oberschule angetreten. Seine Frau Anna ist zwei Jahre älter und arbeitet als Industriekauffrau in einem Logistikunternehmen. Sie hat sich dort mithilfe von Fortbildungen und viel Engagement eine gehobene Position erarbeitet. Anna ist stolz auf ihre berufliche Entwicklung. Sie möchte aber auch Kinder. Daher planen Christian und sie Nachwuchs. Gemeinsam sprechen sie über ihre Zukunftspläne und wie sie die Betreuung und Erziehung ihrer Kinder bewerkstelligen wollen. Anna hat große Sorge, für eine längere Zeit aus dem Beruf auszusteigen, weil sie dann ihre Position in der Firma verlieren wird, die ihr sehr am Herzen liegt.

Thomas und Sandra sind beide 39 Jahre alt. Thomas ist als Fachinformatiker tätig. Sandra hat wieder begonnen, halbtags als Erzieherin zu arbeiten, seit ihre Tochter Laura die dritte Klasse besucht. Für sie beide war es klar, dass sie ein Kind wollen. Die Lebensplanung ist aufgegangen und beide arbeiten nun daran, ihr Haus abzuzahlen. Insgesamt erscheint der weitere Lebensweg vorgezeichnet. Sowohl Thomas als auch Sandra sind mit ihrem Leben zufrieden. Beide empfinden sich als kompetent in ihrem Beruf und freuen sich über die rasanten Entwicklungsschritte ihrer Tochter.

Insgesamt gilt für das frühe Erwachsenenalter:

> „Im Vergleich zum Jugendalter sind die Zukunftsvorstellungen von der eigenen Person bei Erwachsenen weniger idealistisch überhöht, stärker realitätsangemessen und konkreter an bereits eingenommenen Rollen (z. B. Elternrolle) und Verantwortlichkeiten (z. B. für die Mitarbeiter/-innen) ausgerichtet."
>
> (Hannover/Greve, 2012, S. 559)

Geschlechtsrolle und Geschlechtsidentität

Fragen bezogen auf Partnerschaft und Gründung einer Familie kommen im frühen Erwachsenenalter auf viele junge Frauen und Männer zu. Im Falle der Entscheidung für Nachkommen werden dann aus Männern **Väter** bzw. aus Frauen **Mütter**. Vor 50 Jahren lief dies noch wie selbstverständlich auf eine Kernfamilie mit Vater, Mutter und zwei Kindern hinaus. Inzwischen hat sich eine große **Vielfalt an Familien- und Lebensformen** entwickelt: Stief- und Patchworkfamilien, Ein-Eltern-Familien, gleichgeschlechtliche Partnerschaften mit Kind usw. Entsprechend ergeben sich unterschiedliche Auswirkungen auf das Selbstkonzept insbesondere auf das eigene Verständnis von Vater- bzw. Muttersein.

10.7 Entwicklung des Selbst im frühen Erwachsenenalter

Beispiel

Laura erzählt im Stuhlkreis ihrer Kindergartengruppe: „Am Wochenende war ich bei meinem Papa. Der wohnt jetzt mit Julia zusammen. Sie haben ein Baby, den Ben. Der ist aber noch ganz klein und weint immer." Lena berichtet, dass sie bei ihren Großeltern übernachtet hat, „die wohnen aber nur ein Stockwerk höher." Manchmal geht sie mit ihren drei Schwestern hoch und kocht gemeinsam mit ihrer Oma. Leon erzählt davon, wie seine Eltern mit seinem Bruder und ihm einen Ausflug in den Zoo gemacht haben. Nick wohnt bei seiner Mutter. Sie sind zusammen einkaufen gegangen und haben dann noch ein Eis gegessen.

Patchworkfamilie, in der Eltern ihre jeweiligen Kinder aus vorhergehenden Ehen oder Lebenspartnerschaften in die neue Beziehung einbringen

Bezogen auf die Stabilisierung der Lebenszusammenhänge im Verlauf des frühen Erwachsenenalters zeigt sich ein wichtiger Unterschied zwischen den Geschlechtern. Während Männer mit Mitte Dreißig „zur Ruhe kommen" (Berk, 2011, S. 639) und sich auf ihre Partnerschaft sowie ihre beruflichen Ambitionen oder Ziele im Freizeitbereich konzentrieren können, ergibt sich für Frauen eine andere Situation. Sie müssen sich in vielen Fällen nach einer Phase, in der die Betreuung und Erziehung ihrer Kinder im Vordergrund stand, wieder neu in ihrem Beruf einfinden. Dazu ist – auch auf der Grundlage ihres Selbstkonzeptes bzw. ihrer Vorstellungen von ihrer Lebensführung – eine erneute berufliche Orientierung sowie eine Prioritätensetzung bezogen auf die eigenen Lebensbereiche erforderlich (vgl. Berk, 2011, S. 639).

Dabei zeigen sich bei Männern und Frauen mitunter sehr unterschiedliche Vorstellungen über das Leben.

> *„Männer betrachten sich häufig in ihrer beruflichen Rolle als unabhängig und leistungsorientiert, während Frauen zu einem ‚zwiespältigen Traum' neigen, in dem sowohl Ehe als auch Beruf einen Platz haben."*
>
> (Berk, 2011, S. 639)

Berufliche Handlungsrelevanz

Pädagogische Fachkräfte werden im Rahmen der Eltern- und Familienarbeit vor allem auf Männer und Frauen im frühen Erwachsenenalter treffen. In aller Regel haben Kinder im Kindergarten- und Grundschulalter Eltern zwischen 30 und 40 Jahren, vielleicht sind sie auch etwas älter. Von daher ist es sinnvoll, entwicklungspsychologisches Wissen über das frühe Erwachsenenalter zu haben, um deren Selbstbild, Lebensfragen, Zukunftsperspektiven usw. verstehen zu können. Nur so kann die Zusammenarbeit im Rahmen der Bildungs- und Erziehungspartnerschaft gelingen.

10.8 Entwicklung des Selbst im Erwachsenenalter

Mit dem Erwachsenenalter endet die Entwicklung des Selbstkonzepts keineswegs. In dieser Lebensphase sind es vor allem individuelle Lebensereignisse und die Veränderungen der generationellen Situation, die zu neuen Sichtweisen auf das eigene Leben bzw. das eigene Selbst führen. Davon sind auch Fragen nach der eigenen geschlechtlichen Identität betroffen.

10.8.1 Mittleres Erwachsenenalter

Entwicklung des Selbst

In der Zeit zwischen dem 40. und 65. Lebensjahr verläuft das Leben in aller Regel in ruhigen Bahnen. Es geht nicht mehr darum, Perspektiven und Entwürfe für den Lebenslauf zu entwickeln und anzugehen, sondern diese Lebensphase ist eher von der Gestaltung und Stabilisierung des erreichten Niveaus geprägt. So gilt es u. a., befriedigende Leistungen im Beruf zu erreichen und aufrecht zu erhalten, den heranwachsenden Kindern zu helfen, verantwortungsbewusste und glückliche Erwachsene zu werden, die Beziehung zum Ehepartner als eigenständigen Menschen auszubauen und zu erhalten (vgl. Freund/Nikitin, 2012, S. 262).

Gleichzeitig führen die Wahrnehmung des Nachlassens der eigenen körperlichen und kognitiven Fähigkeiten sowie die Erfahrung, Kind von Eltern im hohen Alter zu sein, zu einer immer bewusster werdenden Erkenntnis der **Endlichkeit des Lebens**. Unterstrichen wird dies durch immer häufiger im Bekanntenkreis auftretende ernste Erkrankungen.

Das Selbstkonzept in dieser Altersphase reflektiert daher die Endlichkeit der eigenen Lebensspanne und baut gleichzeitig auf längeren Lebenserfahrungen auf. Zudem spielen generative Themen eine große Rolle, in denen es beispielsweise um die Lebenswege der Kinder sowie teilweise um Enkel geht (vgl. Berk, 2011, S. 733). Das Selbstbild bleibt über diese Entwicklungsspanne hinweg relativ stabil, wenn nicht einschneidende Lebensereignisse wie z. B. lebensbedrohliche Erkrankungen oder das Auseinanderbrechen von Ehen auftreten, die eine neue Selbstsicht erforderlich machen. Beispielsweise könnte ein Herzinfarkt die Selbstwahrnehmung eines „unverwundbaren Vielarbeiters" ins Wanken bringen oder das Verlassenwerden und eine damit verbundene Einsamkeit das Selbstwertgefühl massiv reduzieren.

Es wird vermutet, dass sich Frauen und vor allem Männer in dieser Lebensphase mit ihrem bisherigen Leben, den erreichten Zielen und Wünschen und den immer eingeschränkteren Möglichkeiten bezogen auf Beruf und Familie auseinandersetzen und dabei häufig in eine Krise geraten – die sogenannte **Midlife-Crisis**. Diese These ist in der öffentlichen Meinung immer noch sehr populär (vgl. Schäfer, 2012).

> Mit **Midlife-Crisis** ist eine Lebenskrise in der Mitte des Lebens (um das 45. Lebensjahr) gemeint, die sich aus der emotional belastenden Erfahrung der eigenen Endlichkeit und der damit zusammenhängenden Begrenztheit der eigenen Lebensentwürfe ergibt.

Allerdings kommen die wissenschaftlichen Untersuchungsergebnisse zu diesem Thema zu keinen einheitlichen Ergebnissen. Die These, der Übergang zum mittleren Erwachsenenalter sei **grundsätzlich** mit emotionalen Belastungen verbunden, wird nicht bestätigt (vgl. Freund/Nikitin, 2012, S. 264 f.). Eine solche Sichtweise widerspricht auch der Beobachtung, dass sich Erwachsene in dieser Entwicklungsphase im Allgemeinen recht zufrieden fühlen und über ein relativ hohes Selbstwertgefühl verfügen. Nicht zuletzt hat das damit zu tun, dass die Selbstentwürfe in dieser Lebensphase meist aufgegangen sind und häufig ein stabiler Lebensweg beschritten wird. Hierbei wirkt sich das Selbst mitgestaltend aus, da in diesem Alter aufgrund der beruflichen Situation und der Tatsache, dass die Kinder meist schon ihre eigenen Wege gehen, die höchste Autonomie empfunden wird (vgl. Hannover/Greve, 2012, S. 558). Männer und Frauen zwischen dem 45. und 65. Lebensjahr können ihr Leben in vielen Fällen weitgehend selbst bestimmen, ohne auf Rahmenbedingungen wie die Erziehung des Nachwuchses Rücksicht nehmen zu müssen.

Bezogen auf das Selbstkonzept treten dabei **soziale** Vergleiche – beispielsweise „Was kann ich im Vergleich zu anderen?" – eher in den Hintergrund und werden durch **temporale** Vergleiche ersetzt: „Was von dem, was ich mir vorgenommen habe, ist mir gelungen?" (vgl. Berk, 2011, S. 733).

Eine ganz andere Herausforderung für das Selbstkonzept entsteht allerdings, wenn es zu einer Lebenskrise aufgrund von Krankheit, Unfall, Scheidung, Verlust von engen Familienangehörigen, wirtschaftlichem Ruin oder ähnlich einschneidenden Ereignissen kommt. Interessanterweise sind Menschen in diesem Alter häufig in der Lage, ihr Selbstbild auch nach krisenhaften Lebensereignissen wieder zu stabilisieren und sich in der Selbstsicht den neuen Gegebenheiten anzupassen. Hierbei zeigen die Betroffenen zunehmend adaptive Reaktionen, d. h. sie bemühen sich, durch Anpassung an die Gegebenheiten Problemlösungen herbeizuführen. Beispielsweise stellt man sich nach dem Tod des Lebenspartners auf ein Leben allein ein oder versucht mit einer Erkrankung zu leben. Dahinter steht ein Selbstkonzept mit dem Wissen und den Erfahrungen aus vielen Lebensjahren. In jüngeren Jahren standen eher aktive Bemühungen zur Meisterung der Situation im Vordergrund. Beispielsweise bemühte man sich dann eher um den Aufbau einer neuen Partnerschaft (vgl. Greve/Leipold, 2012, S. 577).

Geschlechtsidentität

Beispiel

Frau Martens ist 48 Jahre alt und Einrichtungsleiterin einer Kita. Früher war sie sehr nervös, wenn sie mit dem Träger der Einrichtung, einer evangelischen Kirchengemeinde, sprechen musste. Heute äußert sie selbstbewusst ihre Meinung und fordert gegenüber dem Gemeindepastor, der für ihre Kita zuständig ist, die notwendige Unterstützung ein. Im Team setzt sie sich geschickt, aber notfalls auch mit Nachdruck, durch und leitet selbstbewusst ihre Einrichtung.

Zuhause in ihrer Familie ist sie dominanter geworden und bringt ihre Sichtweisen und Vorstellungen gegenüber ihrem Mann und ihren jugendlichen Söhnen resolut ein.

Ihr Partner, ebenfalls 48 Jahre alt, zeigt hingegen inzwischen deutlich mehr Einfühlung und Fürsorge als noch vor zehn Jahren. Häufiger als früher nimmt er sich zurück und geht auf die Wünsche seiner Partnerin ein.

Für das mittlere Erwachsenenalter wurde in vielen Untersuchungen gezeigt, dass bei Frauen eine Zunahme maskuliner und bei Männern eine Verstärkung femininer Charaktereigenschaften eintritt. Frauen werden zuversichtlicher, unabhängiger und durchsetzungsfähiger, während Männer sensibler, fürsorglicher, aufmerksamer und abhängiger werden (vgl. Berk, 2011, S. 735). Die Geschlechtsidentität sowohl von Frauen als auch von Männern wird offener bzw. androgyner.

Androgynie (altgriechisch „andros" = Mann und „gyne" = Frau) bedeutet „weibliche und männliche Merkmale vereinigend".

Hierfür werden unterschiedliche Ursachen diskutiert. Einige Wissenschaftler nehmen an, dass aus evolutionären Gründen während der Phase der aktiven Kindererziehung die traditionellen Geschlechterrollen betont werden, danach aber im mittleren Erwachsenenalter das Zulassen der „andersgeschlechtlichen" Persönlichkeitseigenschaften wieder möglich ist. Hinzu kommen aber auch Veränderungen der sozialen Rollen und Lebensumstände, die diese Tendenz ebenfalls unterstützen. Männer haben nach dem Auszug der Kinder mitunter das Bedürfnis nach einer tieferen ehelichen Beziehung, vor allem in Verbindung mit nachlassenden Karrieremöglichkeiten und -ambitionen angesichts zurückgehender körperlicher Leistungsfähigkeit. Dies könnte zu erhöhter emotionaler Sensibilität führen. Frauen hingegen werden angesichts einer ständigen Konfrontation mit wirtschaftlichen und sozialen Nachteilen, auch im Rahmen von Scheidung und der Aufgabe, Kinder allein zu erziehen, insgesamt selbstständiger und durchsetzungsfähiger (vgl. Berk, 2011, S. 738).

Bezogen auf die **Zufriedenheit** in der Ehe bzw. in Lebenspartnerschaften zeigt sich eine Entwicklung, die sich als Entwicklungstrend über das gesamte Erwachsenenalter verfolgen lässt. Die Zufriedenheit in der Partnerschaft ist im jungen Erwachsenenalter hoch und sinkt dann kontinuierlich bis zum mittleren Erwachsenenalter, um dann im höheren Erwachsenenalter wieder anzusteigen (vgl. Freund/Nikitin, 2012, S. 276). Allerdings gibt es hier große individuelle Unterschiede.

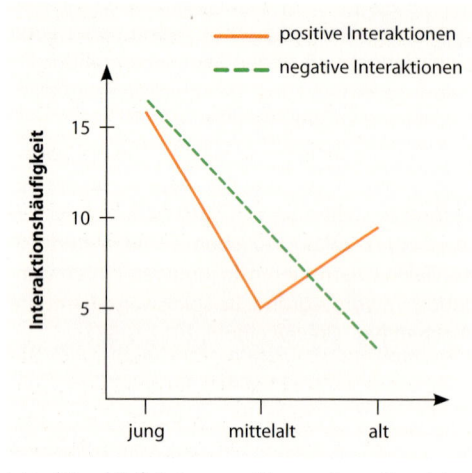

Interaktionshäufigkeit von positiven und negativen Interaktionen im jungen, mittleren und höheren Erwachsenenalter in Ehe bzw. Lebenspartnerschaften (nach Gilford/Bengtson, 1979; zit. in: Freund/Nikitin, , 2012, S. 276)

10.8.2 Höheres Erwachsenenalter und hohes Alter

Das Selbst im höheren Alter

Das Selbstkonzept verändert sich ein Leben lang. Auch das Selbstwertgefühl unterliegt entwicklungsbedingt aber auch aufgrund von Lebensereignissen ständigen Wandlungsprozessen. Allerdings zeigt sich mit zunehmenden Alter ein deutlicher Trend: von der Lebensmitte an bis ins hohe Alter bleibt das Selbst relativ stabil, auch wenn es sich im Detail verändern mag (vgl. Berk, 2011, S. 828). Die Selbsteinschätzungen bleiben im Laufe der zweiten Lebenshälfte relativ gleich: etwa die Beschreibung des eigenen Temperaments – ob man sich also für einen extrovertierten oder introvertierten Menschen hält. Ebenso verhält es sich mit der Einschätzung der eigenen kognitiven und sozialen Kompetenzen – „Bin ich ein theoretischer Typ, verfüge ich über die Fähigkeit, mich in andere einzufühlen, bin ich großzügig?" und vieles mehr.

Einige Aspekte im Selbstbild der über 65-Jährigen verändern sich allerdings notgedrungen in Abhängigkeit von Lebensumständen, die sich in aller Regel mit dem Überschreiten dieser Altersgrenze ergeben:
- Das berufliche und familiäre Leben hat sich tiefgreifend gewandelt. In aller Regel sind Menschen in diesem Alter aus dem Erwerbsleben ausgeschieden und die Kinder haben das Haus verlassen und eigene Familien gegründet. Entsprechend gehört zum Selbstkonzept von über 65-Jährigen die Wahrnehmung des Ruheständlers sowie des Großelterndaseins.
- Die körperlichen und geistigen Kräfte lassen merklich nach. Mittelbar oder unmittelbar sind gravierende Erkrankungen und der Tod – vor allem im hohen Alter – Teil des Lebens, sodass das Wissen darum zum Selbstbild gehört.

10.8 Entwicklung des Selbst im Erwachsenenalter

- Die Perspektive ist insgesamt weniger nach vorn in die Zukunft gerichtet – rein zeitlich liegt das Lebensende nun deutlich näher – sondern zunehmend auf die Vergangenheit, das Erlebte und Geschehene.
- Menschen über 65 haben ein Leben lang viele Erfahrungen und Selbsterkenntnisse gesammelt, sodass es nun darum geht, „mit dem eigenen Leben ins Reine zu kommen" (Berk, 2011, S. 824).

Vor diesem Hintergrund hat Erikson in seiner Entwicklungstheorie für diese Lebensphase als Grundkonflikt „Integrität versus Verzweiflung" beschrieben.

> „Ein Mensch, der zu einem Gefühl von Integrität findet, fühlt sich im Einklang mit sich selbst, erfüllt und zufrieden mit dem, was er im Leben erreicht hat. [...] Wenn dieses Stadium negativ verläuft, stellt sich Verzweiflung ein. Der ältere Mensch hat das Gefühl, er hätte zu viele falsche Entscheidungen getroffen, aber dennoch ist die verbleibende Zeit zu kurz, um einen alternativen Pfad zur Ich-Integrität zu beschreiten."
>
> (Berk, 2011, S. 824f.)

Je nachdem wie dieser Konflikt ausgetragen wird, ergibt sich ein unterschiedliches Selbstbild. Bezogen auf das höhere Erwachsenenalter und das hohe Alter sind die Entwicklungsverläufe in diesem Zusammenhang allerdings individuell sehr verschieden.

Frau- und Mann-sein im höheren Alter

Aspekte und Fragen der Elternschaft treten in dieser Altersphase deutlich in den Hintergrund. Der Nachwuchs ist in aller Regel aus dem Haus und steht auf eigenen Füßen. Mit dem Ruhestand sind ebenfalls berufliche Tätigkeiten beendet und damit spielt die Problematik der teilweise unterschiedlichen Rollen von Männern und Frauen im Berufsleben sowie der damit verbundenen Ungleichheiten und Ungerechtigkeiten keine Rolle mehr.

Ehen sind im höheren Erwachsenenalter meist durch eine große Zufriedenheit gekennzeichnet, wenn belastende Verpflichtungen abnehmen und Gleichberechtigung in der Ehe, gemeinsame Freizeitaktivitäten und positive Kommunikation zunehmen (vgl. Berk, 2011, S. 876).

Allerdings kann es auch in dieser Altersgruppe zu Trennungen und Scheidungen kommen, unter deren Folgen Frauen aufgrund größerer finanzieller Nöte und geringerer Wahrscheinlichkeit der Wiederheirat mehr zu leiden haben als Männer. Eine weitere Veränderung kann sich auch durch den Tod des Ehepartners ergeben. Frauen scheinen damit besser fertig zu werden als Männer (vgl. Berk, 2011, S. 848ff.). Häufiger als zu einer Wiederheirat kommt es zu nichtehelichen Lebensgemeinschaften.

Im höheren Alter sind Ehen und Beziehungen häufiger glücklich.

> „In Bezug auf Geschlechtsunterschiede ist noch einmal daran zu erinnern, dass es die Altersforschung gerade im hohen Alter ganz überwiegend mit Frauen zu tun hat. Während die jetzigen Generationen an hochaltrigen Frauen noch stark an traditionelle Rollenmuster gebunden sind, beginnen sich auch Veränderungen abzuzeichnen: So waren im Jahre 2002 in Deutschland untersuchte über 85-jährige Frauen im Erledigen von Bankangelegenheiten und in der Nutzung des öffentlichen Personenverkehrs deutlich kompetenter als im Jahr 1991 untersuchte Frauen gleichen Alters."
>
> (Wahl/Schilling, 2012, S. 327f.)

Aufgaben

1. Erläutern Sie die Begriffe „Selbst", „Selbstkonzept", „Selbstwertgefühl", „Geschlechterrolle" und „Geschlechtsidentität" mithilfe von Beispielen aus dem Bereich der Kinder- und Jugendhilfe.
2. a) Stellen Sie den Test der „Fremden Situation" von Mary D. Salter Ainsworth und Barbara Wittig dar.
   b) Nennen Sie die wichtigsten Merkmale der vier Bindungstypen.
   c) Erläutern Sie, welche Bedeutung die Feinfühligkeit der Mutter für die Entwicklung einer sicheren Bindung hat.
3. Beschreiben Sie den Verlauf der Selbstentwicklung bis zur mittleren Kindheit. Diskutieren Sie in arbeitsteiligen Kleingruppen, wie die Selbstentwicklung in der Krippe, im Kindergarten, in der Grundschule von pädagogischen Fachkräften unterstützt werden kann.
4. Analysieren Sie folgende Selbstbeschreibungen und ordnen Sie begründet die entsprechende Entwicklungsphase zu:
   a) „Wer ich bin und wie ich bin, kann wahrscheinlich niemand so richtig verstehen. Ganz einfach bin ich sicher nicht. Ich denke, meine engsten Freunde erleben mich meistens als verständnisvoll und lieb. In einer größeren Gruppe von guten Bekannten und Freunden bin ich eher mal cool drauf und riskiere auch etwas. Überwiegend bin ich ein ganz freundlicher Zeitgenosse und gut drauf. Aber wenn es mir nicht passt, wie sich Leute verhalten, kann ich auch richtig unausstehlich sein." (vgl. Siegler u. a., 2011, S. 434)
   b) „Ich habe einen Bruder. Der heißt Tim. Wir haben ein Zimmer mit Fernseher. Ich kann sehr weit springen. Weiter als Du. Wollen wir es einmal probieren? Ich mag Pizza und Nudeln. Ich bin immer fröhlich. Ich habe keine Angst, auch nicht vor Hunden."
   c) „Wir spielen viel Fußball. Meistens spiele ich mit meinen Freunden auf dem Platz vor dem Dorf. In der Schule bin ich ganz gut. Nicht so in Deutsch. Da sind vor allem die Mädchen besser. Aber ich kann ganz gut Mathe. Und in Sport gehöre ich zu den Besten. Schule ist aber nicht so wichtig. Muss sein. Dass ich Freunde habe, die mich mögen, ist wichtiger. Ich mag mich, weil ich weiß, dass meine Eltern und die anderen mich mögen."
5. Analysieren Sie die Selbstäußerungen am Anfang dieses Kapitels (siehe S. 376 oben). Diskutieren Sie, anhand welcher Merkmale des Selbstkonzeptes das Alter bzw. die Entwicklungsphase der Kinder und Jugendlichen zugeordnet werden kann.
6. Wählen Sie in Kleingruppen eine Entwicklungsphase aus (z. B. Mittlere Kindheit). Entwickeln Sie eine Projektskizze für eine Gruppe einer Einrichtung der Kinder- und Jugendhilfe (z. B. Hort), die der Unterstützung des Selbstwertgefühls der beteiligten Kinder bzw. Jugendlichen dient. Stellen Sie Ihre Ergebnisse in der Klasse vor und diskutieren Sie diese.
7. Erläutern Sie konkrete Beispiele für Jugendliche und deren Lebenssituationen, Verhaltensweisen usw., die sich in den unterschiedlichen Identitätszuständen nach Marcia befinden.
8. Entwickeln Sie pädagogische Vorgehensweisen, um Jugendliche in Richtung einer erarbeiteten Identität zu unterstützen. Diskutieren Sie die Problematik, dass Erziehung das Ziel der Mündigkeit und Selbstständigkeit verfolgt.
9. Stellen Sie den Erwerb der Geschlechtsidentität in Kindheit und Jugend dar.
10. Stellen Sie Merkmale, Eigenschaften und typische Verhaltensweisen von Männern und Frauen gegenüber. Diskutieren Sie, ob bzw. inwieweit diese Unterschiede biologische oder psychosoziale Ursachen haben. Erörtern Sie Sinn und Unsinn von Geschlechterstereotypen.
11. Recherchieren Sie, welche Ergebnisse Untersuchungen zu Leistungsunterschieden zwischen Mädchen und Jungen – bezogen auf verschiedene Schulfächer – erbracht haben. Diskutieren Sie mögliche Folgen für das Bildungssystem.
12. Erarbeiten Sie Grundsätze einer geschlechtersensiblen bzw. geschlechterbewussten Erziehung in Kindertagesstätten.

Literaturverzeichnis

Aden, Patricia/Aden, Konrad/Eitzenberger-Wollring, Helga/Nebel, Susanne/Wolf, Edeltraud: Medizinische Fachangestellte – Behandlungsassistenz, 6. Auflage, Haan, Verlag Europa-Lehrmittel, 2013.

Adler, Katrin H.: Studie über das Sozialverhalten alkoholgeschädigter Kinder und Erwachsener, Universitätsklinikum Münster, 2006, abgerufen unter: http://miami.uni-muenster.de/servlets/DerivateServlet/Derivate-3300/diss_adler.pdf (28.03.2013)

Aebli, Hans: Zur Einführung, in: Das moralische Urteil beim Kinde, Jean Piaget, übers. v. Lucien Goldmann und Hans Aebli, München und Stuttgart, dtv/Klett-Cotta, 1986.

Ärztezeitung online (dpa): Immer mehr Frühgeburten in Deutschland, 12.11.2010, abgerufen unter: www.aerztezeitung.de/panorama/article/629257/immer-fruehgeburten-deutschland.html (23.04.2013)

AFP/dpa: Jeder Fünfte lebt allein, 01.07.2012 in: ZEIT ONLINE, abgerufen unter: www.zeit.de/gesellschaft/familie/2012-07/single-haushalte-statistik (04.09.2013).

Ahnert, Lieselotte: Von der Mutter-Kind- zur Erzieherinnen-Kind-Bindung?, in: Die Erzieherin-Kind-Beziehung. Zentrum von Bildung und Erziehung, hrsg. v. Fabienne Becker-Stoll und Martin R. Textor, Berlin, Cornelsen Scriptor, 2007, S. 31–41.

Ainsworth, Mary D. Salter: Feinfühligkeit versus Unfeinfühligkeit gegenüber den Mitteilungen des Babys (1974), übers. v. Sabine Tschernich, in: Bindung und menschliche Entwicklung von John Bowlby, Mary Ainsworth und die Grundlagen der Bindungstheorie, hrsg. v. Klaus E.Grossmann, Karin Grossmann, 3. Auflage, übers. v. Karin Grossmann, Klaus E. Grossmann, Rosi Mimler, Christine Sontag und Sabine Tschernich, Stuttgart, Klett-Cotta, 2011, S. 414–421.

Ainsworth, Mary D. Salter: Muster von Bindungsverhalten, die vom Kind in der Interaktion mit seiner Mutter gezeigt werden (1964), übers. v. Sabine Tschernich, in: Bindung und menschliche Entwicklung. John Bowlby, Mary Ainsworth und die Grundlagen der Bindungstheorie, hrsg. von Klaus E.Grossmann, Karin Grossmann, 3. Auflage, übers. v. Karin Grossmann, Klaus E. Grossmann, Rosi Mimler, Christine Sontag und Sabine Tschernich, Stuttgart, Klett-Cotta, 2011, S. 102–111.

Ainsworth, Mary D. Salter/Bell, Silvia M. V./Stayton, Donelda J.: Individuelle Unterschiede im Verhalten in der Fremden Situation bei ein Jahr alten Kindern (1971), übers. v. Christine Sontag, in: Bindung und menschliche Entwicklung. John Bowlby, Mary Ainsworth und die Grundlagen der Bindungstheorie, hrsg. v. Klaus E. Grossmann, Karin Grossmann, 3. Auflage, übers. v. Karin Grossmann, Klaus E. Grossmann, Rosi Mimler, Christine Sontag und Sabine Tschernich, Stuttgart, Klett-Cotta, 2011, S. 169–208.

Ainsworth, Mary D. Salter/Bowlby, John: Ein ethologischer Zugang zur Persönlichkeitsentwicklung (1991), übers. v. Rosi Mimler, in: Bindung und menschliche Entwicklung. John Bowlby, Mary Ainsworth und die Grundlagen der Bindungstheorie, hrsg. v. Klaus E. Grossmann, Karin Grossmann, 3. Auflage, übers. v. Karin Grossmann, Klaus E. Grossmann, Rosi Mimler, Christine Sontag und Sabine Tschernich, Stuttgart, Klett-Cotta, 2011, S. 70–93.

Ainsworth, Mary D. Salter/Wittig, Barbara: Bindungs- und Explorationsverhalten einjähriger Kinder in einer Fremden Situation (1969), übers. v. Sabine Tschernich, in: Bindung und menschliche Entwicklung. John Bowlby, Mary Ainsworth und die Grundlagen der Bindungstheorie, hrsg. v. Klaus E.Grossmann, Karin Grossmann, 3. Auflage, übers. v. Karin Grossmann, Klaus E. Grossmann, Rosi Mimler, Christine Sontag und Sabine Tschernich, Stuttgart, Klett-Cotta, 2011, S. 112–145.

Albrecht, Jörg: Frühe Bindung, spätes Leid, in: Frankfurter Allgemeine Online, 19.11.2009, abgerufen unter: www.faz.net/aktuell/wissen/mensch-gene/psychologie-fruehe-bindung-spaetes-leid-1885548.html (25.08.2013).

Amerein, Bärbel: Eltern im Übergangsprozess vom Kindergarten in die Grundschule. Ergebnisse einer quantitativen Elternbefragung im Studiengang Frühe Bildung an der Pädagogischen Hochschule Schwäbisch Gmünd, Schwäbisch Gmünd, Unveröffentlichte Studie, 2012.

Andresen, Helga: Vom Sprechen zum Schreiben. Sprachentwicklung zwischen dem vierten und siebten Lebensjahr, Stuttgart, Klett-Cotta Verlag, 2005.

Andresen, Helga: Erzählen und Rollenspiel von Kindern zwischen drei und sechs Jahren (WiFF Expertise Nr. 10), München, Deutsches Jugendinstitut, 2011.

Aronson, Elliot/Akert, Robin M./Wilson Timothy D.: Sozialpsychologie, 6. aktual. Auflage, München, Pearson Deutschland GmbH, 2008.

Aschersleben, Gisa/Henning, Anne: Mutter-Kind-Interaktion und sozial-kognitive Entwicklung, magazin forschung 1/2008, S. 20–23.

Asendorpf, Jens B./Neyer, Franz J.: Psychologie der Persönlichkeit, 5., vollständig überarbeitete Auflage, Berlin und Heidelberg, Springer-Verlag, 2012.

Asendorpf, Jens B.: Verhaltens- und molekulargenetische Grundlagen, in: Entwicklungspsychologie, hrsg. von Wolfgang Schneider und Ulman Lindenberger,

7. vollständig überarbeitete Auflage, Weinheim und Basel, Beltz Verlag, 2012, S. 81–97.

Asher, Steven R./Coie, John D. (Hrsg.): Peer Rejection in Childhood, Cambridge University Press, 1990.

Atteslander, Peter: Methoden der empirischen Sozialforschung, Berlin, Schmidt Verlag, 2008.

Ayan, Steve J.: Spieglein, Spieglein macht Verstand, in: Gehirn & Geist, Nr. 2/2004, S. 69–70.

Baltes, Paul B./Baltes, Margret M. (Hrsg.): Successful Aging: Perspectives from the Behavioral Sciences, New York, Cambridge University Press, 1990.

Bamler, Vera/Werner, Jillian/Wustmann, Cornelia: Lehrbuch Kindheitsforschung. Grundlagen, Zugänge und Methoden, Weinheim und München, Juventa Verlag, 2010.

Bandura, Albert: Sozial-kognitive Lerntheorie, übers. v. Hainer Kober, Stuttgart, Klett-Cotta, 1979.

Bauer, Joachim: Warum ich fühle, was du fühlst. Intuitive Kommunikation und das Geheimnis der Spiegelneurone, 19. Auflage, München, Wilhelm Heyne Verlag, 2006.

Bauer, Joachim: Unser flexibles Erbe, in: Gehirn und Geist, Heidelberg, Spektrum der Wissenschaft Verlagsgesellschaft, 9/2007, S. 59–65.

Beelmann, Andreas/Raabe, Tobias: Dissoziales Verhalten von Kindern und Jugendlichen, Göttingen, Hogrefe Verlag, 2007.

Bender, Silvia/Martzy, Fiona/Schache, Stefan: Psychomotorik. Arbeiten mit Kindern von 0-3 Jahren, Köln, Bildungsverlag EINS, 2013.

Berk, Laura E.: Entwicklungspsychologie, 5. Auflage, bearbeitet von Ute Schönpflug, übers. v.: Karsten Petersen und Eva Aralikalti, München, Pearson Studium, 2011.

Bernitzke, Fred: Heil- und Sonderpädagogik, 4. Auflage, Köln, Bildungsverlag Eins, 2011.

Bertram, Hans (Hrsg.): Gesellschaftlicher Zwang und moralische Autonomie, Frankfurt am Main, Suhrkamp Verlag, 1986.

Bertram, Hans: Moralische Sozialisation, in: Handbuch der Sozialisationsforschung, 2. Auflage, hrsg. von Klaus Hurrelmann, Weinheim und Basel, Beltz Verlag, 1982, S. 717–744.

Bieg, Sonja/Behr, Michael: Mich und Dich verstehen – Ein Trainingsprogramm zur Emotionalen Sensitivität bei Schulklassen und Kindergruppen im Grundschul- und Orientierungsstufenalter, Göttingen, Hogrefe, 2005.

Bierhoff, Hans-Werner: Prosoziales Verhalten, in: Sozialpsychologie, hrsg. von Klaus Jonas, Wolfgang Stroebe, Miles R. C. Hewstone, 4. Auflage, Heidelberg, Springer, 2003, S. 319–350.

Blank-Mathieu, Margarete: Kinderspielformen und ihre Bedeutung für Bildungsprozesse, abgerufen unter: www.kindergartenpaedagogik.de/1610.html (30.05.2013).

Blasi, Augusto: Was sollte als moralisches Verhalten gelten? Das Wesen der „frühen Moral" in der kindlichen Entwicklung, in: Moral im sozialen Kontext, hrsg. von Wolfgang Edelstein und Gertrud Nummer-Winkler, Frankfurt am Main, Suhrkamp Verlag, 2000, S. 116–145.

Blott, Maggie (Hrsg.): Alles über meine Schwangerschaft Tag für Tag, München, Dorling Kindersley Verlag, 2010.

Bowlby, John: Attachment and loss, Vol. 1: Attachment, New York, Basic Books, 1969.

Bowlby, John: Bindung (1987), in: Bindung und menschliche Entwicklung. John Bowlby, Mary Ainsworth und die Grundlagen der Bindungstheorie, hrsg. von Klaus E. Grossmann, Karin Grossmann, 3. Auflage, übers. v. Karin Grossmann, Klaus E. Grossmann, Rosi Mimler, Christine Sontag und Sabine Tschernich, Stuttgart, Klett-Cotta, 2011, S. 22–26.

Bowlby, John: Ethologisches Licht auf psychoanalytische Probleme (1991), übers. v. Christine Sontag, in: Bindung und menschliche Entwicklung. John Bowlby, Mary Ainsworth und die Grundlagen der Bindungstheorie, hrsg. von Klaus E. Grossmann, Karin Grossmann, 3. Auflage, übers. v. Karin Grossmann, Klaus E. Grossmann, Rosi Mimler, Christine Sontag und Sabine Tschernich, Stuttgart, Klett-Cotta, 2011, S. 55–69.

Bowlby, John: Mit der Ethologie heraus aus der Psychoanalyse: Ein Kreuzungsexperiment (1980), übers. v. Christine Sontag, in: Bindung und menschliche Entwicklung. John Bowlby, Mary Ainsworth und die Grundlagen der Bindungstheorie, hrsg. v. Klaus E. Grossmann, Karin Grossmann, 3. Auflage, übers. v. Karin Grossmann, Klaus E. Grossmann, Rosi Mimler, Christine Sontag und Sabine Tschernich, Stuttgart, Klett-Cotta, 2011c, S. 38–54.

Böcher, Hartmut (Hrsg.): Erziehen, bilden und begleiten, 2. Auflage, Köln, Bildungsverlag Eins, 2013.

Bohnsack, Ralf/Przyborski, Aglaja/Schäffer, Burkhard (Hrsg.): Das Gruppendiskussionsverfahren in der Forschungspraxis, Opladen, Verlag Barbara Budrich, 2010.

Bortz, Jürgen/Döring, Nicola: Forschungsmethoden und Evaluation für Human- und Sozialwissenschaftler, Heidelberg, Springer Medizin Verlag, 2006.

Bos, Wilfried/Bonsen, Martin/Baumert, Jürgen/Prenzel, Manfred/Selter, Christoph/Walther, Gerd (Hrsg.): TIMSS 2007. Mathematische und naturwissenschaftliche Kompetenzen von Grundschulkindern in Deutschland im internationalen Vergleich, Münster, Waxmann, 2008.

Literaturverzeichnis

Bos, Wilfried/Wendt, Heike/Köller, Olaf/Selter,Christoph (Hrsg.): TIMSS 2011. Mathematische und naturwissenschaftliche Kompetenzen von Grundschulkindern in Deutschland im internationalen Vergleich, Münster, Waxmann, 2012.

BR Wissen: Musik und Emotion, abgerufen unter: www.br.de/themen/wissen/musik-forschung-psychologie100.html (18.12.2013)

Brandl, Marion: Die Entwicklung der emotionalen Kompetenz, Provinz Bozen-Südtirol, 2010, abgerufen unter: www.provincia.bz.it/sozialwesen/download/Emotion.pdf (18.12.2013)

Brandstätter, Veronika/Schüler, Julia/Puca, Rosa Maria/Lozo, Ljubica: Motivation und Emotion, Berlin,Springer Verlag, 2013.

Braun, Anna Katharina: Früh übt sich, wer ein Meister werden will – Neurobiologie des kindlichen Lernens (WiFF Expertise Nr. 26), München, Deutsches Jugendinstitut, 2011.

Brinkmann, Erika: Interesse als Motor für das Lesen- und Schreibenlernen. Schreiben um Wichtiges mitzuteilen – Lesen, um sich zu informieren und Neues zu erfahren, Vortrag auf der Didacta am 22.02.2008, Stuttgart, 2008.

Brisch, Karl Heinz/Hellbrügge, Theodor (Hrsg.): Der Säugling – Bindung, Neurobiologie und Gene. Grundlagen für Prävention, Beratung und Therapie, 2. Auflage, Stuttgart, Klett-Cotta, 2010.

Bronfenbrenner, Urie: Die Ökologie der menschlichen Entwicklung. Natürliche und geplante Experimente, Stuttgart, Klett-Cotta, 1981.

Bundesministerium für Bildung und Forschung, BMBF (Hrsg.): Begabte Kinder finden und fördern. Ein Ratgeber für Eltern und Lehrer, Bonn, 2001, abgerufen unter: www.bmbf.de/pub/b_Kinder.pdf (11.11.2013)

Bundesministerium für Familie, Senioren, Frauen und Jugend, BMFSFJ (Hrsg.): Gender Datenreport, Kommentierter Datenreport zur Gleichstellung von Frauen und Männern in der Bundesrepublik Deutschland, abgerufen unter: www.bmfsfj.de/doku/Publikationen/genderreport/1-Bildung-ausbildung-und-weiterbildung/1-10-ueberblick-ueber-die-ergebnisse%2cseite%3d1.html (31.07.2012)

Bundeszentrale für gesundheitliche Aufklärung, BZgA: Kinder & Medien. Tipps und Regeln zum Umgang mit Fernsehen und Computer, abgerufen unter: www.kindergesundheit-info.de/fuer-eltern/spielen/das-spiel-mit-regeln-und-rollen-spielen-im-kindergarten-alter/umgang-mit-fernsehen-und-computer/ (16.07.2012)

Caspary, Ralf (Hrsg.): Lernen und Gehirn: Der Weg zu einer neuen Pädagogik, 7. Auflage, Verlag Herder, 2006.

Chess, Stella/Thomas, Alexander: Temperament and Development, New York, Brunner/Mazel, 1977.

Clauß, Günter/Finze, Falk-Rüdiger/Partzsch, Lothar: Grundlagen der Statistik für Soziologen, Pädagogen, Psychologen und Mediziner, 6. Auflage, Haan, Verlag Europa-Lehrmittel, Edition Harri Deutsch, 2011.

Coie, John D./Dodge, Kenneth A.: Multiple sources of data on social behavior and social status in the school: A cross-age comparison, in: Child Development, Vol. 59, 1988, S. 815–829.

Coie, John D./Dodge, Kenneth A./Kupersmidt, Janis B.: Peer group behaviour and social status, in: Peer Rejection in Childhood, hrsg. von Steven R.Asher, John D.Coie, , Cambridge, Cambridge University Press, 1990, S. 17–59.

Colby, Ann/Kohlberg, Lawrence: Das moralische Urteil: Der kognitionszentrierte entwicklungspsychologische Ansatz, in: Gesellschaftlicher Zwang und moralische Autonomie, hrsg. von Hans Bertram, Frankfurt am Main, Suhrkamp Verlag, 1986, S. 130–162.

Csíkszentmihályi, Mihály: Flow: Das Geheimnis des Glück, 13. Auflage, Stuttgart, Klett-Cotta, 2007.

Damon, William: Struktur, Veränderlichkeit und Prozess in der sozial-kognitiven Entwicklung des Kindes, übers. v. W. Althof, in: Soziale Interaktion und soziales Verstehen. Beiträge zur Entwicklung der Interaktionskompetenz, hrsg. von Wolfgang Edelstein und Jürgen Habermas, Frankfurt am Main, Suhrkamp Verlag, 1984, S. 63–112.

Damon, William: Die soziale Entwicklung des Kindes, Stuttgart, Klett-Cotta, 1989.

Deckert-Peaceman, Heike/Dietrich, Cornelie/Stenger, Ursula: Einführung in die Kindheitsforschung, Darmstadt, WBG (Wissenschaftliche Buchgesellschaft), 2010.

Degener, Janna: Die Rolle des Alters beim Sprachenlernen, Goethe Institut e.V., 2011, abgerufen unter: www.goethe.de/ges/spa/pan/spg/de7142444.htm (28.04.13)

Deutsch, Werner/El Mogharbel, Christliebe: Tag für Tag, in: DIE ZEIT Geschichte Leben lernen, 1/2007, Hamburg, Zeitverlag, 2007, Seite 60-65.

Deutsche Gesellschaft für Psychologie: Ethikrichtlinien, abgerufen unter: www.dgps.de (18.12.2013)

Deutsche Klinefelter-Syndrom Vereinigung e.V.: Klinefelter-Syndrom, abgerufen unter: www.klinefelter.de/cms/index.php/klinefelter-syndrom (23.04.2013).

Deutsche Stiftung für Menschen mit Down-Syndrom: Artikel Down-Syndrom, abgerufen unter: www.

downsyndrom-stiftung.de/30_downsyndrom00.htm (28.03.2013)

Die Welt (21.03.2011, Lajos Schöne): Menschen mit Down-Syndrom leben immer länger, abgerufen unter: www.welt.de/gesundheit/article12901314/Menschen-mit-Downsyndrom-leben-immer-laenger.html (28.03.2013)

Dittmann, Jürgen: Der Spracherwerb des Kindes. Verlauf und Störungen, München, Verlag C.H.Beck, 2002.

Döpfner, Manfred/Banaschweski, Tobias/Rösler, Michael/Skrodzki, Klaus: Stellungnahme des Zentralen ADHS-Netzes zu häufigen Fehlinformationen der Presse zur Aufmerksamkeitsdefizit-/Hyperaktivitätsstörung (ADHS), Köln, Zentrales ADHS-Netz, 2012, abgerufen unter: . www.zentrales-adhs-netz.de/uploads/media/Fehlinformationen_der_Presse_zur_ADHS_Mrz_01.pdf (22.08.2012).

Dornes, Martin: Die frühe Kindheit. Entwicklungspsychologie der ersten Lebensjahre, Frankfurt am Main, Fischer Taschenbuch, 1997.

Drieschner, Elmar: Bindung und kognitive Entwicklung – ein Zusammenspiel, Ergebnisse der Bindungsforschung für eine frühpädagogische Beziehungsdidaktik (WiFF Expertise 13), München, Deutsches Jugendinstitut, 2011.

Edelstein, Wolfgang/Habermas, Jürgen (Hrsg.): Soziale Interaktion und soziales Verstehen. Beiträge zur Entwicklung der Interaktionskompetenz, Frankfurt am Main, Suhrkamp Verlag, 1984.

Edelstein, Wolfgang/Nunner-Winkler, Gertrud (Hrsg.): Moral im sozialen Kontext, Frankfurt am Main, Suhrkamp Verlag, 2000.

Edelstein, Wolfgang/Nunner-Winkler, Gertrud/Noam, Gil (Hrsg.): Moral und Person, Frankfurt am Main, Suhrkamp Verlag, 1993.

Edelstein, Wolfgang/Oser, Fritz/Schuster, Peter (Hrsg.): Moralische Erziehung in der Schule. Entwicklungspsychologie und pädagogische Praxis, Weinheim und Basel, Beltz Verlag, 2001.

Ehlich, Konrad/Bredel, Ursula/Reich, Hans H. (Hrsg.): Referenzrahmen zur altersspezifischen Sprachaneignung, Bonn und Berlin, Bundesministerium für Bildung und Forschung (BMBF), 2008.

Ehlich, Konrad/Bredel, Ursula/Reich, Hans H. (Hrsg.): Referenzrahmen zur altersspezifischen Sprachaneignung – Forschungsgrundlagen –, Bonn und Berlin, Bundesministerium für Bildung und Forschung (BMBF), 2008.

Eliot, Lise: Was geht da drinnen vor? Die Gehirnentwicklung in den ersten fünf Lebensjahren, 2. Auflage, Berlin, Berlin Verlag, 2002.

Elsner, Birgit/Pauen, Sabina: Vorgeburtliche Entwicklung und früheste Kindheit, in: Entwicklungspsychologie, hrsg. von Wolfgang Schneider und Ulman Lindenberger, 7. vollständig überarbeitete Auflage, Weinheim/Basel, Beltz, 2012, S. 159–185.

Erikson, Erik H.: Identität und Lebenszyklus. Drei Aufsätze, 26. Auflage, übers. v. Käte Hügel, Frankfurt am Main, Suhrkamp Taschenbuch Verlag, 2013.

Ertelt, Denis: Die Spiegelneurone, abgerufen unter: www.experimentalpsychologie.de/page66.html (12.12.2013), NeuroImage Nord, Klinik für Neurologie, Universitätsklinikum Hamburg-Eppendorf.

Essen, Cornelie von/Habermas, Tilmann: Vorwort, in: Die Entwicklung des sozialen Verstehens. Entwicklungspsychologische und klinische Untersuchungen, Selman, Robert L., übers. v. Cornelie von Essen und Tilmann Habermas, Frankfurt am Main, Suhrkamp, 1984, S. 7–12.

„EVAS" – Evaluationsstudie zur Sprachförderung von Vorschulkindern: abgerufen unter: www.sagmalwas-bw.de/sprachfoerderung-fuer-vorschulkinder/wissenschaftliche-begleitung2/ph-heidelberg.html (28.04.13)

Feldmann, Reinhold: Fetales Alkoholsyndrom, Definition/Einleitung, abgerufen unter: www.fetales-alkoholsyndrom.de/definition_einteilung.html (12.03.2014).

Fhieler, Reinhard/Thimm, Caja: Sprach und Kommunikation im Alter, Radolfzell, Verlag für Gesprächsforschung, 2003, abgerufen unter: www.verlag-gespraechsforschung.de/2004/alter/alter.pdf (28.04.13)

Flick, Uwe: Stationen des Qualitativen Forschungsprozesses, in: Handbuch Qualitative Sozialforschung, hrsg. von Uwe Flick, Heiner Keupp, Ernst von Kardorff, Lutz von Rosenstiel und Stephan Wolff, München, Psychologie Verlags Union, 1991, S. 148-173.

Flick, Uwe: Triangulation. Eine Einführung, Wiesbaden, VS Verlag für Sozialwissenschaften, 2008.

Flitner, Elisabeth: Zur Entwicklung des moralischen Urteils: Gegensätze zwischen den Theorien Kohlbergs und Piagets, in: Sozialpädagogischen Blätter 5, 1980, S. 129–136.

Frank, Angela: kindergarten heute spezial. wissen kompakt: Kinder in ihrer sozial-emotionalen Entwicklung fördern, 3. Auflage, Verlag Herder, Freiburg, 2012.

Freud, Sigmund: Das Ich und das Es (1923), in: Das Ich und das Es. Metapsychologische Schriften, Sigmund Freud, 3. Auflage, Frankfurt am Main, Fischer Taschenbuch Verlag, 2012, S. 251–295.

Freund, Alexandra M./Nikitin, Jana: Junges und mittleres Erwachsenenalter, in: Entwicklungspsychologie, hrsg. von Wolfgang Schneider, Ulmann Lindenberger, 7., vollständig überarbeitete Auflage, Weinheim und Basel, Beltz Verlag, 2012, S. 259–282.

Friederich, Tina: Die fachpolitische Diskussion zur Sprachlichen Bildung und Förderung im Elementarbereich, in: Sprachliche Bildung. Grundlagen für die kompetenzorientierte Weiterbildung. Ein Wegweiser der Weiterbildungsinitiative Frühpädagogische Fachkräfte (WiFF), München, Deutsches Jugendinstitut, 2011, S. 18–20.

Friedmann, Jan: Zurück zum Kerngeschäft, in: Der Spiegel, Nr. 16/2013, Hamburg, Der Spiegel, 2013, S. 39–40.

Fröhlich-Gildhoff, Klaus/Mischo, Christoph/Castello, Armin: Entwicklungspsychologie für Fachkräfte in der Frühpädagogik, Kronach, Carl Link, 2009.

Fröhlich-Gildhoff, Klaus/Rönnau-Böse, Maike: Resilienz, Stuttgart, UTB, 2011.

Fröhlich-Gildhoff, Klaus/Rönnau, Mike/Dörner, Tina: Prävention und Resilienz in Kindertageseinrichtungen (PRiK) – ein Trainingsprogramm, München, Reinhardt, 2007.

Fröhlich-Gildhoff, Klaus: Ausgangspunkt der Entwicklung: Das Selbst als handlungsleitende Struktur in: KiTa Fachtexte, abgerufen unter: www.kita-fachtexte.de/ueber-kita-fachtexte.html 2011.

Fthenakis, Wassilios E.: Ko-Konstruktion. Lernen durch Zusammenarbeit, in: Kinderzeit 3 (2009), S. 8–13, abgerufen unter: www.natur-wissen-schaffen.de/backstage/natur_wissen_schaffen/documentpool/Sammelmappe_8_13_Artikel_Prof_Fhtenakis.pdf (18.12.2013)

Fuchs-Heinritz, Werner (Hrsg.): Lexikon zur Soziologie, Wiesbaden, VS Verlag für Sozialwissenschaften, 2007.

Füssenich, Iris: Vom Sprechen zur Schrift. Was Erwachsene über den Erwerb der Schrift im Elementarbereich wissen sollten, (WiFF Expertise Nr. 9) München, Deutsches Jugendinstitut, 2011.

Fuhrer, Urs: Erziehungskompetenz: Was Eltern und Familien stark macht, Bern, Verlag Hans Huber, 2006.

Galliker, Mark: Psychologie der Gefühle und Bedürfnisse, Stuttgart, Kohlhammer, 2009.

Garber, Judy/Dodge, Kenneth A.: Domains of emotion regulation, in: The development of emotion regulation and dysregulation, hrsg. von Judy Garber, Kenneth A. Dodge, Cambridge, Cambridge University Press, 2004, S. 3-11.

Gardner, Howard: Frames of Mind, New York, Basic Book, 1985.

Garz, Detlef: Sozialpsychologische Entwicklungstheorien. Von Mead, Piaget und Kohlberg bis zur Gegenwart, 4. Auflage, Wiesbaden, VS Verlag für Sozialwissenschaften, 2008.

Gaschler, Katja: Die Entdeckung des Anderen, in: Gehirn & Geist, Nr. 10/2006, S. 26–33.

Gaschler, Katja: Spieglein, Spieglein im Gehirn. Woher weiß ich, wie du dich fühlst, in: Braintertainment. Expeditionen in die Welt von Geist & Gehirn, 3. Auflage, hrsg. von Manfred Spitzer, Wulf Bertram, Stuttgart, Suhrkamp Taschenbuch Verlag, 2012, S. 108–120.

Gerrig, Richard J./Zimbardo, Philip G.: Psychologie, 18., aktualisierte Auflage, übersetzt von Ralf Graf, München, Pearson Studium, 2008.

Gilford, Rosalie/Bengtson, Vern: Measuring marital satisfaction in three generations. Positve and negative dimensions, in: Journal of Marriage and the Family, 41, 1979, S. 387–398.

Gisbert, Kristin: Lernen lernen – Lernmethodische Kompetenzen von Kindern in Tageseinrichtungen fördern, Weinheim und Basel, Beltz, 2004.

Glaser, Barney G./Strauss, Anselm L.: Die Entdeckung gegenstandsbezogener Theorie: Eine Grundstrategie qualitativer Sozialforschung, in: Qualitative Sozialforschung, hrsg. von Christel Hopf und Elmar Weingarten, Stuttgart, Klett-Cotta, 1979.

Goleman, Daniel: Emotionale Intelligenz, München, Deutscher Taschenbuch Verlag, 2004.

Greve, Werner/Bjorklund, David F.: Evolutionäre Grundlagen, in: Entwicklungspsychologie, hrsg. von Wolfgang Schneider und Ulman Lindenberger, 7. vollständig überarbeitete Auflage, Weinheim und Basel, Beltz Verlag, 2012, S. 61–79.

Greve, Werner/Leipold, Bernhard: Problementwicklung und intentionale Selbstentwicklung, in: Entwicklungspsychologie, hrsg. von Wolfgang Schneider und Ulman Lindenberger, 7. vollständig überarbeitete Auflage, Weinheim und Basel, Beltz Verlag, 2012, S. 563–578.

Griebel, Wilfried/Niesel, Renate: Tranistionen – Fähigkeit von Kindern in Tageseinrichtungen fördern, Veränderungen erfolgreich zu bewältigen, Weinheim, Beltz Verlag, 2004.

Griebel, Wilfried/Niesel, Renate: Übergänge verstehen und begleiten. Transitionen in der Bildungslaufbahn von Kindern, Berlin, Cornelsen, 2011.

Grossmann, Karin/Grossmann, Klaus E.: Bindungen – das Gefüge psychischer Sicherheit, 5. Auflage, Stuttgart, Klett-Cotta, 2012.

Grossmann, Klaus E./Grossmann, Karin (Hrsg.): Bindung und menschliche Entwicklung. John Bowlby, Mary Ainsworth und die Grundlagen der Bindungstheorie, 3. Auflage, übers. v. Karin Grossmann, Klaus E. Grossmann, Rosi Mimler, Christine Sontag und Sabine Tschernich, Stuttgart, Klett-Cotta, 2011.

Haase, Claudia M./Heckhausen, Jutta: Motivation, in: Entwicklungspsychologie, hrsg. v. Wolfgang Schneider, Ulmann Lindenberger, 7., vollständig überarbei-

tete Auflage, Weinheim und Basel, Beltz Verlag, 2012, S. 477–496.
Hannover, Bettina/Greve, Werner: Selbst und Persönlichkeit, in: Entwicklungspsychologie, hrsg. von Wolfgang Schneider, Ulman Lindenberger, 7. vollständig überarbeitete Auflage), Weinheim und Basel, Beltz Verlag, 2012, S.543 bis 561.
Hascher, Tina: Emotionen im Schulalltag: Wirkungen und Regulationsformen, in: Zeitschrift für Pädagogik, 2005, S. 610-625.
Hasselhorn, Marcus/Mähler, Claudia: Entwicklung, in: Klinkhardt Lexikon Erziehungswissenschaft Bd. 1, hrsg. von Klaus-Peter Horn, Heidemarie Kemnitz, Winfried Marotzki, Uwe Sandfuchs, Bad Heilbrunn, Verlag Julius Klinkhardt, 2012, S. 316-317.
Hassenstein, Bernhard: Verhaltensbiologie des Kindes, München, Piper Verlag, 1980.
Hattie, John/Beywl, Wolfgang/Zierer, Klaus: Lernen sichtbar machen – Überarbeitete deutschsprachige Ausgabe von „Visible Learning", Hohengehren, Schneider Verlag, 2013.
Haug-Schnabel, Gabriele/Bensel, Joachim: Vom Säugling zum Schulkind – Entwicklungspsychologische Grundlagen, kindergarten heute spezial, 9. Auflage, Freiburg, Verlag Herder, 2004.
Heckhausen, Jutta/Heckhausen, Heinz (Hrsg.): Motivation und Handeln, 4. Auflage, Berlin und Heidelberg, Springer-Verlag, 2010.
Heckhausen, Jutta/Heckhausen, Heinz: Motivation durch Erwartung und Anreiz, in: Motivation und Handeln, hrsg. von Jutta Heckhausen, Heinz Heckhausen, 4. Auflage, Berlin und Heidelberg, Springer-Verlag, 2010, S. 105–144.
Hédervári-Heller, Éva: Emotionen und Bindung bei Kleinkindern, Weinheim, Beltz Verlag, 2011.
Heinzel, Friederike (Hrsg.): Methoden der Kindheitsforschung. Ein Überblick über Forschungszugänge zur kindlichen Perspektive, Weinheim und Basel, Beltz Juventa, 2012.
Heinzel, Friederike (Hrsg.): Kinder in Gesellschaft. Was wissen wir über aktuelle Kindheiten?, Frankfurt am Main, Grundschulverband, 2010.
Herrmann, Christoph/Fiebach, Christian: Gehirn & Sprache, Frankfurt/M, S. Fischer-Verlag, 2004.
Herzog, Silvio: Beanspruchung und Bewältigung im Lehrerberuf, Münster, New York,München,Berlin, Waxmann Verlag, 2007.
Hess, Markus/Sturzbecher, Dietmar: Moralerziehung im Kindergarten – eine schwierige, aber lohnende Aufgabe, in: KitaDebatte 2/2005 – Entdeckendes Lernen im Dialog mit dem Kind, S. 16–25, abgerufen unter: www.mbjs.brandenburg.de/sixcms/media.php/5526/kitadebatte205.pdf (03.06.2013).
Higgins, E. Tory: Self-Discrepancy: A Theory Realting Self and Affect. Psychological Review, Vol. 94, No. 3, 1987, S. 310-340.
Hobmair, Hermann (Hrsg.): Pädagogik, 5. Auflage, Köln, Bildungsverlag Eins, 2012a.
Hobmair, Hermann (Hrsg.): Pädagogik/Psychologie für das berufliche Gymnasium Baden-Württemberg, Band 1, Köln, Bildungsverlag Eins, 2012b.
Hobmair, Hermann (Hrsg.): Pädagogik/Psychologie für das berufliche Gymnasium Baden-Württemberg, Band 2, Köln, Bildungsverlag Eins, 2012c.
Hobmair, Hermann (Hrsg.): Psychologie, 5. Auflage, Köln, Bildungsverlag Eins, 2013.
Holodynski, Manfred: Handlungsregulation und Emotionsdifferenzierung, in: Emotionale Entwicklung. Funktion, Regulation und soziokultureller Kontext von Emotionen, hrsg. von Wolfgang Friedlmeier, Manfred Holodynski, Heidelberg, Spektrum Akademischer Verlag, 1999, S. 29-51.
Holodynski, Manfred: Emotionen: Entwicklung und Regulation, Heidelberg, Springer, 2006.
Holodynski, Manfred/Oerter, Rolf: Emotion, in: Entwicklungspsychologie, hrsg. von Wolfgang Schneider, Ulman Lindenberger, 7. vollständig überarbeitete Auflage, Weinheim und Basel, Beltz Verlag, 2012, S. 497–520.
Honig, Michael-Sebastian/Lange, Andreas/Leu, Hans R. (Hrsg.): Aus der Perspektive von Kindern? Zur Methodologie der Kindheitsforschung, Weinheim, Juventa Verlag, 1999.
Horster, Detlef/Oelkers, Jürgen (Hrsg.): Pädagogik und Ethik, Wiesbaden, VS Verlag für Sozialwissenschaften, 2005.
Howes, Carollee/Matheson, Catherine C.: Sequences in the development of competent play with peers: Social and social pretend play, in: Developmental Psychology, Vol. 28, 1992, S. 961–974.
Huber, Johannes: Geschlechtsbezogene Aspekte der kindlichen Entwicklung, Herausgeber Autonome Provinz Bozen-Südtirol, Bozen, 2010, abgerufen unter: www.provincia.bz.it/sozialwesen/download/Gender.pdf (16.11.2013)
Hunger, Ina: Geschlechtsspezifische Sozialisation bis zum Schuleintritt – Hintergründe und Reflexionsanlässe, in: Bildungsbuch Kindergarten: Erziehen, Bilden und Fördern im Elementarbereich, hrsg. von Wolfgang Beudels, Nicola Kleinz, Silke Schönrade, Dortmund, Modernes Lernen, 2010, S. 241–247.

Hurrelmann, Klaus/Bründel, Heidrun:Einführung in die Kindheitsforschung, Weinheim, Basel und Berlin, Beltz Verlag, 2003.

Hurrelmann, Klaus/Quenzel, Gudrun: Lebensphase Jugend. Eine Einführung in die sozialwissenschaftliche Jugendforschung, 11. vollständ. überarb. Auflage, Weinheim und München, Beltz Juventa, 2012.

ICD-10 GM, Version 2013, abgerufen unter: www.dimdi.de/static/de/klassi/icd-10-gm/kodesuche/onlinefassungen/htmlgm2013/block-f70-f79.htm (21.1.2013)

Iven, Claudia: Sprache in der Sozialpädagogik, 2. Auflage, Troisdorf, Bildungsverlag Eins, 2009.

Izard, C.E./Hembree, E.A/Huebner, R.R.: Infants´ emotional expressions to acute pain: Developmental change and stybility of individual differences, Developmental Psychology, 23, 1987, S. 105-113.

Jampert, Karin/Zehnbauer, Anne/Best, Petra/Sens, Anne/Leuckefeld, Kerstin/Laier, Mechthild (Hrsg.): Kinder-Sprache stärken. Wie kommt das Kind zur Sprache?, Weimar, Verlag das netz, Deutsches Jugendinstitut, 2009.

Janke, Bettina: Entwicklung des Emotionswissens bei Kindern, Göttingen, Hogrefe, 2002.

Jonas, Klaus/Stroebe, Wolfgang/Hewstone, Miles R. C. (Hrsg.): Sozialpsychologie, 5. Auflage, Heidelberg, Springer, 2007.

Junkers, Gabriele: Macht das Alter einsam? Psychoanalytische Gedanken über die Herausforderungen des Älterwerdens, in: Psychologie Heute, Heft 11/2009, S. 79–81.

Kailitz, Susanne: Wenn aus der Geburt eine High-Tech-Operation wird, in: ZEIT ONLINE, abgerufen unter: www.zeit.de/wissen/gesundheit/2011-04/hebammen-geburt/seite-1 (20.03.2013)

Kany, Werner/Schöler, Hermann: Fokus: Sprachdiagnostik. Leitfaden zur Sprachstandsbestimmung im Kindergarten, Berlin, Cornelsen Scriptor, 2007.

Kasten, Hartmut: 0-3 Jahre. Entwicklungspsychologische Grundlagen, 3. Auflage, Berlin, Cornelsen-Verlag, 2011.

Kasten, Hartmut: 4–6 Jahre. Entwicklungspsychologische Grundlagen, 2., vollständig überarbeitete Auflage, Berlin, Cornelsen Verlag Scriptor, 2009.

Kasten, Hartmut: Die Bedeutung der ersten Lebensjahre – ein Blick über den entwicklungs-psychologischen Tellerrand hinaus, in: Elementarpädagogik nach PISA, hrsg. von Wassilios E. Fthenakis, Freiburg, Herder, 2003, S. 57–75.

Kasten, Hartmut: Geschlechterunterschiede, in: Handwörterbuch Pädagogische Psychologie, hrsg. von Detlef H. Rost, Weinheim, Basel, Berlin, Beltz Verlag, 2006, S. 212–218.

Kasten, Hartmut: Soziale Kompetenzen. Entwicklungspsychologische Grundlagen und frühpädagogische Konsequenzen, Berlin, Cornelsen Verlag Scriptor, 2008.

Kast, Vera: Zeit der Trauer, Stuttgart, Kreuz, 2006.

Kegan, Robert: In Over Our Heads: The Mental Demands of Modern Life, Cambridge: Harvard University Press, 1994.

Keller, Monika: Entwicklungspsychologie sozial-kognitiver Prozesse, in: Jahrbuch für Entwicklungspsychologie 2/1980. Soziale Entwicklung im Kindesalter, hrsg. v. Manfred Waller, Stuttgart, Klett-Cotta, 1980, S. 89–126.

Keller, Monika/Edelstein, Wolfgang: Die Entwicklung eines moralischen Selbst von der Kindheit zur Adoleszenz, in: Moral und Person, hrsg. von Wolfgang Edelstein, Gertrud Nummer-Winkler, Gil Noam, Frankfurt am Main, Suhrkamp Verlag, 1993, S. 307–334.

Keller, Monika: Moralentwicklung und moralische Sozialisation, in: Pädagogik und Ethik, hrsg. von Detlef Horster und Jürgen Oelkers, Wiesbaden, VS Verlag für Sozialwissenschaften, 2005, S. 149–172.

Kemp, Robert/Bredel, Ursula/Reich, Hans H.: Morphologisch-syntaktische Basisqualifikation, in: Referenzrahmen zur altersspezifischen Sprachaneignung, hrsg. von Konrad Ehlich, Ursula Bredel Ursula, Hans H. Reich, Bonn und Berlin, Bundesministerium für Bildung und Forschung (BMBF), 2008, S. 63 bis 82.

Klauer, Karl J.: Anlage und Umwelt. in: Handwörterbuch Pädagogische Psychologie, 3. überarb. und erweiterte Auflage, von Detlef H. Rost, Weinheim und Basel, Beltz Verlag, 2006, S. 8–14.

Klein, Stefan: "Schon Einjährige betreiben Statistik" Kreativ, wach, neugierig: Für die Entwicklungspsychologin Alison Gopnik sind Kinder Genies und Vorbilder, in: ZEIT ONLINE, abgerufen unter: www.zeit.de/2012/39/Alison-Gopnik-Entwicklung-Kinder-Psychologie (28.09.2012)

Klemm, Klaus: Jugendliche ohne Hauptschulabschluss, Gütersloh, Bertelsmann Stiftung, 2010.

Klitzing, Kai von: Repräsentanzen der Vaterschaft, Triadische Fähigkeit und kindliche Entwicklung, in: frühe Kindheit, Ausgabe 3/02, gekürzte Fassung des gleichnamigen Beitrags, erschienen in: Männlichkeitsentwürfe. Wandlungen und Widerstände im Geschlechterverhältnis, hrsg. v. Hans Bosse, Vera King, Frankfurt/New York, Campus Verlag, 2000, abgerufen unter: http://liga-kind.de/fruehe/302_klitzing.php, (10.08.2013)

Kluge, Norbert: Das Bild des Kindes in der Pädagogik der frühen Kindheit, in: Pädagogik der frühen Kindheit, hrsg. von Lilian Fried, Susanna Roux, Berlin und Düsseldorf, Cornelsen Scriptor, 2009, S. 23–27.

KMK: Kompetenzorientiertes Qualifikationsprofil für die Ausbildung von Erzieherinnen und Erziehern an Fachschulen/Fachakademien (Beschluss der Kultusministerkonferenz vom 01.12.2011), abgerufen unter: www.kmk.org/fileadmin/veroeffentlichungen_beschluesse/2011/2011_12_01-ErzieherInnen-QualiProfil.pdf (18.12.2013)

Köller, Olaf/Möller, Jens: Selbstwirksamkeit, in: Handwörterbuch Pädagogische Psychologie, hrsg. von Detlef H. Rost, Weinheim, Basel, Berlin, Beltz Verlag, 2006, S. 693–699.

Kohlberg, Lawrence: Die Psychologie der Moralentwicklung, hrsg. von Wolfgang Althof unter Mitarbeit von Gil Noam und Fritz Oser, Frankfurt am Main, Suhrkamp Verlag, 1995.

Kohlberg, Lawrence: Moralstufen und Moralerwerb. Der kognitiv-entwicklungstheoretische Ansatz (1976), in: Moralische Erziehung in der Schule. Entwicklungspsychologie und pädagogische Praxis, hrsg. von Wolfgang Edelstein, Fritz Oser, Peter Schuster, Weinheim und Basel, Beltz Verlag, 2001, S. 35–61.

Kohlberg, Lawrence: Zur kognitiven Entwicklung des Kindes, Frankfurt am Main, Suhrkamp, 1974.

Komor, Anna/Reich, Hans H.: Semantische Basisqualifikationen, in: Referenzrahmen zur altersspezifischen Sprachaneignung, hrsg. von Konrad Ehlich, Ursula Bredel, Hans H. Reich, Bonn und Berlin, Bundesministerium für Bildung und Forschung (BMBF), 2008, S. 49–61.

Kray, Jutta/Schaefer, Sabine: Mittlere und späte Kindheit, in: Entwicklungspsychologie, hrsg. von Wolfgang Schneider, Ulmann Lindenberger, 7., vollständig überarbeitete Auflage, Weinheim und Basel, Beltz Verlag, 2012, S. 211–233.

Krenz, Armin: „Das Spiel ist der Beruf des Kindes!" Das kindliche Spiel als Selbsterfahrungsfeld und Bildungsmittelpunkt für Kinder, abgerufen unter: www.kindergartenpaedagogik.de/2100.html (30.05.2013).

Krenz, Armin (Hrsg.): Psychologie für Erzieherinnen und Erzieher, Berlin, Cornelsen Scriptor, 2007.

Krist, Horst/Kavsek, Michael/Wilkening, Friedrich: Wahrnehmung und Motorik, in: Entwicklungspsychologie, hrsg. von Wolfgang Schneider und Ulman Lindenberger, 7. vollständig überarbeitete Auflage, Weinheim und Basel, Beltz, 2012, S. 363–383.

Krombholz, Heinz: Körperliche und motorische Entwicklung im Säuglings- und Kleinkindalter, Online-Famlilienhandbuch, hrsg. von Staatsinstitut für Frühpädagogik (IFP), München, 2010, abgerufen unter: www.familienhandbuch.de/cms/Kindheitsforschung-Koerperentwicklung.pdf (30.04.2013)

Krüger, Heinz-Hermann: Forschungsmethoden in der Kindheitsforschung, in: Diskurs Kindheits- und Jugendforschung 1 (2006) 1, S. 91–115, abgerufen unter: www.pedocs.de/volltexte/2009/987/pdf/Krueger_Forschungsmethoden_in_Diskurs_2006_1_D.pdf

Küls, Holger: Projekte ko-konstruktivistisch planen und durchführen, Köln, Bildungsverlag Eins, 2012.

Küls, Holger: Gehirnforschung, Lernen und Spracherwerb (2003), abgerufen unter: www.kindergartenpaedagogik.de/1024.html (28.04.13)

Kubesch, Sabine/Spitzer, Manfred: Exekutive Funktionen – Basis für erfolgreiches Lernen. Broschüre zum Spiel und Lernprogramm Fex, Wehrfriz und ZNL Transfer-Zentrum für Neurowissenschaften und Lernen, 2010.

Lamnek, Siegfried: Qualitative Sozialforschung, Weinheim und Basel, Beltz Verlag, 2010.

Lang, Frieder R./Martin, Mike/Pinquart, Martin: Entwicklungspsychologie – Erwachsenenalter, Göttingen, Hogrefe Verlag, 2012.

Largo, Remo H.: Babyjahre. Die frühkindliche Entwicklung aus biologischer Sicht, 18. Auflage, München, Piper Verlag, 2009.

Largo, Remo H.: Babyjahre. Entwicklung und Erziehung in den ersten vier Jahren, 9. Auflage, München, Piper Verlag, 2012.

Largo, Remo H./Benz, Caroline: Was verstehen wir unter Sozialverhalten?, in: Der Säugling – Bindung, Neurobiologie und Gene. Grundlagen für Prävention, Beratung und Therapie, 2. Auflage, hrsg. von Karl Heinz Brisch und Theodor Hellbrügge, Stuttgart, Klett-Cotta, 2010, S. 289–297.

Leu, Hans Rudolf/von Behr, Anna (Hrsg.): Forschung und Praxis der Frühpädagogik. Profiwissen für die Arbeit mit Kindern von 0–3 Jahren, München und Basel, Ernst Reinhardt Verlag, 2010.

Lewis, Michael/Alessandri, Steven M./Sullivan, Margaret W.: Violation of exectancy, loss of control, and anger expressions in young infants, Developmental Psychology, 1990, S. 26, S. 745–751.

Lewis, Michael/Sullivan, Margaret M.: The development of self-conscious emotions, in: Handbook of Competence and Motivation, hrsg. von A. Elliott, C. Dweck, New York: Guilford Publications, Inc., 2005, S. 185-201.

List, Gudula: Frühpädagogik als Sprachförderung. Qualitätsanforderungen für die Aus- und Weiterbildung der Fachkräfte. in: Sprachliche Bildung. Grundlagen für die kompetenzorientierte Weiterbildung. Ein Wegweiser der Weiterbildungsinitiative Frühpädagogische Fachkräfte (WiFF), München, Deutsches Jugendinstitut, 2011, S. 21–62.

Literaturverzeichnis

List, Gudula: Spracherwerb und die Ausbildung kognitiver und sozialer Kompetenzen (WiFF Expertise Nr. 11), München, Deutsches Jugendinstitut, 2011.

Lohaus, Arnold/Vierhaus, Marc/Maass, Asja: Entwicklungspsychologie des Kindes- und Jugendalters für Bachelor, Heidelberg und Berlin, Springer Medizin, 2010.

Luber, Eva/Hungerland, Beatrice (Hrsg.): Angewandte Kindheitswissenschaften. Eine Einführung für Studium und Praxis, Weinheim und München, Juventa Verlag, 2008.

Main, Mary: Mary D. Salter Ainsworth: Tribute and Portrait, in: Psychoanalytic Inquiry, 1999, 19(5), S. 682–736, abgerufen unter: www.psychology.sunysb.edu/attachment/online/mm_mda_biography.pdf (14.08.2013).

Martin, Mike/Kliegel, Matthias: Psychologische Grundlagen der Gerontologie, 2. Auflage, Stuttgart, W. Kohlhammer Verlag, 2008.

Martin, Mike/Zimprich, Daniel: Kognitive Entwicklung. In: Entwicklungspsychologie – Erwachsenenalter, Frieder R. Lang, Mike Martin, Martin Pinquart, Göttingen, Hogrefe Verlag, 2012, S. 60–78.

Mayer, John D./Caruso, David R./Salovey Peter: Emotional intelligence meets traditional standards for an intelligence, Intelligence 27 (4), 2000, S. 267–298.

Mayring, Philipp: Einführung in die Qualitative Sozialforschung, Weinheim und Basel, Beltz Verlag, 2002.

Mayring, Philipp: Qualitative Inhaltsanalyse. Grundlagen und Techniken, Weinheim und Basel, Beltz Verlag, 2003.

Meinel, Kurt/Schnabel, Günter: Bewegungslehre – Sportmotorik. Abriss einer Theorie der sportlichen Motorik unter pädagogischem Aspekt, 11. Auflage, Gesamtredaktion: Günter Schnabel und Jürgen Krug, Aachen, Meyer und Meyer Verlag, 2007.

Mergeay, Colette Marie: Bindung, in: Deutsche Hebammenzeitschrift, Leseprobe 8/2009, abgerufen unter: www.deutschehebammenzeitschrift.de/dhz/leseprobe/bindung, (18.08.2013).

Mey, Günter: Zugänge zur kindlichen Perspektive – Methoden der Kindheitsforschung. Forschungsbericht aus der Abteilung Psychologie im Institut für Sozialwissenschaften. Forschungsbericht, Nr. 1-2003. Technische Universität Berlin, abgerufen unter: http://psydok.sulb.uni-saarland.de/volltexte/2004/292/pdf/ber200301.pdf

Mietzel, Gerd: Erfolgreich altern. Strategien für ein aktives und zufriedenes Älterwerden, Göttingen, Hogrefe Verlag, 2014.

Mietzel, Gerd: Entwicklung im Erwachsenenalter, Göttingen, Hogrefe, 2012.

Mietzel, Gerd: Wege in die Entwicklungspsychologie. Kindheit und Jugend, 4., vollständig überarbeitete Auflage, Weinheim, Beltz Psychologie Verlags Union, 2002.

Mogel, Hans: Psychologie des Kinderspiels. Von den frühesten Spielen bis zum Computerspiel. Die Bedeutung des Spiels als Lebensform des Kindes, seine Funktion und Wirksamkeit für die kindliche Entwicklung, 3., aktualisierte und erweiterte Auflage, Heidelberg, Springer Medizin Verlag, 2008.

Monigl, Eszter/Amerein, Bärbel/Stahl-Wagner, Christiana/Behr, Michael: Selbstkompetenzen bei Jugendlichen fördern. Das SMS-Trainingshandbuch zur Verbesserung der beruflichen Integration von Haupt- und Realschülern, 2011.

Monigl, Eszter: Erfassung der Emotionalen Kompetenz bei Kindern und Jugendlichen, Tönning, Der Andere Verlag, 2010.

Moore, Keith L./Persaud, Trivedi V. N.: The Developing Human. Clinically Oriented Embryology, 6. Auflage, Philadelphia, WB Saunders Company, 1998.

Moschner, Barbara/Dickhäuser, Oliver: Selbstkonzept, in: Handwörterbuch Pädagogische Psychologie, hrsg. von Detlef H. Rost, Weinheim, Basel, Berlin, Beltz Verlag, 2006, S. 685–692.

Neuland, Eva: Jugendsprache. Eine Einführung, Stuttgart, UTB-Verlag, 2008.

Neuß, Norbert (Hrsg.): Grundwissen Elementarpädagogik. Ein Lehr- und Arbeitsbuch, Berlin, Cornelsen Verlag Scriptor, 2010.

Niedersächsisches Kultusministerium (Hrsg.): Orientierungsplan für Bildung und Erziehung im Elementarbereich niedersächsischer Tageseinrichtungen für Kinder, 2005.

Nunner-Winkler, Gertrud: 6. Zur Entwicklung moralischer Motivation, in: Entwicklung von der Kindheit bis zum Erwachsenenalter. Befunde der Münchner Längsschnittstudie LOGIK, hrsg. von Wolfgang Schneider, Weinheim/Basel, Beltz Psychologie Verlags Union, 2008.

Nunner-Winkler, Gertrud: Die Entwicklung moralischer Motivation, in: Moral und Person, hrsg. von Wolfgang Edelstein, Gertrud Nunner-Winkler, Gil Noam, Frankfurt am Main, Suhrkamp Verlag, 1993, S. 278–303.

OECD (Hrsg.): PISA 2009 Ergebnisse: Zusammenfassung, 2010, abgerufen unter: www.oecd.org/pisa/pisaproducts/46619755.pdf (12.11.2013).

Öhmann, Arne/Frederikson, Mats/Hugdahl, Kenneth: Orienting and defensive responding in the electrodermal system: Palmar-dorsal differences an recovery rate during conditioninng to potentially phobic stimuli, Psychophysiology,15(2), 1978, S. 93–101.

Oerter, Rolf: Zur Psychologie des Spiels, in: Psychologie & Gesellschaftskritik, Heft 4/2007, Nr. 31, S. 7–32.

Oerter, Rolf/Montada, Leo (Hrsg.): Entwicklungspsychologie, 5., vollständig überarbeitete Auflage, Weinheim und Basel, Beltz Psychologie Verlags Union, 2002.

Oerter, Rolf/Montada, Leo (Hrsg.): Entwicklungspsychologie, 6. Auflage, Weinheim und Basel, Beltz, 2008.

Pervin, Lawrence A./Cervone, Daniel/John, Oliver P.: Persönlichkeitstheorien, 5., vollst. überarb. u. erw. Auflage, übers. v. Elfriede Peschel, Stuttgart; UTB, 2005.

Petermann, Franz/Niebank, Kay/Scheithauer, Herbert: Entwicklungswissenschaft. Entwicklungspsychologie – Genetik – Neuropsychologie, Berlin und Heidelberg, Springer-Verlag, 2004.

Petermann, Ulrike/Petermann, Franz/Koglin, Ute: Entwicklungsbeobachtung und -dokumentation. Eine Arbeitshilfe für pädagogische Fachkräfte in Krippen und Kindergärten, Berlin und Düsseldorf, Cornelsen Scriptor, 2009.

Petermann, Franz/Wiedebusch, Silvia: Emotionale Kompetenz bei Kindern, Göttingen, Hogrefe, 2003.

Peterson, Carole/Hou, Yubo/Wang, Qi: „When I Was Little": Childhood Recollextions in Chinese and European Canadian Grade School Children, in: Child Development, Vol. 80, Nr. 2, 2009, S. 507–518.

Petrich, Dorothea: Einsamkeit im Alter. Notwendigkeit und (ungenutzte) Möglichkeiten Sozialer Arbeit mit allein lebenden alten Menschen in unserer Gesellschaft, in: Jenaer Schriften zur Sozialwissenschaft, Band 6, Mai 2011.

Piaget, Jean: Das moralische Urteil beim Kinde, übers. v. Lucien Goldmann und Hans Aebli, München und Stuttgart, dtv/Klett-Cotta, 1986.

Pinquart, Martin/Schwarzer, Gudrun/Zimmermann, Peter: Entwicklungspsychologie – Kindes- und Jugendalter, Göttingen u. a., Hogrefe Verlag, 2011.

Pramling Samuelsson, Ingrid/Asplund Carlsson, Maj: Spielend lernen: Stärkung lernmethodischer Kompetenzen, Köln, Bildungsverlag Eins, 2007.

Pritzel, Monika/Brandt, Matthias/Markowitsch, Hans J.: Gehirn und Verhalten: Ein Grundkurs der Physiologischen Psychologie, Heidelberg und Berlin, Spektrum Akademischer Verlag, 2009.

Quante, Sonja: Was ist Psychomotorik?, abgerufen unter: www.psychomotorik-entspannung.de/sq-psychomotorik.htm (19.03.2014).

Raithel, Jürgen: Quantitative Forschung. Ein Praxiskurs, Wiesbaden, VS Verlag für Sozialwissenschaften, 2006.

Rau, Marie Luise: Literacy. Vom ersten Bilderbuch zum Erzählen, Lesen und Schreiben, 2. Auflage, Bern, Stuttgart, Wien, Haupt Verlag, 2009.

Reisenzein, Rainer/Meyer, Wulf-Uwe/Schützwohl, Achim: Einführung in die Emotionspsychologie Band III: Kognitive Emotionstheorien, Bern, Hans Huber Verlag, 2003.

Reichle, Barbara/Gloger-Tippelt, Gabriele: Familiale Kontexte und sozial-emotionale Entwicklung. Kindheit und Entwicklung 16 (4), 2007, S. 199–208

Rheinberg, Falko/Vollmeyer, Regina: Motivation, 8., aktualisierte Auflage, Stuttgart, W. Kohlhammer, 2011.

Rheinberg, Falko: Intrinsische Motivation und Flow-Erleben, in: Motivation und Handeln, 4. Auflage, hrsg. von Jutta Heckhausen, Heinz Heckhausen, Berlin und Heidelberg, Springer-Verlag, 2010, S. 365–388.

Rittelmeyer, Christian: Frühe Erfahrungen des Kindes. Ergebnisse der pränatalen Psychologie und der Bindungsforschung, Stuttgart, Kohlhammer, 2005.

Robert-Koch-Institut (Hrsg.): Referenzperzentile für anthropometrische Maßzahlen und Blutdruck aus der Studie zur Gesundheit von Kindern und Jugendlichen in Deutschland (KiGGS) 2003–2006, Beiträge zur Gesundheitsberichterstattung des Bundes, abgerufen unter: www.rki.de/DE/Content/Gesundheitsmonitoring/Gesundheitsberichterstattung/GBEDownloadsB/KiGGS_Referenzperzentile.pdf?__blob=publicationFile (02.05.2013), Berlin, 2011.

Rohrmann, Tim: Gender im Kontext der Arbeit mit Kindern in den ersten drei Lebensjahren, 2012, in: KiTa Fachtexte, abgerufen unter: www.kita-fachtexte.de/ueber-kita-fachtexte.html (20.02.2014)

Rorty, Amelie Oksenberg: Die Vorzüge moralischer Vielfalt, übers. v. Käthe Trettin, in: Moral und Person, hrsg. von Wolfgang Edelstein, Gertrud Nunner-Winkler, Gil Noam, Frankfurt am Main, Suhrkamp Verlag, 1993, S. 48–68.

Roßbach, Hans-Günther: Effekte qualitativ guter Betreuung, Bildung und Erziehung im frühen Kindesalter auf Kinder und ihre Familien, in: Band 1: Bildung, Betreuung und Erziehung von Kindern unter sechs Jahren, hrsg v. d. Sachverständigenkommission Zwölfter Kinder- und Jugendbericht, München: Verlag Deutsches Jugendinstitut, 2005, S. 55–174.

Rost, Detlef, H. (Hrsg.): Handwörterbuch Pädagogische Psychologie, Weinheim, Basel, Berlin, Beltz Verlag, 2006.

Rothbard, Mary K./Bates, John E.: Temperament, in: Handbook auf child psychology: Vol. 3, Social, emotional, and personality development, hrsg. von W. Damon, N. Eisenberg, New York. Wiley, 1998, S. 105–176.

Rothermund, Klaus/Eder, Andreas: Allgemeine Psychologie: Motivation und Emotion, Wiesbaden, VS Verlag, 2011.

Rothermund, Klaus/Eder, Andreas: Emotion und Handeln, in: Handbuch der Allgemeinen Psychologie: Motivation und Emotion, Vol. Bd. 11, hrsg. von Veronika Brandstätter,Jürgen H. Otto, Göttingen, Hogrefe, 2009, S. 675–685.

Rothweiler, Monika/Ruberg, Tobias: Der Erwerb des Deutschen bei Kindern mit nichtdeutscher Erstsprache (WiFF Expertise Nr. 12), München, Deutsches Jugendinstitut, 2011.

Rousseau, Jean-Jacques: Emil oder Über die Erziehung, 7. Auflage, Paderborn, Schöningh UTB, 1985.

Roux, Susanna/Fried, Lilian/Kammermeyer, Gisela (Hrsg.): Sozial-emotionale und mathematische Kompetenzen in Kindergarten und Grundschule (Themenheft), Zeitschrift für empirische Pädagogik 22, 2, S. 96–112.

Ruberg, Tobias/Rothweiler, Monika/Koch-Jensen, Levka: Spracherwerb und sprachliche Bildung. Lern- und Arbeitsbuch für sozialpädagogische Berufe, Köln, Bildungsverlag EINS, 2013.

Ruberg, Tobias/Rothweiler, Monika: Spracherwerb und Sprachförderung in der KiTa, Stuttgart, Kohlhammer, 2012.

Saarni, Carolyn: The development of emotional competence, New York, Guilford, 1999.

Saarni, Carolyn: Die Entwicklung von emotionaler Kompetenz in Beziehungen, in: Emotionale Kompetenz entwickeln. Grundlagen in Kindheit und Jugend, hrsg. von Maria von Salisch, Stuttgart, Kohlhammer, 2002, S. 3–30.

Sächsisches Ministerium für Soziales (Hrsg.): Der Sächsische Bildungsplan – ein Leitfaden für pädagogische Fachkräfte in Krippen, Kindergärten und Horten sowie für Kindertagesppflege, Weimar/Berlin, verlag das netz, 2007.

Salisch, Maria von: Seine Gefühle handhaben lernen. Über den Umgang mit Ärger, in: Emotionale Kompetenz entwickeln. Grundlagen in Kindheit und Jugend, hrsg. von C. von Salisch, M. von Salisch, Stuttgart, Kohlhammer, 2002, S. 135–156.

Salovey, Peter/Mayer, John D.: Emotional Intelligence. Imagination, Cognition and Personality. 9, 1990, S.185–211

Schäfer, Gerd E. (Hrsg.): Bildung beginnt mit der Geburt. Ein offener Bildungsplan für Kindertageseinrichtungen in Nordrhein-Westfahlen, Berlin, Cornelsen Verlag Scriptor, 2007.

Schäfer, Gerd E.: Spiel, Vorlesung, Version: 31.01.2006, abgerufen unter: www.hf.uni-koeln.de/data/eso/File/Schaefer/Vorlesung_Spiel.pdf (02.05.2013).

Schäfer, Susanne: Das Tal des Lebens, 2012, in: ZEIT ONLINE; abgerufen unter: www.zeit.de/zeit-wissen/2012/04/Midlife-Crisis (16.11.2013)

Schaie, K. Warner: The course of adult intellectual development, American Psychologist, Vol. 49(4), 4/1994, S. 304–313.

Schmidt, Simone: Soziale Disparitäten beim Kindergartenbesuch, Diplomarbeit im Studiengang Pädagogik in der Fakultät Humanwissenschaften an der Otto-Friedrich-Universität, Bamberg, 2007.

Schmidt-Denter, Ulrich: Soziale Entwicklung. Ein Lehrbuch über soziale Beziehungen im Laufe des menschlichen Lebens, 3., korrigierte und aktualisierte Auflage, Weinheim, Beltz Psychologie Verlags Union, 1996.

Schneider, Wolfgang (Hrsg.): Entwicklung von der Kindheit bis zum Erwachsenenalter. Befunde der Münchner Längsschnittstudie LOGIK, Weinheim/Basel, Beltz Psychologie Verlags Union, 2008.

Schneider, Wolfgang/Hasselhorn, Marcus: Frühe Kindheit, in: Entwicklungspsychologie, hrsg. von Wolfgang Schneider und Ulman Lindenberger, 7. Auflage, Weinheim und Basel, Beltz, 2012, S. 187–209.

Schneider, Wolfgang/Lindenberger, Ulman (Hrsg.): Entwicklungspsychologie, 7. vollständig überarbeitete Auflage, Weinheim und Basel, Beltz Verlag, 2012.

Schnotz, Wolfgang: Pädagogische Psychologie kompakt, 2. überarb. und erweiterte Auflage, Weinheim und Basel, Beltz Verlag, 2009.

Schrey-Dern: Sprachentwicklungsstörungen: „i mei bille anzlasse" (Ich lasse meine Brille an), 2009, abgerufen unter: www.kindergartenpaedagogik.de/1984.html (28.04.13)

Schuler, Heinz (Hrsg.): Lehrbuch der Personalpsychologie, 2., überarbeitete und erweiterte Auflage, Göttingen, Hogrefe Verlag, 2006.

Schuler, Heinz/Höft, Stefan: Konstruktorientierte Verfahren der Personalauswahl, in: Lehrbuch der Personalpsychologie, hrsg. von Heinz Schuler, 2., überarbeitete und erweiterte Auflage, Göttingen, Hogrefe Verlag, 2006, S. 101–144.

Schwarzer, Gudrun: Entwicklung von Wahrnehmung und Motorik, in: Entwicklungspsychologie – Kindes- und Jugendalter, von Martin Pinquart, Gudrun Schwarzer, Peter Zimmermann, Göttingen, Hogrefe Verlag, 2011, Seite 63–82.

Schwarzer, Gudrun: Entwicklung des Denkens, in: Entwicklungspsychologie – Kindes- und Jugendalter, von Martin Pinquart, Gudrun Schwarzer, Peter Zimmermann, Göttingen, Hogrefe Verlag, 2011, Seite 85–106.

Schwarzer, Gudrun: Entwicklung der Informationsverarbeitung, in: Entwicklungspsychologie – Kindes- und

Jugendalter, von Martin Pinquart, Gudrun Schwarzer, Peter Zimmermann, Göttingen, Hogrefe Verlag, 2011, Seite 111–129.

Sedlmeier, Peter/Renkewitz, Frank: Forschungsmethoden und Statistik in der Psychologie, München, Pearson Studium, 2008.

Selman, Robert L.: Die Entwicklung des sozialen Verstehens. Entwicklungspsychologische und klinische Untersuchungen, übers. v. Cornelie von Essen und Tilmann Habermas, Frankfurt am Main, Suhrkamp, 1984.

Seng, Leonie: Theory of Mind – Ein Kinderspiel!, 2011, hrsg. von Neurowissenschaftliche Gesellschaft e.V. Berlin, abgerufen unter: http://dasgehirn.info/denken/im-kopf-der-anderen/theory-of-mind-2013-ein-kinderspiel (08.11.2013)

Siegler, Robert/DeLoache, Judy/Eisenberg, Nancy: Entwicklungspsychologie im Kindes- und Jugendalter, 3. Auflage, Deutsche Ausgabe hrsg. von Sabina Pauen, übersetzt unter Mitarbeit von: Joachim Grabowski und Edeltraud Schönfeldt, Heidelberg, Spektrum Akademischer Verlag, 2011.

Silbereisen, Rainer K./Weichold, Karina: Jugend, in: Entwicklungspsychologie, hrsg. von Wolfgang Schneider und Ulman Lindenberger, 7. Auflage, Weinheim und Basel, Beltz, 2012, S. 235–258.

Sismik – Sprachverhalten und Interesse an Sprache bei Migrantenkindern in Kindertageseinrichtungen, abgerufen unter: www.ifp.bayern.de/projekte/sismik.html (28.04.13)

Sonvilla, Christine: Automatisch praktisch gut, in: Universum Magazin, November 2011, abgerufen unter: www.sonvilla.at/Pdf/Spiegelneuronen.pdf (28.08.2013), S. 92–95.

Spiewak, Martin: Ich bin superwichtig!, in: ZEIT-ONLINE, abgerufen unter: www.zeit.de/2013/02/Paedagogik-John-Hattie-Visible-Learning/seite-1 (23.01.2013)

Spinath, Frank M. (Interview): „Unsere Gene suchen sich die Umwelt, die zu ihnen passt", in: Gehirn und Geist, Heidelberg, Spektrum der Wissenschaft Verlagsgesellschaft, 4/2013, S. 42–45.

Spitzer, Manfred: Lernen. Gehirnforschung und die Schule des Lebens, Spektrum Akademischer Verlag, Heidelberg und Berlin, 2002.

Spitzer, Manfred: Musik im Kopf, Stuttgart, Schattauer GmbH, 2003.

Spitzer, Manfred/Bertram, Wulf (Hrsg.): Braintertainment. Expeditionen in die Welt von Geist & Gehirn, 3. Auflage, Stuttgart, Suhrkamp Taschenbuch Verlag, 2012.

Stangl, Werner: Sensible Perioden, abgerufen unter: http://arbeitsblaetter.stangl-taller.at/PSYCHOLOGIE-ENTWICKLUNG/Entwicklungsmodelle.shtml (09.10.2013)

Stangl, Werner: Niveaus und Stufen sozial-kognitiver Entwicklung nach R. L. Selman, abgerufen unter: http://arbeitsblaetter.stangl-taller.at/MORALISCHE-ENTWICKLUNG/SozialkognitivEntwicklung.shtml (21.04.2013).

Stangl, Werner: Extrinsische Motivation, in: Lexikon für Psychologie und Pädagogik, abgerufen unter: http://lexikon.stangl.eu/1951/extrinsische-motivation/ (06.09.2013).

Stangl, Werner: Intrinsische Motivation, in: Lexikon für Psychologie und Pädagogik, abgerufen unter: http://lexikon.stangl.eu/1949/intrinsische-motivation/ (06.09.2013).

Staudinger, Ursula M.: Entwicklung im Verlauf der Lebensspanne, in: Klinkhardt Lexikon Erziehungswissenschaft Bd. 1, von Klaus-Peter Horn, Heidemarie Kemnitz, Winfried Marotzki, Uwe Sandfuchs, Bad Heilbrunn, Verlag Julius Klinkhardt, 2012, Seite 318–319.

Statistisches Bundesamt: Schule auf einen Blick, Wiesbaden, 2012.

Statistisches Bundesamt: Bevölkerung und Erwerbstätigkeit 2011. Natürliche Bevölkerungsbewegung, Fachserie1 – Reihe 1.1, abgerufen unter: www.destatis.de/DE/Publikationen/Thematisch/Bevoelkerung/Bevoelkerungsbewegung/Bevoelkerungsbewegung2010110117004.pdf?__blob=publicationFile, Wiesbaden, 2013.

Stegmaier, Susanne: Grundlagen der Bindungstheorie, in: Kindergartenpädagogik, Online-Handbuch, hrsg. v. Martin Textor, abgerufen unter: www.kindergartenpaedagogik.de/1722.html (05.05.2013).

Stern, Daniel: Die Lebenserfahrung des Säuglings, 2. Auflage, übersetzt von Wolfgang Krege, Stuttgart, Klett-Cotta, 1992.

Sternberg, Robert J.: Triangulation love, in: The psychology of love, hrsg. von Robert J. Sternberg, Michael L. Barnes, New Haven, CT: Yale University Press, 1988, S. 119–138.

Sturzbecher, Dietmar/Großmann, Heidrun: Die Erzieherin-Kind-Beziehung aus Sicht des Kindes im Vergleich zur Eltern-Kind-Beziehung, in: Die Erzieherin-Kind-Beziehung. Zentrum von Bildung und Erziehung, hrsg. v. Fabienne Becker-Stoll und Martin R. Textor, Berlin, Cornelsen Scriptor, 2007, S. 42–56.

Süddeutsche Zeitung (12.02.2011, olkl): Wie viele Gene besitzt der Mensch überhaupt?, abgerufen unter: www.sueddeutsche.de/wissen/zehn-jahre-nach-der-entschluesselung-der-dns-das-vertrackte-genom-1.1059202-2 (28.03.2013)

Szagun, Gisela: Das Wunder des Spracherwerbs: So lernt Ihr Kind sprechen, Weinheim und Basel, Beltz-Verlag, 2007.

Textor, Martin R.: Lew Wygotski, in: Pädagogische Ansätze im Kindergarten, hrsg. von Wassilios E. Fthenakis, Martin R. Textor, Weinheim und Basel, Beltz Verlag, 2000, S. 71–84.

Textor, Martin R.: Bildung im Kindergarten. Zur Förderung der kognitiven Entwicklung, Münster, Verlagshaus Monsenstein und Vannerdat, 2006, abgerufen unter: www.ipzf.de/Bildung.pdf, (01.09.2013).

Textor, Martin R.: Gehirnentwicklung im Kleinkindalter – Konsequenzen für die frühkindliche Bildung, 2010, erschienen im Onlinehandbuch Kindergartenpädagogik, abgerufen unter: www.kindergartenpaedagogik. de/779.html (13.05.2013)

Thomas, R. Murray/Feldmann, Birgitt: Die Entwicklung des Kindes. Ein Lehr- und Praxisbuch, Weinheim/Basel, Beltz Verlag, 2002.

Tracy, Rosemarie: Wie Kinder Sprachen lernen. Und wie wir sie dabei unterstützen können, 2. überarbeitete Auflage, Tübingen, Franke Verlag, 2008.

Trautmann, Caroline/Reich, Hans H.: Pragmatische Basisqualifikationen I und II, in: Referenzrahmen zur altersspezifischen Sprachaneignung, hrsg. von Konrad Ehlich, Ursula Bredel, Hans H. Reich, Bonn und Berlin, Bundesministerium für Bildung und Forschung (BMBF), 2008, S. 41–48.

Trenkamp, Oliver: Neue Pisa-Auswertung: Mädchen fürchten Mathe, Jungs schwächeln beim Lesen, Spiegel Online 2009, abgerufen unter: www.spiegel.de/schulspiegel/wissen/neue-pisa-auswertung-maedchen-fuerchten-mathe-jungs-schwaecheln-beim-lesen-a-626879.html (16.11.2013)

Tugendhat, Ernst: Die Rolle der Identität in der Konstitution der Moral, übers. v. Barbara Reiter und Alexander Staudacher, in: Moral und Person, hrsg. von Wolfgang Edelstein, Gertrud Nunner-Winkler, Gil Noam, Frankfurt am Main, Suhrkamp Verlag, 1993, S. 33–47.

Turiel, Elliot: The Development of Morality, in: Handbook of Child Psychology, Band 3: Social, Emotional, and Personality Development, hrsg. von William Damon und Nancy Eisenberg, 5. Auflage, New York, John Wiley & Sons, 1998.

Turner-Syndrom-Vereinigung Deutschland e.V.: Die Erkrankung im Überblick, erarbeitet von Dipl.-Psych. A. Bock, 2008, abgerufen unter: www.turner-syndrom.de/info-uts/krankheitsdefinition/krankheitsdefinition.html (23.04.2013).

Tyrka, Audrey R./Price, Lawrence H./Marsit, Carmen/Walters, Oakland C./Carpenter, Lind L.: Childhood adversity and epigenetic modulation of the leukocyte glucocorticoid receptor: preliminary findings in healthy adults. PLoS one 7, 01/2012, e30148.

Ulich, Michaela: Sprachliche Bildung und Literacy im Elementarbereich (2003), Staatsinstitut für Frühpädagogik IFP, abgerufen unter: www.ifp.bayern.de/projekte/laufende/ulich.html (28.04.13)

UNICEF Innocenti Research Centre: 'Measuring Child Poverty: New league tables of child poverty in the world's rich countries', Innocenti Report Card 10, UNICEF Innocenti Research Centre, Florence 2012.

Vaish, Amrisha/Carpenter, Malinda/Tomasello, Michael: Young Children Selectively Avoid Helping People With Harmful Intentions, Child Development, Vol. 81, Issue 6, November/Dezember 2010, S. 1661–1669.

Viernickel, Susanne/Völkel, Petra: Früheste Beobachtung und Dokumentation. Bildungsarbeit mit Kleinstkindern, Köln, Bildungsverlag Eins, 2009.

Viernickel, Susanne/Edelmann, Doris/Hoffmann, Hilmar/König, Anke (Hrsg.): Krippenforschung – Methoden, Konzepte, Beispiele, München und Basel, Ernst Reinhardt Verlag, 2012.

Völkel, Petra/Viernickel, Susanne: Fühlen, bewegen, sprechen und lernen, Meilensteine der Entwicklung bei Kleinstkindern, Köln, Bildungsverlag Eins, 2009.

Wahl, Hans-Werner: Sozio-emotionale Selektivitätstheorie, in: Dorsch – Lexikon der Psychologie, hrsg. von Markus Antonius Wirtz, abgerufen unterr https://portal.hogrefe.com/dorsch/sozio-emotionale-selektivitaetstheorie/(29.03.2014).

Wahl, Hans-Werner/Schilling, Oliver: Hohes Alter, in: Entwicklungspsychologie, hrsg. von Wolfgang Schneider, Ulman Lindenberger, 7. vollständig überarbeitete Auflage, Weinheim, Basel, Beltz Verlag, 2012, S. 311–334.

Walk, Laura M./Evers, Wiebke F.: Fex – Förderung exekutiver Funktionen, Bad Rodach,Wehrfritz, 2013.

Weinert, Sabine/Grimm, Hannelore: Sprachentwicklung, in: Entwicklungspsychologie, hrsg. von Wolfgang Schneider, Ulman Lindenberger, 7. vollständig überarbeitete Auflage, Weinheim und Basel, Beltz Verlag, 2012.

Weiß, Karin/Stempinski, Susanne/Schumann, Marianne/Keimeleder, Lis: Bindung – ein wichtiges Konzept in der Kindertagespflege, in: Qualifizierung in der Kindertagespflege, Das DJI-Curriculum „Fortbildung von Tagespflegepersonen", 2. Auflage, Karin Weiß, Susanne Stempinski, Marianne Schumann, Lis Keimeleder, Seelze, Kallmeyer, 2008, abgerufen unter: www.dji.de/aktionsprogramm-kindertagespflege/V11_Seite_08-11.pdf (27.08.2013), S. 8–11.

Wendt, Verena: Emotionsregulation und Beziehungsgestaltung in der Adoleszenz, 2009, abgerufen unter:

www.opus.ub.uni-erlangen.de/opus/volltexte/2009/1282/pdf/VerenaWendtDissertation.pdf (09.06.2013)

Wertfein, Monika: Emotionale Entwicklung von Anfang an – wie lernen Kinder den kompetenten Umgang mit Gefühlen? (Teil 1), in: Online-Familienhandbuch, hrsg. v. Staatsinstitut für Frühpädagogik (IFP), abgerufen unter: www.familienhandbuch.de/kindheitsforschung/fruhe-kindheit/emotionale-entwicklung-von-anfang-an-%E2%80%93-wie-lernen-kinder-den-kompetenten-umgang-mit-gefuhlen-teil-1 (12.08.2013).

Whitehead, Marian R.: Sprache und Literacy von 0 bis 8 Jahren, übersetzt von Rita Kloosterziel, Troisdorf, Bildungsverlag EINS, 2007.

Wicki, Werner: Entwicklungspsychologie, München und Basel, Ernst Reinhardt Verlag, 2010.

WiFF (Hrsg.): Sprachliche Bildung. Grundlagen für die kompetenzorientierte Weiterbildung. Ein Wegweiser der Weiterbildungsinitiative Frühpädagogische Fachkräfte, München, Deutsches Jugendinstitut, 2011.

Wilkening, Friedrich/Freund, Alexandra M./Martin, Mike: Entwicklungspsychologie kompakt, Weinheim und Basel, Beltz Verlag, 2009.

Wimmer, Heinz/Perner, Josef: Beliefs about beliefs: Representation and constraining function of wrong beliefs in young children's understanding of deception, in: Cognition, Band 13, 1983, S. 103–128.

Wolf, Christian: Ein unsinniger Streit, in: Gehirn und Geist, Heidelberg, Spektrum der Wissenschaft Verlagsgesellschaft, 4/2013, S. 32–40.

Wustmann, Corinna: Resilienz, in: Staatsinstitut für Frühpädagogik. Bildung, Erziehung, Betreuung von Kindern in Bayern (2003), abgerufen unter: www.ifp.bayern.de/veroeffentlichungen/infodienst/wustmann-resilienz.html (28.08.2013)

Wustmann, Cornelia. Von der Kinder- zur Kindheitsforschung. Fachbeitrag „Vorlesung im Schloss", 2012, Niedersächsisches Institut für frühkindliche Bildung und Entwicklung, abgerufen unter: http://nifbe.de/index.php/fachbeitraege-von-a-z?view=item&id=133 (02.06.2013)

Zeitler, Fabian: Der verzerrte Kinderkörper, 2011, abgerufen unter: http://medienbewusst.de/tag/geschlechterrollen (16.11.2013)

Zimbardo, Philip G./Gerrig, Richard J.: Psychologie, 18., aktualisierte Auflage, übersetzt von Ralf Graf, Pearson Studium, München, 2008.

Zimmer, Renate: Bewegung und Sprache. Verknüpfung des Entwicklungs- und Bildungsbereichs Bewegung mit der sprachlichen Förderung in Kindertagesstätten, München, Deutsches Jugendinstitut (2005), abgerufen unter: http://dji.de/bibs/384_Expertise_Bewegung_Zimmer.pdf (28.04.2013)

Zöfel, Peter: Statistik für Psychologen im Klartext, München, Pearson Studium, 2003.

Zylka-Menhorn, Vera: Das Epigenom. Der Dompteur der Gene, Deutsches Ärzteblatt, 2012, abgerufen unter: www.aerzteblatt.de/archiv/126125/Das-Epigenom-Der-Dompteur-der-Gene (25.10.2013).

Bildquellenverzeichnis

© 2012 Aracari Verlag Rights & Licenses AG, Zürich, Switzerland; www.aracari.ch. Alle Rechte der deutschsprachigen Ausgabe „Heute bin ich"; Text und Illustrationen: Mies van Hout; ISBN: 978-3-905945-30-0; Original title: »Vrolijk«; Text and illustrations by Mies van Hout; © 2011 Lemniscaat b. v., Rotterdam: 354-1, 354-2

Benno Buir, Solingen: 336-1

doc-stock GmbH, Frankfurt: 108-4 © BSIP

DPA Picture-Alliance GmbH, Frankfurt: 12-1 © dpa, 18-2 © prismaarchivo, 40-1 © ZB, 47-1 © dpa, 48-1 © Artcolor, 50-1 © ZB, 55-1 © moodboard, 67-1 © dpa, 69-1 © Everett Collection, 120-1 © chromorange, 134-1 © ZB, 181-1 © dpa, 210-1 © dpa, 225-1 © ZB, 250-1 © dpa, 273-1 © dpa, 289-1 © akg-images/Erich Lessing, 302-2 © HERBERT NEUBAUER/APA/picturedesk.com, 308-1 © dpa Themendienst, 359-1 © dpa, 372-1 © ZB

Dr. Reinhold Feldmann, Universität Münster: 97-1

Bildquellenverzeichnis

Fotolia.com, Berlin: 11-1 © BlueOrange Studio, 15-1 © Sergey Khamidulin, 18-1 © wahooo, 21-1 © Laurent Hamels, 29-1 © Stauke, 34-1 © W. Heiber Fotostudio, 38-1 © Adam Gregor, 43-1 © Andres Rodriguez, 59-1 © creative studio, 60-1 © yanlev, 61-1 © Belphnaque, 63-1 © waldru, 65-1 © Kitty, 67-2 © Marcin Sadlowski, 72-2 © Uolier, 74-1 © Thomas Perkins. 79-1 © contrastwerkstatt, 80-1 © Bergringfoto, 85-1 © elenarostunova, 85-2 © Saksoni, 85-3 Wavebreak-MediaMicro, 85-4 EpicStockMedia, 88-1 © Tomasz Markowski, 90-1 © Giovanni Cancemi, 91-1 © Mopic, 98-1 © Jasmin Merdan, 99-1 © Iryna Tiumentseva, 102-1 © ZB, 104-1 © philipus, 105-1 © S.Kobold, 108-1 © JackF, 108-2 © kristall, 109-1 © detailblick, 115-1 © konradbak, 117-1 © Henrie, 118-1 © DURIS Guillaume, 120-2 © Superingo, 120-3 © drubig-photo, 121-1 © lisalucia, 121-2 © Robert Kneschke, 121-3 © st-fotograf, 122-1 © Igor Link, 122-2 © Julie Campbell, 123-1 © Robert Kneschke, 123-2 © André Wartmann, 124-1 © Ana Blazic Pavlovic, 125-2 © f/2.8 by ARC, 127-1 © lisalucia, 128-1 © oocoskun, 129-1 © Claudia Paulussen, 132-2 © solovyova, 132-3 © ReneSebastian, 133-1 © len44ik, 133-1 © Karin Jähne, 133-3 © oksun70, 135-1 © Kaarsten, 136-1 © auremar, 137-1 © Dusan Kostic, 138-2 © contrastwerkstatt, 138-3 © Irina Fischer, 140-2 © contrastwerkstatt, 146-1 © micromonkey, 147-1 © Martina, 151-1 © MAK, 154-1 © Rachwalski, 156-1 © Lsantilli, 157-1 © itsmejust, 158-1 © Subbotina Anna, 162-1 © Tyler Olson, 175-1 © oksix, 191-1 © minicel73, 192-2 © Artur Golbert, 194-1 © belamy, 197-1 © muehlberg, 201-1 © Kzenon, 203-1 © jogyx, 204-1 © drubig-photo, 206-1 © Gina Sanders, 207-1 © Tyler Olson, 208-1 © goodluz, 212-1 © OlgaLIS, 213-1 © Karin & Uwe Annas, 214-1 © Monkey Business, 217-1 © Tatyana Gladskih, 219-1 © die_maya, 223-1 © S.Kobold, 230-1 © mickey120, 230-2 © Jodi Baglien Sparkes, 231-1 © athomass, 233-1 © Oksana Kuzmina, 235-2 © shootingankauf, 241-1 © athomass, 244-1 © Ilike, 245-1 © GordonGrand, 247-1 © GordonGrand, 249-1 © GordonGrand, 253-1 © Tyler Olson, 256-1 © darko64, 258-1 © Petro Feketa, 259-1 © zest_marina, 261-1 © Kaarsten, 263-1 © Kzenon, 263-2 © Scott Griessel, 266-1 © gennaro coretti, 267-1 © auremar, 269-1 © Jan Jansen, 275-1 © theres, 278-1 © bonniemarie, 279-1 © photophonie, 290-1 © Jean B., 291-1 © diosmirnov, 293-1 © Mopic, 296-1 © S.Kobold, 296-2 © Kati Molin, 297-1 © Alexandr Vasilyev, 298-1 © Michaela Brandl, 299-1 © st-fotograf, 299-2 © VRD, 300-1 © ia_64, 305-2 © Tobilander, 307-1 © Miredi, 309-1 © jogyx, 310-1 © EpicStockMedia, 311-1 © contrastwerkstatt, 313-1 © Scott Griessel, 314-1 © Monkey Business, 315-1 © ehrenberg-bilder, 315-2 © Eisenhans, 316-1 © glogoski, 316-2 © mangostock, 318-2 © diego cervo, 319-1 © drubig-photo, 320-1 © pressmaster, 321-1 © diego cervo, 322-1 © Peter Maszlen, 327-1 © Köpenicker, 329-1 © dmitrimaruta, 337-1 © Martin Pohner, 339-1 © Christian Schwier, 341-1 © JackF, 342-1 © Markus Bormann, 343-1 © arztsamui, 344-1 © Anja Greiner Adam, 345-1 © Kristin Gründler, 346-1 © Oksana Kuzmina, 347-1 © Ingo Bartussek, 348-1 © nadezhda1906, 348-2 © ksi, 350-1 © Marie Liss, 353-1 © tan4ikk, 356-1 © aigarsr, 360-1 © Christian Schwier, 361-1 © vvvita, 362-1 © Sergey Ryzhov, 364-1 © pressmaster, 366-1 © WavebreakmediaMicro, 368-1 © evgenyatamanenko, 369-1 © bepsphoto, 370-1 © ASK-Fotografie, 372-2 © ckellyphoto, 375-1 © zmijak, 378-1 © contrastwerkstatt, 382-1 © Schiddrigkeit, 382-2 © Bred&Co, 385-1 © photophonie, 386-1 © Daniel Cardona Isern, 386-2 © ClaraStory, 387-1 © nyul, 388-1 © KaYann, 391-1 © Robert Emprechtinger, 392-1 © ysbrandcosijn, 396-1 © yanlev, 397-1 © Claudia Paulussen, 399-1 © DoraZett, 400-1 © Dron, 400-2 © Szasz-Fabian Erika, 404-1 © goodluz, 408-1 © altanaka, 409-1 © shootingankauf, 411-1 © Christian Schwier, 415-1 © lunamarina, 417-1 © olly, 420-1 © rimmdream, 421-1 © stokkete, 425-1 © Joshua Resnick, 427-2 © ctvvelve, 429-1 © Rido, 431-1 © Robert Kneschke

Getty Images, München: 71-1 © Time & Life Pictures, 72-1 © AFP, 173-2 © UIG/Sovfoto, 183-1 © Time & Life Pictures/John Brenneis

Britta Karagiannis, Brühl: 182-1

mauritius images GmbH, Mittenwald: 305-1 © United Archives, 407-1 © age

MEV Verlag, Augsburg: 110-1 © Christian Albert, 272-1 © Klapp Thorste

OKAPIA KG Michael Grzimek & Co, Frankfurt am Main: 92-1 © J.Giannicchi/PR ScienceSou, 93-1 © CNRI, 153-1 © Neil Bromhall/NAS

Bodo Rödel, Pulheim: 14-1, 17-2, 150-1, 161-1, 178-1, 180-2, 185-1, 188-1, 261-2

Shutterstock Inc., New York: 126-1 © Serg Shalimoff, 276-1 © Twin Design, 423-1 © keymoon, 427-1 © Andi Berger

Anja Tüngler, Siegburg: 138-1

Ullstein Bild, Berlin: 394-1 © Jan Rieckhoff

Melanie Willich, Kaarst: 302-1

Your Photo Today/allmedicalphoto, Taufkirchen: 108-3 © BSIP

Sachwortverzeichnis

A
Abwehrkörper 127
Adaption 160
adaptive Veränderungen 213
ADHS 39, 203
Adipositas 136
Adoleszenz 17, 139, 143, 204
Adoptionsforschung 65
affektive Zustände 337
Affordanz 180
aggressives Verhalten 276
Ainsworth, Mary 391 ff., 396, 398
akademisches Selbst 421
akademisches Selbstkonzept 379, 412
Akkomodation 160, 205
aktiver Konstrukteur 49, 66, 72
Aktivierungszustand 155
akustische Lokalisation 178
Akzeleration 112, 142
Alkohol 97, 98, 102
Alkoholembryopathie 97, 98
Alkoholkonsum 98
Alleinlebende 317, 318
Allel 84, 85
Alltagsbeobachtung 32
Alltagserfahrung 21
Alltagspsychologie 335
Alltagstheorie 23, 24
Als-ob-Spiele 184, 300
Alter 145, 146, 147
Altern (biologisch) 144, 146
Ammensprache 232, 233
Amnesie 166
Amygdala 334
anale Phase 70
Analyse 24, 27, 37
Analyseeinheit 43
Analyserichtung 42
Analysetechnik 43
Analyseverfahren 44
Androgynie 429
Angst 333, 334, 349
A-/nicht-B-Suchfehler 162, 175, 176
Animismus 186, 187
Anlage 19, 62, 63, 64, 71
Anlage/Umwelt 65, 66, 67, 69, 85, 87, 95
Annäherungsverhalten 345
Anpassungsfähigkeit 341
anregungsreiche Umgebung 49
Anthony DeCasper 154
antiautoritäre Erziehung 48
antisoziales Verhalten 276, 277

Antwortalternative 31, 32, 34, 39
Antwortdimension 34
Antwortmöglichkeit 39
Antwortverhalten 33
Apgar-Skala 104
Äquilibration 160
Äquilibrationsprozess 187
Arbeitsgedächtnis 194, 212, 357
Arbeitsspeicher 164
Argumentationsstrategie 40
Aristoteles 18, 44
Armbewegungen 106, 120
Armut 197
Artikelerwerb 246
Artikulation 254
Artikulationsorgane 232
Assimilation 160, 205
ätiologisch 45
auditive Wahrnehmung 153
Aufgabenanalyse 163
Aufmerksamkeit 29, 194, 206, 337
Aufmerksamkeitsdefizitstörung 203
Aufmerksamkeitsfokus 298
Auftretenswahrscheinlichkeit 15
Ausdrucksverhalten 346
Außenbereich 126
Austreibungsphase 100
Auswertungsmethoden 33, 37, 42
Auswertungsverfahren 24
autobiografisches Gedächtnis 189, 213, 407
Autonomiephase 390
autoritativ 208
autoritativer Erziehungsstil 416
Autosomen 85
Autostimulationstheorie 157
axiales Kodieren 44
Axone 113, 114, 116, 117

B
Babinski-Reflex 107
Babyspeck 110
Baillargeon, Renee 169
Balance 125
Balkenwaagen-Versuch 186, 193
Baltes, Paul 16, 324
Bandura, Albert 183
Basisemotionen 332, 335, 336, 346
Basisprozesse 165
Bauchlage 121, 122
Befragte 40, 42
Befragung 32, 38
Befruchtung 89, 90, 91

behavioral 340
Behaviorismus 73, 180, 331
behavioristisch 51
Behinderung 88, 100, 197
Belohnung 182
Benennungsspurt 238
Beobachter 40, 50
Beobachtung 24, 40, 41,
   offen 41
   standardisiert 41
Beobachtungsbogen 41
Beobachtungsformen 41
Beobachtungskategorien 41
Beobachtungsprotokoll 42
Beobachtungstechnik 22
Beobachtungsverfahren 40
Berliner Altersstudie 213
Beruf 212
Berufswahl 208, 210, 315 f.
Berührungsreize 178
beschreibende Statistik 34
Bewältigungsstrategien 59, 61
Bewegungen 105, 106, 118, 120, 121
Bewegungsabläufe 119, 120, 121, 124, 125, 132
Bewegungsaktivitäten 134
Bewegungsangebote 138
Bewegungsapparat 105, 147
Bewegungsdrang 133, 137
Bewegungserziehung 134
Bewegungsmuster 108
Bewertungsprozess 361
Beziehung 52, 278, 359
Beziehungsaufbau 340, 359
Bezugsperson 348, 391, 396
Bilderbücher 260
Bildung 53, 273
Bildungsforschung 53
Bildungsniveau 210
Bildungssprache 262
Bildungs- und Entwicklungsverläufe 41
Bildungs- und Erziehungspartnerschaft 427
Bild vom Kind 47, 48, 50
bilingualer Spracherwerb 218
Bindung 157, 158, 296, 345, 369, 391, 392, 402
Bindungsbereitschaft 345
Bindungsentwicklung 393
Bindungserfahrung 391
Bindungsforschung 396
Bindungsperson 391, 395, 399
Bindungsqualität 369
Bindungstheorie 345, 391, 394, 395, 396
Bindungstypen 397, 398
Bindungsverhalten 345, 392, 393, 395, 396, 397
Binet Alfred 19, 195
Black Box 150

Blasensprung 100
Blastozyste 91
Bonding 296
Bowlby 391 ff.
Braun, Katharina 179
Broca-Areal 117, 228, 270
Brooks, Virginia 178
Buchstaben 135, 138

C

cephalo-caudal 111, 116, 119, 135
Chromosom 81, 84 ff.
Chromosomenanomalie 87
Chromosomensatz 83, 85, 86, 87, 90, 91
chunking 165, 194
Computer 191
Coping 61
Corpus callosum 132
Csikszentmihalyi, Mihaly 174, 290

D

Darbietungsregeln 355, 360
Darwin, Charles 19, 167
Daten 33
Datenanalyse 33, 44
Datenauswertung 42
Datenerhebung 26, 44
Datenmaterial 38, 52
Datensammlung 44
Datenschutz 25
Deduktion 204
deduktiv 45
Delinquenz 276
Dendriten 113
Denken 151
Deprivation 158
Descartes, Rene 44
deskriptive Analyse 34, 35
deskriptive Datenauswertung 34
deskriptive Statistik 34
deskriptive Werte 35
deterministisch 17
Deutsches Jugendinstitut 41
Dewey, John 19
Diagnostik 41
differenzielle Entwicklungspsychologie 16
Differenzierung 180
diploid 83
diskontinuierlich 56, 72
diskontinuierliche Aspekte 58
Diskontinuitäten 358
dispositionelle Faktoren 15
Distanzverhalten 329
DNA 81, 82, 83, 86
Dokumentation 40, 41, 44

Dokumentationsform 41
Dokumentationsverfahren 40, 41
dominant 84
Downsyndrom 87, 88
Drehbewegungen 121
Drei-Berge-Versuch 185, 187
Dreieckstheorie der Liebe 367
Dreisatz 35
Durchschnitt 32
Durchschnittswerte 35
Dyskalkulie 202
Dyslexie 202

E
egozentrisches Sprechen 355
Egozentrismus 185, 187, 348
Ehe 370
Einfühlungsvermögen 280
Eingewöhnung 352
Einsamkeit 371
Einwortäußerungen 243, 245, 246
Einzelfall 27, 45
Einzelfallanalyse 27
Eisprung 89
Eizelle 83, 85, 89, 90, 91
Ejakulation 142
Ekel 332, 335, 351
Ektoderm 92
elaborierter Stil 189
Elementarpädagogik 152
Eltern 313, 359, 368
Elternbefragung 34
Elterngespräche 41
Elterninitiativen 48
Eltern-Kind-Beziehung 369
Eltern-Kind-Bindung 347
Eltern-Kind-Interaktion 347
Elternschaft 368
Emanzipation 363
Embryo 91, 92, 93, 95
Embryonalstadium 91, 96
Emotion 25, 328, 330 ff.,
 Funktion 338 f.
 Merkmale 329, 330
 negative 346, 348
 positive 346
 selbstbewusste 350
emotional 334, 344, 359
emotionale Ausdrucksweise 333
emotionale Bewertung 334
emotionale Eindrucksfähigkeit 350
emotionale Entwicklung 327, 343
emotionale Entwicklungsaufgaben 328
emotionale Erfahrung 363
emotionale Intelligenz 339, 360

emotionale Kompetenz 353
emotionale Reaktionen 181
emotionales Ausdrucksverhalten 329
emotionale Selbständigkeit 367
emotionale Selbstregulation 362
emotionale Sensitivität 360, 362
emotionale Zufriedenheit 371
Emotionsausdruck 329, 332, 336, 338, 342, 346, 360
Emotionsauslöser 332
Emotionsentwicklung 346, 350
Emotionskontrolle 357
Emotionslage 329
Emotionsregulation 336 ff., 351, 353 f., 362 ff.
Emotionsregulationsfähigkeit 370
Emotionsregulationsfunktion 351
Emotionsrepertoire 346, 351
Emotionssteuerung 337
Emotionstheorie 333
Emotionstheorie,
 kognitive 335
Emotionsvokabular 353
Empathie 22, 279, 280, 281, 303, 306, 340, 342, 353, 390
Empfängnis 89, 91
Empfindung 329, 352
Empirie 24
empirisch 28
empirische Sozialforschung 37
empirische Sozialwissenschaft 24
Endoderm 92
Engelslächeln 296
Entwicklungsauffälligkeiten 41
Entwicklungsaufgaben 55, 59, 60, 61, 62, 71
Entwicklungsbereich 40
Entwicklungsbeschleunigung 112, 143
Entwicklungsmodell 51, 72
Entwicklungsphasen 56, 162
Entwicklungspsychologie 12, 13,
 Aufgaben 14
 Geschichte 18, 69
 Schulen 20
Entwicklungspsychologie der Lebensspanne 16
Entwicklungsrichtung 119
Entwicklungsrisiken 343
Entwicklungsschritte 40, 123, 127, 251
Entwicklungsstufen 51, 55, 57, 58, 73, 278, 301, 356
Entwicklungstagebücher 41
Entwicklungstempo 132
Entwicklungsunterschiede 112
Entwicklungsverlauf 111
Entwicklungsverzögerung 159
Epigenese 89
Epigenetik 16, 86, 87, 158
Epigenom 86, 87
epistemische Kognition 209
erarbeitete Identität 419

Erbanlagen 65, 66
Erbgut 81, 82, 83, 90, 91
Erbinformationen 83, 86
Erbmaterial 83, 85
Erfolg 359
erfolgreich Altern 323, 324
Erhebung 52
Erhebungsmethode 28, 38
Erhebungsverfahren 29, 37, 38
Erkenntnisgewinn 46
Erklären 15, 45
Erklärungsmodelle 44, 158
Erleben 14
Erlebenskomponente 329, 330
Ernährung 112, 136
Ernährungszustand 112
Eröffnungsphase 100
Erregungsleitung 116, 143
erster Gestaltwandel 129
Erstsprache 218
Erwartungsverletzung 168
Erzählpaten 372
Erzählung 258, 259, 261
erzieherisches Handeln 55
Erziehungsstil 208
Erziehungsverhalten 341
ES, ÜBER-ICH und ICH 70
ethische Kriterien 25
Ethnie 198
Evaluation 24
Evolutionstheorie 167, 332
exekutive Funktionen 357
Exosystem 75
Experiment 26
experimentell 37
experimentelle Entwicklungspsychologie 19
experimentelles Design 26
Experimentieren 53, 163
Experte 39
Experteninterview 39
Explikation 37, 43
explikative Datenanalyse 45
Explorationsverhalten 292, 395, 396, 397
Explorieren 53
Extremfälle 27

F

Fachkompetenz 12, 159
Fachwissen 209
Fall 27
Falldefinition 27
False-belief-Aufgaben 282
False-belief-Problematik 190
falsifizieren 22, 23
familiale Sozialisation 342
familiäre Sozialisation 277
familiäres Umfeld 197
Familie 48, 341
Familienstruktur 53
Familien- und Lebensformen 426
Fast mapping 237
Fehlbildungen 97, 98, 100, 343
Fehlentwicklungen 96, 97
Fehlerquelle 23
Feinfühligkeit 399, 401
Feinmotorik 119, 123, 124, 133, 135, 138
feinmotorisch 132
Fernsehen 191, 192
Fernsehkonsum 192
Festhalten 121
fetales Alkoholsyndrom 97
Fettleibigkeit 191
Fiktionsspiel 300
Flexibilität 37, 137
Flexion (Beugung) 243, 244
Flow 174, 290
flüssige Intelligenz 195, 211
Fontanellen 105
Förderangebote 134
Förderbedarf 88
formal-operationales Stadium 161, 204
forschen 48
Forscher 37, 43, 44, 53
Forschung 22, 25, 37, 47, 50, 51, 52
Forschung mit Kindern 52
Forschungsdesign 24, 25, 27
Forschungsfeld 53
Forschungsfrage 39, 42, 46
Forschungskontext 28
Forschungsmethode 22, 28
Forschungsplan 25
Fortbewegung 119, 124, 126
Fortbewegungsfähigkeit 127
Fortpflanzungsfähigkeit 142, 146
fötales Lernen 153
Fötalstadium 93, 94, 96, 102
Fötus 91, 93, 94, 95, 100, 102, 152
Fragbogenstudie 38
Fragebogen 25, 29, 30, 32, 33, 46
Fragebogenkonstruktion 31, 33
Frageform 31
Fragen 31
Fragestellung 27
Fremdeln 298, 347, 349, 389
Fremdenangst 349
„Fremde-Situation"-Test 397
Fremdsprachenerwerb 262
Fremdwörter 32
Freud, Sigmund 69
Freude 332, 335, 351

Freundschaft 278, 307, 310, 311, 367
Freundschaftskonzept 278
Frontallappen 117
Fruchtblase 91, 93, 100
Fruchtwasser 100
frühe Bindung 377, 391
frühe Förderung 193
frühe Kindheit 17
frühes Erwachsenenalter 17
früheste Kindheit 17
Frühgeburt 100, 102, 103
frühkindliche Amnesie 166
Frühpädagogik 168
Funktionalismus 19
Furcht 332, 335, 351

G
Galileo Galilei 44
Ganzkörpermotorik 346
Gauß'sche Glockenkurve 35
Gauß'sche Normalverteilung 35
Gebärmutter 89, 90, 91, 100
Geburt 89, 100, 101, 102, 104, 153, 343
Geburtsfehler 96, 100
Geburtsgewicht 109
Geburtsgröße 109
Geburtskanal 100
Geburtstrauma 343
Gedächtnis 53, 117, 164, 357
Gedächtnisentwicklung 188
Gedächtnisinhalt 334
gefestigtes Selbstbild 406
Gefühl 328, 331, 335, 340, 346, 360, 362 ff.
Gefühlsausdruck 354
Gefühlserleben 350
Gefühlsreaktion 333
Gefühlsschwankung 363
Gegenstandsbenennung 24
Gehen 108, 122, 126
Gehen lernen 122, 125
Gehirn 112 ff., 131, 143, 147, 150, 208, 334
Gehirnareal 118, 334
Gehirnentwicklung 116
Gehirnhälften 118, 132
Gehirnregionen 118
Gehirnvolumen 116
Gehversuche 125
gelenkte Partizipation 157, 172
gelenkte Teilhabe 188
gemeinsames Spiel 302, 304, 309
Gender 383, 384
Gene 81, 82, 83, 84, 86, 87
general intelligence 195
Generalisierung 33
Generation 112

generelles Selbstkonzept 379
Generierung 44
genetischer Code 16, 82, 84, 86
genetische Wurzeln 342
genitale Phase 70
Genom 83, 84, 85, 86, 87
Genotyp 83, 84, 86
Genus 246
Gesamtpopulation 36
Geschick 138
Geschicklichkeit 132, 137
Geschlecht 85, 377, 383
geschlechterbewusst 386
geschlechterbewusste Erziehung 416
geschlechterbewusste Pädagogik 405, 411
Geschlechterkonstanz 405
Geschlechterrolle 377, 383, 421, 422
Geschlechterrollenerziehung 355
Geschlechterrollenintensivierung 422
Geschlechtertrennung 410, 415
Geschlechtschromosomen 85, 86, 88
Geschlechtshormone 139
Geschlechtsidentität 377, 383, 384, 426
Geschlechtskonstanz 409
Geschlechtsreife 142
Geschlechtsrolle 426
Geschlechtsstereotype 207, 210, 386, 387, 414
geschlechtstypisches Rollenverhalten 364
Geschlechtsunterschied 364
Geschwister 342
Gesellschaft 197
Gesetzmäßigkeit 33
Gesichter 177
Gesichtsausdruck 335, 347, 349
Gesprächsleiter 40
Gestalt 109, 110
Gestaltwandel 129, 139
Gestik 329, 346
Gesundheit 127
Gesundheitszustand 212
Gewicht 109
Gewichtszunahme 140, 141
Gewissen 284
Gewöhnungsexperiment 154
Giftstoffe 98
Gleichaltrige (Peers) 277, 313
Gleichberechtigung 50
Gleichgewicht 137
Gleichgewichtssinn 138
Gleichwertigkeit 50
Gliazellen 116
Gliedmaßen 111
Gonosomen 85
Gopnik, Alison 179
Grammatik 222, 227, 229, 241, 253, 255, 257

Grammatikentwicklung 254
Grapschgriff 121
graue Substanz 117, 143
Greifbewegung 123
greifen 106, 120, 121, 123, 124
Greiffähigkeit 123
Greifreflex 107
Greiftechniken 123
Grobmotorik 119, 123, 124, 133
grobmotorisch 132, 135
Größe 109
Größenwachstum 141
Großhirnrinde 117, 118, 131, 143, 334
Grounded-Theory-Methode 44
Grundgesamtheit 26, 33, 36
Grundrechte 25
Grundschulkinder 137
Gruppendiskussion 40
gruppendynamisch 40
Gültigkeit 30
Gurrlaute 233
gustatorische Wahrnehmung 153

H

Habituation 154, 180
Habituations-Dishabituations-Methode 154
Halten des Kopfes 105
Haltung 105, 120
Hamburg-Wechsler-Intelligenztest für Kinder (HAWIK-IV) 195
Hand-Auge-Koordination 106, 123, 124
Hände 121, 123, 135
Hand-Körper-Koordination 124
Handlungskontrolle 365
haploid 83, 85, 90
Hattie, John 199
Hemisphären 118, 132
Herkunftsfamilie 366, 369
hermeneutische Methode 44
heterozygot 84, 85
Hingabe 367
Hinterhauptlappen 117
Hippocampus 132, 334
Hirnanhangsdrüse 334
Hirnerkrankung 334
Hirnforschung 67, 357
Hirnstamm 132
Hirntätigkeit 53
historischer Wandel 48
höheres Erwachsenenalter 213
hohes Erwachsenenalter 17
holistisch 45
Holland, John L. 315
homozygot 84, 85
Hören 118, 153, 178

Hormonausschüttung 364
Hormone 139, 334
Hormonregulation 334
Hörzentrum 117
humanwissenschaftliche Forschung 25
Hypophyse 139, 334
Hypothalamus 334
Hypothesen 23, 24, 25, 27, 36, 44
hypothetisch-deduktives Denken 204

I

Idealtypen 27
Ideenpool 32
Identität 363, 364, 417, 418, 419
Identitätsbalance 365
Identitätsfindung 418
idiografisch 45
imaginäres Publikum 206
Imitieren 269
Immunsystem 127
Individualität 37
individuelle Unterschiede 211
Induktion 204
induktiv 45
Industrialisierung 48
Infektionskrankheiten 127
Inferenzstatistik 36
Informationspflicht 25
Informationsspiel 292
Informationsübertragung 115
Informationsverarbeitung 118, 147, 347
Informationsverarbeitungstheorien 163, 172, 175, 194, 206
Inhaltswissen 165, 206
Inhibition 357
Inkubator 103
Instanzenmodell 70
Instrument 41
intelligentes Verhalten 151
Intelligenz 195, 339,
  emotionale 339
  interpersonale 339
  intrapersonale 339, 340
  multiple 339
  personale 339
  soziale 339
Intelligenzalter 196
Intelligenzentwicklung 97
Intelligenzminderung 88
Intelligenzquotient 195, 203
Intelligenztest 19, 32, 195
Interaktionen 37, 284, 293, 297, 317
Interaktionspartner 50
Interesse 351
interindividuelle Unterschiede 14

intermodale Wahrnehmung 179
internales Arbeitsmodell 395, 396
interpersonale Regulation 355
Interpretation 27, 29, 43
Interpretationsfehler 23
interpretativ 45
interpretative Methode 37
interpretative Verfahren 43
intersubjektiv 43
intersubjektive Nachprüfbarkeit 30, 41
Intersubjektivität 174
Intervention 26
Interview 38, 42, 46,
    Experteninterview 39
    geschlossen 38 f.
    narrativ 39
    offen 39
    standardisiert 38, 39
    unstandardisiert 38, 39
Interviewer 38, 39
Interviewmaterial 42
Interviewsituation 42
Intimität 367
intraindividuelle Unterschiede 14
intrapersonale Regulation 355
intrinsische Motivation 160, 290
intuitive Biologie 168
intuitive Physik 168
intuitive Psychologie 168
Invarianzkonzept 186
IQ 195, 203
Item 29, 32
Itemauswahl 32
Itemmaterial 29
Itemsammlung 32

J
James, William 19
Jugendsprache 262
juristische Unmündigkeit 50

K
Kaiserschnitt 102
Kapazitätstheorie 213
Karyogramm 86
Kasus 246
Kasuserwerb 246, 248
Kategorien 43, 44
Kategorienbildung 170
Kategorisierung von Dimensionen 170
Kategorisierung von Dingen 170
Katharsis 292
Kauai-Studie 344
Kausalität 15, 171
Keeble, Stephanie 171

Keimblase 91
Keimscheibe 92
Keimzellen 83
Kepler, Johannes 44
Kernkategorie 44
Kernwissen 172
Kindbild 48, 49, 51, 52, 53
Kindchenschema 295
Kinderarmut 197
Kindergarten 308
Kindergartenalter 129
Kinderläden 48
Kindertagebücher 52
Kindertagesbetreuung 193
Kinderzeichnung 52
Kindheit 48, 49
Kindheitsforschung 47, 48, 51, 52, 53
kindliche Perspektiven 52
klassisches Konditionieren 181, 332, 333
klassische Testtheorie 30, 31
Kleinhirn 132
Klimakterium 146
Klinefelter-Syndrom 88
Klischee 23
Kode 32
Kodieren 44
Kognition 149, 151, 335, 339, 353,
    evaluative 335
    faktische 335
Kognitionswissenschaft 151
kognitive Entwicklung 51, 72, 224
kognitive Flexibilität 357
kognitive Funktionen 118
kognitive Grammatik 179
kognitive Hemmung 188, 194, 206, 212
kognitive Landkarte 194
kognitive Psychologie 151
kognitive Resonanz 173
kognitives Schema 159, 410
kognitive Wende 151
Kognitivismus 331
Kohlberg, Lawrence 284, 286
Kohlbergs Stufenmodell 286, 287
Ko-Konstruktion 49, 74, 272, 273
Ko-Konstruktivismus 174
Ko-konstruktivistische Ansätze 152
kollegiale Beratung 51
Kommunikation 37, 52
Kommunikationsstörung 257
Kommunikationsverhalten 360
kompetenter Säugling 168
Kompetenzgefälle 50
Konditionieren 180, 333
Konditionierungsprozesse 73
konkret-operationales Stadium 161, 193

Konstruktionsprozess 160
Konstruktionsspiel 292
Konstruktivismus 172
konstruktivistischer Unterricht 199
konstruktivistische Theorie 158
Konstrukt von Kindheit 47
Kontaktaufnahme 126, 295
Kontextualismus 172
kontinuierlich 56, 72
kontinuierliche Aspekte 58
Kontrastsensitivität 177
Kontrolle von Verhalten 16
Kontrollfragen 33
Kontrollgruppe 26
kontrollieren 16
Konzepte 165, 170, 189
Kooperation 49, 50
Koordinationsvermögen 138
Kopf 105, 111, 120, 124
Kopffüßler 135
Kopfhaltung 120
Körperbeherrschung 137
Körperfett 136
Körpergewicht 110, 130, 131, 141
Körpergröße 35, 110, 130, 131, 141
Körperhaltung 105
Körperkraft 137
Körperlänge 111
körperliche Entwicklung 110, 130, 141
Körpermitte 132
Körperproportionen 111, 129
Kortex 117, 118, 334
Krabbeln 120, 121, 122, 124, 349
Krankheit 99, 127
Krankheitserreger 99, 127
Kreativität 209
Kreisreaktion,
    primär 162
    sekundär 162
    tertiär 162
Kriechreflex 107
kriminelles Verhalten 276
Krise 59, 71, 428
kristalline Intelligenz 195, 211
kritische Lebensereignisse 59, 60, 61, 62, 321, 358, 372
Kritzeleien 261
Kritzelzeichnungen 135
Kultur 336, 369
kulturelle Bedürfnisse 369
Kulturtechniken 369
Kulturwerkzeuge 173
Kurzzeitgedächtnis 334

L
Labor 45

Lächeln 346, 347
Lallphase 233
Längsschnittstudie 28
Langzeitgedächtnis 164, 334
Late Talker 238
Laufen 124, 125
Lautentwicklung 232
Lautproduktion 233
Lautwahrnehmung 232
Lebenserwartung 369, 370, 371
Lebensformen 317
Lebenskrise 428
Lebenspartner 319
Lebensphase 51
Lebensspanne 16
Lehr-Lern-Prozess 174
Leidenschaft 367
Leistungssport 137
Leitbild 48
Leitfadeninterview 39
Lernen 19, 49, 63, 179, 273, 387
Lernen als aktiver Prozess 179
Lernen am Modell 183
Lernen durch Zusammenarbeit 272
Lernerfahrung 332
Lernerfolg 200, 365
Lernleistung 365
Lernmotivation 208
Lernportfolio 41
Lernverhalten 365
Lesefähigkeit 201
Lesekompetenz 191, 207
Lesen 198, 201, 202, 262
Leslie, Alan 171
Leuvener Engagiertheitsskala 41
Lewin, Kurt 159
Lexikon 254
Libido 70
Liebe 367
Liebesbeziehung 367, 368, 370
Limbisches System 334
Linguistik 223
Lispeln 254
Literacy 260, 261, 262
Literaturstudie 32
Lob 182
Locke, John 18
logische Schlüsse 172
logisches Denken 118
Longitudinalstudie 28

M
Magnetresonanztomographie (MRT) 334
Makrosystem 75
Malbewegungen 135

Malen 135
Mandelkern 334
Materialanalyse 43
Materialsammlung 27
mathematisch-statistische Methode 36
mathematisch-statistische Verfahren 33
Mead, George Herbert 279
Mediatoren 173
Medien 191
Medienpädagogik 53
Medikamente 98, 99
Mehrspeichermodell 164
Mehrwortäußerungen 245, 247
Meiose 83
Menarche 142, 143
Mengenkonstanz 187
Menopause 146
Menstruation 142, 146
mentales Lexikon 221, 239, 255, 263
Mesoderm 92
Mesosystem 75
Messfehler 30
Messverfahren 334
Messwert 28
Messzeitpunkt 28
Metakognition 165, 166, 195, 206, 209
metakognitive Dialoge 190
metakognitive Kompetenzen 167
Metakommunikation 306
metakommunikative Fähigkeiten 259
Meta-Kompetenz 362
Methode 23, 25, 46
Methodenkompetenz 159
Methodenkunde 28
Methodentriangulation 46
Methodologie 28, 37
Midlife-Crisis 428
Migration 263
Migrationshintergrund 193
Mikrosystem 75
Milchzähne 128, 136
Mimik 329, 335, 346
Minderwertigkeitsgefühle 413
Missbildungen 97, 99
Misserfolg 359
Mittelwert 32, 35
mittlere Kindheit 17
mittleres Erwachsenenalter 17, 211
Mobbing 60
Modell der beruflichen Passung 315
Modelllernen 333, 386
Modelllernprozesse 410
Moderator 40
Moral 283, 284, 285, 286
Moralforschung 284

moralische Entwicklung 285, 286, 288
moralisches Urteil 286, 287
Moro- oder Schreckreflex 107 f., 157
Morphem 221
Morphologie 222
Motivation 175, 331, 356, 365,
    extrinsisch 340
    intrinsisch 340
Motivator 331, 338
Motorik 80, 81, 106, 120, 134
motorische Befehle 118
motorische Endplatte 113
motorische Entwicklung 119, 126, 132, 138
motorische Fähigkeiten 123, 127, 137
motorische Reife 106
Multidirektionalität 17
Mund 121
Musik 178, 369
Muskelbewegungen 105
Muskelgruppen 124
Muskelmasse 136
Muskeln 105, 124, 137
Muskeltonus 120
Muskelzelle 113
Muskulatur 120
Mutterkuchen 93
Muttermilch 108
Muttermund 100, 101
Muttersprache 218, 263
Mutterstimme 343
Myelin 116
Myelinisierung 116, 131, 143
Myelinscheide 116

N

Nabelschnur 93, 97, 101, 102
Nachahmen 163
Nachahmung 298, 300
Nachgeburtsphase 101
nachprüfbar 43
naive Psychologie 189
Naturgesetz 44
negative Emotion 332
Nerven 112, 113, 116
Nervenfasern 113
Nervenimpulse 113, 147
Nervensystem 112, 116, 137, 143, 147
Nervenzellen 67, 68, 92, 112 ff., 117, 118, 269
Netzwerk 165
Neugeborenenreflexe 106, 107, 108
Neugeborenes 104
Neuralrohr 92
Neurobiologie 227
neuronale Entwicklung 112
neuronales Netz 114, 115

Sachwortverzeichnis

Neuronen 112, 113, 114, 116, 117
neuroscience 334
Neurotransmitter 113, 179, 334
Neurowissenschaften 53
neurowissenschaftliche Forschung 357
Nikotin 98
nomothetisch 45
Non-REM-Schlaf 156
nonverbale Ausdruckssymbole 355
nonverbale Kommunikation 335
Normalverteilung 35
Normalverteilungskurve 196
normatives Wissen 40
Normen 12, 360
Normierung 32
Normstichprobe 196
numerisch 28
numerische Gleichheit 171
numerische Informationen 37
Numerus 246

O

Objektgerichtetheit 330
objektiv 41, 45
Objektivität 30
Objektpermanenz 162
Offenheit 37
Okzipitallappen 117
olfaktorische Wahrnehmung 153
operantes Konditionieren 182
operationalisieren 22
Operationalisierung 22, 24
oppositionelles Verhalten 276
orale Phase 70
ordnen 33
Östrogen 139

P

Paarbeziehung 368
Pädagogik 12, 16, 152
pädagogische Grundhaltung 41
pädagogische Haltung 51, 55
pädagogische Psychologie 12
Panelstudie 28
Parallelspiel 302
Parasiten 99
Parietallappen 117
partikularistisch 45
Partner 50
Partnerschaften 316
partnerschaftliche Interaktion 370
Partnerverlust 371
Partnerwahl 367
Pawlow Iwan P. 181
Peergroups 209

Peer-Gruppe 365
Peers 278, 313
Pendelproblem 193
peripheres Nervensystem 113
personenzentrierte Persönlichkeitstheorie 360, 361
persönliche Legende 206
Persönlichkeit 50, 341, 379
Persönlichkeitsmerkmal 342, 344
Persönlichkeitsstruktur 344
Perspektivenübernahme 206, 279, 280, 281, 282, 306, 309, 313
Perspektivübernahme 249
Pflegebedürftigkeit 320
phallische Phase 70
Phänotyp 84, 86
Phasen 56
Phasenmodelle 56, 57, 69
Phonem 220, 230
Phonologie 221
physikalisches Wissen 168
Piaget, Jean 72, 157 ff., 167, 172, 175, 184, 193, 204, 205, 209, 273, 285, 298, 300, 301, 305
Pinzettengriff 123, 124
PISA-Studie 207
Plan 27
Plastizität 17, 68, 116, 155
Plastizität kognitiver Entwicklung 214
Platon 18
Plazenta 91, 93, 97, 99, 101, 102
plötzlicher Säuglingstod 128, 129
Population 26
Portfolio 41, 52
Positronen-Emissions-Tomographie (PET) 334
Postadoleszente 366, 367
postformales Denken 161, 209
Prädetermination 45
Prädiktor 197
Präferenz-Methode 152
Präformationslehre 89
pragmatisches Denken 209
praktische Intelligenz 214
praktische Pädagogik 47
Pramling, Ingrid 166
pränatale Entwicklung 89, 91, 95, 96, 99
pränatale Phase 17
präoperationales Stadium 161, 184
Prävention 16
Preyer, William Thierry 18
primäre Bezugsperson 345
privilegiertes Wissen 168
probabilistisch 17
Proband 25, 27 ff., 46, 52, 334
Problembenennung 24
Problemlösung 49
Progesteron 89, 90

programmierter Zelltod 92
Proportionen 129, 136
propositionales Denken 204, 205
Prosodie 221, 228, 230, 232, 233
prosoziales Verhalten 275, 277, 303, 353
prospektive Gedächtnisleistung 213
Protokoll 27
Protowörter 233
Prozentrechnen 35
Prozesscharakter 37
Prozesse 163
Psychoanalyse 69
psychoanalytisch 71
Psychologe 27
Psychologie 13
Psychomotorik 134
psychosexuelle Entwicklung 70
psychosexuelle Phase 70
psychosoziale Entwicklung 51, 71
Pubertät 139, 140, 141, 142, 143, 206, 364

Q

qualitativ 52
qualitative Auswertungsmethode 42
qualitative Daten 44
qualitative Erhebungsverfahren 38
qualitative Forschung 42
qualitative Forschungsmethoden 24, 37
qualitative Inhaltsanalyse 42, 43, 46
qualitatives Denken 44
qualitatives Forschungsdesign 37
qualitative Sozialforschung 37, 44, 45
quantitativ 51
quantitative Befragung 46
quantitative Daten 33
quantitative Forschung 28
quantitative Forschungsmethoden 24, 28
quantitatives Denken 44
quantitative Sozialforschung 45
Quasi-Experiment 26
quasi-experimentelles Design 27, 37
Querschnittstudie 27, 28
Querschnittuntersuchung 27

R

randomisiert 26
Randomisierung 27
Rauchen 98
Raum als dritter Erzieher 199
räumliche Tiefe 177
räumliche Wahrnehmung 171
Reaktion 328, 330, 331, 333
Rechnen 198, 202
reduktive Datenanalyse 45
Referenzproblem 234, 235

Reflektieren 23
Reflexe 106 ff., 157
Reflexion 41
Reflexivität 37
Reflexlächeln 296
Reflexreaktionen 108
Regelbewusstsein 305
Regelblutung 142
Regelspiel 305
Regressionen 57
Regulationsfähigkeit 338, 354
Regulationsfunktion 351
Regulationsstrategie 364
Regulationsversuche 356
Reifegefälle 50
Reifung 19, 63, 96, 102, 119, 137, 143
Reifungsprozesse 72
Reihenbildung 194
Reiz 113, 118, 181, 330, 331, 332, 333, 334, 354
Reliabilität 30
REM-Schlaf 156
Rentenalter 370
Rentner 321, 322
Repräsentationsfähigkeit 162
repräsentativ 26, 27
repräsentative Stichprobe 26
Reproduktionsfähigkeit 188
resilient 344, 371
Resilienz 30, 61, 62, 343, 344, 359
Resilienzförderung 345
Resilienzforschung 62
Resonanzphänomen 269, 271
Ressourcen 61
Reversibilität 193
rezessiv 84
RIASEC-Typologie 315
Rogers, Carl 360, 361
Rogoff, Barbara 188
Rollenspiel 253, 258, 261, 302, 305, 353
Rollenwandel 311
Romantik 367
Röteln 99
Rousseau, Jean-Jacques 18
Rückenlage 120
Rückenmark 112
Rücklaufquote 34
Rücklaufstatistik 32
Ruhestand 321
Rumpf 111

S

Samenerguss 90, 142, 146
Samenzelle 85, 89, 90
Satzkonstruktion 32
Sauerstoffmangel 102

Saugen 107
Säugling 345
Saugreflex 107, 108, 157, 161
Schädelknochen 105
Schadstoffe 95, 97
Scham 352
Schaubild 34
Scheidung 370
Scheitellappen 117
Schlafen 156
Schläfenlappen 117
Schlüsselkategorie 44
Schlussfolgerungen 151, 190
Schmecken und Riechen 153
Schmerzwahrnehmung 153
Schnuller 107
Schock 373
Schreibabys 156
Schreiben 135, 138, 198, 201, 262
Schreibentwicklung 135
Schreibschrift 138
Schreibübungen 261
Schreitreflex 107, 108, 157
schriftliche Befragung 30
Schriftsprache 262
Schriftsprachentwicklung 253
Schriftspracherwerb 260, 261
Schritte 122
Schulbesuch 197
Schulbildung 205
Schuld 352
Schule 198, 208, 262
Schuleintritt 195
schulische Leistungsfähigkeit 365
schulisches Selbstkonzept 412
Schulsystem 192
Schulvorbereitung 34
Schwangerschaft 89, 91, 93, 97, 98, 99, 293, 294
Seattle Longitudinal Study 213
Sehen 118, 177
Sehsinn 152
Sehzentrum 117
Seitenlage 121
Selbst 341, 342, 350, 376, 378,
   Funktionen 381
Selbstaktualisierung 361
Selbstberuhigungsstrategie 337
Selbstbewusstsein 133, 208, 350
Selbstbild 166, 358
Selbst-Bildung 152
Selbsteinschätzung 358
selbsterfüllende Prophezeiung 200, 207
Selbstgespräche 187, 249
Selbstkonzept 364, 378, 379
Selbstkonzeptmodell 379

Selbstorganisation 175
Selbstreflexion 363, 365
Selbstregulation,
   emotionale 362
Selbstregulationsfähigkeit 330
Selbstregulation von Emotionen 357
selbstregulierendes System 75
Selbstverwirklichung 318, 361, 368
Selbstwahrnehmung 340, 350
Selbstwertgefühl 378, 380, 408
Selbstwirksamkeit 183, 381,
   emotionale 363
Selbstwirksamkeitserfahrung 356, 386, 411
Seldak 41
Selektion 176
selektive Optimierung 214
selektives Kodieren 44
selektives Lächeln 347
Selman, Robert L. 278, 281
Semantik 221
semantisches Netz 240
semantisches Netzwerk 195
Seniorenheim 371, 372
sensible Phase 68, 69, 96, 227, 228, 231
sensorische Reize 118
sensorisches Gedächtnis 164
sensumotorisches Spiel 300
sensumotorisches Stadium 161
Sexualität 367
Sexualverhalten 422
sexuelle Orientierung 423
Signalverhalten 345
Simon, Theodore 19
Sinne 113
Sinnesempfindungen 179
Sinnesorgan 334
Sinnesreize 113, 118
Sismik 41
situationale Faktoren 15
situationsadäquate Reaktion 354
Situationsansatz 49
sitzen 121, 122, 124
Skript 162, 166, 189
Sokrates 18
soziale Ablehnung 25
soziale Bezugnahme 348
soziale Emotionen 329
soziale Entwicklung 224
soziale Erwünschtheit 25, 33, 39
soziale Intelligenz 339
soziale Interaktion 49, 273, 293, 329, 337, 346, 347, 351, 360
soziale Isolierung 322
soziale Kompetenz 340, 355
sozial-emotionale Entwicklung 327, 328

sozial-emotionales Wohlbefinden 371
soziales Erwachen 297
soziale Situationen 327
soziales Lächeln 346, 347
soziales Miteinander 40
soziale Stützung 74, 174
soziales Umfeld 208
soziales Verhalten 25
soziales Wesen 292
Sozialisation 342
Sozialisationsbedingung 342
sozial-kognitive Entwicklung 267 f.
sozial-kognitive Lerntheorien 183
sozial-kognitives Lernen 184
sozial kompetentes Verhalten 274, 303
sozial-konstruktivistische Ansätze 152
sozial-konstruktivistischer Unterricht 199
Sozialkontakte 367
Sozialpsychologie 53
Sozialraum 49
Sozialverhalten 126, 274, 277
Sozialwissenschaften 13
sozialwissenschaftlich 48, 51
soziokulturelle Theorien 73, 159, 165, 175
Soziologe 27, 37
Soziologie 53
spätes Erwachsenenalter 17
Speed-Hypothese 213
Spence, Melanie 154
Spermarche 142, 143
Spermien 81, 83, 85, 90 146
Spiegelneurone 175, 268, 269, 270, 271
Spiegelphänomen 269, 271
Spiel 290, 406,
    Funktionen 291
    Merkmale 289
Spielform 300
Spielpartner 301
Spielregeln 290
Spieltheorie 300
Spielverhalten 289, 299, 301, 304, 309
Spontanbewegung 106
Sprachareale 68, 228, 229, 264
Sprachbildung 261
Sprache 32, 219, 220, 360
Sprachebenen 221
Sprachentwicklung 187, 351
Sprachentwicklung als soziales Instrument 173
Sprachentwicklungsproblematik 256
Sprachentwicklungsstörung 257
Spracherwerb 168
Spracherwerbstheorien 226
Sprachförderung 28, 256, 258, 262
sprachliche Entwicklung 352
sprachliches Denken 224

sprachliches Material 37
Sprachproduktion 220
Sprachschatz 227
Sprachstörungen 256, 257
Sprachtherapie 256
Sprachvarietäten 262
Sprachverständnis 117
Sprachverstehen 220
Sprachverwendung 220
Sprachwahrnehmungen 230
Sprachwissenschaft 223
Sprachzentrum 117, 118
Sprechstörung 257
Stammzellen 87
standardisierte Instruktion 30
Standardisierung 28, 29, 38
Standardisierungsgrad 39
Statistik 28
Statistikprogramme 35
statistisch 35
statistische Datenauswertungsverfahren 42
statistische Erhebungen 28
statistisches Lernen 180, 181
Stehen 120, 122, 124, 126
Steißgeburt 102
Stern, Clara 18
Stern, Daniel 376
Stern, William 18
Stichprobe 26, 27, 33, 35, 36, 37, 42
Stimmung 330, 340
Stimulus 330
Stirnlappen 117
Stolz 352
Störvariable 26
Strategien 165, 206
Stress 66, 100, 343, 361
Stresserfahrungen 343
Stressmodell 361
Stressor 361
Stresstheorie 360, 361
Streubreite 35
Strukturalismus 19
Strukturierung 38, 43, 160
Studie 26, 52
Stufen 56, 57, 71
Stufenmodell 51, 56, 57, 69, 72, 73
subjektiv 23, 43, 45
subjektive Interpretation 44
Subjektivität 42
Subjekt-Verb-Kongruenz 244, 245
Suchreflex 107, 157
Suggestivfrage 32
sukzessiv bilingualer Erwerb 251
sustained (= anhaltend) shared thinking 173
Symbole 219

symbolische Repräsentation 184, 185
Symbolspiel 300
Symbolsysteme 219
Synapsen 68, 113, 114, 115
Synapsenverbindungen 115, 116, 143
synaptische Endknöpfchen 113
syntaktisches Prinzip 243
Syntax 222, 227, 241, 246, 251, 255
System 175
systematisch 42
systematische Beobachtung 40
systemisch-ökologische Theorie 75

T
taktile Wahrnehmung 152
Teamsupervision 51
Telegrammstil 242
Temperament 330, 340, 341, 342, 343, 344, 355
Temperamentkonstitution 355
Temperamentsdimensionen 340
Temperamentsgruppen 341
Temporallappen 117
Tempus 247
Teratogen 95, 96, 100
terminaler Verfall 214
Test 29, 33, 334
Testauswerter 33
Testerhebung 33
Testfrage 29
Testgütekriterien 30
Testosteron 139
Testverfahren 29, 30
Textinterpretation 43
Tiedemann, Dietrich 18
Thalamus 334
Theorie 21, 22, 31, 44
Theoriebildung 44
Theorie multipler Intelligenzen 195
Theorien der Informationsverarbeitung 158
Theorien des Kernwissens 159, 167, 175
Theorien dynamischer Systeme 159, 175
Theory of Mind 189, 249, 279, 282, 306, 406
TIMSS-Studie 202
Tod 372, 373
Tonbandaufzeichnung 27
Toxoplasmose 99
Training 137
Transition 358, 370
transitives Schlussfolgern 194
Transkription 42
Trauer 351, 371, 372, 373
Trauerprozess 373
Traurigkeit 332, 335
Treatmentgruppe 26
Trendstudie 28

Trennungen 317
trianguläre Aufmerksamkeit 235
Triangulation 46
Trieb 334
Trisomie 21 87, 88

U
Überdiskriminierung 240
Übergang in den Kindergarten 308, 352, 358
Übergang in die Schule 311
Übergeneralisierungen 240, 247
Übergewicht 136
Überraschung 332, 335, 352
Überschätzung 358
Ullrich-Turner-Syndrom 89
Ultrakurzzeitgedächtnis 164
Umwelt 19, 62, 63, 172
Umweltbedingungen 131
Umwelteinflüsse 73
Unabhängigkeit 30
UN-Kinderrechtskonvention 51
Unterentwicklung 103
Unterschiedshypothesen 36
Untersuchungsanordnung 25
Untersuchungsdesign 25
Untersuchungsleiter 38, 42
Untersuchungsmethode 37
Untersuchungsperson 37
Untersuchungsplan 25
Untersuchungssituation 37
Urgrammatik 226, 227
Ursache und Wirkung 191
Ursache-Wirkungszusammenhänge 171
Use it or lose it 68, 212

V
Validität 30
Variabilität 175, 176
Variable 22 f., 25
vegetative Funktion 334
vegetatives Nervensystem 334
Verachtung 332, 335
Verallgemeinerungen 23
Veranlagung 342
Verarbeitungsgeschwindigkeit 206, 212
verbalisieren 353
Verbalisierung 360
Verbalisierungsdaten 38
Vererbung 83, 85, 112
Vergleichbarkeit 29
Verhalten 13, 14, 337, 340, 342
Verhaltensbeobachtung 41
Verhaltensbeschreibung 15
Verhaltensreaktion 340
Verhaltensrituale 337

verifiziert 22, 23
Verlegenheit 352
Verlustängste 349
Verluste 373
Vernachlässigung 48
Verpflichtung 367
Verständigungsfehler 23
Verstärkungslernen 386
Verstärkungslernprozesse 410
Verstehen 45
Versuchsgruppe 26
Versuchsgruppen-Kontrollgruppen-Design 26
Versuchsperson 25, 27
Verteilung 34
Verwahrlosung 158
verwitwet 371
Verzerrungen 32
Video 27
Virusinfektionen 99
visuelle Klippe 177
Visumotorik 123, 135
Vorbild 40
Vorher-nachher-Vergleich 26
Vorhersagen 15
Vorschulalter 129, 130, 133
Vorschulkinder 192

W

Wachstum 109, 129, 136, 140
Wachstumsgeschwindigkeit 112
Wachstumsmuster 111
Wachstumsrichtung 119
Wachstumsschub 131, 136, 140, 141
Wahrnehmung 53, 153, 176
wahrnehmungsbasierte Klassifikation 170
Wahrnehmungsfähigkeit 124
Wahrnehmungsfelder 176
Wahrnehmungslernen 180
Wechseljahre 146
Wehen 100, 101, 102
Weimarer Republik 48
weiße Substanz 117, 143
Werbung 53
Werfen 126
Wernicke-Areal 117, 228
Widerstandsfähigkeit 344
Wiedererkennen 180
willkürliche Motorik 113
Wimmelbücher 238, 239
WISC (Wechsler Intelligence Scale for Children) 195
wissenschaftlich 21, 22, 40, 48

wissenschaftliche Forschung 23
wissenschaftliche Methode 13
Wissenschaftsdisziplin 37, 53
Wissenschaftstheorie 28
Wissensnetzwerk 166, 167
Wortschatz 221, 224, 231, 235, 236, 243, 252 ff.
Wortschatzerwerb 234, 254
Wortschatzspurt 237, 238, 241
Wundt, Wilhelm 18, 19
Wut 332, 335, 350
Wygotski, Lew 73, 74, 173

Z

Zahlen 191
Zähne 128, 136
Zahnlücken 136
Zangengriff 123, 124
Zeichnen 126, 135, 138
Zeichnungen 135, 138
Zeitformen 255
Zeitgefühl 171
Zelldifferenzierung 92
Zellen 81, 87, 91, 92, 114
Zellkern 81, 86, 90
Zellmigration 92
Zellteilung 92
zentrales Nervensystem 92, 105, 106, 112
zentrale Tendenz 31, 34
zentral-peripher 111, 119, 135
Zentrierung 185
zerebrale Lateralisation 118
zerebraler Kortex 117
Zeugungsfähigkeit 142
Zielgruppe 32
Zigaretten 98, 102
Zone der nächsten Entwicklung 75, 165, 174, 188
Zufallsstichprobe 45
Zusammenhänge 28, 33
Zusammenhangshypothesen 36
Zuverlässigkeit 30
zweiter Gestaltwandel 139
Zweitsprache 218, 250, 251, 263
Zweitspracherwerb 250, 251, 252, 253, 255
Zwei- und Dreiwortäußerungen 243, 245, 246
Zweiwortäußerungen 241
Zwillinge 342
Zwillingsforschung 65
Zwischenhirn 334
zwischenmenschliche Beziehungen 329
Zygote 91

Zu den Autoren

Prof. Dr. Dr. Hartmut Kasten (Jg.1945): Entwicklungspsychologe, Pädagoge und Familienforscher. Referats- und Abteilungsleiter an den Staatsinstituten für Frühpädagogik (München) und Familienforschung (an der Universität Bamberg), Professor für Psychologie an der Universität München. Zahlreiche Veröffentlichungen und Medienauftritte, z. B. über Moralentwicklung, Zeitbewusstsein, Angst und Angstbewältigung, Entwicklung im Kindes- und Jugendalter, Soziale Kompetenzen, Einzelkinder und ihre Familien, Geschwister und ihre Beziehungen. Homepage: www.hartmut-kasten.de

Bärbel Amerein, Diplom-Pädagogin (Jg. 1979): Arbeitete als Dozentin u. a. für Pädagogik, Psychologie und Qualitätsmanagement an der Fachakademie für Sozialpädagogik Maria Stern in Nördlingen. Parallel dazu war sie Mitarbeiterin eines Drittmittelprojektes im Bereich der Pädagogischen Psychologie und wirkte an der Entwicklung eines Trainingsprogramms für Jugendliche am Übergang von der Schule zum Beruf mit. Aktuell ist sie akademische Mitarbeiterin am Institut Frühe Bildung und Doktorandin in der Abteilung Pädagogische Psychologie, Beratung und Intervention an der Pädagogischen Hochschule Schwäbisch Gmünd. Ihre aktuellen Schwerpunkte in Lehre und Forschung liegen im Bereich der Kindheitspädagogik in der Kindheitsforschung, dem Sozialmanagement sowie der sozialräumlichen Vernetzung.

Dr. Holger Küls (Jg.1963): Nach dem Studium der Pädagogik und der Promotion in Hamburg sowie der Arbeit in unterschiedlichen pädagogischen Berufen, seit 1994 Lehrer an den Berufsbildenden Schulen Walsrode in der Erzieherinnenausbildung. Seit 2009 zudem in diesem Bereich als Fachberater für Sozialpädagogik bei der Niedersächsischen Landesschulbehörde in der Beratung, Lehrplanarbeit, Lehrerfortbildung und anderen Aufgaben der Schulaufsicht tätig. Seit vielen Jahren Veröffentlichungen sowie bundesweit Lehrerfortbildungen und Referententätigkeit zu fachlichen und didaktischen Themen sozialpädagogischer Bildungsgänge.

Dr. Bodo Rödel (Jg. 1971): Vater von zwei Kindern, studierte Diplom Heilpädagogik an der Universität zu Köln mit den Schwerpunkten Allgemeine Pädagogik, Sozialpädagogik und Heilpädagogische Psychiatrie. Berufsbegleitend Promotion zum Doktor der Erziehungswissenschaften (Dr. paed.) an der Universität Köln. Er arbeitete u. a. in AbH, der Gewerke-Sozialarbeit und in der sozialpädagogischen Begleitung junger Erwachsener. Schließlich Leitung von Projekten mit schulmüden Schülerinnen und Schülern. Es folgte eine mehrjährige Tätigkeit als Senior-Projektmanager für die Bereiche Sozialpädagogik, Sozialpädagogische Erstausbildung und Heilerziehungspflege in einem Lehrbuchverlag. Aktuell ist er als Leiter des Arbeitsbereichs Publikationsmanagement/Bibliothek beim Bundesinstitut für Berufsbildung in Bonn tätig. Neben seiner Arbeit ist er freiberuflicher Lehrer für Aikido in Köln.

Anja Tüngler (Jg.1978): Abgeschlossene medizinische Grundausbildung und anschließende Tätigkeiten im sozialpädagogischen Bereich (Biologisch-ökologische Grundbildung von Kindergartenkindern sowie Kindern und Jugendlichen mit Behinderungen, Freizeitbeschäftigung von Schulkindern). Es folgte das Studium an der Universität Paderborn. Parallel beschäftigt im Bereich Text und Redaktion einer großen deutschen Klinikgruppe. Danach langjährige Tätigkeit als Fachlektorin in den Bereichen Sozialpädagogik, Heilpädagogik, Heilerziehungspflege, Pflege und Medizin.

Melanie Willich (Jg. 1975): Absolvierte die Ausbildung zur staatlich anerkannten Erzieherin. Später studierte sie an der Universität Düsseldorf. Parallel zum Studium gestaltete sie u. a. Angebote für die sprachliche und sozial-kognitive Bildung von Kindergarten- und Schulkindern. Als Fachlektorin in einem Lehrbuchverlag war sie mehrjährig u. a. für die frühe Bildung verantwortlich. Derzeit arbeitet die Mutter eines Kleinkindes als freiberufliche Fachlektorin u. a. in den Bereichen Sozialpädagogik und frühkindliche Bildung. Neben der Selbstständigkeit promoviert sie.